Biblioteca de Derecho privado
Enrico del Prato
(Director)

Carlos Antonio Agurto Gonzáles
Sonia Lidia Quequejana Mamani
Luis Alejandro Luján Sandoval
Edmundo Trujillo Blas
Benigno Choque Cuenca
(Coordinadores Generales)

Emilio Betti
Catedrático de la Universidad de Roma
(Italia)

Teoría general del negocio jurídico

Estudio Preliminar
Mauro Grondona
Profesor Asociado de Derecho Privado
Universidad de Génova
(Italia)

Edición al cuidado de
Carlos Antonio Agurto Gonzáles
Sonia Lidia Quequejana Mamani
Benigno Choque Cuenca

Ediciones Olejnik

Título: Teoría General del Negocio Jurídico
© Emilio Betti

© Ediciones Olejnik
Huérfanos 611, Santiago - Chile
E-mail: contacto@edicionesolejnik.com
Web site: http://www.edicionesolejnik.com

Primera edición en ediciones Olejnik: 2018

ISBN: 978-956-392-275-2

Diseño de Carátula: Ena Zuñiga
Diagramación: Luis A. Sierra Cárdenas

Impreso en Argentina 2018 Printed in Argentina

ÍNDICE

ESTUDIO PRELIMINAR

EL CONTRATO, EL ORDENAMIENTO JURÍDICO Y LA POLÉMICA ENTRE EMILIO BETTI Y GIUSEPPE STOLFI*

Sumario: 1. Ordenamiento jurídico y contrato: los límites a las pretensiones individuales. 2.- Valores del ordenamiento y valores del contrato. 3.- El negocio jurídico como medida de los límites de la autonomía privada. 4.- Ordenamiento jurídico y valores filosóficos. 5.- La polémica Emilio Betti y Giuseppe Stolfi: a propósito de la libertad y de los límites del acto negocial.- 6. Individuo y ordenamiento en Stolfi. 7.- Individuo y ordenamiento en Betti. 8.- Individuo, ordenamiento jurídico y voluntad general en Stolfi. 9.- Conclusiones: la mutación jurídica entre individualismo y solidarismo. 10.- El derecho y el individuo frente a los valores: la perspectiva de Stolfi. 11.- La perspectiva de Betti.

1. El ordenamiento jurídico y contrato: los límites a las pretensiones individuales

El objeto de análisis en este ensayo es la relación entre ordenamiento y contrato, entendido el primero, como *summa* de las reglas jurídicas de una determinada colectividad que ha expresado (en formas y a través de procedimientos diversos en un determinado ordenamiento), el segundo, como instrumento de actuación jurídica de la elección económica individual[1]. Y esto por

---

* Traducción al idioma castellano, autorizada por el autor, de Carlos Antonio Agurto Gonzáles y Sonia Lidia Quequejana Mamani.

[1] Cfr. G.B. Ferri, *Il negozio giuridico*, Cedam, Padua, 2004 (II ed.), pp. 59-60: «El sentido, queremos decir, la función entre ordenamiento estatal y negocio, no es tanto de plegar o adaptar el valor negocio a los valores, propios del ordenamiento estatal; sino, más bien, de *constatar el nivel de compatibilidad* entre el valor expresado por la regla negocial, con el expresado por las normas del ordenamiento. En sustancia, para el ordenamiento estatal o existe esta compatibilidad o no existe; si existe, el negocio podrá realizar, incluso en términos de ordenamiento estatal, las finalidades y los efectos que el autor o autores lo han caracterizado; si esta compatibilidad no existe o no existe completamente, el negocio no podrá actuar (o no lo podrá totalmente) la más intensa definitividad y estabilidad que el ordenamiento jurídico estaría en capacidad de asegurar» (cursivas del autor).

la razón, aunque es un poco inútil precisarlo, que el negocio jurídico es la forma y estructura jurídica de una relación económica[2], esto es, de un conjunto de intereses económicos (describibles, en línea de tendencia, como antagonista que conforman las partes del mismo negocio y que, mediante éste, son constituidos en un eje ordenado, económicamente satisfactorio para los sujetos involucrados y jurídicamente idóneo a fin de que el resultado económico por estos perseguidos sea reconocido como legítimo y sea, por ende, merecedor de tutela jurídica[3].

Como expondré a continuación, la relación entre ordenamiento y contrato actúa no sólo en el plano jurídico, sino también en lo económico. En efecto, el ordenamiento no es sólo un conjunto de reglas técnicas que, en menor o mayor medida, trazan los límites de las conductas individuales ofreciendo también, a los individuos, los institutos jurídicos a los cuáles se recurre para llegar a específicos objetivos subjetivamente importantes. Asimismo, es la expresión dinámica, aunque aun razonablemente estable, bajo pena de su propia desaparición, de los valores filosófico-políticos en el cual la comunidad, que el ordenamiento ha progresivamente constituido, se refleja y al cual se invoca.

Dicho esto, es claro como cualquier acción económica-individual ingresa en vinculación con el ordenamiento, tanto en el plano económico, como en el plano jurídico.

En el plano económico, porque no está determinado que cada objeto económico individual sea considerado por el ordenamiento; en el plano jurídico, porque no está determinado que la reglamentación que los privados han otorgado a sus propios intereses sea aprobada por el ordenamiento jurídico[4].

En otras palabras, y en un sentido más general, la relación entre ordenamiento y contrato, se encuentra en una relación entre heterodeterminación jurí-

---

2 Sobre el tema, cfr. L. MENGONI, *Forma giuridica e materia economica* (1963), en: ID., *Diritto e valori*, Il Mulino, Bolonia, 1985, p. 147: «El vínculo entre forma jurídica y materia económica se manifiesta principalmente en el comportamiento individual. En cuanto se desarrolla en la sociedad, el comportamiento económico del indivduo tiene necesidad de una calificación jurídica».

3 Véase, también, G.B. FERRI, *Il negozio giuridico*, cit., p. 69: «[S]i es necesario formular una hipótesis sobre el negocio jurídico y proponer una definición, nosotros estaremos propensos a identificar el negocio jurídico como un acto vinculante de privada reglamentación de intereses que asume positiva «importancia» para el ordenamiento estatal cuando los valores, del cual es portador, son compatibles con los valores que el ordenamiento persigue.

4 En este sentido, es útil la distinción de Sacco entre genotipo contractual, es decir la noción inspiradora única de la idea de contrato (deudora, agregamos, de la praxis y de la reflexión económica), estudiada y valorizada por el comparatista y fenotipo contractual, es decir la definición jurídico-positiva de contrato, estudiada y valorizada por el jurista interno: R. SACCO, *Genotipi e fenotipi in tema di contratto*, en R. SACCO y G. DE NOVA, *Il contratto*, en: *Trattato di diritto civile*, dirigido por R. Sacco, Utet, Turín , 2004 (III ed.), tomo I, pp. 51-74.

dica y autodeterminación jurídica-económica, donde el ordenamiento es el filtro de las pretensiones[5] individuales: estas últimas tienden a conseguir objetivos económicos específicos, provistos de una determinada forma jurídica, con el fin de que tales objetivos impliquen también, frente al ordenamiento jurídico[6], la tabla de valores y de los principios de una determinada colectividad[7].

La actividad de filtraje desarrollada por el ordenamiento considera dos elementos: de una parte, el interés económico de las partes, en base a su acción (juicio de mérito respecto a los valores fundantes del ordenamiento) de otra parte, las reglas jurídicas específicas que las partes han utilizado en función del perseguimiento de sus intereses económicos (juicio de adecuación técnica respecto a los instrumentos que el ordenamiento pone a disposición de la actividad negocial -y, por consiguiente, económico-jurídico- de cualquiera).

Entonces, se trata de examinar en qué medida las partes están legitimadas, mediante el contrato, a regular el eje económico de los intereses propios, cuyas reglas son válidas respecto al ordenamiento[8].

En términos estrictamente civilistas, el tema es el siguiente: en qué medida el contrato realizado produce efectos jurídicamente importantes en tanto y cuan-

---

5 Empleo el término en sentido evidenciado por B. LEONI, *Lezioni di filosofia*, Rubbettino, Soveria Mannelli, 2003, p. 61: «La pretensión es un hecho psicológico, pero puede ser analizada bajo el perfil de la lógica y de la crítica del conocimiento. [...] En la pretensión es implícita la voluntad, por parte del que pretende, de poner o imponer una línea de conducta a otros: la idea de la pretensión es implícita en la idea de derecho positivo, es decir, «puesto» o «impuesto» por algunos a otros, en el caso de límite de todos a todos».

6 Cfr. T. ASCARELLI, *Ordinamento giuridico e processo economico* (1958), en: ID., *Problemi giuridici*, Giuffrè, Milán, 1959, tomo I, p. 48: «La frecuente contraposición entre «lógica jurídica» y «exigencias económicas y sociales», persistente en los diálogos jurídicos, encuentra su origen en las dicotomías del jusnaturalismo y se vincula a su vez con la creencia en un orden económico (y de manera correspondiente en un orden jurídico) natural; se considera, en realidad, como contraste entre valoraciones normativas opuestas, entre valoraciones heredadas y nuevas instancias, en correspondencia a cambios en la realidad y de nuevas concepciones».

7 Cfr. como escribe H. KELSEN, *Teoria generale delle norme* (trad. it.), Einaudi, Turín, 1985, p. 44: «La autoridad jurídica prescribe un cierto comportamiento solamente porque ésta lo considera - por error o por razón - útil a la comunidad jurídica. Esta relación con la comunidad jurídica es decisiva para la reglamentación jurídica del comportamiento humano que se encuentra en relación individual con otro hombre determinado. Para ser protegido por la norma que vincula al deudor no es solamente reconocido por la autoridad jurídica, para la conservación de un cierto sistema económico, sino del interés del acreedor concreto, como el interés de la comunidad jurídica, reconocido por la autoridad jurídica, a la conservación de un cierto sistema económico».

8 La cuestión es eficazmente sintetizada en los términos siguientes por V. ROPPO, *Il contratto*, en el *Trattato di diritto privato*, al cuidado de G. Iudica y P. Zatti, Giuffrè, Milàn, 2001, p. 72: «Contrato *como* norma y contrato *versus* norma. Entre esta polaridad se desarrolla - y nutre el pensamiento jurídico-filosófico - *la dialéctica entre norma* y *contrato*: anteojos a través de los cuales contemplar los antiguos nudos de las libertades y de la autoridad, del poder público y de los poderes privados, del Estado y de los grupos intermedios, de las instancias colectivas y de los intereses privados, de la *volonté générale* y de las garantías individuales» (cursivas del autor).

to los efectos se encuentran autorizados, reconocidos, recibidos por el ordenamiento y esto en cuanto sea aprobados por el mismo ordenamiento, el cual, por ende, los hace propio; o si el contrato de por sí es instrumento de reglas jurídicas, las cuales producen determinados efectos que el ordenamiento hace propio, limitándose a reconocer y recibir las reglas establecidas por el pacto privado[9].

Por ende, el problema es saber cuál es el valor pre jurídico de la reglamentación económica de los intereses de las partes; si el momento económico de por si es irrelevante, a menos que éste no sea recibido por el ordenamiento o si, por el contrario, éste de por sí es relevante en razón del valor que expresa y, precisamente, en cuanto relevante es automáticamente recibido por el ordenamiento.

Entonces, debe aclararse cómo, en realidad, se considera un auténtico problema de los límites de la autonomía privada[10]: manifestándose, por ejemplo, que mediante el negocio jurídico las partes no tienen un autónomo poder de establecer reglas jurídicas, sino que tales reglas para ser, en efecto, jurídicamente relevantes deben superar la evaluación del ordenamiento, no se quiere expresar sino que el ordenamiento actúa como filtro de las pretensiones económicas individuales; lo establecido por dos sujetos no produce efectos jurídicas porque el negocio cumple los intereses económicos de las partes, regulándolo según lo establecido por estos (eje de los intereses concordantemente predispuesto) sino más bien produce efectos porque el ordenamiento conside-

9 Véase, por ejemplo, G.B. FERRI, *Decisione negoziale e giudizio privato*, en: *Rivista di diritto commerciale*, 1997, I, p. 1 ss., a p. 18: «sino *reconocimiento* o *autorización*, otras no son más que funciones privadas de fundamento. En la realidad, la red de *valores* generales, que el ordenamiento estatal predispone, para permitir la tutela a los actos que el ordenamiento estatal predispone, para permitir su tutela en los actos de autonomía privada y los *valores*, particularidades, que este último expresa, proceden de exigencias, finalidades y lógicas diversas, destinadas, por otro lado, a encontrarse. La *tutela* que el sistema del ordenamiento estatal ofrece, a las reglas privadas, se reduce, realmente, en caso de violación de los pactos privados asumidos, de una «*action en justice*», respecto a los actos de autonomía negocial cuyos *valores* son posibles, *ex post*, constatar la compatibilidad con los *valores* expresados por el ordenamiento estatal» (cursiva del autor). Podemos agregar que, desde nuestro punto de vista, cuando el acto de autonomía negocial recibe tutela del ordenamiento jurídico es razonable considerar que se verifica un encuentro entre valores, de matriz privada, del ordenamiento estatal. En efecto, acontece que el valor particular expresado por el negocio sea compatible con uno o más valores expresados por el ordenamiento: pero si es así es, entonces, necesario concluir en el sentido por el cual el principio general del ordenamiento, que encierra ese valor o valores, resulta enriquecido por una nueva regla de cuyo valor es concretizado y que hasta entonces, no siendo empíricamente manifestada, era jurídicamente inexistente.

10 El tema ha sido desarrollado lúcidamente por L. FERRI, *L'autonomia privata*, Giuffrè, Milàn, 1959, p. 2: «El problema de la autonomía es, ante todo, un problema de límites y de límites que son siempre el reflejo de normas jurídicas». Sin embargo, este autor forma parte de la más tradicional idea normativista, cuando escribe: «La autonomía privada no es expresión de una simple licitud o facultad, sino manifestación de poder y precisamente de poder crear, dentro de ciertos límites prescritos por la ley, de las normas jurídicas» (p. 5); «[N]o existen razones verdaderas para no acoger la tesis que el negocio jurídico es fuente de normas jurídicas y que la autonomía privada es, consecuentemente, poder normativo» (p. 6).

ra importante la protección de los intereses económicos que las partes se proponen reglamentar con el contrato[11].

Entonces, parece estéril insistir, aun hoy, en la identificación de las razones que, desde un punto de vista estructural, precisarían el sentido, según el cual, el negocio jurídico es un hecho o un valor[12].

La solución al problema no puede derivar de la naturaleza que se atribuya al negocio como fenómeno jurídico/económico/jurídico-económico, sino deriva, por el contrario, de los valores que fundan el determinado ordenamiento jurídico, al interior del cual se sitúa la operación económica que las partes realizan[13]; operación económica que necesariamente asume carácter jurídico, puesto que, y no podría ser de otra manera, las partes, con la operación regulan en un cierto modo (la referencia es al eje de los intereses en juego) un conjunto de situación económicas identificando contextualmente posiciones subjetivas activas y pasivas, y, por ende, pretensiones y obligaciones[14].

La distinción entre estructura económica de la operación y superestructura jurídica parece ser ahora una inútil complicación derivada principalmente del descrédito cultural que tradicionalmente la esfera económica ha sufrido y en parte aún sufre, a favor de la forma jurídica, intrínsecamente ennoblecida, precisamente, porque está dirigida a asignar un sentido axiológico al momento eco-

---

11 Neta es la posición de R. VON JHERING, *Lo scopo nel diritto* (trad. it.), Einaudi, Turín, 1972, p. 231: «[La]autonomía de los individuos y de las asociaciones encuentra su límite en la critica que el Estado conduce en el interés del bien social: por ello, le compete el poder coercitivo, por ende, le compete también el juicio sobre los objetivos aplicados».

12 Para una completa y sugestiva revisión de la «idea de negocio jurídico», véase, G.B. FERRI, *Il negozio giuridico*, cit., pp. 7-71; sobre el aspecto citado en el texto, véase espec. p. 42, donde la referencia a «[...] una cierta recuperación de las teorías subjetivas; de las teorías que tienden a una cierta recuperación de las teorías que tienden a reconducir a la libertad o a la autonomía de los privados, el *momento* caracterizante del concepto de negocio y que, por ende, parece querer considerar el negocio más como *valor*, que como *hecho*. O mejor que ponen luz como en el reconocimiento de la regla negocial por parte del ordenamiento jurídico, la circunstancia que al ser «reconocida» ya sea una entidad que, ya de por sí, expresa un *valor* que, en alguna medida, condiciona y limita la *soberanía* y la *autonomía* del criterio legal valorante. En sustancia, el criterio de valoración normativo terminaría por adecuarse al objeto (en efecto, el negocio) de la valoración; podría decirse que la regla negocial o es aceptada por el ordenamiento jurídico o es rechazada, por lo que es» (cursiva del autor).

13 Cfr. también, G.B. FERRI, *Il negozio giuridico*, cit., p. 65: «En resumen, en los hechos, los privados pueden disponer solamente de su concreto conjunto de intereses; y, entonces, cuando estos han pretendido predisponer tal conjunto de manera coherente con la red de los principios previstos por el ordenamiento estatal, no parece aceptable reconstruir esta situación en términos de la denominada voluntad de los efectos jurídicos. Los privados, en el caso específico, si algo desean, es la compatibilidad entre la regla negocial que ha otorgado vida y los principios del ordenamiento».

14 Desde una perspectiva normativista, véase los aportes de N. IRTI, *L'ordine giuridico del mercato*, Laterza, Roma-Bari, 2009 (V ed.), p. 73: «La norma nos permite atribuir significado jurídico a los actos económicos, resolverlos en actos jurídicos y casos de los esquemas previstos» (cursivas del autor). «La norma nos permite atribuir *significado jurídico* a los otros valores jurídicos-económicos, es decir de resolverlos en actos jurídicos y casos de los esquemas previstos» (cursivas el autor).

nómico. Como se evidencia esta representación de la desvalorización de la economía motivada por el presupuesto radical según el cual el campo de lo económico es terreno de enseñanza de los valores individualistas, diversificado como preferible y mezquino utilitarismo y despiadado egoísmo, donde la esfera de lo jurídico intervendría en función de salvataje para mitigar las pretensiones individualistas en vista de las exigencias de la colectividad, considerada como sujeto autónomo titular de pretensiones propias. Lo que, como es igualmente evidente, no resuelve el problema del conflicto - humanismo y, por ende, incurable y perenne, pero benéfico - acerca de los contenidos de lo jurídico.

2. Valores del ordenamiento y valores del contrato

Si es necesario que el ordenamiento intervenga para sancionar, calificando en términos jurídicos, la conducta de las partes el riesgo será más el de una acrítica legitimación del poder de autonomía regulativa de los privados; entendido este último en el sentido más pleno y propio como poder, evidentemente, no sólo de hacer concretos valores expresados por el ordenamiento, a través de los «n» negocios jurídicos actuados, utilizando las formas jurídicas que el mismo ordenamiento ofrece; sino de poner *ex novo* reglas y formas - por ende: valores y técnicas de actuación de los valores - para construir ejes económicos correspondientes a los intereses de los sujetos involucrados en tales operaciones.

Por ende, se deduce que las posturas que sostienen la irrelevancia del momento pre jurídico no son propiamente las posiciones que insisten en la necesidad que el acto económico sea recibido de por sí, precisamente en cuanto el acto de autonomía privada y calificada por el ordenamiento jurídico, en estrecho vínculo de necesidad con la calificación efectuada por las partes, para que pueda asumir importancia, también, jurídica. En la medida de la primera postura en el caso en el cual la sanción del ordenamiento faltase, el acto de autonomía privada no sobrepasaría el umbral de la irrelevancia jurídica; donde a la medida de la segunda si faltase la recepción por parte del ordenamiento de los actos negociables de los privados, acontecería que no podría verificarse la integración del ordenamiento, en consecuencia, del desenvolvimiento del actuar económico y jurídico de los actos del mercado.

En función de ambas perspectivas se encuentra la comprensible exigencia de presentar la necesidad, la imprescriptibilidad y la no separabilidad del momento calificativo, en función ordenadora que es exactamente la función fundamental de cada regla a mayor razón cuando esta pertenezca a un sistema complejo[15], como

---

[15] Sobre el tema y para pertinentes consideraciones sobre el problema del cambio jurídico, véase E. DI ROBILANT, *La rilevanza degli ordini dinamici in una società complessa*, en: E. COLOMBATTO, A. MINGARDI (a cargo de), *Il coraggio della libertà. Saggi in onore di Sergio Ricossa, Rubbettino*, Soveria Mannelli, 2002, especialmente p. 222: «Lo que en la sociedad compleja aparece interesante y fecundo, en el plano del conocimiento y de la operatividad, está constituido por la presencia de *ordenamientos dinámicos*, vale decir órdenes de *principio* que se *autocorrigen* y dejan espacio a la *selección crítica* en el curso del proceso de la evolución. La presencia de

son los ordenamientos jurídicos; momento calificativo que siempre es prodrómico al momento de la recepción[16].

No es ncorrecto sostener que en el tema central, como se ha expresado, de la relación ordenamiento-negocio pueda, y quizás deba, ser vista en una óptica diferente de la tradicionalmente adoptada por la cabalística; no en el plano técnico formal (si se prefiere, dogmática) de la naturaleza y de la estructura del negocio jurídico y del ordenamiento (una postura que reduce nuestro problema a la interrogante si el negocio jurídico, por sus características propias e intrínsecas, consideradas en paralelo con las del ordenamiento es idóneo para producir normas jurídicas)[17], sino en el plano, que podemos decir en cierta medida funcionalista de la teoría general del ordenamiento[18], enfatizando la entrada sustancial de los valores filosóficos y políticos[19] que fundan el orde-

---

ordenamientos dinámicos da lugar a una competencia entre los ordenamientos dinámicos mismos y los ordenamientos estáticos, el más incisivo de estos es el Estado. En la sociedad compleja, se llega a crear una competencia entre el *orden estático* (o prevalentemente estático) *del Estado*, de una parte, y los *órdenes dinámicos desarrollados por la sociedad y por los individuos*, por otra (cursivas del autor).

16 Debates crítico-constructivos en G.B. FERRI, *Il negozio giuridico*, cit., p. 65: «El ordenamiento [...] no manifestaba voluntad que expresaba un consentimiento; verificándose la compatibilidad [entre negocio y ordenamiento], éste (si queremos aún utilizar la referencia un poco animista a una *voluntad*), no puede desear que el eje de intereses expresado por los privados no tenga importancia jurídica, porque esta relevancia actúa automáticamente y *se origina*, en consecuencia, del mismo ordenamiento. La constatación de la sustancial autonomía de los dos sistemas (del negocio y del ordenamiento) permite superar las antiguas y recientes doctrinas que han terminado por hacer del negocio jurídico una figura híbrida, resultante de una suerte de compromiso que se comprometía contemporáneamente con la construcción del instituto de ambos sistemas» (cursivas del autor).

17 And. D'ANGELO, *La buona fede*, en el *Trattato di diritto privato*, dirigido por M. Bessone, Giappichelli, Turín, vol. XIII, tomo IV**, 2004, p. 40, resalta, con claridad, que «son demasiado conocidos porque deben [...] ser aún recordados los términos de las agotadas y extenuadas disputas teóricas respecto a la distinción entre contenido y efectos del contrato y la imputación de estos a la autonomía o a la ley. Se advierte, entonces, la distancia del clima cultural a la cual estas problemáticas pertenecen; los tratados sobre el contrato de los últimos lustros o no son necesarios mencionarlos o se indican sobriamente, conservan un eco lejano y abiertamente desvaloran el relieve, excluyendo que se trata de «problemas positivos» [la expresión es de Rodolfo Sacco]».

18 Expresión que es simplemente entendida como esquema de razonamiento - por ende, instrumento de síntesis y no de análisis - el cual actúa para describir la relación subsistente entre el ordenamiento, como conjunto de valores representados por principios y por reglas y no como formalización de las relaciones normativas entre los diversos elementos del ordenamiento mismo y la acción individual.

19 Plenamente consciente de la necesidad de ponerse a favor o en contra, de determinados valores, es el célebre teórico del liberalismo (o si se prefiere del anarco-capitalismo, la versión radical del liberalismo clásico), M.N. ROTHBARD, *L'etica della libertà* (trad. it.), Liberilibri, Macerata, 1996, p. 41: «el científico político contemporáneo cree poder evitar la necesidad moral de los jueces y de poder contribuir forma a la política pública sin empeñarse en alguna posición ética definida. Y, más aún, cada vez que es avanzada una determinada propuesta política, en cuanto restringida o limitada, al mismo tiempo, deseada y no querida, se realiza un juicio ético más o menos válido» (cursivas del autor).

namiento[20], debiéndose así considerar los límites que la acción económica del individuo encuentra en las reglas, más o menos complejas, predispuestas por el mismo ordenamiento[21].

En efecto, con la conciencia que una red de reglas la función ordenadora y protectora de ésta no puede más faltar[22], antes que nada, la imposibilidad de actuación y de salvaguardia de las conductas económicas individuales

3. El negocio jurídico como medida de los límites de la autonomía privada

Entonces, no es necesario realizar el debate que ocupa a los estudiosos del negocio jurídico y que tiene por objeto un problema conceptual y definitorio. Precisamente, la noción de negocio; es más bien oportuno aislar los aspectos del debate que refieren a la diversas problemática de los limites puestos por el ordenamiento a la autonomía privada.

---

20 Es puntual la consideración de N. LIPARI, *Valori costituzionali e procedimento interpretativo*, en: *Rivista trimestrale di diritto e procedura civile*, 2003, p. 865 ss., a p. 867: «cualquiera que sea la idea de derecho de la cual procedemos, éste es ciertamente instrumento de calificación de bienes de la vida y, por ende, necesariamente implica, refleja o engloba juicios de valor».

21 En este sentido, véase G.B. FERRI, *Il negozio giuridico*, cit., p. 69: «[S]i es posible formular una hipótesis sobre el negocio jurídico y proponer una definición de éste, nosotros promoveríamos identificar el negocio jurídico como un acto vinculante de privada reglamentación de intereses que asumen positiva «importancia» para el ordenamiento estatal cuando los valores, del cual éste es portador, sean compatibles con los valores que el ordenamiento expresa». Véase, también en perspectiva bastante general, N. LIPARI, *Valori*, cit., pp. 867-868: «Cada regla o ley supone [...] el concepto de necesidad (*lex dicitur a legando*); así como la ley humana, como condición necesaria para quien actúa, supone también el concepto de libertad. La acción humana, en cuanto a un tiempo libre y obligatorio, resuelve la necesidad en exigencia ciertamente advertida y comportada; cada exigencia manifiesta un valor, la relación entre criterio de conducta o modelo de comportamiento y respeto de una regla no se somete más a la referencia de los índices de moralidad o de justicia expresados, en un determinado momento histórico, de un determinado contexto social».

22 G.B. FERRI, *Il negozio giuridico*, cit., p. 69: «[El] ordenamiento estatal (incluso el más liberal), precisamente porque la expresión de elecciones (ideológicas, políticas, morales, etc.) que tienden a dar una forma organizada al interior de la sociedad en la cual se desarrolla, establece, en coherencia con las propias elecciones, graduaciones de compatibilidad y límites de realizabilidad en los conflictos de los homogéneos y, a menudo y otras veces, contradictorios intereses que los particulares componentes del cuerpo social persiguen y, por ende, en las relaciones de las actividades individuales o de grupos que se hacen portadores de estos»; y cfr. R SACCO, *Contratto, autonomia, mercato*, en: R. SACCO e G. DE NOVA, *Il contratto*, cit., I, p. 18: «No se ha esgrimido que el Estado tenga siempre razones insuperables por contrastar la autonomía. Cuando el Estado estaba surgiendo, éste ha podido prever en su propia edificación por absolver tareas económicas totales (culturas parciales); sino ha podido también, alternativamente o complementariamente, desinteresarse de la economía o de una parte de esta, dejándolos operar libremente; y, después de ser mejor estructurado, puede contemplarse estos últimos estableciendo un sistema de órganos judiciales o esforzándose en la formulación de reglas (iguales para todos los libres o iguales para algunas clases de libres), dirigidas a regular o reconocer alienaciones, intercambios, promesas. Encuentra esta última solución en el derecho de los antiguos romanos, salvaguardado en el periodo intermedio y llegando hasta la època de las codificaciones y a nuestros días».

Suele necesariamente orientarse desde la postura según la cual el contrato es - variante: no puede no ser - productor de normas jurídicas, las cuales son afianzadas a las diversas de fuente estatal (función autopoiética de la autonomía privada)[23].

El tema, en los términos citados, como se ha señalado líneas arriba, deja abierto cierto margen de crítica[24].

Reflejándose en las razones que han brindado origen a este debate, la conclusión, en efecto, es que es surgido no tanto por una abstracta exigencia de análisis de los procesos sociales que han conducido, al mismo tiempo, a la formación de reglas[25] respetadas por las colectividades de referencia (reglas vinculadas sobre las que los participantes de una determinada comunidad están legitimados a fundar su propia confianza acerca de la conducta de los otros miembros), como, principalmente, por la necesidad de entender porque, y hasta qué punto, la acción económica (y hasta la acción humana *tout court*) de los individuos puede ser limitada, en sentido general, y dirigida a determinados fines, en sentido particular; y, entonces, la pregunta está estrechamente vinculada al precedente, si es legítimo introducir, por parte de los individuos, cambios normativos (reglas innovativas)[26], las cuáles llevarían a ampliar la trama de reglas del ordenamiento reequilibrándose desde el punto de vista de la producción normativa, la relación entre fuente colectiva y fuente individual[27].

No obstante, contemplada nuevamente la tormentosa situación definitoria y conceptual del negocio jurídico al interior de este marco de referencia, el problema en estudio puede ser reconducido al diverso de los límites de la

---

23 Para un adecuado encuadramiento del tema, véase R. SACCO, *Autonomia*, en: *Digesto delle discipline privatistiche - Sezione civile*, vol. I, Utet, Turín, 1987, p. 517 y ss.

24 Véase, C.M. BIANCA, *Le autorità private*, Jovene, Nápoles, 1977, p. 1: «Un problema que se presenta aún en doctrina es el que concierne a la posibilidad de contemplar en el negocio una fuente normativa de derecho objetivo. Las opuestas soluciones que son ofrecidas, es necesario advertir inmediatamente, no inciden sobre concretos aspectos de la disciplina y denotan, más bien, el carácter simplemente conceptualista del mismo planteamiento del problema».

25 Desarrollado en R. DAVID, *Sources of Law* (1981), en: *Int. Enc. Comp. Law*, vol. II, chapter 3, J.C.B. Mohr (Paul Siebeck)-Martinus Nijhoff Publishers, Tübingen-The Hague-Boston-Londres, 1984, pp. 14-24.

26 El tema, en clave económica, es afrontado por D.C. NORTH, *Istituzioni, cambiamento istituzionale, evoluzione dell'economia* (trad. it.), Il Mulino, Bolonia, 1994, especialmente el capítulo X («Cambiamento istituzionale e stabilità»), pp. 123-133.

27 Cfr. nuevamente, E. DI ROBILANT, *La rilevanza*, cit., p. 222: «Frente a la pluralidad y a la variedad de los ordenamientos dinámicos operantes en la sociedad compleja, el Estado tiende a constituirse como creador privilegiado de órdenes optimables, privilegiado por conocimiento («verdadera» o «mejor») y por valor. La premisa implícita de la pretensión de valor del orden estático puesto por el Estado, en efecto, es que el Estado está en capacidad de valerse del conocimiento fundado o mejor según la cual se valen los ordenamientos dinámicos, en cuanto no derivada de intereses de los consociados y fundada en premisas fuertes que deben ser aceptadas» (cursivas del autor).

conducta individual, el cual, desde el punto de vista económico, no encuentra, ni puede encontrar, objeción alguna, al menos bajo el perfil del juicio de valor, dirigido como es, a perseguir un objetivo subjetivo, ciertos datos (subjetivos y objetivos), mientras desde el punto de vista jurídico, puede dar lugar a objeciones, fundadas, precisamente, en juicios derivados, los cuáles se traducen necesariamente en los límites del autor, a la «autodeterminación económico-negocial»[28].

Manifestamos ello para resaltar una vez más cómo el tema de los límites de la autonomía privada se relaciona, y no podía ser de otra manera, con cada acción productora de efectos (subjetivamente orientada a la producción de determinados efectos) en la esfera jurídica del individuo que actúa, así como en la del individuo que ingresa en relación negocial (intercambio) con el primero.

Una interrogante sobre los límites jurídicos de la acción humana, puede surgir cuando más conductas negociales proponen a la colectividad de referencia - la colectividad dentro de la cual las conductas se materializan, reguladas como son por el ordenamiento jurídico de esta última - el problema de la tutela de sujetos que han compartido las conductas, en su momento originario y que, por ejemplo, negando brindar ejecución al contenido de su promesa (en el supuesto que la promesa de una determinada contraprestación representase la forma jurídica de la conducta). Es claro que para fundar razonablemente - con cierta esperanza en el juicio- la propia negación podrá tentar demostrar que el intercambio, el acuerdo, en consecuencia, el negocio, era injusto (para utilizar un adjetivo de inmediata disposición, pero que es también caracterizado por la polisemia). Y es, más bien, inimaginable que el sujeto que contraste tales pretensiones deberá ofrecer al juez argumentos fundados, por ejemplo, en la costumbre de la sociedad en referencia a determinadas prácticas de las relaciones.

4. Ordenamiento jurídico y valores filosóficos

Lo descrito como hipótesis de trabajo, no es infundado, parece tratar en esta los siguientes elementos de reflexión, los cuáles pueden revestir un alcance general: i) la referencia a una praxis constante, a un conjunto de reglas consolidadas en el tiempo[29], puede asumir importancia ya sea para sancionar nuestras prácticas, ya sea para impedir que de prácticas tradicionales sean derivados efectos jurídicos inesperados (al menos hasta dicho momento); ii) la operatividad de este sistema estable de reglas (ordenamiento) es una garantía

---

28 En este sentido, cfr. G.B. Ferri, *Il negozio giuridico*, cit., p. 57: «Respecto al negocio jurídico, la dificultad [de cómo resolver el problema entre libertad privada y autonomía estatal] nace del hecho que éste es un valor [...] destinado a confrontarse con el sistema de valores expresados por el ordenamiento estatal».

29 Puede verse el clásico trabajo de Sir P. Vinogradoff, *Custom and Right*, H. Aschehoung & C. (W. Nygaard), Oslo, 1925, p. 21 y sgtes.

para la colectividad, la cual conoce que a éste podrá confiarse para ser tutelada frente a pretensiones que contrasten con la tradición.

Entonces, el límite de la acción económico-negocial tiene su contraparte en la garantía y en la tutela; la prohibición de hacer algo se traduce en la tutela de los que han sufrido una coacción, y que desean, por consiguiente, evadir a la acción coactivamente asumida, así como de los que se han adherido a un programa económico-jurídico pero se resiste, en el momento ejecutivo, fundando su negación en la contraposición entre deberes y las obligaciones que derivan de éste y los principios y las reglas expresadas por el ordenamiento. Entonces, el problema es el conflicto entre objetos subjetivos y valores objetivos del ordenamiento, en tutela de algunas pretensiones abstractamente inimaginables.

En un nivel de análisis un poco más refinado, se introducirá un elemento nuevo: es posible imaginar situaciones en las cuáles lo que se encuentra más allá de los límites previstos por el ordenamiento lo desarrolle deliberadamente (y su presupuesto reposa en razón de la atipicidad negocial, manifestación de la creatividad del individuo)[30]. En este caso, el límite actúa en un sentido diverso: no protege más a un sujeto de una pretensión (ilegítima) ajena; sino para garantizar únicamente la observación de ciertos valores en los cuáles la comunidad continúa reconociéndose (variante: en los cuáles los jueces manifestarán que la colectividad continúa reconociéndose). Puede presentarse que tales límites no sirven para la tutela de algún interés concreto, sino sólo valores tradicionales, cuya relevancia, más bien, parece en el estado actual insuperable.

Entonces, sin desear arribar a consideraciones de carácter sociológico y antropológico[31], la discusión, sin una completa serie de datos referencia[32], arriesga de ser banales y, por consiguiente, superficial, es resaltada como otra razón

---

30 Sin embargo, véase la perspectiva de N. IRTI, *L'ordine giuridico del mercato*, Laterza, Roma-Bari, 1988 (I ed.), pp. 145-147, donde la consideración que «[el] atípico, absoluta y radicalmente atípico, es extraño al derecho, el cual procede (y debe necesariamente proceder) mediante la reducción de los fenómenos dentro de los esquemas ya previstos» (p. 145; cursivas del autor).

31 Para una síntesis histórica-antropológica del concepto jurídico de contrato, véase, J. GORDLEY, *Contract in Pre-Commercial Societies and in Western History* (1995), en: *Int. Enc. Comp. Law*, vol. VII, chapter 2, J.C.B. Mohr (Paul Siebeck)-Martinus Nijhoff Publishers, Tübingen-Dordrecht-Boston-Lancaster, 1997, pp. 3-11. Más en general, se debe recordar el conocido trabajo de N. ROULAND, *Antropologia giuridica* (trad. it.), Giuffrè, Milán, 1992, *passim*, en especial pp. 255-272, sobre las relaciones contractuales.

32 Véase F.A. VON HAYEK, *Legge, legislazione, libertà* (trad. it.), Il Saggiatore, Milán, 2000, pp. 96-99, especialmente p. 96: «Los principales puntos sobre el estudio comparado del comportamiento ha tomado un importante cauce, para lo que refiere a la evolución del derecho, son, en primer lugar, el haber aclarado que los individuos han aprendido a observar (y a sancionar) reglas de conducta mucho antes que tales reglas pudieran ser expresadas de manera verbal; y, en segundo lugar, haber mostrado que estas reglas han sido desarrolladas porque conducen a la formación de un orden en las actividad al interior del grupo».

que justifica la existencia de un ordenamiento, sea el de ofrecer un instrumento de certeza en la resolución de las controversias, y, en sentido general, un instrumento de orden de la colectividad. Certeza fundada en el respeto de determinados valores y perseguida a través de la observación de las normas específicas en que tales valores han sido traducidos. Esta perspectiva invoca la centralidad de la denominada ideología (individual y colectiva) en la construcción del tejido social[33].

En este sentido, también las discusiones sobre la estructura del ordenamiento jurídico deberán más oportunamente dejar campo a las discusiones sobre el contenido del ordenamiento jurídico, puesto que, generalmente, toda colectividad organizada tendrá necesidad de fundarse en determinados valores filosóficos-políticos, no inmutables, pero sí relevantes estatalmente[34], los que en el curso del tiempo, alterándose fases de mayor o menor conflicto, señalarán un orden a la convivencia entre individuos.

5. La polémica Emilio Betti y Giuseppe Stolfi: a propósito de la libertad y de los límites del acto negocial

Por ende, aclarando como la relación entre ordenamiento y conducta individual (en el sentido de conducta jurídica y económica) puede ser mejor comprendida si consideramos la perspectiva de los límites que la misma conducta individual encuentra en el ordenamiento, permaneciendo así en la sombra el carácter auto/hetero-normativo del negocio jurídico, nos parece oportuno detener nuestra atención en una célebre polémica científica que involucra a

---

33 Véase, también, F.A VON HAYEK, *Legge*, cit., p. 90: «Pocos temas son menos creíbles para la mayor parte de los hombres dotados de sentido de la concreción y son desarrollados por la escuela de pensamiento político actualmente dominante, como lo que es calificado como ideología tiene el poder de dominar a los que se creen libres de esta hasta de los que la profesan conscientemente. Más aún, pocas cosas deberán impresionar el estudio de la evolución de las instituciones sociales del hecho que la determina de manera decisiva no son tanto las opiniones favorables o no sobre las consecuencias inmediatas, sino los preconceptos generales en base al cual deciden los problemas particulares. El poder de las ideas abstractas se funda ampliamente en el hecho que estas no son conscientemente sostenidas como teorías, sino son tratadas por la mayoría de la gente como verdades autoevidentes que actúan como premisas tácitas».

34 Cfr. F.A. VON HAYEK, *La società libera* (trad. it.), Rubbettino, Soveria Mannelli, 2007, pp. 169-170: «Como todos los otros valores, nuestras costumbres no son un producto sino un presupuesto de la razón, son parte de los objetivos para servir a nuestro intelecto, que se ha desarrollado como instrumento. En cualquier estadio de nuestra evolución, el sistema de los valores en el cual nacen desarrolla los objetivos a cuyo servicio nuestra razón debe presentarse. Este carácter de la estructura de los valores implica que debemos luchar siempre para mejorar nuestras instituciones, pero no podemos más confiarles completamente y que, en nuestros esfuerzos por mejorarlas, debemos aceptar como verdaderas muchas cosas que no entendemos. Debemos siempre trabajar al interior de una estructura de valores y de instituciones que no es obra nuestra. En particular, no podemos más construir apriorísticamente un nuevo cuerpo de normas morales o hacer depender nuestra observación de las normas por comprensión de sus implicancias en una determinada circunstancia».

ilustres civilistas, la cual es muy instructiva, ya que la claridad teórica y argumentativa de las respectivas posiciones[35] permite remediar con provecho, el problema en análisis, tomando en cuenta el fundamento de nuestra postura.

6. Individuo y ordenamiento en Stolfi

Comenzaremos expresando que presentar la polémica únicamente como desencuentro de construcciones técnico-jurídicas[36] opuestas del negocio (voluntad *versus* declaración), es desvariado y reductivo.

Ciertamente, el rol de la voluntad, al interior del negocio, toma un rol central en la polémica, pero no es importante desde el punto de vista técnico - en efecto, como elemento esencial del negocio-; es considerado como vehículo de recuerdo entre los valores expresados por el ordenamiento y los valores expresados por los privados que actúan negocialmente[37].

Stolfi inicia recordando con solemnidad que «si es verdad que la realidad es diversidad, no es menos verdad que el pensamiento es unidad. Pensar es lo mismo que re-vincular las diversas normas a algunos principios o mejor aún, a un principio que tenga solo justificación racional. Por esto, quien no quiera insertarse en la banal *exégesis del texto, debe vincular el íntimo nexo para determinar a través de su aparente desorden en el sentido sobre el cual todos se basan* [...]»[38]; este

---

35 Consideramos las siguientes obras: E. BETTI, *Teoria generale del negozio giuridico*, ESI, Nápoles, 1994 (reimpresión corregida II ed.); ID., *Il negozio giuridico in una pubblicazione recente*, en: *Giurisprudenza italiana*, 1947, IV, c. 137 y ss.; ID., *Negozio giuridico*, en: *Novissimo Digesto Italiano*, vol. XI, Utet, Turín, 1965, p. 208 y ss.; ID., *Autonomia privata, ibíd.*, vol. I², Utet, Turín, 1958, p. 1159 e ss.; G. STOLFI, *Teoria del negozio giuridico*. Cedam, Padua, 1947; ID., *Il negozio giuridico è un atto di volontà* (1948), en: ID., *Studi di diritto privato*, Giuffrè, Milán, 1980, p. 372 y ss.; ID., *Negozio giuridico*, en: ID., *Note di giurisprudenza e saggi di vario diritto*, Giuffrè, Milán, 1981, p. 787 y ss. Una contribución notable para el análisis de la polémica, está representado por: N. IRTI, *Il negozio giuridico come categoria storiografica* (1990), en ID., *Letture bettiane sul negozio giuridico*, Giuffrè, Milán, 1991, p. 41 y ss.; G.B. FERRI, *Il negozio giuridico*, cit., espec. pp. 44-46; ID., *Il diritto statuale e il suo doppio* (1988), en ID., *Le anamorfosi del diritto civile. Saggi*, Cedam, Padua, 1994, p. 125 y ss., especialmente pp. 135-136; ID., *Il negozio giuridico e le idee di Luigi Carriota Ferrara*, en: *Rivista di diritto commerciale*, 1995, I, p. 693 y ss., especialmente pp. 699-700.

36 Significativo, en este sentido, nos parece la opinión del mismo G. STOLFI, *Teoria*, cit., p. VIII, nota 1: «Este libro está destinado a los estudiantes y a las personas cultas». A nuestro juicio, tal afirmación puede ser vista en el sentido que la obra quiere cumplir dos necesidades: en tanto, la formación de los futuros juristas; pero también, y sobre todo – téngase en cuenta que el volumen fue publicado en 1947 –, la formación, política- jurídica, en sentido extenso, de cualquier persona interesada a la reconstrucción cultural y social de Italia en la fase sucesiva al fascismo. De aquí, la exigencia de insistir más en los valores que en los tecnicismos. Exigencia que fue tomada plenamente por Betti: véase la nota 37.

37 De otra parte, el mismo Betti era perfectamente consciente: E. BETTI, *Il negozio*, cit., c. 137: «El espíritu que anima el tratamiento del negocio jurídico brindada por STOLFI, no puede ser rectamente entendido sin ser puesto en relación con la orientación general del autor, como se deduce de precedentes tomas de posición [...] y de una serie de apreciaciones, a menudo en la sustancia de carácter moral más que técnico-jurídico contenidos en este libro».

38 G. STOLFI, *Teoria*, cit., p. IX (cursivas nuestras).

principio [es] el que por siglos constituye el signo de distinción del derecho civil: el respeto escrupuloso de la autonomía de la voluntad individual, entendida en el más amplio significado»[39]. En particular, porque los hombres pueden vivir el uno junto al otro y, por ende, unir los vínculos familiares que dan sentido a la vida o intercambio de bienes y servicios que permiten vivirla, sin sentirse jamás estorbado, por la coexistencia ajena sucede que, cualquiera de estos puede actuar como más le parezca conveniente, cualquiera sea el estímulo o la ocasión [...] al explicar su propia actividad, sufriendo los daños y disfrutando las ventajas de la determinación del tiempo, presentándose una fase de mayor o menor conflicto, señalaremos un orden a la convivencia entre individuos, se considera la libertad del hombre como árbitro capaz de asumir los esfuerzos que le portan ventajas y de adquirir los derechos que considere [...]»[40]. En esta perspectiva, Stolfi resalta que en el negocio jurídico no es «[...] una simple noción técnica[...] sino [...] la consecuencia del principio político de la autonomía de la voluntad[41], precisando que «los derechos [comprendidos especialmente en el sentido del Código Civil francés, del Código Civil italiano de 1865 y del nuevo Código italiano de 1942 [...] proteje la libertad del hombre, el cual actua por voluntad del individuo mediante el negocio jurìdico: este es, si no me equivoco, la ense*ñanza del pasado en que se buscamos y encontramos las razones del presente que nos sirven para guiar el porvenir*»[42].

En efecto, el nexo entre libertad y voluntad[43], como poder de autodeterminación del individuo, Stolfi procede en el análisis de los límites dirigidos a evitar los inevitables riesgos de abuso: «el derecho en general -y el derecho civil en especial- no es ni puede ser una creación fortuita o estrambótica del legislador, porque sirve para garantizar, según justicia, los intereses y derechos de todos contra el eventual arbitrio ajeno o deber tener «esencia de necesidad moral» [cit. de Giuseppe Capograssi] más que al carácter imperativo: si los hombres no pueden ser libres de sí y árbitros de su decisión preeligiendo vincularse, el legislador debe proveer que la libertad del uno, actuada, no viole la idéntica libertad ajena. Por esto, éste debe absolver con dignidad (y respetando, precisamente, la dignidad del prójimo) el arduo trabajo, que desde siglos se ocupan legisladores y juristas, de establecer como son decididas las controversias, dictando no una solución, sino la que más se adecúe a la inten-

---

39 *Ibídem*, resaltamos que la *Introduzione* (pp. VII-XXVIII) es significativamente titulada «*Libertas est radix voluntatis*».

40 *Ibídem*.

41 *Ibídem*, p. XII.

42 *Ibídem*.

43 G. STOLFI, *Teoria*, cit., p. XIII: «[L]a libertad individual es el presupuesto de la acción humana, en el sentido que permite al individuo decidir si se trata o no de dar vida a una relación cualquiera obedeciendo a las exigencias de las cuales sólo es juez, al mismo tiempo, al cual compete constituir el límite a la acción porque compromete y puede comprometer únicamente su patrimonio. Entonces, decidir si permanece libre de vínculos o si, más bien, los pone en acción, es la primera esencial característica de la autonomía de la voluntad» (cursivas del autor).

ción de los individuos y al índole de la relación según las supremas certezas morales como suele suceder cuando se desea que el ciudadano sienta el deber de observar la ley (se entiende estatal) y no sea constreñido a someterse a un ordenamiento diferente [...]»[44].

Lo que significa que «[...] el hombre es arbitro de establecer como obligarse, es decir, limitar o ampliar a su parece el vínculo, como originarlo, respetando el orden público y la buena costumbre [...]»[45]. Entonces, la siguiente presunción asume intención, debida y significativamente, retórica: pero si las partes determinan *ex voluntate* el nacimiento y también los efectos del negocio, ¿se podría considerar como superflua la función del ordenamiento jurídico y en particular el estatal?»[46].

La respuesta no puede sorprender: «evidentemente no: sostener algo similar y afirmar la absurda tesis que los individuos establezcan en sí normas de derecho objetivo sería lo mismo o es de conocimiento de todos que los intereses pueden, con su manifestación de voluntad de disponer únicamente de sus derechos subjetivos y, en la realidad, sólo de estos disponen [...]. En realidad, la función de la palabra es doble, en el ordenamiento, cualquiera que éste sea, necesita siempre ocuparse a aceptar si los actos son o no válidos, y que limites tiene; en el ordenamiento estatal se debe recurrir en caso de incumplimiento para imponer coactivamente el respeto del vínculo surgido. Entonces, la norma constituye el criterio de juicio de la acción y proporciona el medio de coacción [...] [R]econocer el derecho de todos los hombres a vincularse *ex voluntate* con los otros y, si fuera el caso, más allá de ello, hace surgir la eventualidad que entre estos se disputan la existencia y el ámbito de los recíprocos derechos. Esta controversia no se puede dirimir sin confiarse a una voluntad superior a la de los intereses. Con tal fin se hace referencia al ordenamiento: dada la relación que la formación de un acto cualquiera hace nacer entre la voluntad y la norma, entendida la primera como causa y la segunda como el reconocimiento del efecto deseado, el término de relación necesaria entre lo establecido y el que habría debido ser está constituido por el ordenamiento»[47].

---

44 *Ibídem*, pp. XII-XIII.

45 *Ibídem*, p. XIV.

46 *Ibídem*, p. XVII.

47 *Ibídem*, pp. XVII-XVIII. Y véase, también, pp. 5-6: «La manifestación [de voluntad] *busca* a producir un determinado efecto. Esto quiere decir que la voluntad debe ser intencionalmente dirigida a producir el efecto perseguido por el declarante [...]. El efecto debe ser *jurídico*. La intención de los particulares debe ser, finalmente, dirigida a otorgar vida no a una relación en sí, sino a una relación jurídico, es decir que sea tutelada por el derecho: en el supuesto, del derecho estatal. [...] Entonces, me refiero de efecto jurídico, en antítesis al efecto práctico o empírico, para indicar que el primero debe ser protegido por la norma y el segundo prescinde de la norma [...]» (cursivas del autor); e, *ibídem*, la nota 1: «[...] Ningún negocio se podría [...] cumplir si se requiriese la previsión de todas las hipótesis posibles y el conocimiento de la solución de todas las futuras controversias, porque ningún jurista promedio puede imaginar las primeras y formular con seguridad

En Italia, la libertad de querer ha sufrido el ataque por parte de la «[...] intervención del Estado en la economía, por la cual se podría sentirse inducido a considerar la decadencia o al menos de ocaso de la autonomía de la voluntad [...]. Si el hombre puede ser por la autoridad pública constreñido a concluir o no los actos públicos o a realizarlos en las condiciones por esta determinada o directa o indirectamente, ¿cómo se suele expresar que el acto surge *ex voluntate*?»[48].

El peligro, para la libertad individual, es simbolizado por el fenómeno de la denominada economía controlada[49]: « Lo malo es que los redactores del nuevo código (1942) estimaron legalizar [...], como si el derecho civil no debiese constituir la garantía de la libre determinación de los individuos sino debiese desarrollar, a quien se haya apoderado del Estado y ocupe los puestos de dirección, el medio para oprimir al individuo en nombre del bien público que se invoca especialmente cuando a golpe de decretos se vulneran los derechos y el patrimonio de los ciudadanos. Por esto se ha deseado insertar en el Código Civil algunas reglas directas y afirmar: «la perenne e inmanente sujeción de la voluntad individual a la orden de la ley» [Rel. min., n.627]. En pocas palabras, a este propósito se ha retirado en el hombre incluso del campo del derecho privado toda defensa contra la opresión (y en modo especial contra el Estado, que parece convertirse en opresor por definición) [...]»[50].

Después de lo manifestado, Stolfi busca responder a una segunda pregunta: si los agentes legislativos dirigidos a potenciar el rol del Estado regulador han tenido efecto, en el sentido de ser compartidos por la colectividad; y la respuesta es negativa: «[T]anto ha sido asiduo el legislador al multiplicar las disposiciones más extrañas, como han sido impertérritos los ciudadanos al violarlas o más frecuente el actuar negligentemente contra estas [...]»[51].

---

las segundas, siendo pocas las cuestiones porque se resuelven al mismo modo. Lo interesante no es que los individuos sepan o deseen todas las consecuencias del acto. Lo importante es que estos hayan «querido», es decir, que entre el permanecer libres y el obligarse hayan optado por esta segunda eventualidad; no pueden presentarse ilusiones o errores acerca del vínculo para substraerse de las consecuencias de haber deseado, las cuales, son, si es el caso, determinadas por la ley, por los usos y por la equidad». Ya que al ordenamiento le compete reconocer los efectos de la manifestación de voluntad de las partes (juicio de compatibilidad vinculado con la cuestión de la relevancia jurídica), Stolfi, más adelante, critica «[...] que las personas, físicas o jurídicas, son libres de cumplir todo lo que la ley no está prohibido, directa o indirectamente. Sin embargo, expresar esto es lo mismo que reconocer la imposibilidad de ceñirse finalmente al intento de delinear una teoría general del contenido (permitido) del negocio jurídico: entonces, como el derecho privado busca trazar los límites dentro de los cuales debe explicarse la libertad de la actividad de los hombres, no tanto interesa describir lo que se puede hacer cuando es necesario establecer lo que está prohibido» (p. 205).

48 *Ibídem*, p. XIX.

49 *Ibídem* p. XXI. Se trata de un fenómeno, como resalta el mismo Stolfi (p. XIX), no ciertamente destinado a agotarse con el fascismo.

50 *Ibídem*, p. XXI.

51 *Ibídem*, p. XXV.

Este contraste entre derecho positivo y sentido común de justicia ha producido «[...] la crisis de la ley, que muchos lamentan como uno de los productos más alarmantes de nuestra época, pero que, a mi parecer, es más bien el testimonio más solemne de la exigencia imperiosa que estamos sintiendo desde hace tiempo, respetar y que sea respetado el derecho, y la justa regla de conducta: - regla, en cuanto sirve de criterio de juicio de toda acción humana; - justa, en cuanto por la conciencia del hombre y en la voluntad de los ciudadanos basa su poder vinculante y en el arbitrio del legislador el cual estima suficiente promulgar una ley para constreñ*ir a los particulares de realizar algo o abstenerse, según una antigua costumbre autoritaria, sobre el cual suelen ironizar los poderes*»[52].

7. Individuo y ordenamiento en Betti

La réplica de Betti es respetuosa, pero confirma la incompatibilidad, antes que nada, cultural y política de las dos posturas. Que sea correcta nuestra afirmación, presentada como premisa, según la cual el problema del dogma de la voluntad no ha tenido, en la polémica, alcance general, resulta evidente de las siguientes palabras del mismo Betti: «[E]l libro de Stolfi expone una teoría del negocio jurídico que, siendo basado en el principio de la voluntad del instituto, ofrece una perspectiva íntegramente dominada por el dogma voluntarista. Lo que no significa que sea errada, sino solamente que es unilateral, y de una unilateralidad a la cual requiere reconocer el valor de la coherencia [...]»[53]. Pero Betti, ampliando la perspectiva del análisis, critica a Stolfi, por haber este último «[...] mostra[do] estar dispuesto a quemar incienso [a una nueva deidad (que es un antiquísimo ídolo)]: el Individuo con la I mayúscula. A nuestro parecer, un culto similar cuando sea tomado en serio, menos dirigido a la anarquía en el campo del derecho privado; y esto no nos parece un resultado augurable. Nosotros espíritus libres podemos, igualmente, reconocer que la tendencia anárquica afirma una exigencia de justicia que perennemente se renueva como control a las diversas organizaciones reaparecidas, conservadoras del privilegio [...], pero no podemos francamente contemplar en la soberanía del individuo el ideal positivo de un orden nuevo del derecho privado ni mucho menos un canon plausible de interpretación de código civil destinado a una sociedad moderna» [54].

Asimismo, Betti considera que «[...] si es necesario contemplar en que consiste la «libertad individual» según Stolfi, cuando éste se ocupa del «presupuesto de cierta acción humana», se puede darse cuenta que se equivoca entre la iniciativa, que es indubitablemente de competencia del individuo, y la determinación de los efectos jurídicos, por la cual, más bien, debe sostenerse

52 *Ibídem*, pp. XXV-XXVI.
53 E. BETTI, *Il negozio*, cit., c. 137.
54 *Ibídem*, c. 144. Betti, más adelante, declara que «[...]rechazar cualquier intento de instaurar un nuevo culto del individuo o nuevas formas de atomismo social [...]» (*ibídem*).

otro discurso [...]: como si no fuera el mismo orden jurídico que atribuye a los privados, salvo la observación de ciertos deberes y límites, la competencia normativa por la posición de los que, a diferencia de las normas jurídicas, son simples órdenes complementarios, [...] y que se desinteresan de la regulación de las situaciones jurídicas posteriores»[55].

Entonces, Betti resalta que Stolfi «[...] se ocupa de «límites colocados en la autonomía privada» (p.205) y se corrige precisando que las personas son libres de realizar todo lo que por la ley no sea prohibido directa o indirectamente» (ibídem) [véase, *supra,* el párrafo citado en nota 47, *in fine*]; pero lo hace sin convicción y sin elaborar una teoría de los límites[...]. Este parece más bien hacer caso a la fórmula según la cual el contrato tiene «fuerza de ley entre las partes» (p.203) tanto de llegar a preguntarse si no puede decir superflua la función del ordenamiento jurídico» desde el momento que «las partes determinan *ex voluntate* el nacimiento de los efectos del negocio» (p. XVII); pero está lejos de la reflexión que cualquier «ley» presupone una correspondiente competencia normativa, y no piensa proponerse el tema de la competencia conferida a la autonomía privada: competencia que tiene un valor positivo y límites definidos, y cuyo problema, ciertamente, no se soluciona con un reenvío al principio de la libertad individual»[56].

---

55 *Ibídem,* cc. 138-139 (cursivas del autor). Betti, asimismo - resalta como el mismo Stolfi reconoce que las consecuencias jurídicas de la manifestación de voluntad de las partes están determinadas por el ordenamiento (en este sentido, Stolfi, como hemos visto, resalta expresamente la función integradora del art. 1374), como estas últimas no pueden arbitrariamente someterse - permiten exponer las siguientes objeciones: «Vincular nuevamente una responsabilidad a la explicación de la iniciativa del individuo no puede constituir el contenido de su misma voluntad, sino solamente una consecuencia de la apreciación del orden jurídico según las perspectivas generales de éste». Y agrega Betti:«Que, en realidad, la autonomía privada no se agota en un hecho psicológico individual como la voluntad, sino se refiere a la vida en relación y configura un fenómeno social, del cual la voluntad es un momento importante, pero no más que un momento, bastará indicar una vez por todas, que el fin de medir la unilaterialidad de esta teoría».

56 *Ibidem,* cc. 142-143. Es necesario precisar que la interrogante formulada por Stolfi (véase, *supra,* texto y nota 46) tiene un carácter manifiestamente retórico; por ende, la crítica de Betti parece débil; además, es resaltada la afirmación de Stolfi, citada literalmente por Betti, por la cual «las partes determinan *ex voluntate* el nacimiento y el conjunto de los efectos jurídicos del negocio», se inserta y es comprendida en el ámbito de la citada interrogante retórica: Stolfi, como ha sido indicado (véase, *supra,* texto y nota 5), separa netamente la voluntad de los privados, la cual sólo aspira a conseguir un determinado resultado negocial, de los efectos jurídicos que de la manifestación de voluntad conseguirán efectivamente, en fuerza de lo previsto por el ordenamiento. Parece, entonces, que Betti traiciona el «[...] canon de interpretación psicológica [...] que no podría ser olvidado ni siquiera por nosotros los juristas en la comprensión y valoración de las contribuciones que otros otorgan a la obra común [...]. [N]o sólo es incivilizado y fuente de vana polémica retirar frases de su contexto y privarlas así como de su *vis* argumentativa, sino también fuente de malas interpretaciones e incentivo de lucha contra molinos de vientos, la desintegración argumentativa ajena y la pérdida de visión total y la unidad orgánica del pensamiento ajeno» (E. BETTI, *Il negozio,* cit., c. 137).

El fondo de la crítica bettiana (política e ideológica, y lo decimos sin atribuir algún significado negativo a la expresión) se refiere al poder autonormativo de los privados, la que se acoge con aquiescencia, reposa en una perspectiva de funcionalización de la autonomía privada[57], dirigida a limitar la esfera de acción de los privados a perseguir valores solidarios: «si existe un dato seguro en la más reciente evolución de esta sociedad no sólo en Italia, sino en toda Europa continental, es la creciente afirmación de las exigencias de solidaridad social a través de múltiples caminos, que conducen a circunscribir la libertad individual. Y también fuera de Europa sociedades nacionales que, por su tendencia individualista y su riqueza de recursos económicos, parecen las más reacias a los citados vínculos, han mostrado en tiempos más recientes arribar al imperio de tales exigencias»[58].

Betti concluye: «que ciertos experimentos de control social, para nosotros, no son felizmente alcanzados y hayan dado lugar a arbitrariedades; no significa que no subsistan los problemas que estos pretenden resolver, ni nos autoriza a regresar a las concepciones individualistas de hace un siglo (concepciones, cuya génesis es antecedente de la experiencia de las enormes repercusiones sociales de la denominada revolución industrial): significa, que la necesidad de reconocer caminos diversos y ponderar medios más idóneos, sin olvidar en todo

---

57 Como intentaremos argumentar más completamente enseguida, Betti, resaltando el principio solidarista, cumple una clara elección política en defensa de ciertos valores, contra otros (principio individualista), teniendo claro que detrás de la intervención técnica se esconde una intervención política, teniendo además claro el fisiológico cambio de los valores.

58 E. Betti, *Il negozio*, cit., c. 144. La referencia es, obviamente, a los Estados Unidos de América, por lo que conviene recordar, por ser propio del mundo anglosajón, que John M. Keynes, ya en 1926, publicó la Sydney Ball Lecture, realizada en Oxford el 6 de noviembre de 1924, bajo el título de *The End of Laissez-faire*: «La conclusión de Keynes es que el problema de la esfera propia del individuo y de la acción del Estado no puede ser resuelto en una base abstracta. Cada época parece sugerir que debe saber distinguir entre lo que el Estado debe confiar al individuo; o en la terminología de Bentham, entre *agenda* y *no-agenda* por parte del gobierno. [...] Keynes pasa a definir lo que se presenta como el criterio de utilidad pública, que debe guiar la intervención del Estado. «Debemos señalar -escribía- separando los servicios que son técnicamente sociales de los que son técnicamente individuales». Los temas más importantes relativos a los *agenda* se refieren «no a las actividades que los individuos privados ya desarrollaron, sino las funciones que se colocan más allá de la esfera del individuo, las decisiones que ninguno toma si no son tomadas por el Estado». La cura contra los males derivados del «riesgo, incertidumbre e ignorancia» exigía «el control deliberado de la moneda y del crédito por parte de una institución central y (...) la recolección y la difusión de los (...) hechos que se ocupa la economía»» (R. Skidelsky, *John Maynard Keynes*, II. *L'economista come salvatore. 1920-1937* [trad. it.], Bollati Boringhieri, Turín, 1996, pp. 297-298); así, en 1942 Sir William Beveridge dirigía el famoso *Report on Social Insurance and Allied Services*: «Building on three basic assumptions, a National Health Service, universal family allowances and full employments [...], Beveridge proposed a system of national insurance for all citizens against retirement, unemployment and disability, centrally administered, and financed by equal contributions for employers, employees and the state, with equal benefits set at a physical subsistence level» (R. Skidelsky, *John Maynard Keynes*, III. *Fighting for Freedom. 1937-1946*, Penguin Books, New York, 2002, p. 267).

caso que de la solidaridad social es una exigencia que no significa olvidar, en todo caso, que de la solidaridad social es una exigencia que no se identifica con la injerencia del Estado en la economía y no se satisface por sí sola»[59].

8. Individuo, ordenamiento jurídico y voluntad general en Stolfi

La contrarréplica de Stolfi no se hace esperar: ésta se propone demostrar que, en el plano técnico jurídico, también el legislador de 1942, «[...] ha manifestado no tener alguna intención de abandonar el dogma de la voluntad [...]»[60]; y tal asunto es corroborado por el contenido, entre otros, del art. 1362 inc, 1 del c.c :«Más allá del sonido de las palabras, se debe buscar el intento de las partes para aceptar el significado subjetivo que el declarante otorgaba a su manifestación»[61] y del art. 1418, inc. 2: «Todo negocio jurídico supone la coincidencia entre manifestación y la voluntad: en caso de divergencia, el acto es inválido porque no ha sido deseado. Debido al art. 1418 al. 2, no podemos otorgar crédito a las palabras o a los gestos del declarante para imponerle seguir el negocio inválido, ni mucho menos alegando como pretexto la exigencia de tutelar la conocida expectativa del destinatario, porque ninguno puede argumentar por

---

59 E. Betti, *Il negozio*, cit., c. 144.

60 G. Stolfi, *Il negozio*, cit., p. 389. Asimismo, éste considera como «[...] durante la reforma del código civil se pretende vincular al cambio de orientación política del país también la elección de la solución por prescribir acerca de la divergencia entre voluntad y declaración [cfr. Rel. min., n. 624]. Se antepone que la concepción individualista del liberalismo hacía considerar el negocio jurídico como una manifestación de voluntad, cuya esencia se concentraba en el efectivo propósito y cuya eficacia se conmensuraba a la medida del intento, así como para interpretar el acto bastaba comprobar la intención de las partes. Repudiados los principios individualistas, se expresa que - ¡sin desconocer el elemento subjetivo de los contratos!- el nuevo código debía otorgar prevalencia a la certidumbre de la confianza y a la exigencia de estabilidad de las relaciones. Y, por ende, para interpretar el acto en las propuestas o a las declaraciones de cierta parte, solía atribuir no el significado subjetivo en que le comprendía a esta o a la contraparte, sin embargo, el significado objetivo en el cual el aceptante podía o debía razonablemente comprender según el criterio de la buena fe y de la corrección lógica impuesta por el principio de solidaridad, significa que es el normalmente reconocible y sobre el cual la contraparte debía tener segura confianza. Por esto, el art. 230 del proyecto ministerial del libro de las obligaciones, después de haber reproducido el antiguo art. 1131 que ordenaba indagar la común intención de las partes, se obtiene explícitamente que, para determinar esta última, suele otorgar *«a la declaración de cualquier contratante el significado que el otro podía en buena fe atribuirle»*. Si este inciso hubiese sido mantenido, la doctrina dominante podría invocar un argumento textual importante, porque el intérprete debería expresar no lo que uno haya deseado sino lo que el otro podía o debía de buena fe entender. Así como, al compilar el texto definitivo, es eliminada precisamente el agregado subreferido [...].
De hecho, el art. 1362 al. 1 dispone: «al interpretar el contrato se debe indagar cual ha sido la común intención de las partes y no limitarse en el sentido literal de las palabras «. De tal manera, reproduce incisivamente la regla que el art. 1131 había sido deducido por el conocido fr. 219, Dig. *de verb. sign.*, 50, 16: *«in conventionibus contrahentium* voluntatem *potius quam verba spectari placuerit»* y por la cual argumentaba, habitualmente, que el código abrogado había tomado la teoría tradicional de la voluntad » (pp. 389-390; cursivas del autor). La misma línea argumentativa es retomada también en Id., *Negozio*, cit., p. 842.

61 G. Stolfi, *Il negozio*, cit., p. 389.

su buena fe de haber adquirido el derecho que la contraparte no pretendía concederle. Sabemos que semejante tesis puede ocasionar un da*ño notable al destinatario de la declaración. Pero este relieve no constituye un motivo suficiente para constreñir al declarante lo obligación que éste no ha querido asumir, ni siquiera puede ser imputada culpa alguna, porque este puede originar una pretensión de reparación de los daños pero no es posible sustituir el consentimiento faltante*»[62].

Pero, en la perspectiva de estas páginas, importancia particular asume lo afirmado por Stolfi en conclusión: «Al reasumir en estas breves proposiciones la idea fundamental de mi libro, puedo afirmar haber demostrado su exactitud en base al código de 1942: no me he hecho impresionar por las necesidades o supuestos de los tráficos, ni por las exigencias más o menos plausibles de la dogmática, y principalmente, no he cedido al prurito de dar a las normas de ley el significado más afín a mis ideas políticas, porque he buscado escrupulosamente dejarlas fuera del debate. Si lo he conseguido, es cosa de la cual yo mismo no puedo ser juez. Entonces, mi intención tal vez ha fallado, no obstante, quisiera resaltar que el problema en estudio está vinculado a la vida, por no hacer imposible brindar una solución diferente a la que la propia concepción de la vida impone a cualquiera sugerir: así como para el derecho en general y el derecho en especial, tiene sentido en cuanto se dirigen a proteger al individuo, no se puede imaginar que se pueda escribir del negocio sin considerarlo la más alta expresión de la autonomía de voluntad humana y sin tomar en cuenta todas las deducciones lógicas. ¿Sólo por éste merito podemos calificarlo de reaccionario? Yo diría que no. El significado de esta palabra no otorga lugar a disputas, porque no se aleja de los furores de la pasión sino se constriñe *rigurosamente a los hechos, bastando al conocido criterio descriptivo: la horca. ¿Dónde dirigir las horcas en el mundo moderno? Es excluido que se recurra a estas en los países cuyo valor alto es la consideración del individuo, es lícito concluir que, insistiendo en mis ideas, yo sigo el ejemplo de los revolucionarios de todos los tiempos, es decir, de los que luchan por substraer al ciudadano de toda forma de opresión*»[63].

9. Conclusiones: la mutación jurídica entre individualismo y solidarismo

Como comentario a las planteamientos de los dos ilustres estudiosos citados, observamos que, analizándolos profundamente, estos, al menos en el plano técnico, no son tan distantes como podría parecer a primera vista. En efecto, el uno y el otro, no sostienen dos concepciones opuestas de negocio jurídico. En este sentido, es evidente que ni Betti postula la irrelevancia prejurídica de la autonomía privada, ni Stolfi cree en un poder autonormativo, por virtud propia, de la misma autonomía privada[64].

[62] *Ibidem*, p. 390.

[63] *Ibídem*, pp. 399-400.

[64] Ambos, entonces, se encuentran lejos de pensar «[...] que el contrato se debía contemplar sólo como modo de ejercicio del poder soberano del contratante sobre la esfera jurídica, que el poder se pudiese ejercitar sólo mediante la voluntad, que ningún sujeto pudiese ni

La distancia entre Betti y Stolfi se encuentra en los principios que cada uno invoca[65]:

El solidarismo (Betti) y el individualismo (Stolfi)[66]. Ambos son persuasivos, y cómo no serlo, que, igualmente, se encuentra presente la manifestación de voluntad, es ciertamente necesaria, pero no suficiente de por sí, para producir efectos jurídicos relevantes, y esto por la razón expuesta: frente a la pretensión del individuo a realizar un determinado resultado económico negocial, como para el ordenamiento, que expresa valores filosóficos positivos, los cuáles son traducidos, con lenguaje técnico, en principio y en regla[67], en prescripción que tiene la función de filtro de las pretensiones de las cuáles son titulares de hecho, al menos los «n» individuos que actúan negocialmente en una sociedad: es claro que la tutela de las pretensiones se coloca como simple problema teórico-cognitivo sobre el cual se encuentran los actos negociales que el ordenamiento considera merecedores de tutela jurídica, pero, al contrario, como problema de tutela judicial de una pretensión cuando esta es refutada.

Siendo esto así, reducir la polémica a una disputa técnica sobre el rol de la voluntad en el negocio jurídico, nos parece estéril; y más bien, el riesgo es exactamente de promover una contraposición entre subjetivistas y objetivistas, no sólo hoy presente, sino, sino que, tal vez, incluso antes, asì caracterizada, no reflejaba fielmente las razones de la polémica[68].

---

aumentar ni reducir la importancia de esta voluntad, que ningún sujeto pudiese ni aumentar ni reducir la importancia de esta voluntad porque la regla que dirige su virtud creadora es superior al individuo »: R. SACCO, *Le regole d'insieme*, en: R. SACCO y G. DE NOVA, *Il contratto*, cit., I, p. 622.

65 Cfr. N. IRTI, *Il negozio*, cit., p. 51: «El centro de la interesante polémica de Betti no es el *preestatalismo o antiestatalismo* de Stolfi, sino el *individualismo*, que, dejando, insatisfecha y desilusionada la exigencia de reconocimiento social, se muestra incompatible con la objetividad de las formas representativas [...]» (cursivas del autor).

66 Para una reciente discusión de los modelos individualista y solidarista, véase, en particular, A. SOMMA, *Il diritto privato liberista. A proposito di un recente contributo in tema di autonomia contrattuale*, en: *Rivista trimestrale di diritto e procedura civile*, 2001, p. 263 y ss.

67 Oportuno es el estudio de A. GENTILI, *L'ordinamento delle pretese giudizialmente perseguibili*, en: *Rivista di diritto civile*, 1998, I, p. 657 e ss., a p. 682: «Los principios [...], no incongruentemente al nombre que los designa, son puntos de partida pero no resultados del razonamiento jurídico; factores pero no criterios de la solución jurídica».

68 Cito nuevamente a G.B. FERRI, *Il negozio giuridico*, cit., p. 34, nota 54. Por otro lado, compartimos las ideas de Ferri sobre la simplificación y la banalización que el dogma de la voluntad ha sufrido por parte, *incluso no sólo*, de sus críticos; y sin embargo, de nuestro punto de vista, y al menos en Betti, el ataque dirigido a este dogma es un ataque genuinamente ideológico y, por ende, transparente a la forma jurídica de un contenido político: el principio de la libre determinación individual, que Betti consideraba peligroso, identificando la defensa del individualismo con la defensa del atomismo social anti cooperativo. Y, entonces, incluso las críticas de carácter psicológico (E. BETTI, *Negozio*, cit., p. 210, trata expresamente de la necesidad despsicologizar el acto de autonomía privada) en la definición de negocio jurídico, como voluntad pura del sujeto, la cual se traduce empíricamente en acto creativo de normas jurídicas, individual y socialmente importantes, son vistas por lo que se pretende expresar: una aversión a determinados valores políticos y en una adhesión a otros; aversión y adhesión, que en clave jurídico, son sintetizados con una

Precisamente, Stolfi en la introducción a su *Teoria del negozio giuridico*, desde el título (*Libertas est radix voluntatis*), había expresado con claridad, a pesar de algunas debilidades argumentativas, el valor político respecto al cual su definición técnica de negocio jurídico funcionaba - si se podría decir así - como aparato técnico sirviente, en la contrarréplica insiste, con particular fuerza, en el concepto técnico de la manifestación de voluntad, llamando así ágilmente la atención a la crítica bettiana de fundar su propia construcción sistémica sobre una ficción jurídica[69].

En efecto, en un aspecto se busca afirmar que en base al contrato se encuentra la voluntad de las partes de regular en cierto modo una determinada relación patrimonial, en vista de un cierto resultado económico; en otro sentido, más bien, se sostiene que el contrato es el lugar, casi material, de encuentro de las voluntades de las partes, para concluir que todo efecto jurídico del contrato desciende de tal voluntad común y voluntad individual. Es con el riesgo, muy concreto, de precipitar en un subjetivismo exasperado, fuente de máxima incerteza jurídica: situación desventajosa, en primer lugar, para las mismas partes.

Nos imaginamos una posible objeción: Stolfi no cae en esta trampa contractual; tan cierto que éste hace expresa referencia al art. 1374 del c.c. del italiano y a la función integradora de la voluntad negocial. Esto es sin duda verdadero, y lo hemos ya recordado, pero en la óptica de Stolfi[70], parece que la integración del contrato pueda y deba actuar sólo cuando se presente una laguna, «si así no fuese, se llegaría al absurdo que el silencio de los interesados es colmado por el juez y por una persona a la cual compete interpretar el acto así como es y no de completarlo, ocasionando daño del otro»[71].

Afirmación, a nuestro parecer, de un lado algo ingenua y de otro lado, débil. Ingenua porque es obvio que el problema central es, precisamente, de conocer si existe o no una laguna contractual: y tal juicio tendrá un éxito diferente según como son usadas las técnicas interpretativas, donde Stolfi parece más bien excluir cierto problema reconducible, en sentido amplio, al tema de la «discrecionalidad judicial», cuando afirma que la común intención de las partes es una simplificación (al menos hoy) inaceptable, tanto bajo el perfil lógico, porque, en este modo, se soluciona un problema interpretativo auténtico, como bajo el empírico o si se prefiere, operacional, porque el estudio analítico de la jurisprudencia ha mostrado las potencialidades propias de los

---

fórmula ciertamente inadecuada, en el plano filosófico-psicológico, pero que expresa la exigencia, netamente política, de afirmar la autodeterminación negocial del sujeto. (Nos referimos de inadecuación filosófica-psicológica. Porque no nos parece sostenible que los juristas, los cuales se han centrado en el dogma de la voluntad, hemos pretendido seriamente postular ya sea una libertad absoluta del querer, ya sea un poder normativo igualmente absoluto del individuo en cuanto tal).

69 El término «ficción» es utilizado por E. BETTI, *Negozio*, cit., p. 214.

70 G. STOLFI, *Teoria*, cit., p. 223.

71 *Ibidem*, p. 224.

criterios de interpretación y de integración contractual[72]. Débil, porque - en tutela del reglamento privado y, por ende, de la libertad contractual - había sido apropiado que Stolfi no se hubiera limitado a oponer un argumento formalista (el dogma de la voluntad), sino que hubiese valorado las razones ideológicas - y, por ende, de la teoría filosófica política y de política del derecho - en razón de argumentos, por ejemplo, contra el poder del juez de controlar el equilibrio contractual (Stolfi, más bien, sostiene[73] que el rol que la buena fe y la equidad pueden jugar en la ejecución y en la integración del contrato en perspectiva subjetivista: como atentado real a la voluntad negocial de las partes). Es, entonces, obvio que expresar una concepción filosófica-política en tutela de la libertad individual, ciertamente, no tendría significado hacer actividad de propaganda política, o peor, partidaria. Pero, precisamente, Stolfi (*supra* nota 60) parece creen en la necesidad de una «teoría pura del derecho civil», no contaminada de consideraciones extrajurídicas, incluso afirma con una cierta solemnidad, que el derecho tiene sentido en tanto y en cuanto instrumento de tutela del individuo. Por ende, en el tema -agregamos nosotros- la problemática es de la misma importancia, la cual no es desarrollada: como intentaremos demostrar, Stolfi ha dejado en la sombra el problema cultural del derecho, como si este fuera nada más que técnica jurídica.

10. El derecho y el individuo frente a los valores: la perspectiva de Stolfi

En cuanto al ordenamiento jurídico, el derecho positivo, el mismo Stolfi resalta la esenciabilidad como límite entre lo lícito y lo ilícito, entre lo permitido y lo prohibido[74].

El acto de autonomía debe, entonces, para producir efectos jurídicos, superar las ventajas del ordenamiento, en garantía de la armonía social, fundada en determinados valores.

---

72 Sobre el tema, son acertados las observaciones criticas de R. DE RUGGIERO, *I dogmi del diritto privato e la loro revisione*, en: *Archivio giuridico «Filippo Serafini»*, 1927, p. 133 y ss., espec. pp. 138-141, donde se esgrime una lúcida identificación de los riesgos que puede producir un exasperado subjetivismo hermenéutico: «se acentúan los elementos subjetivos y se impone al juez la búsqueda de los movimientos internos y de los diversos sentidos del espíritu y sobre los elementos objetivos adquiere preponderancia el aspecto espiritual interno, se produce necesariamente una gradual prolongación en los poderes del juez, que es convocado a reconstruir en el caso concreto todo el proceso psicológico del agente, a reconstruir los estadios sucesivos, a sumergirse en él para reproducir las representaciones que precederían, acompañarían y determinarían el acto jurídico. La obra del juez se hace así más delicada y ardua, el ámbito de la discrecional valoración de la relación y de sus consecuencias patrimoniales se hace siempre más extensa» (p. 140).

73 G. STOLFI, *Teoria*, cit., p. 230.

74 La perspectiva es genuinamente kelseniana: véase, H. KELSEN, *La dottrina pura del diritto* (trad. it.), Einaudi, Turín, 1990, espec. pp. 55-56: «Ya que un comportamiento humano o es prohibido o no lo es, y, entonces, si no es prohibido, debe ser considerado permitido por el ordenamiento jurídico, cualquiera sea el comportamiento de los hombres sometido al ordenamiento jurídico puede ser considerado como regulado, en sentido positivo o negativo, por este ordenamiento jurídico».

Ciertamente, en Stolfi se presenta una marcada intolerancia por la hipertrofia legislativa, que inevitablemente reduce los márgenes de acción del individuo, funcionalizándose la libertad en vista de los fines generales[75], pero nos parece, que permanece intacto el derecho estatal, a pesar de algunas aperturas, por el cual, más bien, no son tratadas todas las consecuencias[76], en vista de la tutela de la libertad individual[77].

Stolfi, desde nuestro punto de vista, no se somete a una contradicción constante, y, tal vez, desarrollada en los términos mencionados, insuperable: por una parte, el dogma positivista, de otro, el dogma voluntarista; se deduce una imposibilidad de reducir a síntesis positiva los dos sentidos del dilema; nosotros creemos que el éxito es el sustento del individuo frente al ordenamiento jurídico, del cual se ha desarrollado una inmutabilidad (en garantía de la libertad del individuo), pero ésta se encuentra fundada en la voluntad general expresada, con procedimiento democrático, por la colectividad. Y por tal procedimiento democrático puede legítimamente derivar la pérdida o la compren-

---

75 G.B. FERRI, *Causa e tipo nella teoria del negozio giuridico*, Giuffrè, Milán, 1966, p. 105, resalta como la funcionalización del contrato por objetivos generales se coloca en determinados valores ideológicos-políticos del ordenamiento jurídico.

76 G. STOLFI, *Teoria*, cit., p. XXII, invoca, en defensa de la libertad individual, los «[...] derechos que el ciudadano tiene desde el nacimiento y que constituyen el bien más precioso para él [...]. Se presenta [...] la premisa que el ciudadano puede ejercitar solamente los derechos que el Estado con casual insolencia se dignara de permitirlos, si no son deducidas las consecuencias más alarmantes»; sin embargo, pocas páginas después (p. XXV), a propósito de la crisis de la ley, éste afirma, en cambio, la necesidad de respetar el derecho, es decir la justa regla de conducta, más que la ley en sentido formal (en esto, es sin duda verdadero, manifestando sentimientos e ideas clásicamente liberales), pero se contrapone al arbitrio del legislador la voluntad general de los ciudadanos. Y, entonces, es fácil objetar como la voluntad general puede expresar una preferencia, política en sentido amplio, para un derecho positivo muy distante del derecho natural que, más o menos implícitamente, Stolfi se sostiene (para una expresa referencia a los jusnaturalistas, véase, *ibídem* p. XI, sin embargo, cuyas doctrinas son valorizadas exclusivamente bajo el aspecto voluntarista).

77 En efecto, véase sobre el problema, la posición de G.B. FERRI, *Il negozio giuridico*, cit., pp. 45-46 (ya planteada en ID., *Il negozio giuridico e le idee*, cit., espec. pp. 699-700), el cual, después de haber resaltado, en la perspectiva de Betti, el primado del ordenamiento estatal es convocado a desarrollar la función, casi *instrumental*, de garantía» (p. 46; cursivas del autor), concluye que, «[t]raducidas estas elecciones ideológicas, en los términos más técnicos de negocio jurídico, la divagación de partida parece atenuarse» (*ibídem*) y tanto Betti y Stolfi terminan «[...] por reconocer al ordenamiento estatal una suerte de primado, respecto a los otros sistemas normativos que el vivir social espontáneamente expresa, terminando así por atribuirles la exclusividad de un monopolio de lo *jurídico*» (ibídem; cursivas del autor). Asimismo, Ferri resalta como Stolfi razona en una «[...] clave más declaradamente subjetiva, respecto, por ejemplo, al pensamiento de Emilio Betti (clave subjetiva que nos parece, sin embargo, casi más liberal económica que liberal política) [...]» (*ibídem*). Desde nuestro punto de vista, y es una observación que precedentemente hemos ya indicado, a propósito del monopolio jurídico, que es tratado por Ferri, cualquiera sea la naturaleza del ordenamiento, se presentará siempre un problema de monopolio de lo jurídico final respecto a la juridicidad/antijuridicidad de las conductas de los sujetos que en el ordenamiento actúan y, por ende, las pretensiones que sobre las conductas se fundan, porque cada ordenamiento es construido sobre ciertos valores, en referencia a los cuales esta actividad de juicio se ejercita.

sión de la funcionalización social[78], de los individuos, que Stolfi proclama fundamentales e innatos, pero que en contraste no pueden someterse, si se quiere, en esta óptica a la regulación normativa de cuya fuente el ordenamiento, que no es estático[79], pero si se transforma siguiendo el curso de la voluntad general[80].

11. La perspectiva de Betti

Sobre otro tema, la posición de Betti nos parece que permite una mayor agilidad de maniobra, en el plano político y cultural. Al individualismo, este contrapone el solidarismo, valor a perseguir como es obvio, predisponiendo (fase legislativa) y traduciendo en acto (fase judicial) un determinado contenido normativo al ordenamiento; contenido normativo el cual, para un proceso espontáneo, que con una fórmula de conveniencia podremos sintetizar en el clima cultural de la época, influenciaría, con diversa intensidad, a la clase de los juristas, por consiguiente, una transformación de los modelos de razonamiento; siendo cambiada, conjuntamente al ordenamiento, también la exigencia social externa, la de la colectividad.

En este sentido, la vinculación entre autonomía individual y ordenamiento - y, por ende, el problema de la transformación jurídica - en Betti, adquiere sentido completo, porque éste tiene clara la función ordenadora que el ordenamiento, se ha expresado diversas veces, cualquier naturaleza que tenga: estatal o privado. Y éste es el sentido cuando reprochaba a Stolfi una escasa convicción (cultural se entiende) sobre el tema de los límites a la autonomía privada[81],

---

[78] Con particular referencia al funcionamiento del contrato, véase G.B. Ferri, *La «cultura»*, cit., precisa: «[N]o pertenece a la «cultura» del contrato, la función de resolver los problemas del bienestar, individual o colectivo, cualquiera que éste sea; el contrato puede crear [...] nuevos bienes, susceptibles de ser objeto de *nuevas formas de riqueza*» (p. 863; cursivas del autor). Y, recientemente, con visión incisiva, A. Gambaro, *Contratto e regole dispositive*, en: *Rivista di diritto civile*, 2004, I, p. 1 y ss., espec. p. 7, donde indica que «[e]l objetivo prevalente de nuestra doctrina civilista que en dos situaciones ha pensado negar la autonomía negocial como un valor de referencia posible en función del interés general. En su lugar se ha concebido, en especial, en el curso de la segunda profundización de tal tendencia, expuesta a groso modo en el periodo comprendido entre los años sesenta y noventa del siglo pasado, una suerte de funcionalización del contrato con fines de política económica decidida a nivel político, que orientase cualquier acto de autonomía en los fines específicos señalados por cualquier tipo contractual».

[79] No parece tener en cuenta tal aspecto L. Ferri, *L'autonomia*, cit., pp. 6-7: «[La] autonomía privata no [es] un poder que corresponda a una función. El Estado no ha indicado ciertos fines, ni propuesto los intereses que èste poder debe servir; se ha limitado a señalar [...] los límites externos, de los límites negativos [...] [El] interés superior o público representa un límite a la autonomía privada, pero no en el sentido [...] de directiva o de fin o de objetivo de la autonomía misma, sino en el sentido de límite de obra autónoma y de límite negativo. Donde están en juego intereses superiores no hay lugar para la autonomía privada». ¿Qué, o quien, garantiza que tal límite negativo no cambie, o sea abandonado?

[80] Una perspectiva similar se encuentra en J. Péritch, *La volonté des particuliers comme créatrice de droits privés*, en: *Revue trimestrielle de droit civil*, 1929, p. 5 y ss., a p. 9, donde afirma que «[...] une volonté individuelle ne partageant pas [les notions d'ordre public et de bonnes mœurs, notions de la majorité] est, bien entendue, trop faible pour se faire respecter».

[81] E. Betti, *Il negozio*, cit., c. 142.

tanto más que, como es advertido por Stolfi, tales límites existen o pueden verse ampliados por la voluntad general de los ciudadanos, la cual (¿de por sí?) debería, más bien, garantizar la libertad individual: el punto débil de esta argumentación es que no es posible, de por sí, garantizar jurídicamente un determinado valor (en este caso, la autonomía privada); pero renunciar, entonces, a fundar una teoría de los límites de la libertad individual, se traduce ágilmente en la renuncia a defender la misma libertad, como Betti ha perfectamente comprendido. Por su parte, éste último no muestra alguna propensión a teorizar sobre el deber ser de la estaticidad del ordenamiento y, es decir, no sufre la fascinación sistemática del monopolio jurídico estatal[82]

---

[82] Cfr. E. BETTI, *Teoria*, cit., p. 323, nota 5, para un tema de reflexión: «Un absurdo monopolio estatal de la interpretación de la ley y de los procedimientos sostiene Kelsen [...]». Betti prosigue considerando que « en los actos de autonomía privada [...] la iniciativa individual está libre de perseguir cualquier interés socialmente apreciable, en tal caso de requerir o merecedor de tutela jurídica según las visiones generales de la conciencia social, como se refleja en el ordenamiento (c.c. 1322 cpv). Ciertamente, no es tutelado ni el simple capricho del individuo: el intento de las partes, el interés objetivamente reconocible por este perseguido, debe también poder encuadrar y tipificar -según la exigencia de carácter normativo- en funciones económicas- sociales dignas de tutela [...]. Pero, al menos en el derecho moderno, en el lugar de la rígida tipicidad legislativa empeñada en un número cerrado de denominaciones [...] sub ingresa [...] otra atipicidad, que cumple siempre el trabajo de limitar y orientar la autonomía privada, pero que, similarmente a ésta, es más elástica en la configuración de los tipos y que actúa mediante envió a las valoraciones económicas o éticas de la conciencia social históricamente determinada: donde se ha propuesto denominarla *tipicidad social*» (cursivas del autor).
El mismo E.BETTI, *Negozio*, pp. 215-216, precisa que: «Proponer una suerte de incompatibilidad entre autonomía privada y exigencia de tipificación, es un error dependiente de una prohibición mental que subyace al mito ideológico del individualista y olvida que la autonomía contractual no es libertad de hacer lo que le parece o que le plazca, sin poder dar un sentido plausible a los propios intereses, en una dimensión social, y que la libertad individual encuentra un freno y un límite en las inderogables exigencias del orden social en las cuales se encuadra» (véase, también, ID., *Autonomia*, cit., p. 1561). Lo que es cierto, pero en el sentido contrario a la estabilidad, por ejemplo, de las «inderogables exigencias del orden social» que éste reclama, porque la dimensión económica, ética y social no es, en efecto, estática; de esto E. BETTI, *Negozio*, cit., p. 216, está del todo convencido «el negocio jurídico de importancia jurídica, entonces, presupone e implica una valoración de tipicidad social, que es de competencia de los jueces, intérpretes de la ley. A los cuáles se exige constantemente conciencia de la esencial relatividad histórica de la calificación de «típico» según el ordenamiento que tiene frente a sí».
Palabras muy claras que permiten resaltar dos aspectos.
El primero refiere a la referencia de Betti a la conciencia social: a nuestra consideración este concepto puede útilmente usarse, si entendido como lugar del conflicto ético, económico, cultural, político de la colectividad, del cual derivan, los impulsos a modificar, en un sentido o en el otro, el ordenamiento, posteriormente que «nuevos valores» se hayan afirmado en la sociedad; y en este caso, decisivo es el rol del científico social, productor profesional de ideas y modelos, a la luz de los cuales el individuo puede orientar sus propios comportamientos, en un proceso auténticamente competencial: nos referimos a competencia cultural, y, si el término permite, ideológica. (sobre la conciencia social para una síntesis completa y clara de los problemas, véase, G. ALPA, *L'arte di giudicare*, Laterza, Roma-Bari, 1996, pp. 113-123.)
El segundo aspecto se refiere al potencial contraste, excluido por Betti por razones que no pueden de todo persuadirse - adscribiendo a éste tal potencial contraste a un perjuicio indivi-

La concepción bettiana de la autonomía privada, nos parece, resiste a un análisis moderno, es suficiente leer y meditar las siguientes palabras: «quien observa el desenvolvimiento de la vida de relación, en toda la sociedad que haya llegado a un suficiente grado de civilización, encuentra que los intereses privados existen en ésta independientemente de la tutela del derecho, y que la iniciativa privada provee a cualquier consciente conjunto de intereses, explicándose no sólo el aspirar a ciertos objetivos prácticos sino también al formarse los medios respectivos, antes de cualquier intervención del orden jurídico»[83] pero con el fin que la regla privada adquiere específico carácter jurídico (el cual, se ha visto ya, es la garantía para los privados que el acto realizado importe jurídicamente, así para fundar pretensiones individuales, y en particular la pretensión de cumplimiento) es necesario que la autonomía privada «[...] sea reconocida por el derecho [...]»[84].

El círculo se cierra con la consideración de que, al servicio de la autonomía privada, se encuentran «[n]egocio jurídico y derecho subjetivo [...] [y] ambos [son] dirigidos por el principio de la autorresponsabilidad privada [...]»[85], el cual, precisamente, sanciona la libertad individual del individuo en cuanto responsable.

---

dualista –, entre tipicidad y autonomía privada. Desde nuestro punto de vista, es razonable indicar que el contraste podrá ciertamente existir, pero éste se presentará tan sólo hasta cuando el ordenamiento jurídico, entendido en el sentido más amplio, y, por ende, comprensivo del formante jurisprudencial, no haya sido integrado y haya absorbido la razón de contraste, la cual se convertirá, entonces, en una fisiológica expresión de la autonomía privada. Es precisamente en base a los perfiles de la teoría de la acción humana es imaginable que, cuando un sujeto realiza una determinada conducta para éste subjetivamente ventajosa, y esta sea rechazada por el ordenamiento, pero produzca contextualmente, por un fenómeno imitativo (respecto al tema, cfr. F.A VON HAYEK, *Regole, percezione e intelligibilità* [1962], en: ID., *Studi di filosofia, politica ed economia* [trad. it.], Rubbettino, Soveria mannelli, 1998, p. 105 y ss., espec. pp. 111-114), una multiplicación, sin o con variaciones, según los objetivos subjetivos de los agentes, de tal conducta, entonces este procedimiento espontáneo de acción y reacción social provocará, expresamente, el cambio de la conciencia colectiva, de la cual podrá derivar un cambio de ordenamiento. Entonces, en cierta medida, este contraste entre autonomía y tipicidad es necesaria y se traducirá, en efecto, en una fisiológica transformación del atípico social en típico social, respecto al cual el ordenamiento expresa un juicio, positivo, de jurídica relevancia.

83 E. BETTI, *Negozio*, cit., p. 209. Al respecto, así como en este sentido, N. IRTI, *Il negozio*, cit., p. 43, resalta la «[...] perentoria y estimulante lucidez».

84 E. BETTI, *Negozio*, cit., p. 209.

85 *Ibídem*. El autor, en particular, aclara que la libertad individual, en su momento dinámico, expresado por el negocio jurídico, encuentra un límite en los derechos subjetivos, los cuales protegen las situaciones subjetivas, cuyo contenido es reflejo en que los correspondientes derechos, contra las pretensiones individuales con estas interferentes: «Negocio jurídico y derecho subjetivo se encuentran, así, ambos al servicio de la libertad privada en el mundo social, pero con objetivos diferentes: uno, el derecho subjetivo, tiene la finalidad estática, de conservación y de tutela; el otro, tiene una finalidad dinámica, de desarrollo y de renovación. Ambos son redes por el principio de la iniciativa y de la autorresponsabilidad privada [...]». Y Betti prosigue: «Nuestro discurso presupone ordenamientos económicos-sociales que reconocen a los particulares un grupo de bienes de su expectativa. En verdad, sólo donde haya sido reconocida la propiedad individual, se advierte la necesidad de negocios entre el individuo e individuo sea destinado a aumentar y no a disminuir, en

En esta perspectiva, el problema del dogma voluntarista pierde toda centralidad: el objetivo de Betti no es el de trazar directamente la voluntad individual para limitar, indirectamente, la libertad del sujeto que ha realizado un determinado acto negocial, sino mucho más simplemente, es el de «[...] *despsicologizar* el acto de autonomía y de sujetarlo a una interpretación típica según las perspectivas sociales [...]»[86], precisamente, para evitar que sea desconocida «[...] la naturaleza del [...] hecho *social*, que pertenece a la vida de relación y es instrumento de la autonomía privada»[87].

Hecho social, en tanto y cuanto, y principalmente, hecho individual, realizado por un sujeto libre y responsable, deseando llegar a un determinado objetivo económico-jurídico (de allí la exigencia de reconocimiento[88]): la intención se exterioriza y asume forma reconocible a los terceros, volviéndose acto socialmente relevante[89].

---

efecto, porque buscando tutelar la persona: desde este punto de vista, invocando el denominado «edad de los derechos», sólo en parte es pertinente; que se trata de derechos individuales, pero no sociales.

86 E. BETTI, *Negozio*, cit., p. 210 (cursivas del autor).

87 *Ibídem* (cursivas del autor). Y, véase, también *ibídem*, p. 214: «[E]l error del dogma de la voluntad [...] se encuentra en la concepción dualista, para cuya declaración, más que servir a constituir un precepto de la autonomía privada, serviría a revelar un hecho psíquico interno, a descubrir, es decir, el hecho del querer, casi que en este hecho, por si incontrolable, se agota la esencia del negocio. Este dogma configura la voluntad como una entidad en sí, que se contrapone y rechaza a la declaración, conservándose por ésta superior y, sin perder su independencia, encuentra en ésta un simple complemento y un medio de revelación».

88 Muy claro, sobre este punto, E. BETTI, *Autonomia*, cit., p. 1560: «Particular cautela es aconsejable considerar la autonomía que los privados realizan otorgando reglas a sus propios intereses en las relaciones reciprocas: auto reglamento, en que consiste la autonomía privada. No hay duda que esta autonomía, como fenómeno social, preexista al ordenamiento estatal que la reconoce, ni que sus objeciones sean originarias, independientes del ordenamiento y, a veces, en contraste con sus valoraciones», y p. 1561: «Verdaderamente, el derecho no puede no prestar su apoyo a la autonomía privada para el apagamiento de todo interés que esta persigue, pero, antes de reconocer los diversos comportamientos con su propia sanción, los sobrepone a un proceso de tipificación en valoración de la función práctica que caracteriza todo tipo en acuerdo con la sociabilidad de su tarea de orden, que frente a la autonomía es también una tarea educativa y preventiva, sancionatorio y directivo de la conducta. El tratamiento que sigue a la valoración, puede asumir entre diversas direcciones o el derecho juzga socialmente relevante, digna y necesitada de tutela, la típica función de la autonomía privada, de la cual se trata, y, por ende, reconoce la disposición de intereses [...] y lo toma bajo su protección; o se desinteresa y la abandona a sí misma como socialmente indiferente, dejándola desprovista de sanción jurídica; finalmente, o el derecho encuentra reprobable la conducta del privado, pero en el sentido de provocar una sanción contrario al interés y al intento práctico que parece perseguir. En la segunda hipótesis continua a tener, en cambio, en la vida social una explicación de autonomía privada, pero esta es desprovista de relevancia jurídica y de la calificación de legalidad; en la tercera se tiene una conducta ilícita. Sólo en la primera el derecho vincula a la disposición de intereses dictada y actuada por los particulares un tratamiento dirigido a asegurar la función útil que caracteriza el tipo, traduciendo el precepto de autonomía privada [...] en términos de relaciones jurídicas».

89 Cfr. E. BETTI, *Negozio*, cit., p. 213: «[...] Reflejo subjetivo del acto es la voluntad del acto mismo. No basta que el acto sea realizado materialmente: éste también debe ser realizado como declaración del tipo o cierto comportamiento imputable, socialmente relevante fren-

La relevancia jurídica que el acto adquiere, no sólo en cuanto existente por el ordenamiento, sino en cuanto acto por el mismo ordenamiento[90], es considerado (en razón del juicio de compatiblidad, delegada al juez) merecedor de protección, legítima así la confianza del sujeto, el cual, en juicio, hace valer una pretensión cuya razón jurídica[91] reposa en el contenido del acto negocial.

En conclusión, resulta evidente como la posibilidad práctica que una determinada conducta negocial expresa una preferencia económica jurídica subjetiva - se afirma como legítima (deviniendo así fuente de confianza y de pretensiones igualmente legítimas) y supera el análisis del ordenamiento, depende de su calificación y de la valoración de la relación entre conducta y ordenamiento. Se trata de factores necesaria e intrínsecamente dinámicos; el segundo, en particular, desarrollando una función ordenadora, no es más para cambiar el lenguaje económico, en el equilibrio óptimo - en el sentido por el cual ninguno es inducido o incentivado a cambio de su situación - porque es la resultante del juego cooperativo - comprendido sin que el adjetivo implique un juicio positivo de valor; se considera la cooperación en presencia de una actividad de intercambio, entendida como interrelación subjetiva, más o menos, amplia - de todos los participantes en la vida económico-social, los cuales buscan conseguir su objetivo (objetivo inmediato) y, por ende, confían que este último sea favorablemente valorado por el ordenamiento (objeto mediato)[92].

Esto dependerá de las razones jurídicas con las cuales es construida la argumentación presentada al juez, al cual compete institucionalmente el trabajo de concretar las directivas del ordenamiento, aplicando a casos específicos reglas específicas, sean estas expresas o implícitas[93]. Se comprende, entonces, el rol decisivo que la argumentación asume no sólo en función de la

---

te a los otros [...] Al contenido, al precepto de la autonomía privada, debe corresponder en el agente la conciencia de su significado y valor que una declaración o un comportamiento atribuyen las tendencias sociales en el ambiente históricamente determinado en cual son puestas en acción. Entonces, se encuentra el fundamento de la autorresponsabilidad».

90 Con un lenguaje más moderno, se podría decir: el instituto social convencionalmente denominado «ordenamiento jurídico». Cfr. Los aportes de D.C. NORTH, *Istituzioni*, cit., p. 26: «El rol más importante de las instituciones es reducir la incertidumbre determinando una estructura estable (aunque no siempre eficiente) de las relaciones sociales».

91 En este sentido, también E. BETTI, *Negozio*, cit., p. 214: «El fundamento que tiene razón en el vínculo no es psicológico (si no se quiere recurrir a una ficción), sino normativo».

92 Sobre el proceso de afirmación de las pretensiones, véase, espec., B. LEONI, *Lezioni di filosofia*, cit., pp. 74-76, respecto a la distinción entre pretensión incierta, legítima, ilegítima.

93 Cfr. L. MENGONI, *Dogmatica giuridica*, en: ID., *Ermeneutica e dogmatica giuridica. Saggi*, Giuffrè, Milán, 1996, p. 25 y ss., a p. 61: «[Los] conceptos dogmáticos no representan premisas de decisión indiscutible, sino simples puntos de referencia, *starting points* argumentos para la formulación de la presuntas soluciones, las cuáles deben ser contrastadas con otras hipótesis elaboradas desde puntos de vista extra sistémicos y discusiones de las formas dialógicas del pensamiento problemático para valerse de la igualdad a los criterios de justicia material socialmente aceptables».

certeza del fundamento de una pretensión sino también en función de la transformación jurídica[94]. Y esto porque la argumentación unifica, a su interior, aspectos y elementos específicamente técnicos con una pluralidad de valores[95] filosófico-políticos[96] o morales, si se prefiere, a veces difícilmente distinguibles, los unos de los otros, pero siempre intersecándose, los unos y los otros[97].

MAURO GRONDONA
Profesor Asociado de Derecho Privado
Universidad de Génova
(Italia)

---

94 Véase, sobretodo, L. MENGONI, *Dogmatica*, cit., espec. p. 39, la afirmación que el jusnaturalismo, en el plano del derecho, se contrapone a la idea, en el plano histórico-social, del equilibrio espontáneo y de la auto integración del ordenamiento jurídico, y p. 43: «En el campo de la ciencia [...] la adaptación del derecho positivo a los cambios que el curso de la historia, con ritmo acelerado, produce en la realidad social circundante es primariamente un problema hermenéutico, no un problema dogmático, es decir, un problema valorativo, no un problema puramente lógico», asimismo, ID., *Interpretazione e nuova dogmatica*, en: ID., *Ermeneutica*, cit., p. 67 y ss., a p. 75: «[Los] juicios de valor [no] equivalen a proposiciones normativas. Estos son juicios lógicos análogos a los juicios de hecho, pero la diferencia que no disponemos de métodos seguros que nos permitan establecer con certeza la verdad o la falsedad: debemos contentarnos con una simple verosimilitud, que funda los valores como verdad provisoria».

95 Véase el precioso aporte contenido en L.M. FRIEDMAN, *Il sistema giuridico nella prospettiva delle scienze sociali* (trad. it.), Il Mulino, Bolonia, 1978, p. 376, el cual analiza los postulados que son desarrollados por Vilhelm Aubert en un estudio sobre la resolución de los conflictos: «Para recurrir al tribunal una parte no debe transformar su pretensión en un conflicto sobre los valores o sobre los hechos. Debe, más bien, justificar su *pretensión* refiriéndose a cierto valor, norma o regla» (cursivas del autor).

96 El término «pluralidad» como es evidente, no excluye que estos valores puedan estar, en diversa medida y en diversos momentos históricos, aunque en el mismo momento, entre ellos en contraste. Parece, más bien, excluir una última eventualidad, L. MENGONI, *Forma*, cit., p. 156, donde se resalta la referencia al «[...] sistema de valores propios de la ley fundamental del Estado».

97 Debemos recordar a L. STRAUSS, *Diritto naturale e storia* (trad. it.), Il melangolo, Génova, 1990, p. 69: «El rechazo de los juicios de valor pone en peligro la objetividad histórica»; e ID., *Che cosa è la filosofia politica* (trad. it.), en: *Il Politico*, 1956, p. 359 y ss., espec. p. 366: «La costumbre de considerar los fenómenos sociales o humanos sin efectuar juicios de valor tiene una corrosiva influencia sobre cualquier género de preferencia»; véase, también, p. 369: «[D]efiniendo el Estado, o más bien la sociedad civil, con referencia a sus objetivos, se admite la existencia de un canon a la luz del cual son juzgadas las acciones o las instituciones políticas: los fines de la sociedad civil necesariamente funcionan como canon de juicio de las sociedades civiles mismas».

PRÓLOGO

La exposición que ofrecemos de una Parte general relativa a los negocios jurídicos, siguiendo su regulación en el nuevo Código civil, se enlaza a la dirección bandectista del último siglo, que representa, para nosotros, en su continuidad histórica la tradición nacional del Derecho romano. A esta tradición se vincula la obra, y,. conjuntamente, trata de demostrar su capacidad de renovación ante los problemas y las soluciones del nuevo Código. Tales problemas y soluciones, aunque nuevos, pueden ser eficazmente aclarados y profundizados a la luz de las categorías dogmáticas elaboradas en la doctrina pandectista, acomodándolas al nuevo Derecho positivo y sin necesidad de prescindir y renegar del trabajo de las generaciones de juristas formados en la escuela del Derecho romano. Al mismo tiempo intento probar, coincidiendo también con el pensamiento de quien ha organizado y dirige este Tratado, que nuestra ciencia jurídica ha llegado a una construcción dogmática y sistemática del Derecho civil que habría permitido, posiblemente, obtener una mayor perfección técnica y una mejor coordinación sistemática en la elaboración Legislativa del nuevo Código civil.

El autor recuerda aquí, con viva gratitud, que en la redacción de los capítulos IV y V ha prestado una colaboración preciosa el profesor Enrico Allorio, de la Real Universidad de Padua, y que también han sido acogidas sus aportaciones y sugerencias en la exposición de los capítulos VIII-X. Debe también recordar que para la selección de jurisprudencia ha contado con la experta ayuda del abogado Carlo Sequi, del «Foro Italiano», y en el acopio de bibliografía ha contribuido cordialmente, con útiles indicaciones, el profesor Walter Bigiavi, también de la Universidad citada. Finalmente, recuerda con igual reconocimiento que los índices de materias y de los artículos de la ley citados se deben a la paciente abnegación de su apreciado y animoso discípulo, el abogado Tullio Segré.

Milán, 9 de abril de 1943.

Emilio Betti

CAPÍTULO INTRODUCTIVO

VICISITUDES DE LAS RELACIONES JURÍDICAS EN GENERAL

SUMARIO: 1. Hecho jurídico, situación jurídica, relación jurídica.- 2. Clasificaciones de los hechos jurídicos.- 3. Clasificaciones de los actos jurídicos. Naturaleza y especie de las declaraciones.- 4. De algunas situaciones jurídicas: adquisición (derivativa u originaria) y pérdida de derechos.- 5. Ídem: sucesión en la posición jurídica.- 6. Fases de desenvolvimiento de las relaciones jurídicas (*).

1. *Hecho jurídico, situación jurídica, relación jurídica.*- En la reforma del Código civil italiano, recientemente producida, no se ha creído oportuno formular una «Parte general», ni una disciplina de los negocios jurídicos que comprendiese no solo los contratos, sino también los testamentos, siguiendo así el precedente del Código civil alemán de 1900, que, también en este punto, había aprovechado la elaboración científica de los pandectistas[1]. En la reforma del Código civil alemán se piensa abandonar igualmente la actual «Parte general», obedeciendo a algunas exigencias de especificación y concreción en las que debería inspirarse, en el futuro «Código del Pueblo», la regulación de las relaciones de Derecho privado. No nos proponemos discutir aquí las razones técnico-legislativas que han aconsejado, en una y otra reforma, la falta de

---

(*) V. BEKKER, *System des heus. Pandektenrechs*, II, §§ 80-81; HOELDER *Pandekten: allgemeine Lehren*, 1891, § 36; WINDSCHEID, *Lehrb. d. Pandektenrechts*, 9.ª ed., 1906, I, §§ 67- 68. REGELSBERGER, *Pandekten*, II, 1893, § 118; DERNBURG, *Pandekten*, 7.ª ed. 1902, I, § 79; entre los tratadistas de «Parte general» del Derecho actual, v. por todos: ENDEMANN, *Lehrb. d. Bürgerliches Rechts*, II, 9.ª ed., 1903, §§ 57-58; COVIELLO, *Manuale de Dir. civ. ital.*, 3.ª ed., 1932, § 97; TUHR, *Der allgemeine Teil d. deul. Burgerl. R.*, II, 1, 1914, § 43; HENLE, *Lehrb. d. Burgerl.* R. I. 1926, § 6; especialmente, CARNELUTTI, *Teoria generale del Diritto*, 1940, §§ 95, 99-115, con una sistematización rica en notas sugestivas. Sobre la crítica del concepto de causalidad (jurídica), la literatura reseñada por MANICK, *Das rechtswirksame Verhalten*, 1939, 1 y sigs., además, ROTHACKER, *Geschichtsphilosophie*, 1933, 44 y sigs. Sobre la situación preliminar, A. RUBINO, «La fattispecie e gli effetti giuridici preliminari», 1939, recens. en *Riv. Diritto Proc. Civ.*, 1940, 122.

1 Sobre este punto: BARBERO, "Necessità di una parte generale del Codice", en *ius.*, 1941, 65; HECK, "Der allgemeine Teil des Privatrechts: ein Wort der Verteidigung», en *Archiv für die civilistische Praxis* (cit. en adelante como *Archiv*). 1941, 146, 1-27.

acogida o el abandono de una reglamentación general de los negocios jurídicos; el problema técnico-legislativo no es de nuestra competencia en este lugar. Pero, de todos modos, queda el hecho de que el nuevo Código ha conservado, y tratado de mejorar, la disciplina general de los contratos (arts. 1.321-1.459) sirviéndose a este propósito de los instrumentos de la «Parte general». Y aun prescindiendo de la solución legislativa, siempre se nos planteará a los juristas el problema del valor científico y práctico de una teoría general del negocio jurídico, que, sin desconocer las diferencias de naturaleza entre las varias categorías de negocios de la vida privada, trate de proporcionar a la jurisprudencia criterios y puntos de orientación que deban tenerse en cuenta al resolver las controversias que a aquellos negocios conciernen. Una teoría así construida se justifica, no ya con argumentos metodológicos extrínsecos a ella, sino con la visión superior de conjunto y el mejor y más preciso conocimiento que objetivamente nos puede ofrecer.

Ello sentado, tratemos de informarnos, ante todo, del modo en que funciona la norma del Derecho respecto a la realidad social. La norma jurídica, considerada en su estructura lógica, consta de una previsión y de una disposición correlativa. Ella prevé, en abstracto y en general, hipótesis de hecho clasificadas por tipos, y orientadas así en las directrices de una valoración jurídica -hipótesis que, en términos técnicos, se denominan *supuestos de hecho* («fattispecie»)[2]-, les atribuye, en calidad de «efectos», situaciones jurídicas correspondientes. Tan pronto como se realiza concretamente un hecho o una relación de la vida social que, encuadrada en su marco de circunstancias, presente los requisitos previstos y se acomode al upo del supuesto contemplado, funciona el nexo que la norma establece, de modo hipotético, entre aquel tipo de supuesto y la correspondiente disposición, es decir, se produce la nueva situación jurídica que previamente se ha dispuesto.

Puesto que ésta se produce entonces automáticamente, en general con una constancia y necesidad ineludibles, al nexo de carácter normativo establecido por la norma entre el supuesto de hecho y la disposición, se le compara, corrientemente, con la causalidad natural, concibiéndosele como un nexo de «causalidad jurídica» (por ello, las nuevas situaciones jurídicas que se producen suelen denominarse «efectos jurídicos»), Existe, no obstante, una diferencia esencial que es preciso no olvidar; y es que los llamados «efectos jurídicos», a diferencia de los efectos naturales, al ser producto de una valoración jurídica, constituyen una creación del espíritu humano al reaccionar sobre la realidad social. Ellos representan la *respuesta* que el orden jurídico da a los

---

2 El término procede del latín medieval «facti species», que literalmente significa figura del hecho (en la terminología de Teófilo). Debe preferirse esta denominación a la otra, comúnmente usada, de «hecho jurídico», porque indica tanto el *hecho* propiamente dicho como, al mismo tiempo, el *estado de hecho* y *de derecho* en que el hecho incide y se encuadra. Sobre el procedimiento legislativo de *configuración por tipos*, v. nuestro Dir. romano. I. pág. 2, y, últimamente, GORLA, *L'interpretazione del Dir.*, 1941, 58, 139, cuyas afirmaciones son acogidas con toda reserva.

varios tipos de situaciones previstas, de manera que la relación aquí en juego no es propiamente la de causa a efecto, sino aquella misma que interviene, en el obrar humano, entre la situación de hecho y la acción que, en vista de ella, se decide. Así como la voluntad individual se determina a obrar apoyándose en el conocimiento de una concreta situación de hecho, así también aquella abstracta voluntad que formula y sostiene una norma jurídica (llamada a veces «voluntad de legislador») toma por base la previsión de un determinado tipo de situación de hecho, clasificado según ciertos requisitos, tales como cualidades abstractas de personas o de cosas, o categorías de comportamientos del hombre, y le atribuye el nacimiento de nuevas situaciones jurídicas. Estas, por tanto, más que los efectos de una «causa» entendida en sentido análogo al naturalista[3], constituyen las respuestas ofrecidas por el orden jurídico a las transformadas situaciones de hecho, que, conforme a sus clasificaciones, son configuradas sucesivamente por el sobrevenir de los hechos jurídicos.

Hechos jurídicos son, por tanto, los hechos a los que el Derecho atribuye *trascendencia* jurídica para *cambiar* las situaciones preexistentes a ellos y configurar situaciones nuevas, a las que corresponden nuevas calificaciones jurídicas. El esquema lógico del hecho jurídico, reducido a su expresión más simple, se obtiene mostrándolo como un hecho dotado de ciertos requisitos, presupuestos por la norma, que incide en una *situación preexistente (inicial)* y la transforma en una situación *nueva (final),* de modo que constituya, modifique o extinga, poderes y vínculos, o calificaciones y posiciones jurídicas. La eficacia constitutiva, modificativa o extintiva, se le atribuye al hecho jurídico en relación a la situación en que se encuadra, en cuanto que forma con ella (como supuesto de hecho) objeto de previsión y de estimación jurídica por parte de la norma que declara aquella eficacia. La valoración de un hecho como jurídico se expresa, justamente, al unir a la situación jurídica prevista, en la que él incide (supuesto de hecho), una situación jurídica nueva, que se refiere a aquella preexistente y desde la que se desenvuelve.

Se nos muestra ya, de la propuesta definición del hecho jurídico, que sería un error concebir el supuesto de hecho como algo puramente fáctico, privado de calificación jurídica, o como algo materialmente separado o cronológicamente distante de la nueva situación jurídica que con él se corresponde. En realidad, ésta no es más que un desarrollo de aquél, una situación nueva en que se convierte la situación preexistente al producirse el hecho

---

[3] También es índice de la insuficiencia del concepto de causa entendido en sentido naturalista, la reciente propuesta de CARNELUTTI, *Teoria generale*, cit., § 103, pág. 266, de considerar como causa de la nueva situación jurídica la «situación jurídica precedente, a la que la norma jurídica imprime la fuerza de modificarse en determinados casos», y de reconocer en el hecho jurídico no la causa, sino una simple «ocasión». Creemos, sin embargo, que se debe ir más allá y reservar este nombre tradicional y técnico para designar la función del negocio jurídico, que es propiamente, no causa en el sentido vulgar, sino *motivo* de sanción jurídica. Para una crítica del concepto, v. la literatura citada por MANICK, *Rechtswirksarnes Verhatem*, 1 y sigs. (más adelante, cap. III); también HEGEL, *Logik*, II (WERKE, I. 1841), 221 y sigs.

jurídico. Cuando, en particular, la situación nueva representa la constitución de una relación jurídica, la situación preexistente consiste en un particular modo de ser que adopta una relación de la vida social con el sobrevenir de un hecho jurídico. Éste, por ejemplo, un contrato, en tanto hace nacer una obligación en cuanto opera sobre una compleja situación, cuyos elementos están ya calificados por el Derecho; tales, dos personas capaces de obligarse, un objeto idóneo para constituir materia de obligación y que pertenezca a la esfera jurídica de una de ellas o de ambas, y así sucesivamente. Y desde que el modo de ser subsiguiente a la conclusión del contrato viene a ser objeto de valoración jurídica, la relación social entre los interesados se eleva, con el contrato, a relación jurídica. Si, en cambio, está ya calificada como tal, con la verificación de un hecho que cambie su contenido, o sea incompatible con su permanencia, está llamada a modificarse o extinguirse; por ejemplo, con la constitución en mora o con el pago.

Para mejor comprender este fenómeno podemos representarnos el plano sobre el que opera el Derecho como superpuesto a aquel en que vive la realidad social[4]. Las calificaciones jurídicas se mueven y suceden en este plano superior, respondiendo, en cada caso, a las respectivas modificaciones que, con el sobrevenir de hechos jurídicos, tienen lugar, paralelamente, en el plano inferior. Por otra parte, la posición de una situación jurídica como «supuesto de hecho» o como «disposición» ofrece, esencialmente, un carácter de relatividad. En efecto, aquello que en el mecanismo de una norma es objeto de disposición (piénsese en las normas que regulan la condición jurídica de personas o cosas), puede tornarse parte del supuesto previsto en la estructura de otra norma (piénsese en normas que establezcan obligaciones a cargo de aquellas personas o respecto a aquellas cosas), y aún, la disposición de esta otra norma puede volverse, a su vez, parte del supuesto contemplado por una norma ulterior, de carácter sancionatorio (normas que prevean el incumplimiento de obligaciones asumidas por aquellas personas o respecto a aquellas cosas, o la ilicitud de su asunción, estableciendo una correlativa responsabilidad). Todo ello hace comprender cómo las normas de un mismo orden jurídico están ligadas entre sí por un nexo lógico de subordinación o coordinación, y, al mismo tiempo, viene a demostrar que la nueva situación jurídica dispuesta por una norma singular, lejos de ser algo separado y distante del supuesto a que corresponde, no es más que un desenvolvimiento de situaciones jurídicas dispuestas por otras normas, el cual es provocado por el advenimiento de un hecho que, incidiendo en aquellas situaciones, es objeto de ulterior valoración jurídica por parte de la norma en cuestión. Así se aclara también el sentido de la vieja máxima *ex facto oritlur ius*. Se quiere decir con ella que la ley, por sí sola, no da nunca vida a nuevas situaciones jurídicas, si no se verifican

4 El mundo de la realidad puede ser representado en general como un cosmos construido en estratos, del que los modos de ser del espíritu constituyen la estructura superior (para tal concepción: N. HARTMANN, *Das Problem d. geistigen Seins*, 1933, 57 y sigs. y 151 y sigs.).

algunos hechos previstos por ella; no ya que el hecho se transforme en Derecho, sino que una situación jurídica preexistente se convierte, con el sobrevenir de un hecho dado, en una situación jurídica nueva. Las concatenaciones de los hechos, naturales o sociales, siguen cada una sus propias leyes; las concatenaciones de los hechos jurídicos, con las nuevas situaciones correspondientes a ellos, obedecen, en cambio, a las normas jurídicas en el piano en que opera el Derecho, que es diferente a aquel en que actúan las restantes concatenaciones.

La nueva *situación jurídica* dispuesta por la norma no se produce mientras no se haya realizado plenamente la hipótesis, el supuesto de hecho, que constituye su presupuesto. Cuando el supuesto no se realiza enteramente de una vez, sino por grados, a través de una progresión de fases intermedias, a este supuesto incompleto puede corresponder una situación jurídica preliminar que, a veces, da lugar al fenómeno de la pendencia y a una conexa expectativa. Así, en la consideración científica del fenómeno, la denominación de situación jurídica (Rechtslage) fue ofrecida primeramente para tales estados preliminares y reservada a situaciones similares[5]. Pero la limitación es arbitraria en el fondo, ya que no refleja el significado común de la expresión, que es bastante más general y comprensivo, ni responde tampoco a aquel sentido de gradación que explica el desarrollo de una situación jurídica a otra. Con todo, tan pronto estén completos los varios elementos de hecho constitutivos y, por tanto, se haya realizado el supuesto total previsto por la norma, la nueva situación jurídica que va unida a aquél se produce automáticamente y, en general, sin efecto retroactivo. Ningún obstáculo de índole exterior puede impedir funcionar al mecanismo de la norma, ya que el objeto de su disposición, consistiendo en determinadas calidades y posiciones, o en ciertos poderes y vínculos, es de orden puramente espiritual. Solo la realización del estado de hecho correspondiente al poder y al vínculo producidos puede, naturalmente, encontrar, y en la práctica encuentra, los obstáculos del mundo exterior y la resistencia de la mala voluntad de los hombres; para superar esta resistencia el orden jurídico previene sanciones y organiza la institución del proceso. Es también natural que la nueva situación jurídica, al no surgir antes de que pueda funcionar el nexo genético establecido por la norma entre ella y el supuesto de hecho, se produzca sin efecto retroactivo. Así como las normas jurídicas no disponen, en general, sino para el futuro, del mismo modo los supuestos previstos por ellas solo operan en este futuro, o sea, después de que existan enteramente y, normalmente, sin retrotraer sus efectos.

Las nuevas situaciones jurídicas provocadas por los hechos jurídicos pueden consistir, ante todo, en determinadas calificaciones que las normas atribuyen a personas, cosas o actos. Así, en el campo del Derecho privado, son esencialmente calificativas las normas que, en sentido lato, podrían llamarse

---

[5] KOHLER, *Lehrb. d. bürgerl R, I*, 1906, y sigs.; cfr. CARNELUTTI, *Teoria generale del diritto*, 243 y sigs.

normas de organización o de configuración; es decir, las destinadas principalmente a actuar una parte de aquella configuración por tipos sobre la que se apoya la regulación jurídica de las relaciones sociales. Tales son las normas que, concurriendo ciertos presupuestos, asignan a las personas una determinada capacidad y posición *(status* de la persona, en sentido amplio), o establecen para las cosas la comerciabilidad y la categoría a que pertenecen, o bien disciplinan, según ciertos requisitos, la legalidad, calidad y validez de los actos. Pero, con más frecuencia, las normas del Derecho privado están dirigidas más bien a resolver conflictos de intereses ente individuo e individuo; pugnas que turbarían la convivencia social si el Derecho no viniese a prevenirlas, protegiendo el interés digno de prevalecer y subordinando a él el interés contrario. Y entonces, las nuevas situaciones jurídicas que las normas enlazan a los hechos previstos suelen adoptar, propiamente, carácter de *relaciones jurídicas,* es decir, suelen consistir en poderes y vínculos de un cierto tipo, que se constituyen, se modifican o se extinguen entre los individuos interesados y están acompañados por sanciones jurídicas en las hipótesis de inobservancia. Entre situación y relación jurídica no existe más que una diferencia de especificación y caracterización.

La *relación jurídica,* en el campo del Derecho privado, se puede configurar, justamente, como una relación que el Derecho objetivo establece entre persona y persona, al atribuir a una un poder e imponer a la otra un vínculo correlativo. La relación, que se diferencia en una gran variedad de tipos, constituye la especie más destacada, y más completamente desarrollada, del género «situación jurídica», entendida esta expresión en su significado más lato[6]; y expresa, con la bilateralidad que le es propia, la necesaria correlación existente entre poder y vínculo, entre posición activa y posición pasiva. Sin descender a un examen particularizado de los varios tipos de poderes que se denominan derechos subjetivos y de las situaciones pasivas a ellos correlativas (obligación, sujeción, exclusión) -examen que no hallaría aquí lugar-, bastará llamar la atención sobre la necesidad de distinguir entre las relaciones jurídicas y los supuestos de hecho que constituyen el presupuesto de ellas. Las relaciones jurídicas encuentran su substrato en relaciones sociales existentes ya antes y aun externas al orden jurídico; relaciones que el Derecho no crea, sino que encuentra ante sí, prevé y orienta en rumbos de calificaciones y valoraciones normativas. Solo merced a la valoración, la disciplina y la sanción

[6] La propuesta de establecer una diferencia cualitativa, en lugar de una mera diferencia de facetas, entre situación y relación jurídica, reconociendo en aquélla los lados de la relación, «considerados cada uno por sí» y caracterizándola como «cada uno de los intereses opuestos, convertido en un poder o un deber» (así CARNELUTTI, *Teoria generale del diritto,* §§ 94-95), parece chocar con la necesaria correlación de poder y vínculo (los cuales, aisladamente tomados, se califican mejor como «posición jurídica») y desconocer la fundamental heterogeneidad entre una situación económico-social (el interés) y una posición normativa (el poder o el deber). Con más exactitud, en la «Incroduzione» a las *Lezioni,* I, 1920, 61, había hablado CARNELUTTI de»superposición» del poder al interés. Sostenemos que la relación jurídica no es más que el enlace normativo de un poder con un vínculo.

del Derecho, las relaciones sociales y los hechos que las impulsan son elevados a supuestos de hecho, influyentes en la vida y las vicisitudes de las relaciones jurídicas. Y no alcanzan este nivel sino en el grado y medida en que, a través de una previa configuración por tipos, sean materia de valoración y regulación jurídica. Una especie destacada en el género de tales hechos, que impulsan relaciones sociales, son los negocios jurídicos; pero conviene, antes de pasar a su examen, clasificar los hechos y los actos jurídicos, y mostrar algunas situaciones jurídicas de particular importancia.

2. *Clasificaciones de los hechos jurídicos*[7].- Los hechos jurídicos pueden ser clasificados según distintos criterios, que se deducen: a) de su naturaleza objetiva, por sí sola; b) del modo como son considerados y valorados por el orden jurídico y, propiamente, según la influencia que éste atribuye al comportamiento humano.

a) Bajo el primer aspecto, los hechos se distinguen en:

1.° Hechos en sentido estricto y estados de hecho, según que se agoten en eventos instantáneos o bien configuren situaciones de carácter más o menos duradero.

2.° Hechos positivos y negativos, según que consistan en el mudar o en el perdurar sin variación de un estado de cosas actual, previamente determinado.

3.° Hechos (supuestos) simples y complejos, según que consten de un hecho solo o de varios elementos de hecho conexos, sean éstos contemporáneos entre sí o bien sucesivos en el tiempo; de esta distinción nos ocuparemos pronto, al tratar de la posibilidad de efectos anticipados o preliminares de un hecho jurídico (n. 6), y volveremos a hablar de ella en la clasificación de los negocios jurídicos (n. 37).

b) Bajo el segundo aspecto, se distingue: I) Actos jurídicos y hechos jurídicos en sentido estricto. II) Actos lícitos y actos ilícitos.

---

[7] V. los pandectistas y civilistas citados en el párrafo precederne, y especialmente TUHR. *Allgern. Teil, II.* 1, §§ 48-49; además: WAECHTER, *Pandekten*, 1881, §§ 70-72; FERRINI., *Pandette*, N. 108; FADDA, *Parte generale con speciale riguarda alla teoria del negozio giuridico* (curso 1909), § 131 y sigs.; BRUNETTI, *Delito civile*, 1906, § 25 y sigs. y 55 y sigs.; CARNELUTTI, *Studi di dir. proc.*, I, 251 y sigs.; idem, *Teoria generale del reato*, n. 11 y sigs. (cfr. mis observaciones en *Riv. dir. comm.*, 1933, 834 y sigs., y en *Riv. dir. proc. civ.*, 1928, 108 y sigs.); idem, *Sistema del dir. proc civ., II*, nn. 394, 395, 408, 426-28, 429 y 431; idem. *Teoria generale del diritto*, § 105 y sigs. Cfr. ROMANO, *Corso de dir. amministr., I.* 161 y sigs.; ELTZBACHER, *Die Handlungsfähigkeit*, 1903, 59 y sigs., 73 y sigs. y 96 y sigs.; MANICK, *Willenserklärung und Willensgeschäß*, etc.; en *System der jurisdischen Handlungen*, 1907, § 159 y sigs.; KLEIN, *Die Rechtshandlungen im engeren Sinne*, 1912, 87 y sigs., 135 y sigs. y sigs.; también MANICK en *Jherings Jahrbücher f. d. Dogmatik*, 83, 1933, 1 y sigs.; recientemente. *Das rechtswirksame Verhalten: systematischer Aufbau und Behandlung der Rechtsakte des bürgerlichen u. Handelsrechts*, 1939, recensión en, *Bull. dir. rom.*, 46, 425; CARIOTA-FERRARA, en *Annuario di dir. comparato*, 1941, 374 y bibliografía allí citada, 378, n. 2; A. SANDULU, *«Il procedimento amministrativo»*, en *Studi di dir. pubbl.*, edición de la R. Universidad de Milán, 1940, 175 y sigs.

La distinción entre actos y simples hechos jurídicos se formula en relación a la influencia jurídica que le sea o no reconocida a la conciencia y la voluntad humanas.

I) Al determinar cuándo nos hallamos ante un acto jurídico y cuándo no, es necesario proceder con cautela, para no ser inducidos a considerar como actos (jurídicos) hechos que no son tales. Una doctrina corriente distingue entre hechos voluntarios (actos) y hechos naturales (hechos en sentido estricto). Pero, así planteada, la distinción procede del aspecto antes indicado (letra a), y se nos manifiesta como carente de interés y, sobre todo, equívoca. En efecto, nos llevaría a calificar como natural y como voluntario un mismo hecho (por ejemplo, la siembra o la plantación en una finca, o la muerte de una persona), según que, en el caso concreto, estuviese o no determinado por la voluntad del hombre.

En realidad, la distinción entre actos y hechos jurídicos solo tendrá sentido en cuanto admita por base el modo en que el orden jurídico considere y valore un hecho dado. Si el orden jurídico toma en consideración el comportamiento del hombre en sí mismo y, al atribuirle efectos jurídicos, valora la conciencia que suele acompañarlo y la voluntad que normalmente lo determina, el hecho se deberá calificar de acto jurídico. Y, en cambio, deberá ser calificado de hecho cuando el Derecho tenga en cuenta el hecho natural como tal, prescindiendo de una voluntad eventualmente concurrente, o bien cuando, pese a considerar la acción del hombre sobre la naturaleza exterior, no valora al hacerlo tanto el acto humano en sí mismo como el resultado de hecho que acarrea, es decir, la modificación objetiva que aporta al estado de cosas preexistente.

Esto es especialmente evidente en algunos modos de adquisición originaria de la propiedad, tales como la accesión por siembra o plantación y la especificación. En la siembra, es el crecer de la planta sobre el fundo, y en la plantación, es el tomar allí raíces, lo que produce la adquisición por parte del propietario del fundo, no ya la voluntad del sembrador o de quien la plantó, de tal forma, que la adquisición sucede igualmente si, por acaso, la semilla ha sido llevada por el viento o la inmisión de las raíces depende de un hecho natural. En la especificación, es la transformación formal o sustancial de una cosa en otra nueva, y no la voluntad del especificador, la que determina la adquisición de la cosa nueva por parte de éste. Y, del mismo modo, en la accesión, únicamente se toma en consideración el resultado del obrar humano, no va la voluntad, de la cual, antes bien, se prescinde completamente.

II) La consideración que el Derecho hace de un comportamiento del hombre como acto jurídico consiste, como ya se ha indicado, en reconocerle trascendencia jurídica basándose en una valoración de la conciencia que regularmente lo acompaña y de la voluntad que normalmente lo determina.

Decimos «regularmente» y «normalmente» porque el Derecho recibe en examen al comportamiento humano a través de una consideración típica, fundada en la previsión genérica del modo en que aquél se presenta de ordinario en la vida y, por tanto, configurándolo según los que se presentan como sus caracteres normales y líneas constantes, no ya prestando atención, una y otra vez, a las circunstancias accidentales del caso específico.

Frente al comportamiento humano, el orden jurídico puede, respondiendo a varias exigencias, sentir la necesidad de tomar posición, ponderándolo. A diferencia de la moral (ante la que no existen actos indiferentes), el Derecho solo se propone resolver un círculo limitado dé problemas. De los demás -de aquéllos, podríamos decir, que se mantienen fuera del campo de previsión de sus normas-, no se interesa[8].

Pueden darse tres hipótesis. O el Derecho a) se desinteresa del comportamiento en cuestión, el cual queda entonces como jurídicamente indiferente. O el Derecho lo hace objeto de su valoración normativa, b) positiva o c) negativa. O sea: que en la apreciación que haga puede asumir una doble actitud, según que apruebe o rechace el comportamiento como socialmente útil o como dañoso, y, en consecuencia, se proponga favorecerlo o combatirlo. Más exactamente: la valoración jurídica puede producirse, ya en el sentido b) de atribuir a un cierto comportamiento efectos jurídicos conformes a la voluntad que normalmente lo determina, o en el de c) señalarle con preceptos de carácter sancionatorio efectos jurídicos contrarios a tal voluntad. En una hipótesis, b), el comportamiento se califica de lícito; en la otra, c), de ilícito. La conformidad o la antítesis de los efectos jurídicos con la voluntad normalmente determinante ofrece un criterio seguro para discriminar la licitud y la ilicitud de los actos considerados por el Derecho.

Se comprende también que aquellos actos jurídicos que, bajo el aspecto ahora señalado, aparecen como lícitos, pueden, bajo otro aspecto, presentarse como impuestos o, al menos, como requeridos (para ciertos fines) por el Derecho, en cuanto sean objeto de lo establecido o previsto por una diferente y ulterior norma jurídica, y representen, así, el cumplimiento de una obligación o de una carga para el interesado. Según este distinto criterio, los actos jurídicos lícitos se subdistinguen en actos jurídicamente obligatorios y actos jurídicamente libres; y estos últimos se subdividen aún en actos necesarios, en orden a un efecto útil para el interesado, y actos meramente facultativos.

De los actos jurídicos lícitos deben mantenerse netamente diferenciados los actos jurídicamente indiferentes, es decir, aquellos que no sean objeto de una valoración normativa por parte del orden jurídico y, por tanto, sean para él

---

[8] V. SCHLEIERMACHER, *Uebrr den Begriff da Erlaubten*, 1826, en WERKE, *Abt. III*, vol. II, 418 y sigs.; G. MAVER, *Die Lehre vom Erlaubten in d. Gesch. d. Ethik seit Schleiern.*, 1899: y, por último, por todos: SCHELER, *Formalismus in der Ethik*, segunda ed., 215 y sigs.; también THON, *Rechtsnorm und subjektives Recht*, 1878, 292 y sigs.; DEL VECCHIO, *Lezioni di fil. del dir.*, segunda ed., 1932, 185 y sigs.; FERRARA, *Trattato*, cit., 326 y sigs.; A. LEVI, *Saggi di teoria del diritto*, 1924, IV; *Licito, ilicito, no tutelado*, 129 y sigs.: ELTZBACHER, *Handlungsfähigkeit*, 96 y sigs.

intrascendentes. Esto lleva consigo que el acto jurídicamente indiferente no provoca, como tal, ningún cambio en la situación jurídica ante la que se encuentra. Cuando parece que provoca un cambio, lo que sucede en realidad es que el Derecho atribuye la nueva situación jurídica no ya al comportamiento en sí y fundándose en una estimación de él, sino a un conjunto de otras circunstancias de hecho, respecto a las cuales el comportamiento, o es concomitante solo en forma accidental, o bien, si es constante, no asume el valor decisivo que tiene en los verdaderos actos jurídicos (piénsese nuevamente en la especificación o en otra parecida operación, o en el hecho del tercero, extraño a la situación jurídica que discurre entre las partes). Jurídicamente intrascendentes son también, como tales, los actos sociales de goce de un bien, aunque se desarrollen bajo la protección del Derecho; intrascendentes en el sentido de que éste no puede garantizar su resultado útil -en cuanto depende de la capacidad individual y de otras circunstancias de hecho que no constituyen objeto de valoración normativa- ni, por tanto, les atribuye ninguna nueva situación jurídica[9].

La categoría más importante de los actos lícitos, así definidos, está integrada por los negocios jurídicos. Sobre éstos es posible construir una teoría, un sistema de principios generales, por los que se rigen, y que se expondrán en los capítulos siguientes. Entre tanto, tracemos una clasificación general de los actos jurídicos.

3. *Clasificaciones de los actos jurídicos. Naturaleza* y *especie de las declaraciones*[10].- Fuera del aspecto político de la licitud, antes visto, los actos jurídicos resultantes de la precedente diferenciación pueden ser clasificados atendiendo a otros varios caracteres. No interesan aquí las clasificaciones derivadas de la conexión del acto con la situación inicial sobre la que incide, o con la nueva situación jurídica (final) en la que desemboca, y del respectivo modo de actuar en cuanto a la una o la otra. Estas clasificaciones no son específicamente propias de los actos, sino comunes a los restantes hechos jurídicos. Así, la distinción entre hechos constitutivos, extintivos, modificativos, impeditivos, integradores (complementarios), o bien entre hechos objetivos, subjetivos y mixtos. Así también, la distinción de los actos (por ejemplo, procesales) según la respectiva función técnica que se confía a cada uno en la estructura conjunta de la relación en que se encuadran y, en particular, según el modo en que cada uno de ellos concurre a la obtención del resultado de

[9] THON. *Rechtsnorm und subjektives Recht,* 1878, 293; RANELLETTI, *Principi di dir, amministrativo,* 1912, 433, n. 3 y nuestras indicaciones en *Riv. dir. proc. civ.,* 1932, 228.

[10] Es fundamental la sistematización de los actos procesales trazada por CARNELUTTI, *Sistema del dir. proc. civ.,* II, 1939, nn. 394, 395, 408, 428-28, 429 y 431; para otras clasificaciones, véase nuestro *Dir. proc. civ. ital.,* 1936, § 21, y la literatura en él citada, además de la enumerada *supra* en el § 2. De las varias clasificaciones de los actos jurídicos propuestas por INVREA, *Parle generale del diritto* (1935), nn. 213-221 y 230-241, solo nos parece utilizatile aquí la distinción entre actos ordenativos y actos enunciativos (nn. 213-215 y 235); también CESARINI-SFORZA, «Note per una teoria gener. degli atti giuridici», en *Annali univ. toscana,* 47, 1932, 149-184; ROMANO, *Revoca degli atti giur. priv.,* 1935, 312 y sigs.; GASPARRI, *Studi sugli atti giur. complessi,* 1939, 13 y sigs.

la relación total (por ejemplo, la diferenciación de los actos procesales en actos de adquisición, de gobierno, de elaboración, de composición procesal[11], o en actos inmediatamente operantes y actos optativos o excitativos, tendentes a un resultado que no depende de ellos solamente[12].

En cambio, interesan con respecto al estudio del negocio jurídico las clasificaciones que se deducen de la estructura social y jurídica de los actos o del aspecto funcional del poder que en ellos se ejerce.

Bajo el aspecto de la estructura social y jurídica, los actos trascendentes para el Derecho se pueden distinguir, según el cambio, o sea: el efecto o suceso en que el acto se agota, en actos con efecto psíquico (interno) y actos con efecto material (externo). Los primeros se subdistinguen según la sede del suceso psíquico, es decir, según que la mente en que el cambio debe producirse sea la de otros (destinatarios), o la del mismo autor del acto[13]. Cuando el suceso psíquico mira a otros, el acto asume la figura de declaración en sus múltiples variedades; cuando, en cambio, afecta al mismo autor, el acto consiste en una aprehensión de conocimiento, sea en la forma activa de la inspección, de la audición o también de la interrogación, o en la pasiva y presuntiva de la recepción. Podemos descuidar aquí el examen de estos otros actos con efecto psíquico; apremia, en cambio, profundizar, por su importancia en la teoría del negocio, cuál sea, en general, la naturaleza de la declaración.

El fenómeno que se nos presenta en la declaración puede caracterizarse como un evadirse el pensamiento de sí mismo y tornarse expresión objetiva, dotada de vida propia, perceptible y apreciable en el mundo social[14]. El cambio del estado preexistente, es decir, el suceso al que este tipo de acto que es la declaración mira y desemboca, trasciende el medio físico para realizarse en el interior de un sujeto distinto de su autor, concretándose así en la mente ajena. Según que la declaración pretenda solo hacer conocer algo (sea ello un hecho exterior o interior) o bien tienda a provocar un comportamiento, puede decirse que el efecto psíquico del acto se detiene en la zona de la inteligencia o que, por el contrario, mira a presionar la voluntad de aquellos a quienes se dirige.

Su necesario destino a otros (sean éstos determinados o no) es suficiente para caracterizar la naturaleza de la declaración. Es excesivo, aun en el terreno social y jurídico, reconocer su función en la «transmisión del pensamiento»[15]. Y el exceso puede ser fuente de equívocos, porque conduce a concebir la declaración como una especie de «envoltura» o «embalaje» del pensamiento que

---

11 CARNELUTTI, *Sistema,* II, nn. 395-407.

12 GOLDSCHMIDT, *Prozess als Rechtslage,* 1926, 364 y sigs. Esta distinción es entendida en sentido absolutamente diferente por CARNELUTTI. *Teoria gen. dir.,* 291.

13 Esta es la clasificación delineada por CARNELUTTI, *Sistema,* II, 91, 96 y sigs.; Idem, *Teoria generale del dir.,* 370 y sigs.

14 W. v. HUMBOLDT, *Werke,* ed. Reimer, III, 1943. 255; HENIE, *Lehrb. d. bürgerl. R.,* I, 203 b; CARNELUTTI, loc. cit.

15 CARNELUTTI, *Teoria generle del diritto,* § 148.

«transmite» y, por tanto, como algo que, en el mundo social, no tendría valor primario y autónomo, sino simplemente instrumental. La verdad es que este tipo de acto exige, para alcanzar su fin, la colaboración psíquica del destinatario, por parte del cual «las puertas de la mente no se abren más que desde dentro»[16]. Pero, de todos modos, una vez que con la declaración el pensamiento, salido de sí mismo, se destaca y convierte en algo objetivo, este algo, que es la declaración, tiene ya entonces, en el mundo social, un valor autónomo, objetivamente reconocible, que no depende más del pensamiento del autor y hace su camino por cuenta propia, conforme a las reglas que gobiernan toda comunicación expresiva entre los hombres.

Los actos con efecto material (externo se pueden resumir bajo la calificación genérica de *operaciones.* Es preciso aún cuidar de advertir que, fundándose la distinción entre actos y hechos jurídicos sobre la trascendencia o no de la conciencia y voluntad humanas, típicamente configuradas, la operación continúa siendo un simple hecho cuando el Derecho no valore la actividad humana en sí misma, sino el resultado de hecho en que ella desemboque. Por el contrario, la operación asciende a acto jurídico (lícito o ilícito, según su significación política) cuando el Derecho, al unir a ella una nueva situación jurídica, valora, con respecto al autor, la conciencia que regularmente la acompaña y la voluntad que normalmente la determina. A diferencia de la declaración, la operación no cuenta con la colaboración psíquica ajena, y despliega influencia solo con producir un cambio en el mundo exterior, reconocible en el ambiente social. Como se verá más adelante (cap. II, n. 9), esta diferencia vuelve a asomarse en el negocio jurídico considerado bajo el aspecto de la forma.

Las declaraciones, a su vez, pueden clasificarse según un doble criterio lógico. Ante todo, 1) según el nexo de la declaración con su contenido y, por tanto, según la función que la declaración está llamada a desempeñar respecto a lo que es declarado. También, 2) según la naturaleza del respectivo contenido, o sea: de cuanto es declarado. Estos dos criterios de clasificación son interferentes entre sí, y, de tal modo, que la clasificación obtenida fundándose en uno resulta solo tendencialmente coincidente con la que resulta basándose en el otro.

1) Atendiendo al nexo de la declaración con su contenido, se pueden distinguir dos especies de declaraciones.

a) La declaración es a veces simple *revelación,* manifestación de un estado de ánimo, de un propósito, de un saber[17] existente en el sujeto con indepen-

---

[16] Esta reserva es necesaria para corregir lo que existe de materialista, y, por tanto, de falso en la idea de una «transmisión del pensamiento». El hecho espiritual de la comunicación es descrito con claridad insuperable por W. v. HUMBOLDT, *Werke,* VII, 1848, 55, 201 y sigs., 213 ag.

[17] HOELDER, *Pandekten,* 218; REGELSBERCER, *Pandekten,* 493; cfr. HENLE, *Vorstellung und Willens theorie,* 314; idem, *Lehrb. d. bürgerl.* R., I, 41; LARENZ, *Auslegung,* 32; DURMA, *La notification de la volonté,* 1930, n. 19, y BLONDEL, citado por aquél.

dencia de ella, manifestable también en otra forma y, sucesivamente, en varias formas distintas (piénsese en declaraciones de deseo, de propósito, de sentimiento, de conocimiento, etc.). Aquí la declaración, mirando únicamente ea hacer saber algo a otros, solo realiza una función *complementaria, instrumental,* respecto a lo que es comunicado; función meramente *comunicativa,* evidenciadora de la conciencia del declarante. Diríamos, en sentido lato, una función confesoria, vuelta hacia el interior de tal conciencia y encaminada a ponerla en comunicación con la mente ajena. Entonces, pero solo entones, se nos ofrece, espontánea, la idea de que la declaración sirva de trámite al pensamiento[18].

b) Otras veces, en cambio, la declaración es *indicación directiva* de una línea de conducta; indicación que señala, limita y encauza, de modo más o menos vinculante, según los casos, la conducta futura, propia o ajena (pensemos en declaraciones de mandato, de renuncia, de intimación, de aceptación, de obediencia, etc.). Aquí la declaración, determinando y predisponiendo una línea de conducta, tiene una función *constitutiva,* por entero proyectada hacia el exterior, respecto a un *contenido que está ligado a ella* y *no es influyente o válido en otra forma;* es constitutiva en el sentido de que ella no solo representa este contenido, sino que al mismo tiempo lo constituye, lo crea en el mundo social, de manera que se muestra inseparable de él[19]. Determinar cuándo tenga socialmente la declaración una pura función comunicativa (es decir, genéricamente representativa) y cuándo, por el contrario, cumpla una función constitutiva respecto a lo que se declara, es cosa a decidirse siempre atendiendo a su finalidad social en la vida de relación, y por tanto, desde el punto de vista de los «otros», de los llamados destinatarios.

2) Según la naturaleza de lo declarado, se pueden distinguir también, principalmente, dos tipos de declaraciones: a) declaraciones de contenido testimonial, asertorio o confesorio, destinado a otros, ante todo, como materia de conocimiento *(docere);* b) declaraciones de contenido preceptivo, con trascendencia para otros como criterio de conducta *(iubere).* Las primeras son designadas, en sentido amplio, como declaraciones *enunciativas o* representativas; las segundas, como declaraciones *preceptivas* o dispositivas[20]. Esta distinción, que arroja una luz decisiva sobre el contenido del negocio jurídico, será recogida y examinada en el capítulo II (n. 15). Solo hemos de agregar ahora que la naturaleza preceptiva de lo que es declarado supone siempre función consti-

---

18 Los alemanes enumeran en esta categoría las «Kundgebungen» y las «Mitteilungen»; para todo: KLEIN, *Rechtshandlungen,* 136 y sigs. y 165 y sigs.; MANICK. *Willenserkl. u. W g.,* 701 y sigs.; THUR, *Allgemeine Teil, II,* 113 y sigs. y 128 y sigs.; GOLDSCHMIDT, *Prozess als Rechtslage,* 383 y 422.

19 La diferencia entre los dos tipos de declaraciones coincide sustancialmente con la que en psicología se formula entre «proposiciones representativas» o de «enunciación» (Aussage) y «proposiciones emocionales-volitivas» (MAYER, *Psychologie des emotionalen Denkens,* cit. por LARENZ, *Auslegung d. Rechtsgesch.,* 50-53). Pero esta terminología no es utilizable para nosotros como juristas.

20 «Ordenativas» diría INVREA, *op. cit.,* nn. 215 y 235.

tutiva de la declaración respecto a un tal contenido, mientras que no es cierta la aseveración recíproca sino en cuanto la distinción se apoye, no sobre el criterio de la estructura lógica, sino sobre el de su alcance práctico en el terreno social. En efecto, la naturaleza enunciativa de lo que es declarado no excluye que ello asuma, en la vida de relación, el significado práctico de un criterio de conducta, de modo que aproxime la respectiva declaración, enunciativa por sí, bajo el aspecto lógico, a la categoría de las declaraciones preceptivas, imprimiéndole función constitutiva. Pensemos en una declaración asertoria con la que se enuncie una afirmación de carácter valorativo (apreciación de verdad, de idoneidad, de conformidad a Derecho, etc.)[21] o con la que se exponga un deseo vinculante para el destinatario. Aquí, pese a la estructura lógica enunciativa, se nos muestra la afirmación de un valor o de un deber ser que, en las relaciones entre las partes, asume un alcance ordenador, con vistas al comportamiento futuro, e imprime a la declaración una función constituye respecto a tal contenido. Las relaciones entre las partes de la relación social en que la declaración se encuadra son también decisivas para destinar una declaración, idéntica bajo el aspecto lógico, a una u otra categoría. Así, el consejo que un amigo da a otro interesa solo en cuanto manifiesta un punto de vista que puede evidenciarse también, sucesivamente, en otras diferentes formas, porque aquí lo esencial es hacer saber, por parte del uno, lo que piensa sobre los asuntos del otro. Por el contrario, el parecer que el órgano consultivo presta, a requerimiento, ala órgano deliberante del Estado o del ente autárquico, es indicación directiva de una línea de conducta, aun cuando el solicitante no esté obligado a seguirla, y la declaración correspondiente despliega una función constitutiva, que no es susceptible de repetición y sí solo de interpretación.

Finalmente, bajo el aspecto funcional del poder que en ellos se ejerce, los actos jurídicos se pueden distinguir según que dicten reglas a intereses relevantes para el Derecho, disponiendo de la respectiva tutela jurídica, o bien provean a su satisfacción, actuando la tutela de que ya gozan.

1) Los actos de la primera categoría, en cuanto dirigidos a estatuir un deber ser jurídico, se pueden calificar de *declaraciones o pronunciamientos normativos* en sentido latísimo, y subdistinguir, según que la regla sea dictada por una autoridad superior o por los mismos interesados, en a) *resoluciones o proveimientos* (actos de mandato heterónomo), y *b) negocios jurídicos* (actos de autonomía).

2) Los actos de la segunda categoría pueden calificarse, por contraposición, de actos de *satisfacción,* en el sentido de comprender, no solo actos consensuales y debidos, como el pago (no felizmente caracterizados como «intransitivos» [22], ya que afectan igualmente la esfera jurídica ajena), sino

---

[21] Cfr. nuestro *Dir. proc. civ. ital.,* 75. 122-123; algo diferente es la construcción bosquejada por Carnelutti, *Sistema,* II. 101 y sigs., apoyada sobre la antítesis entre «declaraciones de ciencia- y «declaraciones de voluntad», sobre la cual ver en el n. 13 algunas indicaciones críticas; C. A. Micheli, «Rin. e riconosc.», en *Riv. dir. proc.,* 1937, 354.

[22] Garnelutti, *Sistema, II,* 69 f); ídem, *Teoria generale del diritto,* § 109.

también actos forzados, es decir, ejecutivos y de autosatisfacción, de autotutela legalmente autorizada[23]. La diferencia entre las dos categorías de actos se perfila, bien se comprende, como una simple diferencia de faceta, pudiendo realizarse un acto de satisfacción a través de una resolución o de un negocio que, en tal caso, no se limitaría a estatuir un deber, sino que asumiría también función de satisfacer[24].

A su vez, las declaraciones normativas, sean proveimientos de la autoridad o negocios de los interesados, pueden hallarse vinculados respecto a las directrices a seguir al dictar reglas para los intereses en juego o pueden, por el contrario, ser fruto de una apreciación discrecional acerca de los medios y criterios más convenientes para conseguir un equitativo ajuste de aquéllos dentro de la órbita del Derecho. En realidad, los conceptos de discrecionalidad y de vínculo, que (como también el de pronunciamiento normativo) han sido elaborados en el campo del Derecho público, solo en él encuentran adecuado desarrollo. Lo que se corresponde con ellos en el campo del Derecho privado es solo una limitación, ora menor, ora mayor, de la libertad de determinar los elementos del contenido preceptivo del negocio; limitación que puede emanar, tanto de las fuentes legislativas del Derecho, como de fuentes corporativas[25]. Es, ciertamente, insuficiente, la noción de un «mandato complementario» que haría «funcionar» en concreto la norma jurídica; la distinta aplicación de esta noción a declaraciones normativas de Derecho público y a negocios del Derecho privado no puede considerarse legítima porque encubre una profunda diferencia entre fenómenos bien distintos. Así, cuando se reconoce en la sentencia de constatación («accertamento») una declaración normativa complementaria, el calificativo «complementario» vendría entendido en el sentido de que la constatación, lejos de formar parte del proceso real de concreción del precepto legal, constituye mera individuación, actuación jurisdiccional de un precepto legislativo que ya ha llegado a ser concreto, o sea: que ya ha entrado en vigor para una determinada situación jurídica. En cambio, usada para el acto administrativo o el negocio jurídico, la calificación de «complementario» asumiría el más diferente sentido, ya que uno y otro tipo de acto son, esencialmente, formulación de una regla que antes no existía respecto a aquellos determinados intereses que están en juego en la situación considerada, y, por tanto, en todo caso, constituyen un desarrollo y un incremento del orden preexistente,

---

23 V. nuestro *Dir. proc. civ. ital.*, § 4.

24 V. *Riv. dir. comm.*, 1933, 837.

25 Solo con esta reserva y, por tanto, con extremada cautela, puede acogerse la distinción de carácter general formulada por CARNELUTTI (*Sistema*, II, 71 y sigs.; ídem, *Teoria generale del diritto*, § 112) entre actos jurídicos discrecionales y vinculados. Por otra parte, es dudoso para nosotros que estas designaciones tengan un sentido en cuanto al derecho subjetivo privado. Véase a propósito nuestra *Efficacia delle sentenze determinative in tema di legali d'alimenti*, 1921, 1932; nota. La limitación, a mis de una fuente de Derecho, puede derivarse también de instrucciones vinculantes que el autor del negocio haya recibido del titular de los intereses en juego (sobre ello, cap. X, n. 75).

y no ya una aplicación suya[26]. Esta diferencia lógica entre mera actuación de situaciones jurídicas existentes y creación de situaciones jurídicas nuevas, que se opera dentro del cauce de la autonomía mediante negocios y en el de heteronomia con proveimientos, no puede superare con un concepto de «producción jurídica complementaria» (contrapuesta a una producción principal que operarían las leyes), el cual, por su excesiva generalidad, resulte inservible y sería causa de confusión entre fenómenos absolutamente diferentes.

Hecha así la reseña de las clasificaciones generales de los hechos y actos jurídicos que más interesan en orden a una teoría general del negocio jurídico, han de examinarse ahora algunas de las más importantes situaciones respecto a las que pueden destacarse y perfilarse las relaciones jurídicas.

4. *De algunas situaciones jurídicas: adquisición (derivativa u originaria)* y *pérdida de derechos*[27].- No interesa aquí analizar la estructura de las relaciones jurídicas bajo el aspecto estático (de la que presumimos la noción en el lector), sino considerar su movimiento y desarrollo desde un punto de vista dinámico. Por ello, atenderemos a los modos en que los hechos jurídicos operan sobre las relaciones jurídicas (nn. 4-5) y a las fases de desenvolvimiento que estas relaciones atraviesan.

---

[26] Esta observación crítica, expuesta por nosotros en *Annuario di dir. comparato e di studi legislativi,* II, 1928, 152 y sigs. (*Osservzioni sul progetto di cod. di proc. civ.,* 31 y sigs.), se mantiene también frente a los desarrollos constructivos de CARNELUTTI. *Sistema,* II, 72 y sigs., 89; ídem, *Teoria generale del diritto,* 291 y sigs. y 195 y sigs. Nótese también que no se trata de «producir derecho» (como dice, por ejemplo, KELSEN, *Hauptprobleme,* 565; *Allg. Staatsl.,* 236; *R. Rechtsl.,* n. 29, 32 c), sino de desenvolver situaciones y relaciones jurídicas; «productiva» lo es solo una fuente de *normas juricas:* cap. I, n. 2. nota.

[27] Para la historia del dogma; DE FRANCISCI, *Il transferimento della proprietà: storia e critica de una dottrina,* 1924, 83 y sigs. y 163 y sigs.; cfr. ya en JHERING, *Geist. d. rom. R,* I, séptima ed., 1924, 83 y sigs., II, 2, sexta ed., 1923, § 43, 436 y sigs., nota 598; BETTI, *La «vindicatio» rom. primit. e il suo svolgimento storico nel diritto priv. e nel processo,* en Filangieri, 1915, 40, 326 y sigs., 349 y sigs. y 355; en sentido de adhesión: SIBER, *Römisches Recht in Grunzuge für die Vorlesung, II* (Privatrecht), § 51; en sentido crítico: *Bull. dir. rom.,* 1925, 34, 282 y sigs. (mi curso 1924-1925 sobre la Tradizione, 63 y sigs.; *Esercitazioni romanistische,* §§ 37-39); en sentido negativo: SEGRE, *Le cose, la proprietà, gli altri diritti reali e il possesso* (segunda parte; curso 1927-1928). 160 y sigs. (él admite, por lo demás (165), que el carácter diferencial de la adquisición derivativa no radicaba para los clásicos en la permanencia del derecho con el cambio de las personas, sino en la dependencia del derecho del nuevo *dominus* de aquél del precedente). Sobre la doctrina de este parágrafo, véase también, en cuanto a las formulaciones dogmáticas corrientes: PUCHTA, *Pandekten,* duodécima ed., 1877, §§ 47-48; WAECHTER, *Pandekten,* 1889, párrafos 69-69; DERNBURG, *Pandekten,* citado, §§ 80-81; BEKKER, *Pandektenrecht, II,* §§ 33-34, y los pandectistas citados en el parágrafo precedente; cfr. COVIELLO, *Man. dir. civ. ital.,* § 98; TUHR. *Allgem. Teil, II,* §§ 44-45; ALLORIO, *La cosa giudicata rispetto ai terzi,* 1935, 191 y sigs.; PUGLIATTI, *Teoria dei transferimenti coattivi,* 1934; idem. *Esecuzione forzata e dir. sostanziale,* 1935, 175 y sigs.
Para una apreciación crítica del concepto de ejercicio del derecho, v. THON, *Rechtsnorm und subjektives R.,* 288 y sigs.; BEKKER, *op. cit.,* §§ 22-23; HIRSCH, *Die Uebertragung der Rechtsausübung: Vervielfältigung der Rechte,* 1910, 18 y sigs.; CARNELUTTI, «Appunti sulla prescrizione», en *Riv. dir. proc. civ.,* 1933, 43 y sigs.

Más que por su alcance objetivo -normalmente consistente en hacer nacer, cambiar o cesar posiciones y relaciones jurídicas -interesan aquí los hechos jurídicos por su forma de actuar *respecto a Los sujetos* a quienes las relaciones jurídicas se refieren (n. 19).

Respecto a un sujeto, el hecho contemplado por la norma jurídica puede producir, sobre todo, una de las siguientes situaciones jurídicas: En una relación jurídica, I) del lado activo puede tenerse: a) la adquisición; b) la pérdida o la limitación; c) el ejercicio de un derecho subjetivo; II) del lado pasivo: a) nacimiento de un vínculo; b) liberación de él; c) actuación de la sanción de que el vínculo está provisto.

De las situaciones que se producen respecto al sujeto pasivo se ocupan la teoría del acto ilícito y la del proceso. Aquí conviene centrar nuestra atención sobre las situaciones que se producen respecto al sujeto activo.

La *adquisición* por parte de una persona consiste en que ésta llegue a ser *titular* de un determinado derecho subjetivo. La *pérdida,* en cesar de ser tal. De la pérdida se diferencia la *limitación;* la cual se produce cuando el derecho subjetivo, del que se sigue siendo titular, resulte gravado, en favor de otros, por un derecho que funciona respecto a aquél como *carga,* como *límite de* carácter normal.

El *ejercicio* de un derecho subjetivo radica en la realización, frente a otros, de un *estado de hecho o una situación jurídica conforme al típico interés para cuya protección está dispuesto.* Así se revela, y con ello se satisface, la finalidad del derecho subjetivo privado, el cual viene de este modo, por así decirlo, proyectado en el mundo de los hechos, y resulta operante de nuevas situaciones jurídicas. En la situación jurídica conforme al interés protegido se ejerce el poder que el orden jurídico superpone al interés cuando decide protegerlo. En cuanto que la protección jurídica es *puesta a disposición* del sujeto interesado, éste tiene la posibilidad de promover su actuación y defender el derecho, tanto en vía extrajudicial como mediante el proceso.

El nacimiento de un derecho significa siempre el destino del mismo a un sujeto y, en consecuencia, adquisición, ya que todo derecho es adquirido fundándose en la valoración de un orden jurídico y ninguno es innato, en el sentido de que pueda existir con anterioridad a ella. A viceversa, en cambio, la adquisición no coincide con el nacimiento: se puede adquirir un derecho que existía ya en otros. Por ello, tampoco la pérdida de un derecho por parte de una persona coincide con su extinción. De otro lado, no es, en absoluto, esencial al concepto del derecho subjetivo que tenga constantemente un titular actual; el derecho destinado a una persona puede encontrarse, en cierto momento, sin sujeto (como es el caso, por ejemplo, de la herencia yacente, cuando el heredero no sea conocido).

Además, el ejercicio puede o no ir acompañado de la extinción del derecho, según la naturaleza de éste. Derechos esencialmente efímeros y destinados a extinguirse con el ejercicio pleno y definitivo que se haga de ellos son los derechos de obligación, y, aun cuando diferentes en su estructura, los de configuración o potestativos. Son, en su esencia, duraderos y permanentes los restantes[28].

La adquisición puede ser *derivativa* u *originaria*. El criterio para distinguir la una de la otra nos lo ofrece aquella circunstancia que, según la valoración del orden jurídico, justifica propiamente la adquisición misma. Si la adquisición está justificada por una relación del adquirente con *otra persona legitimada,* mediante la cual se opera necesariamente, tiene carácter *derivativo.* Si, por el contrario, la adquisición se justifica por una relación inmediata con el objeto de cuya adquisición se trata, sin depender de la mediación de otra persona, tiene entonces carácter *originario.*

La otra persona, cuya relación sirve para justificar la adquisición derivativa, es, normalmente, el titular precedente del derecho adquirido (o del derecho sobre cuya base éste se constituye). Pero puede ser también persona distinta del titular, y precisamente quien, aun no siendo titular del derecho, ostenta, sin embargo, la *facultad de disponer de él.* La legitimación de la otra persona, que encuentra su título normal en la pertenencia del derecho de cuya adquisición se trata, se halla entonces en la existencia de una posición tal respecto al titular, que le atribuya el poder de administrar sus negocios. Si, por el contrario, la persona con la que el adquirente entra en relación, además de no ser titular del derecho, no tuviese tampoco la facultad de disponer de él, tal relación no podría ser reconocida idónea para justificar la adquisición sino sobre la base de una legitimación aparente, que estuviese justificada por la buena fe del adquirente u otras circunstancias.

Desde el momento que la adquisición derivativa está justificada por una relación con el precedente titular del derecho o con quien goce de la facultad de disponer de él en su lugar, el derecho precedente, siendo válidamente enajenado en la forma debida, constituye, en sí, el *presupuesto* y *el fundamento necesario del derecho adquirido.* Este se halla ligado al derecho preexistente por un *nexo de derivación,* y por ello el nombre de «adquisición derivativa». Por consiguiente, la existencia, la medida (en extensión y en intensidad) y las modalidades del derecho adquirido deben estimarse en proporción al derecho originario. Rige el principio romano: *Nemo plus iuris ad alium transferre potest quam ipse habet*[29]. La concepción romana, en realidad, no es la de que el derecho subjetivo se «desprenda» del precedente sujeto y sea «transferido» a otro. Para ella, lo que permanece único e idéntico no es la

---

[28] Ciertamente que alguno niega que la perennidad (duración) sea característica esencial o natural de la realidad del derecho: Allara, «Propr. Temporanea», en *Cir. giur.* Palermo, 1930; Fadda y Bensa, en Winscheid, *Pandette,* I. 175-82, n. 1; Carraro, *Il dirito sul documento,* 1940. 69 y sigs.; Coviello, *Man. dir. civ.,* cuarta edición, 289, 442; nuevamente: Allora, *Nozioni fondamentali,* 204 y sigs.; Blometer, *St. z. Bedingungel.,* 128 y sigs.

[29] D. 50, 17, 45; 120; 175, 1; 177 pr.; D. 41, 1, 20 pr. § 1; D. 19, 1, 11, 2; D. 18, 1, 67.

relación jurídica en que el derecho se expresa, sino la cosa que forma su objeto. Se tiene *transmisión de ésta, no sucesión en la relación*. Es como si el derecho se *reconstituyese ex novo* en la persona del adquirente por virtud de su iniciativa, que la cooperación del enajenante viene a hacer posible y a justificar.

Derogan al principio *nemo plus iuris,* etc., las normas de los artículos 534, 1.153, 1.445 (Cfr. art. 464 C. C. esp.) y, en menor medida, del artículo 1.159, que admiten una adquisición a *non domino* sobre la base de la buena fe del adquirente; adquisición inmediata las tres primeras; a través de una usucapión, la última. La adquisición, que en las hipótesis de las primeras tres normas tiene carácter derivativo, presenta una figura anormal de disposición, en la cual el poder de disponer corresponde, en realidad, a una persona extraña al negocio (propietario o verdadero heredero), y es ejercitado, en cambio, por otra persona (heredero aparente o *non dominus),* con efectos onerosos a cargo de la primera. Este ejercicio de hecho del poder de disponer, con la adquisición que es consecuencia de él, está justificado por la *apariencia del título,* en virtud de la cual, ante el adquirente de buena fe se presenta el enajenante como el verdadero titular del derecho de que se trata. Ya que quien realmente cree en una apariencia acomoda su comportamiento a aquello que se le aparece[30], la ley admite dentro de ciertos límites (señalados por el carácter oneroso de la adquisición y su anterioridad a la inscripción por parte del verdadero heredero) que la apariencia equivalga, para quien crea en ella, a la realidad. Viene así a tutelar, en interés de la certeza de las relaciones jurídicas, la confianza engendrada por la apariencia del título de heredero[31]. Pero el caso no es aislado: un análogo ejercicio de hecho del poder de disposición ajeno, admitido en oposición al principio *nemo plus* IURIS, etc., puede presentarse también en la hipótesis de enajenación sucesiva del mismo inmueble a personas distintas. Aquí, si el adquirente posterior realiza antes que el anterior la inscripción de su acto de adquisición, es preferido, según el art. 2.444 (Cfr. art. 606 C. C. esp. y 34 L. H.), aunque el enajenante, con respecto a él, haya dispuesto de cosa que no era ya suya. Solo que en este supuesto es diferente el fundamento de ia apariencia: la adquisición derivativa se justifica con la apariencia de la posición de *dominus* que, conforme a los Registros hipotecarios, conserva aún frente a los terce-

---

[30] Según una reciente máxima de jurisprudencia: «La teoría de la apariencia del derecho requiere una situación por la cual, quien ha confiado razonablemente en una determinada manifestación jurídica y se ha conducido conforme a ella, tiene derecho a contar con tal manifestación, aunque no corresponde a la realidad». Así, Cas., 8 junio 1942, n. 1.586. en *Mass. Foro,* 1942, col. 370. Para la literatura sobre la apariencia del derecho, v. más adelante, n. 14, nota 15; citaremos ahora CARIOTA-FERRARA, *Negozi sul patrim, altrui,* 104 y sigs.; D'AMELIO, *Voz Apparenza en Nuevo Dig. italiano.*

[31] V. nuestro *Diritto di successione, Parte general (Appunti di diritto civile,* 1927-1928), § 76, 438 y sigs. Análoga *ratio juris* tiene la tutela de la confianza en la apariencia de la posición de acreedor en cuanto a la legitimación para recibir del art. 1.130.

ros, al haberse omitido la inscripción por parte del adquirente anterior[32]. Pero la adquisición derivativa se vincula, también aquí, a la legitimación aparente del enajenante.

De otro lado, por adquisición derivativa no debe entenderse solo la adquisición de un derecho que YA EXISTÍA. Puede darse adquisición originaria de un derecho preexistente y, viceversa, adquisición derivativa de un derecho nuevo. En efecto, la adquisición puede ser originaria, ya nazca el derecho EX NOVO con la adquisición (como en la ocupación de *res nullius*), ya preexista a la adquisición misma (como en la usucapción).

Al contrario, la adquisición puede ser derivativa no solo si se adquiere el mismo, idéntico derecho que existía con anterioridad, sino también si se adquiere un derecho nuevo que no vivía como tal, pero cuyo acto de otorgamiento presupone otro derecho ya existente, del cual desciende (por ejemplo, la constitución de usufructo o servidumbre).

Esencial a la adquisición derivativa, verifíquese frente al titular del derecho o frente a persona facultada para disponer de él, es, no tanto la contemporaneidad de la adquisición y la pérdida o la limitación del derecho en cuanto al titular precedente, como el *nexo genético* en virtud del cual la adquisición deriva de la pérdida (o de la limitación), y no al contrario.

Por lo demás, es indiferente que tal nexo genético sea establecido por la voluntad del hombre. Esta puede serle del todo extraña, como lo es, por ejemplo, en la adquisición del patrimonio por sucesión hereditaria intestada. Puede muy bien existir acto de disposición sin adquisición derivativa (por ejemplo, abandono) y, viceversa, adquisición derivativa sin acto de disposición (por ejemplo, por sucesión intestada). Lo cierto es que cuando el nexo genético entre adquisición y pérdida no sea establecido por la voluntad, también se precisa, para producirse adquisición derivativa, que la posición jurídica del adquirente esté ligada a la del titular precedente, de modo que –si éste hubiese querido– *hubiera podido* promover la adquisición disponiendo de su propio derecho[33].

Conviene, ante todo, advertir que la cuestión de si una determinada adquisición tenga o no carácter derivativo no encuentra motivo para ser planteada sino en aquellos casos en que una persona *ocupa el puesto de otra* respecto a un cierto interés que el Derecho protege. Donde no sea concebible

32 *Diritto di successione*, cit., 439; cfr. COVIELLO, *Della trascrizione*, 1924, I, nn. 175 y 179.

33 Con el criterio discriminador ahora expuesto puede resolverse fácilmente la cuestión de si la usucapión representa una adquisición originaria o derivativa. Evidentemente, es una adquisición originaria. En efecto, quien adquiere mediante usucapión, aunque haya obtenido la posesión en forma derivativa, no llega a la propiedad apoyándose en una relación con el anterior propietario o con persona facultada para disponer del derecho de éste, sino que adquiere basándose en la propia posesión de la cosa prolongada por el tiempo requerido. La pérdida del derecho por parte del precedente propietario no es aquí el *prius*, sino, por el contrario, el *posterius* respecto a la adquisición por parte del nuevo.

que el adquirente subentre en lugar de otro, tampoco tiene sentido presentar tal cuestión.

Así, no tiene sentido preguntarse si ofrece o no carácter derivativo la adquisición que el acreedor hace, respecto del deudor, por el solo efecto de la obligación que éste asume hacia aquél. En efecto, el acreedor no subentra, en modo alguno, con relación al deudor, en el puesto que éste ocupa ante su patrimonio. Y es ésta también la razón por la cual el acto de quien se obliga está en antítesis lógica con el acto de disposición (n. 35), aunque exista simetría entre capacidad de disponer y capacidad de obligarse. Verdaderamente, el deudor, pese a colocarse en condiciones de deber realizar una prestación y de incurrir en una responsabilidad si no lo efectúa, no pierde aún, ni limita, ningún derecho suyo, o sea: no dispone.

La cuestión del carácter derivativo de la adquisición tiene, en cambio, razón de plantearse para aquella adquisición –llamada constitutiva o cooptativa– que resulta de la limitación de un derecho preexistente, y a la que nos hemos referido. En abstracto, puede imaginarse que tal adquisición se produzca también con independencia de una relación con el titular del derecho limitado o con un tercero facultado para disponer de él. Ahora bien, quien, por ejemplo, da en prenda la cosa propia, o constituye sobre el propio fundo una servidumbre predial a favor del vecino, o un derecho de goce personal (usufructo) para otros, restringe, ciertamente, *su posición jurídica para hacer sitio a otros*, limita su propio poder sobre la cosa para conferir a otros un poder concurrente. Y ya que el derecho nuevo que nace es engendrado por el derecho del constituyente, en cuanto que surge de esta limitación suya y, precisamente, en función de carga o límite, es claro que su adquisición tiene carácter derivativo. En efecto, si el constituyente no fuese propietario, la prenda, la servidumbre o el usufructo constituido no podrían surgir por falta de la base indispensable. Verdad es que estos derechos no se extinguen al desaparecer el derecho-base ni, en general, siguen su suerte. Pero esta independencia respecto al derecho-base se explica por su inherencia inmediata a la cosa. El nexo derivativo es solo un nexo genético. Una vez que el derecho nuevo se ha impreso sobre la cosa, goza de vida propia, y la función generadora del derecho-base se ha cumplido.

Comúnmente se suele reconocer en la adquisición constitutiva un «desprendimiento de facultades» comprendidas en el derecho-base, y los derechos así nacidos se contraponen a la propiedad como «derechos reales fraccionarios». Esta es una visión errónea y que debe evitarse. Quien, por ejemplo, constituye sobre el fundo propio una servidumbre de paso, si bien limita su propiedad, en cuanto somete la cosa a un poder ajeno, no desprende nada de ella, porque la facultad de pasar que corresponderá al vecino es aquella misma que correspondía, y aún corresponde, a él[34]. En realidad, la adquisi-

[34] ALLORIO. *Cosa giud. risp. al terzi*, 194.

ción constitutiva da vida a un derecho distinto del que existía; se diferencia, por tanto, de la adquisición traslativa, y entrambas luego -aquélla más netamente que ésta- se contraponen al fenómeno llamado sucesión[35]. Nótese también que no todas las relaciones jurídicas toleran una adquisición derivativa, aun cuando puedan admitir una sucesión en el sentido que a continuación expondremos.

Finalmente, en cuanto a la pérdida del *derecho,* ésta puede operarse, ante todo, como la limitación y la destinación *mortis causa,* por un acto de *disposición.* De otra parte, al acto de disposición puede ser correlativa una adquisición por parte de otros, o, simplemente, ir seguido de la extinción del derecho, en cuyo caso se tiene una disposición *abdicativa* o de renuncia (por ejemplo, una remisión de deuda). La pérdida puede también ser consecuencia de la falta de afirmación o defensa del derecho, ya se corresponda ésta con un ejercicio de hecho por parte de otros (prescripción adquisitiva) o derive de ella la simple liberación del sujeto (prescripción extintiva). Puede, igualmente, producirse con la omisión del ejercicio del derecho cuando éste se hallaba sometido a un término de caducidad que imponía al interesado un deber de iniciativa. Y, por último, puede ser efecto de una resolución promovida por la iniciativa privada ajena (declaración de indignidad, expropiación forzosa) o por la autoridad pública (expropiación por utilidad pública, confiscación u otras transmisiones coactivas).

5. *De algunas situaciones jurídicas: sucesión en la posición jurídica*[36].- La sucesión, como situación jurídica de carácter general, consiste en el subentrar de una persona a otra en la posición de sujeto activo o pasivo de relaciones jurídicas. Característica de la sucesión no es la genérica sustitución de un sujeto nuevo a uno precedente, sino la permanente identidad de la posición jurídica; identidad en virtud de la cual la relación, en persona del sucesor, permanece, en sus elementos objetivos, tal como estaba constituida en el predecesor.

---

[35] La diferencia con la sucesión es desconocida para quien reconoce ésta dondequiera que la adquisición tenga por presupuesto un derecho ajeno (así HELLWING, *Lehrb. Civilpr.,* I, 284 y sigs.; en sentido contrario, THUR, *Allg. T.,* II, 36).

[36] V. sobre todo, BONFANTE, *Scritti giuridici veri,* I, 101 y sigs. y 152 y sigs., III, 250 y sigs.; ídem, *Corso di dir, rom.,* VI, 1930, 3 y sigs., 13 y sigs. y 78 y sigs.; también, LONGO, «L'origine della successione particolare», en *Bull. dir. rom.,* 14, 1901, 127 y sigs. y 224 y sigs.; 15, 1903, 283 y sigs.; LA PIRA, *La successione ereditaria intest, e contro il test.,* 1930, §§ 1 y sigs. y 46 y sigs.; SOLAZZI. *Diritto ereditario,* I, 1932, 12 y sigs., 26 y sigs. y 67 y sigs.; FERRINI, *Pandette,* n. 603 y sigs.; FADDA, *Parte generale,* cit., § 34-69; MITTEIS, *Rom. Privatr.,* I, 93 y sigs. y 112 y sigs.; nuestras indicaciones en *Bull. dir. rom.,* 34, 1925, 264 y sigs. y 272 y sigs.; en *Riv. dir. comm.,* 1927,1, 566 y sigs., 1930, II, 170 y sigs.; en *Esercitazioni romanistiche,* §§ 12-13, y en el *Trattato di limiti sgg. d. casa giud.,* 206 y sigs.; especialmente sobre el Derecho positivo actual: COVIELLO, *op. cit,,* § 99; TUHR, *op. cit.,* § 46; CARNELUTTI, *Teoria generale del diritto,* 281; FILOMUSI-GUELFI, *Diritto ereditario, II,* 1903, § 5; sobre la admisibilidad de una sucesión particular en la deuda: NICOLÒ, *Adempimento del debito altrui,* 231 y sigs.; BIGLAVI, *Delegazione,* 121 y sigs.

En sentido amplísimo, la sucesión comprende todo fenómeno de subingreso en una posición jurídica, no solo aquel en una posición ya ocupada por otra determinada persona, sino también el subingreso -meramente virtual- en una posición solo desuñada a otra persona (no ya ocupada por él efectivamente) y, por tanto, también la subrogación fundada en un título jurídico no ligado por ningún nexo derivativo con el título del sujeto subrogado. De tal naturaleza es, por ejemplo, el subingreso de los descendientes de grado ulterior en el puesto hereditario de los descendientes inmediatos premuertos, cuando se trata de recoger, en concurso con otros descendientes, la herencia del abuelo y padre respectivos, o el subingreso en obligaciones de carácter ambulatorio, o bien el subingreso en cargas inherentes a la cosa que ha sido objeto de traspaso de un patrimonio a otro.

Pero, en sentido técnico, la sucesión propiamente dicha se distingue de la simple y no matizada sustitución de una persona a otra en la posición de sujeto de una relación sin nexo de derivación entre sí. Se distingue, precisamente, de ella, en cuanto que la posición jurídica del sucesor, en su permanente identidad, está ligada por un *nexo derivativo* a la del predecesor. Mientras que en la adquisición derivativa se adquiere un derecho, que puede también ser distinto del preexistente, fundándose en la relación con otra persona, que hasta puede no ser el titular del derecho-base, sino un tercero facultado para disponer, o legitimado solo en apariencia, aquí se subentra en la idéntica posición jurídica -que puede ser tanto activa como pasiva- por efecto de la desaparición del sujeto precedente y en virtud de una relación que intercede, exclusivamente, con él.

La sucesión, en este significado técnico, es materia cuya disciplina está reservada a la privativa competencia normativa de la ley, del orden jurídico, y se sustrae a la autonomía privada (cap. I, nn. 6 y 8)[37]. En primer lugar, una sucesión semejante tiene su razón de ser en la muerte o declaración de muerte presunta (arts. 58 y 60; cfr. arts. 193 y 194 C. C. español) de una persona, y encuentra su título en la cualidad de heredero (presunto tal, en caso de ausencia)[38]. La desaparición, que ambas suponen, del sujeto en que descansaban toda una serie de relaciones jurídicas, hace surgir para el Derecho el problema práctico de proveer a la *conservación* de tales relaciones y, por tanto, a su *continuación* en la persona de un nuevo sujeto. Es un problema de organización de los sujetos jurídicos que se presenta, evidentemente, como complementario respecto a aquel que el Derecho resuelve con la atribución de la personalidad,

[37] Así, es de competencia exclusiva de la ley establecer la admisibilidad de una sucesión particular en la deuda. En este sentido: NICOLÒ, *op. cit.*, 281 y sigs.; BIGLAVI, *op. cit.*, 121 y sigs., y en *Dir. e pratica commerciale*, 1942.

[38] Sobre la posibilidad de una sucesión universal de persona viva y con respecto a la división del ascendiente por acto entre vivos reconocida por el viejo Código de 1865, véanse nuestros apuntes, *Diritto di successione: parte generale*, 1927-28, 47 y sigs., 9, 147; CARCATERRA, «La successione univ. tra vivi in dir. rom. class, e in dir. civ., en *Rassegna giur. nissena*, 1940, fase. 2.

precisamente por la circunstancia de que ésta se halla sujeta a extinción. En efecto, si las relaciones jurídicas no pueden subsistir permanentemente sin sujeto, y si, de otro lado, es normalmente improcedente, desde el punto de vista social, vincular la vida de aquéllas -o, al menos, de la mayoría de ellas- a las vicisitudes que haya de sufrir la personalidad de su titular, es claro que, desaparecido éste, se impone la exigencia de encontrar un continuador en la persona de otro que asuma sus relaciones. Los criterios de determinación del heredero varían, naturalmente, de uno a otro Derecho positivo. Pero aquí interesa solamente señalar en la vocación hereditaria el título de esta primera figura de sucesión, que comprende la totalidad de las relaciones jurídicas transmisibles correspondientes a la persona desaparecida, relaciones que se estiman como integrando, en su conjunto, una unidad; esta sucesión se denomina actualmente, a título *universal.*

La nitidez con que el fenómeno sucesorio -así aislado del título que lo justifica- se presenta en la sucesión universal basta para explicar cómo solo en ella advirtiese con plena conciencia, el Derecho romano clásico, la realización de una *sucessio in ius.* Verdad es que al mismo Derecho clásico no le es extraño el sentido de un subentrar -por vía de adquisición derivativa- en la misma posición activa de otra persona, respecto a relaciones jurídicas singulares. Pero aquí, el momento sucesorio queda como envuelto por el hecho de la adquisición. En tanto que la adquisición no es entonces (como en la sucesión universal) consecuencia de la asunción de un título, sino que es más bien, generalmente, efecto de un negocio traslativo. Además, este negocio traslativo, a veces, en lugar de engendrar él mismo la adquisición, puede no tener otro alcance que el de servir de simple *ocasión* a ella, al poner al adquirente de buena fe en condición de poder hacerlo. Prescindiendo de ello, la adquisición, también cuando sea derivativa, puede *alterar la consistencia* o la naturaleza de la relación, es decir, puede no ofrecer carácter traslativo, sino constitutivo (n. 4); un subingreso en la misma posición activa solo existe en caso de adquisición traslativa. Y, de todos modos, también en ésta, el título que justifica la adquisición para el causahabiente difiere de aquel que lo justificaba para su autor; el modo de adquisición del uno es un hecho distinto al modo de adquisición del otro. Así que, en rigor, no es aquí del todo exacto que se tenga continuación de la relación con mero cambio del sujeto y que el derecho permanezca idéntico, «pasando -como se dice hoy- del autor al causahabiente».

No obstante ello, el Derecho actual admite una «sucesión a título particular» en relaciones jurídicas singulares, como fenómeno paralelo a la «sucesión a título universal», acogiendo así un dogma que no fue formulado sino por los autores de la compilación justinianea. Para admitir la sustancial identidad del fenómeno ha contribuido, ciertamente, la circunstancia de que en el Derecho actual la vocación hereditaria, más que consumir un título *en sí misma* de legitimación de la adquisición, como en Derecho clásico, se ha tomado simple *denominación* de la asunción de relaciones jurídicas vacantes, atendiendo a su diferencia con la adquisición a título de legado (art. 588; cfr. arts. 660 y 668 C.

C. esp.). Con todo, la analogía así reconocida entre «sucesión universal» y «sucesión particular» ha de entenderse, conforme a lo dicho, con cautela. Basta consignar, entre otros extremos, que la llamada sucesión particular en una determinada relación jurídica no incluye aquellos derechos y obligaciones que, habiendo tenido su origen en la relación, sean consecuencia de hechos ya verificados antes de la enajenación o cesión que produce aquella sucesión. El principio según el cual los hechos jurídicos no pueden producir sus efectos propios sino para el futuro -es decir, desde que tienen existencia- y no para el pasado (principio de la irretroactividad de los hechos jurídicos) se aplica también a las enajenaciones de bienes y cesiones de derechos, con respecto a su efecto propio de ocasionar una «sucesión» en una determinada relación jurídica. Esta relación resulta transmitida al adquirente en el estado en que se encontraba en el enajenante o cedente y en el momento de la enajenación o cesión; pero sin aquellos derechos y obligaciones a que haya dado vida anteriormente, y que son ahora del todo extraños a ella, habiendo entrado a ser parte del patrimonio restante del transmitente. Puesto que lo que es objeto de «sucesión» es solo la relación, tal como actualmente se encuentra, es natural que los derechos y obligaciones originados por ella, pero ahora separados, no pueden entenderse transferidos o adjudicados al causahabiente junto con la relación misma, salvo -y cuando sea eficaz- que exista una explícita declaración de las partes en el sentido de que reviertan los mismos sobre el citado causahabiente[39]. Cuando, en cambio, se trata de sucesión universal, no importa en absoluto distinguir entre efectos pasados y futuros de la relación transmitida, porque entonces, con el ingreso en el conjunto de las relaciones jurídicas del difunto, se subentra en todos los derechos y obligaciones que habían surgido respecto a él, siempre que sean transmisibles.

Un fenómeno al que puede dar lugar la sucesión hereditaria es la multiplicación de los sujetos titulares de una posición jurídica, la proyección (que, sin embargo, no apareja necesariamente división) de una relación jurídica en varias relaciones distintas. Si la relación es divisible, es decir, susceptible de reparto en cuotas intelectuales, su proyección acarreará, o la división automática [así, los créditos y deudas que, según los arts. 752 y 754 (Cfr. art. 1.084 C. C. esp.), son divididos *ipso iure* entre los coherederos proporcionalmente a sus respectivas cuotas], o la posibilidad de provocar la división. Pero no cuando la relación es indivisible, tal como la servidumbre predial.

6. *Fases de desenvolvimiento de las relaciones jurídicas*[40].- La relación jurídica puede sufrir múltiples vicisitudes, fuera de las ahora examinadas, y atrave-

---

[39] Para una interesante aplicación de este criterio en la cuestión de si la deuda de la tasa de consolidación pase con la venta de la propiedad, véase Trib. Mantua, 6 junio 1929, en *Riv. dir. comm.*, 1930, 174, con nota nuestra.

[40] V., en general, los pandectistas citados en el n. 1; ademis WAECHTER, *Pandekten*, I, § 59, Beil. IV; FERRINI, *Pandette*, nn. 98-106; entre los escudios de Derecho actual, cfr. TUHR, *Allgemeine Teil*, II, 1, § 47; FERRARA, *Trattato di dir. civ.*, I, 432 y sigs.; HELLWIG, «Grenzen der Rückwirkung», en *Festchift der Universitat Giessen*, 1907. En especial, BEKKER, *Syst. d. h. Pandektenr*, §§ 35 y

sar, durante el ciclo de su desarrollo, variadas fases, que representan otras tantas situaciones jurídicas.

Ella a) puede caer en una fase de parálisis temporal o debilitamiento *(latente* o de *quietud),* para después recobrar su vigor primitivo *(revivificación o* despertar); b) o puede, viceversa, atravesar una fase de *acentuada energía,* para luego realizarse, extinguiéndose o volviendo a su ritmo normal; c) puede sufrir una transformación de contenido o naturaleza *(conversión);* d) puede, aunque ya venida a existencia, no tener eficacia inmediata o ilimitada, sino encontrarse con sus efectos *diferidos o limitados en* el tiempo; e) puede, viceversa, aun antes de llegar a existir, anunciarse mediante efectos *provisionales* y *preliminares;* f) o también puede caer en un estado de *pendencia,* destinado a resolverse con efecto retroactivo en el sentido de conservar o perder vigor, ya en sí misma, va en cuanto a determinados sujetos; g) o, finalmente, puede permanecer inerte o extinguirse frente a algunos sujetos y, al mismo tiempo, operar o sobrevivir con respecto a otros *(existencia relativa).* Será suficiente aquí reseñar estas posibles fases, dejando para más adelante (cap. IX) el profundizar en el concepto de algunas de ellas.

a) La *quietud* de la relación jurídica paraliza por tiempo indeterminado sus efectos y excluye así la posibilidad jurídica de ejercitar el derecho. Latente es también la propiedad de una cosa incorporada a un edificio ajeno, en cuanto que el propietario no puede reivindicarla sino después que, por derrumbamiento o restauración, vuelva a ser una cosa independiente. La revivificación o despertar se enlaza, de ordinario, a una precedente fase de energía normal (así, por ejemplo, cuando sea efecto de una resolución de reintegración), aunque no necesariamente. Conforme al art. 681 del nuevo Código (Cfr. art. 739 C. C. esp.), las disposiciones testamentarias revocadas de modo expreso reviven sin necesidad de un nuevo testamento al revocarse el acto de revocación.

b) La relación jurídica entra en un estado de *acentuada* energía cuando se la hace inmune a la influencia de hechos a sobrevenir que, en condiciones normales, acarrearían su extinción o transformación. Así, la relación de obligación cuando el deudor se encuentra en retraso culpable respecto al cumplimiento de la deuda (mora). Aunque la prestación debida resulte luego imposible sin su culpa, el deudor responde entonces del incumplimiento. La mora priva de influencia a la imposibilidad fortuita sobrevenida que, en condiciones normales, liberaría al deudor (art. 1.221; cfr. art. 1.096 C. C. esp.).

37, FADDA, *Parte generale* cit. (curso 1908-1909), §§ 100-124; sobre puntos particulares, vease FITTING, *Begriff der Rückziehung,* 1856; PERNICE, *Labeo,* I. 1873, 358 y sigs.; GUARNERI-CITATI. «Ricostruzione dell'edificio e ripristino della servitù di stillicidio», en *Rend. ist. lomb.,* 59, 1926. 147 vsigs.; idem, «Il ripristino della proprietà sull'alveo derelitto», en *Annali univ. Macerata,* I. 1926, 107 y sigs., y, en general, «Reviviscensa e cuiescenza nel diritto romano» (apuntes y fragmentos), en *Annali univ.* MESSINA, II, 1927, 24 y sigs.; P. GASPARRI. *Studi sugli atti giuridici compressi,* 1939; A. SANDULU, *Il procedimento amministrativo,* 1949, 184 y sigs.

c) Una *conversión* de la relación jurídica se tiene cuando ésta sufre un cambio de calificación jurídica, transformándose en una relación diferente.

Es posible, especialmente, que una relación jurídica sea *absorbida* por otra, de modo que se transforme en ella sin dejar residuo, convir

tiéndose en parte integrante de la misma. Un caso de tal especie representa la absorción de la vocación intestada en la testamentaría que se produce, por ejemplo, con la aceptación de un legado dejado a título de legítima (no en imputación, sino en conmutación)[41].

d) Encuentra diferida o limitada en el tiempo su eficacia propia aquella relación jurídica a cuya actuación -es decir, al ejercicio del derecho y la observancia del vínculo que deriva de ella- sea señalado un término inicial (que difiere y suspende) o final (que clausura o resuelve). Tal ocurre con una deuda que haya de pagarse a un vencimiento dado[42] o con la impugnación que solo puede ejercitarse dentro de un cierto plazo, expirado el cual, caduca[43]. Una variedad del término final o resolutorio es el término de caducidad que se encuentra en la estructura de ciertas relaciones jurídicas. Especialmente al disciplinar derechos de configuración (llamados potestativos), la ley reconoce la oportunidad de abreviar, sometiéndolo a un término tal, el estado de suspensión y de espera que se produce en cuantas ocasiones el estado de derecho existente sea modificable por acto unilateral de uno de los interesados. Término de caducidad es aquel, de carácter resolutorio, que se señala al ejercicio de un poder jurídico o, en general, a la realización de un acto jurídico, de forma que, con solo el transcurso del tiempo y prescindiendo de toda cuestión sobre la imputabilidad de la inercia, se halle ya vedada para el interesado la posibilidad de verificar el acto mismo (arts. 2.964 y 2.969).

e) Para comprender bien la posibilidad de efectos *anticipados* o *preliminares* debe tenerse presente que el supuesto de hecho a que se enlaza el nacimiento de una relación jurídica puede constar, en lugar de un solo hecho, de varios *elementos de hecho,* o sea: puede ser un supuesto de hecho complejo (n. 4). Ahora bien, cuando aquellos elementos no deban ser contemporáneos, sino que se hallen cronológicamente distantes unos de otros, la génesis de la relación jurídica se extiende a lo largo de un período de tiempo que puede ser de varia duración. La relación jurídica nace entonces por un supuesto de *formación sucesiva;* surge después de una fase preliminar de gestación, durante la cual, además, su *nacimiento,* lejos de poderse prever con certeza, como fundado sobre el orden natural de las cosas, es aún del todo incierto.

Un caso de formación sucesiva del supuesto de hecho se ofrece en la conclusión de un contrato entre personas lejanas (arts. 1.326-28), especialmen-

---

41 Cod. civ., art. 551 (legado en lugar de la legítima).
42 Cod. civ., arts. 1.184 y 1.186.
43 Ejemplo, Cod. civ., art. 1.442.

te en el caso de propuesta irrevocable (art. 1.329). Otro caso puede verse en el negocio subjetivamente complejo, es decir, integrado por varias declaraciones separadas, pero concordes; procediendo de varios sujetos, pero no cruzadas la una con la otra, sino convergentes y concurriendo a un efecto común y unitario; y ello, cuando, tolerándolo la estructura jurídica del negocio, sean emitidas en distintos momentos. Así, la constitución de una servidumbre que varios condóminos de un fundo hagan, cada uno con actos separados y sucesivos, a favor de un vecino. Puesto que para imponer la servidumbre sobre el fundo es necesaria la cooperación de todos los condóminos, la contribución que cada uno de ellos, sucesivamente, por cuenta propia aporta, queda en suspenso y no alcanza vigor mientras no sobrevenga el último acto de concesión. Solo con éste se hallan completos los varios elementos del supuesto de hecho complejo (art. 1.059: cfr. art. 399 C. C. esp.).

Un caso algo distinto se nos presenta con el testamento. También este acto adquiere vigor solo al sobrevenir otro hecho: la muerte del testador. Pero se trata entonces de dos hechos que, pese a ser ambos de valor positivo y decisivo, no ofrecen la misma naturaleza, como en el caso precedente, sino que son heterogéneos (el uno, acto jurídico; el otro, hecho natural) y están, por tanto, entre sí, en una relación lógica distinta a aquella últimamente examinada.

Pero en casos como éstos ahora aducidos, solo excepcionalmente vincula el Derecho a la fase de gestación de la relación un efecto apreciable. Así, el testador puede, siempre que quiera, revocar, en forma adecuada, el testamento hecho; por el contrario, el condómino, aun siendo libre de enajenar su cuota, no puede anular la concesión individual de servidumbre que haya efectuado (art. 1.059, § 2).

Existen, en cambio, otros casos en los que los dos elementos de que consta el supuesto de hecho, aun siendo indispensables ambos, no ostentan un valor parejamente decisivo en cuanto a dar vida a la relación jurídica, sino un valor *desigual*. De ellos, solo uno es *propiamente operante* del efecto jurídico, mientras que el otro tiene un alcance complementario o negativo: el de hacer funcionar la energía propia del primero, impidiendo o provocando su efectividad. El caso más saliente de esta especie es el de la relación jurídica cuya vida se halla subordinada a un evento futuro e incierto, extraño al hecho que debía constituirla (condición suspensiva), ya por disposición de las partes *(condicio facti)*, ya por principio de Derecho *(condicio iuris)*. Entonces, antes aún de alcanzar vigor, la relación se anuncia anticipadamente a través de una *tutela jurídica preventiva*, la cual sirve para hacer posible, a su tiempo, el nacimiento y la actuación de la relación, y entre tanto da lugar a vínculos (y a correspondientes expectativas) como el de no interponer impedimentos a la verificación de la condición (art. 1.358). De tal modo, que se dice por alguno que existe ya un *germen de relación jurídica* que se revela por tales preliminares. Pero hablaremos de ello más adelante (cap. IX, n. 65).

f) Se dice propiamente que una relación jurídica se encuentra en esta de *pendencia* cuando la eficacia de ella, considerada en sí misma, objetivamente, sea susceptible de desaparecer, o bien, *respecto a determinadas personas, sea incierta*[44]. Se ofrece también aquí un estado de incerteza -como en los casos antes indicados (e)-; pero ésta no recae sobre el nacimiento mismo de la relación, el cual se halla fuera de duda, sino, o sobre su objetiva permanencia en vigor, o sobre la persona respecto a la que debe considerarse efectiva. Así, origina una incerteza acerca del nacimiento de la relación concebida en persona de un tercero, o acerca de su alcance vinculante para él, el negocio que ha sido celebrado en representación de otra persona por quien no tenía facultades para ello, o aquel otro por el que se promete una conducta del tercero; la incerteza termina entonces con la ratificación o la negativa a ella (art. 1.399; cfr. arts. 1.259, 1.727 C. C. esp.) o a la conducta prevista (art. 1.381).

La decisión de la incerteza depende, en general, de la verificación de un *hecho ulterior* destinado a resolver la alternativa a que da lugar la duda sobre el hecho anterior, que debía engendrar la relación[45].

Característica de la pendencia propiamente dicha -afecte a la consistencia objetiva de la relación jurídica o bien a su forma de operar respecto a los sujetos- es la *retroactividad* del que se ha designado como «hecho ulterior» (art. 1.360; cfr. arts. 1.114 y 1.120 C. C. esp.)[46]. Normalmente, el supuesto de hecho complejo (e) no es retroactivo, es decir, que el supuesto no produce efectos jurídicos mientras no se completen los distintos elementos de hecho que lo constituyen. Así como la norma solo dispone para el futuro, el supuesto de hecho previsto por ella no da vida a la nueva relación jurídica sino después que él mismo ha surgido enteramente y, por tanto, no antes de que pueda funcionar el nexo genético que la norma jurídica establece. Pero en materia de pendencia verdadera y propia (f), los efectos jurídicos que se operan al sobre-

---

44 Sobre la situación de pendencia, últimamente. A. Falzea, *La condizione e gli elementi dell'atto giuridico,* 1941, 16, 193 y sigs.

45 La incerteza, por tanto, puede ofrecer un grado de intensidad diferente, según que esté determinada por la espera de un hecho ulterior de naturaleza tal que paralice la eficacia del hecho anterior (por ejemplo, la impugnación del negocio) o derive, en cambio, de la espera (o también de la simple ignorancia) de una *circunstancia de hecho* que influya sobre la *forma de operar* el hecho anterior respecto a determinados sujetos.
Cuando el hecho ulterior es de índole puramente declarativa, en cuanto sirva simplemente para resolver una deuda en cuanto a la forma de operar citada, y la eficacia del hecho anterior se produce objetivamente desde su verificación, los efectos se reputan originados *ab initio,* o sea: desde que surge el hecho anterior.
Valor análogo tienen la confirmación del negocio anulable, la adhesión sucesiva que toma el puesto de la aprobación preventiva, la ratificación del acto de gestión ajeno. En efecto, estos actos, al truncar la posibilidad de que ciertos efectos jurídicos sean en el futuro removidos por la impugnación del negocio o por rehusarse la adhesión o la ratificación; respectivamente, vienen a fijar irrevocablemente tales efectos respecto a las personas a que estaban destinados.

46 Por lo demás, la *condicio iuris,* que igualmente origina una situación de pendencia, no es, por regla, retroactiva. Sobre la retroactividad, recientemente, Bloneytr, *Studim zur Bedingungslehre,* I, 1938, 5 y sigs.; Barbero, *Contributo alla teoria della condizione,* 1933. 34, 40, con una revisión del concepto de Fitting.

venir el hecho ulterior son retrotraídos; puede decirse que *se consideran como ya producidos desde el momento en que se verificó el hecho anterior*. Entendida así la retroactividad, tiende, ante todo, a resolver el problema práctico de proteger más eficazmente a los sujetos de relaciones jurídicas pendientes, y encuentra, además, su justificación teórica en la idea de que el «hecho ulterior» no tiene otro valor que el de aclarar el estado de la ya existente relación jurídica, definiendo en uno u otro sentido la incerteza que sobre ella pesaba. Este valor resulta especialmente evidente cuando el hecho ulterior sea de índole puramente declarativa, pero no deja de ser patente en los demás casos. Ya que también cuando la incerteza afecta a la consistencia objetiva de la relación jurídica, el hecho ulterior que la resuelva en el sentido de consolidarla, puede estimarse como si meramente hubiera liberado la energía propia del hecho anterior, del que la relación derivó su vida.

Si la incerteza acerca de la consistencia objetiva de la relación se resuelve en sentido negativo, parece entonces, abstractamente hablando, que la relación cae en la nada y, ello sentado, que la retroactividad, en rigor de lógica, debía también operar con fin destructivo. Pero ni una caducidad automática de la relación se admite en todo caso (Cod. civ., art. 1.458; cfr. art. 1.124 C. C. esp.), ni, prescindiendo de ello, puede estimarse posible una eliminación total de la situación jurídica creada en el interregno; una repristinación automática del estado de cosas anterior se presenta como prácticamente inasequible. En tal caso, el «hecho ulterior» hace surgir solamente, a cargo de quien se benefició de la situación intermedia, la obligación de eliminar el resultado económico[47]. Y puesto que entonces se mira, por medio del resultado práctico de la obligación de restitución, a satisfacer de modo aproximado una exigencia que sería plenamente satisfecha con la retroactividad verdadera y propia, se suele afirmar que también existe aquí una especie de retroactividad, que se califica impropiamente de «retroactividad obligatoria» (solo relativa), en contraposición a la verdadera retroactividad (la cual se designa como «retroactividad real»)[48].

g) Finalmente, engendran relaciones de eficacia relativa aquellos actos y negocios que, mientras están dotados o privados de eficacia en las relaciones internas entre las partes, se hallan, respectivamente, carentes o provistos de eficacia frente a los terceros. Así, la simulación no puede oponerse, ni por las partes ni por los causahabientes del simulado enajenante, a los terceros que hayan adquirido de buena fe derechos del titular aparente (art. 1.415). Después de la declaración de quiebra, son ineficaces ante la masa de los acreedo-

---

47 Así, por ejemplo, el comprador que obtiene la entrega de la cosa que se le ha vendido con pacto de resolución, está solamente obligado, cuando se verifique ésta, a restituir la cosa con los frutos en el mismo estado en que le fue entregada (razo, sobre los arts. 1.493 y 1.502).

48 Sobre la relación entre las figuras de revocación y retroactividad: BIGIAVI, en *Rivista dir. comm.*, 1934, 697 y sigs.

res los actos que el quebrado celebre y los pagos que realice (R. D. 16 marzo 1042, art. 44)[49].

Como el nacimiento y la extinción de relaciones jurídicas, así también las fases de desarrollo ahora examinadas pueden ser efecto de actos jurídicos o de otros hechos sin valor de actos (según el criterio discriminador formulado en el n. 4). Con todo, en la vida de las relaciones de Derecho privado, corresponde una importancia considerablemente mayor a los actos que -en consideración a su función de crear, modificar o extinguir aquellas relaciones- se denominan «negocios jurídicos». Y esta mayor importancia práctica justifica, aun hoy, un estudio genera! del negocio jurídico, encaminado a destacar un conjunto de conceptos y principios comunes a las varias categorías de negocios; mientras que, por el contrario, la menor trascendencia que ofrecen, en el campo del Derecho privado, los actos jurídicos que no son negocios (n. 4), y la escasez de principios comunes a ellos, hace problemática, y de dudosa utilidad, la tentativa de un examen general que abarcase también estos actos distintos a los negocios jurídicos[50].

---

[49] BONELLI. *Fallimento, I*, n. 370 y sigs., pág. 614. De otra opinión es CARIOTA-FERRARA, en *Studi Scorza*, 105-106. V., además OERTMANN, «Das Problem der relativen Rechtzuständigkeit», en *Jherings Jahrbücher*, 1914, 265 y sigs.; SCHLESS, *Mitelbare Stelwertretung u. Treuhand*, 42 y sigs. Más adelante, nn. 57 y 60.

[50] El intento de CARNELLTTI de construir una teoría general del acto jurídico, si bien es notable y digna de atención, no puede considerarse lograda. El paralelismo señalado entre los negocios y los demás actos se limita a su aspecto formal. La causa, con la correspondiente determinación causal del querer, no ofrece en otros actos la misma trascendencia jurídica que asume en los negocios (n. 19. nota 9). y el problema de la legitimación, o no puede proponerse en cuanto a estos actos o se plantea en un sentido esencialmente diferente (*Riv. dir. comm.*, 1933, 836, 47 bis, nota 6). Así sucede que, entre otros extremos, el estudio dedicado por CARNELUTTI (*Teoria generale del reato*, nn. 47- 56: *Sistema dir. proc. civ.*, II, nn. 511-521) al elemento de la causa mezcla situaciones cuya significación jurídica nos parece intrínsecamente distinta y no aporta una contribución apreciable a la diferenciación de los conceptos.

CAPÍTULO PRIMERO

LA AUTONOMÍA PRIVADA Y SU RECONOCIMIENTO JURÍDICO

SUMARIO: 1. Problema práctico de la autonomía privada.- 2. Reconocimiento jurídico de la autonomía privada: problema de su tratamiento.- 3. Concepto del negocio jurídico (crítica del dogma de la voluntad).- 4. Diferencias entre el negocio y otros actos lícitos.- 5. Sujetos y objeto del negocio jurídico.- 6. Competencia de los individuos y competencia del orden jurídico en la disciplina del negocio.- 7. Regulación convencional y regulación legal.- 8. Límites y cargas de la autonomía privada antes y después de su reconocimiento jurídico.- 9. Negocio intrascendente. Negocio ilegal. Negocio ilícito (remisión)[*]

---

[*] Sobre el tema general de este capítulo, v.: SAVIGNY, *System, III,* § 150 y sigs.; PUCHTA, *Pandekten,* duodécima ed., § 54 y sigs.; WAECHTER, *Pandekten, II,* 1880. § y sigs.; BARON, *Pandekten,* quinta ed., 1885, § 48 y sigs.; WENDT, *Lehrb, d. Pandekten,* 1888, § 37 y sigs.; BRINZ, *Lb. d. Pand.,* segunda ed., 1892, IV, § 522 y sigs.; BEKKER, *System d. heut. Pand. R. s., II,* § 89 y sigs., especialmente la página 64; HOELDER *Pandekten, I,* 1891, § 40 y sigs.; WINDSCHEID, *Lehrb. d. Pand. R. s.,* novena ed., I, § 69 y sigs. (v. bibliografía que cita en la pág. 310); trad. italiana, I, 1902, 895 y sigs. (con bibliografía y notas de FADDA y BENSA); REGELSBERGER, *Pandekten, I,* 1893, § 135 y sigs.; DERNBURG, *Pandekten,* séptima ed., I, § 91 y sigs.; KARLOWA, *Das Rechtgeschäft und seine Wirkung,* 1877, I y sigs., 161 y sigs.; BECHMANN, *Der Kauf nach gemeinen Recht, II,* 1, 1884, 3 y sigs.; PININSKI, *Der Thalbestand des Sachbesitzrrwerbs, II,* 1888, 281 y sigs. y 333 y sigs.; LENEL, «Parteiabsicht u. Rechtserfolg, en *Jahrbücher für Dogmatik,* 19, 1881, 154, y sigs. y 249 y sigs.; ZITELMANN, *Irrtum u. Richtgtschaft,* 238 y sig.; cfr. idem. *Die Rechtgeschäfte im Entwurf eines B. C. B., I,* 1889, § 72 y sigs.; MANICK. *Wilfenserklärung und Willensgeschäft: ein System der juristichen Handlungen,* 1907, §§ 4 y sigs. y 86 y sigs.; idem. *Das rechtswirksame Verhalten: systemat. Aufbau u. Behandlung der Rechtsakte,* etc., 1939; TUHR, *D. allgemeine Teil des deut. bürg. Rechts,* II, 1. 1914, § 50 y sigs.; SALEILLES, *De la declaration de volonte,* 1901; RANELLETTI, en *Ri v. ital, scienze giur.,* 13, 1892, 5 y sigs., 17, 1894, 101 y sigs.; cfr. idem. *Le guarentigie della giustizia nella pubblica amministrazione,* tercera edición, 1933, 37 y sigs.; COVIELLO, *Manuale de dir. civ. Ital.,* tercera ed., 1932, § 101 y sigs.; SEGRÈ, *Parte generale. Acquisto y perdita di diritti: i negozi giuridici* (Diritto civile, 1928-29), caps. VI-VIII; X-XIV; con una especial afinidad con la concepción objetiva aquí sostenida, v. BÜLLOW, *Das Geständnisrecht: ein Beitrag zur allgemeinen Teorie der Rechtsshandlungen,* 1899, 105 y sigs., 114 y sigs. y 129 y sigs.; HENLE, *Vorstellungs und Willensstehorie,* 1910, 243, 255. 265. 306 y sigs. y 354 y sigs.; idem, *Lehrb. d. Burgerl. R. s.,* 1926, § 7 y sigs., LARENZ, *Die Methode der Auslegung des Rechtsgeschäfts,* 1930, 34 y sigs., 51 y sigs. y 66 y sigs.; LENEL, *op. cit.,* 155, 203 y sigs.; nuestras indicaciones en *Bull. dir. rom.,* 34. 280 y sigs., y en *Riv. dir. proc. civ.,* 1928, 120 y sigs.

1. *Problema práctico de la autonomía privada*[1].-Los intereses que el Derecho privado disciplina[2] existen en la vida con independencia de la tutela jurídica y se mueven a través de continuas vicisitudes, dondequiera se reconozca a los individuos un círculo de bienes de su pertenencia, sometido al impulso de su iniciativa individual. Los particulares mismos, en sus relaciones recíprocas, proveen a la satisfacción de las necesidades propias según su libre apreciación mediante cambio de bienes o servicios, asociación de fuerzas, prestación de trabajo, préstamo o aportación común de capitales, etc. La iniciativa privada es el mecanismo motor de toda conocida regulación recíproca de intereses privados. Justamente advertía *Domat*[3]: «La matière des conventions est la diversité infinie des manières dont les hommes *reglent*

En la literatura romanista, v.: VANGEROW, *Lehrb. d. Pandekten,* séptima ed.. I. §§ 80 y sigs.; JHERING, *Geist, d. rom. Rechts,* III. 1, sexta ed.. 213 y sigs.; II. 2. 449 y sigs. y 470 y sigs.; SCIALOJA, *Negozi giudici,* lecciones 1892-93, segunda ed., 1907; tercera ed., 1933; cfr. idem, *Responsabilità e volontà nei negozi giurìdici,* 1885; *Studi,* I, 272; FADDA, *Parte generale con espc. riguardo allei teoria del negozio giuridico:* curso 1909-10 (cfr. va en el curso 1897-98), §§ 129 y sigs. y 136 y sigs.; FERRINI, *Pandette,* tercera ed., § 100 y sigs.; ídem, «Intenzione ed effetti nei negozi giuridici», en *Rendic. Instit. Lomb.,* 20. 1887, 825 y sigs.; SECRÉ, *Studi sul concetto del negozio giuridico nel diritto romano e nel nuovo diritto germ.,* 1899-900, nuevamente publicado en *Scritti giuridici,* I, 1930, 193 y sigs. bibliogr. en 195); cfr. especialmente LENEL, *op. cit.,* en *Jahrbücher f. d. Dogm.,* E9, 201 y sigs. y 249 y sigs.; BETTI, *Dir. rom.* I, 1935, 197 y sigs.; LOSGO, *Corso dir rom.,* 1936 (lit.). 101 y sigs.

Con una particular atención a la concepción aquí sostenida: BINDER, „Wille und Willenserklärung», en *Archiv für Rechts und Wirtschäftphilosophie,* 6, 1912-13, 100 y sigs., y nuestras notas en *Archivio giur.,* 100, 1928, 36 y sigs. Sobre la causa del negocio jurídico, v. la literatura citada más adelante en la nota preliminar al capítulo III.

Sobre la historia de la dogmática del concepto, a más de BINDER, *op. cit.,* en *Archiv* cit.. 6, 98 y sigs.; SCHLOSSMANN, «Willenserklärung und Rechsgeschäft: Kritisches und Dogmengeschichtliches», en *Festgabe d. Kieler Fakultät zu Hanels Doktcrrjub.,* 1907, cap. VI, 48 y sigs. No mantiene lo prometido en el título, pero se encuentra en él, sin embargo, alguna información útil. KUHLENBECK, *Von den Pandekten zum Bürgert. Gesetzb (eine dogmatische Einnjührung in das St. des B. G. B.j,* 1898, 316 y sigs.

La construcción que con éste y sucesivos capítulos será bosquejada sobre el negocio jurídico se dirige a considerar a éste desde un punto de vista objetivo, distinto a los adoptados hasta ahora, y quiere representar una síntesis de investigaciones recientes. La demostración exegética detallada que precisen aún las varias tesis formuladas habrá de realizarse en otro lugar.

[1] Especialmente: Fr. v. HIPPEL, *Das Problem der rechtsgeschäftlichen Privatautonomie,* 1936; también, A. MANICK. *Die Privatautonomie in Aufbau der Rechtsquellen,* 1935, y en *Festchrift Koschaker, I,* 266; G. TEDESCHI, «Volontá private autónoma», en *Riv. internaz fil. dir., 1929,* fase. 6; L. L. FULLER, «Consideraron and form», en *Columbia Law Review,* 1941, 806 y sigs., afirmando la existencia de distinguir el principio de la autonomía del dogma de la voluntad (§ 3); en este sentido, PERITSCH, «La volontó des particuliers comme créatrice de droit privés», en *Revue Trimestrielle de Droit Civil, 1929, 5-15;* PASSERIN D'ENTREVES, *Il negocio giur.: saggio di fil. d. dir.,* 1934, 55 y sigs.; WEBER M., *Wirlschäft und Gesellschäft,* 1925, 417 y sigs.

[2] La expresión «intereses- es entendida aquí en el sentido más amplio, apto para incluir toda situación socialmente apreciable, aun si está privada de contenido patrimonial, que sea capaz de recibir la protección del Derecho: cfr. HECK, *Begriffsbildung und Interessenjurisfnudenz,* 1932, 36 y sigs.

[3] *Loix civiles,* lib. I, t. I, s. 1, n. 3, ed. 1756, § 2; CARNELUTTI, *Teoria della circolazione,* 1933, 15 y sigs.

entr'eux les communications et les commerces de leur industrie et de leur travail et de toutes choses, selon leurs besoins».

La iniciativa privada no solo se aplica a desear ciertos fines prácticos, sino también a crear los medios correspondientes a ellos. Ya en la vida social, antes aún de cualquier intervención del orden jurídico, los particulares proveen por sí a proporcionarse los medios adecuados. E instrumentos de esta naturaleza son, por excelencia, los negocios jurídicos. Bastante instructiva a este respecto de la que suele ser génesis de aquéllos en el terreno social. Tienen su origen, los negocios jurídicos, en la vida de relación; surgen como actos con los que los particulares disponen para el futuro una regulación vinculante de intereses dentro de sus relaciones recíprocas, y se desarrollan espontáneamente, bajo el impulso de las necesidades, para satisfacer variadas exigencias económico-sociales, todavía libres de la ingerencia de todo orden jurídico. Pensemos, anee todo, en el contrato que cumple, en la forma más rudimentaria, la función del cambio de mercancías: la permuta. Pues bien, la vemos universalmente practicada hasta por tribus salvajes en las que no existe traza de un Estado, ya en las relaciones entre ellas, ya al ponerse en contacto con pueblos civilizados. Vemos cómo, a pesar de la ausencia de un ordenamiento superior, los tratos antecedentes a la celebración del contrato son conducidos con escrupulosa corrección y cómo, alcanzado el acuerdo, ambas partes muestran, al concluir el contrato, plena conciencia de su valor vinculante[4].

Reparemos también en los contratos destinados a desempeñar funciones conmutativas de mercancías o de servicios (como la compra-venta y el arrendamiento en sus variadas formas), o que cumplen finalidades de cooperación (como la sociedad y el mandato). Ellos suelen brotar en la vida social fuera de toda tutela por parte del Derecho. Solo después que han alcanzado un cierto grado de desarrollo y han obtenido la sanción de la práctica, el orden jurídico,

[4] Es interesante sobre este punto lo que escribe HERÓDOTO (IV, 196) sobre el comercio de oro que los navegantes cartagineses practicaban con poblaciones salvajes de las costas africanas del Atlántico. Concuerda de un modo sorprendente con la narración de HERODOTO la que nos hace un marino veneciano del siglo XV, Alvise de Cá de Mosto, sobre el comercio de sal que la tribu de Tegazza mantenía con otra tribu de negros: «Aquellos de quien es la sal hacen con ella montículos en fila, señalando cada uno el suyo, y luego vuelve atrás toda la caravana una media jornada; llega entonces otra tribu de negros que no quieren dejarse ver ni hablar, y, vista la sal, ponen una cantidad de oro junto a cada montón y se vuelven, dejando el oro y la sal; una vez que han partido, regresan los negros de la sal»; vienen a comprobar si la cantidad de oro que se ha dejado es, a su juicio, suficiente para comprar la cantidad de sal correspondiente. Y si la encuentran bastante, la toman, dejando la sal; si no es así, dejan oro y sal y se retiran de nuevo, en espera de que los otros vuelvan y agreguen la cantidad de oro que aún falta. Después de ello, alcanzado el acuerdo, toman su camino, llevando unos el oro y otros la sal. En casos semejantes no existe, evidentemente, un orden jurídico que regule el negocio; pero éste, a pesar de ello, se reconoce por la conciencia de los que lo realizan como plenamente vinculante. (Sobre esta forma de «comportamiento en comunidad» (Cemeinschäftshandeln), M. WEBER, «Ueber einige Kategorien des verstehenden Soziologle», en *Ces. Aufsatze zur Wissenschartlehre*, 427, 434: *Wirtschaft u. Gesellschaft -Grundr. d. Socialökonomik»*, III, segunda ed., 1925, 15, 13. 374 y sigs.; Konvention.

partiendo de valoraciones de oportunidad contingente, garantiza sus efectos con la propia autoridad. Pero antes de que esto ocurra, aquellos contratos se practican en el tráfico bajo la simple tutela del uso y la corrección. Solo la buena fe que ha de observarse en la celebración de los negocios impone, en un principio, el respeto a la palabra dada y atribuye a ésta valor vinculante en la consideración social. El Derecho, cuando se resuelve a elevar los contratos en cuestión al rango de los negocios jurídicos, no hace otra cosa que reconocer, en vista de su función socialmente trascendente, aquel vínculo que, según la conciencia social, los mismos particulares, ya por adelantado, sentían haber contraído en las relaciones entre sí. No hace más que reforzar y tornar más seguro tal vínculo, sumándole su propia sanción[5]. Y la buena fe continúa siendo criterio de ponderación de las recíprocas obligaciones contractuales, aun después de sobrevenida la sanción jurídica[6].

Esta génesis que suelen ofrecer los negocios en el campo social, respondiendo a la exigencia de la circulación de los bienes, muestra claramente cómo aquéllos brotan de la iniciativa privada y son, esencialmente, actos con los que los particulares atienden, en vista de aquella exigencia, a regular por sí intereses recíprocos: actos de *autonomía privada* en este sentido, es decir, actos de autodeterminación, de autorregulación de los intereses propios entre los mismos interesados. Autorregulación que en la conciencia social es ya considerada como obligatoria para las partes, antes aún de que el acto ascienda a la dignidad de negocio jurídico; no se tiene por un programa puro y simple al que las partes quedan libres de atenerse o no (como podría ser un propósito individual formado en el interior de la conciencia), sino como un criterio vinculante, como una regla de conducta que reclama ser observada y que, en caso de inobservancia, se acompaña en la vida social de sanciones más o menos enérgicas o seguras, tanto de carácter específico (ejemplo, medidas de retorsión y de autotutela), como de carácter genérico (ejemplo, pérdida o disminución del crédito social, con la consiguiente imposibilidad o dificultad de

5 HÖLDER, *Pandekten*, 209, 211 y sigs.

6 Un ejemplo particularmente instructivo de cuanto decimos nos lo ofrece la historia del fideicomiso en Derecho romano. Este negocio es un producto genuino de la vida social romana, que solo bastante tardíamente es puesto bajo la protección del Derecho. Tuvo en su origen, y conservó siempre, el carácter de un ruego que el disponente hacía al heredero o a otra persona a quien beneficiaba *mortis causa* para que transmitiese a un tercero, por cuenta del disponente, la totalidad o una parte de los bienes recibidos. Indudablemente el ruego creaba desde el principio un vínculo de carácter moral y social para el destinatario, fundado sobre la *fides;* este vínculo debió ser en los primeros tiempos suficiente para asegurar la realización del encargo. Solo cuando, al relajarse las costumbres sociales, el vínculo se reveló inadecuado por la creciente frecuencia de los casos de inobservancia, se sintió la necesidad de una más enérgica tutela. Interviene entonces el Derecho, primeramente, con AUGUSTO, en los casos de más flagrante violación (*Inst.* 2, 23, 1); después, y poco a poco, también en los demás. Ahora bien, producida la ingerencia del Derecho, ni cambió esencialmente el tenor formal y sustancial del negocio, ni el espíritu con que las partes lo practicaban. La transformación solo alcanzó a los efectos. Sobre otros negocios basados en la *fides:* SCHULZ, *Prinzipien d. rom. R.*, 152.

realizar nuevos tratos). La sanción del Derecho se presenta como algo añadido y lógicamente posterior, como un reconocimiento de la autonomía exactamente. En virtud de tal reconocimiento, los negocios de la vida privada asumen la calidad de negocios jurídicos, y tórnanse *instrumentos* que el Derecho mismo pone a disposición de los particulares para regir sus intereses en la vida de relación, para dar existencia y desarrollo a las *relaciones* entre ellos y, por tanto, permanecen siempre siendo actos de autonomía privada.

Naturalmente, la necesidad de negocios entre individuo e individuo solo se aprecia en aquellos ordenamientos económico-sociales que reconocen a los individuos una esfera de bienes de su pertenencia, o sea: en ordenamientos fundados en el reconocimiento de la propiedad individual. En efecto, únicamente sobre la base de este reconocimiento es remitida necesariamente a la autonomía privada la circulación de los bienes y la prestación de los servicios entre individuos. Admitida la propiedad individual, los mismos particulares deben atender a cambiarse bienes y servicios, a dárselos en préstamo, a ponerlos en común, a transmitirlos por causa de muerte y así sucesivamente, ordenando por sí, mediante negocios, los intereses propios en las relaciones recíprocas. La autonomía privada constituye un fenómeno lógicamente correlativo al de las esferas individuales de los particulares. Donde tales esferas no existiesen, por ejemplo, en un ordenamiento comunista, la exigencia de la circulación de los bienes y los servicios habría de ser satisfecha de muy diferente modo. Para proporcionar a los particulares aquellos bienes que fuesen considerados de utilidad individual, se debería acudir entonces a asignaciones de la superioridad y distribuciones de oficio (piénsese en lo que sucede en el interior de un cuartel en orden a la distribución de alimentos, en la prestación de servicios)[7].

Toda comunidad de personas, al ordenar las relaciones que han de producirse entre sus miembros, se encuentra ante el problema práctico de si tales relaciones deben ser en cada caso reguladas desde arriba, por ministerio de una autoridad superior, o deben, en cambio, ser reguladas directamente por los mismos interesados según su libre juicio. Ciertamente que ningún ordenamiento social puede desconocer esta simple verdad: que la vida se mueve y exige una perenne renovación de las posiciones de los individuos, miembros sociales, respecto a los bienes y, en general, respecto a los valores económicos y sociales existentes. No basta haber declarado a quién corresponden los bienes, reconocido la propiedad colectiva o individual de ellos, y sometido aquellos de importancia social a un régimen especial; se precisa también hacer posible su circulación y facilitar el turno de los individuos en su aprovechamiento. No podría durar mucho una sociedad en la que permaneciese invaria-

---

[7] Todo el problema práctico de la autonomía privada ha sido recientemente muy bien expuesto por Fr. v. HIPPEL, *Das Problem der rechtsgeschäftlichen Privataulonomie*, 1936. 58 y sigs.. 67 y sigs. y 71. LÖNING, en *Zeitschr. d. Akad. f. deut. R.*, 1942, 289 y sigs., y contra su punto de vista, WIEACKER, ibid., 1943, 36 y sigs.

ble la distribución de los bienes existentes en un cierto momento. Las diversas alternativas en la vida de los respectivos detentadores harían desaparecer la primitiva proporción entre los bienes y la capacidad de someterlos a aprovechamiento; faltarían por un lado las fuerzas de trabajo que por otro resultarían superabundantes y, dada la imposibilidad de un cambio, se ofrecerían estridentes desigualdades en la distribución de los bienes. Ninguna fructuosa colaboración sería posible, con daño evidente del cuerpo social entero. La necesidad de una circulación de los bienes y servicios no podría ser mucho tiempo desconocida. La continua *renovación* de la distribución de bienes existente, la *circulación* de ellos, la utilización de los servicios y, en general, el desarrollo de relaciones entre particulares, al garantizar la capacidad de colaboración en los fines comunes por parte de los individuos miembros, asegura la vitalidad y la cohesión del mismo organismo social. Constituye, por tanto, una necesidad fundamental de la vida de relación el proveer a ello, según los ordenamientos, o con una renovada asignación de bienes y tareas por ministerio de la autoridad, o con el reconocimiento de la autonomía privada.

2. *Reconocimiento jurídico de la autonomía privada: problema de su tratamiento*.- Si la circulación de los bienes y servicios, como, en general, el desarrollo de las relaciones entre individuos, representa una exigencia vital de toda sociedad, es obvio que el Derecho, dentro de la función directriz a que está desuñado en el ámbito del organismo social *(ubi societas ibi ius)*, debe responder a la misma exigencia. Piense lo que quiera cierto fariseísmo legalitario (que, en el campo de las relaciones internacionales, se manifestó funestamente en el miope senado conservador impreso a la que fue Sociedad de Naciones)[8], el Derecho no cumple la tarea, meramente estática, de conservar inmutada la distribución presente de los valores económicos y sociales que existen. Además de la función, por sí estática, de proteger la actual distribución mediante la concesión de derechos subjetivos a los presentes detentadores, se le asigna también el cometido *dinámico* de hacer posible la constante renovación, de facilitar la circulación de los bienes y la recíproca utilización de los servicios, conforme a las necesidades que vayan surgiendo. Y puesto que en un ordenamiento orientado sobre la propiedad individual de los miembros sociales, tal renovación es obra de la autonomía privada (n. 1), la solución del problema se encuentra en el reconocimiento de esta autonomía, elevando algunas manifestaciones de ella a negocios jurídicos, es decir, a instrumentos para dar vida y desarrollo a relaciones jurídicas entre particulares. La institución del negocio jurídico representa así la solución de un problema práctico paralelo a aquel que se resuelve con la figura del derecho subjetivo privado. Ambos (derecho y negocio) están al servicio de la libertad y de la autonomía privada, pero con finalidades esencialmente distintas, ya que cada uno de ellos representa la solución de una diferente cuestión, si bien sean éstas correlativas y comple-

[8] Cfr. nuestra conferencia «Zur Frage einer Reform der Volkerbundssatzung», 1937, 43 y sigs. y 51.

mentarias. El derecho subjetivo cumple una finalidad estática, de conservación y tutela. El negocio jurídico, por el contrario, tiene una finalidad dinámica, de iniciativa y renovación. Con el derecho subjetivo resuelve el orden jurídico el problema de proteger los intereses privados tal como los encuentra constituidos en el ordenamiento económico-social que tutela. Con el negocio jurídico soluciona el de ofrecer a la iniciativa individual el modo de desplegarse y actuar, modificando la posición de aquellos intereses, según las directrices que los particulares mismos juzguen más convenientes. Tanto el derecho subjetivo privado como el negocio jurídico están presididos por el principio de la libertad y por la consiguiente autorresponsabilidad privada (sobre ello, más adelante: n. 18). Es libre el particular de actuar según su propio juicio, con tal, por otra parte, de que solo él soporte las consecuencias de su comportamiento, sean ventajosas u onerosas. Tampoco el derecho subjetivo es algo con que el particular sea investido desde arriba, y casi impuesto y asegurado por obra automática de la ley, sin su consentimiento y voluntad (cfr. n. 73, nota 11). Más bien al contrario, frecuentemente es obtenido gracias a una actividad propia, apta para poner en movimiento el mecanismo de la norma jurídica, y, una vez alcanzado, ha de conservarse y defenderse con un esfuerzo siempre vigilante contra la amenaza y el ataque ajenos.

Veamos ahora qué caracteres adopta la autonomía privada, una vez reconocida.

La autonomía -como actividad y potestad de autorregulación de intereses y relaciones propias, desplegada por el mismo titular de ellas[9]- puede ser reconocida por el orden jurídico estatal en dos distintas y diversas funciones, a) Puede ser reconocida como fuente de normas jurídicas desuñadas a formar parte del mismo orden jurídico que la reconoce[10]. b) Puede, también, ser reconocida como presupuesto y fuente generadora de relaciones jurídicas ya disciplinadas, en abstracto y en general, por las normas del orden jurídico.

Aquí nos interesa considerar la autonomía privada solamente. Esta autonomía es reconocida por el orden jurídico, en el campo del Derecho privado,

---

[9] Este amplio concepto de la autonomía lo hemos adoptado desde nuestro *Corso di istituzioni di diritto romano,* primera ed., 1929, § 4, pág. 8, § 49, págs. 276 y sigs. Cfr. en un orden de ideas afín al nuestro: ROMANO, *Ordinamento giuridico,* § 38. pág. 143, § 31, pág. 115, § 36, pág. 132, § 43, pág. 172; ídem, *Corso di diritto internazionale,* segunda ed., págs. 37-38, 135 y sigs.; ídem, *Corso di diritto constituzionale,* primera ed., 218, n. 5; sexta ed., 72 y sigs., 348 y sigs.

[10] V. *Corso d'istituzioni,* cit., 275 y lugares en ella indicados. Exclusivamente bajo esta faceta considera la autonomía ZANOBINI, «La legge, il contratto collettivo e le altre forme di regolamento professionale», n. 11, en *Diritto del lavoro,* 1929, fase, 6. Él la define: «La potestad reconocida por la ley (o por la Constitución) a una persona jurídica distinta del Estado para dictar normas destinadas a formar parte del ordenamiento jurídico estatal» (también: *Corso dir. corporativo,* tercera ed., 1937, 41 y sigs., 71, y, además, *Scritti per Renelletti,* 1931, II, 393). Pero el concepto general de la autonomía es bastante más amplio (existe, por ejemplo, la autonomía privada), y -como se ha advertido (n. 2)- ha de considerarse independiente del reconocimiento que un Estado le concede.

exclusivamente en la segunda de las funciones citadas. Es decir, como actividad y potestad creadora, modificadora o extintiva, de relaciones jurídicas entre individuo e individuo; relaciones cuya vida y vicisitudes están ya disciplinadas por normas jurídicas existentes[11].La manifestación suprema de esta autonomía es el negocio jurídico. El cual es precisamente concebido como acto de autonomía privada, al que el Derecho atribuye el nacimiento, la modificación o la extinción de relaciones jurídicas entre particulares. Tales efectos jurídicos se producen en cuanto que están dispuestos por normas, las cuales, acogiendo como presupuesto de hecho el acto de autonomía privada, se remiten a él como supuesto necesario y suficiente[12].

La autonomía privada configura también una autorregulación y, específicamente, una regulación directa, individual, concreta, de determinados intereses propios, por obra de los mismos interesados. Entre el interés regulado y la voluntad reguladora (éste es el punto característico) existe aquí inmediata coincidencia, porque son, interés y voluntad, de las mismas personas. En la autonomía creadora de normas jurídicas reconoce el ordenamiento estatal una verdadera y propia fuente de Derecho objetivo, dentro de la órbita de competencia que le corresponde *ab origine*. Por el contrario, en la autonomía creadora de relaciones jurídicas, el orden jurídico se limita a reconocer a los particulares la facultad de dar vida a situaciones aptas para engendrar vínculos entre ellos. La autonomía privada ofrece, por tanto, caracteres propios, inconfundibles con los de cualquiera otra autonomía[13].

---

11 *Corso d'istituz.*, cit., 276-79; «Autonomia privata e competenza della lex loci actus», en *Riv. dir. internaz..*, 1930, 4 y sigs. Cfr. CARNELUTTI, *Lezioni di diritto precessuale civile*, I, pág. 140 (y, sin embargo, más adelante, nota 6); TEDESCHI, *Volontá privata autonoma*, n. 7-8. La distinción formulada es combatida por MANIGK, *Privatautonomie*, 103 y sigs.. sin argumentos decisivos.

12 Recordemos aquí (capítulo introductivo, n. 1, nota 2), que la norma jurídica presenta la estructura de un precepto hipotético, es decir, condicionado, que consta de una previsión y de una correspondiente disposición. Con él a) se prevé en abstracto y en general una determinada hipótesis de hecho o supuesto de hecho, y b) se dispone que cuantas veces se verifique tal supuesto deberá producirse un efecto jurídico correspondiente. Todo hecho concreto, o estado de hecho, que se comprenda en la hipótesis prevista, apenas surge, transforma automáticamente el precepto, de hipotético que era, en categórico e incondicionado.

13 Por lo demás la norma jurídica no es la única forma del imperativo jurídico. La sentencia y la providencia administrativa engendran igualmente imperativos jurídicos, aunque de alcance bastante más circunscrito. En efecto, constituyen declaraciones normativas destinadas a regular con eficacia de mandato el comportamiento de determinados individuos, resolviendo o previniendo un conflicto de intereses entre ellos y creando un vínculo dotado de sanción coactiva. Por lo que la eficacia de tales ponencias presupone también en quien las emite una correspondiente potestad de mando, una competencia normativa. En realidad, imperativo jurídico y competencia normativa, como categorías generales, son términos lógicamente correlativos que se reclaman recíprocamente: todo imperativo jurídico requiere en quien lo formula una correspondiente competencia. La norma jurídica, la sentencia, la providencia administrativa, implican en los órganos de que emanan la competencia para obligar a los que han de someterse a ellas. Del mismo modo, con el negocio jurídico se hace surgir un supuesto de hecho generador de un vínculo, limitado a ciertos

La competencia para crear normas jurídicas que se atribuye a la autonomía en la primera función, viene a otorgar a quien está investido de ella la posición constitucional de órgano con poderes normativos en el ámbito del orden jurídico que la reconoce (ésta es la condición de las asociaciones profesionales reconocidas según la ley de 2 de abril de 1926, n. 563, y, en especial, de las federaciones). No es éste el caso de la autonomía privada. En la medida en que se la reconoce por el orden jurídico, ésta no es llamada a crear, ni siquiera a integrar, ninguna norma jurídica, sino a hacer surgir la hipótesis de hecho de una norma ya existente, dando vida, entre individuo e individuo, a la relación jurídica que la norma dispone. Solo en este sentido puede considerarse atribuida a los particulares, por el orden jurídico, una competencia dispositiva, y no en el que se delegue en ellos una parte de la competencia normativa, y se les transforme así en órganos propios del ordenamiento jurídico. Bien lejos de fundarse sobre una delegación de poderes, sobre una investidura desde arriba, la competencia dispositiva de los particulares deriva del hecho de que el orden jurídico reconoce y acoge en sí una autonomía que los particulares mismos ejercen ya, sobre el terreno social, en las relaciones entre ellos. Es precisamente esta autonomía extrajurídica, entendida como autorregulación de intereses propios, la que explica, principalmente, el reconocimiento y la consiguiente recepción (n. 16) por parte del orden jurídico[14].

Es exigencia fundamental de la eficacia vinculante reconocida al negocio, y ello ya en el campo social, que el sujeto del mismo se identifique con el del interés que en aquél se regula; salvo los casos previstos y netamente circunscritos, en los cuales, excepcionalmente, se admite una ingerencia en los asuntos ajenos[15]. El negocio es instrumento de autonomía privada justamente en el sentido de que es puesto por la ley a disposición de los particulares, a fin de que puedan servirse de él, no para invadir la esfera ajena, sino para ordenar en casa propia, es decir, para imponer un ajuste a sus intereses en las relaciones recíprocas.

---

intereses privados. Sentado esto, es obvio que quien lo realiza debe ser competente para imponer un orden, prescribir una regulación de tales intereses. También aquí, sin embargo, conviene distinguir netamente entre la competencia normativa que tiene por objeto el establecimiento de normas jurídicas y aquella otra competencia normativa encaminada a constituir (negocio, acto administrativo) o a fijar irrevocablemente (sentencia) relaciones jurídicas. La diferencia de objeto entre una y otra (normas en una, relaciones en otra) implica también una profunda diferencia que existe entre la competencia dirigida a crear normas jurídicas y la competencia dispositiva que los particulares emplean en el negocio jurídico; competencia esta última que resulta de la autonomía privada, en la medida en que ésta sea reconocida por el orden jurídico [MERKL, *Lehre v. d. Rechstkräft,* 1923, 213 y sigs.; KELSEN, *Reine Rechtslehere,* 1934, n. 28-31, págs. 73-89, quien, sin embargo, califica como «vollziehung» (83) dos fenómenos completamente diferentes; n. 3 prel., nota 17].

14 Véase, contra una diferente concepción de CARNELUTTI, nuestras «Osservazioni sul progetto del codice di procedura civile, en *Annuario studi legist.,* II-III, 1928, 152 y sigs.

15 Es tan evidente que de tales casos no puede derivarse una seria objeción contra la *generale ratio iuris* del reconocimiento jurídico (única que aquí interesa), que sería superfluo advertido si no fuese porque esta obvia reflexión ha sido también olvidada (LONGO, *Corso di dir. romano,* 1935, 65; v., por el contrario, CARIOTA-FERRARA, *I negozi giuridici sul patrimonio altrui,* 1936, 27 y sigs.).

Un solo punto singular existe, sobre el que reclamamos desde ahora la atención, ya que es verdaderamente característico del negocio jurídico frente a supuestos de hecho de distinta naturaleza previstos por las normas jurídicas, y es el de que en el negocio, a diferencia de otros casos, el supuesto a que la norma enlaza el efecto jurídico contiene ya en sí mismo *la enunciación de una regla.* El orden jurídico valora luego esta regla según su soberano juicio y la traduce en precepto jurídico, con las restricciones y modificaciones que estime oportunas[16]. Con el negocio, en efecto, los individuos disponen para el futuro, en sus relaciones, una ordenación vinculante de los intereses propios[17]. Ahora bien: al hacerlo pueden encontrarse *tomando posición* ante una regulación que las normas legales hagan de la misma materia, o de otra materia afín, es decir, pueden adoptarla o pueden, en cambio, rechazarla. Por su parte, el orden jurídico, al reconocer, como lo hace, la autonomía privada, advierte el problema de fijar *condiciones* y *limites* a este reconocimiento[18].

Si los particulares, en las relaciones entre ellos, son dueños de perseguir, en virtud de su autonomía, los fines prácticos que mejor responden a sus intereses, el orden jurídico es, con todo, árbitro de ponderar cales fines según sus tipos, atendiendo a la trascendencia social, tal como él la entiende, conforme a la sociabilidad de su función ordenador [19].

Es obvio, en efecto, que el Derecho no puede prestar su apoyo a la autonomía privada para la consecución de cualquier fin que ésta se proponga. Antes de revestir al negocio con su propia sanción, el orden jurídico *valora la función práctica que caracteriza su tipo* y lo trata en consecuencia. Las hipótesis posibles son tres: a) Que no juzgue su función digna o necesitada de tutela, en cuyo caso *ignora* el negocio y lo abandona a sí mismo como indiferente, dejándolo desprovisto de sanción jurídica, b) Que considere, en cambio, su función como socialmente trascendente y digna de tutela, y entonces *reconoce* al negocio y lo toma bajo su protección, c) O que, finalmente, estime la función repro-

---

16 *Corso d'istituzioni,* primera ed., cit., 305.

17 El carácter y contenido *normativo* propio de todo negocio jurídico hemos tratado de resaltarlo en el citado *Corso d'istit. di diritto romano,* 296. 304-311.

18 Sobre ello, más adelante (cfr. n. 6); cfr. por ahora ANZILOTTI, *Corso di lezioni di diritto internazionale privato,* 1912-13, 330-331.

19 Es consecuencia de la misma finalidad del Derecho, y del nexo inescindible entre Derecho y sociedad, el que aquél -todo Derecho-, y necesariamente (también si inconscientemente), sea conducido a valorar las manifestaciones de la autonomía privada antes de reconocerlas y sancionarlas, según la medida y el criterio último de la *trascendencia social.* Por lo demás, el que la estimación de la utilidad social sea por sí misma algo esencialmente relativo a un sujeto, a una época histórica y a un determinado ambiente de cultura, y, por tanto, algo históricamente contingente y variable, es cosa que se comprende sin dificultad. Decir que la valoración típica de la utilidad social por parte del Derecho positivo constituye un criterio que interesa al sociólogo y o al jurista (LONGO, *Corso dir. romano,* 1936, 108), significa desconocer el factor social inmanente a la función ordenadora del Derecho *(ubi socielas ibi ius)* y olvidar que toda institución jurídica representa la solución de un problema práctico, que está siempre determinada por una *valoración* normativa de los intereses en conflicto.

bable, y entonces *combate* al negocio, haciendo sí, jurídicamente trascendente el comportamiento del individuo, pero en el sentido de provocar efectos contrarios al fin práctico normalmente perseguido[20]. Cuando el orden jurídico no inviste al negocio con su tutela, si bien existe un negocio de la vida privada en sentido social, con una correspondiente función práctica, no se tiene, sin embargo, un negocio jurídico, sino, o un acto jurídicamente intrascendente (en la primera hipótesis señalada) o un acto jurídico ilícito (en la tercera hipótesis). Solo en la segunda hipótesis consignada es elevado a la dignidad de negocio jurídico el acto de autonomía privada; entonces el Derecho le concede los efectos jurídicos destinados a asegurar el cumplimiento de la función útil que caracteriza a su tipo y le da vida del modo más ajustado posible.

3. *Concepto del negocio jurídico (crítica del dogma de La voluntad)*[21].- Al pasar, sentadas estas premisas, a determinar el concepto del negocio jurídico, no debemos perder de vista el problema práctico que la autonomía privada y su reconocimiento jurídico solucionan. La institución del negocio jurídico no consagra la facultad de «querer» en el vacío, como place afirmar a cierto individualismo que no ha sido aún extirpado de la dogmática actual. Más bien, según hemos visto, garantiza y protege la autonomía privada, en la vida de relación, en cuanto se dirige a ordenar intereses dignos de tutela en las relaciones que los afectan. Esto afirmado, es fácil llegar a definir el negocio jurídico según sus caracteres genéticos y esenciales. Es el acto con el cual el individuo regula por sí los intereses propios en las relaciones con otros (acto de autonomía privada), y al que el Derecho enlaza los efectos más conformes a la función económico-social que caracteriza su tipo (típica en este sentido).

En el análisis de los elementos de que consta, o mejor, en el análisis de los aspectos bajo los que se le considera en esta definición, el negocio da lugar a tres distintas cuestiones: a) cómo es (forma); b) qué cosa es (contenido); c) por qué es (causa). Las dos primeras cuestiones atañen a la estructura (que es forma y contenido); la tercera, a la función. A la primera cuestión se debe responder que es un acto consistente, ora en una declaración, ora en un simple comportamiento (sobre ello, en el n. 11). A la segunda se responde que contiene y da vida a una disposición, un *precepto de la autonomía privada* en orden a concretos intereses propios de quien lo formula (n. 16)[22], precepto destinado a tener eficacia constitutiva, es decir, a desplegar inmediatamente los efectos correspondientes.

---

[20] Esta triple manera de valorar el comportamiento humano se observa también en otros campos (cfr. nuestro *Diritto romano,* I, 14, 174).

[21] La pretenciosa crítica de principios de GORLA, *Interpretazione del diritto,* 68 y sigs., está destinada probablemente a la esterilidad. La construcción dogmática debe, naturalmente, atender en especial a un determinado Derecho positivo: pero esto no impide que pueda elevarse, por abstracción, hasta la elaboración de categorías generales.

[22] Cfr. HOELDER *Pandeklen,* 208 y sigs.; BÜLOW, *Geständnisrecht,* 125 y sigs.; HENLE, *Vorstellungs und Vilenstheorie,* 305 y sigs.; LARENZ, *Melhode d. Auslegung d. Rechtsgeschäfts,* 63 y sigs.

La declaración, por tanto, tiene naturaleza *preceptiva* o dispositiva, y, en consecuencia, carácter vinculante; el comportamiento tiene igualmente, por sí, tal carácter. Con ello se quiere decir que declaración y comportamiento no son simples revelaciones externas, manifestaciones complementarias de un estado de ánimo interno o de un propósito; no son mera enunciación o indicio de un contenido psicológico cuya existencia sea ya jurídicamente trascendente como tal y demostrable en otra forma; enunciación o indicio con una pura eficacia representativa o probatoria y sin fuerza operante propia. Sino que, por el contrario, son determinación ordenadora de una línea de conducta frente a los demás, disposición con la que el individuo dicta reglas a sus relaciones con otros y que alcanza, por tanto, una trascendencia esencialmente social y una eficacia operativa propia, no válida en otra forma; eficacia que primero, lógicamente, se despliega sobre el plano social y después, merced a la sanción del Derecho, está destinada a producirse también sobre el jurídico[23].

A la tercera cuestión, finalmente, se debe responder que todo tipo de negocio sirve a una función económico-social característica suya (típica en este sentido), la cual, al mismo tiempo que, normalmente, se tiene presente por quién lo realiza (constituyendo así la intención práctica típica), es tomada en consideración por el Derecho, ya como razón justificante de la garantía y sanción jurídicas, va como criterio directivo para la configuración de efectos conformes a ella. De tal función o razón, que es denominada *causa* del negocio jurídico, se tratará en el capítulo III. Aquí bastará advertir que el Derecho no concede su sanción al mero arbitrio, al capricho individual, al motivo eventual (que aun cuando no sea frívolo, sino plausible, permanece siendo intrascendente), sino a funciones que estime socialmente relevantes y útiles para la comunidad que rige y en que se desarrolla.

Una definición corriente, en cambio, caracteriza el negocio como una manifestación de voluntad dirigida a producir efectos jurídicos. Pero esta calificación formal, inspirada en el famoso «dogma de la voluntad»[24], no recoge su esencia. La cual reside en la autonomía, en la autorregulación de intereses en las relaciones privadas; autorregulación que el individuo no debe limitarse a «querer», a desear, sino más bien a disponer, o sea, actuar objetivamente. Con el negocio el individuo no viene a declarar que quiere algo, sino que expresa directamente el objeto de su querer, y éste es una regulación vinculante de sus intereses en las relaciones con otros. Con el negocio no se manifiesta un estado de ánimo, un modo de ser del querer, lo que tendría una importancia puramente psicológica, sino que se señala un criterio de conducta, se establece

---

23 Conviene recordar a este fin que las declaraciones pueden clasificarse: 1.» Según el nexo de la declaración con su contenido y, por tanto, según la función meramente comunicativa, o bien, constitutiva, que haya de cumplir la declaración con respecto a lo declarado. 2.° Según la naturaleza enunciativa o preceptiva del contenido respectivo. Nos remitimos a lo expuesto en el n. 4 preliminar.

24 Para una exposición de él véase ENNECCERUS, *Rechtgeschäft, Bedingung und Anfahgstermin*, II, 138, 67-139. Sostenedores del dogma son citados en ENNECCERUS, *Lehrb.*, 1919, I, 420, n. 2.

una relación de valor normativo. La cuestión recae, no ya sobre el carácter de acto voluntario que todo negocio debe ostentar, sino sobre la función de la voluntad, sobre el *puesto* que a la voluntad deba asignarse en la estructura del negocio. No se niega que en la generalidad de los casos el individuo declara o hace alguna cosa querida. Se rechaza únicamente la idea de que la voluntad se encuentre, en el negocio, en primer plano y de que la concordancia de los efectos jurídicos con la función o razón (causa) del negocio deba también ser querida, como se pretende cuando se postula una voluntad dirigida a los efectos jurídicos [25]. No conviene, en efecto, olvidar que en el momento en que el negocio se concluye, el proceso volitivo ha recorrido ya, normalmente, su *iter,* ha alcanzado su meta definitiva, se ha agotado y concretado en una firme resolución, y los efectos son determinados por el Derecho de conformidad con la función del negocio[26]. El tenor de un negocio cualquiera muestra que en él se halla en primer plano la regulación de intereses dispuesta para el futuro, mientras que la voluntad está solo en un segundo plano, como proyectada a la finalidad práctica de aquélla; la voluntad es fuente generatriz, pero no contenido del acto.

La calificación del negocio como «declaración de voluntad» (que es una traducción de «Willenserklärung») nos viene de los pandectistas alemanes del siglo XIX, seguidores del dogma de la voluntad (de SAVIGNY a WINDSCHEID)[27], y es el resultado de una elaboración un tanto arbitraria de las fuentes romanas operada, con la tendencia y en el sentido de aquel dogma, sobre el terreno del Derecho común[28]. A través de esta progenitura nos lleva de nuevo, en definitiva, a la concepción individualista que imperó en la doctrina del Derecho natural de los siglos XVII y XVIII, y se muestra fruto de aquella misma mentalidad abstracta y antihistórica que fue a buscar en un «contrato» la génesis de la sociedad humana. La concepción individualista, que inspira el dogma de la voluntad, impulsa inconscientemente a buscar la justificación del efecto jurídico a ocasionarse en la voluntad de la persona a cargo o provecho de la cual se produce, o de cuya actividad irradia, conduciendo así a exagerar la contribución que esta voluntad aporta a la verificación del efecto, y haciendo reconocer en ella su causa exclusiva o principal[29].

---

[25] HÖLDER, *Pandekten,* 208 y sigs.; BECHMANN, *D. Kauf nach gem. R,* II, 1884, 10 y sigs.

[26] HÖLDER, *Kammentar zum allgemeinen Teil, des B. G. B.,* 1900, 258, n. 3; LARENZ, *Methode d. Auslegung d. Rechtgesch.,* 1930, 49; cfr., sobre el oficio que compete a la acción de fijar la deliberación, BLONDEL, *L'action,* 1983, 189.

[27] WINSCHEID, «Wille u. Willenserklärung», en *Archiv f. d. civ. Pr.,* 63, 1879, 72; Bensa, recens. a. WINDSCHEID, en *Arch. giur.,* 1879, 21, 120. y notas a la traducción italiana de las Pandette en el § 69, I. 1.035 y sigs.; SEGRÉ. «Alcune osservazioni sulla teoria della presuposizione», en *Sentii giur.,* I. 353 y sigs.: LEONHARD, *Irrtum,* II, 119 y sigs.

[28] Sobre ello, BINDER, «Wille und Willenserklärung», en *Archiv für Rechts u. Wirtschaftsphilosophie,* 6, 1912-1913, 100 y sigs.: M. WEBER, *Wirtschaft u. Gescelschafl,* 498 y sigs.

[29] Cfr. nuestras indicaciones en: *Studi Chiovenda,* 70; *Riv. dir. proc. civ.,* 1927, II, 17; 1924, II, 263, 265; *Riv. dir. comm.,* 1925. III, 345 y sigs.; 1938, 559; *Annuario di dir. comparato,* II (1928), 150. 154, *Riv. dir. internaz.,* 1930, 18, etc.; más adelante, n. 6, nota 16. No demuestra lo contrario MANIGK. *Privatautonomie,* 1937, 36 y sigs.

El mal no sería grave si por «voluntad» declarada se debiese entender la misma cosa que nosotros entendemos por disposición o precepto de la autonomía privada. Y, en verdad, el añadido «de voluntad» en la expresión «declaración de voluntad» no viene a ser más que un relleno incoloro e inútil, una expresión genérica que toma el puesto de designaciones específicas más apropiadas, tales como «declaración de aceptación», «de renuncia», «de oferta», «de revocación», y así sucesivamente, que reflejan justamente el objeto que se quiere y que es siempre una relación de valor normativo. Pero el conflicto radica en que la palabra voluntad tiene varios sentidos[30], y unas veces significa el objeto del querer, lo querido (aquello que se declara, sin embargo, solo es querido en los casos normales), o bien el contenido del querer, el fin perseguido (el cual, también, solo normalmente coincide con la causa del negocio jurídico); otras veces, en fin, significa la facultad o la actividad del querer como hecho psíquico interno (que en su realidad integral queda fuera del negocio). Y por eso es inevitable que continuamente se confunda entre la voluntad, entendida como facultad psíquica o hecho psicológico interno, y la voluntad entendida como objeto o como contenido del querer. Es fácil medir el alcance del equívoco. O se incurre en la errada opinión de que la declaración, en lugar de servir para constituir y dar vida a un precepto de la autonomía privada, viene únicamente a *melar* un estado de ánimo, a evidenciar un hecho psíquico interno -el hecho del querer-, y que en este hecho psíquico, incontrolable por sí, consista y se agote la esencia del negocio jurídico[31]; o, de todos modos, se configura la voluntad como una entidad autónoma que se contrapone y reúne a la declaración, conservándose superior a ella, como el «alma» al «cuerpo»[32], y que, sin perder su neta independencia, encuentra en la declaración un simple complemento y medio de expresión. Las consecuencias antisociales e inmorales que resultan son fáciles de vislumbrar, en esta errónea mitología de la voluntad, por quien tenga el valor de ser coherente[33].

Ella hace creer en la omnipotencia de la voluntad individual (la cual, en el fuero de la conciencia, no halla limites extrínsecos) e induce así a desconocer los múltiples límites sociales y jurídicos de la autonomía privada[34]. Hace pensar que la esencia del negocio *solo* consista, propiamente, en la voluntad, y que respecto a ella la declaración no tiene más que una función complementaria e instrumental, como medio de prueba (indicio) o como medio de revelación y de reconocimiento, requerido solo en interés y garantía de la parte

---

[30] BÜLOW, *Geständnisrecht,* 118 y sigs.

[31] V., para lo contrario, SALEILLES. *Declar. d. vol.,* sobre el art. 133, n. 47, 216; cfr. sobre el art. 138, n. 30: 263, y ahora, sobre todo, DURMA, *La notification de la volonté,* 1930, n. 10.

[32] Índice de este dualismo entre voluntad y declaración es el hablar, como se hace, de una «superioridad de la voluntad» en el tratamiento de los vicios (MANICK. *Irrtum u. Auslegung,* 86. y en *Juristiche Wochenschrift,* 1930, 2.194; cfr. LARENZ, *Auslegung* 32). Para la crítica del dualismo véase la ya citada obra de DURMA, capítulo II, especialmente pág. 23.

[33] Véase, a propósito, la elocuente página de NIETZCHE, *Fröliche, Wissenchaft,* n. 127; cfr. *D. Wanderer u. sein Schatten,* n. 11.

[34] RAISER, *Allgem. Geschäftsbedingungen,* 147 y sigs.

contraria[35], pero no necesario, de tal modo que una voluntad jurídicamente trascendente puede, en ciertos casos, existir en estado puro, y reconocerse y demostrarse aunque no haya sido declarada y hecha patente[36], o también, viceversa, que una declaración pueda perder, sin más, valor jurídico cuando se evidencia que no se corresponde, aun conscientemente, con una adecuada voluntad (como en los casos de broma oculta, de reserva mental o de simulación). Hace creer, en suma, que el individuo es dueño de la declaración emitida o del comportamiento observado (al modo que, en efecto, queda dueño de la voluntad, que es suya propia), aun después que se haya desprendido y separado de ellos. Y conduce de este modo a estimar que es posible remitirse a una intención distinta, demostrable *aliunde,* aunque no haya sido evidenciada claramente o revelada por entero, frente a una declaración que no alcance o rebase aquella intención, o un comportamiento en el que no se haya realizado[37] (con lo que se convierte en un dato de hecho constante lo que es simple correspondencia del hecho a la intención). Hace creer que en la interpretación del negocio se debe indagar primero la que fue «voluntad interna», aunque haya permanecido en estado de intención oculta o solo mantenida por una de las partes, y solo después aplicarse a examinar si aquélla ha sido patentizada en la declaración, realizada en el comportamiento, o compartida por el otro sujeto.

Además, donde ante el significado objetivo o legal de la declaración no sea demostrable una «voluntad interna» correspondiente o donde el Derecho imponga recabar mediante apoyos típicos, por vía de integración o de reconstrucción hipotética, un precepto complementario respecto al explícitamente establecido y, en general, dondequiera el Derecho prescinda de la efectiva voluntad del declarante al determinar los efectos jurídicos, el dogma de la voluntad induce a requerir una «voluntad tácita», «presunta» o «presumible» en hipótesis, como «normal»[38]. Es una presunción ésta que debería, lógicamente, ceder el paso a la demostración de que en el caso concreto existía, en cambio, una intención distinta[39]; deducción que el Derecho canónico no ha vacilado en formular.

Al contrario, el dogma en cuestión hace encontrar dificultades para justificar[40] el que tenga vigor una «voluntad» que no está actualmente animada y sostenida por una persona viviente y capaz, lo que sucede en el testamento y puede suceder en el caso de incapacidad que haya sobrevenido después de emitida la

35 SAVIGNY, *System,* III. 258.
36 *Inst.,* 2. 19, 7; TUHR, 406-7.
37 HIMMELSCHEIN, *Beitrage z. d. Lehre vom Rechtsgeschäft,* 1930, 27.
38 Ejemplos en SALEILLES, *op. cit.,* 157 y sigs. y en nuestros trabajos señalados en la nota 9.
39 BÜLOW, *Geständnisrecht,* 193-144, 148; para la referencia a los usos del tráfico. DANZ, *Jherings Jahrb.,* 38. 381.
40 BRUNETTI, *Il diritto di testare,* reproducido en *Scritti giur. vari,* IV, 292 y sigs. (La objeción de los iusnaturalistas era precisamente que el hecho de la muerte excluye la existencia de la voluntad y, por tanto, también su eficacia).

declaración (con la propuesta), pero antes de que el negocio (contrato) haya sido celebrado (Cód. civ., arts. 1.329 y 1.330) o haya entrado en vigor (si está subordinado a una condición). En realidad, la voluntad como hecho psíquico interno se ha determinado ya antes; se agota, como hemos dicho, con la declaración o el comportamiento, y en ellos queda absorbida[41]. Por el contrario, el precepto de la autonomía privada surge por primera vez con la declaración y con el comportamiento, y, desde entonces, alcanza existencia como entidad duradera, exterior y desprendida de la persona del autor. Opera para el futuro viviendo de su propia vida, independiente de la voluntad que lo ha engendrado y, acaso, oponiéndosele. Mientras que la voluntad, como hecho psíquico, es algo que se confunde con la persona y no es concebible escindida de ella, el precepto del negocio es, por su naturaleza normativa y no psicológica, separable de la persona, y tal que puede oponérsele (también en los negocios unilaterales) y vincularla [41a].

Además, el dogma de voluntad no está en condiciones de explicar, sino con metáforas de carácter mitológico y místico, ciertas configuraciones de negocios que presentan una separación neta entre la voluntad, como hecho psíquico actual, y el precepto del negocio: tales, el negocio condicional[42], el negocio *mortis causa,* el contrato[43]. En el contrato, según los seguidores del dosrma[44], del encuentro de las voluntades de los dos contrayentes surgiría una «voluntad unitaria»: la voluntad contractual. .Ahora bien, es evidente que aquí se confunde entre la voluntad como hecho psíquico interno (aquella que se «encuentra») y la voluntad como precepto de la autonomía privada (la que *surge* del «encuentro»). En realidad, lo que engendra el precepto contractual no es un «encuentro» oculto o una mística «fusión de los quereres», sino el cambio de las respectivas declaraciones (oferta y aceptación) y su consciente congruencia (que es lo que se llama acuerdo o consenso), o la intencional reciprocidad o adecuación de los respectivos comportamientos. El acuerdo de las intenciones («común intención de los contrayentes») no tiene valor jurídico sino en función de tal cambio o reciprocidad y de tal congruencia. En efecto, la ley (art. 1.362, ya el 1.131 Cód. de 1865; cfr. 1.281 C. C. esp.) la tiene en cuenta solo como criterio de interpretación de las declaraciones y comportamientos congruentes, no ya como requisito de validez del contrato (art. 1325, ya el 1.104; cfr. art. 1.261 C. C. esp.). Donde falta la consciente congruencia o adecuación de aquéllos (acuerdo) falta el mismo

---

41 LARENZ, *Methode der Auslegung,* 49.

41a Cfr. N. HARTMANN, *Problem des geistigen Seins,* 1933, 155; contra la confusión de los dos aspectos, psicológico y normativo, KELSEN, *Hautprobleme,* 1911, 114. 121 y sigs.

42 ENNECCERUS, *Rechtgeschäft, Bedingung u. Anfangst.* I, 175 y sigs., y las opiniones reseñadas en WINDSCHELD, *Lb. D. Pandekteprechts,* novena ed., § 86, nota 3, pág. 452-454. Véase a propósito, entre tanto. BARBERO, «Rilevanza della volontà nel negozio», en *Studi Scorza,* 1940, 27, especialmente n. 14, pág. 40.

43 TUHR, *Allgemeine Teil,* II, 225. Para la definición del consentimiento ZITELMANN, *Irrtum u. Rechtgeschäft,* 1879, 393, 419; LEONHARD, *Irrtum als Ursache nichtiger Verträge,* I, 20 y sigs. (resumen en págs. 63 y sigs.).

44 Ejemplos: WLNDSCHEID. *Pand.,* I. § 69. n. 2: PLANCK, *Kommentar sobre* el § 14 (primera aclaración preliminar): STAUDINGER, *Kommentar,* también sobre el § 14 (primera aclaración preliminar).

supuesto de hecho del contrato, y es inútil indagar si por acaso ha existido una «común intención», que sería absolutamente intrascendente.

Es cierto que alguna vez se llega a entender por «querer» la misma cosa que «declarar»[45], pero esta inadvertida elipsis no hace sino llevar a su culminación la confusión a que dan origen los varios significados de la palabra «voluntad». Quien se sirve de ella incautamente, sin tener en cuenta su ambigüedad, llega bien pronto a olvidar la necesidad de una formulación adecuada del precepto de la autonomía privada, a pensar que es suficiente declarar «querer» (por ejemplo, querer comprar, vender, tomar en préstamo, aceptar, etc.) donde, en cambio, se tiene el deber de declarar que se realiza esta o aquella operación jurídica (respectivamente, se compra, se vende, se recibe en préstamo, se acepta); y el decir simplemente que se quiere (comprar, etc.), suscita la impresión errónea de que no se concluye aún un contrato definitivo, sino que se trata simplemente de una promesa, de un preliminar[46].

Y no se supera esta objeción observando que el orden jurídico[47] no reconoce que «quiera» comprar y vender, constituir una sociedad, etc., «quien no hace surgir aquella realidad de hecho que el Derecho debe regular, es decir, el negocio», y que la palabra voluntad no se entiende tampoco fuera del Derecho en el sentido de pura actitud del espíritu. En efecto, la cuestión es precisamente la de ver si aquel hecho *social* que es el negocio es captado en su propia esencia, y adecuadamente designado, con una palabra de tan vario significado como «voluntad», y nuestra objeción es que la sustancia *normativa* del negocio escapa completamente al calificativo «voluntad», y que a tal calificación no puede reconocérsele el valor científico de una rigurosa construcción conceptual, ya por la confusión que origina entre el contenido preceptivo del negocio y lo que es solo un elemento subjetivo de él (nn. 16 y 19), ya por el peligro que encubre de hacer desconocer la obligación de aplicar medios idóneos para la regulación de los intereses privados en la vida de relación. El peligro de la ambigüedad no está menos próximo allí donde la aposición calificativa «de voluntad», o es del todo inútil (como en las expresiones «acto de voluntad», etc.) o es, por lo menos, impropia; y ocupa el lugar de una referencia, por otra parte superfina, a la personalidad y a la libertad individual, tal como la hecha en las definiciones barrocas del derecho subjetivo como «poder de voluntad»[48], y de la obligación como «vínculo de la volun-

---

[45] Ejemplo: ALLARA, *Testamento*, 217, etc., y así muchos otros.

[46] Cfr. JHERING, *Geist*, II, 495.

[47] L. BRAGANTINI, *L'anonima con un solo azionista*, 1940, 35, en nota, el cual, por lo demás, reconoce que el Derecho no se satisface con una «voluntad pura», sino que exige una «voluntad causal». V. también DURMA, *Notification de la volonté*, 1930, nn. 25-29; ZITELMANN, *Irrtum*, 1879, 34 y sigs.; KELSEN, *Hauptproblem.*, 107 y sigs.; MANIGK, en *Annuario dir. comparato*, 1942, 163. Sobre este tema, CROCE, *Filosofia d. pratica*, 1909, I, 1, V.

[48] Decisivas en sentido contrario son lai consideraciones, siempre vivas y actuales, de JHERING, *Geist*, III, § 60, 329 y sigs.. 332. Para una precisa posición, véanse nuestras indicaciones en el n. 2 del estudio «Il concetto della obbligazioni construito del punto di vista dell'azione», en *Studi Facoltà giurisprudenza Pavia*, V, 1920, 101 y sigs.

tad». Luego es evidente que la denominación induce a establecer entre poder (vínculo) y «voluntad» una conexión que no existe, dado que el poder (o vínculo) no exige conceptualmente otra cosa que la pura y simple referencia a un sujeto, hasta incapaz de querer, y, por tanto, la palabra «voluntad» no hace más que ocupar el puesto de la idea de «persona».

No vale cubrirse de los riesgos y tratar de remover o atenuar los equívocos remitiéndose -como se ha hecho[49]- al que es «comportamiento normal», y observando ser normal en el negocio jurídico que lo declarado sea también querido, y en el derecho subjetivo, que el titular sea también capaz de querer[50]; y, por tanto, que se debe «presumir» en el negocio que lo declarado sea «querido», en el caso concreto, sin necesidad de prueba. Este expediente del «comportamiento normal» no es otra cosa que un infeliz recurso, y una de las más sintomáticas demostraciones de insinceridad constructiva que nos ofrece la dogmática actual. Se olvida, por quien recurre a él, que el concepto de una cosa -concepto a exponerse en su definición- no puede ser inferido de lo que solo normalmente se comprueba en ella como elemento concomitante habitual, salvo prueba en contrario, sino que debe deducirse de lo que se reconoce constantemente como elemento necesario, índice indefectible de su naturaleza y estructura. Solamente esto puede ser verdaderamente esencial. La visión expuesta es fruto de una concepción que atribuye a la declaración un valor puramente complementario e indiciario y que, por tanto, obliga a presumir como «normal una voluntad aun donde no existe ninguna, y a considerar como declarada una voluntad que realmente no se tuvo. A una ficción semejante fuerza el dogma de la voluntad cuando se trata de explicar el tratamiento del comportamiento concluyente (n. 14)[51].

Todo ello expuesto en líneas generales. En lo que respecta, luego, a la configuración del negocio jurídico sobre el terreno del Derecho positivo italiano, especialmente después de la reforma del Código civil de 1865, sería fácil destacar, a través de una serie de normas, que aquélla es incompatible con la concepción que encuentra en la «voluntad» la esencia del negocio. Baste aquí señalar cómo, según los arts. 428, 1.425, 591, 775 y 120 del Código civil (cfr. arts. 1.263, 1.300-1.302, 662, 663, 664, 83, § 2.°, 101 C. C. español), el negocio celebrado por quien, por cualquier causa, aun transitoria, era en el momento de concluirlo incapaz de entender y de querer, no está privado sin más de efectos jurídicos, sino queda, simplemente, sujeto a anulación, ejercitable, en materia patrimonial, dentro del término de cinco años, y solo en caso de grave perjuicio en la hipótesis del art. 428 (n. 26 bis). Igualmente, el contrato defec-

---

49 ALLARA, en *Foro Lomb.*, 1931, 875 y sigs., Test. 153 y sigs., 324.

50 Cuando se objeta luego que es suficiente que otro quiera por el incapaz, se confunde el problema de la pertenencia del derecho de que se trata con el otro, completamente distinto, de la capacidad de obrar (*Dir. rom.*, I. § 38).

51 Cfr. HELSEN, *Hauptprobleme*, 1911, 125. De este tratamiento extraen argumentos contra el dogma de la voluntad CARIOTA-FERRARA, en *Annuario di diritto comparato*, 1941, 395, y MANIGK, Ibid., 1942, 156, 164.

tuoso en el elementó subjetivo, ya por hechos que vician el consentimiento, ya por otros que directamente lo excluyen, como el error sobre la declaración (art. 1.433), no es nulo, sino también solamente expuesto a anulación ejercitable en el término de cinco años (arts. 1.427, 1.442; cfr. arts. 1.265, 1.301 C. C. esp.); sanción esta de la anulabilidad que la ley, de otra parte, previene en el tratamiento de otras anormalidades del negocio (arts. 332, 427), por ejemplo, del defecto de legitimación (art. 320 § últ., 347, 360 § 1.°; cfr. arts. 165, 236 § 2.°, C. C. esp.) con cuyo criterio es coherente la norma (arts. 590, 799) según la cual la invalidez del negocio a título gratuito, de cualquier causa que dependa (y, por tanto, también si de vicio del elemento subjetivo), es sanada por una consciente confirmación o ejecución voluntaria del interesado. Por lo demás, la anulabilidad del negocio por vicios del consentimiento (art. 1.427; cfr. art. 1.265 C. C. esp.) no puede ser aducida para demostrar que nuestra ley rinda homenaje al dogma de la voluntad. El fundamento de la anulabilidad en cuestión no ha de buscarse en un motivo estrictamente lógico, derivado de la estructura misma del negocio jurídico, como el de la nulidad por ausencia de elementos esenciales, sino más bien en una razón de oportunidad práctica, apreciable desde el punto de vista político legislativo.

Y es la de que la regulación elegida por las partes debe, en cuanto sea posible, responder a su conveniencia privada; conveniencia de la que es índice su determinación causal dirigida a un resultado práctico, su intención práctica. Si tal intención, en el caso concreto, está viciada, se infiere de ello que la regulación escogida no responde a la específica conveniencia, tal como es estimada por las partes[52]. Es también significativa la norma por la cual ciertos vicios del consentimiento, como el error (arts. 1.428, 1.431; cfr. art. 1.266 C. C. esp.) y el dolo que provenga de un tercero (art. 1.439, § 2) no son relevantes por sí, aun cuando sean determinantes, sino solo si son reconocibles o, respectivamente, notorios a la otra parte contratante. Y no menos significativa es la norma (art. 1.415) que declara no puede oponerse la simulación a los terceros adquirentes de buena fe del adquirente simulado que aparecía como legitimado[53]. Bastará aquí haber señalado la orientación general de la ley, de que las normas aducidas son síntomas elocuentes, sin descender a otras anticipaciones de lo que en su lugar diremos. Urge solamente notar cómo tal orientación no es compatible con la concepción que reconoce la esencia del negocio en la «voluntad», ya que, si así fuese, no podría explicarse que goce de efectos jurídicos un negocio en el que precisamente falta una voluntad idónea.[54].

---

52 Cfr. TUHR, *Allgem. Teil,* II, 549.

53 Cfr. PUGLIATTI, «La volontà, elemento essenziale del negozio giuridico», en *Rivista dir. comm.,* 1940, 234-43. No sirven como prueba otras referencias, tales como la del art. 735 del Código civil, cuando la donación hecha atendiendo al futuro matrimonio se configure, excepcionalmente, como negocio unilateral, prescindiéndose también de una declaración de aceptación (cfr. art. 769; para una motivación, HARTMANN, en *Archiv,* 72, 208). Es discutible la concepción de los autores citados por PUGLIATTI, loc. cit., 240 *(Degni,* FERRARA*).*

54 Incierta y contradictoria aparece la posición de PUGLATTI, loc. cit., 243, cuando concluye que debe atribuirse a la teoria de la «voluntad, elemento sustancial», un carácter menos

Por todas estas razones, que se compendian en una elemental exigencia de sinceridad constructiva, evitaremos cuidadosamente en nuestra exposición la calificación del negocio como «declaración de voluntad», y hablaremos siempre de «declaración» sin otro agregado, quedando entendido que se trata de declaración preceptiva, reguladora de relaciones privadas. Por lo demás, aun configurando el contenido del negocio como precepto de la autonomía privada, no se supera, es cierto, el indefectible dualismo entre la declaración y el contenido preceptivo que en ella debería ser realizado, entre el significado social (objetivo) del negocio y la apreciación individual (subjetiva) que de él hace el autor. Pero cambia necesariamente la visión, la perspectiva desde la que el dualismo debe ser mirado y valorado[55]. Mientras que la «voluntad», como quiera que se la entienda, es siempre algo interno, inseparable de la persona y, por tanto, algo incontrolable, el precepto es, conceptualmente, algo «establecido», expresado exteriormente en el medio social y, en consecuencia, controlable sin posibilidad de equívoco. Además, no es concebible una «voluntad» (de declarar) que no sea querida ya que «arrepentirse y querer juntamente no es posible, por la contradicción que no le permite»; en cambio, es perfectamente imaginable que una disposición sea tomada, que una orden en relación con otros sea emitida aun de mala gana o en apariencia, y sin la sincera voluntad de quedar vinculado o de verla cumplida, o sin un conocimiento preciso de la materia del precepto[56]. Este fenómeno psicológico es justamente el que se da en la reserva mental, en la simulación, en la burla oculta o, respectivamente, al suscribir sin previa lectura un documento de negocio, o al someterse a los usos del tráfico sin conocerlos; en estos casos, en cambio, siguiendo el criterio del dogma de la voluntad debería considerarse inexistente una «declaración de voluntad».

En este sentido no es ya contradictorio admitir la posibilidad de declaraciones no queridas en su contenido y significado preceptivo[57], con tal de que éste sea, de otra manera, imputable a quien ha emitido aquéllas[58], si no a título

---

absoluto y un valor menos vinculante que el que corrientemente se le concede, y al rechazar la «función autonormativa» del particular sin demostrar que tenga de ella un concepto preciso. Sería necesario, por lo menos, decidirse a atribuir a la ambigua expresión «voluntad» un valor solamente psicológico o solo normativo.

Ponen igualmente en duda que la voluntad sea siempre necesaria para la existencia de un negocio jurídico: GIORGIANNI, en *Riv. dir. civ.*, 1939, 412 y sigs.; BARBERO, «Rilevanza della volontà nel negozio», en *Studi Scorza*, 1940, 41, nn. 23-24; N. N., en *Giurisprudenza compar. dir. comm.*, 1941, 101; MESSINEO, *Istituz. dir. civ.*, cuarta ed., 1942, 202, n. 6 (aunque sin aprobar la solución de la ley); cfr. LEONHARD, *Irrtum als Unache nichtiger Verträge*, 120, también 243 y sigs., 249.

55 LARENZ, *Ausleg., 32, 69.*

56 R. LEONHARD, *Irrt., 153* y sigs.; MESSINA, en *Riv. dir. comm.*, 1907, 401. La tentativa de defensa hecha por VERGA, *Errore e responsabilità nei contratti*, 1941, 223-239, está en buena medida aquejada del vicio lógico de la *ignoratio elenchi.*

57 KRAUSE, «Schweigen im Rechtswerkehr», en *Arbeiten zum Handelsrecht, v. E. Heymann*, 67 (1933), 2.

58 LARENZ. *Ausleg.*, 33, 35 y sigs.

de voluntad, a título de autorresponsabilidad (n. 8), porque se hallaba en situación de darse cuenta de ello. Mientras que respecto a una «voluntad» (declarada) debemos exclusivamente preocuparnos de saber qué cosa pensase y entendiese aquel que «quiere», respecto a un precepto formulado frente a otros se debe, en cambio, atender sobre todo a la impresión que en estos «otros» es capaz de suscitar. Y podemos aplicarnos a reconstruir el sentido sobre apoyaturas objetivas típicas, sin necesidad de requerir y, por tanto, de fingir una «voluntad» correspondiente. Basta que el autor del negocio fuese consciente de la trascendencia social de su propia actitud y, en consecuencia, pudiese advertir su significación objetiva en el ambiente social en que la mantenía. Por lo demás, sería prematuro anticipar aquí la noción del elemento subjetivo del negocio jurídico (que hallará lugar adecuado más adelante, en el n. 19), y extraer deducciones de los principios que rigen su tratamiento[59].

Para quien considere al negocio bajo este aspecto surge, por tanto, y se plantea necesariamente, el problema de la autorresponsabilidad, es decir, el problema de si el autor del negocio no debe por ventura someterse a las consecuencias, perjudiciales para él, derivadas de la impresión causada,

---

[59] Al extraer deducciones del tratamiento del negocio para el concepto de éste no ha de olvidarse la diferencia entre *concepto* y *criterio de tratamiento*. Mientras el concepto debe comprobarse de un modo idéntico y constante en toda figura de negocio, sin posibilidad de derogaciones, el criterio, por el contrario, admite excepciones. Ahora bien: MANIGK *(Irrtum und Aulegung,* 246-247) cree constatar una interferencia entre el concepto del negocio y el criterio de la responsabilidad, en cuanto que esta puede producirse también cuando no concurran todos los elementos esenciales de aquél. El concepto es recabado por él, no solamente de los hechos que justifican el criterio de la responsabilidad –como proponen los sostenedores de la teoría de la declaración–. sino también del tratamiento del defecto de la voluntad real (también MANIGK, *Auslegung,* 255- 56), que hace surgir una facultad de impugnación para el declarante, dejando a salvo aquella responsabilidad que se concreta en el resarcimiento del interés contractual negativo. La preeminencia o precedencia lógica del concepto que se apoya en la voluntad real se demostraría para él por el hecho de que la ausencia de tal voluntad constituiría la circunstancia decisiva en la cuestión principal de la validez del negocio (MANIGK, en *Juratiche Wochenschrift,* 1930, 2.194), mientras que el criterio de la responsabilidad solo determinaría la solución de la cuestión secundaria del resarcimiento. Acogiéndose a la teoría de la declaración, habría de reconocerse un negocio, según su idea, también cuando faltase en el declarante la conciencia del valor declarativo de la propia conducta (*Kundgebungsbewusstsein*); el punto decisivo sería que en el ambiente social el comportamiento mantenido pudiera razonablemente ser considerado, conforme a la buena fe, como declaración preceptiva hecha con la conciencia de su valor declarativo. A esta concepción opone MANIGK (*op. cit.*, 247) que el destinatario puede muy bien invocar el valor declarativo de la conducta ajena; pero lo que permanece como decisivo es que el autor puede siempre aducir que la conducta en cuestión no responde, en el caso específico, al concepto del negocio jurídico por razón de la falta de voluntad real (entonces, sin embargo, el negocio sería solo aparente, y, por tanto, a tratar como nulo).
Pero de esta misma visión de MANIGK se deduce que es también perfectamente posible la perspectiva inversa. Los casos en que se reconoce trascendencia jurídica a la ausencia de voluntad real no tienen tal valor sintomático como para reflejar el concepto del negocio; antes bien, su tratamiento obedece a una exigencia de oportunidad que está fuera de aquel concepto: la de hacer corresponder a la declaración una voluntad normal, en cuanto sea posible.

de la confianza razonable suscitada en «otros» a los que el precepto estaba destinado, o de cualquier modo concernía, sin que ese pueda siquiera considerar influyente en sentido contrario la prueba de que él no quisiese o pensase aquellas consecuencias (n. 18). Surge, y se impone igualmente, el problema de la legitimación y sus límites (n. 27). Porque si el negocio es un acto de autonomía, que alcanza trascendencia social ante otros miembros de la comunidad (también cuando tenga estructura unilateral), es evidente que no basta ya preguntarse si el autor lo quiso y era capaz de quererlo, sino que interesa también, y sobre todo, saber si podía o no darle vida, dentro de qué límites y por qué vías. El precepto del negocio es, no solo y no tanto resultado normal de una voluntad (este no es más que uno de sus aspectos), sino, especialmente, ejercicio de un poder en el círculo de los miembros sociales. Ejercicio -disciplinado por normas de validez y competencia[60]- de aquel poder de autonomía que recibe su legitimidad del reconocimiento jurídico.

4. *Diferencias entre el negocio* y *otros actos lícitos*[61].- De la correlación expuesta entre negocio y derecho subjetivo no conviene inferir, sin embargo, que el negocio jurídico se identifica con el acto jurídico de ejercicio del derecho subjetivo, y represente el medio que la ley proporciona a los individuos para influir sobre la tutela jurídica de los intereses propios, desplazándola de uno a otro[62]. Sin descender aquí a una crítica profunda de tal idea (v. también más adelante n. 17) bástenos señalar la incongruencia de una confusión entre las dos figuras.

El negocio jurídico difiere del ejercicio de derechos subjetivos porque depende de presupuestos distintos, opera sobre elementos distintos y persigue también una finalidad diferente. El negocio presupone intereses a regular en las relaciones con otros, pero no necesariamente relaciones jurídicas preexistentes a modificar. Si bien incide sobre una situación jurídica (inicial) ésta es tal que puede ofrecer la más variada naturaleza y no hallarse precisamente concretada en un derecho subjetivo, funcionando aquélla únicamente como presupuesto de legitimación (cap. IV, n. 27). El negocio crea, respecto a los intereses regulados, poderes y vínculos jurídicos que antes no existían, pero no tiene propiamente por objeto la protección jurídica como tal, sino los intereses privados en sí mismos, hecha abstracción de toda su superestructura jurídica. En cambio, el ejercicio del derecho realiza el estado de hecho o de derecho que corresponde a una preexistente protección legal, con o sin la cooperación ajena (n. 4 prelim.).

---

60 MANIGK, *Privatautonomie*. 103 y sigs.

61 Últimamente, v. M. TRIMARCHI, *Atto giur. e negozio giur.* (Pubbl. MESSINA. 12) (rec. en *Riv. dir. comm.*, 1941, 354); TESAURO, *Atti e negozio giur.*, 1936; más bibliografia es ofrecida por SEGRÉ, *Scritti giur.*, I, 337 y sigs., y por CARIOTA-FERRARA, *Annuario dir. comp.*, 1941, 378, nota 2.

62 CARNELUTTI, *Lezioni di dir. proc. civ.*, I, 1920, nn. 24-25, especialmente págs. 82 y sigs.; idem, *Teoria gener. dir.*, 1940, §§ 11-112. págs. 288 y sigs.

Prescindiendo de ello, puede existir negocio jurídico sin que estén enjuego derechos subjetivos que ejercitar (piénsese, por ejemplo, en la asunción de una obligación y, en general, en los negocios que no entrañan disposición de derechos). A la inversa, puede existir un ejercicio de derecho subjetivo sin negocio jurídico (piénsese, por ejemplo, en la tutela judicial o extrajudicial del derecho subjetivo; la demanda judicial podrá ser negocio procesal[63], pero por su naturaleza no es, ciertamente un negocio sustancial). Ello no impide que, frecuentemente, en la práctica, exista coincidencia entre el uno y el otro aspecto, en un mismo acto[64]. Ante todo, en los actos de disposición sobre derechos. Así, quien enajena, cede o sujeta a hipoteca o prenda, verdaderamente ejercita el derecho que tiene sobre la cosa o el crédito de que dispone. También en los actos con los que se usa de un llamado derecho potestativo, es decir, de configuración de una nueva situación jurídica sobre la base de una relación jurídica preexistente. Así, el heredero aceptante con beneficio de inventario, cuando cede codos los bienes de la herencia a los acreedores de ésta y a los legatarios, ejercita en cuanto a éstos un derecho de liberación (C. C. art. 507; antes el 968)[65], al que no podrían oponerse. Pero aun en semejantes casos, en que es concomitante al negocio el ejercicio de un derecho subjetivo, éste no tiene, en rigor, respecto al negocio, mayor significación que la de cualquiera otro presupuesto de legitimación (cap. IV, n. 27); es, solamente, base de la competencia dispositiva que el negocio presupone para su eficacia[66].

El concepto del negocio como acto con el cual el individuo dicta ley a sus intereses propios en las relaciones con otros, es también el único que permite establecer un satisfactorio criterio diferencial entre él y los demás actos lícitos de diversa naturaleza.

Característica general común a todos los actos jurídicos lícitos es, como se dijo, la *conformidad* de los efectos jurídicos del acto a la conciencia que ordinariamente lo acompaña, y a la voluntad que normalmente lo determina. La citada conformidad de la nueva situación jurídica es fruto de una apreciación favorable que hace el orden jurídico de aquella toma de posición, típica, por la conciencia y la voluntad. Pero es que en el negocio jurídico -precisamente por ser acto de autonomía- la conciencia y la voluntad del particular toman una actitud bastante más compleja que en los demás actos lícitos. Ellas aquí se nos presentan, según el mismo tenor del acto, dirigidas a dictar una reglamentación válida en el futuro, y orientadas hacia el fin práctico típico que informa dicho acto. La intención práctica asume aquí una significación preeminente y verdaderamente decisiva para la nueva situación jurídica, que

---

63 BETTI. *Dir. proc. civ.*, 61, 284 y sigs.

64 BETTI, *op. cit.*, 61.

65 BETTI, *Dir. di successioni: parte generale*, curso 1927-1928, § 79. págs. 457 y sigs.

66 La función de mero presupuesto que se asigna al derecho del disponente se evidencia especialmente en la figura de la adquisición constitutiva (n. 4 prel.), donde falta, propiamente, una sucesión; ello es desconocido por HELLWIG, *Lehrb. Civilpro.*, I, 284.

debe ser amoldada a ella, valorándosela así de una manera particularmente intensa. Nada de esto ocurre, en cambio, en los demás actos lícitos. La conciencia y voluntad del individuo no están en ellos dirigidas a prescribir a sus intereses una regulación para el futuro, no miran a un fin que trascienda del acto, sino que agotan su eficacia conduciendo a resultados más próximos, más circunscritos, de carácter inmediato y transitorio. Son valorados por el Derecho, pero, necesariamente, en medida bastante más débil y de manera más esquemática que en el negocio jurídico, puesto que adoptan una postura más simple y no presentan aquella viveza de color y complejidad de matices que son características del negocio jurídico.

Baste recordar a modo de ejemplo ciertos actos procesales de parte, como la llamada ajuicio con que se hace valer un derecho, o ciertas intimaciones, como el requerimiento a la prestación debida que el acreedor dirige al deudor con el efecto de constituirlo en mora si no cumple, o algunas oposiciones, como la notificación hecha por el propietario de un fundo para oponerse a una obra que el vecino construya sobre el propio, o por el copropietario para oponerse a una innovación que otro pretenda hacer en el fundo común[67]. Con estos actos, ¿qué hace el individuo) Toma posición con respecto a otro individuo que está en conflicto de intereses con él, y provee a tutelar su derecho propio, o a ejercitarlo, o a prevenir un perjuicio temido. Evidentemente, no prescribe a sus propios intereses una regulación para el futuro, sino pretende simplemente conservar éstos en el estado en que se encuentran actualmente, o mira a derivar de su derecho aquellas consecuencias de hecho para las que lo legitima la protección jurídica de que goza. Mientras que en el negocio, del mismo tenor del acto puede deducirse con suficiente seguridad cuáles serán sus efectos jurídicos, no puede decirse otro tanto de los restantes actos lícitos. Así, los actos ahora señalados a títuulo de ejemplo, considerados en su tenor, están dirigidos a obligar al adversario a seguir un determinado comportamiento, que es, respectivamente: Presentarse enjuicio o reconocer, sin más, como fundada la pretensión hecha valer, realizar la prestación debida, desistir de la obra comenzada. Ahora bien, su común efecto jurídico no es otro que hacer jurídicamente ilícito un comportamiento que esté en desacuerdo con el que el autor del acto deseaba, cuyo efecto, si no es propiamente el que a éste importaba obtener está, ciertamente, de acuerdo con su intención normal. Pero el tenor del acto nada nos dice sobre la naturaleza y modo de las sanciones a que el contrario se expondrá cuando despliegue un comportamiento en pugna con el deseado. Así, por ejemplo, el requerimiento a la prestación por parte del acreedor, nada nos dice sobre el efecto, que ella haya de tener, de constituir en mora al deudor que no cumple, acentuando su responsabilidad. Y por consiguiente, en la configuración de la nueva situación, el orden jurídico tiene entonces un margen de valoración y una cantidad de posibles soluciones bas-

[67] Sobre ello: Cód. civ., arts. 1.109, 1.171 y 1.219: también arts. 1.264, § 1; 1.407, § 1; 1.113, § 3, etc.

tante mayor de la que dispone frente al negocio jurídico, donde, por el contrario, la situación nueva debe adecuarse al sentido práctico y típico del acto con la más estricta adherencia posible[68].

5. *Sujetos* y *objeto del negocio jurídico*.- Sentado que la institución del negocio jurídico garantiza y sanciona la autonomía privada en la vida de relación, será fácil determinar los sujetos y el objeto de un negocio.

Sujeto del negocio o *parte* (en sentido formal) es aquel, según la valoración de la conciencia social que la ley hace propia, a quien corresponde su paternidad y al que debe referirse, no solo la forma del acto -la declaración o el comportamiento-, sino también el contenido, el precepto del negocio. No basta a conferir la calidad de «parte» el hecho de que a una persona sea atribuible la forma del acto por sí sola (piénsese en un mensajero o en otro instrumento de entrega). Es preciso que a aquella persona concierna también el contenido del acto, la significación que ostenta de una autorreglamentación de intereses privados[69]. Así, en la hipótesis de que se utilice un mensajero, autor del negocio será el remitente. Y a la inversa, mirando al contenido preceptivo del acto, y a su destino de dar vida y desarrollo a una relación jurídica, se presenta como posible atribuir la calidad de «parte», entendida en sentido sustancial, al sujeto en el cual la relación debe consumirse o desenvolverse, ya concluya él mismo, o no lo haga personalmente, el negocio. Por ello, en la hipótesis de representación, podrá en este sentido considerarse como «parte» al representado (sobre ello, en el cap. X).

Objeto o materia del negocio son, conforme a lo expuesto, los intereses que, según la organización social, consientan ser regulados directamente por obra de los mismos interesados en sus relaciones recíprocas (n. 1). La institución del negocio jurídico -interesa aquí recordarlo- no consagra la persecución de finalidades espirituales de orden superior y trascendente respecto a los individuos (cultura, ciencia, moral, religión, arte, valores sociales, etc.)[70]. Tales finalidades, si bien pueden determinar la celebración de negocios jurídicos, por su necesidad de actuar en el mundo social (un legado testamentario, una *locatio operis*), pertenecen en sí a un orden más elevado que aquel que el Derecho disciplina, y permanecen esencialmente confiadas a la iniciativa individual y colectiva, fuera del campo del Derecho[71]. Se habla de «intereses», en lugar de «bienes», porque también éstos, en la consideración de la conciencia social, hecha propia por el Derecho, son estimados siempre con referencia a

[68] Cfr. SALV. ROMANO, *Contributo allo studio delle opposizioni al pagamento*, 1930, § 10 y sigs.: TRIMARCHI, *op. cit.*, 126 y sigs.

[69] LARENZ. *Die Methode der Auslegung des Rechtsgeschäfts*, 1930, 31. 33, 35, etc.

[70] Mis ampliamente, ENDEMANN, *Lehrb. d. bürg. R.*, I (novena ed.), § 109. especialmente en las págs. 629-30 y n. 11, donde se propone un criterio discriminador: también nuestra conferencia sobre "Typenzwang u. Typenfreihaeit», cit. en cap. III. Cfr. aun, HECK, *Begriffsbildung u. Interessenjurisprudenz*, 36 y sigs.

[71] HARTMANN, *Problem d. geistigen Seins*, 1933, 14, 58; JHERING, *Zweck*, II, 149 y sigs.

los sujetos y mirando a su específica aptitud para satisfacer necesidades de la vida de relación [71a].

Exigencia y justificación del reconocimiento jurídico es, por principio, como se dijo (n. 2), la identidad entre el sujeto del negocio y el sujeto del interés regulado por el mismo; identidad en la que se expresa la esencia misma de la autonomía privada. Si el negocio sirve para imponer a determinados intereses privados un orden vinculante, es normal que el poder de hacerlo corresponda al individuo en tanto se trate de intereses propios. Solo respecto a sus intereses puede normalmente la disposición del individuo tener valor decisivo. Bien puede ordenar en casa propia, pero no, salvo excepcionalmente, en casa ajena. Puede legítimamente disponer de bienes suyos, pero no bienes ajenos (arts. 651, 1.192, 1.478 C. C.; cfr. arts. 861, 866, 1.160 C. C. esp.). Puede perfectamente asumir obligaciones sobre sí, no a cargo de ter ceros (arts. 1.381 C. C.), ni, como quiera sea, perjudicarles (art. 1.372; cfr. art. 1.257 C. C. esp.; art. 1.399 C. C.; cfr. art. 1.727 C. C. español). Si el reconocimiento jurídico del negocio se admitiera sin limitaciones, de suerte que quien quisiera pudiese sustituir al interesado, realizando negocios jurídicos por cuenta de él, cesaría de tutelar la autonomía privada para proteger y promover, en cambio, la invasión de la esfera jurídica ajena.

Con ello no se excluye la admisibilidad de una gestión de asuntos ajenos, ni se quiere decir que el Derecho deba negar la posibilidad de realizar el negocio en sustitución del interesado incapaz o impedido. Solo se quiere decir que tal posibilidad es todo menos obvia, y plantea para el Derecho un problema político-legislativo en cuya solución no está permitido prescindir de límites y condiciones, si no se quiere chocar contra la fundamental exigencia de tutelar la autonomía privada. Problema, ante todo, de legitimidad, puesto que una sustitución de persona en la conclusión del negocio no ha de admitirse en principio, sino en cuanto entre el interesado y el sujeto llamado a tomar su puesto exista una relación calificada para conferir a éste el poder de establecer un orden vinculante en determinados intereses de aquél. Y problema, además, de oportunidad, porque aun cuando concurra el consentimiento del interesado, no parece aconsejable, fuera de ciertos límites, que el cuidado de los intereses del individuo sea confiado a la iniciativa y el juicio de algún otro, en forma de separar la iniciativa del negocio de la necesidad de soportar sus consecuencias, aun las onerosas.

En la medida en que sea admitida la sustitución de una persona a otra en la condición jurídica de «parte» del negocio cesará la normal coincidencia de la parte con el interesado. El sujeto del negocio -la «parte» (en sentido formal)- se deberá distinguir entonces del sujeto del interés con el negocio regulado, tanto si sus efectos tocan a éste directa y exclusivamente -como en la representación- como si solo le afectan por reflejo, al modo que ocurre en la

[71a] HECK. loc. cit.; HARTMANN, *Ethik*, 1926, 109, 549.

gestión de negocios ajenos sin representación (art. 2.031 C. C.; cfr. art. 1.893 C. C. esp.); o en el contrato a favor de tercero (art. 1.372, § 2, 1.411 C. C.; cfr. art. 1.257 C. C. esp.). Solo en la representación (n. 71) es correcto calificar al sujeto del interés regulado, o sea, al representado, como parte en sentido material[72].

A más de la sustitución de una persona a otra en la condición jurídica de parte del negocio, es posible la concurrencia en la misma de varias personas, ya que tal condición no se identifica conceptualmente con el individuo, ni lógicamente requiere singularidad. En efecto, si la esencia del negocio está en ser una autorregulación de intereses privados, el criterio a que precisa atender para identificar la «parte» no puede ser otro que el de reconocer ante todo la correspondencia y, por tanto, la identidad, o la diferencia (en cuanto a los respectivos sujetos) de los intereses en juego. «Parte» es quien con el negocio dicta reglas a un interés propio. De donde, si el interés en juego es único e idéntico la parte será única, aun cuando pueda estar constituida por varias personas. Si, al contrario, los intereses afectados son diferentes y divergentes, se encontrarán enfrentadas dos o más partes, aunque tales partes en conflicto puedan ser representadas por una sola persona, como sucede en la figura del llamado «contrato consigo mismo» o «autocontrato» (art. 1.395 C. C.; n. 75). En el primer caso el negocio quedará como unilateral, puesto que responde a un interés único y atribuible a una única parte, por más que sea subjetivamente complejo (n. 30), es decir, integrado por varias declaraciones que, si bien separadas y procedentes de varios sujetos, no son entrecruzadas, sino recíprocamente convergentes y encauzadas hacia un contenido preceptivo común y unitario (piénsese en la renuncia abdicativa que hagan varios condóminos de la cosa común). En el segundo caso, en cambio, el negocio, desenvuelto y concluido entre dos partes, será bilateral. No solo en cuanto a la estructura, ya que a la declaración o el comportamiento de la una debe corresponder una congruente declaración o adecuada conducta de la otra parte, configurando así un cambio o encuentro, sino también en cuanto a la función, en el sentido de que la conjunción de las declaraciones o conductas está desuñada a armonizar la diferencia o divergencia de intereses, dentro de una relación jurídica entre respectivos sujetos, sea ésta una relación patrimonial real u obligatoria (en cuya función el negocio bilateral se califica propiamente como «contrato»: art. 1.321 C. C.; cfr. 1.254), o bien una relación de distinta naturaleza (personal, familiar). También en el negocio bilateral cada una de las dos partes puede estar constituida por varias personas que regulen un interés idéntico y común (ejemplo, una constitución de servidumbre que beneficie o grave un fundo en condominio: art. 1.059 C. C.; cfr. art. 399 C. C. esp.).

---

72 De otra opinión CARNELUTTI, *Lezioni di dir. proc. civ.*, II, n. 102; ídem, *Teoria gener. dir.*, 105. La calificación es ciertamente impropia cuando se trata de mera interposición gestoría, porque falta entonces, por definición, una referencia directa del contenido del negocio al sujeto del interés contemplado.

Del concepto del negocio como regulación autónoma de intereses privados hemos deducido de este modo el doble corolario de que, ni la parte se identifica con la persona del declarante (pudiendo ser única aun si está constituida por varias personas o, viceversa, doble y representada por una sola persona), ni el negocio se identifica con la declaración, ya que permanece único también cuando ésta sea múltiple, ni la multiplicidad de sujetos excluye que las declaraciones sean referibles a una sola «parte». Del mismo concepto deriva también el corolario de que allí donde se tenga solo una «parte aparente», también el negocio es, a los efectos civiles, mera apariencia[73].

6. *Competencia dispositiva de los individuos* y *competencia normativa del orden jurídico en la disciplina del negocio*[74]. Conforme a lo expuesto, el reconoci-

---

73 La cuestión puede plantearse respecto al contrato celebrado con un agente promotor, caso que ha sido examinado, con diferente enfoque del problema jurídico, por CARNELUTTI *(Foro ital.,* 1942, II, 59 y sigs.), cuya tesis no creemos poder comparar.

74 El problema discutido en este parágrafo suele ser presentado bajo la forma de una cuestión concerniente a las relaciones entre la intención de la parte y el efecto jurídico del negocio. Es decir, se acostumbra preguntar si para integrar el supuesto de hecho del negocio sea necesaria una intención dirigida al efecto jurídico o bien sea suficiente una intención empírica, práctica, encaminada al resultado económico-social de un negocio de aquel tipo. Sobre el estado de la cuestión, en las fases sucesivas durante cuarenta años, pueden consultarse: ENDEMANN, *Lehrbuch d. bürgerl. R,* I, 1905, § 60, n. 15, 274 y sigs.: ENNECCERUS, *Lehrb. d. bürgerl. R,* I, 1919, § 136, 356 y sigs., n. 3; STAUDINGER-RIEZLER, *Kommentar zur B. C. B.,* I, 1936, 479; GRASSETTI, «Rilevanza dell'intento giuridico in caso di divergenza dall'intento empirico», en *Studi team, giur.,* Cagliari, 1936 (con abundantísimas referencias de literatura italiana y francesa). Sobre la solución que considera suficiente la intención empírica pueden verse con provecho: LENEL, «Parteiabsicht und Rechtserfolg», en *Jahrb.f. Dogm.,* 19, 1881, 154 y sigs., 189; BECHMANN, *D. Kauf nach gern.* R, II, 1884, 11 y sigs. 58 (ya LOTMAR, *Causa,* 15 y sigs.; TOHN, *Rechisnorm,* 365); SECRÉ, «Studi sul conc. di neg. giur», en *Scritti,* I, 193 y sigs., 354 y sigs. (bibliografía, 195). Para la solución que considera, por el contrario, esencial una intención jurídica, ya de carácter genérico, al menos, ya proyectándose a las consecuencias jurídicas en su traducción práctica: ENDEMANN. *Riezler,* ENNECCERUS, loc. cit. (ya ENNECCERUS, en *Rechtgeschäft,* 1889, 19 y sigs.; *Regelsbercer, Pand.,* 439 y sigs.; TUHR, *Allgemeint Teil,* II, § 50, 16, 161, 168 y sigs.; LEONHARD, *Irrtum bei nichtigen Verägen,* 235 y sigs., 244 y sigs.). Una *crítica* decisiva de esta posición fue hecha por MESSINA, *Negoci fiduciari* (introd. y parte I), 1910, 54 y sigs., 61 y sigs., 70 y sigs., 99, 117 y sigs., el cual demostró la intranscendencia de una intención proyectada a los efectos jurídicos en cuanto al tratamiento del negocio y, por tanto, la inexistencia de una carga en este sentido. GRASSETTI, loc. cit., desarrollando una indicación de ENNECCERUS, se adhiere a su teoría solo en cuanto a los negocios fiduciarios, e igualmente, FRANCESCHELLI, *Consorzi industriali,* 1939, 299 y sigs., 307 y sigs. Contra esta posición, dentro de la misma concepción de ENNECCERUS, BARBERO, en *Studi Scorza,* 27, n. 12.

El problema se plantea mal cuando se objeta a la primera solución que «normalmente», junto con el resultado económico-social se quiere también, implícitamente, el efecto jurídico, encontrándose en una relación de medio a fin con aquél. Ya que el punto a aclarar es el del contenido mínimo indispensable que deba tener la intención de las partes, o sea: que es lo que han de tener presente en la propia *conciencia* como *carga* para dar vida a un negocio jurídico. Que quien quiere el fin quiere también el medio para alcanzarlo, es proposición que expresa un criterio lógico de responsabilidad más que una máxima de experiencia psicológica. Además, el que un mismo resultado práctico pueda obtenerse por caminos jurídicos distintos, y que el elegido pueda no coincidir y corresponder con el resultado

miento de la autonomía privada por parte del orden jurídico representa, en su esencia, un fenómeno de recepción, por el cual, la regulación prescrita por las partes a los intereses propios en las relaciones recíprocas es acogida en la esfera del Derecho y elevada, con oportunas modificaciones, a precepto jurídico. Es lógico que el Derecho intervenga en la disciplina del acto de autonomía privada en cuanto que lo hace instrumento, puesto a disposición de los individuos, para dar vida y desarrollo a relaciones jurídicas. Pero ya que por efecto del reconocimiento jurídico el acto no cambia de naturaleza, la disciplina legal se superpone a la autonomía privada, de la que el negocio sigue siendo fruto y expresión, y la competencia normativa del orden jurídico concurre, al regir el negocio, con la competencia dispositiva de los individuos, la que es, por otra parte, una carga o deber para ellos. Se trata entonces de ver en qué medida el negocio quede sujeto a una u otra competencia, y cuál deba ser el criterio de delimitación entre ambas.

Tal criterio discriminador puede formularse como sigue. Es de competencia de los individuos determinar, en las relaciones entre ellos, los *fines prácticos a* alcanzar, y los caminos a seguir para ordenar sus propios intereses. Es de competencia del orden jurídico valorar, cotejándolas con las finalidades generales, las categorías de fines prácticos que los individuos suelen proponerse, prescribiendo modalidades a sus actos y los requisitos de su validez y eficacia, y enlazándoles, por fin, situaciones jurídicas adecuadas que realicen con la máxima aproximación las funciones sociales a que aquellos fines corresponden. Cierto es que también la propia competencia privada está determinada por el orden jurídico, en el sentido de que éste le asigna límites e impone cargas (n. 8). Pero el punto saliente es que respecto a la iniciativa privada el orden jurídico no tiene más que una función *negativa,* limitadora y ordenadora, y o es concebible que pueda sustituir al individuo en el cometido que es propiamente suyo, o sea, el dar existencia a aquello que es el *contenido* del negocio jurídico.

---

práctico contemplado -como parece suceder en el negocio fiduciario y en el indirecto- significa simplemente esto: Que en tales hipótesis, al precisar la intención empírica que las anima, la carga de las partes no ha de reducirse a reconocer abstractamente el *resultado* final, sin atender al *proceso* que a la parte importa seguir para llegar a él; también este proceso se vuelve entonces elemento integrante de la intención empírica. Que, finalmente, el efecto jurídico, cuando se produce, encuentra la razón de ello en el haber sido querido, es un viejo prejuicio individualista inspirado por la creencia en la virtud creadora de la voluntad privada y en el dogma de la voluntad (n. 3). Este prejuicio, dentro de una concepción objetiva del negocio, debe ceder ante un más exacto criterio de delimitación entre competencia dispositiva de los individuos y competencia normativa del orden jurídico. Sobre la cuestión habremos de volver más adelante, en el n. 16, donde se tratará de precisar el contenido del negocio.

Sobre casos marginales de vínculos sociales, en los que la intención de las partes excluye en todo o en parte la sanción jurídica: SEGRÉ, «Studi sul conc. di neg. giur.», n. 30, en *Scritti,* I, 315; «Sulla responsabilità contrattuale e sui pund riservad», ibid., 456 ysigs.; PERETTI-GRIVA, «Sulle prestazioni cosidette di cortesia», en *Studi D'Ainelio,* III, 96 y sigs.; WIEACKER, «Leistungsbeziehungen ohne Vereinbarung», en *Zeitschr. d. Akad. f. drut., R.,* 1943, 33.

Se afirma así la exigencia de distinguir netamente entre el *contenido* del negocio y los *efectos* jurídicos de él[75], en correlación a las diferentes esferas de competencia a que el uno y los otros están sujetos. El contenido preceptivo del negocio se somete a la competencia dispositiva de los individuos, dentro de la órbita en que ésta es admitida y circunstancia por la ley; los efectos jurídicos, en cambio, reciben su disciplina exclusivamente de la ley, están reservados a su competencia normativa. Mientras a las partes incumbe la tarea de modelar el contenido del negocio, es oficio del orden jurídico y solo de él, no de las partes, determinar los efectos jurídicos que se acompañan al negocio. La referencia implícita que se advierta en la denominación usada[76], o la indicación de efectos jurídicos que sea hecha directamente por las partes, en el tenor mismo de la declaración, no bastan a configurar aquéllos como contenido del negocio. La indicación puede valer solamente como índice para la valoración de tales efectos. Pero esta valoración, reservada exclusivamente a la ley, puede responder a un sentido discrepante de la aspiración de las partes[77] y la indicación de éstas no puede legitimar una invasión en la esfera de competencia del orden jurídico. Función del cual es precisamente la de valorar y traducir en términos jurídicos, con las integraciones y modificaciones oportunas, el resultado práctico perseguido por las partes a través de un tipo de negocio, la ordenación prescrita por ellas a sus intereses. Así, por un proceso de recepción, el contenido del negocio es elevado a precepto jurídico, lo que él, por sí, no es. Pero este contenido permanece siempre netamente distinto de los efectos. Mientras que las partes quieren normalmente el resultado práctico al que el negocio sirve, y no tienen otro deber que el de dictar el contenido preceptivo de éste, no necesitan tener presentes los efectos jurídicos, ni mucho menos están obligadas a formularlos[78]. La traducción del precepto negocial en térmi-

---

[75] Exigencia afirmada también por KOHLER en *Archiv,* 101, 372 y sigs., por TURH, *Allg. T.,* II, 1, 574 y sigs., por MANICK, *Irrtum und Auslegung,* 119, n. 1.121, y por otros allí citados. Véase también DANZ, *Auslegung,* 2, 88-39.

[76] HENLE, en *Festgabe Krüger,* 356.

[77] La indicación que hacen las partes, de determinados efectos jurídicos, es susceptible de una *duplex interpretatio,* según se considere desde el punto de vista práctico .de las partes que dictan el contenido del negocio o bien desde el del orden jurídico que regula propiamente sus efectos. Desde el primer punto de vista, su significado no es distinto al de cualquiera otra cláusula del negocio (cfr. nuestras observaciones en *Riv. dir. internaz.,* 1930, 13 y sigs.).

[78] Incurre en equívoco quien, como MANIGK (*Auslegung,* 229 y sigs.), para impugnar la teoría que niega la necesidad de una intención dirigida a los efectos jurídicos y afirma la competencia del orden jurídico para determinar tales efectos (los cuales se enlazan automáticamente al negocio engendrado), se refiera a la circunstancia de que el Derecho puede disciplinar los efectos que se unen al tipo también mediante normas puramente dispositivas o aduzca la posibilidad de que nuevos tipos de negocio sean forjados «inmediatamente» por la vida del tráfico, sin una previa elaboración legal. En realidad. no es que en tales casos la autonomía privada despliegue milagrosamente una virtud creadora propia en el mundo del Derecho, sino que el Derecho *remite* a ella y deduce de sus determinaciones la regulación de los efectos jurídicos, haciendo que éstos se adhieran a aquéllas lo más estrechamente posible (conforme con ello MANIGK, *Das rechtswirksame Verhalten,* 1939,

nos de Derecho, la construcción técnica de los efectos jurídicos, es tarea exclusiva de la ley. Incurre en un evidente error de perspectiva profesional, y confunde entre contenido y efectos jurídicos del negocio quien, de la normal presencia de una intención proyectada hacia las consecuencias prácticas típicas, discurre la necesidad de un querer vuelto hacia el «complejo» de los efectos jurídicos sin un preciso conocimiento de su construcción técnico-jurídica[79]. En realidad, no existe ninguna necesidad de requerir también, junto al propósito práctico típico[80], una intención dirigida a los efectos jurídicos. Es cierto, únicamente, que las partes tienen la posibilidad de *excluir* tales efectos, pero su iniciativa al respecto no realiza una función positiva y sí solamente *negativa*[81].

La distinción entre contenido y efectos jurídicos se revela igualmente fructuosa en materia de interpretación del negocio. Esta tiene por objeto el contenido, y se diferencia de la valoración jurídica, que actúa en orden a los efectos consiguientes[82]. Disfrutando, por tanto, de precedencia sobre las cuestiones concernientes a la construcción del negocio[83] y su tratamiento jurídico[84]: efectos, validez, anulabilidad[85]. No se puede discutir sobre tales problemas si no es primeramente determinado el significado que el «contenido» del negocio tenga (sobre la interpretación solo disfruta precedencia la cuestión de hecho: qué declaraciones hayan sido emitidas, es decir, de qué tenor y en qué circunstancias, puntos ambos que son base e instrumento de la misma interpretación). La interpretación constituye la premisa lógica del tratamiento jurídico.

Es preciso añadir aún que la disciplina de la ley no se sitúa ante el contenido del negocio para limitarse a tomar cuenta de él y registrarlo, tal como las partes lo han fijado, sino que lo recoge, aclarándolo, integrándolo y, a veces, incluso corrigiéndolo. Por otro lado, el significado que la interpretación alumbra no es necesariamente aquel que estuvo realmente presente en la conciencia de la parte en el momento que la declaración fue emitida. Así, cuando se trata de averiguar el significado conforme a los usos el tráfico, es indiferente la circunstancia de que el declarante los conociese[86]. Mas general-

28 y sigs.). Tampoco entonces es la autonomía privada la que directamente establece los efectos jurídicos: para ello ha de mediar siempre el trámite del orden jurídico. Ni la admisibilidad de la impugnación cuando un error de derecho haya sido la causa única o principal de la conclusión del negocio (Cód. civ., 1.429, n. 4) significa que se atribuye a la voluntad, en orden a los efectos jurídicos, un valor directamente creador y un cometido positivo, sino solo que se considera *oportuna* la *congruencia* de los efectos con la intención práctica de las partes (Cód. civ., 1.362), y esta intención puede haber sido decisivamente influenciada por la errónea representación de los efectos (sobre ello, más adelante, n. 55, B).

79 ENNECCERUS, *Lehrb. d. bürg. R,* I, 1919, § 136, 358 b).

80 BECHMANN, *D. Kauk nach gemeinen Recht,* II, 1, 11 y sigs.

81 BÜLOW, *Geständnissrecht: ein Beitrag zur Theorie der Rechtshandlungen,* 1889, 148 y sigs.

82 TUHR, *Allg.T.,* II, 543; LEONHARD. en *Arch.,* 120, 34-6.

83 DANZ, *Auslegung,* 114 y en *Jherings Jahrbücher,* 38, 470 y sigs.

84 DANZ, *Auslegung,* 27-29, 60 y sigs.

85 Por ejemplo, TITZE, *Missverständis,* 19, 82.

86 Por ejemplo, TITZE, *Missverständis,* 79, 82.

mente, cada vez que la disciplina legislativa se opera mediante remisión a la buena fe, al uso y a la equidad -según los arts. 1.374-1.375 (cfr. art. 1.258 C. C. esp.), criterio este que atañe a la interpretación (art. 1.366) antes que a la ejecución de los contratos- se extiende también, sin remedio, al contenido del negocio, y puesto que hace abstracción del conocimiento que las partes tengan de las reglas a que remite, interfiere la competencia de la autonomía privada. Es lógico, según tal orientación, que la ley pueda, frente a un negocio que presente lagunas en relación a ciertas hipótesis, imponer, mediante normas supletorias, una integración de carácter invariable, o bien una interpretación *integradora* fija[87]; y también aprestar el remedio de una interpretación *colectora* para negocios que aparezcan defectuosos[88]. La integración y la corrección del precepto contractual en tales casos, aunque quieren guiarse por el punto de vista del declarante (en lo que las normas respectivas, de carácter supletorio, difieren de las normas dispositivas en sentido estricto, que, en cambio, prescinden de aquél)[89], salen ya del campo de la simple interpretación lógica, la cual solo permite operar sobre lo implícito o lo excluido. Y es una ficción absurda e inútil tratar de justificarlas refiriéndose a una «presumible voluntad» de las partes[90]. Si se hubiese planteado la cuestión, las partes hubieran mantenido, probablemente, encontrado pareceres; una de ellas, siendo su interés contrario, se hubiera opuesto a una integración o corrección en el sentido indicado[91]. Solamente la ley, obedeciendo a las exigencias de la conciencia social, resuelve por su autoridad el conflicto de intereses entre las partes, dando al precepto contractual un contenido marginal ulterior, o bien un distinto contenido. Lo que con ello resulta extendido o cambiado es el precepto llevado a contenido del negocio, no ya la «voluntad» de las partes, la cual, como realidad psicológica, permanece siendo la que fue al ser el negocio concluido, y no puede sufrir modificaciones.

Pero a la ley corresponde, no solo la función de determinar los efectos jurídicos que se unan al negocio, sino también la de delimitar el contenido de él, en particular el del contrato, en el sentido de discernir lo que en él se comprende de lo que a él es extraño, con la consecuencia de que sobre aquello y no sobre esto pueda y deba el Juez conducir la indagación acerca de la licitud y legitimidad del negocio efectuado. Excede de la competencia de las partes el restringir artificialmente el contenido del negocio a fronteras más estrechas de las que le

---

87 Más adelante, cap. VI, n. 42, nota 3.

88 LEONHARD, en *Archiv,* 120, 36-41; CARNELUTTI, *Processo di esecuz.,* II, n. 931.

89 ZITELMANN, *Privatr.,* II, 219: BETTI, *Autonomia,* 19; GRASSETTI, *Interpretazione,* 57 y sigs.

90 Ficción criticada por ZITELMANN, *All. Teil,* 91 y sigs.; idem, *Int. Privatr.,* II, 218 y sigs.; FR. LEONHARD, en *Archiv,* 120, 98 y sigs.; TUHR, *Allg. Teil,* II, 165, 188, 544, 547; HELLWING, *Lehrb. Civilpr.,* II, 282; MÜLLER-ERZBACH, en *Archiv.* 106, 356; MANIGK, *Irrtum und Auslegung,* 120, n. 1.166, 2; OERTMANN, *Verkehrssitte,* 186; R. LEONHARD, *Allgem. Teil,* 280; SALEILLES, *Declar.,* sobre el art. 130, n. 56; SIBER y DANZ, citados por TUHR, loc. cit., 165, n. 129; WIEACKER, loc. cit., 34. Sobre la ficción «contract impied by law» del Derecho anglosajón, HARTMANN, en *Archiv f. d. civ. Pr.,* 77, 209 y sigs.

91 LEONHARD, cit., 99; SALEILLES, *Declar.,* sobre el art. 133, nn. 13 y 21.

sean típicas, para disimular así un fin ilícito y hurtarlo al control del Juez[92]. Es facultad de la parte interesada, y oficio del Juez, reconstruir íntegramente él contenido típico sustancial del negocio, más allá de la expresión formal de la declaración emitida, cuantas veces ello parezca necesario para valorar el conjunto del negocio en su compleja totalidad, según los cánones de las exigencias éticas de la conciencia social, o también para comprobar la existencia de una causa típica y su correspondencia al propósito práctico de la parte (frente a la eventualidad de que falte una causa idónea para la tutela jurídica). Excede igualmente de la competencia de las partes el extender el contenido del negocio más allá de sus confines típicos aduciendo motivos individuales irrelevantes por sí, a menos que lo sean bajo forma de pacto, reserva, o condición, término o modo, según las distintas exigencias y contingencias.

El expuesto es, al menos, el sistema del Derecho italiano y del francés, construidos sobre el principio de la causa (arts. 1.322, § 2.°, y 1.343 Cód. civ.). Distinto es el sistema del Derecho alemán. El contenido económico-social del negocio (la causa) se encuentra en él identificado y compenetrado con el tenor formal de la declaración; tenor que las partes pueden restringir o extender como crean conveniente[93]. Consecuencia de ello es que la ausencia de causa tiene solo una influencia indirecta, en orden a un enriquecimiento injustificado (B. G. B., § 812 y sigs., 817). Igualmente, el error sobre la causa solo tiene la trascendencia de la regla del § 119. A la hipótesis de ilicitud se refiere el § 138, señalando como canon de apreciación las exigencias de la corrección comúnmente observada, al presente, en materia de negocios. Debiendo guiarse por tal criterio, el Juez podrá extender su pesquisa allende el tenor formal de la declaración cuando los usos del tráfico vayan más allá de ésta, para condenar una declaración como deshonesta, pero no podrá llevarla fuera de los límites ante los que los mismos usos detienen su propia valoración[94].

Hemos visto que la competencia normativa de la ley no se detiene ante el contenido del negocio. Debemos ahora proponernos la cuestión inversa: Si la competencia dispositiva de los individuos queda suspendida ante los efectos jurídicos, o si pueden las partes *excluir* o *limitar* la sanción del Derecho cuando concurran objetivamente todos los extremos de ella. El problema tiene sentido cuando se parta de la premisa de que una determinación subjetiva de los efectos jurídicos como tales (no la determinación objetiva que resulta implícitamente o de un modo reflejo) escapa a la esfera de la competencia privada, de tal modo que una voluntad dirigida positivamente a producirlos aparece del todo superflua[95].

---

92 SALEILLES, *Declar.*, sobre él § 138, n. 11.

93 SALEILLES, *op. cit.*, sobre el § 138, n. 12-13.

94 SALEILLES, *op. cit.*, sobre el § 138, nn. 28 y 31.

95 Es ésta una de las razones, entre otras, por las que se han de considerar inadmisibles contratos sobre las pruebas y, en general, sobre el modo de formar la convicción del Juez. Solo pueden las partes determinar tal convicción con el resultado objetivo de su actividad procesal, pero no haciéndola objeto de una regulación convencional (BETTI, *Dir. proc. civ. ital.*, 44 y sigs., 340 y sigs.).

Hay que distinguir varias configuraciones[96]. O se acuerda excluir solamente la acción enjuicio, y ello no obstaría al vínculo jurídico, en cuanto subsistiría la posibilidad de un compromiso arbitral[97]; o se sitúa conscientemente la regulación de intereses efectuada sobre un plano distinto del jurídico, confiándose a la fe, a la discreción ajena, al honor profesional de la otra parte o del gravado, o reservándose a sí mismos la libertad ele apreciación. Si en ello convienen las partes (en los negocios bilaterales) o se aprecia de una manera clara (en los negocios unilaterales), ciertamente que el vínculo jurídico queda excluido. Para justificar tal solución no es en absoluto necesario considerar esencial al negocio un propósito de contenido jurídico y atribuir a tal intención de las partes una significación positiva[98]. Para el nacimiento de un vínculo jurídico, la autonomía de las partes no tiene una función y relieve positivo, en el sentido de que esté llamada a proponérselo explícitamente, sino tiene solo una función y *relieve negativo,* en el sentido de que se encuentra en grado de poder excluirlo o limitarlo conforme a las circunstancias del caso[99].

Se entiende, sin embargo, que donde falte un acuerdo para excluir o limitar el vínculo jurídico o, en un negocio unilateral, la exclusión o limitación no

---

[96] TUHR, *Aligem. T.,* III, 170-172.

[97] Se considera inválido un pacto dirigido a excluir la acción enjuicio, como concerniente a materia sustraída a la disposición de las partes, por el Allg. L. Recht prusiano, I, 4, 6 (ENDEMANN, *Lehrb.,* I, novena, ed., 608). Sobre la cuestión de si y dentro de qué límites puede admitirse la exclusión de la acción enjuicio respecto a una concreta relación de la vida. CARNELUTTI. *Studi di dir. proc. civ., I.* 170-171, nuestras indicaciones en *Riv. dir. proc. civ.,* 1927, 281 y sigs.; *Dir. proc. civ.,* 33, 148, 166; MLCHELI, *Rinunzia atti giud.,* 23 y sigs.

[98] Así, ENNECCERUS, *Rechtsgesch.,* 26. Pero véase, en contrario, ya BÜLOW, *Gestündnissrecht.* 148 y sigs.

[99] Sobre la cuestión de la responsabilidad por transporte en automóvil a título de cortesía, véase App. Brescia, 16 de marzo de 1938, en *Faro ital.,* 1938, 1.183, y nota en *Riv. dir. civ.,* 1933 , 489. La jurisprudencia sobre el transporte de cortesía, en los años 1939 a 1942 ha formulado los siguientes principios: «En el caso de daño a personas transportadas gratuitamente, también si por cortesía, en un automóvil, la responsabilidad del conductor es de naturaleza contractual, según los arts. 1.224 y sigs. del Código civil de 1365; existe, por ello, presunción de culpa a su cargo, y para librarse de ella ha de probar que ha empleado la diligencia normal del buen padre de familia». Así dice la App. Nápoles, 14 diciembre 1938, en *Dir. e giur.,* 1939, 192. Y la App. Génova, 7 noviembre 1938. en *Teini Gen.,* 1939, 249: «El transporte gratuito de una persona tiene naturaleza contractual e importa el derecho-deber entre las partes respecto a la incolumidad personal del transportado, tal como en el contrato bilateral de transporte verdadero y propio, con la necesaria consecuencia de la obligación del conductor de resarcir los daños en el caso de incumplimiento, salvo los casos fortuitos o de fuerza mayor». Según la Cass. 19 jun. 1940 (en *Rep. Foro,* 1940, voz Transporto, n. 31): «En materia de daños a las personas en el transporte gratuito se aplican las normas contractuales relativas a la responsabilidad por culpa». En sentido opuesto, otra corriente afirma: «El transporte gratuito, cuando se efectúa a título de mera cortesía, no es contrato; por ello, la persona transportada, cuando sufra daños por culpa del conductor, podrá ejercitar contra éste la acción *ex lege Aquilia,* pero no la *ex comtractu».* Así dice el Trib. Pavia, 13 diciembre 1938, en *Dir. autom.,* 1939, 105.
Sobre la confianza *(reliance)* creada por una promesa, a pesar de la inexistencia de *un* vínculo legal, es interesante la jurisprudencia citada por L. L. FULLER en *Columbia law review,* 1941, 811, n. 16. Véase también más adelante, cap. VII, § 49, nota 24.

sea exteriormente apreciable -por más que el declarante pueda haberlo considerado así[100]-, nos encontraremos en presencia de una simple reserva mental o una veleidad intrascendente, y la declaración será plenamente eficaz. Podemos representarnos también el caso de que, por un error común a ambas partes, entiendan que estorba a la eficacia del negocio un impedimento susceptible de ser removido (por ejemplo, falta de la ratificación o consentimiento de un tercero); impedimento que, en realidad, no existe. Aquí, teniendo en cuenta la circunstancia de que las partes prevean como posible una convalidación, el error no es incompatible con la seriedad del acto y con una consideración del mismo como vinculante. Si, por el contrario, la posibilidad de una convalidación no fuese ni siquiera prevista, sería preciso admitir la falta de seriedad. Quiere decirse que, en el caso de la hipótesis, el vínculo de Derecho se alcanzaría por un camino jurídico que, si bien distinto del que se representaron las partes, es, de todos modos, conforme a su intención práctica. Lo que está de acuerdo con la premisa de que sobre la vía jurídica más adecuada es solo el orden jurídico el que está llamado a dictaminar[101]. El mismo criterio de solución es aplicable a todos los casos en que el error no sea tal que excluya, por incompatibilidad psicológica, el reconocimiento de un alcance vinculante en el acto o la finalidad práctica típica correspondiente al negocio que se realiza. .Así, por ejemplo, cuando se compre una cosa que por error se crea de un tercero, no del vendedor, o se ocupe una cosa que por error se crea perdida, cuando es abandonada o, en general, de nadie [102].

7. *Uso convencional* y *regulación legal*[103].- La línea de frontera entre competencia dispositiva privada (autonomía) y competencia normativa legal (sobe-

---

[100] V., por ejemplo, el caso considerado por TUHR, *Allg. T.*, II. 451, cfr. 457, de que al dirigir la declaración a un incapaz el declarante alimente la oculta intención de que aquélla no llegue a conocimiento de la persona llamada por la ley a representarlo o asistirlo, sin manifestarla explícitamente.

[101] TUHR. *II*, 173, admite la solución sin compartir la premisa.

[102] En este sentido pero de un modo inconsecuente, TUHR, II, 174.

[103] BEKKER, *Pandekten*, II, 121-127; ENDEMANN, *Lehrb. d. bürgerl. R.*, I, segunda ed., 626 y sigs.; JHERING, *Geisi d. rom. R.*, II, 301 y sigs.; TUHR, *Allgem. Teil*, II, 179 y sigs.; KÜHLENBECK, *Von den Pandekten zum B. G. B., I*, 336 y sigs.; RAISER, *Das Recht der allgemeinen Geschäftsbedingungen*, 1935 (en él, otra reciente literatura), KLAUSING, *Rechtgestaltung u. Rechtsschöpfung im Vertrags- u. Gesellschaftsw*, 1936. Entre la extensa bibliografía posterior al libro de RAISER. *c.*: HEDEMANN, *Drut. Wirtschafisrech*, 1940, 65, 296; HILDEBRANDT. «Das Recht der allgemeinen Geschäftsbedingungen», en *Archiv f. d. civ. Praxis*, 143, 1937, 326-348, especialmente 345; PETER, «Kritik d. Geschäftsbedingungen», en *Deut. Recht*, 8, 1938, 53: *Molitor*, en *Riv. dir. comm.*, 1941, 456-457 (las condiciones generales son consideradas en Alemania normas jurídicas, cuya violación da motivo al recurso de revisión); EILLES, «D. Recht d. algg Geschäftsbed. u. d. Gerichte», en *Deut. Gemtin-u. Wirtschafts-.*, 1941, fases. 11-12; *La Lumia*, «Usi interpretativi *e* usi normativi», en *Riv. dir. comm.*, 1912, III, 601 y sigs.; ARCANGELI, «*Le* consuetudini nel dir. Agrario», en *Riv. dir. priv.* 1935, 3 y sigs.; también publicado en *Scritti dir. comm. e agr.*, III. 349-379; CARNELUTTI, *Teoria gener. del dir.*, 128 y sigs.; BARASSI, *Dir. del lavoro*, 1935, nn. 25-28; M. WEBER, *Wirtschaft und Gesellschaft*, segunda ed., 14 y sigs., 374 y sigs.; también BETTI, *Der Typenzwang bei dem rom. Rechtgeschäften u. die sogen. Typenfreiheit d. heutigen Rechts, que* será incluido en los *Festschift Wenger*.

ranía) no permanece rígidamente inmóvil y fijada de una vez para siempre, sino que aparece históricamente variable a través de las fases de un mismo orden jurídico; va desplazándose según los usos de la vida, las costumbres sociales y la práctica del tráfico, produciéndose un traspaso continuo (por recepción) desde la una a la otra esfera. En todo Derecho positivo se observa el siguiente proceso histórico. En el origen, 1) Ciertas condiciones contractuales son convenidas expresamente, caso por caso; más tarde, 2) Adquieren tal difusión, por su constante práctica en determinados sectores sociales, que pueden considerarse implícitamente convenidas por quienes pertenecen a ellos, aunque no sean objeto de una prescripción contractual explícita. En una tercera fase, 3) Pueden adquirir el valor de reglas jurídicas internas en el grupo social que las practica. De simple medio de interpretación, útil para reconocer el significado que las partes suelen dar a una cierta conducta, el uso contractual asciende, por virtud de una práctica constante, a ser regla jurídica para un determinado grupo social; regla que expresa la *opinio iuris* de los que del grupo forman parte (sean empresarios en las relaciones entre ellos, o las de uno con sus clientes) y está provista de sanción en el ámbito del grupo. La evolución desde medio de interpretación del negocio a regla jurídica de un grupo social se inicia cuando no se siente ya la necesidad de acogerse expresamente al uso del tráfico (que está ya reconocido en el seno del grupo), sino que la referencia a él se encuentra implícita en un comportamiento típico de las partes y está, por tanto, él mismo disciplinado por el uso (es decir, presunto)[104]. Un paso ulterior se da, 4) Cuando las que eran simples directrices señaladas por el uso vienen invocadas, aun de modo genérico, por normas jurídicas estatales (por ejemplo, art. 1.374 Cód. civ.; cfr. art. 1.258 C. C. esp.), y, hechas así materia de prescripción legal indirecta, adquieren un valor normativo de carácter derivado[105]. Puede aún ocurrir, 5) Que sean directamente recibidas en el orden jurídico estatal y se vuelvan normas jurídicas de la sociedad entera bajo forma de reglas supletorias o dispositivas [106]. Las normas dispositivas, en efecto, suelen ser extraídas de la observación de lo que ha parecido conveniente hacer o entender en la práctica de la vida y representan el precipitado histórico de los usos del tráfico, cristalizado y codificado[107]. Precisamente porque una cierta regulación de la relación corresponde a la práctica de los nego-

---

104 Se dice que las partes «lo deben saber» (así, por ejemplo, MANIGK. *Auslegun.* 163). Y se añade que la renuncia a dictar una regulación propia con modalidades individuales presenta un alcance vinculante aún más amplio que la renuncia a tomar conocimiento de la declaración propia que se suscribe (MANIGK, *op. cit.*, 164).

105 W. JELLINEK, *Gesetz, Gesetzesanwendung u. Zweckmassigkeitserwagung,* 1913, 18 y sig., 41 y sigs., 67, 91 y sigs., 175.

106 TITZE, *Missverständnis,* 462 y sigs.; OERTMANN, *Rechtsordnung u. Verkehrssitte,* 37 y sigs.; DANZ, *Auslegung d. Rechtagesch.*, segunda ed., 96-93; tercera ed., 118; RAISER, *D. Recht d. altgemeinnes Geschäftsbedingungen,* 161; HEDEMANN, *Deutsches Wirtschaftsrecht,* 193, 296 y sigs.: § 33; SALEILLES, *Declar. de vol.*, sobre el art. 133, nn. 14-39.

107 De aquí una doble y exacta deducción de TITZE, *Missverst.*, 464-466. Confróntese JHERING, *Geist,* II, 301 y sigs. Para distinguir entre normas dispositivas y supletorias, *Riv. dir. int.*, 1930, 19.

cios, parece que ella represente la normalidad, los *naturalia negotii,* sin necesidad de ninguna determinación contractual. Y la ley, remitiéndose al uso en vigor al tiempo del negocio[108] o indicando ella misma cuál sea ese uso[109], puede atribuir a las declaraciones contractuales el sentido y el valor que el mismo uso les confiere[110]. Con ello no se torna el uso parte integrante del contenido del negocio. No obstante, la norma referente al uso, rigiendo la interpretación (art. 1.368 Cód. civ.) aún antes que la ejecución del negocio (art. 1.374 Cód. civ.), goza de precedencia lógica sobre otras normas supletorias y sobre las presunciones legales, ya que éstas entran en juego *después* de la interpretación y sirven precisamente para colmar las lagunas que la interpretación destaca (n. 42, nota 5).

Una vez que desde simples directrices con función interpretativa las reglas del uso se han transformado en normas jurídicas supletorias, no precisan ya el ser llevadas a formar parte del contenido del negocio. puesto que tienen vigor normativo sin necesidad de ninguna referencia a ellas, efectiva o presunta (Ficticia). Cesando en su función interpretativa del contenido, enuncian directamente los efectos jurídicos del negocio concreto, independientemente de un conocimiento o establecimiento por las partes y, por tanto, también sin posibilidad para éstas de una impugnación por error, puesto que es indiferente el error sobre los efectos jurídicos del negocio, abstractamente considerados, como lo es también una intención dirigida a ellos (n. 6, 55 B)[111].

Por lo demás, carácter de regulación legal, no ya de presunción ni de interpretación pura y simple, tienen, no solo las normas supletorias, sino también aquellas designadas como interpretativas del caso dudoso. como se verá a su tiempo (cap. VI, n. 42). Enuncian también éstas una regulación legal, pero que no es impuesta por la ley sino después de que el juez, utilizados los instrumentos interpretativos a su disposición, no haya acertado a superar toda incerteza sobre el significado del negocio; si la duda subsiste, la ley se sustituye al juez, fijando, por su autoridad, el significado a atribuir[112].

Una posición intermedia entre competencia dispositiva privada y competencia normativa legal parece que asumen las condiciones generales de tarifa practicadas en los contratos-tipo, y en particular las condiciones de trabajo en su evolución hacia una regulación colectiva de las relaciones laborales[113].

---

108 OERTMANN, *Verkehrssitte.* 375 y sigs.

109 SALEILLES, *Declar.,* sobre el art. 133, n. 9.

110 TITZE, *Missverst.,* 463.

111 RAISER, *op. cit.,* 161. Para la intrascendencia del error sobre los efectos jurídicos del negocio, v. HENLE, «Irrtum Ober die Rechtsfolgen», en *Festgabe Krüger,* 350; TUHR, *Allg. T.,* II, 1, 574 (otra bibliografía en él); MANIGK, *Rechtiuirksames Verhallen,* 1939, 150 y sigs., 330.
Una presunción legal de conocimiento es admitida, para los Estatutos del Monte de Piedad, por la App. de Milán, 23 febrero 1940, en *Monitore trib.,* 1940, 402. Véase también la sentencia reseñada en *Il dir. fallimmtare,* 1941, II, 422.

112 SALEILLES, *Declar,* sobre el art. 133, n. 27.

113 BARASSI, *Diritto del lavoro,* 1935, na. 21-24; ZANOBINI, *Dir. corporativo,* 1937, 246 y sigs.

Aquí, la formación de las condiciones contractuales en su objetividad y la elevación de ellas a ordenamiento de un determinado sector de personas no coinciden en un único momento, sino que tienen lugar por actos separados y distantes entre sí[114].

Los contrayentes que practican las condiciones generales de que hablamos no constituyen ordinariamente una comunidad, un círculo de personas (la categoría profesional no tiene este carácter); y, sin embargo, puede suceder que con la repetida admisión en el contenido de los específicos contratos, las condiciones generales se transformen en «usos del tráfico»[115]. O que sean elevadas, ya por consecuencia de una práctica constante, ya en virtud de un acuerdo colectivo, a ordenamiento de todo el grupo al que los contrayente individuales pertenecen, y ello en el acto mismo de su formulación, de modo que reciban una primera sanción jurídica del grupo como tal[116]; sanción, según los casos, consuetudinaria o bien estatutaria[117]. A esta sanción colectiva del grupo puede agregarse el reconocimiento jurídico por parte del Estado. Y aquí surge una cuestión sobre el valor de la remisión que haga la ley del Estado a los usos del tráfico para regular ciertas materias. Se pregunta si los usos así invocados se identifican con el derecho consuetudinario, no solo en el terreno sociológico, sino sobre el dogmático jurídico, en el sentido de que tales usos vengan así a constituir, dentro de los límites tolerados, un derecho consuetudinario especial de carácter supletorio y derogable, propio de ciertas relaciones[118]. Sobre el mismo plano de la norma que invoca el uso (ares. 1.368, 1.374; cfr. arts. 1.287, 1.258 C. C. esp.) está, frente a la autonomía privada, la

---

114 RAISER, *Das Recht der altgemeinen Geschäftsbedingungen*, 1935, 77. Análoga separación entre contenido y mandato de la ley puede producirse durante el proceso formativo de ésta (LABAND, *Staatrecht*, 1.490 y sigs.), y también en la conclusión de tratados internacionales, por la diferencia entre su firma y su ratificación. Existe igualmente una escisión entre contenido y mandato en la remisión que una norma haga a conceptos o máximas de la experiencia científica o de la conciencia social, otorgándoles función integradora de normas jurídicas (cfr. 2. JELLINEK, *Geseft Gesetzesanwendimg*, 41 y sigs., 97- 99; OERTMANN, *Verkchrsitte*, 364).

115 RAISER. *op. cit.*, 78-79; cfr. M. WEBER. *Ges. Aufsätze z. Wissenschaftslehre*, 435 y sigs.

116 Raiser, *op. cit.*, 80-81.

117 RAISER, *op. cit.*, 82-88, especialmente 83-85; cfr. OERTMANN. *Verkehrsitte*, 357.

118 Ejemplo, art. 43 disp. trans. Cód. civ. de 1865; art. 15. nuevas disp. preliminares. Se pronuncian afirmativamente, DANZ, *Ausl.*, 2. 102; ídem. *Jahrb.*, 38, 380 y sigs., 416 (especialmente 398), 454 y sigs., y RAISER, 82 y sigs.; negativamente. OERTMANN, *Verkehrsitle*, 346 y sigs.; TITZE, *Missverständnis*, 470-474, siguiendo la opinión dominante. ¿Admite la cuestión diferentes soluciones según que por «usos» se entienda la mera práctica de hecho. la repetición constante, o bien se entienda la legitimidad de tal práctica en cuanto está llamada a servir de máxima de la acción con valor normativo? RAISER (83-85) querría precisamente dar a los usos una u otra catalogación según que el Juez deba recurrir a ellos solo para interpretar el negocio, como un canon al que es de suponer se hayan referido las partes, o bien deba apoyarse en ellos para integrar las formulaciones contractuales y, en general, valorar una situación de hecho, considerándolos como un orden jurídico particular con vigor independiente de las partes en virtud del reconocimiento estatutario (B. C. B., 242; H. C. B., 346; Cód. civ., 1.368).

que lo hace con las «buenas costumbres» (art. 1.343 Cód. civ.; cfr. art. 1.275 C. C. esp.), criterio éste de contenido elástico e históricamente variable que se acomoda paso a paso al cambio de concepciones en la conciencia social y a la evolución de la sociedad[119]. También al determinar las que son exigencias de las buenas costumbres y tomar posición respecto a las concepciones corrientes en el círculo de los interesados, el Juez opera como órgano e intérprete de la conciencia social, y sirve de intermediario entre ésta y la ley[120]. Solo que, a diferencia del uso, las buenas costumbres expresan, no ya un criterio fenomenológico susceptible de una simple comprobación, sino un criterio deontológico que es el producto de una valoración moral. Y el Juez está llamado a buscar tal valoración, social y no individual, no en la práctica aislada y esporádica de una pequeña *élite,* sino en un tipo superior de costumbre que, aunque no observada de un modo constante por la generalidad de los miembros sociales, sea, sin embargo, conforme a las exigencias éticas reconocidas en el círculo de los interesados y, por tanto, susceptible de ser universalmente adoptada [121].

8. *Límites* y *cargas de la autonomía privada antes* y *después del reconocimiento jurídico*[122].- La autonomía privada, en cuanto destinada a actuar en el planosocial, encuentra,ante todo, los límites yexigencias que proceden de su misma lógica y que son, en este sentido, antecedentes al propio reconocimiento jurídico. Después, en virtud de tal reconocimiento, la autonomía encuentra otros límites y obedece ulteriores exigencias, que derivan de él, en cuanto ahora está llamada a manifestarse sobre el plano del Derecho y según la lógica de éste. El reconocimiento jurídico confirma, asume, y a veces modifica, los límites y exigencias naturales de la autonomía privada. De esta naturaleza es el requisito exigido a las partes de la capacidad natural de pensar y querer, faltando el cual no existe el elemento subjetivo del negocio y éste se hace inválido (art. 428, 1.425, 2.ª párrafo, 591, 775, 120 Cód. civ.). Así, igualmente, la imposibilidad de dictar reglas a los intereses extraños a la órbita de las partes y no sujetos a su poder.

---

119 SALEILLES, *Déclar, de vol.,* sobre el art. 138, n. 66; OERTMANTN, *Verkehrsitte,* 362 y sigs.. 374 y sigs.; nuestras indicaciones en *Rendic. Ist. Lomi.,* 1940-41. 327 y 329.

120 SALEILLES, *Dictar, de vol.,* sobre el art. 138, nn. 80-81.

121 La génesis lógica del precepto jurídico basado en el criterio de las buenas costumbres es bastante bien expuesta por SALEILLES, *Déclar.,* sobre el art. 138, nn. 64-84.

122 En general, vease TUHR, *Allgemeiner Teil,* II, § 51, 117 y sigs. *(Parteiwille n. Gesetz);* HIPPEL, *Problem der rechtgeschäftlichen Privatautonomie,* § 9, 110 y sigs.; JHERING, *Geist d. röm. Rechts,* III, 1, 218 y sigs. (der objective Freiheitgehalt der Institute eine Schranke der subjectiven Autonomie); P. BOUZAT, en *Revue critique de législ. et jurisprud.,* 54, 1934, 350- 393; PASSERIN D'ENTREVES, *Il negozio giuridico: saggio di filos. del dir.,* 1934, 55 y sigs.; CESARINI-SPORZA, «Libertà contrattuale e ordine corporativo», en *Il diritto del lavoro,* 1937. 305, reeditado en el libro *Il corporativismo come esperienza giuridica* (Pubbl. Univ. Pisa, 1942), 209; D'EUFEMIA, *L'autonomia privata e suoi limiti net dir. corporativo,* 1942; M. WEBER, *Wirtschaft und Gesellschäft,* 1925, 422 y sigs. (Grenzen der „Vertragsfreiheit»); STAMMLER, *Rechtsphil. Abh. u. Vorir.,* I, 331 (1911); nuestras notas en *Annali di dir. comparato,* VI. 1931, II, 709; en *Riv. dir. ammp.,* 1931, II, 688 y sigs., y en *Rend Instit. Lomb.,* 1941, 324 y sigs.

En el siguiente examen, el calificativo de *límite* será usado al considerar predominantemente la admisibilidad del negocio, y las reglas de carácter negativo que se le fijan. En cambio, la denominación de *carga* se empleará atendiendo con preferencia a la necesidad de satisfacer exigencias de índole positiva que incumbe a quien, aspirando a un determinado resultado práctico, tiene interés en la validez o en una precisa eficacia del negocio que realiza para alcanzarlo.

Los límites consisten, sobre todo, en la imposibilidad de disponer sobre los requisitos y los efectos del negocio, y proceden de la delimitación de competencias trazada en el n. 6. Tanto los elementos esenciales como los presupuestos (de validez) propiamente dichos, y los efectos del negocio válidamente celebrado, se sustraen a la disposición privada, por estar reservados a la competencia normativa de la ley. La tentativa de superar los límites establecidos por esta indisponibilidad adopta frecuentemente la forma de una cláusula de renuncia, por la cual la parte se obliga a no invocar la consiguiente invalidez del negocio, y que se debe considerar privada de eficacia vinculante[123].

a) No puede disponerse, ante todo, sobre los elementos necesarios a la existencia del negocio *(essentialia negotti,* n. 21), tal como son configurados por la ley, normalmente siguiendo las pautas y directrices de la conciencia social. No podrían las partes dispensarse de aportar aquellos elementos y contar, pese a ello, con que se produzcan los efectos jurídicos del supuesto legal. Pero aquí los límites se convierten, lógicamente, en cargas de legalidad: carga de emplear medios idóneos, de atención, de conocimiento, de claridad.

b) Tampoco pueden ser objeto de disposición privada los presupuestos propiamente dichos (nn. 25-28): la capacidad de obrar, de disponer, de obligarse; la capacidad de adquirir o de liberarse de un vínculo; la idoneidad del objeto; la legitimación activa o pasiva para el negocio, que se resume en el poder de prescribir un orden vinculante a los intereses en juego. En particular, no pueden las partes remover a su arbitrio prohibiciones existentes (relativas, por ejemplo, al objeto del negocio) ni, inversamente, erigir prohibiciones incompatibles con el libre ejercicio de la autonomía privada. Así, tratándose de un negocio de revocación o de renuncia, no podrían las partes, concurriendo las condiciones suficientes según la ley, haber excluido preventivamente, o hecho más difícil, la revocabilidad o renunciabilidad de situaciones jurídicas preexistentes al negocio (así, el autor de un testamento, negocio unilateral esencialmente revocable, no puede vedarse a sí mismo la revocación que está facultado para hacer (art. 679 Cód. civ.; cfr. art. 737 C. C. esp.)[124]. Lo que, por lo demás, es solo la aplicación de un principio general, según el cual no pueden

---

123 Sobre ello, P. BOUZAT, «La clause par la quelle une partie dans une convention s'engage à ne pas en demander la nullité », en la citada *Revue critique,* 54, 1934, 350, 359 y sigs., 391 y sigs.

124 TUHR, *Aligem. Teil,* II, 175, 178 y sigs.; ROMANO, *Revoca,* 84; MICHELI, *La rinunzia agli atti del giudizio,* 1937, 5 y sigs.

los individuos despojarse anticipadamente del ejercicio de un derecho o de un poder necesariamente ligado a un derecho, como la facultad de disponer; sino que solo pueden asumir, siempre por un interés plausible y no de manera vejatoria, la obligación de no ejercitarlo en perjuicio de la otra parte (§ 137 B. G. B. alemán), o de ejercitarlo de determinada manera[125]. Ni siquiera en lo relativo al objeto del negocio podrían las partes modificar los requisitos a los que debe responder. Sustraídos a la disposición privada están, luego, no solo los presupuestos generales de validez de las específicas actitudes correspondientes a la índole de cada tipo de negocio, sino también los presupuestos particulares del tipo concreto según su propia estructura. Así, no podrían las partes prescindir del requisito de la posesión necesario para la pignoración[126]. Trátase siempre de límites de índole lógica antes que jurídica.

c) Indisponibles son también las clases de regulación de intereses privados que el Derecho admite al poner a disposición de los individuos los varios tipos de negocios jurídicos. Y aquí se trata de límites específicamente jurídicos, derivados del control que el Derecho debe ejercitar sobre las variadas expresiones de la autonomía privada. Control de licitud y control de oportunidad de la tutela jurídica (cap. III, n. 22). El Derecho, como ya se ha visto (n. 2), no presta su apoyo al capricho y al arbitrio individual, sino a funciones prácticas que tengan una trascendencia y una utilidad social, y como tales merezcan ser organizadas de una manera estable. Pero no toda regulación de intereses privados responde a una exigencia y función que merezca y requiera la tutela jurídica. El Derecho debe, ante todo, controlar la licitud del negocio respecto a las circunstancias en que se realiza, en el sentido de la apreciación que la conciencia social haga de ella. Y debe, además, ponderar la oportunidad de dotar al negocio de su sanción, para lo que se precisa que su función útil sea reconocida como de importancia social bastante para justificar la tutela jurídica y, además, necesitada también de semejante tutela. Por ello, no podrían las partes perseguir con el negocio un interés práctico que no fuera resumible en alguno de los tipos de interés (causas) admitidos por la conciencia social y considerados merecedores de tutela por el Derecho (art. 1.322 § 2.ª, 1.174; cfr. arts. 1.255, 1.258 C. C. esp.); tipos, por lo demás, no restringidos a los esquemas contractuales legislativamente designados (art. 1.323 Cód. civ.). Tampoco aquí la partes tienen una libertad absoluta, un a modo de *arbitrium indiffrrentiae* de su capricho, sino solo la facultad de elegir entre los tipos de causas admitidas[127]. Tanto menos podrían perseguir, por el cauce de los tipos admitidos, un interés práctico vedado por el Derecho, o reprobado por la moral social a la que el Derecho remite (art. 1.343 Cód. civ.; cfr. art. 1.275 C. C. esp.); por ejemplo, dictar una ordenación de intereses incompatible con la libertad o la dignidad humanas. No está excluido un contrato en el que se

[125] Sobre ello, TUHR, *Allgem. Teil,* II. 267. notas 189, 369. 372 y 397.
[126] TUHR, *Allgem. Teil,* III, 366, n. 7.
[127] TUHR, *Allgem. Teil,* II, 177. 179.

saque partido del estado de necesidad de una de las dos partes para imponerle un sacrificio desproporcionado a la ventaja de la otra, pero de todos modos, un contrato semejante está sujeto a rescisión (art. 1.448 Cód. civ.; cfr. art. I.°, Ley Usura esp.)[128].

d) Sustraídos a la disposición privada están, finalmente, los efectos jurídicos del negocio, cuya determinación es de la exclusiva competencia del orden jurídico (n. 6). Las partes se encuentran en la necesidad de actuar en el plano del Derecho positivo por el que es regido el negocio, y según la lógica que lo gobierna. Por tanto, en primer lugar, no pueden dar vida a relaciones jurídicas por él desconocidas; piénsese en la tipicidad de los derechos reales[129], que impide a las partes crear otros tipos. Tampoco pueden las partes alterar la correspondencia de los efectos con la causa del negocio, ni modificar la estructura de las relaciones que hayan de surgir, ni desplazar los llamados efectos legales accesorios (n. 30), salvo que se trate de *naturalia negotii*[130]. Recuérdese la naturaleza intransmisible de ciertos derechos, que se opone al establecimiento de su transmisibilidad por las partes, o la irrevocabilidad de un negocio que no sea susceptible de revocación, ni siquiera con el consentimiento de la parte contraria[131]. En particular, no pueden las partes hacer el vínculo más gravoso de lo que la ley permita[132], ni extender su alcance más allá del círculo de personas obligadas a su observancia[133], por ejemplo con un negocio de constatación (n. 31), o con una cláusula de retrodatación (cfr. art. 1.599 Cód. civ.). Ni, viceversa, pueden limitar la eficacia del negocio estableciendo en él restricciones o exenciones de responsabilidad que repugnen a su función típica, tal corno es apreciada por la ley y por la conciencia social [134]; apreciación ésta que no es necesario sea explícita, sino que se infiere ya de la falta de seguridad consiguiente a la limitación o exención y de la amenaza que tal situación representa para los intereses de la parte contraria o de los tercero[135]. Entre las alteraciones de efectos del contrato que son consideradas no admisibles e ineficaces fuera de las condiciones y más allá de los límites permitidos por la Ley, deben enumerarse las caducidades convencionales y la cláusula «solve et repete» cuando produce el resultado de desorganizar la función sinalagmática del contrato con prestaciones recíprocas[136].

---

128 LEHMANN, *Allgem. Teil d. bùrgel. Gesetzb.*, § 29, 2; Fr. v. HIPPEL, *Problem d. rechtgesch Privatautonomie*, § 9, 110 y sigs.

129 TUHR, Allgem. Teil, II, 179; BARASSI, *Diritti reali*, 1934, 46 y sigs.; más bibliografía en GRASSETTI, *Rivelanza dell'intento giuridico*, 10, n. 11.

130 TUHR, *Allgem. Teil*, II, 181.

131 TUHR, *Allgem. Teil*, II, 219, 456.

132 TUHR, *op. cit.*, 178.

133 HLPPEL, *Privatautonomie*, 115; LIEBMANN, «Risoluzione convenzionale del proceso», en *Riv. dir. proc. civ.*, 1932.

134 Ejemplos en TUHR, *Allgem. Teil*, II, 212; III, 286; HIPPEL, *Privatautonomie*, 115 y sigs.

135 TUHR. *Allgem. Teil*, 11, 213.

136 Ha sido recientemente decidido que las cláusulas contractuales de estilo introducidas por una de las partes en sus propios formularios, no despliegan eficacia entre las partes

A la teoría de los límites de la autonomía privada, por lo que afecta a la necesaria correspondencia de los efectos a la causa del negocio, pertenece la teoría misma de la causa, considerados los motivos ideales de su génesis histórico-dogmática[137]. La ley no permite a las partes separar la declaración preceptiva (por ejemplo, la promesa) de la causa en que se basa, del fin práctico típico que inmediatamente la determina y socialmente la justifica. Ello significa que el contenido del negocio tiene sus límites fijados por la ley, y no está en las facultades de las partes la de separar, según su variable juicio, los elementos indefectibles que por su función constituyen parte integrante de él. Y aun si en la declaración las parte han podido aislar la promesa de su compensación o escindir la declaración de una de la correlativa de la otra (art. 1.988 Cód. civ.; cfr. art. 1.277 C. C. esp.), ello no impide que después, enjuicio, pueda admitirse a la parte interesada el comprobar el complejo del que fue separada, y el Juez deba reconstruir el negocio del que formaba parte. La teoría de la causa se apoya sobre la idea de que la delimitación del contenido del negocio está sustraída a la autonomía privada. En esta idea está inspirado el trato dado a la ausencia de causa, en analogía con el de la carencia de objeto (n. 49). Si la causa, momento esencial del negocio, asume carácter ilícito (art. 1.343 Cód. civ.; cfr. art. 1.275 C. C. esp.) todo el negocio es ilícito y, por consecuencia, nulo (art. 1.418 Cód. civ.). Si el negocio ha sido concluido sin estar justificado poruña causa merecedora de tutela jurídica (arts. 1.322 cap. V, 1.174 Cód. civ.; cfr. art. 1.255 C. C. esp.), es igualmente nulo, por falta de causa (art. 1.325, n. 2; cfr. art. 1.275). Pero en la causa se detiene el contenido del negocio; lo que está más allá es indiferente[138].

Pasando, después de esta reseña de los límites, a considerar las *cargas* de la autonomía privada, es de señalar que entre ellas algunas sirven para asegurar la validez del negocio, otras, en cambio, para evitar que la eficacia vinculante del negocio se extienda más allá de los confines previstos por la parte. Las de la primera especie son *cargas de legalidad,* y se compendian en la necesidad,

---

cuando resultan contradictorias con el objeto y en general, con el tenor y contenido de la concreta contratación en litigio, considerada ésta en su conjunto y a través de los singulares pactos que la integran». Así, Cas., 26 junio 1942, n. 1.826, en *Mass. Foro,* 1942, 431. Ha sido igualmente decidido, en vigencia del nuevo Código, que «cuando la parte a cuyo favor ha sido estipulada la cláusula *solve et repete,* aparezca incumpliendo, según la motivada apreciación del Juez de mérito, la obligación principal asumida por ella, este incumplimiento, ya considerado por la Jurisprudencia como justa causa de ineficacia de la excepción, constituye ahora, por el sentido del art. 1.462, par. 2.° del nuevo Código civil, grave motivo para suspender la condena del otro contrayente-. Así, Cas., 6 junio 1942, n. 1.750, en *Mass. Foro,* 1942, 376 (cfr., en el mismo sentido, bajo el Código derogado, Cas. 30 diciembre 1939, n. 3.446. en *Mass. Foro,* 1939, 662; además. Cas., 6 junio 1942, en *Riv. dir. comm.,* 1942, II, 317, con nota de FUNAIOLI*).* Cfr. BETTI, *Dir. proc. civ.,* 46 y sigs.; CRISTOFOLINI, «Solve et repete», en *Pubbli. Univ. di Pavia,* 63.

137 SALEILLES, *Déclaration de volonté,* sobre el art. 138 Cód. alemán, nn. 3-5 (252 y sigs.), advierte que el art. 1.131 del Código francés (= 1.119 Cód. italiano de 1865) cumple, desde el punto de vista político-legislativo, una función análoga a la del § 138 del B. C. B. alemán.

138 SALEILLLS, *Déclar.,* sobre el art. 138, n. 5; cfr. n. 18.

que a la parte incumbe, de utilizar medios idóneos para integrar el supuesto legal del negocio. Tales, la de observar una forma necesaria con función constitutiva, por ejemplo. una forma impuesta por el necesario paralelismo entre resolución (modificación) y constitución de la relación jurídica, o entre conclusión y revocación del negocio (art. 680 Cód. civ.; cfr. arts. 738, 739 C. C. esp.)[139]. Igualmente, la carga de una adecuada formulación del precepto contractual, en el cual no podrían las partes atribuir a expresiones y fórmulas con un preciso significado usual un significado convencional absolutamente incompatible con aquél (por ejemplo, no por sí). Solo en las disposiciones *mortis causa* (n. 46) puede reconocerse a la declaración, a más de la función de expresar y representar la intención del disponente, también la de constituir un indicio o apoyo para una interpretación integradora o correctora[140]. Cuestión distinta es la de apreciar si engendra, y de qué clase, un vínculo social o moral, la declaración emitida sin la forma o la formulación idóneas. En qué medida sea admitido un lenguaje de jerga entre las partes de un negocio bilateral es cuestión decidida según las concepciones dominantes en la conciencia social, ora más o menos exigentes en cuanto a la necesidad de hablar claro, o propensas a discreción en obsequio a las conveniencias[141]. Un mayor rigor, en todo caso, es impuesto por el carácter formal del negocio (n. 34 *bis*, b), y por la exigencia de que sea reconocible por parte de los terceros, respecto a los cuales las partes asumen el riesgo de su falta de claridad (art. 1.415 Cód. civ.)[142].

Para evitar, luego, que la eficacia del negocio se extienda más allá de los confines previstos, incumbe a la parte un ejercicio vigilante y sagaz de la autonomía, que el Derecho le reconoce, desde luego, en su favor, pero también a su propio riesgo. En efecto, a la iniciativa privada, en cuanto libre, se hace acompañar un riesgo por el uso desidioso o incauto que de ella se haga, que el Derecho atribuye, como es justo, a la parte indolente o poco avisada. Son libres los individuos de actuar en el sentido de su propio beneficio, según su criterio, pero las consecuencias eventualmente perjudiciales o dañosas de un uso torpe de la iniciativa desarrollada, están solo a cargo de ellos (n. 18). El negocio jurídico, por su trascendencia social y su carácter vinculante, es un instrumento peligroso que no debe utilizarse sino por claros motivos; tanto más cuando, por la índole irrevocable que ofrece normalmente, no consienta arrepentimientos o retractaciones. La parte que lo emplea se ve obligada a soportar, ella sola, el daño de la inercia o negligencia propia, en cuanto le es imputable; necesidad que, para no ser confundida con la responsabilidad hacia la otra parte, puede adecuadamente designarse como «autorresponsabilidad» (n. 18). Así, en el acto que da vida a un negocio jurídico, incumben a la parte

---

139 TUHR, *Allgem. Teil,* II, *501;* LEONHARD, *en Archiv,* 120, 115; ROMANO, *Revoca,* 338 y sigs. En general, MICHELI, *L'onere della prova,* 1942, 51 y sigs.

140 SIBER, *Auslegung-und Anfechtung der Verfügungen von Todes wegen,* 355-56; STEINWENTER, «Des Wille des Erblassers», en *Zentralblatt für die juristiche Praxis,* 1936, extr. 8.

141 Cfr. «Trattamento del negozio simulato», etc.; en *Atti del Cong. di studi rom.,* 1937.

142 Cfr., para los negocios formales, LEONHARD, en *Archiv f. civ. Pr.,* 120, 115.

una serie de cargas que, a diferencia de las antes señaladas, diríamos de *sagacidad*[143]. Le incumbe la de estar atenta a cuanto dice o hace; además, la de conocer los términos y el significado de la declaración que emite, y representarse exactamente la situación de hecho sobre cuya base se determina el negocio. La incumbe, sobre todo, una carga de *claridad,* en el sentido de fijar de manera inequívoca y fácilmente reconocible, en cuanto le interesa, el valor vinculante del negocio que concluye. Se trata de una serie de precauciones, cuya observancia, en el caso concreto, vendría a preservar a la parte incauta del daño que una distinta eficacia del negocio, celebrado en aquellos términos, representaría para él[144].

La carga de conocimiento adquiere una particular trascendencia jurídica respecto de aquellas circunstancias a las que el Derecho enlace inducciones interpretativas o efectos jurídicos perjudiciales para el autor del negocio. Para tales inducciones y efectos puede ser influyente y decisivo tanto el conocimiento como la ignorancia culpable[145]. En particular, cuando el individuo se encuentre en situación de conocer la existencia de un uso (por ejemplo, de una condición generalmente practicada en una categoría de contratos) y. por tanto, de conducirse en consecuencia, acogiéndolo o rechazándolo, tiene el deber de tomar posición respecto a él. Si conociéndolo no lo rechaza, o si omite recoger sobre él una más precisa información, queda sujeto por el solo hecho de este reconocimiento u omisión. La razón de este vínculo suyo es que se puede legítimamente esperar y exigir de él un conocimiento de aquella circunstancia; es, en suma, una carga de conocimiento[146].

Por lo demás, se mantiene la antítesis conceptual entre la obligación, a la que en caso de incumplimiento sigue una responsabilidad hacia la otra parte, y la carga, a la que corresponde una autorresponsabilidad en caso de inobservancia. Pero se ha tratado[147] de asimilar la carga a la obligación, y así también las respectivas consecuencias, observando cómo el comportamiento que es objeto de carga entra en contacto con la esfera jurídica ajena, al menos en aquellas relativas a negocios bilaterales o en los unilaterales destinados al conocimiento de los demás; de lo que se ha querido deducir que la carga sea impuesta, conjuntamente, por un concurrente interés de la parte contraria o del tercero. Esta tentativa se rechaza. Cierto que el comportamiento que es objeto de carga puede ser mirado tanto desde el punto de vista de aquel a

---

143 Evidentemente inaceptable es la construcción de una «obligación general de prudencia y diligencia» hacia un número ilimitado de individuos tal como es propuesta por MAZEAUD, «Essai de classification des obligations», en *Revue trimestrielle de droit civil,* 35, 1936, 1 y sigs., 33-48.

144 Véase nuestro *Dir. rom.,* I, 411.

145 TUHR. *Allgem. Teil.* II, 127 y sigs.: CARIOTA-FERRARA, en *Annuario di dir. comparato,* 1942, 390, 395 y sigs.

146 En esto consiste la «Zumutbarkeit» de que habla RAISER, *Das Recht d. allgem. Geschäftsbeding.,* 164.

147 WEYL, *System der Verschuldensbegriffe,* 1905, 523 y sigs.; y ya antes GOTTSCHALK. Allí citado; *Mazeaud,* en *Revue trim.,* 1936, 33, cit., en la nota 23.

quien le es impuesta, como del punto de vista de la otra parte, o del tercero para el que resulta ventajoso, y desde este último ángulo visual aparece protegido con ella también el interés ajeno. Pero la cuestión no se resuelve con este desplazamiento de visión; radica en ver cuál sea la perspectiva decisiva en la disciplina jurídica del comportamiento que examinamos. Esta disciplina, ¿está propiamente destinada a proteger el interés ajeno, o bien lo protege solo ocasionalmente, de rechazo? Así planteada la cuestión, no parece dudoso que se resuelva en el segundo sentido, y ello por la decisiva razón de que la parte contraria, o el tercero, no pueden exigir la observancia de la carga frente a la inercia del gravado que no se cuide del resultado útil del propio comportamiento; mientras que cuando el gravado aspire a tal resultado, y se comporte en consecuencia, el beneficio para la parte contraria, o el tercero, no es más que el reflejo meramente eventual del resultado mismo. Lo que la norma cuida de proteger es solo el interés general de la corrección y claridad del comportamiento[148]; el interés de la otra parte o del tercero resulta solo ocasionalmente protegido (art. 1.175). Que el resultado útil no se produzca ante la inercia o incuria del obligado es consecuencia lógica del hecho de que ha faltado el presupuesto necesario (es decir, su comportamiento), y no producto de una consideración político-legislativa encaminada a proteger el interés ajeno[149]. Sería, por tanto, erróneo hallar en las cargas de la autonomía privada obligaciones hacia la otra parte o hacia terceros.

9. *Negocio intrascendente. Negocio ilegal. Negocio ilícito (remisión)*[150].- Como ya se ha indicado (n. 2), frente a la autonomía privada el orden jurídico puede conducirse de tres maneras diferentes. Ante todo, a) puede tomar una actitud de indiferencia, considerando intrascendente, o sea, no jurídico, el acto de autonomía privada, porque no juzga su función merecedora o necesitada de sanción jurídica. O bien, puede adoptar una actitud normativa, y atribuir al acto de autonomía privada una trascendencia jurídica, b) positiva, o c) negativa. En la medida en que sea atribuida al negocio eficacia positiva (b), se opera una recepción de la autonomía privada en el campo del Derecho y se confiere a los particulares una competencia dispositiva, resultando esto de la misma regulación jurídica de la autonomía privada y no de una concesión o delegación de poderes[151]. En tal hipótesis, el Derecho puede subordinar la trascen-

---

148 KRAUSE, *Schtveigen im Rechtsverkehr,* 128.

149 Por otra parte, también la autorresponsabilidad está determinada por especiales razones político-legislativas, a través de las cuales (y no por la estructura de la norma que la preceptúa) se comprenden aquella «desaprobación» y aquel «deber (ético) del hombre hacia sí mismo» de que habla ZITELMANN, *Allgem. Teil,* 167.

150 FERRARA. *Teoria dil negozio illecito,* segunda ed., 1914. 15 y sigs., 63 y sigs.; MESSINEO, *Instituzioni dir. civ.,* cuarta ed., § 46: 216.

151 La idea de una especie de delegación sería aquí tan errónea como en la construcción del derecho subjetivo, en el cual no debe verse algo de que el orden jurídico se despoje para «darlo» al individuo, sino la misma expresión subjetiva de la protección jurídica (KELSEN, *Hauptprobleme d. Staatrechts.,* 1911. 616; *Reine Rechtslehre,* 1934. nn. 19 y 24: por otra parte, es inexacta la posición de KELSEN al concebir la legitimación (Berechtigung) como un modo de «participar en la creación del Derecho»),

dencia a la observancia de ciertos límites y al cumplimiento de determinadas cargas (n. 8). El incumplimiento de dichos límites y cargas da lugar a la figura del negocio ilegal, es decir, no conforme al tipo legal de negocio ilegal es, en su consideración jurídica, un negocio inválido, o sea, inidòneo para desplegar los efectos que se acompañan al tipo legal. El Derecho puede, en cambio (c), atribuir al negocio -sea él, por lo demás, válido o inválido[152]- una trascendencia negativa, uniéndole efectos jurídicos contrarios a la intención práctica que normalmente lo determina, o bien, netamente diferentes.

La apreciación de ilicitud hecha en este caso no debe confundirse ni con la de ilegalidad, ni con la de intrascendencia jurídica. Las tres tienen realmente un rasgo común; resultan de una concurrencia e interferencia entre una exigencia (de licitud, de legalidad, de trascendencia) que el orden jurídico establece, y el supuesto objetivo de un acto de autonomía privada, acaso dotado de algunos elementos que podrían por sí disfrutar de reconocimiento jurídico. Pero la diferencia radica en la naturaleza de la apreciación, la cual en el caso de, ilicitud es negativa (de reprobación), en el de ilegalidad es limitativa (de no conformidad); y suspensa, y por tanto, de abstención de una estimación normativa (posición de indiferencia) en el caso de intrascendencia. La diferencia también se apoya en las distintas consecuencias respectivas. Solo el negocio ilícito provoca propiamente una sanción jurídica, mientras que el ilegal (cuando no concurra la ilicitud, lo que no está excluido) no tiene otro resultado que la invalidez del acto, y el intrascendente no produce, lógicamente, ningún género de consecuencia.

La ilicitud puede referirse al objeto (n. 28), a la condición eventualmente agregada (n. 64), o a la causa (nn. 23 y 49). Pero del efecto de estos elementos se tratará en el lugar debido. Además, en la figura del negocio ilícito se comprenden, tanto el negocio contrario a normas imperativas de ley al orden público como el que choque con las buenas costumbres en cuanto protegidas por el Derecho (n. 409 aa)[153]; tanto el negocio contrario a la letra de una norma jurídica como el que viole su espíritu y configure un *agere in fraudan legis* (n. 49 bb), o un fraude en perjuicio de otros individuos. La sanción con que el Derecho reacciona ante la práctica del negocio ilícito puede consistir en la nulidad (n. 58) o en la ineficacia (n. 60); además, en la obligación de reparaciones pecuniarias o en el negar la repetición de la prestación hecha (art. 2.035; cfr. arts. 1.305, 1.306 C. C. español).

La figura del negocio intrascendente para el Derecho pertenece al campo, muy vasto siempre, de la autonomía privada que el Derecho no protege ni combate[154], dejándola sometida a las variadas reglas de la costumbre, la moral

---

[152] La indiferencia de la validez en orden a la estimación de ilicitud no parece sea tenida presente por CARNELUTTI, en *Foro it.*, 1948, II, 59 y sigs.

[153] G. CODACCI-PISANELLI, «L'invalidità come sanzione di norma non giuridiche» *i Pubbli. Univ.*, Roma, II. 14). 1940. 55 y sigs.

[154] Cfr. THON, *Rechtsnorm u. subjektives Recht*, 1878, 222. De otra opinión, pero equivocadamente. KELSEN, *Hauptprobleme*, 591, n. 4.

y las conveniencias sociales (urbanidad, cortesía[155], honor profesional, etc.), y a las exigencias éticas, políticas, económicas, culturales, a que ellas obedecen. La función socialmente trascendente a que se proyecta la autonomía privada bajo el imperio de tales reglas, puede excluir la oportunidad de una más enérgica sanción del orden jurídico, según la contingente apreciación de éste, ya porque no sea suficiente para justificarla o porque no aparezca precisada de obtenerla (nn. 2, 8 c, 20, 22, 49, II). Lo que explica, entre otros, el trato dado a las obligaciones naturales, solo bastante para justificar un cumplimiento (art. 2.034; cfr. art. 1.901 C. C. esp.).

A más de un negocio ilícito o ilegal por disposición de la ley, ¿puede existir un negocio ilícito o ilegal por disposición de parte? Ciertamente. Piénsese en convenciones con las que las partes limitan, no el propio poder, sino lo que les es jurídicamente lícito[156], por ejemplo, obligándose una hacia la otra a no disponer de la cosa, de la que luego se dispone. O en convenciones que regulen el modo de ser del negocio, por ejemplo, subordinando su perfección a la documentación, o a *Lina* documentación pública[157]. Pero de este punto se deberá tratar, a propósito de la forma convencional, en la clasificación de los negocios jurídicos (n. 34 *bis,* b).

---

[155] JHERING. *Zweck im Recht,* 1923, II, 300 y sigs., 376 y sigs.; M. WEBER, *Wirtschaft und Gesellschaft,* 1925, I8, 374 y sigs.; HATSCHEK, «Konventionairegeln», en *Jahrbuch d. öffentl. R.,* 3. 1909, 1 y sigs.; más bibliografia cit. *supra* en el n. 6.

[156] TUHR. *Allgem. Teil,* II, 366: KELSEN, *Hauptprobleme,* 642.

[157] SECRÉ, en *Scritti giur.,* I. 599 y sigs.

CAPÍTULO SEGUNDO

ESTRUCTURA DEL NEGOCIO JURÍDICO

SUMARIO: 10. Elementos constitutivos del negocio jurídico: forma y contenido.- 11. Forma del negocio: declaración o comportamiento.- 12. Carga de la expresión, emisión y comunicación (determinación del destinatario).- 13. Documentación y reproducción de la declaración.- 14. Conducta concluyente. Negocio omisivo.- 15. Declaraciones preceptivas (dispositivas) y enunciativas (representativas).- 16. Contenido del negocio: precepto de la autonomía privada.- 17. Caracteres del precepto de la autonomía privada.- 18. Iniciativa y responsabilidad del negocio en general.- 19. Elemento subjetivo del negocio en cuanto a la forma y en cuanto al contenido [*].

10. *Elementos constitutivos del negocio jurídico: forma y contenido.*- La estructura del negocio jurídico comprende tanto la forma como el contenido. Forma es el modo *como es* el negocio, es decir, como se presenta frente a los demás en la vida de relación: su figura exterior. Contenido es *lo que* el negocio es, intrínsecamente considerado, su supuesto de hecho interior, que representa, conjuntamente, fórmula e idea, palabra y significado; términos éstos cuya conexión es tarea de la interpretación (cap. VI). En la vida de relación un acto no es *reconoscible a los otros* sino a través de su *forma*. Precisamente por esto, la voluntad, mientras queda en puro fenómeno psíquico y no se traduce en actos, está privada de trascendencia social y jurídica. Pero acompañar a un acto efectos

---

(*) Entre las obras generales menos recientes véase: WINDSCHEID. *Pand.*, § 85; REGELSBERGER, *Pand.*, § 136. 165; BEKKER, *Pand.*, § 92. 97. Beil. III; DERNBURG, *Pand.*, § 106, 109; ZITELMANN, *Recht d. B. G. B.*, 87 y sigs.; ENDEMANN, *Lehrbuch.* § 63, 1, 64; COSACK, *Bürg. R.*, § 52, 60 y sigs.; ENNECCERUS, *Bür. R.*, I, § 136, 176; TUHR, *Allgem. Teil.*, II. § 52. 61; COVIELLO, § 101, 104. Dentro de la literatura más nueva, mientras la doctrina alemana solo ofrece alguna apreciable contribución (por ejemplo. HENLE, *Bürg. R.*, § 10. 19, 29. 36: MANIGK, *Das rechtswirksame Verhalten: systematischer Aufbau u. Behandl. d. Rechtsakte*, 1939), la italiana se ha enriquecido con la meditada sistematización de las obras de CARNELUTTI, *Sistema del diritto processuale civ.*, II, § 454-521; ídem. *Teoia generale del diritto*, § 105-116; 130-150; también. «Note sull'accertamento negoziale», en *Studi in memema di B. Scorza*, 1940, 115; y con varias monografías de jóvenes autores, alguna de ellas también estimable. La doctrina francesa ofrece una notable monografía del rumano M. DURMA, *La notification de la volanté dans la formation des actes juridiques*, 1930.

jurídicos significa, sustancialmente, estatuir que cuantas veces sea realizado por alguien, los otros miembros sociales deban o puedan comportarse en cierta manera, soportando, o aceptando, o removiendo, sus consecuencias. Ahora, puesto que para los demás el acto no es identificable sino por su forma, tal prescripción parce necesariamente de una determinación de la forma que es de exclusiva competencia del orden jurídico (como, en general, la disciplina abstracta de los elementos y presupuestos de los actos) y que se adopta basándose en la hipótesis de hecho a que se refiere[1].

La común clasificación de los negocios en «formales» y «no formales» (mejor se diría negocios con forma forzada o libre) no debe inducir a la errónea creencia de que existan negocios en los cuales pueda prescindirse de una cualquiera forma. En realidad, un acto, como hecho socialmente eficaz, no existe sin una forma de actitud a través de la cual sea reconocible para los demás. La distinción citada parte del criterio de que el Derecho puede, o prescribir a la autonomía privada el modo del acto, considerando inoperante uno distinto, o bien dejarla en libertad de elegir los medios más adecuados, siempre que sean admisibles e idóneos para hacer el acto exteriormente reconocible. Según este criterio, se distinguen actos con forma taxativa o solemne y actos con forma libre, o sea, no determinada preventivamente, si bien determinable[2]. Pero una forma que satisfaga, aun de manera mínima, la exigencia fundamental de la identificación por parte de otros, es un elemento del que nunca se puede prescindir; se requiere en todo caso y también en el llamado negocio omisivo (n. 14). En los actos con forma libre, el modo de ser de ésta resultará, por vía indirecta, del que sea contenido típico del acto.

Lo que sea el negocio, intrínsecamente considerado, se deduce, en general, de cuanto se ha dicho en el cap. I; pero, en particular, se verá más adelante, al tratar concretamente sobre su contenido. Ahora es conveniente profundizar en el análisis de la forma. Y, previamente, ponernos en guardia frente al equívoco de la terminología común, inspirada, aun sin adverarlo, en el dogma de la voluntad, que identifica la forma con la «manifestación (de voluntad)» y, distinguiendo ésta de la declaración en sentido estricto, reconoce en aquélla el mínimo indispensable de todo negocio[3]. En realidad, la forma no es otra cosa

---

1 Sobre ello. HENLE, *Lb. d. burger. R.*, I, § 34; DURMA, *Notification de la volonté*, n. 15. 19. 275. 276, 281.

2 Dice bien CARNELUTTI *Sistema, II.* 175: «Actos no formales, en el sentido de que no se halle en absoluto regulada su forma, no existen; sí hay, sin embargo, actos cusa forma es libre del lado de la acción, y éstos son los que comúnmente se llaman no formales». No creemos, sin embargo, poder aceptar la identificación que CARNELUTTI propone (*Sistema. II.* 161. 171; *Teoria gener. dir.*, 363) del resultado, que en los actos ilícitos se contrapone a la acción, con el «contenido» de los actos jurídicos, de manera que pudiese comprenderse éste dentro de la forma, ampliamente entendida. En nuestra opinión. la forma, de cualquier modo que se la conciba, se opone conceptualmente al contenido, y éste no puede integrarse en ella.

3 Por ejemplo. SCIALOJA, *Negozi giur.*, tercera ed.. 29, n. 2; COVELLO, *Man. dir. civ.*, cuarta ed., 318; recientemente, CARIOTA, «Volontà, manifestazione, negozio giur.: un problema nuovo», en *Annuario di dir. comparato,* XV. 1941, 377-379. Sobre la distinción entre -manifestación- y «extrinsecación»: DURMA, *op. cit.*, n. 40.

que la posibilidad objetiva de reconocimiento de la actitud, dentro del ambiente social en que se ha producido, mientras que la manifestación es algo más, porque requiere conceptualmente una proyección, más o menos consciente, hacia otros sujetos y, por tanto, no se distingue, en sustancia de la declaración (n. 11).

11. *Forma del negocio: Declaración o comportamiento*.- La forma, a través de la cual el acto jurídico que es el negocio se hace reconocible a los demás, puede ser la de una declaración o la de un comportamiento puro y simple, sin valor de declaración[4]. Es de recordar aquí cuanto se ha dicho en general acerca de la naturaleza de la declaración (capítulo intro., n. 3).

El fenómeno que se nos ofrece en la declaración es, como se ha visto, el de un trascender el pensamiento de sí mismo y volverse expresión objetiva, dotada de vida propia, perceptible y apreciable en el mundo social[5]. Y puesto que el resultado del acto es tal que se concreta siempre en la mente ajena, acudiendo ora a la sola conciencia, ora a la voluntad también, la declaración está, por su naturaleza, conscientemente destinada a ser conocida por otros y a hacerles notorio un determinado contenido; un acto, por canto, que se dirige necesariamente a otros. De ello es consecuencia que no es concebible una declaración sin destinatario que más pronto o más tarde deba tomar conocimiento de ella; solo que el destinatario podrá ser tanto determinado e inmutable como indeterminado y mudable (más adelante, n. 12)[6] y el conocimiento podrá ser tanto inmediato como retardado; pero el que se produzca no podrá faltar sin que el acto cese de tener su efecto (casi *Vox clamans in deserto),* y pierda así toda trascendencia social.

A diferencia de la declaración, el comportamiento puro y simple no se construye sobre la colaboración psíquica ajena, representando una exigencia a realizarse en una relación con los demás; no acude a la conciencia o a la voluntad de las personas en cuya esfera deberán desplegarse los efectos del

---

4 Corresponde a MANIGK, en su *Willenserklaerung u. Willensgeschaeft,* § 23. 30, págs. 175 y sigs. (otros autores son señalados por DURMA, *Notification,* pág. 53, n. 3), el mérito de haber delineado por primera vez, rigurosamente, la distinción, encontrando el elemento característico de la declaración en la función manifestativa frente a otros (*Kundgebungszweck*); véase también *Rechtswgirksames Verhalten,* 158 y sigs.. 212 y sigs., 135, y en *Annuario de dir. comparato,* 16. 1942. 162 y sigs. Pero la calificación del comportamiento como «negocio de voluntad», Willensgeschift (*Willernserkl.,* § 87: 418 y sigs.), inspirada en el dogma de la voluntad, no recoge exactamente, en nuestra opinión, la esencia de esta, diferente categoría de negocios, que él, a veces (ej.. *Annuario* cit., 165), designa mejor como «actos de realización».

5 HENLE, *Lehrb. d. bürgert. R.,* I. 203 b: CARNELUTTI, *Teoria gener. dir.,* 371.

6 Cfr. REGELSBERGER, *Pand.,* 492. *Fur jeder, den. es engeht.* El carácter de declaración propio de las disposiciones testamentarias se evidencia en la carga, que incumbe al disponente. de despojarse del documento que las representa (testamento) y ponerlo en condiciones de ser accesible a los interesados (destinatarios indeterminados, por lo menos en parte) en el momento de la muerte (MANIGK, *Rtchtwirk. Verhalten,* 332, y en *Annuario di dir. comp.,* 1942, 164).

negocio. Está caracterizado por el hecho de que perfecciona su resultado con una modificación objetiva, socialmente trascendente, del estado de hecho que preexistía. El opera y actúa de hecho una regulación de intereses privados, sin mirar a hacerla conocida a los demás, aunque se traduce, como todo acto, en un cambio del mundo exterior apreciable en el ambiente social[7]. Por tanto, la distinción entre declaración y comportamiento hace referencia a la distinta naturaleza del acto y del resultado en que desemboca, y se funda sobre el mismo criterio que en la teoría general de los actos jurídicos (cap. intr., n. 3) ha llevado a distinguir entre declaraciones y operaciones[8].

Un simple comportamiento configuran negocios como la derelicción y la ocupación (art. 923 Cód. civ., cfr. arts. 609, ap. 1.°, 610 C.C. esp.) que operan, respectivamente, el abandono y la toma de posesión con el consiguiente efecto de la pérdida o la adquisición de la propiedad, sin que a este fin sea requerido un conocimiento por parte de otros, y por tanto, alcanzable también si se ha actuado en secreto. También aquí es cierto, naturalmente, que un acto trascendente en el ambiente social no existe sin una forma de actitud a través de la cual sea ostensible a los demás individuos (n. 10); pero entonces la reconocibilidad es una cualidad objetiva del acto, no ya una condición del efecto, que no está destinado a producirse en la mente de los otros, sino, puramente, en el mundo de los hechos. Lo que por otro lado no impide que el acto sea operante en el mundo social, en el sentido de ordenar intereses del actor en relación a otros.

Esto vale, en particular, para la gestión de negocios ajenos, como negocio que crea una relación de obligación entre gestor y dueño del negocio. Este queda vinculado por el hecho objetivo de la gestión, independientemente de la circunstancia de que llegue a su conocimiento, y sin que el gestor le haya dado noticia. El conocimiento por parte del dueño del negocio es solo condición para el cumplimiento de obligaciones y para el ejercicio de derechos derivantes de la gestión.

Por lo demás, no está excluido que un determinado modo de comportarse pueda asumir en el ambiente social significado de declaración, pese a no estar dirigido, en la conciencia de quien lo realiza, a dar noticia de sí a destinatarios determinados. Pero de esto se hablará más adelante (n. 14).

Del hecho de que el simple comportamiento no está destinado a dar noticia de sí y carece de destinatarios, se ha querido deducir una diferencia entre sus criterios de interpretación y los de la declaración[9]. Mientras que la declaración vincula al autor según su significado objetivo y pone a su cargo el riesgo de un inexacto modo de expresarse, el simple comportamiento no vin-

[7] DURMA, *Notification*, n. 275-237. Cfr. para la tradición, G. A. FUNAIOLI, *La tradizione*, n. 45: 165.

[8] CARNELUTTI. *Sistema*, II, 91, 96 y sigs.

[9] MANIGK, *Willenserkl. u. Willensg.*, § 106 (478). 128 (554) y sigs.; TUHR, *Allgem. Teil.* II, 406-408; también MANIGK en *Rechtsw. Verhalten*, 459 y sigs., y en *Annuario*, 1942, 160, 164 y sigs.

cularía al agente según su objetivo significado social, y sí solo en cuanto éste fuera, concretamente, conforme a su intención efectiva. De modo que aquí estaría permitido evitar las consecuencias que se acompañan a aquel significado solo con que se demostrase su disconformidad con la intención que existía en el caso concreto, sin necesidad de recurrir a una impugnación por error. Ahora bien, es preciso reconocer que tal diferencia existe, y está fundada sobre la distinta naturaleza de las dos categorías de actos. Pero sería un error explicar esta diferencia recurriendo a la idea de que en los negocios consistentes en un simple comportamiento la «voluntad» se encuentra en el estado puro, sin requerir una forma. La verdad es que ningún negocio existe sin una forma que lo haga socialmente patente, y la forma del acto obliga, por principio, al agente, según su objetivo significado social. No obstante, el valor vinculante es distinto al tener el negocio destinatarios (es decir, sea declaración) y como tal, engendrar en ellos una *confianza,* que cuando no esté dirigido a nadie, como el simple comportamiento. Pues bien, cuando no existe una destinación a alguien, no se produce propiamente una confianza en los demás, y esta distinta naturaleza justifica el diferente tratamiento apuntado. Existirá solo la cuestión de apreciar si se halla el agente en un grado tal de conciencia de las circunstancias concomitantes que permita estimar concluyente su modo de comportarse (n. 53, II)[10].

Por lo demás, el negocio consistente en un comportamiento no dirigido a destinatarios, se construye, no ya como «indicio» de una voluntad que eventualmente puede comprobarse por otros medios, derivarse de otros indicios[11], sino como expresión objetiva de autonomía privada con la que se da vida a una reglamentación de intereses privados. También aquí, y no menos que en los negocios declarativos, el comportamiento tiene una función constitutiva, no meramente probatoria, reveladora. El carácter concluyente que se requiere en el comportamiento no se entiende ya como referido a un indicio para permitir una deducción segura sobre un acto que no tiene en sí función comunicativa, sobre una incontrolable voluntad puramente interna, sino que representa la univocidad de la manifestación de autonomía entendida en su objetivo significado social.

12. *Carga* y *riesgo de la expresión, emisión* y *comunicación (determinación del destinatario)*.- En el tema de la estructura del negocio jurídico se comprende el problema de la forma adecuada, tanto de la declaración como del comporta-

---

10 Así. si alguien deja caer inadvertidamente un objeto, o si por un momento se levanta de su asiento en el tren sin mostrar intención de abandonarlo, no podrían otros pretender ocupar el objeto o el puesto fundándose en la impresión que ellos han recibido de tratarse de un abandono voluntario: JEHRING, *Jurisprudenz des täglichen Lebens,* 14 ed., 1921. I, n. 41-44; MANIGK. en *Annuario,* 1942, 164, 166, el cual señala que la concluyencia puede ser excluida también por indicios interpretativos no reconocibles para los terceros. Contra la posición criticada véase también KOSCHAKER, *Bedingte Novation,* 41.

11 MANIGK, *Willenserkt. u. Willensg.,* 478 y sigs., y en *Annuario,* 1942, 165; TUHR, *Allgem. Teil,* II, 406.

miento; de la forma idónea, no solo por sí y en general, sino también en orden a aquel determinado contenido de que se trata. En cuanto a la declaración, el problema concierne a la expresión del pensamiento y, por tanto, al lenguaje (en alemán se habla de «Verlautbarung»), y su solución es contingente y variable según las fases históricas de la civilización y el ambiente social a cuya ordenación está el Derecho destinado. Cambia, en efecto, en función de las unas y del otro la estimación de cuales sean las exigencias de la claridad en la vida de relación. En la actual fase histórica de la civilización del Occidente europeo (excluidos los países de cultura anglosajona, donde mantiene fuertes raíces la costumbre de hablar por alusiones) se considera generalmente como carga del declarante el hablar claro, sin reticencias ni ficciones y, en todo caso, se reputa indispensable, en el interés de los terceros, un mínimo de univocidad y de claridad, salvando siempre las exigencias de la terminología técnica correspondiente a la materia del negocio. La única concesión hecha a la iniciativa de las partes es la de establecer por acuerdo, en orden a determinadas materias, el uso de un lenguaje convencional abreviado, con el riesgo que a ello es inherente[12]. En este terreno del lenguaje convencional[13] nos encontramos también al admitir, bajo ciertos supuestos, la eficacia del negocio simulado, siempre, sin embargo, limitada a las relaciones entre las partes de un negocio bilateral (n. 51). Se trata siempre de una carga o deber del declarante, en el senado de que éste corre el riesgo y soporta las consecuencias de su propia falta de claridad; el negocio *inter vivos* oscuro en determinadas cláusulas se interpreta contra la parte que en aquéllas tenía interés (art. 1.370 Cód. civ., n. 45; cfr. art. 1.288 C. C. español); el negocio *mortis causa* no vale según la intención sino en la medida en que ésta sea exteriormente apreciable en él, al menos con algún fundamento.

Dada la genérica necesidad de una forma para que sea reconocido el acto por parte de los demás, se comprende bien que la voluntad de la parte que no se expresa en forma adecuada no tiene valor jurídico.

En conclusión, en los negocios declarativos, a la parte, libre en cierta medida en cuanto a la elección de las palabras, incumbe la carga de escoger la expresión adecuada para cuanto le ofrezca interés, y consecuentemente, el riesgo que acompaña a una expresión inadecuada, oscura o ambigua. Puesto que la intención negocial no tiene eficacia sino en la medida en que es expresada, debe deducirse de las palabras empleadas el contenido esencial del negocio jurídico. Y donde la ley o la conciencia social lo exijan, éste debe resultar de un modo explícito o completo, sin que entonces sea admitida remisión o referencia a datos o hechos extrínsecos al negocio[14].

---

[12] HENLE, *Lehrb. d. bürgerl. R.*, I. 67. 272 y sigs.; SCHMIDT-RIMPLER, en *Archiv., d. civ. Pr.*, 147, 1941, 184.

[13] SEGRÉ, *Scritti giur.*, I, 295, 427.

[14] HENLE, *Bürgert. R.*, I, 170, 172; DI PACE, *Il neg. per relationem*, 1940, 29 y sigs.

El proceso formativo de la declaración no está propiamente acabado sino con la separación de la expresión de aquel que es su autor[15]. El momento de esta separación es distinto según se trate de una declaración inmediata o mediata, o sea, que alcance inmediatamente al destinatario o solo llegue a él a través de un medio comunicador que normalmente es la escritura. El acto con el que el autor de la expresión desprende ésta de sí, la libera y la hace una cosa independiente, extraña a él y apta para llegar a noticia del destinatario, determinado o no, haciéndola propiamente una declaración irrevocable, se denomina *emisión*[16]. Pero el momento y el acto de la separación, cuando se trata de una declaración inmediata, hecha directamente al destinatario que está presente o en comunicación (piénsese en una declaración por teléfono), se confunden con el momento y el acto de la expresión. Emisión y expresión son entonces una sola cosa, e inmediatamente recogidas por el destinatario, tienen carácter irrevocable. Cuando se trata, en cambio, de declaración mediata, formulada por el trámite de un escrito o de otro medio de comunicación, la expresión es precedente y se produce con la formación del escrito u otro medio, mientras que la emisión le subsigue y consiste en poner en acción el procedimiento por el que lo escrito deba llegar a noticia del destinatario (ejemplo, imposición de la carta), o, cuando menos, pueda venir en conocimiento de terceros. En las declaraciones llamadas no recepticias, la distancia entre expresión y emisión es igualmente apreciable (recuérdese el testamento ológrafo)[17]. La emisión puede ser realizada mediante una forma de publicidad o a través de un intermediario que asume la figura de mensajero o nuncio, con la función de dar noticia o transmitir una declaración cuya paternidad corresponde al remitente (n. 71, A). A quien escoge el camino de la declaración mediata incumbe el riesgo, que le es anejo, de una notificación inexacta, que no corresponda al tenor originario de la expresión tal como fue expuesta por su autor (piénsese en la entrega de un telegrama no conforme al texto del despacho impuesto en la oficina transmitente; arg. sobre el art. 2.706). No basta para eximir de tal riesgo al autor la circunstancia de que la forma de la declaración mediata haya sido elegida tras invitación del destinatario[18].

Aquí se perfila una distinción entre declaraciones según el criterio de la determinación del destinatario y de la necesidad de dirigirlos exactamente hacia él. Es cierto que no existen declaraciones sin destinatario, pero entre

---

15 Sobre las cuestiones jurídicas relativas al riesgo y la responsabilidad a que da lugar la separación, voluntaria o no. o la transmisión incorrecta. SEGRÉ, *Scritti giur.*, I, 91 y sigs., 125, 201, 309 y sigs., 547 y sigs.; SALEILLES, *Declaration*, sobre el art. 122, n. 6. Cfr. MANIGK, *Das rechtswirksame Verhalten*, 1939, 177 y sigs., 254 y sigs., 278, 305 y sigs., y en *Annuario*, 1942, 161.

16 Sobre ella, DURMA. *La notification de la volonté*, 1930, nn. 298-302 (pág. 323).

17 SALEILLES, *Déclaration*, sobre el art. 130, n. 38-41: BARASSI, *Notificazione necessaria dlle dichiarazioni stragiudiziali*, 1906, 282 y sigs.; CARNELUTTI, *Sistema*, II, 99, 101, 71; TUHR, *Allgem. Teil*, II, 411 y sigs. Sobre cl testamento, MANIGK, *Willenserklärung u. Willensg.* § 61; idem, *Rechtswirks. Verhalten*, 333 y sigs., y en *Annuario*, 1942, 164.

18 TITZE, *Missverständniss*, 290; TUHR, *Allgem. Teil*, II, 411, n. 57; SEGRÉ, locución citada.

ellas algunas deben ser emitidas hacia un destinatario determinado e inmutable al que son *comunicadas*, por razón del interés que para él tiene el contenido de la declaración (ejemplo, arts. 1.326, 1.334, 1.411 al. 2, Cód. civ.; cfr. arts. 1.262, 1.257, 1.259 C. C. esp.) y son denominadas recepticias[19]; y existen otras, en cambio, que por la razón contraria, no necesitan ser dirigidas a un destinatario determinado, ya que en realidad no lo tienen, sino de carácter genérico, y son llamadas «no recepticias»[20]. Mientras que para éstas basta un acto de emisión que se cumple con el solo hecho del declarante, para las declaraciones con destinatario determinado y fijo es necesaria una transmisión o comunicación dirigida a él que, cuando no pueda hacerse directamente a una con la emisión, requiere el empleo de procedimientos de comunicación extraños al declarante, acarreando el riesgo de una notificación inexacta. Las declaraciones de esta categoría, cuando no sean hechas directamente a su destinatario (presente o en comunicación telefónica) no son eficaces sino a partir del momento en que se ha realizado también el proceso comunicativo. Para lo que se requiere la recepción por parte del destinatario y no el efectivo tener conocimiento (arts. 1.334-1.335 Cód. civ., cfr. art. 1.262 § 2.° C. C. esp.); es decir, se precisa que la declaración alcance su esfera de control, de manera que según la experiencia normal, sea puesto en condiciones de tener conocimiento de ella[21]. El criterio de la recepción responde bastante mejor a las exigencias prácticas que el que se remite al conocimiento efectivo. Aun prescindiendo de la circunstancia de la relativa facilidad de la prueba de una recepción, comparándola con la dificultad de probar el conocimiento efectivo, aparece notoriamente como suficiente el hecho de que la recepción haya tenido lugar en condiciones tales que el destinatario debiese, usando una diligencia normal, tener conocimiento de la comunicación que le ha sido dirigida. No es admisible hacer recaer sobre el remitente las consecuencias de la negligencia del destinatario en enterarse de la declaración que llega hasta él. El conocerla, en las condiciones supuestas, es evidentemente una carga del destinatario y asunto suyo, siendo, por consiguiente, de su exclusivo riesgo.

13. *Documentación* y *reproducción de la declaración*.- Puede ocurrir que para garantizar el efecto de la declaración -es decir, el conocimiento ajeno- la expresión desuñada al conocimiento de los demás deba ser representada en un

---

[19] Respecto a tales declaraciones, la *comunicación* o *notificación* es elemento constitutivo del acto mismo, que no es operante, ni siquiera concebible sin ella; DURMA, *Notification de la volonté*, nn. 371-372.

[20] ZITELMANN, *Richtsgeschäfte im Entwurf*, I, 23; ídem, *Allgem. Teil*, 94 y sigs.; REGELSBERCER, *Pand.*, 152 y sigs.; TUHR, *Allg. Teil, II*, 427 y sigs.; SALEILLES, *Déclaration*, sobre el art. 133, nn. 3 y sigs.; BARASSI, *Notificatione necessaria*, 174 y sigs.; CARNELUTTI. *Sistema*, II, 107. La denominación de recepticia es entendida de otra manera por SALEILLES, *Déclar.*, sobre el art. 115. n. 4; sobre el 130, nn. 15 y 42, que la aplica también a la promesa de recompensa dirigida a persona indeterminada. En el terreno del Derecho positivo alemán, la distinción es sometida a crítica por MANIGK, *Willenserif. u. Willensg.*, § 63 y sigs.; ídem, *Rechtswirk. Verhalten*, 300 y sigs. Sin embargo, el que sea esencial a toda declaración el dirigirse a «otros» no demuestra la inutilidad de la distinción.

[21] Últimamente, DURMA, *Notiftcation*, nn. 382-425; FERRARA, *Teoria dei contratti*, 1940, 198-204.

documento, bien en orden a una certificación permanente de cuanto es declarado, o simplemente, para su comunicación al destinatario que no está presente o en contacto por vía auricular. Bastará recordar aquí brevemente la noción de *documento;* es una cosa que, formada en presencia de un hecho, está desuñada a fijar de modo permanente su representación verbal o figurativa, de modo que pueda hacerlo conocer a distancia de tiempo[22]. Precisamente la distancia cronológica entre el acto y el efecto representativo diferencia la prueba documental de la testimonial. El hecho de cuya representación se trata es, en nuestra hipótesis, la declaración, sea que esté ya formada (cuando es reproducida en un documento a fines de certificación) o en vía de formación (cuando se redacta documentalmente para su comunicación). El criterio que distingue la declaración de la respectiva documentación se funda sobre el diverso carácter del resultado a que una y otra concurren; psíquico para la declaración que, por su naturaleza, se proyecta hacia la mente ajena; físico para la documentación, la que, en cuanto encaminada a formar una cosa dotada de capacidad representativa, entra dentro de la categoría de las simples operaciones con las que se modifica un estado de hecho preexistente[23]. La distinción es fácilmente apreciable cuando la documentación procede de otro sujeto que el autor de la declaración y el escrito tiene el carácter de documento heterógrafo de una declaración que está ya formada antes de ser documentada (testamento por acto notarial). La distinción se hace en cambio más delicada cuando declaración y documentación provienen de la misma persona y se forman ambas con un mismo acto, como suele ocurrir en el caso de un documento autógrafo (testamento ológrafo). Entonces la expresión documentada consiste ante todo en el escribir, en el formar el documento, el cual, en cuanto representa la expresión del negocio, representa también el acto de su formación. Pero aun entonces, el diferente carácter, físico o psíquico, del resultado a que se encaminan, respectivamente, la operación representativa y la declaración, lleva a mantenerlas diferenciadas y a reconocer que la formación del documento no agota de por sí el proceso formativo de la declaración. Para esto es necesario que el documento formado sea también puesto a disposición del que debe conocer la declaración (es decir, el destinatario), de modo que éste deba -si determinado y preciso- o cuando menos, pueda -si indeterminado y cambiable- venir en conocimiento de ella. Este acto ulterior de puesta a disposición o puesta en acción es -como ya sabemos (n. 12)- la emisión. La que es indispensable y puede lógicamente reconocerse también en las declaraciones no recepticias, si bien en éstas pueda reducirse hasta el solo comportamiento negativo que representa la abstención consciente de interponer impedimentos al conocimiento por parte de los destinatarios (como en el testamento ológrafo).

---

[22] CARNELUTTI, *La prova civile,* 1915, 132 y sigs.; ídem. *Sistema* II, 98 y sigs.; Voz Documento en *Nuovo Digesto Italiano,* V, 105 y sigs., y bibliografía allí citada; nuestro *Dir. proc. civ. italiano,* 1936, 356 y sigs.

[23] CARNELUTTI, *Sistema,* II, n. 429, págs. 98 y sigs. La operación representativa hecha a fines de certificación no viene a formar, sino a garantizar la declaración (CARNELUTTI, *Teoria gen. dir.,* 373).

Se distingue netamente de la documentación, que es una simple operación representativa, la *reproducción* o repetición de la declaración de negocio. Ya no existe aquí una contraposición entre declaración y operación representativa, sino entre una declaración precedente y otra sucesiva, emitidas por el mismo o por los mismos sujetos, y que pretende presentar la misma naturaleza y el mismo contenido de la declaración precedente[24].

La situación es distinta, por tanto, pero su análisis es igualmente materia de la teoría de la forma del negocio. Normalmente, la reproducción tiene lugar en una forma que es más idónea para la prueba o la interpretación, ambas referidas no a un nuevo negocio sino a aquel negocio único, que se ofrece en la primera y en la segunda declaración en dos formas diferentes (34 bis). Siempre en el supuesto de que ambas declaraciones hayan sido hechas en la forma prescrita para la existencia del negocio, y que la segunda, al menos en cuanto a la forma, no se presente como una simple confesión del hecho de haber realizado la primera o como mera interpretación de su contenido (art. 2.720), puesto que entonces ésta sería solo una declaración representativa con valor de prueba y no de negocio o, cuando más, de carácter integrador o complementario (n. 37). Puede ocurrir también, sin embargo, que la nueva declaración negocial sea hecha, o para desplazar en el tiempo el momento de la entrada en vigor del negocio, o para renovarlo, introduciendo en él alguna modificación accesoria o, en general, parcial; o, en fin, para darle una interpretación auténtica, vinculante y absorbente que excluya toda posibilidad de remontarse a la primera declaración para una interpretación distinta (n. 31). Se produce en tal caso la figura de un nuevo negocio que, o se coloca junto al preexistente y lo renueva, o se superpone a él y lo relega; negocio renovatorio o, respectivamente, de constatación. En particular la constatación contractual representa una apreciación concorde de la situación preexistente, a la que la ley reconoce valor preceptivo, el de un precepto de la autonomía privada (n. 16), de modo semejante a como en la sentencia atribuye valor de *mandato* a la apreciación del juez[25]. Pero en tales hipótesis la reproducción de la declaración da lugar a un nuevo tipo de negocio cuyo análisis escapa de la teoría de la forma y entra en la de los efectos y la interpretación (auténtica) del negocio jurídico (nn. 31 y 43), interesando también a sus clasificaciones (n. 35).

14. *Conducta concluyente. Conducta omisiva*[26].- Un determinado modo de comportarse, aun no estando encaminado a dar noticia de un dado contenido

---

[24] CARNELUTTI, «Documento e negozio giuridico», en *Riv. dir. proc. civ.*, 1926, 192- 197: CANDIAN, *Documento e negozio giur.*, 1926; SEGRÉ, *Scritti giur.*, II, 638 y sigs.; GORLA, *La riproduzione del negozio giuridico,* 1913; DEL BONO, en *Terni Emil.*, 1933, II, 81; NICOLO, *Il riconoscimento e la transazione nel problema della rinnovazione del negozio,* 1934, 23 y sigs.; PUGLIATTI, en *Arch. giur,* 113, 1935, 166; SALV. ROMANO, *Revoca degli atti giur., priv.,* 1935. 316 y sigs.; F. L.. cn *Giur. compar. dir. civ.,* 1939, 254.

[25] Cfr. CARNELUTTI, en *Riv. dir. proc. civ.*, 1926, 201-208; idem, «Note sull'accertamento negoziale», cn *Studi Scorza,* 115, n. 5: GORLA, *Riproduz. del negozio giuridico,* 29 y sigs.

[26] Sobre el comportamiento omisivo y con preferente atención al valor del silencio, véase: WINDSCHEID, *Pandette, trad. ital.* con notas de FADDA y BENSA, *I,* 420, y la bibliografía en él

preceptivo a aquellos a los que interesa, puede sin embargo adquirir, en el ambiente social en que se produce, significado y valor de declaración, en cuanto manifiesta, según la experiencia común, una cierta toma de posición respecto a algunos intereses que afectan la esfera jurídica ajena. En la conducta concluyente, que consiente e impone por coherencia lógica semejante deducción, se nos ofrece una manifestación que, en contraposición a la directa, se califica de indirecta o también de tácita (calificativo este último que es bien evidente por los motivos que se expondrán). El criterio discriminador entre las dos formas de manifestación -criterio aplicable también a otros actos jurídicos, aunque controvertido[27]- tiene carácter puramente objetivo y se quiere encontrar en la idoneidad y finalidad del procedimiento expresivo adoptado respecto a la función comunicativa o de manifestación; idoneidad y finalidad que se valoran en relación a los usos sociales, generales o especiales, o también a la luz de las convenciones realizadas entre las partes. Es directa y explícita la manifestación cuando se produce -no importa si intencionalmente o no- por medio de signos que en la práctica social o por convención de las partes sirven a la función de hacer conocer un determinado contenido preceptivo a aquellos a quienes interesa (el lenguaje hablado o escrito es el medio principal, pero no exclusivo, pudiendo bastar para cumplir estas condiciones, el utilizar indicaciones, gestos y actitudes silenciosas). Es, por el contrario, indirecta la manifestación cuando se produce por medio de una conducta que, tomada en sí, no tiene la función de hacer conocer a los interesados el contenido en cuestión, pero que por deducción necesaria y unívoca permite colegir una toma de posición vinculante respecto a ciertos intereses ajenos. La conducta es calificada de *concluyente* en cuanto impone una conclusión, una *deducción* lógica que no está fundada sobre la conciencia del agente, sino sobre el espíritu de *coherencia* en el que según los puntos de vista comunes debe informarse todo comportamiento entre miembros sociales y sobre la autorresponsabilidad que es aneja, por una exigencia normativa, a la carga de conocimiento.

El valor concluyente es entendido aquí como idoneidad de un indicio para justificar una deducción segura e inequívoca. Pero es preciso, sin embargo, no confundirse sobre el sentido de tal deducción. Se trata, no ya de inferir

citada; VENEZIAN, en *Studi Scialoja*, I, 201; HARTMANN. «Werk u. Wille bei dem stillschweigenden Konsens», en *Archiv f. d. ein. Pr.*, 72, 1888, 101; ZITELMANN, *Irrtum u. Rechtsgeschäft*. 262; SIMONELLI, «Il silenzio», en *Rendic. Ist. Lomb.*, 1897, 53; SEGRÉ, *Scritti giur.*, I, 298 y sigs.; BONFANTE. «Il silenzio nella conclusione dei contrata», en *Scritti giur.*, 1903, III, 150, 158, 174; SCIALOJA, *Negozi giur.*, tercera ed., 69 y sigs. Entre la literatura más reciente pueden consultarse: DURMA, *La notification de la volenti*, 1930, n. 33, 224-39; Tesauro, «Il silenzio nella teoria degli eventi giur.», en *Studi Cammeo, II*, 535; Magni, «*Il* silenzio nel diritto canonico», en *Riv. di dir. priv.*, 1934, 50, 113; VASALLI, *Teoria gener. dei negozi giur.* (sumario), 1934, 36-39; CARNELUTTI, en *Riv. dir. commer*, 1937, 473; idem, *Sistema dir. proc. civ.*, II, 163, 165; FURNO, *Prova legale*, 1940, 70 y sigs.; A. CANDIAN, «Abuso di biancosegno», en *Riv. di dir. pen.*, 1940, 175; CARIOTA-FERRARA. «Volontà, manifestaz., negozio giur.», en *Ann. dir. compar.*, 1941, 391; KELSEN, *Hauptprobleme*, 114 y sigs.; MANIGK, *Rechtswirks. Verhalten*, 99, 210 y sigs., 231 y sigs.

[27] Para la doctrina antigua, véase BEKKER, *Pand.*, II, 73-76; COVIELLO, *Man.*, § 112.

de la actitud exterior la existencia de una voluntad meramente interna, sino de colegir por la conducta, encuadrada en el complejo de circunstancias, el significado objetivo del negocio jurídico, que no está explícito sino implícito e indirecto. La manifestación indirecta puede consistir también en un discurso o razonamiento, siempre que éste no se dirija a hacer notorio el contenido que de él se deduce, sino a exponer cualquier otra cosa, pero es necesario que entre ésta y el contenido en cuestión exista, por relación lógica, un nexo positivo o negativo, de inclusión o de incompatibilidad. Por otra parte, no estando fundado el sentido concluyente sobre la conciencia refleja del agente, sino sobre el objetivo espíritu de coherencia, bien se comprende como de ningún modo ha de ser excluida por carencia de conocimiento subjetivo[28] sobre ella (ya que no se requiere nunca una intención proyectada positivamente hacia los efectos jurídicos: nn. 6 y 16), y sí solo por un estado de conciencia lógicamente incompatible con la pretendida deducción (por ejemplo, una gestión de asuntos de la herencia realizada por el llamado en la errónea creencia de su inaplazable urgencia)[29], o por una reserva explícita capaz de privar a la deducción de su univocidad. Entendiéndose que esta reserva no debe contradecir al que, en la conciencia social o por determinación de la ley, sea el único significado plausible o el significado típico legal de la conducta en cuestión[30], ya que respecto a una reserva contradictoria con tal significado rige la máxima *potestatio facto contraria nihil valet.*

A la luz de los criterios indicados es también planteada y discutida la cuestión de si y en qué medida la inercia consciente frente a ciertas circunstancias por parte de quien tenía la concreta posibilidad de obrar, sea suficiente para dar cuerpo a un acto de autonomía privada y asumir el significado de negocio jurídico *(conducta omisiva).* La cuestión ha sido sobre todo discutida con respecto al *silencio.* Y no ha de plantearse así: Si pueda tenerse negocio jurídico sin manifestación alguna; términos equívocos éstos, que rozan el absurdo. No se trata tampoco de ver si alguna vez, y en cuanto a determinadas categorías de relaciones, sea suficiente que la «voluntad» (con lo que se entien-

---

[28] Entendida como la conciencia de hacer una declaración, es decir, lo que KRUSE (*Schweigen,* 2) y MANIGK *(Rechtswirksames Verhalten,* 97, 99, 214, 220, 239), entre otros, llaman «Erklarungsbewusstsein». En el puesto de tal conciencia (que es un *saber* efectivo), subentra, en el caso de comportamiento concluyente, una carga de conocimiento (un *deber saber)* que hace que aquel que ignora lo haga a su propio riesgo y sufra las consecuencias de ello, de modo que el comportamiento se imputa, según su significado social. en virtud de la confianza engendrada en los demás interesados (MANIGK, *op. cit.,* 237 y sigs., 254 y sigs., 150 y sigs.), conforme a una exigencia normativa y no a un hecho psicológico.

[29] TUHR, *Allgem. Teil,* II. 408.

[30] MANIGK (*Irrtum und Auslegung,* 274) habla a propósito del § 362 del Código comp. alemán, de «acto declarativo típico con efecto predeterminado por la ley» o sea, al que se enlaza una deducción legal sustraída a toda prueba en contrario. El concepto es desarrollado por H. KRAUSE, *Schweigen im Rechtsverkehr,* 1933, 127 y sigs. Sobre ello y sobre el tratamiento como declarativo de un comportamiento que no es intencionalmente tal, véase también MANIGK, *Das retchtswirksame Verhalten,* 279 y sigs., 208 y sigs.

de el contenido del negocio), se presente como reconocible y no precise ser propiamente exteriorizada, porque la reconocibilidad de un propósito práctico no se puede concebir sino como efecto de una exteriorización, aunque sea indirecta; de tal propósito[31]. Pero no ha de desecharse en absoluto que el silencio, ausencia de una manifestación positiva, pueda, sin embargo, valer como negocio jurídico. En efecto, es necesario atender a que el efecto de un acto, en su concepto jurídico, no se resuelve necesariamente en el cambio del estado de hecho preexistente, sino puede comprender también su permanencia; es decir, que el efecto o suceso, en sentido jurídico, se concreta en una posición del mundo exterior cualificada por la diferencia, ya respecto a lo que era antes, ya con relación a lo que habría debido o podido ser después[32]. Un efecto en este sentido puede ofrecerlo, en ciertas circunstancias, el silencio, o, en general, el comportamiento omisivo.

Ciertamente es inexacta ¡a regla canónica (c. 43 en VI, 5, 12) *qui tacet consentire videlur;* es agregada la restricción *si loqui debuisset ac potuisset.* Si al comportamiento se enlazan efectos jurídicos en consideración a su conformidad a la intención normal que lo determina, se le deberá reconocer el valor de negocio, ya configure una verdadera declaración, aun silenciosa, ya se concrete en una conducta concluyente[33]. Así, quien, teniendo la concreta posibilidad, el interés y el deber de hablar, y, en especial; de contradecir, omite conscientemente el hacerlo frente a aquellos a quienes debería declarar su oposición, hace una declaración silenciosa de consentimiento (silencio del enajenante en la *mancipatio* y en la *in iure cessio* romana)[34], o manifiesta indirectamente su

---

31 ELTZBACHER, *Handlungsfähigkeit,* 144. Un correcto planteamiento del problema en DURMA, *La notification de la volente,* 1930, n. 38, 40, CARIOTA-FERRARA, «Volontá, manifestazione, negozio giur.», en *Annuario di dir. comparato,* 1941, 395, se pregunta si existe negocio cuando falta también la manifestación, por lo menos subjetivamente, cuando ni siquiera aquélla es querida. MANIGK, «Natura e inqudr. sistem. di atti giur. priv.», *Annuario,* 1942, 160, señala, con todo, la diferencia con la declaración intencional y el requisito de que concurra una culpa en relación a la confianza ajena.

32 Así, justamente, CARNELUTTI, *Sistema, II,* 163, 165; cfr. KELSEN, *op. cit.*, 114.

33 En materia de silencio, la jurisprudencia formada durante la vigencia del Código de 1865 se orientó en el sentido de que no puede aquél ser considerado como manifestación de consentimiento, sino cuando esté acompañado por circunstancias externas concomitentes que puedan autorizar al otro contrayente a interpretarlo como aceptación, sin pugna con la razón y la buena fe: Cas., 4 mayo 1936 *(Foro,* 1936, I, 1.575, y allí otras referencias), y más recientemente. Cas., 24 enero 1938, nn. 219 y 226; ídem, 20 junio 1938 *(Rep. Foro,* 1938, voz Obblig. e contr., nn. 103, 104 y 106); ídem. 22 abril 1938 (ibid., n. 105), que ha decidido que -una tácita manifestación de voluntad puede producirse con el callar, particularmente cuando, existiendo una relación entre dos personas, el modo de obrar común reconociese el deber de hablar y de responder- (también en este senado, Cas., 17 abril 1939 y 7 febrero 1939 *(Rep. Foro,* 1939, voz cit.. nn. 134 y 135); ídem, 30 abril 1949 (Ibid., 1940, voz cit., n. 77); ídem. 18 junio 1940 (*Riv. dir. comm.,* 1941, II, 362).

34 Es también declaración silenciosa la de quien, con un comportamiento positivo. recoge una oferta al público (por ejemplo, tomando un periódico de un quiosco o subiendo a un tranvía), porque aquí, entre personas en sociedad, el significado de negocio es directo y no indirecto (en contrario: TUHR, II, 419; ARANCIO, *Istit.,* quinta ed., 81, y CARNELUTTI, *Sistema,* II, 266). La declaración silenciosa ocupa en estas hipótesis una zona marginal al comportamiento sin valor de declaración.

asentimiento a la iniciativa ajena en lo que concierne a sus intereses propios. Por lo demás, que el silencio adquiera significado de negocio depende de una apreciación que es contingente y variable según el ambiente histórico, los usos y la conciencia social, como también de la calidad de las personas (por ejemplo, comerciantes acostumbrados a aquel género de contrataciones) y de las circunstancias en que éstas actúan, en el camino de una objetivación, según las costumbres del tráfico. El silencio puede ser hecho significativo, objetivamente, por una costumbre dominante en un determinado sector social, o bien, subjetivamente, por una práctica introducida o por un acuerdo establecido entre los interesados. Costumbres, prácticas y acuerdos de tal clase tienen razón de ser sobre todo en materia contractual, donde la conducta del destinatario de una propuesta, que se abstenga de responder a ella negativamente, es *a veces* interpretable como aceptación. Esto sucede, justamente, cuando un uso general o un hábito de los contrayentes dan al silencio de la persona a la que es dirigida la propuesta un valor como de lenguaje mudo. Así, quien recibe una factura de mercancías que aporte cláusulas modificativas del contrato con el que han sido aquéllas encargadas, no se puede decir que acepte las cláusulas nuevas. aun si no las rechaza expresamente; sin embargo, si el uso considera aceptadas implícitamente las cláusulas cuando la factura sea recibida sin reservas, entonces el silencio equivale a una aceptación[35]. Del mismo modo, si un librero envía desde hace algún tiempo a un cliente las nuevas publicaciones y el cliente tiene la costumbre de adquirir y pagar las obras no restituidas dentro de un cierto plazo, el no haber devuelto o rehusado expresamente un libro reporta al cliente, en relación al librero, las mismas consecuencias que una explícita elección del libro. En suma, para que el silencio frente a la comunicación de la otra parte equivalga a la aceptación de la factura recibida o de la cosa ofrecida, es preciso que ambas partes se encuentren ya en relación contractual o, por lo menos, en relación de negocios, de modo que el que recibe no se halle ante un hecho inesperado, sino pueda y deba ya prever el envío de la factura o de la cosa[36]. El efecto vinculante del silencio, en tales

[35] SEGRÉ. «Della sede del contratto e delle fatture accettate», en *Riv. dir. comm.,* 1915. II, 953 y sigs.: idem, *Scritti,* I, 574 y sigs. A más de la literatura comercialista (SRAFFA, *Studi;* ROCCO, *Principi*) sobre la aceptación de las facturas, véase H. KRAUSE, *Sdiweign im Rechtsverkehr. Beitraege zur Lehre von Betaetigungschreiben,. von der Vollmacht und von der Verwirkung,* 1933, 129 y sigs.

[36] La jurisprudencia se pronuncia en el sentido de que las cláusulas añadidas con la factura (la hipótesis de mis frecuente aplicación es la de las cláusulas derogatorias de la competencia territorial) no pueden gozar de eficacia jurídica si no han sido aceptadas; la aceptación no puede ser deducida del simple silencio después de la recepción de la factura o de la ejecución del pago, precisándose, por el contrario, que existan, a falta de una aceptación expresa, *actos o hechos* de los que se pueda inequívocamente derivar la voluntad de la parte de aceptar aquella cláusula (cfr. Cas.. 21 enero 1933, en *Temi Lomb.,* 1938, 895; ídem, 23 enero 1940 y 23 abril 1940, en *Rep. Foro,* 1940, voz Fattura, nn. 4 y 5, y otros allí citados). Por el contrario, alguna sentencia admitía (Cas., 21 mayo 1940, en *Mass. Foro,* 1940, col. 242, n. 1.645) que «en los contratos de venta, a falta de orden escrita, debe atribuirse eficacia de pactos contractuales a las cláusulas insertas en la factura que ha sido aceptada sin reserva». Pero véase actualmente el art. 1.341, § 2.° del nuevo Código, que requiere una aceptación «específica».

casos, encuentra su justificación en el marco de las circunstancias en que el silencio se encuadra. Ante todo, dicho efecto es conforme al propósito práctico que normalmente determina la inercia consciente y es independiente de una conciencia específica del valor concluyente de ésta; además, constituye la lógica consecuencia del incumplimiento de una carga que responde a las exigencias del tráfico y de la buena fe. En los casos indicados, por tanto, el efecto de negocio del comportamiento omisivo se funda sobre el criterio de la iniciativa y de la autorresponsabilidad privada (n. 18), prescindiendo de que refleje una conciencia del valor concluyente de la omisión (n. 19).

Con todo, es preciso no olvidar que el silencio en los casos señalados tiene valor de negocio, y, en consecuencia, el comportamiento silencioso está sujeto a todas las reglas propias de tal negocio. Por tanto, si el negocio, es un determinado supuesto de hecho, es concebido como manifestación recepticia, es decir, con destinatario determinado (n. 12), y debe, por ello, llegar a conocimiento del mismo (como la propuesta o la aceptación contractual), también el silencio debe ser ostensible al destinatario para producir las consecuencias jurídicas del negocio. También el régimen del elemento subjetivo y de los vicios relativos a él (falta de voluntad, deficiencia de la determinación causal) se aplica al silencio cuando tenga valor de negocio. Si, por tanto, alguien ha sido inducido a callar por engaño o con amenazas, puede, con la acción de anulación, eliminar las consecuencias que el silencio haya producido a su cargo. Se requiere, además, la presencia de los presupuestos de capacidad y de legitimación (nn. 26-27). Estas indicaciones vienen a demostrar radicalmente viciosa toda aquella doctrina más antigua que tendía a fundar la eficacia vinculante del silencio únicamente en la responsabilidad por haber obrado en contra de la buena fe, la cual imponía el hablar. Es claro que si la inobservancia de semejante deber puede justificar una obligación de resarcimiento de daños, no puede, en cambio, fundamentar el diferente criterio que atribuye al silencio las consecuencias de un negocio[37].

Cuanto se ha expuesto hasta aquí acerca de la aplicación al silencio de toda la disciplina propia de los negocios jurídicos sirve, además, para deslindar netamente la eficacia del silencio *corno negocio jurídico* frente a la eficacia que el mismo silencio otras veces despliega, entendido como *inobservancia de una carga de iniciativa,* y particularmente, de un deber de manifestación explícita establecido por la ley. La confusión es aquí fácil, sobre todo por la tendencia, derivada del «dogma de la voluntad», de justificar con el artificio de la

---

MANIGK, *Das Rechtswirksame Verhalten,* 26, 121, 144. 170, 197 y sigs., admite que ya las negociaciones instauran una relación sometida a las reglas de la corrección. Tal relación explica las normas de los arts. 1.337, 1.338, 1.398; cfr. 1.175; más adelante. § 61. n. 11.

37 Cfr. Cas.. 3 marzo 1933 *(Nuova riv. opp.,* 33, 530): «Solo en determinadas circunstancias puede el silencio ser interpretado como una manifestación de voluntad, como en el caso de que, dadas las relaciones existentes entre dos personas, la forma común de obrar hace debido el hablar. En tales hipótesis se produce la *reticencia,* la cual constituye un comportamiento ilícito que, si produce daño, *acarrea la obligación del resarcimiento».*

ficción o presunción de una voluntad de negocio numerosas consecuencias jurídicas que, en realidad, se enlazan directamente a situaciones objetivas previstas por la ley. Así, cuando la ley atribuye a un comportamiento inactivo del individuo los efectos que serían propios de un negocio (de aquiescencia a la iniciativa ajena o de renuncia), sin considerar, por lo demás, si aquéllos se hallan o no en exacta correspondencia con una intención normal determinante de la inactividad. Así, la ley civil (art. 951 Cód. del 65), en el caso de falta de respuesta a la acción interrogatoria; la ley procesal (ejemplo, 215), en los casos de contumacia, de omitir la excepción de incompetencia, de falta de respuesta a un interrogatorio, de contestación a un escrito, etc. Entonces nos encontramos ante una ficción legal de aquiescencia o de renuncia; en realidad, frente a una imposición de *caducidad*[38], y las normas sobre los negocios no encuentran, por tanto, aplicación, salvo en lo que atañe a la posibilidad de surgir una relación jurídica, como las normas sobre la legitimación. Tampoco es de admitir que en algunos de tales casos el comportamiento deba ser apreciado como un negocio él mismo y requiera, por tanto, la correspondiente capacidad o pueda impugnarse por vicios del querer[39]. Otras veces, al comportamiento inactivo del interesado refiere la ley efectos ventajosos para otros, terceros de buena fe, en cuanto contribuye a hacer surgir ante ellos una apariencia de derecho en la persona que, frente a estos terceros, ejercita un derecho ajeno (perteneciente a quien se mantiene inactivo) sin estar para ello legitimado, como poseedor, acreedor aparente, heredero aparente, representante aparente. Pero en estos casos la ley prescinde completamente del esquema ficticio de una «declaración tácita» del interesado inactivo y mira solo a tutelar la buena fe y la legítima expectativa de quién tiene motivos para creer en la apariencia[40]. Cuando la ley, en cambio, recurre al esquema ficticio de la declaración tácita o implícita para calificar un comportamiento activo o inactivo del indi-

---

38 Cfr., en efecto, junco al citado art. 951 del Código de 1865, el art. 481 del nuevo Código civil, que, con toda oportunidad, evita la equívoca ficción. Así también los arts. 38 y 239 del nuevo Cód. de proc. civ., mientras el art. 232 remite a la apreciación del Juez las deducciones que deben extraerse de la falta de respuesta a un interrogatorio (cfr., por el contrario, el art. 218, § 2.° del viejo Cód. de proc. civ.). Cfr. también Cód. civ., 1.399, penúltimo párrafo.

39 En sentido contrario, TUHR, *Allgem. Teil,* II, 424-426, el cual reconoce la insubsistencia de un negocio en los casos de caducidad de términos, pero admite su existencia en aquéllos en que la «declaración- fingida por la ley se traduce en un resultado positivo consistente en un cambio de derecho. Casos de esta última especie serían, en el nuevo Código civil italiano, los previstos por los arts. 477. 478, 686, 608 y 1.597. Pero en estos casos se tiene construcción legal de un comportamiento positivo. Sobre la revocación tácita del legado, según el art. 636, véase KOSCHAKER. «L'aliennazione della cosa legata», en *Conference romanisltche,* Pavía, 1940, 91 y sigs.

40 V., a más de los escritos sobre la apariencia del derecho (FINZI, G. STOLFI, BOLAFFI y otros) reseñados por D'AMELIO, en *N. Digesto italiano,* I, voz *Apparenza, especialmente:* SOTGIA, *Apparenza giuridica e dichiarazioni alla generalità,* 1930, y *Riv. dir. priv.,* 1936, 121- 154 (con referencias de literatura y jurisprudencia); H. KRAUSE, *Schweigen im Rechtsuerkehr,* 1933 y sigs.; WEILL, *Rélativité d. conv.,* n. 288-306; y recientemente. VERGA, en *Riv. dir. priv.,* 1940, 193, negando que la apariencia sea principio general. V. cap. intr. n. 4, nota 4.

viduo (por ejemplo, art. 1.399, 4.° inciso, 1.597 Cód. civ.; cfr. arts. 1.727, 2, 1.566 C. C. esp.), adopta entonces en sustancia un procedimiento de tipificación, por el que se considera la intención que es determinante en la generalidad de los casos, y toma por base una interpretación típica del comportamiento en cuestión. Es decir, se plantea la cuestión, no ya de ver qué cosa haya entendido hacer este Ticio en el caso concreto que se somete al examen del Juez, sino, en general, un individuo cualquiera en una situación objetiva como la que abstractamente y en hipótesis se considera, y en la normalidad de los casos; y puede admitir o no que el significado del comportamiento, así fijado *a priori*, ceda el puesto a una apreciación distinta, pero siempre, sin embargo, extraída de circunstancias objetivas, con base en una interpretación igualmente típica (n. 44). Así, en el art. 686 del Código civil (cfr. art. 689 C. C. esp.), la ley atribuye a la enajenación de la cosa legada el significado típico de una llamada revocación tácita del legado, derivándolo de la normal incompatibilidad práctica entre la subsistencia de éste y el hecho de la enajenación, y sin permitir una apreciación diferente según las circunstancias[41]. La construcción legal del comportamiento como negocio recfama en tales casos una correspondiente capacidad de obrar en el agente (igualmente en los arts. 477, 478, 608, 1.597[42]; cfr. arts. 1.000, 711, 1.566 C. C. esp.).

No se nos oculta, por último, que la doctrina común, dominada por el dogma de la voluntad y siguiendo las huellas de las fuentes justinianeas, recurre de buena gana a la Figura de la «manifestación tácita» o del «consentimiento tácito» para justificar con la ficción de una intención jurídica la atribución de un efecto que aparece requerido por la equidad o por la buena fe, en varios casos en que se carece de una expresa declaración dirigida a él (así se ha hablado incluso de una comunidad familiar «tácita» o de un mandato «presunto», según la fórmula infeliz del art. 1.723 Cód. civ. del 65; cfr. art. 1.695 C. C. esp.). Se trata de un mal hábito que, una vez adoptada la concepción objetiva de la autonomía privada, es decididamente rechazado. El ingenuo expediente de suponer una «voluntad» correspondiente para llegar a justificar ciertos efectos es índice de una mentalidad individualista inspirada en el viejo prejuicio que reconoce en la voluntad de los individuos la fuente creadora de los efectos jurídicos (cap. I, n. 3).

15. *Declaraciones preceptivas* (dispositivas) y *enunciativas* (representativas).- Pasando a considerar, después del examen de la forma, el *contenido* del negocio, conviene partir de un extremo que se ha tenido ocasión de subrayar al tratar de la naturaleza de la declaración (n. 3 prel.). La declaración, como se vio, es un acto cuyo efecto se concreta siempre en la mente ajena, apelando ora solo a la conciencia, ora también a la voluntad, según tienda solo a conocer un hecho o bien pretenda provocar un comportamiento; en suma, a un *docere o* a

---

[41] KOSCHAKER, *L'alienazione della cosa legata*, cit., 195, 128 y sigs.

[42] MANIGK, *Rechtswirk. Verhalter*, 279 y sigs., reconoce aquí una conducta con valor declarativo típico predeterminado por la ley.

un *iubere*. Sobre la base de esta distinción, deducida de la naturaleza del resultado psíquico al que se mira en cada caso, se acostumbra calificar el acto, en la primera categoría de casos, como «declaración de ciencia», en la segunda como «declaración de voluntad». Esta clasificación corriente tiene, sin embargo, el defecto radical de apoyarse sobre el fin más bien que sobre el contenido del acto, es decir, de ser teológica más que lógica, dé confundir el contenido -que erróneamente pretende reflejar- con el fin, y cambiar así el elemento psicológico por el elemento normativo de la declaración[43].

No ayudaría a salvar esta clasificación el concebir la «ciencia« o la «voluntad» que es objeto de la declaración, mejor que como un resultado atendiendo al destinatario, como una actitud o un estado de ánimo del declarante que existiría ya de por sí, y vendría manifestado, revelado a otros, con la declaración. Al modo que allí se confunde el contenido con el efecto, aquí se confunde el elemento objetivo de la declaración con su elemento subjetivo, dando a éste la precedencia lógica que corresponde a aquél, y se atribuye a la declaración una función puramente comunicativa, evidenciadora del pensamiento y el querer del declarante, desconociendo así el carácter constitutivo de papel que aquélla puede estar llamada a cumplir, y que en efecto cumple, en el negocio jurídico. Contra la clasificación así delineada vale la crítica de principios que ya hemos opuesto al dogma de la voluntad (n. 3).

El criterio exacto para la buscada clasificación no se deduce del ánimo interno del declarante, mirando, diríamos, atrás, sino mirando adelante, al ambiente social externo en el que la declaración se emite y está llamada a desplegar sus consecuencias y a realizar su efectividad. Es cierto que el contenido no se identifica con él, pero sí que se determina en función del resultado, al que está destinado. Pues bien, según esté el contenido destinado a un *docere* o a un *iubere,* a enunciar algo existente o bien a disponer un deber ser para el futuro, la declaración deberá calificarse como enunciativa o representativa cuando *docet,* o respectivamente, como preceptiva, dispositiva u ordenadora, cuando *iubel*[44]. Y puesto que para tales calificaciones ha de tenerse en cuenta el ambiente social externo en el que la declaración es emitida y recogida, se

---

[43] La confusión criticada es, en efecto, fácilmente observable en los sostenedores de la clasificación; véase, por todos, TUHR, *Allgem. Teil,* II, 225, que identifica el contenido del contrato con el estado jurídico querido, cfr. 113 y sigs.; CARNELUTTI, *Sistema,* II, 171 y sigs., 378 *aa,* 399, cfr. 101; ídem, *Teorua genrale del diritto,* 211 (donde es evidente el trueque entre lo psicológico y lo normativo). Entre las «declaraciones de voluntad» comprende TUHR, 105 y sigs., todos los actos que miran a «mudar o conservar un estado de derecho o de hecho». Contra la consideración de los -actos ordinativos- como «declaraciones de voluntad» se ha pronunciado netamente INVREA, *Parte gmerale del diritto,* 1935, n. 215-217 (-ordinativas- denomina INVREA, n. 215, 235, las declaraciones que nosotros llamamos preceptivas). Contra la confusión, KELSEN, *Hauptprobleme,* 1911, 123 y sigs.

[44] Cfr. CARNELUTTI, *Sistema, I,* 61 y sigs.; II, 101, el cual reconoce (I, 62) que bastante más sencilla y expresiva que la noción de la «declaración de voluntad» aplicada a representar el carácter de los actos que constituyen el ejercicio de un poder o de un derecho sería la de «mandato jurídico» (entendido como el jurídicamente relevante).

explica que no se ofrezca como decisivo el tenor literal o la forma exterior por sí, sino el significado objetivo que en la apreciación social adquiere la declaración, dentro del conjunto de circunstancias en que socialmente se encuadra; punto de vista éste utilizable también, como se verá en el cap. VI (n. 41), como criterio de interpretación.

La diferencia de contenido trae también consigo una diferente función de la declaración, como forma, respecto a ese contenido. En la decoloración enunciativa, teniendo el contenido carácter meramente representativo, también la forma tendrá normalmente[45] solo una función comunicativa respecto a tal contenido, que puede ser hecho conocer de manera distinta. Por el contrario, en la declaración preceptiva, asumiendo el contenido carácter normativo, la forma también asumirá normalmente una función constitutiva, en cuanto el contenido no será influyente y válido en una forma diferente. El valor normativo que el contenido adquiere para los destinatarios se presenta justamente unido a la forma, es decir, al tipo de declaración en que aquél es llevado a su conocimiento y aparece, por tanto, inescindible de tal forma y ésta como no susceptible de equivalentes ni, en principio, de remisión[46].

La distinción ahora delineada entre declaraciones enunciativas y preceptivas nos será útil para entender, según su figura característica, el contenido del negocio jurídico.

16. *Contenido del negocio; precepto de la autonomía privada*.- El elemento central y propiamente característico del negocio jurídico es el contenido de la declaración o del comportamiento (n. 11). Declaraciones y comportamientos trascendentes en el campo del Derecho privado pueden tener el más variado contenido. Pero solo ha de calificarse de negocio jurídico la declaración o el comportamiento cuando ofrezca un contenido preceptivo en orden a una materia de autonomía privada y respecto a tal contenido asuma función constitutiva, en el sentido de que el precepto solo en esta forma es operante de nuevas situaciones jurídicas.

En realidad, lo que el individuo declara o actúa con el negocio es siempre una regulación de intereses propios en las relaciones con otros sujetos, de la cual advierte aquél el valor socialmente vinculante antes aún de que sobrevenga la sanción del Derecho (n. 1). Característica del negocio es que ya su supuesto de hecho, antes aún que su efecto, prescriba una reglamentación obligatoria, la cual, reforzada que sea por la sanción del Derecho, está destinada a elevarse a precepto jurídico. No es ya -como frecuentemente se repite- que la voluntad privada por sí sola, por virtud propia, sea causa inmediata del efecto jurídico, ya que sin un orden jurídico que establezca el nexo funcional tal efecto no es siquiera concebible. Sino es que aquí el supuesto a que el efecto

[45] No siempre. Así. por ejemplo, tiene función constitutiva la notificación prevista por el art. 1.264 Cód. civ.

[46] Cfr. DI PACE, «Il negozio per «relationem»», en *Memorie*. Turín, 1940, II. 46, 29 y sigs.

jurídico se enlaza contiene él mismo un precepto de la autonomía privada, cuyo reconocimiento por parte del orden jurídico representa en su esencia un fenómeno de *recepción* (n. 2). El orden impuesto por las partes a sus intereses es valorado por el Derecho según sus puntos de vista generales, hecho propio con las modificaciones oportunas y traducido en los términos de un precepto jurídico.

Así, el precepto de la autonomía privada, expresado en forma de declaración o de comportamiento, es inmediatamente operante de los efectos jurídicos correspondientes a su función económico-social. Esta fuerza operativa inmediata, que podría también llamarse *constitutiva,* por su estrecha analogía con la eficacia operativa de las sentencias y pronunciamientos constitutivos, no está de ningún modo en contraste con el contenido preceptivo (de deber ser) propio de la declaración o del comportamiento, como ha pensado alguno[47]. En realidad, todas las estimaciones normativas del Derecho son formulables en términos de deber ser, pero no por esto son menos eficientes y actuales. Se trata de un deber ser que no se contrapone a la realidad como una mera exigencia o un no ser[48], sino que más bien, informa de sí la realidad de la vida social y solo se pone en antítesis con todo posible comportamiento disconforme.

En este punto se preguntará cómo se determina y delimita el «contenido» de un acto jurídico de autonomía privada, o en otros términos, qué es lo que debe ser declarado, qué especie de comportamiento debe ser observado para que se tenga un negocio jurídico. En general, puede decirse que la determinación del contenido típico de un acto jurídico escapa a la iniciativa individual y entra en la competencia de la conciencia social y del orden jurídico[49]. Y el criterio de determinación es que el contenido se extiende a todo aquello cuya expresión o ejecución es necesaria, según la conciencia social y el orden jurídico, para que la decoloración o el comportamiento pueda cumplir la función económico-social típicamente designada por su nombre (por ejemplo: venta, mutuo, aceptación de herencia)[50]. Solamente entonces será declarada o actuada en forma suficiente una típica reglamentación de intereses privados y el precepto de la autonomía privada podrá considerarse identificado y expresado de modo unívoco (más adelante, n. 34 *bis).*

---

47 Se alude aquí a quien, siempre sobre el terreno de la «Dispositiontheorie» formada frente a la vieja «Offenbarungstheorie» (HENLE, *Vorstellungs* u. *Willenstheorie,* 1910, 243 y sigs., 303 y sigs.), ha querido oponer a la concepción imperativa («Befehlstheorie») de la «Sollenserklaerung-, formulada por BÜLOW (*Gestaendnisrecht,* 125 y sigs.) y seguida últimamente por LARENZ *(Auslegung der Rechtgeschäfte,* 45 y sigs., 63 y sigs.), una concepción operativa o constitutiva («Vollzugstheorie»); ésta es defendida especialmente por HENLE, *Vorstellungs u. Willenstheorie,* 324, 348 y sigs.; *Lb. d. búrgerl. R.,* I, 41 y sigs. Cfr. ALLORIO, *Dir. proc. tributario,* 1942, 580 y sigs.

48 Posición ésta (propia de KELSEN, *Reine Rechtslehre)* criticada, por ejemplo, por HEGEL, *Wissenschafi der Logik,* ed. 1841, I, 139.

49 Cfr. SALEILLES, *Déclaration,* sobre el art.. 138, n. 4.

50 Para este criterio. CARNELUTTI, *Sistema.* II. 263, con preferente atención a la función técnica de los actos procesales.

Por lo que respecta a las declaraciones en que se contiene un negocio jurídico, cualquiera pueda ser su tenor literal, es siempre posible entresacar de ellas un contenido preceptivo. Es decir, es posible, ante todo, traducir las declaraciones en una regulación vinculante dispuesta para el futuro, y además, traducir ésta, a su vez, en términos de Derecho, extrayendo de ella un precepto jurídico. Esto sucede también allí donde el contenido preceptivo de la declaración sea menos visible, porque -como se ha advertido- lo que cuenta no es tanto el tenor de las palabras, como la situación objetiva dentro de la que ellas se pronuncian o suscriben y el marco de circunstancias que le prestan significado y relieve. Pues bien, el significado preceptivo puede estar implícito aun en una declaración representativa, ya de tenor asertorio (piénsese en el formulario de la *mancipalio* romana: *hunc ego hominem meum esse aio ex i. Q.),* ya de tenor confesorio (declaración de haber recibido, cuando acarree deber de restitución). En efecto, en la primera hipótesis la afirmación (a la que corresponde el silencioso reconocimiento del adversario), en la segunda la confesión, implican y suponen una declaración de deber ser para el futuro. En los ejemplos aducidos, el *meum esse* indica una pertenencia que deberá ser respetada por el enajenante, y el haber «recibido» denota una fiducia a la que deberá corresponder la restitución de la cosa confiada. Otras veces, el significado imperativo puede deducirse, teniendo en cuenta la posición del declarante y el concurso de las circunstancias, de lo que por sí no sería más que la expresión de un deseo, de una voluntad (en el riguroso sentido psicológico de esta palabra), o aún, de un consejo, y esto, precisamente, cuando tal expresión, en la apreciación social hecha propia por el Derecho, sobreentienda un juicio de valor vinculante, un «así deberá ser» en sentido jurídico. Semejantes expresiones indirectas o encubiertas, que son usuales, del contenido preceptivo, son posibles en cuanto basta que esté presente en la conciencia de las partes el valor socialmente vinculante, aunado con el resultado práctico típico del negocio. La concordancia de los efectos jurídicos con la intención normal dirigida hacia el resultado práctico es puramente objetiva, es decir, no es necesario en absoluto que a su vez sea consciente, querida. Es el orden jurídico, y él exclusivamente, quien provee a establecer la concordancia entre la una y los otros[51]. No depende del agente determinar si algún efecto, y de qué clase, se enlaza a un acto jurídico, puesto que aquél está solamente llamado a dar vida al supuesto de hecho dentro de la órbita trazada por el orden jurídico, siendo tarea exclusiva de éste formular los efectos que mejor responden a las exigencias del cuerpo social en general y de la autonomía privada en particular (n. 6). Como ya se vio en el capítulo I (n. 3), la institución del negocio jurídico no consagra

---

[51] BECHMANN, *Kauf,* II, § 105: LENEL. «Parteiabsicht und Rechtserfolg», en *Jahrbücher für die Dogmatik,* 1831, 154 y sigs., 249 y sigs.; SEGRE, «Studi sul negozio giuridico», en *Scritti,* I, 204 y sigs.; CARNELUTTI, *Sistema,* II. 406 (no sin alguna incerteza: 398 y sigs.) De contraria opinion, en la doctrina reciente, TUHR, *Allgem. Teil,* II, 106 y sigs., 161 y sigs., aun admitiendo que, en la mayoría de los casos, la parte se contentará con designar el efecto desde su faceta económica; más resueltamente, HENLE, *Lb. bürg. R ,* I, 39. Téngase presente cuanto se ha dicho en el n. 6 del cap. I.

la facultad de «querer» en el vacío, ni siquiera tutela la persecución de finalidades espirituales de orden superior, las que permanecen confiadas a la iniciativa individual o colectiva fuera del campo del Derecho (n. 5); antes bien, garantiza y sanciona la autonomía privada en la vida de relación, en cuanto se proyecta hacia la reglamentación de los intereses privados y de las relaciones que los afectan.

17. *Caracteres del precepto de La autonomía privada*.- El precepto de la autonomía privada que constituye el contenido del negocio jurídico presenta una serie de caracteres cuya ausencia puede reportar la inexistencia o nulidad de éste. Es un precepto, a) concreto, es decir, relativo a intereses determinados, sujetos al poder de los individuos y susceptibles de pasar de uno a otro, b) referente a la vida de relación, y en este sentido, social, pero no jurídico (el vínculo jurídico no es el contenido sino el efecto del negocio y presupone ya una apreciación de trascendencia por parte del Derecho). Es, en fin, un precepto, c) vinculante para quien lo establece y dotado de una eficacia legítimamente para otros, ya sobre el terreno social, antes aún que sobre el jurídico; como tal, idóneo para elevarse a hecho jurídico eficiente en virtud de una estimación y recepción por parte del Derecho.

Estos caracteres hacen también comprender dentro de qué límites un precepto de la autonomía privada es posible y plausible y, por tanto, capaz de trascendencia jurídica. Se trata de límites reconocidos por la conciencia social, antes aún que impuestos por el orden jurídico. Requisitos que, según la dogmática tradicional, suelen ser expuestos dentro de la teoría de las «obligaciones», como aquellos que debe reunir la prestación debida -la cual ha de ser posible, lícita y susceptible de una estimación económico-social que la reconozca correspondiente a un interés apreciable (art. 1.174 Cód. civ.; cfr. arts. 1.255, 1.258 C. C. esp.) - pero que constituyen en realidad los caracteres indefectibles de todo precepto de la autonomía privada.

Puesto que con tal precepto se actúa un poder de autonomía, y su eficacia vinculante y legitimadora queda en principio -conforme a la idea de la autonomía- circunscrita a la esfera de los individuos que le dan vida, es decir, las partes (n. 5), es lógico que aquél presuponga en las partes mismas ciertas aptitudes, cualidades personales y posiciones respecto a la materia del precepto. Además de una adecuada capacidad físico-psíquica de entender y de querer, que es una cualidad de la persona en general (n. 26), las partes deben revestir, ya según la conciencia social, una correspondiente legitimación en orden a los intereses concretos sobre los que su poder se emplea; no basta que dichos intereses estén en general sujetos a la autonomía privada, es preciso que se hallen sometidos al poder individual de las partes (n. 27). También aquí el Derecho, al reconocer la autonomía privada, acoge, aclara y precisa la concepción un tanto aproximativa de la conciencia social, y al unir al negocio efectos jurídicos congruentes con su típica función económico-social y, por tanto, a la normal intención práctica de las partes, establece una correlación entre ellos y aquellas circunstancias extrínsecas al negocio que, en contraposición a los elementos constitutivos, se califican de presupuestos de validez, referentes unos a los sujetos (capacidad y legitimación), otros al objeto (posibilidad, licitud, ponderabilidad: n. 28).

Así, al establecer el precepto, las partes, de un lado ejercitan poderes, del otro, encuentran límites negativos y cargas positivas que conciernen a la idoneidad de los medios puestos en acción y que acarrean el riesgo de la ineficacia. La inmediata eficacia vinculante y legítimamente de la declaración[52] es señalada por las mismas partes cuando dicen, por ejemplo: «declaro aceptar, recibir, comprar, transigir», etc. En cuanto a los efectos jurídicos, en cambio, las partes los operan por virtud de la recepción de que se ha hablado, pero no los declara necesariamente ni están forzados a ello, a la carga de tener de ellos conciencia. Lo que deben declarar y lo que tienen el deber de conocer es la reglamentación de intereses que se dispone para el futuro.

Ahora estamos en condiciones de descubrir la raíz del equívoco de perspectiva en que incurre quien identifica el negocio con el acto jurídico de ejercicio del derecho (*supra*, n. 4) y quien reconoce en él el contenido de la «voluntad» (n. 16). Ciertamente que el negocio configura el ejercicio de un poder de autonomía y, por tanto, requiere en las partes una legitimación. Y puede parecer que el reconocimiento por parte del orden jurídico transforme aquel poder en un derecho, pero no es así. La legitimación para el negocio tiene muy distinto sentido; sirve simplemente para justificar el que se produzca la eficacia del negocio en cabeza de las partes y en sus relaciones recíprocas. El efecto adquisitivo u oneroso no supone el ejercicio del derecho que está en juego, sino solo una posición tal respecto a él que justifique su adquisición o su pérdida.

En cuanto al segundo punto, nadie duda que el precepto sea hecho surgir por una voluntad dirigida a un fin determinado. Pero el hecho es éste: Que la voluntad, de por sí mera entidad psicológica individual, no adquiere efectividad social sino haciéndose visible a los demás bajo forma de declaración o de comportamiento y llenándose de un contenido socialmente apreciable en el terreno de la autonomía privada, es decir, concretándose en un precepto. Qué importancia le corresponda dentro del elemento subjetivo del negocio lo veremos seguidamente.

18. *Iniciativa y responsabilidad en el negocio en general*[53].- El negocio es un acto humano de importancia social, fruto de consciente iniciativa y, por tanto,

---

[52] HENLE, *Vorstellungs und Willensth.*, 341 y sigs., 349; ídem, *Lb. d. bürgerl. R.*, I. 42; CARNELUTTI, *Lezioni dir. proc. civ.*, I. 88.

[53] Sobre el tema ha de tenerse presente la crítica desarrollada en el n. 3 y, entre la bibliografía indicada en el cap. I. especialmente: BULLOW, *Geständnisrecht*, 115 y sigs.; HENLE, *Vorstellungs und Willenstheorie*, 305 y sigs.; SCIALOJA, *Responsabilità e volontà nei negozi giur.*, 1895, reeditado en *Scritti giur.*, I, 272; nuestro *Dir. rom.*, I, § 52, 58; además, con un planteamiento netamente subjetivista, VERGA, *Errore e responsabilità nei contratti*, 1941, 211 y sigs.

de libertad. Es un acto a cuyas consecuencias, aun las onerosas, debe el autor someterse en el mundo social y, por tanto, fuente de *autorresponsabilidad*[54]. Iniciativa y autorresponsabilidad son términos correlativos[55] que en el mundo social se presuponen y reclaman recíprocamente. Consciente iniciativa, o ea, libertad, antes del acto; autorresponsabilidad, o sea, necesidad de soportar las consecuencias una vez realizado el acto vinculante, sin otro límite y correctivo que el de la buena fe. Libertad -como se ha dicho varias veces- no de «querer» en el vacío y, por tanto, sin un contenido socialmente apreciable, sino libertad de dar vida a una regulación de intereses propios en las relaciones con los demás, operando con los mecanismos e instrumentos que el Derecho pone a disposición de los individuos para este fin. Por otra parte, una vez que tales mecanismos e instrumentos hayan sido empleados, por decirlo así, accionados, el individuo no es ya libre de sustraerse a las consecuencias, buenas o malas para él, de su funcionamiento (n. 6). El efecto del acto se dirige también contra su autor que queda por él ligado y como aprisionado[56]. Aquí se aprecia cabalmente el valor vinculante, normativo, que el acto de autonomía privada tiene en el terreno social, antes aún que en el jurídico, y en los mismos negocios de carácter revocable (valor del que es índice la carga de la revocación que incumbe a quien pretende removerlo). Este valor es algo inescindible del contenido mismo del negocio (n. 17) e inherente a su función social (cap. III), ya que la libertad que en el negocio encuentra su instrumento no es libertad de querer a capricho, de emprender un juego libre y sin compromisos, sino libertad coordinada y subordinada a una superior finalidad social[57]. Toda la dialéctica del negocio jurídico se apoya sobre esta antinomia entre libertad, que es antes, y autorresponsabilidad, que viene después (n. 2), y en consecuencia, entre el significado que estaba presente en la conciencia del declarante cuando hizo uso de su libertad y el significado objetivo que el negocio asume una vez concluido[58].

Ahora bien, el problema del elemento subjetivo del negocio jurídico consiste en ver si es referible al declarante o al agente, primero, a) el hecho de la declaración o del comportamiento, b) también, y sobre todo, su contenido y significado[59]. No consiste ya en ver si el momento en que fue emitida la declaración reflejase en su contenido un querer actual, puesto que en el acto de la emisión la deliberación del querer no es ya propiamente un hecho presente sino pasado[60]. Y así es también cuando el negocio consiste en un comporta-

---

[54] Sobre la autorresponsabilidad: BETTI, *Diritto processuale civile italiano,* segunda ed., 58; ídem, *Instituzioni di diritto romano,* segunda ed., I, 97, 143, 234; CARNELUTTI, *Teoria generale del diritto,* § 92; MICHELI, *L'onere della prova,* 1942, 50 y sigs.

[55] Cfr. N. HARTMANN, *Ethik,* 1926, 320 y sigs.; 664 y sigs.

[56] Este punto no parece haya sido considerado por ENNECCERUS, *Rechtsgeschäft,* 163.

[57] No existe, por ello, la pretendida incompatibilidad entre función instrumental y efecto vinculante del negocio, que LARENZ, *Auslegung der Rechtsgesch.,* 64, hace valer contra la tesis de HENLE, *Vorstellungs u. Willenstheorie,* 341 y sigs., 347, 349.

[58] LARENZ, *Auslegung,* 68 y sigs.

[59] LARENZ, *Auslegung,* 33, 35, 48.

[60] BETTI, *Dir. rom.,* I. 202; LARENZ, *Auslegung,* 49.

miento (n. 9). Se puede decir solo que el proceso volitivo, el *iter voluntatis,* se agota en el momento mismo en que se hace surgir el hecho exterior irrevocable de la declaración o del comportamiento[61]. Se puede decir también que el surgir de la acción es el comienzo del proceso formal que denuncia el término del proceso volitivo[62]. El punto de unión entre el hecho (declaración o comportamiento) y la voluntad determinante tiene importancia precisamente para establecer el nexo de referibilidad entre aquél y el agente[63].

19. *El elemento subjetivo del negocio en cuanto a la forma* y *en cuanto al contenido.*- El elemento subjetivo del negocio comprende únicamente aquellos aspectos de la actitud del sujeto que tienen trascendencia para el tratamiento jurídico. Puede ser idealmente distinguido en tres fases o momentos, correspondientes a los tres aspectos de! elemento objetivo: forma, contenido, causa.

a) A la forma, es decir, al acto, corresponde conceptualmente una voluntad del acto mismo, que debe ser voluntario: Voluntad de la declaración o del comportamiento. Por otro lado, no basta, como es evidente, que el acto sea materialmente realizado, debe ser también querido como declaración de la especie precisa o como comportamiento socialmente influyente frente a los demás[64].

---

61 Lo que parece no ha sido entendido por ALLARA, *Testamento,* 322, nota 4; cfr. MESSINEO, *Errare ostativo,* 17-18. Quien obra debe saber lo que quiere.

62 Así, CARNELUTTI, *Sistema,* II, n. 500, al final.

63 Al determinar el elemento subjetivo del negocio jurídico no se trata de hacer una completa descripción psicológica de la actitud normal del sujeto, sino de destacar los aspectos de la misma que ofrecen *trascendencia para el tratamiento jurídico.* Basta tener presente este criterio para encontrar una respuesta suficiente a las críticas de los que, junto a la conciencia, reclaman una precisa voluntad del contenido, sin satisfacerse con la determinación causal compleja. Es también obvia -en los casos en que la falta de conciencia es influyente- la observación de que entre *no saber* y *deber saber,* a los fines de justificar una autorresponsabilidad de la parte, la distancia es menor y el enlace aparece bastante más plausible que entre no querer y, a pesar de ello, hacer presumir que se ha querido.
Las cuestiones propuestas por GROSSO en *Studia el documenta historiae et iuris.* 2. 1936, 201, no tienen razón de plantearse porque se basan todas en el desconocimiento del nexo orgánico entre conciencia y determinación causal (más adelante, n. 19, *sub c),* ignorándose la presencia normal de esta última. Solo tiene sentido la consideración de que, cuando tiene valor la confianza ofrecida a la otra parte, es entonces decisivo el *deber tener conciencia,* y es indiferente la conciencia efectiva; pero justamente esta hipótesis es considerada por nosotros bajo el aspecto de la autorresponsabilidad, la cual toma el lugar de la conciencia deficiente precisamente allí donde el error (falta de conciencia) es influyente (n. 19, b; 55). (Útiles aclaraciones acerca de los prejuicios y errores corrientes en torno al concepto psicológico de conciencia pueden encontrarse en ROTHACKER, *Die Schichten der Persönlichkeit,* primera ed., 1938; segunda ed., 1941, cap. XI; das Problem des Bewusstseins).

64 En la doctrina alemana este momento subjetivo suele ser designado como «voluntad de la declaración» («Erklaerunswille»); v., por todos; BÜLOW, *Gestaendnisrecht;* TUHR, *Allgem. Teil,* II, 401; H. LEHMANN, *Allgem. Teil.* La distinción propuesta por HENLE (*Lb. d. bürgerl. R.,* I, 203 y sigs.) entre «Betaetigungswille» y «Erklaerungswille», afectando éste también al contenido y evento del acto, no ha tenido, justamente, seguidores, ya que, o bien engendra una confusión con el segundo momento, o supone inútilmente una voluntad abstracta del acto, sin entidad social.

b) Al contenido, es decir, al precepto de la autonomía privada (n. 16) debe corresponder en el agente la conciencia de su significado y valor. Se precisa que el autor conozca el significado objetivo de la declaración emitida, en su contenido total y en los varios elementos de que consta, y tenga noción del específico valor social del comportamiento que despliega; o sea, del significado y valor que a una declaración o comportamiento cales atribuye la conciencia social en el ambiente históricamente determinado en el que el negocio se realiza. Esta conciencia es también el fundamento de la autorresponsabilidad del agente (n. 18). Lo que nos hace responsables ante nosotros mismos de la situación en que venimos a encontrarnos con nuestros actos es el habernos hecho cargo de ellos y haber podido prever así, y medir, sus consecuencias[65].

Es cierto que en el camino de la objetivación del negocio según las exigencias y los conceptos del tráfico se ha llegado a reconocer el valor de negocio jurídico a formas de producirse en las cuales falta, tanto la voluntad del acto, como la conciencia de su contenido y valor. Pero aquí -como ya se ha señalado (n. 14, nota 3)- se trata solo de esto: Que la carga de conocimiento (el *deber saber*), en la estimación del Derecho, ocupa el puesto de la conciencia efectiva, y el haber descuidado cumplirla trae consigo una autorresponsabilidad que justifica la imputación del comportamiento concluyente, sobre la base de la confianza provocada en los demás (n. 14). El fundamento no es psicológico, sino normativo.

Están, por tanto, injustificadas las deducciones contrarias que de ese tratamiento jurídico del comportamiento concluyente se han querido extraer para el concepto general del negocio jurídico. Injustificada y absurda la ficción a que han recurrido ciertos secuaces impertérritos del dogma de la voluntad al considerar existente en aquellas formas de comportamiento una «voluntad de la manifestación» y al requerir en el autor un conocimiento que, de hecho, pueda no darse[66]. Injustificada y mal planteada la cuestión, presentada por otros, de si no obstante la falta de una «voluntad de la manifestación» y una correspondiente conciencia se tenga, sin embargo un negocio productivo

---

65 En la doctrina germana este segundo momento es designado a veces como «voluntad declarada», con lo que se da por supuesto que objeto de la declaración sea una «voluntad« (visión errónea, ya criticada), y, de todos modos, se confunde el elemento subjetivo con el elemento objetivo (cfr. CARNELUTTI, *Sistema*, II, 378 *aa*): otras veces se le denomina «voluntad de lo declarado» («Wollen des Erklaerten») sobre la pauta del § 116 del Cód. civ. alemán (HENLE, *Lb. d. bürgerl. R.*, I, 204), voluntad que, como seremos, no es de ningún modo indispensable, aunque sí normal; otras veces, en fin, es designado como «intención negocial» («Ceschaeftswille») o como «voluntad del resultado» («Erfolgswille») (TUHR, *Allgem. Teil*, II, 400 y sigs.), y es así confundido con el tercer momento, del que se habla en *c*. Solo algunos, como H. LEHMANN. *Allg. Teil*, emplean «Sinnbewusstsein», o, como KRAUSE, *Schwaigen im Richtsverkehr*, 1933, 2 (otra bibliografía allí, en nota), y MANIGK, *Das Richtswirksame Verhalten*, 97, 99, 214, 220, 239 y otros lugares, hablan, también correctamente, de «Erklaerungsbewusstsein».

66 Por ejemplo, ENNECCERUS, *Lehrbuch*, I, § 136, II, 3: 359 y sigs.; cfr. MANIGK, *Rechsw. Verh.*, 107 y sigs.; KELSEN, *Hauptprobleme d. Slaatsrechtsl.*, 114.

de efectos[67]; cuestión que resolviéndose en sentido afirmativo por parte de quien sigue la llamada teoría de la declaración conduce a reducir a un «supuesto de hecho mínimo» los elementos constitutivos de la declaración suficiente para un negocio[68], y a negar que la conciencia del contenido sea conceptualmente parte integrante de su elemento subjetivo[69]. El esfuerzo de reducir a un mismo concepto el negocio declarativo (n. 11) y las hipótesis de que tratamos, choca con la sinceridad constructiva y es totalmente vano, ya que dichas hipótesis no presentan, en cuanto a la figura normal del negocio, sino un apoyo, sobre cuya base la conciencia social o la ley configuran un tipo anómalo de comportamiento omisivo o, en general, de comportamiento concluyente (n. 14), igualmente vinculante para el interesado[70].

La apoyatura es aportada, precisamente, por la conciencia que acompaña al negocio y que en la vida de relación *debe* acompañar también a todo comportamiento que afecte directamente la esfera jurídica ajena. Cuando nuestra conducta sea adecuada para suscitar en otros, con los que estamos en relación, la razonable impresión de un compromiso por nuestra parte y, por tanto, sea apta para justificar una confianza[71], no es operante para la tutela de ésta que exista o no en nosotros la conciencia efectiva de su valor vinculante. En el puesto del saber subentra el *deber* saber, y a este deber es correlativo, en el caso de negligencia, una autorresponsabilidad que justifica la imputación de la conducta.

c) A la causa corresponde en el agente el interés y la proyección de la voluntad hacia un fin práctico, que se identifica normalmente con la actuación de la función típica (causa) del negocio en cada caso, pero que en supuestos anormales puede también diferenciarse de ella. La determinación causal de la voluntad, así entendida, es a la voluntad del acto (de que hablamos en a) como una voluntad final (de segundo grado) es a una voluntad instrumental (de primer grado) por cuyo medio aquélla se actúa. Como nexo entre la una y la otra voluntad funciona la conciencia del contenido del acto. Pero puesto que de la causa se tratará más adelante, en el cap. III, n. 21, remitimos también allí el estudio de este tercer momento subjetivo. Aquí hablaremos de los dos restantes.

a) En cuanto a la voluntad del acto diremos que es un elemento esencial e indefectible de todos los actos jurídicos, pero mientras en los actos jurídicos

---

67 La cuestión es presentada también recientemente por CARIOTA-FERRARA, «Volontà, manifestazione, negozio giur.: un problema nuovo», en *Annuario di dir. comparato*, 1941, 376, 394 y sigs. El planteamiento es justamente criticado por MANIGK, «Natura ed inquadramiemo degli atti giur. priv.», en el mismo *Annuario*, 1942, 157 y sigs.

68 Sobre ello. MANIGK, *Rechtswirksames Verhalten*, 106 y sigs., 93, y en *Annuario*, cit., 1942, 159.

69 En este sentido, especialmente KRAUSE, *Schweigen im Rechtsverkehr*, 1933, 2, y los escritores allí citados, en segundo lugar.

70 La configuración por tipos puede ser obra de la ley (MANICK, *Rechtswirk. Verhalten*, 107, 279 y sigs.: geseztlich typisierte Erkl.), pero no necesariamente.

71 MANIGK. *Retchtwirk. Virhalten*, 123, 164 y sigs., 181 y sigs., 237 y sigs., 278; CARIOTA. loc. cit., 396.

distintos de los negocios, sean lícito o ilícitos, ésta es en principio la única voluntad que cuenta para el Derecho, asume en los negocios una especial importancia, junto a ella, la determinación causal, a la que sirve de medio[72]. La trascendencia de este momento subjetivo se destaca allí donde una actuación, observada en su material exterioridad y separada del marco de las circunstancias, adopta la apariencia de una declaración o de un comportamiento negocial, cuando en realidad, encuadrada por las circunstancias, no constituye un negocio y representa un valor social esencialmente distinto. Pensemos en la reproducción que se haga del tenor de un negocio jurídico para un simple fin de enseñanza. Aquí el acto es querido, no como negocio, sino en cuanto representación didáctica del negocio, lo que es cosa muy distinta. Otro tanto ha de decirse de la reproducción que de un negocio se haga en el curso de una acción dramática teatral. También aquí el acto es realizado, no como negocio de la vida real, sino como su representación fantástica, que se encuadra en el drama y responde a aquella personalidad, igualmente fantástica e irreal, que el actor se atribuye sobre la escena. Juzgaría superficialmente quien quisiese hallar en tales fenómenos alguna analogía con el negocio simulado[73]; en éste las partes siempre quieren realizar, de todos modos, un acto socialmente operante como negocio y están bien enteradas del significado objetivo que su contenido tiene como tal, mientras que no ocurre esto en los casos que hemos supuesto. Es quizá superfluo detenerse en otros ejemplos de escuela. Pero ha de subrayarse que la voluntad en cuestión no significa que el acto ha de ser también espontáneo. Un acto psicológicamente forzado es, sin embargo, siempre, un acto referible a la voluntad de quien lo ejecuta, porque la coacción psicológica, lejos de excluir la voluntad, la presupone, haciendo actuar solamente un factor anormal sobre la determinación causal, y constituyendo así un vicio de ésta[74].

b) En cuanto al contenido preceptivo del acto, es momento subjetivo suficiente la *conciencia;* no se requiere también una específica voluntad[75]. Si bien es normal que acompañe a la conciencia una voluntad del contenido, no es necesario, ni siquiera socialmente influyente, que la declaración o la conducta exterior sea también *sincera,* es decir, tenga tras ella y refleje en sí fielmente, una voluntad efectiva. Del mismo modo que ante los demás puede valer una declaración representativa, aunque falsa, vale también una declaración preceptiva, aunque sea insincera. La insinceridad -asuma la forma de reserva mental, de broma no evidente, o (hacia los terceros) de simulación- es asunto interno del declarante y no paraliza el vigor social y jurídico del negocio.

---

[72] Esta reserva queremos hacer a la construcción general trazada por Carnelutti, *Teoria generale del reato,* n. 55-56, 71; ídem, *Sistema,* II, n. 511.

[73] Es de otra opinión Carnelutti, *Sistema,* II. 407.

[74] Más adelante, cap. VII, n. 56, B; cfr. Carnelutti, *Sistema,* II, 416 y sigs.. quien, aun intuyendo esta situación psicológica, comete el error de no distinguir entre voluntad de primer grado y voluntad de segundo grado, llegando a negar que la violencia sea un vicio también de ésta.

[75] Véanse nuestras indicaciones en *Istituzioni di diritto romano,* segunda edición, I, 105, n. 1.

Atañe al fuero interno e interesa a la moral mejor que al Derecho[76]. Ciertamente que si el negocio consistiese en una declaración «de voluntad» -como por inercia mental se considera corrientemente-sería una contradicción en los términos admitir la posibilidad de una declaración semejante, falta de la voluntad que se trataría de declarar[77]. Pero la contradicción desaparece una vez se reconozca que la declaración característica del negocio contiene solamente un precepto destinado a valer frente a los demás.

Así como no es necesaria una puntual voluntad del contenido, no lo es tampoco, a más de la conciencia, una especial estimación del acto como vinculante, diríamos, una *opinio necessitatis,* aunque normalmente también se presenta[78]. Quien realiza voluntariamente un acto de autonomía privada, dándose cuenta del significado que aquél tiene según la conciencia social, reconoce por ello mismo, regularmente -como enseña la experiencia- el valor vinculante de cuanto hace o declara. La apreciación del carácter vinculante es inmanente a la conciencia del significado. Por donde, basta tal conciencia, y no se precisa más, para la referibilidad del contenido y significado del acto a su autor. Si éste quiere excluir o limitar en el caso concreto la deducción genérica de la experiencia, tiene la carga de hacer visible a los otros la falta de la seriedad necesaria, o de acompañar la declaración o conducta con reservas igualmente ostensibles, dirigidas a despojarla de su valor vinculante, a excluir éste respecto a ciertas consecuencias normales *(naturalia negotti)* o a subordinarlo a la verificación de determinados casos (condiciones), y así sucesivamente. También aquí es requerida solo en sentido negativo una iniciativa individual (n. 6, *in finé).* A falta de una exclusión o limitación que sea apreciable por los demás, el contenido del acto es referible, en su significado social, al autor que fue consciente de él. Si, y en qué sentido, la falta de conciencia del contenido (es decir, el error), dependiente de hecho o negligencia del mismo declarante, pueda -según un criterio de autorresponsabilidad- serle igualmente imputada, es cuestión que será discutida cuando se expongan los vicios del elemento subjetivo y su tratamiento jurídico (cap. VII, n. 55). La trascendencia de tales vicios es diferentemente determinada, en la doctrina actual, según el punto de vista adoptado sobre la llamada «relación entre declaración y voluntad». De las distintas posiciones mantenidas al respecto haremos una crítica de principios cuando se trate de la interpretación (capítulo VI, n. 44).

---

76 Nuestras observaciones en *Dir. romano,* I, § 64: «Trattamento del negozio simulato nel dir. romano classico e nel dir. Giustinianeo», en *Atti del congresso di studi romani,* 1937.

77 Cfr. va KELSEN. *Hauptoproblemt d. Staatsechtl.,* 127.

78 En este sentido se puede admitir con MESSINA, *Negozi fiduciari,* 68, que el reconocimiento por parte del Derecho reacciona sobre la intención práctica de las partes.

CAPÍTULO TERCERO

FUNCIÓN DEL NEGOCIO JURÍDICO

SUMARIO: 20.- Génesis y elementos constitutivos de la causa del negocio jurídico.- 21. Trascendencia jurídica de la causa del negocio, especialmente en su aspecto subjetivo.- 22. Trascendencia político-legislativa de la causa del negocio como razón de la tutela jurídica.- 23. Tipicidad de las causas de negocios jurídicos y su actual significado. Admisibilidad limitada de abstracciones de la causa.- 24. Clasificación de los negocios según la influencia directa o indirecta de la causa: Negocios causales y negocios abstractos. Grados de abstracción [*].

---

[*] Véanse, además de los estudios generales sobre el negocio jurídico citados en el n. 1: SCIALOJA, *Negozi giuridici,* ed. 1933, § 22, págs. 161 y sigs.; ídem. *Corso di istituzioni,* 1912. cap. VII, nn. 8 y 20, págs. 339 y sigs., 398 y sigs.; SALEILLES, *De la déclaration de volonté,* sobre el art. 133; ENDEMANN, *Einführung, in Das Studium des B. G. B.,* novena ed., 1903, I, §§ 108-109; CROME, *Parte generale del diritto privato francese moderno* (trad. It.), § 32; COVIELLO, *Man. dir. civ.,* § 130; TUHR, *Allgemeiner Teil.,* III, § 32; mis indicaciones en *Bull. dir. rom.,* 41, 1933, 160-163; ídem, *Dir. rom.,* I, 209 y sigs., 218-21, 241-45. Para la formación dogmática de los conceptos de «causa del negocio» y «negocio abstracto»: POTHIER, *Traite des obligations,* 1761, nn. 42-46 (cfr. HUVELIN, *Cours élémentaire de droit romain,* II, 1929, 140 y sigs.); LIEBE, *Die Stipulation und des einfache Versprechen,* 1840, § 7 y sigs.; GNEIST, *Die formellen Verträge da neueren römischen Obligationrnrechts in Vergleichung mit den Geschäftsforen des griechischen Rechts.,* 1845, 113 y sigs.: BAEHR, *Die Anerkennung als Verpftichtunsgrund,* primera ed., 1885; tercera ed., 1894, §§ 9 y sigs., 17 y sigs.; SCHLOSSMANN, *Zur Lehre von der causa,* 1868; LOTMAR, *Ueber causa in römishen Recht: Beitrag zur Lehre von den Rechtsgeschäften,* 1875, 18 y sigs.; KARSTEN, *Die Bedeutung der Form in Obligationenrecht,* I: Die Lehre von der Stipulation, 1378, 25 y sigs., 127 y sigs.; LENEL. en *Archiv für die civilistiche Praxis,* 74, 1889, 230 y sigs.; 79, 1892, 62 y sigs.; KINDEL, *Das Rechtsgeschäft und sein Reechtsgrund,* 1892. §§ 7 y sigs.: KLINGMULLER, *Der Begriff des Rechtsgrundes, seine Herleitung und Anwendung,* 1901, § 4, 7 y sigs.; STAMPE, *Das Causa-Problem des Zivilrechts,* 1904; idem, «Causa und abstrakte Geschäfte», en *Zeitschrift f. Handelsrecht,* 55, 1904, 387 y sigs.; TUHR, Zur *Lehre von den abstrakten Schuldverträgen nach dem B. C. B.,* 1903; idem, *D. allgemeine Teil d. Bürgerl. R.,* II, 2, 1918, § 72, págs. 62 y sigs.; BIENENFELD. *Die Haßungen ohne Verschulden,* 1933, 293 y sigs. (bibliografia en 293, n. I; 302, nn. 38 y sigs.); VENEZIAN. *La causa de contratti,* 1892, incluido en *Opere giuridiche,* I, 347 y sigs.; FERRARA, «Sul concetto dei negozi astratti e sul loro giuridico riconoscimento», en *Riv. dir. comm.,* 1904, 281 y sigs.; idem. *Teoria del negozio illecito,* segunda ed., 1914, 71-80; idem, «La causa illecita», en *Studi Chironi,* I. 119 y sigs.; BONFANTE, *Il contratto e la causa del contratto:* ibid.. 1908, 115 (reeditado en *Scritti giuridici,* III, 125 y sigs.); COVIELLO. *Man., dir., civ..* § 130; BARASSI, «Causa», en la *Enciclop. giur. ital.;* idem, *Istituzioni di dir. civ.,* segunda ed.. 1921, § 39; SEGRÉ. en *Scritti giuridici,* I, 326 y sigs. (*Concetto del neg. giur.,* n. 32), 364 y

20. *Génesis y elementos constitutivos de la causa del negocio jurídico*.- El factor nuevo que la autonomía privada aspira a introducir en la situación preexistente (n. 1, cap. introd.) exige una justificación objetiva. Examinada la estructura -forma y contenido (el cómo y el qué cosa) - del negocio, es ahora tiempo de investigar su función (el porqué). Tal función, que con término técnico legitimado por la tradición, se denomina la «causa», o sea, la razón del nego-

---

sigs., 672, n. 1; idem, *Corso di dir. civ.*, 1928-29 (Parte generale), nn. 89-93; LA LUMIA, en *Riv. cit.*, 1914. 741 y sigs.; nuestras notas, ibid., 1928, II, 158, 166 y sigs.; ASCARELLI. ibid., 1932. 254 y sigs., 391 y sigs.; MESSINEO, *Titoli di credito*, segunda ed.. I. 164 y sigs.; COGNETTI DE MARTIIS, «La causa nel sistema dei diritti», 1916, en *Arch. stor. prov. parm.*; MOTTA, «La causa delle obbligazioni nel dir. civ.», cit., 19029, 13 y sigs. 24 y sigs., 147 y sigs.; DI GENNARO, *Contratti misti*, 1933, 33 y sigs.; CARNELUTTI, *Teoria generale del reato*, 1933. 151 y sigs.; idem. *Sistema del diritto processuale civile*, II. 1938. nn. 511-519; *Levi, Istituzioni di teoria gen. del dir.*, 1935, II, 160-64; G. ANDREOLI, *Contributo alla teoria dell'adempimento*, 1937, 91-95; PUGLIATTI, *Nuovi aspetti del problema de la causa nei negozi giur.*, 1934; R. NICOLO, *L'adempimento dell'obbligo altrui*, 1936, 184-193; FRANCESCHELLI, en *Riv. dir. priv.*, 1934, II, 208; idem, *I consorzi industriali*, 1939, 307 y sigs.; BRACANTINI, *L'anonima con un solo azionista*, 1940, 26 y sigs.; MALVAGNA, «Il probi, di cusa nei contratti», en *Rev. dir. civ.*, 1934, 113; RUBINO, *Neg., ind.*, 103 y sigs.; ANDREOLI, *Ripetizione d'indebito*, 16 sigs.; TRABUCCHI, *Il dolo nella teoria dei vizi del volere*, 72 y sigs.; FERRARA jun., *Girata della cambiale*, 277 y sigs.; DEIANA, «Alcuni chiarimenti sulla causa del negozio e dell'obbiigazione», en *Riv. dir. riv.*, 1938, 1 y sigs., 105 y sigs.; NICOLÓ, en *Riv., dir. comm.*, 1939, II. 10; GIORCIANI, *Negozio d'accertamento*, n. 17; TRIMARCHI, *Atto giur. e negozio giur.*, 39-51; BARBERÒ, *Il contratto-tipo nel dir. ital.*, 130 y sigs.; idem, «Negozio unilaterale e titoli di credilo astratti sotto el profilo della 'causa'», en *Rivista bancaria di assicurazioni e di servizi tributari*, 1941 fase. 5; CARIOTA-FERRARA, *In tema de astratteza dell'obbligazione cambiaria e causalità del neg. di trasmissione*, 1938; D'ANTONIO, *La causa dei negozi giur.*, 1934, 50-63; FERRARA sen., *Teoria dei contratti*, 127-136. Entre la literatura francesa reciente: CAPITANT, *De la cause des obligations (contrats, engagements, unilateraux, legs)*. 1923, 84 y sigs.; RIPERT, *La règle morale des obligations*, segunda ed., nn. 32-36 (bibliografia en p{ag. 63, n. 2); JOSSERAND, *Cours de droit civil positif français*, II, n. 126-148 (bibliografía en el n. 126); JONASCO, «Les récent destinés de la théorie de la cause en droit civil», en *Revue trimestrielle de droit civil*, 30, 1931, 29-68; STOFANOVICI e BARASCH, «La théorie moderne de la cause des obligations et son expression dans le projet du code civil roumain-, en *Etudes Capitani*, 1938, 781-315: VAN KAN, *L'origine de l'obligation sans cause du code civil* (ibid., 875); VOIRIN, ibid.. 895; SIMONIUS, *Quelques remarques sur la cause des obligations en droit suisse* (ibid., 753- 767, el cual mantiene, creemos que erróneamente, que el principio de la confianza, con sus presupuestos, ha ocupado el puesto de la noción de causa; 759-762). Para la historia del dogma, véanse especialmente: C. CHEVRIER, *Essai sur l'histoire de la cause dans les obligations (droit savant du moyen age-ancien dr. franç.)*, 1929, 25 y sigs., 142 y sigs. (excelente estudio histórico-dogmático); BUCKLAND y MAC NAIR, *Roman law and common law*, 1936, 171 y sigs.; E. BATTISTONI, *La causa nei negozi giuridici (dal dir. intermedio al cod. civ. Ital.)*, 1932, 9 y sigs., 23 y sigs. (recopilación de interesantes materiales). Sobre la causa en el Derecho financiero. RANELLETTI, «Natura giuridica delle imposte», en el *Municipio italiano de* 1898; GRIZIOTTI, *Principi di Politica, Diritto e Scienza delle Finanze*, 1929, 155-158; idem, «Finanz-theorie und Finanzrecht». en *Zeitschrift fur Nationalekonomie*, Nov. 1936; idem, «Rifflessioni di diritto internazionale, diritto, economia e finanza», en los *Studi per la scienza giur. e sociali de la Facultad de Jurisprudencia de Pavia*, XXI, 1936, 119-112; idem, «L'applicazione della causa nel dir. finanziario», en *Riv. di dir. finanziario e scienza di finanze*, I; VANONI, *Natura et interpretazione delle leggi tributarie*, 1932, 191-111; PUGLIESE, *Istituzioni di diritto finanziario*, 1937; *Jarach, Principi per l'applicazione delle lasse di registro*, 1937, 7 y sigs.
Para la critica de la ley de *iure condendo*, BETTI, «Per la riforma del cod. civ. in materia patrimoniale», en *Rendic. Istit. Lomb.*, 1941, 326-328, 338, 346, 364 y sigs.

cio, se enlaza lógicamente al contenido de éste, sin llegar por eso a identificarse con él. Contenido del negocio es -como se ha dicho (n. 16)- no ya una voluntad cualquiera, vacía e incolora, sino un precepto de la autonomía privada con el que las partes proveen a regular intereses propios en las relaciones entre ellas o con terceros, en vista de fines prácticos de carácter típico, socialmente ponderables por virtud de su constancia y normalidad. Quien promete, dispone, renuncia, acepta, no tiende pura y simplemente a obligarse, despojarse de un bien, transmitirlo, adquirirlo, sin otro fin, no pretende hacer todo ello por el solo placer de realizar un acto que es fin en sí mismo. Sino que mira siempre a alcanzar una de las finalidades prácticas típicas que rigen la circulación de los bienes y la prestación de los servicios en la vida de relación: Obtener un equivalente, cambiar un bien o servicio por otro, dar crédito, donar, cumplir una obligación precedente, acallar una pretensión, transigir un litigio, etc. En todo negocio, analizado su contenido, se puede lógicamente distinguir una reglamentación de intereses en las relaciones privadas, y concretada en ella -cuando, como es normal, no haya sido separada (n. 24)- una razón práctica típica inmanente a ella, una «causa», un interés social a que aquélla responde. En los negocios patrimoniales esta causa tiene, ya según los módulos de la conciencia social, el valor de título justificativo, tanto de la pérdida como de la adquisición que el negocio está destinado a producir para una u otra parte o para ambas. En efecto, la circulación de los bienes y la prestación de servicios dan lugar a variados conflictos de intereses entre quien aspira a tener, a mudar el actual estado de hecho y quien deberá perder, y los mismos interesados discuten y establecen, ya sobre el terreno social, criterios para resolver o prevenir tales conflictos, para compensar o, en general, justificar la pérdida, legitimar la adquisición (n. 22). No siempre el negocio está destinado a reportar una «ventaja» o una «compensación» a la parte (como, por ejemplo, se presupone en la utilitaria doctrina anglosajona de la *consideration)*[1]; esto ocurre en los contratos a título oneroso (n. 39), pero no en otros, y no sucede nunca en los negocios *mortis causa.*

---

1 Según la doctrina anglosajona, para hacer vinculante una promesa o para justificar una atribución patrimonial se requiere una «consideration» apreciable *(valuable)* que puede consistir en una ventaja o compensación para el promitente (o disponente), o en un correspondiente sacrificio (pérdida, limitación, riesgo, responsabilidad) asumido o soportado por el destinatario (sobre el tema. POLLOCK, *Principles of contract,* IX, 10 ed., 1936, 164; STEPHEN'S, *Commentaires on the laws of England,* 17 ed., 1922, III, 17; CHITTY, *A treatise on the law of contracts,* octava ed., 1931, 31. 455; WHARTON'S, *Law lexicón,* 14 ed., 1938, 235). La «consideration» debe provenir del destinatario de la promesa *(promisee), es* decir, debe ser, o provocada por una promesa correspondiente suya (en cuyo caso, la consideración se denomina *executory),* o justificada por una prestación que se hace por él en atención a la promesa *(executed cons.).* o, al menos, hecha a requerimiento suyo (LEAKE, 459 y sigs.; POLLOCK, 165 y sigs.; HAMSON, en *Law quarterly review,* 54, 236). En sustancia, la «consideration» no es más que un simple aspecto de la noción (fundamental dentro de la concepción utilitaria anglosajona) del *bargain,* o sea, del *affare* con que se identifica el contrato. De tal modo, que la «consideration» puede configurarse también como la aceptación contractual, pero mirada del lado del proponente. En efecto, la aceptación es un acto (sea promesa correspondiente, sea ejecución) que se solicita por el proponente a

cambio de su promesa: es la respuesta a una propuesta. Y es «consideration» el acto que se ejecuta, tras solicitud del proponente, en respuesta a su promesa; no es esencialmente otra cosa que respuesta a tal requerimiento (así, justamente, C. J. HAMSON, «The reforme of consideration», en *Law quarterly review,* 54, 1938, 234, haciendo notar la incongruencia de una reforma que no tenga en cuenta la profunda raíz de la noción en el sistema contractual anglosajón). Ahora bien, las ideas de propuesta y aceptación no tienen sentido para los anglosajones respecto a un acto gratuito. Y. por unto, no constituyen una «consideration», ni la promesa de donación, ni la asunción gratuita de un encargo o de una garantía, ni la asunción espontánea de una gestión de negocios ajenos, ni la liberación (en cuanto tal) de una obligación (HARTMANN, en *Archiv f. d. civ. Pr.,* 77. 226 y sigs.). Tampoco el cumplimiento de un deber puramente moral (llamado «moral consideration») basta para configurar una «sufficient consideration» (*Chitty,* 10 ed., 36. 12 ed., 31; LEAKE, 236; HARTMANN, loc. cit., 129 y sigs.), y así. por ejemplo, no es vinculante la promesa hecha con finalidad remuneratoria de un beneficio ya recibido (LEAKE, 463). Ante la imposibilidad o dificultad de admitir una «sufficient consideration» en las «informal gratuitous promises», las recientes tendencias político-legislativas sobre la reforma del dogma en cuestión se han pronunciado en diferentes sentidos. De un lado, se ha propugnado la abolición del requisito de la «consideration» para tales promesas (v. informe en *Zeitschrift f. ausl. u. internat. Privatr.,* 10, 1936. 1.010, sobre una proposición de Lord *Wright);* otros querrían que la reforma tuviese en cuenta la disciplina romana de la *stipulalio,* que podría acogerse para hacer vinculantes tales promesas (en este sentido, C. J. HAMSON, «The reform of consideration», en *Law quarterly review,* 54, 1938, 233 y sigs., 256 y sigs.).
En lo que respecta a la reforma de la «consideration» a que tiende la jurisprudencia americana, según las directrices del *Restatement of the law of contracts* (especialmente, § 90), parece inspirarse en los siguientes criterios (siguiendo la exposición de BECKER, «Zur neueren Entwicklung der consideration-Lehre im amerikanischen Recht-, en *Zeitsch. f. ausl. u. internat. Privatr.,* 9, 1935, 293-298): 1.° Una promesa no revestida de forma es vinculante solo cuando exista frente a ella una compensación (consideration) negociada, o sea, en correlación sinalagmática (in exchange) con un negocio (bargain). 2.° La compensación puede consistir, o en una promesa correlativa o en un correspondiente comportamiento del promisario (promissee), que representa para él un sacrificio en interés del promitente. 3.° El sacrificio debe significar para el promisario un sacrificio patrimonial efectivo, y ello se deduce, sin más, de la circunstancia de que el comportamiento sea observado por el a solicitud (request) del promitente. Pero -y así se declara en una sentencia muy conocida del Juez Cardozo- puesto que el perjuicio puede consistir también en un dispendio o daño ocasionados por la confianza en la promesa ajena, y en vista del cumplimiento de ella, o sea, atendiendo a la ejecución de la donación, se prefiere, mejor que el dogma de la «consideration» (ya que no existe entonces un sacrificio en el sentido de este dogma), el concepto del «promissory estoppel», que prohíbe al promitente ir contra el propio acto (WHARTON, 381: «estoppel», 2; el «estoppel» tiene su sede propia en la doctrina del sinalagma funcional, pero aquí afecta a lo que se podría designar como un sinalagma genético). Entonces no existe ya, frente a la promesa, una compensación o sacrificio en correlación sinalagmática con aquélla, sino solo un perjuicio causado al promisario por una confianza (reliance) cuyo nacimiento era, por parte del promitente, previsible (cfr. HAMSON, en *Law qual. rev.,* 54, 248 y sigs.); para remediar este perjuicio, parece la vía mis adecuada el hacer vinculante la promesa. Es necesario advenir, sin embargo, que la citada máxima está lejos de encontrar unánime aceptación en la jurisprudencia americana, reprochándosele por alguno que signifique una recaída en el viejo e inservible concepto de la «moral consideration». De todas formas. es sintomático de la estrecha construcción contractual y de la orientación utilitaria de la mentalidad anglosajona el esfuerzo que se ve obligada a realizar cuando siente la necesidad de superar los esquemas tradicionales.
Sobre la «consideration», véase también indicaciones y bibliografías en LEVY-ULLMANN, *Le systime juridique de l'Angleterre,* I, 151 y sigs., y en RHEINSTEIN, *Die Struklur des vertraglichen Schuldverhältnisses im anglo-amerikanischen Recht,* 1932, 55, nn. 10-10 a; HARTMANN,

Sin embargo, existe siempre un *interés* plausible, es decir, socialmente atendible, por lo menos de carácter ideal y de contenido moral, *en el cambio* de la situación existente y, en particular, en la atribución patrimonial, tanto del lado de quien la hace -hágala o no contra un equivalente- como, si es parte, del lado de quien la recibe (Cód. civ. 1.174, 1.411, § 1.ª; cfr. arts. 1.255, 1.258, 1.257, 2.° C. C. esp.).

Solo una visión unilateral o atomista ha podido llevar, a veces, a identificar la causa con singulares elementos del negocio y darle de esta manera una configuración dogmática inadecuada (precisamente por unilateral) , o a impugnar la misma legitimidad del concepto de causa como entidad distinta de los elementos singulares. Ciertamente, la situación nueva que el negocio aspira a crear en lugar de la preexistente, puede ser considerada desde el punto de vista de los disantos intereses en juego, y la perspectiva de las dos situaciones cambia y se traslada según el interés desde cuyo punto de vista se construye. La esencial relatividad de la perspectiva en función del punto de vista que se acoja explica el desplazamiento que origina el cambio de aquél, y la unilateralidad de visión que resulta cuando la causa del negocio es constreñida a significar puramente la causa de la obligación o la causa de la atribución patrimonial[2]. Unilateral es también la consideración que ese hace solo desde el punto de vista social o individual, que ha conducido a elaborar una noción de la causa «objetiva» o «subjetiva», respectivamente. Porque mientras el interés individual en la conclusión del negocio contempla, naturalmente, un fin de carácter contingente, que no basta en absoluto a justificar la tutela jurídica del negocio, al contrario, el interés social en tal tutela, según se deduce de la función económico-social del tipo de negocio abstractamente conside-

«Crundprizipien der Praxis des englisch-amerikanische Vertragsrechts gegenüber der deutschen gemeinrechtlichen Vertragsdokmn», en *Archiv f. d. civil. Praxis,* 77, 160-242, especialmente 223 y sigs.; y para una orientación sobre las tendencias que inspiran la reforma de la «consideration» en América, los artículos publicados en el quinto fascículo de la *Columbia law review* de 1941, por M. S. MASON, «The utilicy cf consid.: a comparative view» 825-848, especialmente, 828-831; L. L. FULLER, en la misma rev., 799- 824; *Hays,* ibid., 849-862, y *Llevellyn.* 63-376. Sobre la formación del dogma de la «consideration» en el Derecho inglés, véanse: HOLDSWORTH, *A hislory of english law,* VIII, 1925, 21 y sigs.; para un cotejo entre causa y «consideration», 42-47; sobre la máxima «real importa a consideration», ibid., III, 1923, 419 y sigs. Sobre el concepto de «consideration» en el Derecho angloamericano (con particular aplicación a los contratos celebrados en atención a un matrimonio), cfr. Ap. Roma, 19 diciembre 1933 (*Foro,* 1934, I, 609) con nota de M. MATTEUCCI; también FRANCESCHELLI, en *Riv. dir. priv.,* 1934, II, 208; FERRARA, en *Riv. dir. comm.,* 1939, 437.

2 En este sentido: TUHR, *Ascarelli, Messineo, Di Gennaro. Nicoló, Andreoli,* en las obras citadas en la ñola bibliográfica; DEIANA, en *Riv. dir. civ.,* 1938, 146-150; TRIMARCHI, 45, nn. 19-52. Es instructivo el análisis de DEIANA, «Alcuni chiarimenti sulla causa del negozio e dell'obbligazione», en la cit. *Riv. dir. civ.,* 1938. 1 y 105, justamente porque muestra los resultados engañosos y sustancialmente negativos a que conducen las distintas visiones unilaterales y atomistas de la causa; unilateralidad que liega incluso a hacer desconocer todo nexo lógico entre causa del negocio y causa de la obligación (término ese último, por otra parte, que en el Código italiano de 1865 no designaba otra cosa que el negocio obligatorio).

rado, no es suficiente para justificar la efectiva conclusión del negocio concreto, sin un específico interés que en cada caso lo determine. De aquí la necesidad de considerar la causa del negocio desde varios aspectos, evitando con ello una visión parcial y desintegradora.

Perspectiva unilateral es, ante todo, la de quien identifica la causa con el elemento subjetivo del negocio, ya con el consentimiento en los contratos (Pacchioni)[2a], ya con la voluntad y sus motivos en los negocios unilaterales. Aquí, evidentemente, se confunden dos aspectos disantos que aun en el negocio a título gratuito se mantienen bien diferenciados: El aspecto de la estructura (contenido y el aspecto de la función (causa), a los cuales corresponden dos actitudes subjetivas igualmente diferentes. La atribución patrimonial, o en general, la definición de intereses, si bien es dispuesta por la parte o estatuida por el acuerdo de ambas partes, ¿para qué fin lo es? Ella no encuentra una justificación suficiente en sí misma, escindida de un interés plausible que la determine. La voluntad de las partes no se limita solo a la atribución patrimonial, puesto que ésta no es fin en sí misma, sino que abraza también el interés determinante y en la realidad no es concebible desnuda e incolora, privada de este interés, el cual luego, atendiendo a su constancia y normalidad (y con respecto a su legitimidad) se identifica con la causa del negocio, consideraba bajo el aspecto subjetivo (n. 21). Ni siquiera en el negocio a título gratuito la atribución patrimonial es fin en sí misma, sino medio para un fin, instrumento de un interés que la anima y vivifica. Solo que el fin, el interés, no es aquí un cambio o una compensación (como en la noción utilitaria de la *consideration*), sino el enriquecimiento ajeno sin una compensación. Ni tal fin o interés, de carácter objetivo, apreciable y atendible[3], debe ser confundido con los simples motivos individuales que en el caso concreto pueden haber determinado la intención de liberalidad (reconocimiento, remuneración de servicios, caridad, aspiración a la benevolencia, etc.). Una confusión entre causa y motivos individuales es inadmisible en el negocio a título gratuito no menos que en el negocio a título oneroso (donde es indiferente, por ejemplo, que alguien compre porque tenga necesidad de la cosa o porque quiera hacer un servicio al vendedor). Aunque en el caso concreto se encuentren ligados por un nexo psicológico a la voluntad de disponer y al consentimiento, que ellos determinan y proyectan hacia la causa, sin embargo, los motivos simplemente individuales no son elementos constitutivos de ella. Justamente por individuales son esencialmente subjetivos e internos, contingentes, variables, múltiples, diversos y, frecuentemente, también contradictorios. Como tales, son imponderables y, a diferencia de la

---

2a PACCHIONI, *Dei contraiti in generale,* segunda ed., 1936. 99, 104.

3 Para comprender esta noción objetiva del interés, sobre la que ha insistido especialmente CARNELUTTI *(Teoria gener. reato,* n. 56), puede ser útil compararla con la noción del interés en la acción elaborada por los procesalistas.

causa, no admiten una valoración social mientras no sean elevados a contenido del negocio; quedan, por tanto, intrascendentes también para el Derecho[4].

Mientras los simples motivos individuales son extraños a la causa del negocio, no lo es, en cambio, la llamada *causa remota.* La interferencia del negocio con una relación jurídica preexistente, coetánea o futura, puede dar lugar, a más de un nexo psicológico, a un nexo de carácter objetivo, unas veces constante y otras variable pero que, en todo caso, da razón de la causa según la naturaleza del negocio o según la concreta situación de hecho en que éste se cumple; nexo que ofrece, por tanto, una trascendencia jurídica indirecta, en la hipótesis de que la relación conexa se manifieste inconsistente. Se denomina «causa remota» un presupuesto objetivo de la causa típica que caracteriza al negocio; así, la tradición que se haga para cumplir una obligación existente, tiene por causa el pago, pero éste tiene a su vez por presupuesto la relación de obligación que se considera existe (art. 2.033; cfr. art. 1.865 y sigs. C. C. esp.). Se denomina igualmente así un fin típico ulterior que se injerte en la causa de modo visible; piénsese en una venta o en un pago que se haga en declarada conformidad con una precedente indicación (art. 1.269 Cód. civ.). Pero hablaremos de ello más adelante, a propósito de los negocios abstractos (n. 24).

Perspectiva unilateral es también la de quien, inversamente, caracteriza la causa como el conjunto de las «circunstancias objetivas»[5], como el «elemento objetivo» del negocio o como la «voluntad de la ley» (BONFANTE), en contraposición al elemento subjetivo, que se quiere encontrar en la «voluntad» individual. Debe tenerse presente la crítica hecha por Scialoja[6] de esta angosta visión, la cual además, cuando se remite a la voluntad de la ley no advierte que la causa, antes aún que una noción jurídica, es una noción social. Así contrapuestos, los dos elementos objetivo y subjetivo, terminan por aparecer extraños entre sí, más o menos como si el uno se colocara junto al otro para hacer resultar el negocio de la suma de ambos. La verdad es, por el contrario, que la causa es el interés normal determinante de la voluntad individual y que ésta se nos presenta, por lo regular, vuelta hacia la causa como a su fin práctico inmediato (en ello reside la consideración que justifica la otra concepción antes criticada). La causa del negocio no es causa ni concausa del «efecto» jurídico naturalistamente entendido (cap. introd. n. 1), sino razón determinante normal de la voluntad que establece el precepto del negocio. El Derecho -y ya antes que él la conciencia social- aprueba y protege a la autonomía privada, no en cuanto sigue el capricho momentáneo, sino en cuanto procura un típico interés en el cambio del estado de

---

4 V. la doctrina citada, más adelante, en la nota 10 del n. 21. En jurisprudencia, cfr. últimamente. Cas., 11 diciembre 1940 *(Rep. Foro,* 1940, voz Obblig. e contratti, n. 89).

5 Es también unilateral la visión de GIORGIANNI, *Negozio d'accertamento,* 1939, 57, que, sustancialmente, identifica la causa con la situación jurídica inicial (párrafo 1 prelim.) sobre la cual incide el negocio, puesto que esta situación no es más que el presupuesto lógico de la actuación de la función típica del negocio (así, por ejemplo, una incerteza origina el interés en la constatación y es el presupuesto del negocio de este tipo.

6 SCIALOJA, *Neg. giur.,* ed. 1907, 164-66; ed. 1933. 89-94; idem, Istit., edición 1912, 340-41.

hecho y se dirige a funciones sociales dignas de tutela. Puesto que, por ejemplo, es bueno proteger las compras, los arrendamientos en general, el Derecho, siguiendo las vías de la conciencia social, protege las singulares compras y arrendamientos, cualquiera pueda ser el motivo individual que concretamente induce a concluirlas, salvo que su ilicitud represente un abuso del negocio contrario a su destino (arts. 1.343-1.345 Cód. civ.; más adelante, n. 49; cfr. art. 1.275 C. C. español). La función de cambio que es causa de la compra o del arrendamiento justifica la protección social y jurídica otorgada a la voluntad individual que en el caso específico se dirige hacia aquella causa. Mientras las «circunstancias concomitantes» serían algo que permanece fuera, la causa, en cambio, se convierte en el interés determinante de la misma voluntad, en suma, un elemento del mismo proceso volitivo, el elemento principal y normal.

Finalmente, es a todas luces errónea la también unilateral visión de quien identifica la causa con otros elementos especiales del negocio, ya con el objeto, ya con un aspecto de él, como se ha mantenido con respecto a los contratos a título oneroso[7]. En realidad, en los contratos sinalagmáticos, para limitamos a éstos, la causa no es uno u otro de los dos objetos cambiados o atribuidos, aisladamente considerados cada uno en sí, sino la relación conmutativa o asociativa que se establece entre ellos y se expresa en el cambio o en la puesta en común. Ella es necesariamente común a entrambas partes de todo negocio bilateral y, por tanto, idéntica para las dos. Solo una visión atomista, que despedaza la unidad del negocio y considera éste desde el punto de vista unilateral de cada una de las partes puede llegar a encontrar la causa en la contraprestación, por ejemplo, la causa de la «obligación» para el vendedor en el precio, o en la correlativa obligación de pagar el precio, y viceversa, para el comprador en la coa o en la correlativa obligación de prestar la cosa. En cuyo modo de ver no advierten el absurdo lógico que constituye el concebir aquello que es un simple *elemento de* un *todo* como la razón justificadora de otro elemento del mismo todo, en lugar de reconocer la recíproca interdependencia y la común subordinación de uno y otro elemento a la *unidad funcional* del todo de que forman parte; unidad que es la única que pueda constituir la razón justificadora que se trata de encontrar.

Basta luego observar comparativamente varias figuras de negocios para reconocer cómo pueden muy bien tener el mismo objeto y diferir a pesar de ello en cuanto a la causa a que sirven: Una donación, un mutuo, un pago[8]. Por otra parte, la diferencia entre causa y objeto explica cómo la causa puede ser inexistente para el Derecho o convertirse, en ciertas circunstancias, en ilícita o inasequible, aun cuando el objeto, en sí considerado, sea existente, lícito, posible (así, las singulares prestaciones aisladamente consideradas).

Rechazadas estas varias formas de reconocer la causa en elementos especiales del negocio, como producto de perspectivas unilaterales y por ello erró-

[7] V., por todos, DEMOLOMBE, *Cours de code Napoléon, XXIV. Contrats*, nn. 346-347; FERRARA, *Negozio illeito*, segunda éd., 78, y nuevamente DEIANA. loc. cit., 146.

[8] Cfr. FUNAIOLI, *Tradizione*, n. 59.

neas, es fácil concluir que la causa o razón del negocio se identifica con la *función económico-social* del negocio entero, considerado, con independencia de la tutela jurídica, en la *síntesis de* sus elementos esenciales[9]. Los elementos necesarios para la existencia del negocio son también elementos indispensables de la función típica que es su característica. Su síntesis, representando el *tipo* del negocio, en cuanto negocio causal (n. 24), representa igualmente su función *típica*. Función económico-social del tipo de negocio como ejercicio de la autonomía privada, que es un fenómeno social antes de transformarse, por virtud de recepción (n. 2), en un hecho jurídico. En efecto, si la causa fuese simplemente la función jurídica, no sería la síntesis funcional de los elementos del negocio, sino la de los efectos que el Derecho le une (n. 3), y no existiría acto jurídico que no tuviese una «causa» en este sentido, precisamente por productivo de efectos. Por el contrario, la causa es característica del negocio, y si también, por vía de analogía, se puede hablar de causa referida a otras formulaciones normativas, como la providencia administrativa (cap. introd. n. 3)[10], no tiene sentido hablar de ella respecto a otros actos jurídicos privados cuyos efectos no precisan ser justificados acudiendo a categorías extrajurídicas como aquella a que remite la noción de causa[11]. La necesidad de una tal referencia se advierte, en cambio, respecto a la autonomía privada, la que tiene su génesis fuera del Derecho, en el terreno de la vida social (n. 1). De aquí, por su recepción, se deriva también su trascendencia jurídica[12].

21. *Trascendencia jurídica de la causa del negocio, especialmente en su aspecto subjetivo.-* Considerada bajo su aspecto social, hecha abstracción

---

[9] Esta conclusión nuestra se ilumina con lo que señala HEGEL, *Wissenschaft der Logik*, 1841, II, 74, sobre el concepto filosófico de «razón» (Crund) que corresponde al jurídico de causa del negocio: -Los aspectos parciales de la acción son comprendidos en virtud de las respectivas causas, pero la relación recíproca entre ellas -relación que representa el núcleo esencial de lo que en concreto existe- no está contenida en las causas singulares de carácter mecánico. Esta relación, que es el todo como síntesis esencial (wesendiche Einheit), reside solo en el concepto, en el fin (Zweck)». No es satisfactorio LAUN, *Der Satz vom Grunde: ein Syst d. Erkenntnisth.*, 1942, 185, 287.

[10] Sobre esta noción, elaborada por la moderna doctrina publicista, véanse: P. BODDA, *La causa giur. d. manifestazione di volontà del dir. amministrativo,* 1933 (y la bibliografía allí citada, especialmente FORTI, en *Foro ital.*, E932, III, 289): BODDA, «Opinioni sulla causa dell'atto amministrativo-, en *Scritti Romano,* 1940. II. 61-76, y los trabajos allí citados de ALESI (68, n. 2), MORTATI (70) y VEDEL (76); también GIACCHI, «La cause negli atti amministr. Canonici», en los *Scritti cit., IV,* 249-262, y recientemente, E. ROSSI *La nozione di «causa giur.» neglii alti amministrativi, Lecce,* 1942.

[11] La conexión lógica entre la noción de causa y el fenómeno de la autonomía privada es bien destacada por TRIMARCHI, *Atto giur. e negozio,* 39-51, 126, nota 9.

[12] En la jurisprudencia predomina la tendencia que identifica la causa, en sentido objetivo, con la función económico-jurídica de un dado tipo de negocio, para la tutela del cual el Derecho concede un reconocimiento de la voluntad (así. Cas., 10 abril 1940, *Rep. Foro,* 1940, voz Obblig. e contratti, n. 86 ídem, 30 marzo 1938, *Giur. Tor.,* 1938, 577, y otra numerosas). Pero no faltan, por desgracia, decisiones, también recientes, que, con respecto a los negocios a título oneroso, identifican la causa con el objeto del negocio (Cas., 22 diciembre 1939, *Rep. Foro,* 1939, voz cit., n. 142).

de la sanción del Derecho, la causa del negocio es, propiamente, la función económico-social que caracteriza el tipo de negocio como acto de autonomía privada (típica en este sentido) y determina su contenido mínimo necesario.

Comencemos desde este último punto. El contenido de cada tipo de negocio (supuesto siempre un negocio causal: n. 24) ofrece límites y contornos definidos justamente por la figura típica de aquellos fines prácticos normales y constantes a los que se proyecta la autonomía privada, al proveer a la circulación de los bienes, a la prestación de servicios y, en general, a la cooperación de las actividades y economías individuales. La declaración preceptiva (por ejemplo: promesa, disposición, renuncia, aceptación) aparece ligada por un nexo necesario[13], de índole psicológica y de trascendencia social, a un interés objetivo, a un fin práctico típico, que constituye su determinante normal, la «causa». Por lo que el orden jurídico no puede, en vía de principios, abandonar al arbitrio de las partes el romper tal nexo, separar la declaración preceptiva de la causa que en cada caso le sirve de base. De aquí una primera razón práctica para atribuir trascendencia jurídica a la causa del negocio, o sea, la exigencia de sustraer a la autonomía privada la delimitación del contenido mínimo indispensable del negocio mismo; de modo que no esté en el poder de las partes, ni suprimir a su arbitrio elementos que por su función típica constituyan parte integrante de aquél, ni atribuir eficacia a actos que no sean idóneos por sí para crear vínculos jurídicos[14]. Si en la declaración preceptiva las partes han asilado la promesa de su natural compensación, o la disposición de su título, o escindido la declaración de una parte de la recíproca y correlativa de la otra, ello no impide que luego, enjuicio, la parte interesada pueda probar -y el juez deba indagar- el complejo negocio del que la declaración ha sido separada, y reconstruir el todo orgánico del que en realidad formaba parte[15]. Aunque el art. 1.988 (cfr. art. 1.277 C. C. esp.), en la promesa de pago y en el reconocimiento de deuda, mira a hacer más fácil la posición procesal del acreedor, y a tal objeto establece una presunción de existencia de la causa que haya sido silenciada en la declaración reproducida por escrito[16], sin embargo queda siempre a salvo para la parte contraria la posibilidad de la prueba de su inexistencia o de su inconsistencia jurídica.

De otro lado, la noción de la causa como característica del tipo de negocio surge paralela a la teoría de los *essentialia* y de los *naturalia negotti.* El criterio de la distinción entre *essentialia* y *naturalia negotti* y su antítesis con los

---

13 BAEHR, *Anerkennug als Verpflichtungsgrund,* tercera e., 1894, 11 y sigs., 17.

14 La cuestión, que atañe a la competencia exclusiva del orden jurídico en cuanto a la idoneidad del negocio para crear vínculos jurídicos, es discutida, con relación a un caso decidido por la jurisprudencia, por NICOLÓ, en *Foro Ital.,* 1989, I, 39 y sigs.

15 SALEILLES, *De la declaration de volonté,* 1929, sobre el art. 138, nn. 3-11, 18, 29. donde se habla de un «ensemble psychologique»; SOHM, *Der Gegenstand,* 1905, 10.

16 Para esta interpretación restrictiva del art. 1.121 del viejo Código, véase ya CROME, *Parte generale,* 300 y sigs. más adelante. § 23.

accidentalia negotti se refiere solamente al tipo del negocio jurídico [17]. Solo frente al tipo del negocio tiene sentido valorar sus elementos constitutivos como esenciales, naturales, accidentales. Esenciales son, precisamente, los elementos necesarios para constituir un negocio del tipo determinado que se considera, tales que sin ellos un negocio de aquel tipo no podría existir. Ahora bien - como se ha señalado justamente[18]- un negocio cualquiera es calificable como de determinado tipo precisamente en cuanto cumple la función económico-social que caracteriza al tipo mismo. Pero esta función característica del tipo que se considera, y que el Derecho protege, no es otra que su causa. Así, los elementos esenciales de la compraventa son las dos partes, el doble objeto (cosa y precio) y la relación conmutativa que se ha establecido por contenido del negocio con el acuerdo de operar el cambio; pero éstos son precisamente los elementos concretos de la función de cambio característica de la compraventa, de la función que es causa del negocio y el Derecho tutela. He aquí, por tanto, como los elementos esenciales del tipo de negocio son, por ello mismo, elementos de su causa; elementos constantes e invariables en cada negocio concreto, comprendidos en su tipo y, por consecuencia, indispensables para su identificación. Pues, mientras es uniforme y constante en todos los negocios que pertenecen al mismo tipo, la causa es distinta para cada tipo de negocio y sirve para diferenciar uno de otro. Así, por ejemplo, es distinta la función económico-social de la venta, del arrendamiento (de cosas), del mutuo, siendo, respectivamente, el cambio de la señoría plena o del goce temporal de una cosa contra una compensación pecuniaria (precio o alquiler), o el préstamo de consumo de una cantidad de bienes fungibles con restitución dentro de un tiempo determinado.

Con este aspecto objetivo de la causa guarda simetría su aspecto subjetivo (se trata de dos facetas lógicamente correlativas y no de dos nociones en contraste, como se suele mantener). Puesto que la causa se presenta en modo uniforme y constante en todos los negocios concretos que pertenecen a un mismo tipo, se ve claramente que por ello mismo viene a constituir, regularmente, la intención práctica a la que se dirige, específicamente, la voluntad de las partes; intención necesariamente común en todo negocio bilateral (art. 1.362 Cód. civ.; cfr. arts. 1.281, 1.282 C. C. esp.). Lo que confirma que no es exacto contraponer la causa a la voluntad, concibiendo aquélla exclusivamente como momento objetivo (n. 20, nota 6). En realidad la causa, el interés en sentido objetivo (en el cambio del estado de hecho), en tanto opera a través del mecanismo del negocio en cuanto viene a coincidir, normalmente, con el interés subjetivo determinante de la voluntad privada en el caso concreto. Ciertamente, al prestar su tutela a la autonomía privada el orden jurídico no atiende al capricho individual, sino solo a la función socialmente

[17] La distinción es aquí entendida como una diferenciación de los elementos y del contenido del negocio, no va de los efectos (sobre los varios sentidos, Bekker, *Pand., II,* § 97, Beil. III).

[18] Scialoja, *Negozi giur.,* ed. 1907, § 21, final.

trascendente del negocio-tipo, en sí y por sí considerada; y la naturaleza general de una función es cosa distinta del interés que el individuo pueda tener en su actuación en el caso específico. Pero el caso es que sin este concreto interés la función no podría normalmente actuarse, y la causa típica del negocio no operaría si debiese permanecer fuera de la voluntad, al modo que en la historia las grandes obras y las grandes ideas no podrían manifestarse si no encontrasen un instrumento, aun inconsciente, en las pasiones y en los intereses de los hombres[19].

Es, por tanto, legítimo configurar, en correspondencia con la causa del negocio, una actitud subjetiva consistente en la proyección de la voluntad privada a la voluntad típica del negocio como a su fin, impulsada por el interés en su actuación en el caso concreto[20]. Esta voluntad final, dirigida a la causa como a su fin, es -según se advirtió (nn. 3 y 19)- la *determinación causal normal* del querer, la *intención práctica típica*[21]. Normal, aunque no indispensable ni indefectible (pensemos en el caso de simulación o en el de reserva mental); práctica, porque -conforme a lo que se dijo (nn. 6 y 16)- no tiene necesidad de referirse a los efectos jurídicos ni tenerlos presentes, sino basta que se dirija, como normalmente lo hace, al resultado práctico en el que la causa del negocio se concreta. La intención práctica -ya se vio (n. 19 c)- es a la voluntad del acto como una voluntad-fin es a la voluntad-medio en virtud de la cual actúa; como nexo lógico y psicológico entre una y otra voluntad funciona la conciencia del contenido y significado del acto. En realidad, quien tiene la plena conciencia del significado social de un acto que quiere y realiza, quiere por lo mismo, normalmente, también el que es resultado práctico del acto en el ambiente social. Y puesto que, tratándose de negocio causal (n. 24), la causa se identifica con la función típica del negocio, reconocida en la síntesis de sus elementos esenciales (n. 20), resulta claro que la determinación de voluntad, en cuanto dirigida a la causa, como lo está normalmente, comprende también, por lo mismo, tales elementos (ejemplo: objeto, persona contemplada) en la medida en que sean eficaces e integrantes de ella.

Si es normal que la causa resulte un momento integrante del proceso volitivo, o sea una (la última) de aquellas representaciones que afectan la voluntad y la encaminan al negocio (representaciones que en sentido lato se

---

19 Fenómeno este calificado por HEGEL (WERKE, ed. 1928, XI, 63) como *List der Vernunft* y confirmado por los estudios históricos; ejemplo. DROYSEN, *Historik,* 245.

20 En sentido divergente. CARNELLUTTI, *Teoria del reato,* 152 y sigs.; FERRARA, *La girata della cambiale,* 1935, 293.

21 Denominada por los juristas alemanes «Erfolgswille, Geschäftswille, Empirische Partciabsicht» con variada y oscilante terminología. Un criterio para individualizar la determinación causal («Absicht») es propuesto por ZITELMANN (*Irrtum,* 436), quien la identifica con el resultado que se persigue. Para establecer qué determinaciones forman parte integrante de ella habría de analizarse la previsión que hace el declarante sobre las que serían *consecuencias* de su actuación; se llega así al resultado de que solo integran aquélla las representaciones que individualizan las consecuencias previstas.

denominan *motivos*), es evidente que -cuando nos limitásemos a considerar esta hipótesis normal desde un mero punto de vista psicológico- no se deduciría de ello una diferencia cualitativa entre la determinación de voluntad correspondiente a la causa y los motivos puramente individuales. Pero, por el contrario, desde el punto de vista social y, consiguientemente, también en orden a una estimación normativa, subsisten entre la una y los otros una diferencia esencial. En efecto, los simples *motivos individuales*, imponderables e inadvertibles como tales, no se revelan a través del tenor del negocio sino en cuanto son a él aportados expresamente, según la oportunidad del caso, bajo forma de pacto, reserva, condición, término o modo (cap. VIII). Por lo que, mientras no se inserten de esta manera, permanecen absolutamente sin influencia para el Derecho. Por el contrario, la causa se manifiesta a través de la estructura misma de todo negocio causal y rige la dirección y medida de los efectos jurídicos (n. 22)[22].

En cuanto es contemplada por la intención práctica de las partes, la causa característica del tipo abstracto a que el negocio pertenece consiente y exige, en todo negocio concreto, una especificación o coloración concreta, adecuada a la común intención de tales partes. La cuestión de la calificación jurídica del negocio, comprendiéndole en uno de los tipos admitidos (n. 23), como la de su interpretación[23], es decidida principalmente atendiendo a la finalidad perseguida por las partes[24]; finalidad que conserva su carácter práctico también cuando la especificación de la causa se produzca mediante remisión, acaso errónea, a determinados efectos jurídicos[25]. Conforme a la rigurosa distinción entre contenido y efectos jurídicos del negocio (n. 6), las indicaciones de efectos jurídicos hechas directamente por las partes no pueden servir sino como indicios de valoración de la relación jurídica, la que está reservada a la ley y entra, por tanto, en la competencia del juez. Tales indicaciones son susceptibles de una *duplex interpretatio* y de una diferente apreciación según que se consideren desde el punto de vista práctico de las partes o desde el del orden jurídico (n. 22)[26]. Doble punto de vista que es también legítimo cuando

---

22 Sobre la cuestión de la trascendencia jurídica de los motivos, véanse: JOSSERAND, *Les mobiles dans les actes juridiques*, 1928, n. 108 y sigs.; DEIANA, *I molivi nel diritto privato* (Memorie Istit. giur. Torino, II, 41, 1939). 18, 45, 81 y sigs., 101; WINDSCHEID, *Pandette*, notas de FADDA y BENSA, II, 574; ZITELMANN, *Irrtum u. Rechtgesch.*, 108; LEONHARD, *Irrtum*, I, 3, n. 1.260; RIPERT, *Régle morale*, n. 34, 42 (contra él, MAURY, en *Eludes* CAPITANT, 503 y sigs.); ASCOLI, en *Riv. dir. comm.*, 1903, II, 10; Forti, en *Foro ital.*, 1932, III, 295-297; WEILLER, id., 1933, I. 1614 y sigs.; ROCCO, *Principi di diritto comm.*, 317; MESSINEO, *Titoli di credito*, segunda edición, I, 169, 173; TRABUCCHI, *Dolo*, 40, n. 3, 93, 279; RUBINO, *Neg. indiretto*, 106 y sigs. En la jurisprudencia: Cas., 10 junio 1941, en *Mass. Foro*, col. 429, n. 1.726; Cas., 29 junio 1941, ibid. col. 604, n. 2.460 (sobre relación entre causa y motivos); Cas., 31 julio 1941, ibid, cit. más adelante, § 61, col. 620, n. 2.507.

23 Cód. civ., art. 1.362; más adelante, cap. VI, n. 45.

24 STAMPE, «Causa u. abstrakte Geschäfte», en *Zeitschr. für Handelsrecht*, 1904, 391 y sigs.

25 DANZ, *Auslegung der Rechtsgeschäfte*, segunda ed., § 9. *Supra*, n. 6, notas 3-4.

26 La especificación de la causa adquiere una significación y sentido diferentes, según las circunstancias y la posición de las personas; una enunciación confesoria o la expresión de un deseo o consejo puede implicar mandato (n. 3 prelim., n. 15).

contenido y efectos parecen confundirse, como en la promesa; en efecto, promesa (hecho) y deuda (efecto) son dos entes disantos. (La ecuación que se establece entre ellas por el valor vinculante de la promesa -«toda promesa es débito»- expresa, no una mera identidad, un juicio analítico, sino un juicio sintético desde el punto de vista de un sector social y de las normas que lo rigen).

La distinción entre contenido y efectos es necesaria también para comprender un aspecto ulterior en que puede ser considerada la causa: el de su valoración político-legislativa.

22. *Trascendencia político-legislativa de la causa del negocio cono razón de la tutela jurídica.*- Se ha hablado en varias ocasiones de un control que el Derecho está llamado a ejercer sobre las distintas aplicaciones de la autonomía privada (nn. 2 y 8 c). Este control somete especialmente a examen las diferentes categorías de fines prácticos a los que se dirige más frecuentemente la autonomía privada, al proveer a la circulación de los bienes, a la prestación de servicios, a la cooperación social. Respecto a tales fines, clasificados por tipos, el Derecho controla ante todo la *licitud* sobre el terreno social, siguiendo los criterios de apreciación que la conciencia social suele formular. Valora además la *oportunidad* de dotar con su propia sanción las correspondientes formas de la autonomía privada. Para lo que es necesario que su función útil sea reconocida digna de protección, es decir, suficiente para justificar la tutela jurídica. y por añadidura, precisada de tal tutela, ya que el Derecho no presta su apoyo al capricho individual sino solo a funciones merecedoras -según su juicio que es, ciertamente, histórico y contingente- de ser establemente organizadas, por su constancia, normalidad e importancia social (n. 2). En esta valoración de las diferentes manifestaciones de la autonomía privada, la respectiva función no solo forma la materia del juicio, sino también el fundamento de una conclusión afirmativa o negativa. Así la causa, sin cesar de ser por ello una entidad social y extrajurídica, se convierte en el fundamento, la *ratio juris,* de la norma que declara el reconocimiento jurídico.

La conciencia social, tras de cuyos rumbos marcha el orden jurídico, toma en consideración varios tipos de intereses en el cambio del estado de hecho, y va elaborando criterios para prevenir y resolver las diferentes especies de conflictos de intereses a que el cambio daría lugar; criterios que la apreciación normal de los mismos interesados en pugna reconoce idóneos para justificar el cambio, compensar la pérdida o el vínculo, legitimar la adquisición o la expectativa. No es justo, por ejemplo, que el propietario de una cosa resulte despojado para ventaja de otros sin una razón, pero he aquí que aparece justo si él recibe una compensación, nos paga una deuda, o la dona. No es justo que alguien adquiera una cosa encontrada por azar y perdida por otro, y menos que adquiera una cosa cuya posesión deba a un acto ¡licito (hurto, estafa); pero la adquisición se convierte en legítima si él la compra o la obtiene en cambio o por pago. El elemento de *novedad* que el negocio está destinado a introducir en el estado actual de hecho exige precisamente una justificación (n. 2). Y cuando el Derecho ratifica y hace propia la justificación acogida y aprobada por la conciencia social tiene lugar un fenómeno de *recepción* que es, además, el rasgo sobresaliente del reconocimiento jurídico de la autonomía privada. Semejante justificación no es precisa, en cambio, para aquellos efectos reflejos que el negocio concluido entre las partes pueda acaso desplegar a favor de terceros extraños a él (por ejemplo, un acreedor privilegiado de rango inferior, o un llamado de grado ulterior, obtiene provecho de la renuncia hecha por el acreedor o el llamado de mejor rango)[27]. Estos efectos, en realidad, tienen carácter puramente accidental y no responden a la función (causa) del negocio (n. 32).

Pero además de la exigencia de justificar, después de la aprobación social, el reconocimiento jurídico de la autonomía privada, elevándose a *ratio juris* de las normas reguladoras, la causa del negocio -y no ya la accidental voluntad presente en el caso especial- responde también a la necesidad de ofrecer un criterio directriz, a inferirse del contenido del negocio, para la determinación de los efectos jurídicos más congruentes que deban unirse al negocio mismo.

Si la causa, como función típica y determinante normal (n. 21), constituye un momento inescindible del precepto del negocio, es lógico que su eventual ausencia, su ilicitud o inasequibilidad, no puedan menos que influir sobre la eficacia de aquel precepto. Así, si el negocio es celebrado sin una causa que lo justifique, será nulo por falta de causa. Si la causa es ilícita, aun pudiendo ser lícitos sus elementos singulares apreciados separadamente, todo el negocio es ilícito, al asumir carácter ilícito la síntesis (nn. 20, 49). Si la causa supuesta es simulada, el negocio no tendrá efectos entre las partes (arts. 1.325, 1.343, 1.414 Cód. civ.; cfr. arts. 1.261, 1.275, 1.276 C. C. esp.). Si la causa perseguida se manifiesta luego inalcanzable, esto habrá de afectar a la relación jurídica a que el negocio ha dado vida, modificado o extinguido, ya que aquélla tiene una importancia, no solo genética sino también funcional, en cuanto a la relación.

Todo ello no ocurriría si el precepto del negocio no fuese simple fruto de la autonomía privada, jurídicamente eficiente como todo acto valorado por el Derecho objetivo, sino fuera, él mismo, fuente de Derecho y norma jurídica, competente para determinar por sí sus propios efectos jurídicos[28]. Si así fuese, en efecto, la ley habría concedido a los particulares una verdadera competencia normativa, creadora de normas jurídicas, en lugar de limitarse a reconocer su autonomía como un factor jurídicamente operante (n. 2); y los particulares,

---

27 TUHR, *Allgem. Teil,* III. 65.

28 Los autores [especialmente, MANIGK, *Die Privatautonomic im Aufbau der Rechtsquellen,* 1935, § 20, y KELSEN (n. 3 prel., nota 17)] han incurrido frecuentemente en el error de situar sobre el mismo plano el negocio jurídico y los actos normativos que son fuentes de Derecho.

en el ejercicio de dicha competencia, determinarían ellos mismos, directamente, qué efectos jurídicos deba tener el negocio y cuáles no deba tener. La teoría de la causa dejaría entonces de ofrecer su actual sentido para acoger uno totalmente distinto. En efecto, la razón determinante *(ratio juris)* de una norma jurídica, entendida como el fin que ésta se propone conseguir, no se eleva nunca a criterio regulador de la eficacia de la norma, que sería eventualmente limitativo o corrector de tal eficacia y en este sentido se superpondría a las mismas enunciaciones normativas que determinan los extremos de aplicación. Es obvio que la eficacia de la norma está determinada exclusivamente por dichas enunciaciones, y que el fin perseguido por aquélla, que no es siempre colegible de un modo seguro por sus disposiciones, aun una vez acertado no sirve para deducir de modo unívoco la índole del medio escogido para conseguirlo, en cuanto que un mismo fin puede alcanzarse con medios diferentes[29]. Por tanto, el fin de una norma, que haya sido precisado, no puede tener otra función que la de un elemento o criterio útil para adoptarse *cum grano salis* al *interpretar* el significado de sus disposiciones, una función, por tanto, esencialmente distinta de la de criterio regulador, que es justamente la de la causa del negocio jurídico. De esto se deriva que el Juez no podrá recusar la aplicación de una norma, basándose en una valoración suya de la *ratio juris* que la determina, cuando a través de una interpretación objetiva de sus disposiciones haya debido reconocer que en el supuesto de hecho concreto concurren los requisitos de su aplicación.

La ausencia, o inasequibilidad en su caso, del fin que la ley se había propuesto, sería, muy bien, motivo de una reforma de la norma, en el sentido de adecuar sus disposiciones a la *ratio juris*, pero no justificará su corrección por obra del Juez, a menos que se quieran atribuir a éste poderes legislativos[30].

Ciertamente que toda norma o conjunto de normas que da vida a una institución jurídica representa la solución de un problema práctico que el orden jurídico se propone, en presencia de un conflicto de intereses que resolver, o de una función social que debe organizarse de un modo permanente. Toda norma o conjunto de normas responde a la exigencia de ordenar conflictos de intereses socialmente importantes, o de organizar funciones socialmente útiles, o a la una y la otra exigencia conjuntamente. Con esta exigencia se identifica la *ratio juris* de la norma en un doble sentido: representa -la exigencia- el fin político perseguido por la norma y, al mismo tiempo, constituye el fundamento jurídico de sus disposiciones[31]. Pero entre las normas que regulan la

---

[29] Cfr. G. ROTONDI, *Gli atti in frode alia legge*, 1911, 136 y sigs.

[30] Esta parece ser la tendencia predominante hoy en Alemania, especialmente en cuanto a la aplicación de las leyes financieras (por ejemplo, JESSEN, "Die Steucrrechcsprechung u. d. Grunds, d. Gerechtigkeit der Resteuerung», en *Deut. Recht*, 1938, 45). Sin embargo, solo parece justificada dentro de un sistema en que sea atribuida al juez la competencia para crear Derecho, como, por ejemplo, el sistema inglés de la *judge-made law*.

[31] Así, las normas tributarias persiguen en general el objetivo práctico de crear fuentes estables de ingresos para cumplir fines de interés público o colectivo, y encuentran el

autonomía privada en su forma de negocio jurídico y las otras que prescinden de esta autonomía privada, existe esta importante diferencia: Que en aquéllas la *ratio juris* es derivada, por una especie de recepción, de la misma función que el tipo de negocio cumple ya en la vida social, y en éstas no. En aquéllas, la situación de hecho contemplada por la norma y dotada de trascendencia jurídica, contiene ella misma una reglamentación de intereses que el Derecho reconoce y a la que provee de su propia sanción; en éstas, en cambio, la solución del conflicto de intereses es dictada por la norma según una apreciación más libre y discrecional. Desde luego, la disciplina jurídica de una relación de la vida social reclama siempre una justificación teleológica *(ratio juris)*, cualquiera sea el origen de la relación -haya surgido por la autonomía privada o deba su existencia a un estado de cosas puramente objetivo- y tal justificación es deducida normalmente de la posición típica de los sujetos respecto a la relación y de la función de interés social que le sea característica[32]. La *ratio juris*, así entendida, es una noción de alcance general, no limitada a esta o aquella institución o rama del Derecho, sino a todas común. Pero mientras que en las restantes normas jurídicas no ofrece más que un criterio de interpretación no decisivo por sí solo, en aquellas que reconocen y sancionan la autonomía privada se eleva a criterio regulador del tratamiento jurídico, porque en éstas la disposición de la norma es determinada de un modo unívoco y decisivo por aquella misma realidad social que es contemplada (precisamente la autonomía privada en sus funciones típicas). Por donde, si en el caso concreto se revela insubsistente, inasequible o ilícita para el fin al que ha de servir la función típica del negocio, que constituye la *ratio iuris* de la tutela jurídica, viene a faltar esta tutela misma y se abre la puerta a un tratamiento jurídico del todo diferente (arts. 1.343, 1.345 Cód. civ.; cfr. art. 1.275 C. C. esp.). Especialmente, en el caso de ilicitud de la causa, el Derecho reacciona contra la efectividad del negocio y lo combate con sus propias sanciones (más adelante, n. 49), ya declarando su nulidad y exonerando así a las partes de su observancia, ya conminando con reparaciones pecuniarias destinadas a prevenirlo o a eliminar su resultado (sobre esto, más adelante, n. 49).

23. *Tipicidad de las causas de negocios jurídicos y su actual significado. Admisibilidad limitada de abstracciones de la causa*.- Es definida la causa como función económico-social que caracteriza el tipo del negocio, y en este sentido, típica pero ahora nos preguntamos: ;Se puede hoy hablar aún, y en qué sentido, de una «tipicidad» de los negocios jurídicos? Ciertamente que no en aquel

---

fundamento jurídico de sus disposiciones en las ventajas que los individuos obtienen por pertenecer a la comunidad social, y. especialmente, en los beneficios que para ellos redundan de la transformación de los tributos en servicios y bienes adecuados para satisfacer necesidades públicas. (Sobre ello: B. GRIZIOTTI, RANELLETTI, *VANONI* PUCLIESE, JARACH en las obras indicadas en la nota preliminar al capítulo III, al final; también BIENESFELD, *Haftungen ohne Verschulden*, 294, 297).

32 VANONI, *Natura e interpretazione delle leggi tributaria*, 103, 106; GRIZIOTTI, «Riflessioni», etc., en *Studi di la Universidad de Pavia*, 21, 120.

mismo que tiene la tipicidad para el Derecho romano clásico. En éste, las funciones económico-sociales reconocidas como idóneas para, justificar la tutela jurídica de la autonomía privada (llamadas *iustae causae)* aparecen taxativamente determinadas, numérica y entitativamente, por el mismo orden jurídico, el cual dispone previamente esquemas y tipos *fijos* de causas que la autonomía de las partes no puede alterar o modificar a su arbitrio. Esta tipicidad, informada por un rígido esquematismo y la necesidad de denominaciones técnicas, se acomodaba al sistema romano de las *actiones,* en el cual la tutela jurisdiccional no era concedida sino a quien ejercitase enjuicio una de las *actiones* admitidas por el Derecho civil o el pretorio, y el tipo de negocio estaba determinado por la capacidad para dar origen a una *adió* civil o pretoria[33]. Desvalorizada sustancialmente en el Derecho justinianeo, con la posibilidad que se reconoce de modificar en el caso concreto el tipo (naturaleza) de la *actio* o del negocio, y con la amisión de *actiones* y de negocios carentes de una propia denominación técnica (contratos innominados), la tipicidad va perdiendo su primitivo carácter de rígida esquematización. Este decaimiento del primitivo significado se acentúa y acelera en el Derecho común. Sería, sin embargo, apresurado concluir que se produzca del todo; no lo hace porque subsisten, y actúan siempre, las exigencias político-legislativas a que respondía desde su origen[34]. Al retroceso del significado primitivo corresponde la evolución gradual de un significado nuevo; se trata del mismo fenómeno mirado bajo otro aspecto. La tipicidad de las causas de negocios jurídicos va asumiendo un sentido que se contrapone al antiguo. En el significado original, que se remonta al Derecho positivo romano- clásico, las causas de negocios son típicas en cuanto que están específicamente denominadas y taxativamente disciplinadas por el Derecho objetivo. En el significado más reciente, al que el Derecho justinianeo marca el traspaso, y que encuentra adecuado desarrollo en el Derecho común y en el ambiente social moderno, las causas de negocios son típicas en el sentido de que, pese a no estar taxativamente indicadas en la ley, deben sin embargo, en general, ser admitidas por la conciencia social como correspondientes a una exigencia práctica legítima, a un interés social duradero, y como tal, consideradas dignas de tutela jurídica[35]. Pero una estimación semejante presupone necesariamente, como toda valoración general y abstracta propia de las normas jurídicas (n. prel.), una configuración por tipos, una tipificación lógicamente antecedente a la conclusión del negocio. Es decir, no se debe tratar de intereses meramente individuales, contingentes, variables, contradictorios, socialmente imponderables. Deben ser, por el contrario, exigencias constantes, normales, clasificables

---

33 Cfr. BETTI, *Dir. romano,* I. §§ 54. 84 y 93.

34 Cfr. BEKKER, *System d. heut. Pandektenr.,* II, 121-127; BETTI, *Der Typenzwang bei den römischen Rechtsgeschäften und die sogen. Typenfreiheit des heutigen Rechts,* que será publicado en *Festschrift Wenger;* también BARASSI, en *Riv. dir. civ.,* 1913, 193 y sigs.; cfr. M. WEBER. *Wirtschaft* u. *Gesellschaft,* 1925, 431 y sigs.

35 V. también: ENDEMANN, *Lehrb. d. bürgert. FL: Einführung, I,* 626 y sigs.; nuestras notas en *Rend. Istit. Lomb.,* 1941, 319 y sigs., 326, 328, 365.

por tipos, intereses que puedan resumirse en tipos generales, y en este sentido típicos (por ejemplo, cambio de bienes o servicios, cooperación, gestión de negocios, crédito, composición, beneficencia, etc.). La configuración por tipos no se opera necesariamente mediante calificaciones técnico-legislativas; puede producirse también mediante remisión a las que son concepciones dominantes en la *conciencia social* de la época, en los varios campos de la economía, de la técnica y de la moral. Este parece, en efecto, el camino preferible apenas la necesidad de tutela de la autonomía privada se haga sentir en una esfera tan amplia que convierta las denominaciones tradicionales en inadecuadas e insuficientes para cubrir su campo. Entonces, en el puesto de la rígida tipicidad legislativa apoyada sobre un número cerrado de denominaciones, subentra otra tipicidad que, cumpliendo siempre la finalidad de limitar y orientar la autonomía privada, es, sin embargo, comparativamente a aquélla, bastante más elástica en la configuración de los tipos, y en cuanto se opera mediante remisión a la conciencia social, económica o ética, se podría llamar *tipicidad social*[36]. Justamente este modo de ver ha terminado por encontrar acogida también en el nuevo Código, allí donde, en el art. 1.322 § 2 (cfr. art. 1.255 C. C. esp.) (realmente fuera de su sitio), reconoce la admisibilidad de contratos no pertenecientes a los tipos «nominados» «mientras estén dirigidos a realizar intereses merecedores de tutela según el orden jurídico» y también cuando, en el art. 1.174, afirma que la prestación debe corresponder a un interés, aun no patrimonial (siempre que socialmente estimable) del acreedor (cfr. art. 1.325, n. 2; cfr. art. 1.261, n. 3 C. C. esp.).

Es un error identificar «innominado» con «atípico», como si una tipificación no pudiese producirse sino mediante particulares denominaciones y frente a la tiranía de los nombres el Derecho debiese retraerse. Es un error -que hoy encuentra un mentís textual en el señalado art. 1.322 § 2.º- pensar que, abandonada la vieja tipicidad de las tradicionales denominaciones, el Derecho haya llegado a reconocer eficaz el «simple consentimiento», incoloro y abstracto, cualquiera sea su contenido, mientras no sea directamente ilícito. Negar la exigencia de cualquier tipicidad en orden a un interés objetivo digno de protección significa remitirse al mero arbitrio individual, al capricho, al motivo contingente, que, como tal, aun siendo plausible, es siempre intrascendente para cualquier Derecho. Quien así razona[37] descono-

---

36 Cfr., en este orden de ideas, ENDEMANN. *Lehrbuch d. bürg. R.*, I, 1903, 627, n. 4, 629 y sigs., 905-909. A nuestra posición se han adherido también GRASSETTI, *Interpretazione*, 167, y FRANCESCHELLI, *Consorzi industriali*, 6, n. 12: 16. Ya MESSINA, *Negozi fiduciari*, 100, 104, sobre las huellas de BEKKER, *Pand., II*, 113, había reconocido que no era imposible que los contratos que no respondían a tipos legislativos se ofreciesen, sin embargo, tipificados. Cfr. también en nuestro sentido, VASALLI. *Teoria d. negozi giur.* (sommario), 1934, 55; WIEACKER, en *Z. d. Akad. f. deut. R.*, 1943, 33. Se muestra oscilante TRIMARCHI, *Alto giur. e neg. giur.*, 46, que distingue las causas en típicas, absoluta o relativamente, y atípicas, pero con un esquema genéricamente determinado por el orden jurídico.

37 Por ejemplo: CAPITANT, *Causa des obl.*, 153; GRASSETTI, *Rilevanza dell'intento giuridico*, 9, 14. 21. 29, yen *Riv. dir. comm.*, 1936, 359 y sigs. La regla *solus consensus obligat* fue impuesta por los iusnaturalistas en ci campo del Derecho internacional, que es donde tiene sentido.

ce, bajo la influencia de viejos prejuicios individualistas, la sociabilidad de la función ordenadora propia del Derecho y olvida que lo «atípico» en sentido absoluto queda necesariamente fuera de ella. Para quien tenga presente el sentido social de la función normativa, el art. 1.343 no puede significar, a sensu contrario, que el Derecho reconozca toda causa de contrato con tal de que no sea «ilícita», es decir, reprobada por la ley o la conciencia social. La *licitud sí* es condición necesaria, pero no condición *suficiente* por sí sola para justificar el reconocimiento del Derecho. Para obtener éste, la causa debe responder también a una exigencia duradera de la vida de relación, a una función de interés social que solo el Derecho es competente para valorar en su idoneidad para justificar positivamente su tutela (nn. 9, 49, II).

La intención meramente individual no adquiere trascendencia ni siquiera como «intención jurídica» divergente de la intención práctica típica (que equivocadamente es calificada de «empírica», cual si fuese por definición «no jurídica»)[38]. Conforme a cuanto se dijo (cap. I, n. 6), la competencia para determinar los efectos jurídicos del negocio atañe exclusivamente al orden jurídico y jamás puede atribuirse a las partes. La indicación de determinados efectos jurídicos que éstas hagan directamente en el negocio no puede servir sino como índice de la valoración (no necesariamente conforme e idéntica) de aquellos efectos por parte del orden jurídico. Ni siquiera en los negocios abstractos (n. 24), ni en los fiduciarios (n. 40) es de admitir la eficacia de una «intención jurídica», o sea, dirigida a los efectos jurídicos como tales. Es cierto que en ellos la determinación causal de las partes, no expresada o no traducida adecuadamente en el contenido del negocio, se relega a la oscuridad, pero ello no significa que se haga irrelevante. Conserva siempre una trascendencia indirecta, va que para la eficacia plena e irrevocable del negocio se precisa, también entonces, que sea idónea, por su licitud e importancia social, para justificar la sanción del Derecho (razonando sobre los arts. 1.174, 1.322 § 2, 1.325, n. 2, 1.343 Cód. civ.; cfr. arts. 1.255, 1.261, n. 3, 1.275 C. C. esp.).

Discutiremos pronto (n. 24) la cuestión de si los citados artículos permiten la admisibilidad de negocios abstractos (para nosotros no es dudosa la solución afirmativa). Cierto que el principio general contenido en ellos[39] hace referencia a la figura normal del negocio obligatorio, que es la del negocio causal, y no encuentra una aplicación incondicionada al negocio abstracto, el cual, por definición, silencia su causa. Pero sí pueden encontrar una aplicación correspondiente, en el sentido de su *ratio iuris*. Respecto al negocio abstracto, la ausencia o deficiencia de causa no excluye que pueda tener algún efecto, pero sí hace que entre las partes el negocio no pueda alcanzar uno

[38] En contra: GRASSETTI, *Rilevanza dell'intento giuridico*, 17, 33, y FRANCESCHELLI, *Consorzi industriali*, 276 y sigs.

[39] El principio era explícitamente enunciado por el art. 1.119 del Código de 1865.

definitivo e irrevocable; puede oponerse la repetición de lo pagado o la excepción a la demanda de cumplimiento[40].

Cuestión distinta, a discutir desde ahora, es la de si los arts. 1.325 y 1.343 toleran una abstracción convencional en negocios causales por su naturaleza; admitan una escisión entre el negocio causal y su causa.

Es de considerar que una delimitación arbitraria, una restricción artificial del contenido del negocio no es admisible, en el sentido de que oponga un límite infranqueable a la indagación del juez acerca de la causa. Una abstracción de la causa así entendida está absolutamente sustraída a la competencia dispositiva de los particulares, por la misma razón que se les niega, en principio, una disciplina convencional de la defensa enjuicio y de los medios de prueba[41]. Una liberación de la causa solo es permitida con las formas legales, es decir, realizando, junto al negocio causal, un negocio abstracto (por ejemplo, cambiario) interferente con él, observando las formas que el negocio abstracto requiere. Por otro camino no sería admisible ni siquiera una inversión convencional de la carga de la prueba sobre la causa (art. 2.698 Cód. civ.) que, tratándose de negocio causal, incumbe a quien pretenda hacerlo valer (art. 2.697 Cód. civ.; cfr. art. 1.214 C. C. español).

No es una objeción a este modo de ver la que podría deducirse del art. 1.988 (cfr. art. 1.277 C. C. esp.), que establece a favor del actor una presunción de existencia de la causa. En efecto, la presunción ofrece un alcance restringido (así era ya, a pesar de su aparente generalidad, la establecida por el art. 1.120 del Cód. civ. de 1865)[42]. Considerada en su génesis histórica, ella se refiere al caso de que exista una documentación escrita del contrato sin mención de la causa *(cautio indiscreta)*, en el cual, frente al riguroso principio del art. 1.325 (cfr. art. 1.261 C. C. esp.), era posible la duda sobre si el acreedor pudiese ser admitido a accionar sobre la base del contrato escrito, con la carga de aportar en el curso del juicio la afirmación y la prueba de la causa. El art. 1.988 resuelve la duda, admitiendo a quien se considera acreedor a hacer valer la *cautio indiscreta* sobre la que funda su pretensión, a salvo de especificar su causa y de ver, en cuanto a: la prueba de la misma, cómo se comporta el

---

40 Cfr. CROME, *Parte generale del diritto privato francese mcderno,* § 31, 295 y sigs., con respecto al art. 1.131 del Código Napoleón, al cual correspondía el art. 1.119 de nuestro Código de 1865.

41 Cfr. en general, nuestras observaciones sobre los límites de admisibilidad de una autodefensa privada en *Diritto processuale civile italiano,* 1936, § 4; también, MICHELI, *Rinunzia agli atti del giudizio,* 1937, 5 y sigs.

42 Cfr. en esta dirección, sobre los arts. 1.120-21 del viejo Código, CROME, *Parte generóle del dir. priv. franc.,* 300. DELANA, en sus cit. «Chiriamenti», en *Riv. dir. civ.,* 1938, 29 y sigs., demuestra que el art. 1.132 del Código Napoleón, en su originario significado, se aplicaba al reconocimiento de deuda, pero no a la promesa abstracta. VAN KAN, «L'origine de l'obligation sans cause du Code civil», en *Studes Capitant,* 875, ha evidenciado la génesis del art. 1.131 del Código Napoleón (1.119 Código italiano), que fue agregado posteriormente al artículo siguiente, y tiene un significado absolutamente diferente (también DEIANA, *Riv. cit.,* 6 y sigs., 33 y sigs.).

demandado en el curso del juicio. De por sí, una *cautio indiscreta,* es decir, hecha sin mención de causa, no prueba más de lo que está en ella contenido, y tratándose de negocio causal este contenido no es suficiente, según los principios generales (art. 2.697 Cód. civ.; cfr. art. 1.214 C. C. esp.) para absolver de la carga de la prueba, comprendiendo ésta también la causa. Pues bien, la presunción del art. 1.988, deja imprejuzgada la carga para el actor de afirmar, especificándola, una causa determinada del contrato escrito, pero una vez que lo ha hecho lo exonera de la prueba que según los principios le incumbiría y adjudica al demandado la obligación de probar que la causa aducida por el actor no existe, o es inidónea para justificar el vínculo jurídico[43], o en las concretas circunstancias del caso, ilícita.

24. *Clasificación de los negocios según la influencia directa o indirecta de la causa: Negocios causales* y *abstractos. Grados de abstracción.*- Según el carácter de la función económico-social que informa su contenido, se pueden distinguir negocios a título oneroso o gratuito y negocios *inter vivos* o *mortis causa.* Pero de esta distinción se tratará en el cap. V, n. 39. Aquí, en cambio, es preciso estudiar otra distinción que se inspira en el criterio de la influencia directa o indirecta de la causa. Bajo este aspecto los negocios se distinguen en *causales* y *abstractos*[44], según que la función económico-social (causa) a que responden sea o no evidenciada y visible en su estructura, de manera que pueda caracterizar su tipo, y despliegue, por tanto, una influencia directa, o solo indirecta, al determinar sus efectos. Puede suceder, en efecto, que el orden jurídico, también aquí reconociendo alguna práctica o exigencia del tráfico que conduzca a hacer prevalecer la certeza de las relaciones jurídicas sobre la necesidad de su justificación intrínseca, permita a las partes silenciar el interés típico que en cada caso determina para ellas el acto de autonomía privada, y, no obstante, considere apto para producir los efectos jurídicos a este negocio de cuyo contexto ha sido eliminada la mención de la causa. Es entonces cuando, junto a los negocios en cuya estructura la causa se revela como elemento indefectible, caracterizando su tipo (negocios causales), surgen otros cuya estructura, consistente siempre (como creemos) en formas taxativamente prefijadas, no corresponde de manera unívoca a una función económica o social constante, ni refleja el fin práctico específico al que el negocio puede concretamente servir. Por consiguiente –silenciada la concreta intención práctica– para provocar los efectos jurídicos del negocio es indiferente esta intención y suficiente la forma, de suerte que el fin a que el negocio en concreto se orienta se convierte aquí en

---

[43] Así. no podría una simple obligación natural constituir una causa idónea para justificar la asunción de una obligación civil. Mantiene otra opinión, pero con visible error, la Ap. Bolonia, 24 mayo 1941, en *Riv. dir. comm.,* 1941, II. 332, y en *Temi emil,* 1941, I. 207. Considera justamente que se trata de donación, y se requiere la observancia de la forma correspondiente, en el caso de promesa hecha satisfaciendo una obligación de conciencia, la Ap. Bolonia 30 mayo 1940, en *Temi emil.,* 1941,1, 2, 25.

[44] Nos remitimos aquí a la bibliografía citada al comienzo de este capítulo. La distinción ofrece una importancia preeminente, pero no exclusiva, para los negocios patrimoniales (n. 35).

una entidad autónoma, artificialmente diferenciada y separada de su contenido y, consecuentemente, también la determinación causal del querer ofrece un menor relieve.

En los negocios causales -como, por ejemplo, la compraventa, el arrendamiento, el mutuo, el comodato- la causa está de tal modo incorporada al negocio mismo que no parece discernible de él por vía de análisis. Con todo, su íntima compenetración con los elementos esenciales, su identificación con la síntesis de ellos significa solamente que aquí la presencia de la causa es tan cierta, que basta haber constatado la existencia de todos aquellos elementos para que sea normalmente seguro que existe también la causa. Cuando éste falte o sea deficiente (por ejemplo, ilícita) ello quiere decir que el negocio mismo es, desde el punto de vista del Derecho, una apariencia íntimamente inconsistente, o es hecho servir para un fin contrario a su destino típico y, por tanto, no es apto para originar los efectos propios del tipo que pretende reproducir.

Por el contrario, en los negocios abstractos, la estructura típica no corresponde a una función económica o social constante, y es *muda* acerca del fin práctico al que el negocio sirve en concreto (fin que, de otro lado, para la plena eficacia del negocio, debe ser idóneo según la apreciación del Derecho). Consecuencia de esto, la señalada indiferencia de la causa y suficiencia de la forma (cfr. B. G. B. alemán, § 780). Lo que explica por qué todo negocio abstracto sea aún hoy -como creemos- necesariamente formal, mientras no todo negocio formal es por ello abstracto. La causa es aquí, justamente, desprendida del contenido típico del negocio, y la determinación de voluntad dirigida a ella no ostenta la importancia que en el negocio causal. La obligación asumida o la atribución hecha es desvinculada, al menos *prima facie,* de la razón típica que debe justificarla.

Concibiendo la voluntad final de las partes como dirigida a la causa, que es la síntesis de los elementos esenciales del negocio, mejor que a estos elementos en sí considerados, se está en condiciones de comprender la menor importancia que aquélla asume en los negocios abstractos (la que, no obstante, basta para demostrar el error de calificarlos como negocios «acausales»; calificación no menos absurda que la de «atípicos» aplicada a los negocios innominados). Importancia menor, tanto en el sentido de que respecto a tales negocios no es posible aquella divergencia de la determinación causal que representa la simulación relativa (n. 5) y la utilización a fines indirectos (n. 40, b) -ya que la abstracción hace al negocio idóneo para servir a funciones variadas[45]- como en el de que en los negocios abstractos los vicios de la determinación causal tienen solo un relieve indirecto.

---

[45] RUBINO, *Negozio indiretto,* 76 y sigs. Los negocios de causa variable, pero necesariamente visible, como la tradición FERRINI, *Pand.,* n. 130; BETTI, *Istit.,* 399 y sigs.; C. A. FUNAIOLI, *La tradizione,* 1942, n. 59), son, en realidad, esquemas parciales de negocios causales que solo asumen vida y fisonomía típica cuando son integrados en concreto por una causa determinada (RUBINO, *op. cit.,* 77).

La cuestión del carácter causal o abstracto del negocio se plantea en términos que no son siempre rectamente comprendidos. El problema no es si en el concreto negocio las partes puedan simplemente remitirse a la causa, ya que en la medida de tal criterio no tendríamos ya negocio abstracto que, en el acto de su conclusión, no pudiese transformarse en causal. Piénsese en el más típico de los negocios abstractos: el cambiarlo. El caso .de negocios que deben necesariamente permanecer abstractos, también en concreto, es raro[46]. La cuestión es otra: la de ver si las partes pueden eliminar, separar la mención de la causa del contexto del negocio; es decir, si éste pueda callar el interés típico que en cada caso determina su conclusión y ser, a pesar de ello, capaz de producir los efectos jurídicos del tipo a que pertenece. Cuando para producir tales efectos sea indiferente la causa y suficiente la forma, el negocio tiene precisamente carácter abstracto; cuando no, causal. La calificación de abstracto o de causal tiene sentido solo frente al tipo de negocio, no ya frente al negocio concreto que las partes realizan (n. 21). La posibilidad para las partes de separar la causa no es más que la consecuencia y, por tanto, el índice, de la índole abstracta del negocio, como aquel para cuya eficacia es indiferente la causa y suficiente la forma.

Ciertamente que en la práctica de la vida tampoco un negocio abstracto se presenta nunca aislado, sino encuadrado en una concreta situación de hecho. No se realiza jamás sin un fin práctico determinado, que constituye parte integrante de él y al que las partes pueden -si el Derecho no lo prohíbe- hacer mención en el negocio que concretamente concluyen, de suerte que vuelvan a hacerlo causal. Sería un error creer que en el negocio abstracto la causa sea absorbida y sustituida por la forma. No se concibe, por ejemplo, un negocio cambiario que no tenga un fin práctico, tal como garantizar el cumplimiento de una relación fundamental, satisfacerla, novarla, dar crédito, donar, etc.[47]. Todo negocio jurídico está, por su naturaleza proyectado hacia uno de los fines típicos de la autonomía privada.

Pero la señalada indiferencia de la causa en el negocio abstracto no significa que el Derecho no se interese en absoluto por ella y no le preste ninguna atención[48]. También aquí la tiene en cuenta, pero no de la misma manera que en los negocios causales. El principio general de los arts. 1.322 § 2.° y 1.325, n. 2 (cfr. arts. 1.255, 1.261 C. C. esp.), contemplando la figura normal de los negocios obligatorios, que es la de los negocios causales, no encuentra plena e incondicional aplicación a los negocios abstractos, pero sí una aplicación ate-

---

[46] Un ejemplo nos es ofrecido, como se verá (nota 13) por la *dinglicht Einigung* del Derecho alemán: véase Tuhr, *Der allgmeine Teil d. Bürgerl.* R., III, 105, 107, nota 26.

[47] Sobre las varias funciones que el negocio cambiario puede desarrollar respecto a la relación causal, véase nuestra nota, «Inefficaccia del negozio cambiario e reazione del rapporto causale», en *Riv. dir. comm.*, 1927, II, 358 y sigs., y la bibliografía allí citada.

[48] Cfr. por ahora: Messina, «Contributo alla dottr. d. confessione», en *Faro Sardo,* 1902, 167, extrae. 108-110; no es en absoluto convincente la tentativa de impugnación de Ferrara, *Simulaz.*, quinta ed., 110; Rubino, *Neg. indir.*, 78, n. 34.

nuada, correspondiente al sentido de su *ratio iuris*. Respecto al negocio abstracto, la falta o deficiencia de la causa no excluye que el negocio pueda producir algún efecto, pero sí que entre las partes pueda tener el negocio un efecto definitivo e irrevocable. Mientras los negocios causales, cuando en concreto sea deficiente su causa, no pueden tampoco desplegar sus efectos jurídicos propios, los negocios abstractos, por el contrario, son, en principio, perfectamente eficaces, aun si en concreto no están enderezados a un fin práctico típico capaz de justificar la tutela jurídica. Solo que en este caso, a favor de la parte interesada en la existencia de un fin semejante, surge el poder de paralizar o remover los efectos jurídicos ya producidos en virtud de la simple observancia de la forma. La ausencia o deficiencia de la causa puede ser hecha valer, ya en vía de defensa contra la acción basada en el negocio, ya en vía de repetición, una vez que la adquisición se ha producido.

Por consiguiente, la diferencia entre los negocios abstractos y los causales manifiesta su principal trascendencia en esto: Que la causa del negocio tiene, en los negocios causales, una influencia *directa,* en los negocios abstractos una influencia solamente *indirecta,* respecto a los efectos jurídicos del negocio.

Por lo demás, las normas de los arts. 1.322 § 2.° y 1.325, n. 2, no excluyen de ningún modo -como alguno mantenía para el art. 1.119 del Código de 1865- sino que toleran perfectamente, la *admisibilidad* de negocios abstractos en el Derecho positivo italiano. A este propósito será oportuno desarrollar la indicación ya hecha, y recordar que el negocio abstracto resulta de un procedimiento analítico de abstracción y separación, por el cual el precepto del negocio es desprendido de su causa y, por tanto, dentro del complejo de la voluntad de las partes, la apreciación del acto como vinculante en concreto (la llamada voluntad de lo declarado) viene escindida del contexto de la correlativa determinación causal, la cual es relegada entre los elementos privados de directa trascendencia jurídica. Esto, por otro lado, no significa que la abstracción de la determinación causal (llamada causa subjetiva) sea completa y absoluta, lo que estaría en flagrante contradicción con los arts. 1.322 § 2.° y 1.325, n. 2. El enlace originario con ella es una necesidad psicológica[49] que el Derecho vigente no desconoce. Conforme a las reglas de los dichos artículos, para que el negocio pueda producir entre las partes efectos duraderos se requiere siempre que le sirva de base un interés práctico susceptible de satisfacción en su tipicidad, un interés apto, por esta cualidad suya, para justificar de manera permanente la tutela jurídica. En la hipótesis de que no sea así, se le reserva al deudor demandado la carga de probar lo ilícito o infundado del fin práctico aducido por el acreedor[50], la inexistencia o la inidoneidad del título o relación fundamental que el art. 1.988 presume[51]. Aquí la nota de abstracción

---

[49] Messina, *Contribuio alla dotrina della confessione,* 108-110.

[50] En otro sentido: Ferrara, *Simulazione,* quinta ed., 110 y sigs.

[51] Cfr. nuestro «Ricognizione di debito e promessa di pagamento», en *Temi Emiliana,* 1943 (Studi en memoria de G. Segré).

tiene carácter meramente procesal y radica en la inversión de la carga de la prueba, que se desplaza del actor al demandado.

Bien se comprende, también, que la abstracción puede alcanzar un *grado* de intensidad mayor o menor. Esto depende de consideraciones de oportunidad político-legislativa que varían de uno a otro Derecho positivo y aun de uno a otro negocio. Conviene, naturalmente, mantener bien diferenciada de la causa la llamada causa remota de la que se trató en el n. 21, ya que respecto a esta última también los negocios causales se comportan como negocios abstractos; puede decirse que la «causa remota» no tiene sobre los efectos del negocio, aunque sea causal, más que una influencia indirecta. Es más bien raro el caso de negocios abstractos que en el acto de celebrarse no consientan a las partes referirse a la causa del concreto negocio concluido[52]. Pero la relatividad de la calificación de abstracto es iluminada especialmente por la llamada abstracción delegatoria, consistente en la independencia de la relación final (entre delegado y delegatario) de las dos relaciones fundamentales (apoyadas en la persona del delegante) que confluyen en ella[53].

En la llamada delegación pura, o sea, la que no hace referencia a aquellas dos relaciones, la obligación que el delegado asume hacia el delegatario, o la atribución que le hace, puede llamarse abstracta respecto al delegatario, en el sentido de que frente a él son inoperantes las excepciones que pueden derivarse de las dos relaciones causales subyacentes. No pueden oponerse por el delegado las excepciones inherentes a la relación de valor entre delegatario y delegante (art. 1.271, § últ. C. C.), porque respecto al delegado tienen el carácter de excepciones de *iure tertii.* Igualmente, no pueden oponerse al delegatario las excepciones correspondientes a la relación de provisión entre delegado y delegante (salvo que no exista la relación de valor, según el cit. art. 1.271, § 1.®). porque el delegatario es extraño a ella; como tampoco la ausencia de una causa dandi o *promittendi* por parte del delegado acarrea necesariamente falta de causa *adquirendi o stipulandi,* respectivamente, por parte del delegatario (de donde la rectificación del primer párrafo citado). Mientras que normalmente el título de la obligación o de la atribución se encuentra en inescindible conexión, dentro de una unidad funcional (n. 20, *in fine),* con el de la correspondiente expectativa, aquí el uno mantiene una existencia independiente de la del otro, porque la obligación es asumida, y la atribución hecha, por delegación de una tercera persona (delegante), la cual fija separadamente con el delegado y el delegatario el título respectivo. La llamada abstracción delegatoria, consistente en la independencia de la relación final, se produce por esta autónoma génesis de una y otra de las relaciones subyacentes. Pero si ésta es la perspectiva que se ofrece cuando se considera la posición del delegado frente al

---

52 Tal la *in iure cessio en* Derecho romano, no va la *mancipatio* (Nuestras *Istit.,* 397); en Derecho alemán, la *Außassung* (TUHR, *Allgem. T.,* II. 2, 105, 107, n. 26; *Bull. dir. rom.,* 1933, 160).

53 BIAGLAVI, *La delegazione,* 1940, nn. 126-127, 298, 300. Entre ta literatura anterior, BRÜTT, *Die abstrakte Forderung,* 1908, 56 y sigs.; sobre análoga cuestión, SIBER, en *Festchr.,* 16 y sigs.

delegatario -la relación final entre los dos, podríamos decir- bien distinta, en cambio, se presenta, cuando se considere la posición de cada uno de los dos respecto al delegante. Para cada uno de ellos, en la explícita y concorde referencia a la delegación se halla implícita una remisión a la respectiva relación causal con el delegante, ya que para los dos la delegación viene a representar internamente, no frente a la contraparte, su relación con el delegante. De por sí, la delegación no representa una función económico-social suficiente para servir de título de la obligación o de la atribución; el acuerdo sobre la ejecución de ella tiene esencialmente un valor instrumental, de medio a fin, y sirve solo para remitir a cada una de las partes del negocio delegatorio a la respectiva relación causal que se encuentra en su base. Desde este punto de vista, el negocio no es ya abstracto, sino siempre causal[54].

Además del fenómeno de la «abstracción delegatoria», la relatividad de la calificación de abstracto explica también cómo la independencia del negocio de su causa puede ser mayor o menor, y cómo ésta, en la estimación del legislador, se atenúa cuando estén en juego normas de orden público o normas prohibitivas inderogables que con la abstracción del negocio podrían resultar eludidas. En tales situaciones, el negocio, aunque abstracto, puede ser tratado como inválido, atendiendo a la relación causal subyacente[55]. En otras hipótesis, como en la del art. 1.9SS (cfr. art- 1.277 C. C. esp.), la abstracción puede ser meramente procesal, es decir, consistir en la inversión de la carga de la prueba, en el sentido de conceder precedencia a la prueba que incumbe al demandado acerca de la insubsistencia o inidoneidad de la relación causal aducida por el actor.

En lo que respecta a la medida en que son positivamente admitidos los negocios abstractos, es de advertir que algún ordenamiento vigente les concede ancho margen. Así, el Derecho positivo alemán, formado bajo la influencia del Derecho romano-común, admite y disciplina la transmisión abstracta de la propiedad («dingliche Einigung»), de los demás derechos reales y de los créditos, y también el reconocimiento abstracto de los derechos[56]. En nuestro ordenamiento, por el contrario, la abstracción procesal solo es admitida para la promesa de pago y el reconocimiento de deuda (art. 1.9SS Cód. civ.)[57]. La abstracción del negocio goza, en cambio, de gran difusión en el campo de los

---

[54] Sobre la causa en el negocio ejecutivo de una delegación para dar o prometer, véase BETTI, en *Bull. dir. rom.*, 41, 1933, 172 y sigs., 177, 246 y sigs., y ahora, con amplios y persuasivos desarrollos, BIGIAVI, *La delegazione,* 1940, n. 155, págs. 352-56; n. 126, pág. 298. Puesto que ambas partes del negocio deben tener conocimiento de la delegación, por consecuencia, deben saber tomar, cada una frente a la otra, el puesto del delegante en la actuación de la relación causal que existe entre el delegante y la contraparte. El negocio, por tato, se mantiene ligado a la causa. Una situación análoga en cuanto a la causa se tiene, para nosotros, también en el pago de la deuda ajena.

[55] Este carácter ofrece Dig., 24, I, 39; BIAGI, *La delegazione,* n. 139, 304 y sigs.

[56] HECK, *Das abstrakte dingl. Rechtsgeschäft,* 1937; SIMONIUS, en *Eludes* CAPITANT, 757.

[57] Véanse nuestras indicaciones citadas en *supra,* nota 8.

títulos de crédito, donde ha de considerarse admitida, dentro siempre de los límites establecidos por la ley (art. 2.004 Cód. civ.)[58].

Estos, por principio, son abstractos si están destinados a la circulación (negociables)[59]. La obligación contenida en el título de crédito, y particularmente la obligación cambiaría, no está subordinada a la existencia y la eficacia de la relación *fundamental subyacente,* que ha sido *causa* de la emisión o transmisión del título[60]. Por lo que al poseedor del título que sea extraño a dicha relación subyacente (y extraño podría serlo el mismo primer tomador del título) no pueden serle opuestas excepciones que se refieran a aquélla. Por el contrario, sí pueden oponérsele al poseedor del título que sea *parte* de la *relación fundamental,* pero continúan siendo excepciones inherentes a esta relación y no afectan, por tanto, a la obligación documentada en el título, sino simplemente la eliden, contraponiendo a la relación representada en el título la relación subyacente[61]. La oponibilidad (al poseedor del título) de las excepciones derivadas de la relación fundamental no excluye, por tanto, el carácter abstracto del título en sí considerado. E, inversamente, entre las partes de la relación fundamental, el que el título sea abstracto no hace a la obligación cambiaría inmune de los defectos que impedían la aptitud de aquella relación para la tutela jurídica. En especial, la abstracción no elimina la falta de causa idónea (n. 49, II)[62].

---

58 Merece ser recordada la cuestión, bastante debatida, especialmente al final del pasado siglo, relativa a la admisibilidad o no de las obligaciones civiles al portador [por la admisibilidad: Cas. Roma. 1 febrero 1898 (Foro, 1898, I, 191) con referencias a la jurisprudencia anterior, la que marcó el comienzo de la conocida y viva polémica entre GIORGI, favorable, y GABBA, netamente contrario]. La Cas. de 22 marzo 1934 *(Foro,* 1934, I, 743) ha negado la facultad de emisión de títulos al portador abstractos fuera de los casos previstos por la ley y con la observancia de las garantías prescritas por ella.

59 ASCARELLI, «L'astrattela nei titoli di credito», en *Riv. dir. comm.,* 1932, 385 y sigs.; idem, «La letteralità, etc.», ibid., 337 y sigs. Para una orientación en la jurisprudencia francesa, P. BOUZAT, en *Revue critique de legisl. et de jurisprud.,* 54, 1934, 368-377, 392.

60 La relación fundamental, considerada en sí, solo es propiamente la *causa remata* (n. 20) del negocio cambiario. Sobre este punto nos remitimos a nuestra nota, «Mancanza di causa della girata cambiaria e prova testimoniale contro il tenore del titolo», en *Riv. dir. comm.,* 1928, II, 158 y sigs., y al estudio de LA LUMIA, *L'obbtig. camb., e il suo rapporto fond.,* 1923, nn. 19-26. Es posible, según algunos, construir el negocio cambiario como un negocio con causa incompleta, que debe integrarse en el caso concreto; una causa resultante, por consiguiente, de dos elementos, el uno risible y constante, el otro encubierto, variable. inoponible a los terceros. Pero de tal carácter es más bien el negocio de transmisión.

61 Sobre el tema: BONELLI, *Cambiale,* n. 15, 23. 320; LA LUMIA, *L'obbligazione cambiaria e il suo rapporto fondamentale,* 1923, en particular, nn. 27-33; ASCARELLI, en *Riv. diritto comm.,* 1932, 396 y sigs.; recientemente. MOSSA, *Cambiale,* según la nuera ley, 1937, nn. 453-455.

62 En este sentido está orientada la jurisprudencia. De un lado, la Cas. 14 julio y 30 diciembre 1941 (sent. 2.133 y 2.989, inéd., en *Rep. Foro;* véase *Eff. Camb.,* 109, 119) reconoce que cuando, con la creación de la letra de cambio, no se haya querido abstraer la causa del crédito y novar la obligación subyacente, sino solo dotar a ésta del rigor cambiarlo, la prescripción de la obligación cambiaria no lleva consigo la de la obligación originaria. De otro lado, la Ap. Bolonia, 17 febrero 1941. en *Temi Emil.,* 1941, I, 2, 127 y la Ap. Nápoles, 15 abril 1940, en *Mon trib.,* 1941, 275 *(Rep Foro:* véase *Eff. camb.,* 134, 135). han mantenido

que la emisión de una letra cambiaria no es prueba suficiente de la relación causal subyacente, en cuanto que en ella no se contiene mención de la causa. La Cas. 4 julio 1938, n. 2.236, en causa de Sighinolfi contra Rovati (en *Riv. dir. comm.*, 1938, II. 556), había calificado, pero impropiamente, como «obligación natural-, una responsabilidad contraída por la Rovati por consejo gravemente perjudicial dado al marido de la Sighinolfi (responsabilidad que daba lugar, en el caso, a una situación de incerteza constituyente de la causa típica de la transacción), y había considerado que tal responsabilidad era causa idónea para justificar una promesa de pago (en la cual se concretó, en el caso en cuestión, el acuerdo de transacción) y el correspondiente libramiento de dos letras de cambio cuando, en realidad, existía una causa idónea (la causa *transactionis)*, pero había sido considerada bajo la calificación inexacta de la «obligación natural». Que una simple obligación natural no es causa suficiente para justificar la asunción de una obligación civil ha sido reconocido justamente por la Cas. en la reciente sentencia 29 enero-15 marzo 1943, en la causa de Danani contra Congaza, sobre la promesa de cumplir una fiducia testamentaria (para la cual se excluye la coacción por el interés en la certeza de las relaciones que derivan del testamento); promesa que tiende a acompañar con una coacción un deber de conciencia que está destinado en sí a obrar sobre el plano de la moral y no sobre el del Derecho. En lo que respecta a la letra de cambio que sea librada a título de garantía o de novación de una obligación natural (por ejemplo, dependiendo de una deuda de juego o apuesta), se considera justamente que a ella se comunica, entre las partes, la falta de causa idónea (SEGRÉ, «Dei dtoli obbligatori al portatore», en *Studi Schupfer*, 1898, 27; LA LUMIA, *L'obbligaz. cambiaria e il suo rapp. fond.*, 78, n. 218, los cuales exceptúan como único caso el de libramiento a título de *datio in solutum;* cfr., además, NICOLÓ. en *Foro ital.*, 1939,1, 39 y sigs.; más adelante, n. 49, *in fine)*.

CAPÍTULO CUARTO

PRESUPUESTOS Y EFECTOS DEL NEGOCIO JURÍDICO

25. *Concepto y clasificación de los presupuestos del negocio jurídico*.- Para que al negocio se puedan atribuir los efectos adecuados a su típica función económico-social y, por consiguiente, conformes a la intención práctica normal de las partes, debe existir, lógicamente, una correlación entre tales efectos y algunas circunstancias extrínsecas al negocio considerado en sí, las que –para diferenciarlas de los elementos constitutivos examinados en los capítulos II y III– llamaremos presupuestos de validez o presupuestos simplemente. Si el reconocimiento de la autonomía privada constituye, esencialmente, un fenómeno de recepción, por el cual el orden impuesto por las partes a sus intereses propios es elevado a la esfera del Derecho (nn. 2, 16), es lógico que el orden jurídico provea también a fijar los presupuestos a que subordina su reconocimiento.

El orden jurídico, en efecto, no atribuye eficacia a un negocio cualquiera, sino solo al que se conforme a un modelo preestablecido, a un cierto conjunto de requisitos que pueden afectar a la estructura y función interna del negocio o ser externos a ella. Es decir, la intervención del orden jurídico puede manifestarse en un doble sentido: O en exigir que los elementos constitutivos del negocio (forma, contenido, causa) sean configurados de determinada manera, o en disponer que el negocio, pese a que su estructura interna responda al tipo establecido, no despliegue eficacia si no le acompañan ciertas *circunstancias*. Éstas, si bien son extrínsecas al negocio en sí considerado, se integran en el seno de una compleja situación de hecho (inicial) de la que forman parte y en la que el negocio se inserta (n. 1 preliminares). Cuando tales circunstancias integradoras deben estar presentes en el momento en que el negocio se realiza o alcanza vigor (n. 29), se llaman *presupuestos* (presupuestos de validez) del negocio, mientras que si su presencia es requerida en un momento posterior, pueden designarse, en sentido amplio, con el nombre de *condiciones*. Como no deseamos que esta exposición se aleje demasiado de la sistemática tradicional, prefiriendo profundizar los problemas de carácter sustancial mejor que modificar el orden expositivo, la teoría de los presupuestos es desenvuelta en este capítulo, mientras que la teoría de las condiciones será examinada en el capítulo IX. Pero advertimos que los dos estudios son, en cierto modo, complementarios.

Los presupuestos de validez del negocio se agrupan en tres categorías según que afecten: 1.ª al *sujeto del* negocio, o 2.ª al *objeto* del negocio, en sí considerados, o bien, 3.ª a la *situación del sujeto respecto al objeto*. En la primera hipótesis se trata de la capacidad, en la segunda de la *idoneidad del objeto*, en la tercera de la *legitimación* para el negocio (n. 17).

«Formulemos una noción provisional de estas categorías conceptuales, que serán delineadas después con mayor precisión. Y en línea general observaremos, a reserva de una mejor justificación también de este punto, que los problemas relativos a los presupuestos de los negocios jurídicos se presentan, por lo regular, como problemas negativos, o sea, concernientes a la ausencia de los presupuestos: la incapacidad, la inidoneidad del objeto, el defecto de legitimación. Es normal la capacidad del sujeto, la idoneidad del objeto; es también normal la legitimación de la persona, que sea sujeto de relaciones jurídicas con un objeto determinado, para dar vida a negocios jurídicos que se refieran a este objeto.

Ahora bien, desde los primeros tiempos en que la dogmática jurídica moderna se propuso una sistematización de los efectos del negocio, fueron consideradas las figuras de la capacidad y de la idoneidad del objeto. En cambio, la legitimación, cuyo concepto es más delicado, solo recientemente ha sido diferenciada de la capacidad, dentro de la que solía comprenderse. La idea de la legitimación ha llegado al Derecho privado desde el Derecho procesal, en cuyo ámbito la legitimación activa y pasiva para la acción ocupa un puesto importante, sirviendo para explicar fenómenos como la sustitución procesal, la intervención en causa, el litisconsorcio necesario. Pero en el derecho sustancial el concepto de legitimación es igualmente indispensable para encuadrar algunas normas y figuras jurídicas que no pueden incluirse dentro de la capacidad. Cuando nos preguntamos si el menor de veintiún años puede realizar negocios jurídicos y respondemos negativamente, se plantea y se resuelve un problema de capacidad. Pero cuando se inquiere, por ejemplo, si la sociedad anónima puede comprar sus propias accione, si el quebrado puede disponer de los bienes de la quiebra, si el procurador o el tutor pueden ser adquirentes de los bienes confiados a su gestión, y también a estas cuestiones se responde que no, con base en los arts. 2.357, 378 y 1.471 Cód. civ. y 42 R. D. 16 marzo 1942, n. 267 (cfr. arts. 275, 1.459 C. C. y 166 C. Com. esp.), entonces no se trata de problemas de capacidad, sino que entramos en un campo distinto. No están ya en discusión cualidades intrínsecas de la persona que la hacen más o menos apta para ejercer su autonomía privada; está en discusión, por el contrario, la posición de la persona respecto a determinadas cosas o bienes considerados como posible objeto de negocios jurídicos en general, o de especiales categorías de negocios. Y con esto, la exposición se enlaza a cuanto se ha dicho sobre el precepto de la autonomía privada, en el cual se ha reconocido el contenido del negocio (nn. 16, 17).

Sobre esta línea, la distinción entre capacidad y legitimación se establece con toda evidencia, Capacidad es la aptitud intrínseca de la parte (n. 5) para dar vida a negocios jurídicos; legitimación es la aptitud para hacer surgir negocios jurídicos que tengan un determinado objeto, en virtud de una relación en que la parte se encuentra, o se pone, con el objeto del acto (n. 5). En la doctrina que más recientemente se ha formulado sobre el problema de la legitimación aflora, sin embargo, un concepto diferente, y se perfila la diferencia entre capacidad y legitimación de esta otra manera: Capacidad y legitimación serían dos formas de la aptitud para realizar actos jurídicos; solo que la capacidad debería ser entendida como idoneidad natural, la legitimación en cambio como idoneidad adquirida. La capacidad, en suma, como aptitud del hombre considerado como individuo, la legitimación como aptitud del hombre considerado en el seno de la sociedad[1].

No debemos discutir si esta discriminación, frente a la antes propuesta, de las categorías de «legitimación» y «capacidad» sea justa en sí; solo se puede hacer cuestión de si es lógica y conveniente. Ahora bien, la delimitación seguida por nosotros, ya por coherencia sistemática, parece preferible. Baste notar que según la sistematización criticada, mientras el menor es un incapaz, el interdicto por enfermedad mental sería un no legitimado. Situaciones reglamentadas por la ley de un modo sustancialmente semejante son atribuidas de este modo a categorías jurídicas diversas–a la capacidad la una y a la legitimación la otra– solo por una diferencia, que ni siquiera parece muy trascendental, de los respectivos supuestos. Es cierto que la edad menor de veintiún años es cualidad natural de la persona, mientras la interdicción depende de una declaración de la autoridad judicial, pero ésta, a su vez, presupone y comprueba la enfermedad mental, o sea, un estado físico-psíquico no menos natural que la edad. E, inversamente, también la trascendencia jurídica de la menor edad es el resultado de una apreciación normativa del orden jurídico, y no el fruto de una necesidad natural superior a aquél. La dificultad ahora examinada no se presenta a quien reconoce en la capacidad la idoneidad de

1 V. obras citadas en la nota 6 del n. 47 bis.

la persona pata el acto jurídico, con independencia de una relación del sujeto con el objeto del acto, y en la legitimación aprecia, en cambio, la idoneidad de la persona para el acto jurídico, que resulta de una particular relación del sujeto con el objeto del acto mismo. Según este criterio, menor edad e interdicción son, las dos, figuras de incapacidad (art. 1.425; cfr. art. 1.300 y sigs. C. C. esp.); así explícitamente en el art. 1.106 del viejo Código.

26.A) *Capacidad de la parte*[2].–La capacidad de la que se habla como presupuesto de validez del negocio jurídico es la capacidad de obrar de la parte. Es cierto que presupuestos de validez del negocio son también la existencia de la persona y su aptitud genérica para ser sujeto de relaciones jurídicas, o sea, su capacidad de Derecho. Pero puesto que hoy ésta es, por principio, reconocida a todos (art. 1 Cód. civ.), la cuestión de la capacidad concierne prácticamente solo a la capacidad legal de obrar. Ahora bien, ésta es definida por la ley en un sentido negativo más bien que en sentido positivo. El Código determina los casos de incapacidad y de la disciplina de estos casos la doctrina recaba, a sensu contrario, la noción de la capacidad legal de obrar, porque las hipótesis de incapacidad constituyen los límites de la capacidad.

La incapacidad de obrar puede tener un carácter general y absoluto, o bien, particular y relativo, es decir, constituir una inidoneidad para realizar negocios jurídicos de cualquier especie, o solamente para realizar algunos.

En orden a la manera en que la deficiente capacidad de obrar debe ser subsanada y, por tanto, a como haya de proveerse a la tutela de los intereses del incapaz, se perfila, en el seno de la categoría «incapacidad» otra distinción influyente. Porque el defecto de capacidad se remedia unas veces con la interposición de otra persona capaz que es llamada *en lugar* del incapaz y otras veces, en cambio, con la cooperación de otra persona que es llamada a obrar *conjuntamente con* el incapaz. Se tiene *representación* en el primer caso; simple *asistencia* en el segundo. Y, respectivamente, incapacidad absoluta (total) en el primero e incapacidad relativa (parcial) en el segundo caso.

Existe otro criterio diferenciador en esta materia de capacidad; es el de establecer discriminaciones en la masa de los actos jurídicos según su correspondiente alcance patrimonial, de modo que un sujeto considerado idóneo para dar vida a algunos tipos de negocios simples y ordinarios, puede ser tenido por inapto para realizar actos de deliberación más compleja, o cuyas repercusiones sobre el patrimonio sean más sensibles. Según este criterio se suelen distinguir (y la distinción será nuevamente recogida más adelante, n. 36) actos de administración ordinaria y actos que exceden de la administración ordinaria. Pero estos actos que exceden la administración ordinaria no son tratados según la misma medida; la ley establece gradaciones en este

[2] V. COVIELLO, *Man. dir. civ.*, § 112; BREIT, *Geschatftsfachigkeil*, 1903, TUHR, *Allgem.* T., II. § 59; BRANDT, *Verkehrscherheit u. Geschaftsfaehrigkeit*, 1936; DE RUGGIERO, *Istituzioni*, § 36; MESSINEO, *Ist. dir., civ.*, cuarta ed., § 15, 90.

terreno (arts. 374, 375, 394 Cód. civ.; cfr. arts. 269 y sigs. C. C. esp.). Esta gradación ulterior, por lo demás, no es influyente para el fin de atribuir o negar la capacidad sino para el de establecer los medios con los que la capacidad deficiente debe ser completada.

Sentadas estas distinciones generales haremos ahora una rápida reseña de los motivos de incapacidad y las principales figuras que ésta presenta en el Derecho vigente.

Fundamentos de incapacidad son: la menor edad, la interdicción, judicial o legal, y en grado más tenue, la inhabilitación. Como se sabe, el límite de la menor edad se establece, también en el nuevo Código, en el cumplimiento de los veintiún años. La incapacidad del menor ha de entenderse como referida a la realización de negocios patrimoniales entre vivos (n. 39). Pero ha de exceptuarse el contrato de trabajo, el cual puede estipular el menor que haya cumplido los dieciocho años «salvo las leyes especiales que establezcan una edad inferior» (art. 3 Cód. civ.). El menor emancipado, de derecho con el matrimonio o por providencia del juez tutelar, en cuanto haya, en este último caso, alcanzado los dieciocho años, es capaz para actos de administración ordinaria, peor no para efectuar, por sí solo, los que excedan de ésta, para los cuales le es precisa la asistencia de un curador (art. 394 Cód. civ.; cfr. art. 317 C. C. esp.). La capacidad para hacer testamento se obtiene al llegar a los dieciocho años de edad, lo que aparece justificado por el peculiar carácter del negocio *mortis causa* (n. 39). En cuanto a los negocios de derecho familiar, para los que el individuo está legitimado, no ya por la titularidad de un patrimonio, sino por el especial *status familiae en* que se encuentra o se coloca dentro de la órbita de la sociedad nacional a que pertenece, el límite mínimo de edad es, igualmente, inferior al de veintiún años. Así, el reconocimiento del hijo natural puede ser hecho por el padre que haya alcanzado los dieciocho años y por la madre que haya llegado a los catorce, y aun antes, si sucede en ocasión de su matrimonio (art. 250 Cód. civ.). El matrimonio puede contraerse a los dieciséis años por parte del hombre y a los catorce por la mujer; límites que una dispensa real, que se concede por motivos graves, puede reducir a catorce y doce, respectivamente (art. 84 Cód. civ.; cfr. art. 83 n. 1 C. C. esp.). El adoptado que ha cumplido dieciocho años es capaz de prestar el consentimiento a la adopción (art. 296 Cód. civ.; cfr. art. 178 C. C. esp.).

La incapacidad consiguiente a la interdicción judicial, que se pronuncia por enfermedad mental, se refiere tanto a los negocios patrimoniales como a los de derecho familiar, puesto que el fundamento de la incapacidad legal en esta hipótesis es tal que, si realmente existe, importa también incapacidad de querer y, por tanto, una imposibilidad natural de hacer cualquier manifestación de voluntad[3]. La interdicción legal aneja a condena penal y por la duración de la pena, tiene alcance más restringido y se sujeta a las «normas de las

[3] Cfr. Relación al Proyecto del Código penal, sobre el art. 32.

leyes civiles sobre la interdicción judicial» solo «para lo que concierne a la disponibilidad y la administración de los bienes»: El interdicto legal no es, sin más, declarado incapaz respecto a los negocios de Derecho familiar. Se distinguen dos grados en la interdicción legal según la repercusión que ésta tenga sobre el *status familiae*. Cuando se produce por consecuencia de condena a presidio «acarrea también la pérdida de la autoridad marital y de la capacidad de testar, y hace nulo el testamento realizado antes de la condena»; es una especie de incapacidad retroactiva. En cambio, cuando derive de condena «a la reclusión por un tiempo no inferior a cinco años» no influye sobre la capacidad testamentaria y solo «produce, durante la pena, la suspensión del ejercicio de la patria potestad y de la autoridad marital», salvo «que el juez disponga de otro modo» (art. 32 Cód. pen.).

La inhabilitación -forma de incapacidad más atenuada de la interdicción por enfermedad mental, aplicable a personas que se manifiestan ineptas para gestionar sus propios intereses (art. 415 Cód. civ.)- no configura una incapacidad total, sino solamente parcial. Se coloca al inhabilitado en la misma situación propia del menor emancipado, es decir, que puede celebrar negocios de administración ordinaria, mientras que para los que excedan a ésta (n. 36) precisa de la asistencia de un curador.

26 bis. *Problema de la llamada incapacidad natural*[4].- La incapacidad de obrar, en las distintas figuras que hemos examinado, obedece a una *ratio iuris* constante. La ley, estableciendo la inidoneidad de determinadas personas para realizar actos jurídicos, parte siempre de la consideración de la *natural* ineptitud de estos sujetos para proveer al cuidado de sus propios intereses materiales o morales, y tal ineptitud deriva de una deficiencia físico-psíquica por virtud de la cual aquellos individuos no tienen clara *conciencia* del alcance de sus propias acciones y se deciden a ellas de una manera irreflexiva.

Este substrato natural existe en la incapacidad del menor, y es plenamente evidente en la incapacidad del interdicto por enfermedad mental. Puede, en cambio, parecer dudoso que en el pensamiento de la ley la deficiencia físico-psíquica sea también fundamento de la interdicción legal aneja a la pena, pero que la *ratio iuris* de ésta haya de buscarse precisamente en la presumible deficiencia de la que es síntoma e índice la degeneración moral del delincuente, está demostrado por la citada norma del art. 32 Cód. pen., por la cual, el testamento anterior a la condena a presidio pierde eficacia después de ésta.

Estos extremos hacen surgir el problema de la capacidad natural junto al de la capacidad legal. El problema de la capacidad o incapacidad natural presenta dos aspectos, a) En el primer aspecto, se pregunta si puede ser válido

[4] COVIELLO, *Manuale dir. civ.*, § 112; DEGNI, «incapacità naturale e incapacita legale», en *Riv. dir. comm.*, 1932, II, 573; GIORGIANI, «La c. d. incapacita naturale nel primo libro del nuovo Codice civile», en *Rivista diritto civile*, 1939, 398 (y otra bibliografia allí citada).

el acto del incapaz legal que en el momento en que obraba haya sido naturalmente capaz, o sea, psíquicamente normal; por ejemplo, el acto del menor que a pesar de su edad haya alcanzado ya la madurez mental correspondiente a un adulto, o el acto del interdicto por enfermedad mental que se encontrase en un intervalo lúcido, b) En el segundo aspecto, se pregunta si es inválido el acto de la persona legalmente capaz que fuera, en el momento en que actuaba, naturalmente incapaz, por una causa permanente, como el loco no interdicto, o por un motivo transitorio, como el borracho o el hombre sometido a la acción de estupefacientes o a la hipnosis.

a) A la primera cuestión se responde, con toda seguridad, que no. La capacidad legal es presupuesto indefectible de la validez del acto: la previsión de que la persona legalmente incapaz es también naturalmente incapaz es hecha *a priori* por el legislador, sin posibilidad de control y de negación por parte del juez en un caso concreto.

b) La segunda cuestión, de si junto a la capacidad legal es también influyente la capacidad natural como presupuesto de validez del negocio ha sido debatida en el pasado. Era, sin embargo, un problema mal planteado. En línea de principios, según el sistema de la ley y mientras no existan normas concretas que se aparten de éste, la inidoneidad psíquica del autor del acto es, ciertamente, influyente, y obstáculo a la validez del negocio, pero esto, no como ausencia de un *presupuesto,* que es el caso de la capacidad, sino como defecto de un *elemento* del negocio, como lo es la voluntad o la conciencia de quien lo realiza (n. 19).

Solo al haber equivocadamente conducido el problema a la órbita de la capacidad (y era errada en este senddo su colocación, ya que se hablaba de incapacidad natural) se pudo por alguno afirmar que la ineptitud psíquica de quien no fuera legalmente incapaz no acarreaba nulidad del negocio. Desde luego, esta opinión no fue seguida por la jurisprudencia[5], la cual, justamente,

---

[5] V., entre las decisiones más recientes, y especialmente sus motivaciones. Cas., 8 julio 1940 (*Foro,* 1941, I, 510, e ídem, 23 mayo 1941) (ibid., 1941, I, 804), así como Ap. Venecia, 26 mayo 1941 (ibid., 1941, I, 1.229).
Las mencionadas decisiones son particularmente interesantes en cuanto ponen de manifiesto que el art. 428 del nuevo Código (aplicable también a los actos realizados antes de su entrada en vigor, excepto cuando la acción se haya extinguido según las normas del Código de 1865) ha unificado la disciplina de los actos para los que el Código derogado dictaba las disposiciones de los arts. 336 y 337, y la de aquellos que estén viciados por incapacidad natural, de modo que tanto los actos ejecutados por el interdicto antes de la sentencia de interdicción, como aquellos verificados por persona no sana de mente, aunque no interdicta, son ahora anulables.
Acerca de las circunstancias del estado de enfermedad mental que produce la incapacidad natural, la jurisprudencia se muestra acorde en el sentido de que debe ser tal que prive, en el momento de la contratación o del cumplimiento del acto, de la *conciencia* y la *libertad* del querer, no bastando para constituir dicho estado una mera deficiencia psíquica, ni simples anomalías y extravagancias de carácter (Ap Venecia, 26 mayo 1941, *cit.,,* y allí otras referencias a la jurisprudencia anterior).

reconoció en la ineptitud natural una causa de nulidad del negocio; una causa que, según la distinción que después expondremos (capítulo VIII), lo es de nulidad y no de simple anulabilidad, como sucede, en cambio, con la incapacidad legal.

La opinión que negaba trascendencia a la ineptitud natural deducía argumentos de algunas normas, ahora abrogadas, del Cód. civ. de 1865, especialmente de los arts. 336 y 337. Por el art. 336 «los actos anteriores a la interdicción pueden ser anulados si la causa de interdicción existía ya al tiempo en que tuvieron lugar los actos mismos, y siempre que, o por la calidad del contrato o por el grave perjuicio que de él haya derivado o pueda derivar para el interdicto, o de otra manera, resulte la mala fe de quien contrató con el mismo». Por el art. 337, «después de la muerte de un individuo los actos realizados por él no podrán ser impugnados por enfermedad mental sino cuando, o haya sido promovida la interdicción antes de la muerte de él, o la prueba de la enfermedad resulte del acto mismo que es impugnado». Basándose en estos textos se razonaba así: Si el legislador, para declarar la nulidad del acto realizado por el enfermo de la mente y no interdicto, no se contenta con la demostración de la enfermedad, sino requiere la mala fe de la parte contraria, que debe deducirse por signos exteriores, entre los que destaca el perjuicio que deriva del acto para su autor, ello quiere decir que la ineptitud psíquica no es influyente por sí, y no priva de validez al negocio. Pero se

---

Una recientísima sentencia, n. 2.489, de la Cas., 8 agosto 1942, en *Mess. Foro,* col. 586, en materia de incapacidad natural (Cód. civ. 1865, art. 336, 337; libro I, art. 422; disposiciones transitorias al libro I, art. 109, nuevo Código, art. 428), ha formulado las siguientes máximas:

El art. 422 del libro I del nuevo Código civil regula en una única disposición tanto aquellos actos para los que el Código de 1865 había dictado los arts. 336 y 337, como los viciados por incapacidad natural. Esta norma se aplica también cuando la acción fue promovida con el carácter de nulidad por incapacitad natural con respecto a negocios celebrados durante la vigencia del viejo Código, pero cuya impugnación es decidida en primer grado cuando las nuevas disposiciones estaban va en vigor. La locución *persona no sana de mente* del art. 422, libro I del nuevo Código civil, expresa un concepto más *am*plio que la de *enferme de mente,* porque no está vinculada necesariamente a estados patológicos, sino que puede derivarse también de casos en los que el entorpecimiento de la voluntad depende de circunstancias que no constituyen enfermedad en sentido técnico. Las palabras *persona incapaz de entender o de querer* del art. 428 del Código civil unificado (R. D. 30 marzo 1942, n. 318), sustituyendo, en vía de interpretación, a la dicción citada del *art.* 422, han precisado el concepto de incapacidad natural, poniendo de relieve el elemento intelectual y el elemento volitivo del negocio, que para ser válido debe cumplirse con plena conciencia de su entidad jurídica. El nuevo Código civil ha acogido explícitamente *la* noción de incapacidad natural, distinta de *la* incapacidad legal *(art.* 428). En la incapacidad natural, para la que no existe, como en la incapacidad legal, la prueba preconstituida, es necesario demostrar cada vez, rigurosamente y de modo específico, la existencia del estado mental anormal en el momento, o sea, alrededor del tiempo que fue preciso para la ejecución del acto jurídico, y ello aunque la incapacidad no fuera transitoria. De las condiciones del sujeto anteriores y posteriores al acto se pueden extraer útiles elementos de juicio para dictaminar, después de una cuidadosa indagación, si el consentimiento manifestado constituye verdaderamente la síntesis de un acto libre y consciente.

replicaba justamente que los artículos citados no se refieren en realidad, a la «incapacidad» natural, sino a la incapacidad legal de obrar; disponen una extensión de la incapacidad legal resultante de la interdicción y dan lugar, en cierto modo, a una interdicción anticipada. Estos artículos no contemplan la ineptitud psíquica en el *momento* del acto, sino la presencia anterior a la interdicción y en el *período* en que el acto fue realizado de una perturbación mental *habitual* bastante para justificar la interdicción. Aun cuando en el instante preciso del acto no existiese un desorden mental, como si el autor del acto se encontrase en un intervalo lúcido, la presencia de una enfermedad mental habitual, enlazada con las restantes circunstancias de hecho de que hablan los arts. 336 y 337 del Código civil de 1S65, daba lugar a la invalidez del acto. Los artículos en cuestión no podían, por tanto, influir sobre el problema de la «incapacidad» natural y, en especial, no tenían ninguna relación con las hipótesis de ineptitud psíquica por causas transitorias distintas de la enfermedad mental, como embriaguez, sonambulismo, hipnosis.

Ningún artículo del Código abrogado impedía, por consiguiente, resolver el problema de la «incapacidad» natural según los principios. El nuevo Código, en cambio, ha innovado en este punto, atemperando las exigencias del sistema con las que al legislador parecieron necesidades de equidad. El art. 428 del nuevo Código dispone: «Los actos realizados por persona que aunque no interdicta, se pruebe no haber sido, por cualquier causa, aun transitoria, capaz de entender o de querer en el momento en que los actos fueron celebrados, pueden ser anulados a instancia de la persona misma o de sus herederos o causahabientes, si resulta de ellos un grave perjuicio para el autor. La anulación de los contratos no puede declararse sino cuando por el perjuicio que se haya derivado o pueda derivar de ellos para la persona incapaz de entender o querer, o por la calidad del contrato, o de otro modo, resulte la mala fe del otro contrayente». De cuyo texto se deduce: 1.° Que la ineptitud psíquica se convierte en razón de simple anulabilidad del acto, no ya de nulidad; 2.° Que la ineptitud psíquica no es siquiera suficiente por sí sola para provocar la anulabilidad del acto, sino debe estar acompañada del «grave perjuicio»[6] (n. 3) y, en los contratos, debe ser conjunta con la mala fe[7] del otro contrayente.

En línea exegética se debe notar que en los contratos el «grave perjuicio» de la parte que sufre la ineptitud psíquica no tiene importancia más que como indicio de la mala fe de la parte contraria, y cuando ésta se deduzca de otras

[6] En el senado de que el -grave perjuicio-, a los fines de la aplicación del art. 428, se requiere para la anulación de los actos unilaterales efectuados por el enfermo mental y no para la anulación de los contratos, véase Cas., 28 mayo 1941, en *Foro it.*, 1941, I, 804.

[7] La decisión citada en la nota precedente identifica la mala fe del contrayente capaz con «el conocimiento de contratar con un enfermo mental», aclarando que aquélla -puede resultar, o directamente, o del perjuicio que haya derivado o pueda derivarse para el incapaz, o bien de la calidad del contrato, o de otro modo».

pruebas puede ser también anulado el contrato ventajoso para el contrayente psíquicamente inepto. Desde el punto de vista de la oportunidad legislativa la innovación expuesta puede ser discutida. Si la tendencia a conservar la eficacia del negocio jurídico, al convertir la nulidad en anulabilidad, merece aprobación, pese a su derogación al sistema (de que la falta de elementos esenciales del negocio es razón de nulidad verdadera y propia), sin embargo, puede parecer excesivo el haber establecido como ulterior requisito de la anulabilidad el «grave perjuicio» que del negocio se derive para su autor. Porque es evidente que éste, si por el negocio no recibe daño, no pedirá la anulación; y si padece un daño «no grave» es solución discutible que este daño deba quedar sin reparación solo porque no sea «grave» (art. 1.448, § 2, que es sometido a una crítica análoga; cfr. arts. 1.291, 1.ª y 2.ª, 1.074 C. C. esp.)[8]. En cuanto a la mala fe del contrario que se preceptúa como ulterior requisito para la anulabilidad de los contratos, cierto que se distingue conceptualmente del dolo que es motivo de anulabilidad del negocio (n. 56). Pero prácticamente parece difícil suponer un caso en que alguien haya contratado conociendo la ineptitud psíquica del otro contrayente y, por tanto, aprovechándose de ella, sin obrar con dolo.

Con la norma hasta aquí discutida la ineptitud psíquica ha venido a acercarse a la incapacidad legal de obrar, ya que tanto la una como la otra son ahora motivos de anulabilidad del negocio. Pero con todo, no se puede aún calificar la aptitud físico-psíquica como presupuesto del negocio, porque, de un lado, aquélla atañe siempre a un elemento intrínseco de él como es la conciencia y voluntad, y de otro lado, la apreciación de ella en conexión con otros elementos, como el perjuicio del negocio para su autor y, en los contratos, el estado subjetivo de la parte contraria, representa una valoración de hecho que se realiza totalmente *a posteriori,* contrariamente a la de los presupuestos de validez verdaderos y propios, que debe naturalmente hacerse completamente *a priori.*

27.B) *Legitimación de la parte como presupuesto del negocio*[9].- Después de la capacidad, presupuesto subjetivo, hemos de examinar el que podría llamarse presupuesto subjetivo -objetivo del negocio, o sea, la legitimación.

Se ha notado ya que la legitimación, a diferencia de la capacidad, depende de una particular relación del sujeto con el objeto del negocio (n. 25). Aquí conviene dar una definición más precisa de ella. La legitimación de la parte puede definirse como su *competencia* para alcanzar o soportar *les efectos jurídicos de la reglamentación de intereses* a que se ha aspirado, la cual resulta de una específica *posición del sujeto respecto a los intereses* que se trata de regular. Problema de legitimación es el de considerar *quién,* y frente a *quién,* puede correctamente concluir el negocio para que éste pueda desplegar los efectos jurídicos

[8] Confr. nuestras notas en *Rendiconti Istit. Lomb.,* 1940-1941, 339, 344.

[9] V. la bibliografía citada en la nota 6 del n. 47 bis.

conformes a su función y congruentes con la intención práctica normal de las partes. Según la idea de la autonomía privada, tales efectos habrán, por principio, de quedar circunscritos a la esfera jurídica de las partes (n. 5), y para que se produzcan deberán aquéllas estar revestidas de una específica posición respecto a la materia del negocio.

Al precisar ahora en qué consista esta específica posición de las partes ha de exponerse que la regla fundamental en este tema de la legitimación es la de la identificación o coincidencia entre el sujeto del negocio (o el sujeto para el que el negocio es realizado) y el sujeto de los intereses, y por ello, de las relaciones jurídicas sobre las que vierte el negocio. En esta coincidencia estriba la que podría llamarse legitimación *ordinaria* o normal. Y así se descubre cómo la teoría de la legitimación tiene sus raíces en el concepto dominante de toda esta materia: el concepto de la autonomía privada (cap. I). Cada uno tiene una esfera propia de competencia dispositiva; árbitro de sus propios intereses y de éstos solamente, no puede, regularmente, injerirse en los intereses ajenos. Por ello, cada uno dispone de las cosas propias; renuncia a los derechos propios, enajena los bienes propios, adquiere para sí, asume obligaciones para sí, y correlativamente, impugna su propio acto de disposición o de obligación en las hipótesis permitidas por la ley, lo confirma si es inválido, lo revoca si es revocable[10].

El principio de la coincidencia es variadamente formulado y aplicado por el legislador (arts. 1.188, 1.189, 1.478, 1.480, 2.822 Cód. civ.; cfr. arts. 1.162, 1.164, 1.857 n. 2, 165, 236 n. 2, 1.259 n. 2, etc., C. C. esp.; cfr. además 320 § últ., 347, 360 § 1.°, 1.394, 1.398, etc.). Presenta un doble aspecto: a) aspecto retrospectivo, en cuanto se considera la situación preexistente *(inicial)* en la que el negocio se encuadra; b) aspecto prospectivo, cuando se considera la situación nueva *(final)* a la que el negocio tiende y desemboca (cap. prel. n. 1). El principio postula que el sujeto del negocio se identifique, tanto coa el sujeto de la situación inicial, como con el de la final. Pero esto sufre también excepciones en un doble sentido.

a) Ante todo, bajo su aspecto retrospectivo, que considera la situación *inicial,* el principio de la coincidencia padece excepciones, por un lado, en los casos en que el interesado, o sea, quien es sujeto de los intereses o relaciones jurídicas en cuestión *no* está legitimado para realizar el negocio que sobre ellos incide. Recordemos, a título de ejemplo, la posición de la mujer que no puede disponer de los bienes comprendidos en la dote o en la comunidad, aunque sea de ellos, respectivamente, propietaria o copropietaria, porque la administración de la dote o de la comunidad está reservada al marido (arts. 184 y 220 Cód. civ.; cfr. arts. 1.357, 1.412 y sigs. C. C. esp.). Recordemos igual-

---

10 La concurrencia de la legitimación para disponer del objeto, para impugnar el acto de disposición, para confirmarlo si es inválido es señalada por COVIELLO, *Man. dir. civ.,* § 107, 340.

mente la posición del quebrado respecto a los bienes sujetos al vínculo de indisponibilidad creado por la declaración de quiebra (R. D. 16 marzo 1942, art. 42), vínculo que invalida eventuales actos de disposición respecto a la masa de los acreedores (ídem, art. 44).

Viceversa, se presentan categorías de hipótesis en las que la legitimación para realizar el negocio prescinde de la coincidencia entre sujeto del negocio y sujeto de los intereses o relaciones jurídicas sobre las que aquél incide, y es legitimado para celebrarlo quien no es sujeto de estos intereses. En antítesis con la legitimación *ordinaria* se configura aquí una legitimación *excepcional,* de segundo grado, que se ofrece en varias formas.

1) A veces la ley, al tolerar o prescribir que el negocio se concluya por persona extraña, que no es aquella en que habrán de recaer los efectos jurídicos, mira y quiere tutelar el interés de aquella persona La legitimación es entonces un *derecho* del legitimado y éste el tipo de legitimación excepcional que se aleja menos de la legitimación ordinaria. Se integran en esta figura la legitimación del marido en lugar de la mujer respecto a los negocios que se refieren a las relaciones dótales y a la comunidad conyugal de bienes (arts. 184 y 220 Cód. civ.; cfr. arts. 1.357, 1.412 y sigs. C. C. esp.). Igualmente, la legitimación del acreedor que según la norma del art. 2.900 Cód. civ. (cfr. art. 1.111 C. C. esp.) ejercita extrajudicialmente los derechos de su deudor ante la inercia de éste (por ejemplo, el rescate de un inmueble vendido por él) y también la legitimación conferida por el art. 524 Cód. civ. (cfr. art. 1.001 C. C. esp.) a los acreedores de quien renuncia a la herencia en perjuicio de aquéllos para que, previa autorización judicial, puedan aceptarla «en nombre y lugar del renunciante». También configura una legitimación del acreedor para realizar negocios que afectan al patrimonio del deudor, el derecho que se le atribuye en determinados casos de hacer vender coactivamente, por su propia autoridad, cosas pertenecientes al deudor que no cumple (arts. 1.515 Cód. civ.; 48 de las condiciones ferroviarias' aprobadas por R. D. L. 25 enero 1940, n. 9).

Los casos hasta ahora examinados, que representan una legitimación *por derecho propio,* serán más adelante definidos como casos de sustitución (cap. X, n. 71), actividad que alguien desarrolla por cuenta propia y en el predominante o concurrente interés propio, pero destinada a desplegar eficacia dentro de la esfera patrimonial ajena[11].

---

[11] Al lado de la sustitución en el ámbito de los negocios de derecho substancial se coloca la sustitución procesal en distintas formas, que no hemos de enumerar aquí. Pero también la actividad que se desarrolla en nombre y por cuenta ajena -en representación (Cód. civ., 1.398)- se puede alguna vez comprender dentro del tipo de legitimación ahora considerado, es decir, la legitimación conferida en el interés predominante del legitimado. En efecto, la representación es a veces establecida en interés del representante, pero en otras ocasiones lo es más bien en el del representado; ella entonces es índice de un *derecho propio* y o se agota en un simple poder frente a otros, tanto que, cuando deriva de mandato, el art. 1.723 § 2 del nuevo Código, siguiendo la jurisprudencia anterior (Cas., 12 marzo 1940, en

2) De esta figura excepcional que se califica como legitimación por derecho propio se distingue netamente una legitimación que se construye como simple *poder ante los demás,* y es conferida, no en interés del legitimado, sino de quien es destinatario de los efectos jurídicos del negocio. La representación, en su aspecto normal, expresa una legitimación del representante en interés del representado. Y en el concepto de esta legitimación, construida como simple poder ante otros, se encuadra tanto la representación llamada legal (representación del incapaz, representación orgánica; art. 2.150) como, al menos en la mayor parte de los casos, la representación conferida por el interesado (cap. X, n. 73). Aquí se comprenden también las formas de habilitación requeridas para determinadas categorías de personas o bienes (aprobación, autorización, homologación)[12].

3) Pero existen otros casos en los que la legitimación excepcional no se puede construir ni como un derecho propio ni como un poder; son aquellos en que el negocio es realizado por quien no está en realidad legitimado, ni según la regla ni según los criterios excepcionales de legitimación examinados hasta aquí, y sin embargo está dotado de eficacia jurídica en virtud de la tutela que se dispensa a los terceros de buena fe que han depositado su confianza en la legitimación aparente del autor del negocio. La posición de éste se configura entonces como *legitimación aparente.*

A propósito de la adquisición derivativa hemos tenido ya ocasión de mencionar casos de legitimación aparente (cap. intr., n. 4). Así, según la norma del art. 534 Cód. civ. el heredero aparente está legitimado para dar vida –frente a terceros de buena fe que reconozcan en él al verdadero heredero– a convenciones a título oneroso sobre las relaciones jurídicas comprendidas en la herencia. Sin embargo, la legitimación del heredero aparente no puede ser construida como un poder concedido por el interés de los terceros de buena fe y preexistente al negocio, ya que la tutela de dichos terceros no es fruto de una valoración *a priori* del negocio que haga la ley, sino resultado de una valoración *sucesiva* de aquél. Como preexistente al negocio no existe un poder, sino, simplemente, una posición del sujeto respecto al objeto del negocio, es decir, la

---

Temi gen., 1940, 295; ídem, 30 diciembre 1939, en FERRO, 1940, I, 279; ídem, 12 abril 1939, en *Giur. ital.*, 1939, I, 1.732), decide afirmativamente el problema de la irrevocabilidad de esta mandato. Una figura notable de representación, y, por tanto, de legitimación por *derecho propio,* es la de la cesión de bienes a los acreedores a fines de liquidación, la que es regulada ahora por los arts. 1.977, 1.979 y 1.980 Cód. civ., y que ya por los intérpretes del art. 26 de la tarifa de registro (en el A. al T. U., aprobado por R. D. 30 diciembre 1923, n. 3.260) era considerada como un mandato de liquidar, otorgado en interés del mandatario, al cual corresponde, por tanto, el derecho de administrar, para la liquidación, los bienes «cedidos», que siguen perteneciendo al deudor. (Cfr. en este sentido, en la jurisprudencia; Cas., 1 julio 1938, en *Giur. ital.*, 1938, I, 1872; Ap. Turín, 8 abril 1938, en *Giur. Tor.*, 1938. 1.299; Cas., 30 julio 1937, en *Foro,* 1937; I, 1.193; Cas., 27 julio 1933, en *Riv. dir. comm.*, 1935, II, 304, con una nota nuestra).

[12] Sobre esta clase de formas y su relación con las demás, FERRARA, *Teoria dei contratti,* 1940, 146.

cualidad de heredero aparente, y esta cualidad constituye la legitimación. Otras situaciones, que dan lugar a un tipo análogo de legitimación aparente, fueron también señaladas (n. 4 prel.). Así, por el art. 1.153 (cfr. art. 464 C. C. esp.), quien transmite la posesión de una cosa mueble ajena está legitimado -con relación al adquirente que ignora su falta de derecho- para transferirle la propiedad. Una particular aplicación de este criterio a la circulación de los títulos de crédito se manifiesta en la protección del tercero de buena fe (art. 46 R. D. 14 diciembre 1933, n. 1669). El art. 1.762 Cód. civ. de 1865, disponía «es válido lo que haga el mandatario en nombre del mandante, durante el tiempo en que ignora la muerte de él o una de las otras causas por las que cesa el mandato, siempre que sean de buena fe aquellos con los que contrata». (Cfr. art. 1.738 C. C. esp.). Esta norma, ya considerada por los intérpretes como un corolario de los principios generales inspirados en la tutela de buena fe, ha encontrado en el nuevo Código una más adecuada formulación, en materia de representación, en el art. 1.396, que declara imponibles a los terceros de buena fe (ignorantes sin culpa) las modificaciones y la revocación del apoderamiento (y las otras causas de extinción del poder de representación). Con la calificación de *legitimación aparente* no se quiere tomar posición a favor de la moderna tendencia denominada «doctrina de la apariencia», según la cual, la protección de la apariencia jurídica y de la buena fe de los terceros sería una exigencia general, inmanente en todo el ordenamiento. Hablando de legitimación aparente queremos solo denotar que existen casos, aunque sean de derecho singular, en los cuales la legitimación nace de la apariencia de aquellas situaciones que, según los criterios normales, son el substrato de la legitimación.

b) Además, bajo el ya indicado aspecto prospectivo, es decir, mirando a la situación jurídica *final* a la que el negocio tiende y en que desemboca, el principio de la coincidencia entre el sujeto del negocio y el sujeto de la nueva situación contemplada en él, presupone resida en el primer sujeto una capacidad cuja concreta aplicación puede, sin embargo, encontrar *obstáculo* en las circunstancias en que se concluye el negocio. La capacidad de que aquí se trata no es la capacidad de obrar (n. 26), sino la capacidad *de derecho*. Verdad es que ésta, como cualidad abstracta de la persona, se integra en los presupuestos de la primera categoría (capacidad de la parte: n. 26) y se mantiene diferenciada de la legitimación. Pero el aspecto característico de esta última surge y se afirma siempre que la cuestión no recaiga ya sobre la existencia de la persona y su aptitud genérica para ser sujeto de relaciones jurídicas, sino sobre su idoneidad para ser sujeto activo o pasivo de la relación jurídica concreta que el negocio deberá constituir[13]. Aquí, en efecto, la capacidad de derecho no se discute en abstracto, sino en su relación específica con la materia del negocio, cuando se trata de ver si existen, y cuáles sean, los obstáculos para su concreto ejercicio.

---

[13] Bajo este aspecto habla acertadamente TUHR, *Allgem. Teil*, II, 395, 398, de una «passive Verfuegunsmacht», que es una especie de legitimación pasiva para el negocio.

Bajo este perfil de la legitimación para asumir la relación jurídica contemplada por el negocio -legitimación que podría calificarse de *pasiva o receptiva* y que, consistiendo en la ausencia de obstáculos reviste carácter negativo- se explican las normas que prohíben a determinadas categorías de personas el hacerse adquirentes de ciertos bienes, recibir u obtener ventajas en relación a otras personas, también de determinadas categorías. Así, la norma del art. 1.471 (cfr. art. 1.459 C. C. esp.) que encuentra un obstáculo para la adquisición en la relación de dependencia o de gestión, que importa confianza en el cuidado ajeno, de los bienes de cuya adquisición se trata. Igualmente la norma del art. 1.395 (cfr. art. 1.394) que considera desautorizada la representación por el conflicto de intereses entre representante y representado (n. 75, B). También se explican así, si bien justificadas por una presunción de menor libertad del disponente, las incapacidades establecidas por los arts. 596-598 (cfr. arts. 753, 754 C. C. esp.) acerca del tutor, del notario, etc., mientras que la del art. 595 aparece más bien como una verdadera y propia incapacidad de recibir, derivada de la cualidad personal de bínubo. Se explica también por este aspecto de la legitimación receptiva o legitimación para la adquisición la prohibición establecida por el art. 2.357 (cfr. art. 166 C. Com. esp.) para la sociedad por acciones, de adquirir las acciones propias, salvo en las hipótesis allí exceptuadas[14], prohibición que responde a una elemental exigencia de claridad y corrección en el mercado de acciones.

28.C) *Idoneidad, del objeto del negocio*.- Junto a la capacidad y la legitimación constituye también un presupuesto de validez del negocio la idoneidad del objeto, entendida como la aptitud de los intereses sobre los que le negocio vierte para recibir el orden o reglamentación práctica que aquél se propone.

Parece preferible hablar de intereses mejor que de bienes, porque también cuando objeto del negocio sean cosas (bienes materiales) éstas no son consideradas por sí, abstractamente, sino siempre referidas a los sujetos, y vienen estimadas atendiendo a su aptitud para satisfacer necesidades de la vida de relación (n. 5).

La idoneidad para ser objeto de negocios jurídicos debe ser apreciada como cualidad de *determinados* intereses respecto de *determinados* negocios, teniendo presente la definición legal del negocio y considerando la categoría a que pertenecen los intereses a regular.

De la misma naturaleza de algunos tipos de negocio, tal como resulta de su definición legal, se deriva por una razón de índole técnica que ciertos bienes no pueden formar objeto de aquéllos; así, la hipoteca no puede constituirse sino sobre bienes inmuebles o bienes muebles registrados (art. 2.810 Cód.

---

[14] Sobre ello. CARNELUTTI, «Legittimazione a comprare», en *Riu. dir. comm.*, 1935, 502, el cual advierte bien que la cuestión afecta aquí a la legitimación, entendida como «idoneidad de una persona para realizar un acto jurídico eficaz por virtud de una relación suya con el bien al que el acto se refiere.

civ.; cfr. art. 1.874 C. C. esp.); el comodato no puede tener por objeto más que osas inconsumibles, el mutuo solo cosas fungibles. Otras veces la idoneidad del bien para ser objeto del negocio puede ser excluida por una razón política que inspira la expresa prohibición de una norma y no ya por aquellos motivos técnicos. Así, en el Cód. civ. de 1865, el art. 954 (cfr. art. 1.460) prohibía 1a renuncia a la herencia de persona viviente y la enajenación de los eventuales derechos que se pudiesen tener a tal herencia; el art. 1.977 excluía la hipoteca convencional sobre cosa futura. En el nuevo Código la primera prohibición es expresada, con formulación más general, en el art. 458 (cfr. art. 1.271 § 2.º C. C. esp.), que declara nulo todo negocio en el que alguien disponga de la sucesión propia o de los derechos que le pueden corresponder sobre una sucesión aún no abierta. A veces, luego, no el bien en sí, sino el bien en cuanto objeto de una determinada forma de goce y de un correspondiente tipo de derecho es inidóneo como materia de ciertos negocios. A estos supuestos responde la prohibición que el Código (art. 1.024; cfr. art. 525 C. C. esp.) renueva, en obsequio a la elaboración romana de los derechos de uso y de habitación, de enajenar tales derechos o de darlos en arrendamiento.

Presentan el carácter de inidoneidad para ser objeto de negocios jurídicos patrimoniales, en la forma más amplia y general, las cosas incomerciales y entre éstas, señaladamente, las cosas demaniales, las cuales no pueden ser materia de disposición por parte del ente público al que pertenecen, sino solo de utilización a través de la concesión de usos especiales a los particulares.

En el terreno del Derecho privado, las cosas dótales y las afectas al patrimonio familiar presentan el carácter de la indisponibilidad en forma paralela a la observada en el Derecho público para las cosas demaniales (arts. 167 y 187 Cód. civ.). Una especial forma de inidoneidad, puramente *relativa,* para constituir objeto de un acto de disposición es la que se ofrece en las cosas sujetas a embargo, entendido su concepto en la acepción más vasta comprendiendo el de muebles y el de inmuebles, o sea, la anotación del auto de concesión (art. 555 Cód. proc. civ.) y el embargo de quiebra, que se extiende a todo el patrimonio. Los negocios realizados por el deudor embargado o por el quebrado para disponer, respectivamente, de las cosas embargadas o de las comprendidas en la quiebra no son ineficaces en sentido absoluto, pero no tienen eficacia sobre el proceso ejecutivo en curso, porque los bienes permanecen sujetos a la garantía establecida en favor de los acreedores que se actúa por aquel proceso.

En fin, respecto a algunas categorías de cosas existen *prohibiciones de comercio* que castigan con penas los negocios en los que se disponga de ellas. Tales negocios ilícitos son también, naturalmente, nulos. Recordemos la prohibición del comercio privado de las cosas sujetas a monopolios (fiscales art. 1 de la ley orgánica sobre el monopolio de las sales y de los tabacos, 2 de enero 1929, n. 67; art. 2 R. D. L. 2 diciembre 1935, n. 2.085, para la institución de monopolio estatal del plátano); la prohibición de las operaciones en cambios o divisas (D. M. 26 mayo 1934); la nulidad y las multas establecidas para la enajenación de cosas sobre las cuales fue notificado el propietario o poseedor del importante interés histórico, arqueológico o artístico, cuando al Estado no se le haya ofrecido la oportunidad de ejercitar su derecho de prelación en la adquisición (arts. 61 y 63 L. 1 junio 1939, n. 1.089, sobre las antigüedades y bellas artes).

Han de recordarse también las recientes prohibiciones, determinadas por las contingencias de guerra, que afectan al comercio de valores y también al de géneros alimenticios, cuya adquisición está subordinada a la exhibición de la tarjeta de abasto (contenidos respectivamente en las leyes de 28 de julio de 1939, n. 1.097, y 8 de julio de 1941, n. 645); prohibiciones que, traducidas al terreno del Derecho privado, prescinden del concurso de un fin ilícito, como sería el del acaparamiento encaminado a sustraer las mercancías al consumo normal (bajo este último aspecto la ilicitud de la causa concurre con la inidoneidad del objeto para determinar la nulidad del negocio)[15].

29. *Valoración de los presupuestos del negocio con efectos diferidos*[16].- Puede ocurrir que entre la conclusión del negocio y la entrada en vigor de la reglamentación de intereses dispuesta en él deba intercalarse cierta distancia cronológica, ya por disposición de parte -como en el negocio subordinado a una condición- ya por la naturaleza misma del tipo de negocio en cuestión, que vincula su vigencia a una *condición iuris* (pensemos en el negocio *mortis causa* o en la constitución de dote en previsión de un matrimonio). Se plantea entonces el problema de si la presencia de los presupuestos de validez haya de apreciarse con respecto al momento de la conclusión del negocio o al de su entrada en vigor, o bien, acaso, en ambos.

La solución del problema es distinta según la naturaleza de los diferentes presupuestos.

a) Aquellos presupuestos que, como la capacidad de obrar, están directamente ligados al acto, deben existir en el momento en que el negocio se realiza[17]; una declaración formulada por persona incapaz de obrar, o un acto de disposición o de obligación concertado por quien sea incapaz de disponer o de obligarse será nulo sin más, y no influye en la cuestión el que la capacidad sobrevenga después de concluido el acto y antes de que la condición prevista se produzca. Y al contrario, no tendría, en principio, trascendencia la ulterior desaparición de la capacidad que en el momento del acto existía, salvo que esto se produzca por disposición legal y con efecto retroactivo, como en la

[15] V. NAPOLETANO, *Punti critici de materia annonaria n. dogmatica d. dir.*, 1942, 64.

[16] Este tema ha sido objeto de estudio dogmático -esegètico en nuestro *Corso di dir. romano*, 1941-1942, 244 y sigs.; cfr. nuestras *Istituzioni*, segunda ed., 1941, 203 y sigs.; BLOMEYER, *Studien zur Bedingungslehre*, I. 1938, 1 y sigs.

[17] Por unto, tratándose de declaración contractual, en el momento en que es *emitida* (n. 12), pero, además, también, al menos en principio, en el momento en que el contrato se concluye: DURMA, *Notiftcation de la volanté*, n. 439-441.

hipótesis de interdicción legal (n. 26). Según el mismo criterio debe ser apreciada también la ausencia de vicios del elemento subjetivo[18].

b) Aquellos presupuestos, en cambio, que como la legitimación, atañen a la reglamentación de intereses prevista, deben, ciertamente, existir en el momento en que aquélla asumirá vigor. Si la legitimación de las partes, en sus varios aspectos, es esencialmente competencia para recabar para sí o soportar sobre sí, en la esfera jurídica propia, los efectos correspondientes y adecuados a la pretendida reglamentación de intereses (n. 27), es evidente que aquélla no podría valorarse en un momento distinto de aquel en que tales efectos jurídicos deben producirse[19].

c) Existen, finalmente, presupuestos que afectando a la reglamentación de intereses contemplada, deben existir sobre todo en el momento en que aquélla vaya a regir, pero no deben faltar tampoco al tiempo en que el negocio se concluye, ya que no es admisible disponer una anticipada regulación de intereses sino respecto a una materia que es susceptible de ello actualmente, y en relación a una parte que pueda asumirla y a la cual pueda referirse. Así, la existencia y la idoneidad del objeto, la existencia y la capacidad *de derecho* del sujeto al que está destinada la relación jurídica, deben concurrir, no solo al tiempo en que el negocio con efectos diferidos despliega sus efectos, sino también cuando se realiza. La admisibilidad de disposiciones testamentarias a favor de entes no reconocidos (art. 600 Cód. civ.) o de *nascitnri* (reconocida ésta por el art. 764 § 2.º del Cód. de 1865; cfr. art. 750 C. C. esp.) se explica por el hecho de que el destinatario de la imposición jurídica no es llamado a concurrir al negocio, no es parte de él (n. 5).

Por lo demás, el Derecho actual, a diferencia del Derecho romano clásico, no encuentra dificultad en admitir que la muerte de la parte, sobrevenida antes de que el negocio *ínter vivos* asuma vigor, una vez celebrado, no es obstáculo para que el efecto de obligación o de disposición se produzca en la persona o en relación al heredero (art. 1.412 Cód. civ. 1.865, art. 1.170, sobreentendido en el art. 1.360 del nuevo Código). Solo la muerte o la incapacidad ocurridas después de emitida la propuesta o la aceptación pero antes de la conclusión del contrato impiden la producción de los efectos para el heredero o incapaz, excepto en la hipótesis de propuesta hecha por el empresario en el ejercicio de su empresa (art. 1.330 Cód. civ.) o no sujeta a revocación dentro de un término (art. 1.329 § 2.º). Pero aquí en realidad la situación es distinta puesto que solo se ha dado vida a un elemento del complejo negocial (contrato), mientras falta aún otro elemento constitutivo (como es la aceptación de la propuesta), así que el negocio viene a existencia por formación sucesiva (n. 37). Por tanto, no se trata de un negocio completo y con efectos diferidos, y falta propiamente el fenómeno de la

[18] DURMA. *op. cit.*, n. 442.
[19] Cfr. TUHR, *Allgrmeina Teil,* II, 431 y sigs.

pendencia (cap. intr., n. 6). Solo una propuesta de carácter irrevocable configura una situación con valor en sí misma que sea de por sí productora de un vínculo jurídico[20].

30. *Efectos esenciales y naturales del negocio. Efectos directos e indirectos*.- Al negocio jurídico que reúna los requisitos (elementos y presupuestos) preestablecidos, atribuye la ley situaciones jurídicas nuevas (finales) cuyas diferencias con las situaciones preexistentes (iniciales) corresponden, según la apreciación legislativa, a la finalidad económico-social del tipo de negocio y son, al mismo tiempo, las que parecen más adecuadas a la reglamentación de intereses que las partes normalmente han tenido en cuenta. Tales situaciones jurídicas nuevas constituyen los efectos esenciales del negocio. Así, son efectos esenciales de la venta la transmisión de la propiedad o del derecho vendido, la obligación para el vendedor de entregar la cosa y la obligación para el comprador de pagar el precio (arts. 1.470, 1.976, 1.478 Cód. civ.; cfr. arts. 1.445, 1.461, 1.500 C. C. esp.); es efecto esencial del testamento la delación de la herencia o el legado a los llamados (art. 558; cfr. art. 667 C. C. esp.); de la adopción, el surgir del *status* de filiación adoptiva (art. 299; cfr. art. 175 C. C: esp.).

Mientras que bajo el aspecto objetivo son efectos esenciales los que corresponden a la finalidad típica del negocio, bajo el aspecto subjetivo aparecen también aquéllos como los efectos más idóneos para realizar la normal intención práctica típica de las partes, según la estimación del orden jurídico.

Estos efectos no son los únicos que acompañan al negocio. Existe otra clase de consecuencias jurídicas de éste que se derivan de una valoración jurídica distinta de aquella de la que dependen los efectos esenciales. El orden jurídico, que une al negocio efectos conformes a su finalidad típica, puede además considerarlo de la misma manera que lo hace con otros variados supuestos de hecho; es decir, puede enlazarle efectos que no reclama necesariamente su finalidad típica y que, bajo el aspecto subjetivo, son extraños también a la previsión normal de las partes[21]. Sin embargo, cuando se habla de consecuencias no reclamadas por la finalidad típica no se pretende expresar que aquéllas hayan de ser establecidas por la ley arbitrariamente y puedan ser contradictorias con dicha finalidad. Antes bien, normalmente, las consecuencias citadas integran los efectos esenciales y están en armonía con la previsión práctica de las partes. De donde, si bien ellas no pertenecen a la esencia, derivan sin embargo de la naturaleza del negocio (entendida la naturaleza en el sentido en que el Derecho justinianeo habla de «natura *contractus*» o de «natura *actionis*»), y bien pueden calificarse de consecuencias *naturales* del

---

[20] Sobre este punto: BONFANTE, «Il trapasso agli eredi dell'obbligo per le proposte o promesse non accettate», en *Foro ital.* 1927, I, 4 y sigs.; DURMA, *op. cit.*, nn. 441-446 y las obras por ellos citadas.

[21] TUHR, *Allgem. Teil.*, II, 12, 167; MANIGK, *Willesnserklaerung*, § 167, pág. 649.

negocio. Se reproduce también aquí, con una justificación algo diferente, la contraposición, elaborada en el campo del Derecho romano común y llegada a nosotros a través de la tradición romanista, entre *essentialia* y *naturalia negotii,* la que, ciertamente, ha asumido en la citada tradición un significado ambiguo, oscilante entre, a) elementos constitutivos, b) cláusulas o disposiciones de las partes, y c) efectos jurídicos del negocio[22]. Por lo demás, la ambigüedad aparece como inevitable y solo nos toca advertirla, manteniendo firme la rigurosa distinción entre contenido y efectos (n. 6). Mientras que, tratando de la causa del negocio (n. 21), los *essentialia negotii* han sido entendidos como elementos constitutivos indispensables para la existencia del tipo de negocio, aquí lo son en el sentido de efectos indefectibles e inderogables, en antítesis a los *naturalia negotii* que, no presentando las características de aquéllos, son derogables por disposición de parte.

Los ejemplos están al alcance de la mano. Así, de la compraventa se derivan a cargo del vendedor algunas obligaciones que a veces se denominan *ex lege,* como las de la garantía por evicción y la garantía por vicios ocultos de la cosa vendida; obligaciones que las partes pueden excluir sin destruir el upo de negocio, lo que no podrían hacer con los efectos esenciales[23]. En cuanto a otros negocios se puede señalar que la obligación para el arrendador de las reparaciones arrendaticias (art. 1.576 Cód. civ.; cfr. art. 1.554 n. 2 C. C. esp.) es consecuencia natural del contrato de arrendamiento; que la obligación del mandante de reembolsar los gastos hechos en la ejecución del encargo (art. 1.720 Cód. civ.; cfr. arts. 1.728 y sigs. C. C. esp.) es consecuencia natural del mandato; que la facultad individual e independiente de administrar, por parte de los socios, es consecuencia natural del contrato de sociedad (art. 2.157 Cód. civ.; cfr. art. 1.695 C. C. esp.); y la mayor parte de las normas de los Códigos que conciernen a la disciplina de determinados negocios son, regularmente, normas que establecen, junto a los efectos esenciales, consecuencias naturales.

Dada la importancia práctica de las consecuencias naturales se comprende bien que reclamen a veces la atención de las partes y sean expresamente previstas en el contenido del negocio, aunque tal previsión es superflua en cuanto que las citadas consecuencias se producirían igualmente por disposición legal. En principio, las consecuencias naturales no varían de carácter ni de intensidad por el hecho de que hayan sido expresamente contempladas, pero esta regla tiene excepciones. Así, según la norma del art. 1.453 (cfr. art. 1.124 C. C. esp.), los contratos con prestaciones recíprocas se resuelven *ex tune* cuando una de las partes no cumpla sus obligaciones. Pero cuando la resolución por incumplimiento haya sido expresamente prevista en el contrato, las consecuencias de la resolución, según el art. 1.456, son más intensas que las determinadas por el art. 1.453. Igualmente, si en el contrato de compraventa se

[22] Sobre este triple significado de la tripartición *essentialia, naturalia, accidentalia negotii,* véase, entre otros, BEKKER, *Pand.,* II, § 97, Beilage 3.

[23] Cfr. *Dig.,* 18, 1, 80, 3.

garantiza una cualidad de la cosa, cuya ausencia, independientemente de pacto expreso, constituiría vicio redhibitorio, la tutela del comprador es, con base en el art. 1.512, más intensa de lo que de otro modo lo fuera.

Que la parte pueda, con la adecuada cláusula derogatoria, apartar determinadas consecuencias naturales lo advierten explícitamente los ares. 1.4S7 y 1.490 Cód. civ. (cfr. arts. 1.475, prop. 3, 1.490 C. C. esp.), según los cuales, tanto la garantía por evicción como la de vicios ocultos de la cosa vendida pueden ser excluidas por un pacto contrario, siempre, sin embargo, dentro de los límites en que esta exoneración de garantía sea compatible con el criterio de la buena fe que rige la ejecución del contrato (art. 1.375 Cód. civ.).

Las consecuencias naturales se comprenden siempre dentro de los efectos *directos* del negocio, como aquellas que, no siendo necesariamente requeridas, están, sin embargo, en evidente armonía con su finalidad típica y con la previsión práctica de las partes. Se diferencian claramente, por tanto, de aquellos efectos que se unen al negocio solo accidentalmente y que en este sentido pueden calificarse de *indirectos* o *reflejos*[24]. Son estos efectos enlazados a situaciones o relaciones jurídicas que a su vez son producto de un negocio jurídico. Así, la relación de alimentos entre cónyuges no es propiamente un efecto del matrimonio como acto, sino del *status* de cónyuge que deriva del matrimonio, consecuencia del matrimonio como *status*. Pero la importancia mayor de los efectos indirectos o reflejos anejos a la nueva situación jurídica creada por el negocio se manifiesta, no tanto en las relaciones entre las partes mismas del negocio, como frente a los terceros extraños a aquél. De estos efectos respecto a los terceros hablaremos en breve (n. 32).

31. Efectos del negocio entre las partes. Constatación y revocación del negocio.- Los efectos jurídicos a que dan lugar los negocios bilaterales están normalmente limitados a las relaciones entre las partes. Esta regla, en su aplicación a los contratos, encuentra una enunciación un tanto enfática en el art. 1.372 del Cód. civ., por el cual, «el contrato tiene fuerza de ley entre las partes», y hallaba una más precisa formulación en el art. 1.130 del Código de 1865[25]. Se trata de un lógico corolario de la autonomía privada, que es reconocida a los individuos por la sociedad y por el Derecho para dictar leyes a los propios intereses y no a los ajenos (por lo que están excluidos efectos en daño de terceros: art. 1.381 Código civil, y se niega a veces la oposición a los terceros de efectos que se han producido entre las partes: art. 1.445 Cód. civ.); autonomía, por tanto, que con el negocio bilateral, dispone del instrumento desuñado a regular la relación de una parte con la otra y no relaciones distintas y extrañas a ellas.

[24] JHERING. «Reflexwirkungene der Rechte», en *Jahrbücher f. d. Dogmatik,* 10, 310 y sigs.

[25] Al. WEILL. *La relativité des conventions en dt. pr. fr.* (tesis, 1939). nn. 52 y sigs. No puede estimarse lograda la demostración de lo contrario intentada por SAVATIER, «Le prétendu principe de l'effet relatif des contracts », en *Revue trimestr. de droit civil,* 33, 1934, 525-545.

En cuanto el vínculo creado por el negocio bilateral está limitado a la relación entre las partes, es lógico que estas mismas partes, y ellas exclusivamente, estén legitimadas tanto para fijar su contenido y confirmar su alcance como para sustituirlo por otro (art. 1.273 Cód. civ., § 2.º) o revocarlo pura y simplemente. A este propósito añade el citado art. 1.372 que el contrato «no puede ser disuelto más que por mutuo consentimiento o por causas admitidas por la ley».

El negocio celebrado, o la relación jurídica por él creada, puede a su vez formar el objeto de variados negocios que entran en la amplia categoría de los *negocios de segundo grado* (más adelante, n. 35), la cual comprende todos aquellos encaminados a regular en cualquier sentido [fijar, confirmar, interpretar, resolver, absorber (n. 13), etc.] negocios jurídicos precedentemente concluidos entre las mismas partes, y ello mediante su integración, o con la superposición de otro negocio modificativo de la situación jurídica preexistente (cfr. art. 2.78 3)[26]. Entre tales negocios interesa aquí especialmente indicar aquellos que suponen constatación[27] y revocación[28] del negocio realizado. Sobre la interpretación auténtica del negocio por obra de las partes concordes tendremos ocasión de volver más adelante, a propósito de la interpretación (n. 43) y de la simulación relativa (n. 50).

Constatación del negocio bilateral concluido se tiene propiamente cuando por las partes de él se trate, no tanto de reconocer (arts. 2.720 y 2.944 Cód. civ.) como de estatuir la situación jurídicamente trascendente existente entre ellos por efecto de aquel negocio, de manera que les sea vedado entender el negocio o conducirse en la consiguiente relación jurídica en una forma distinta a aquella en que fue constatado (por ejemplo, art. 1.965; cfr. 1.988 Cód. civ.; cfr. arts. 1.809 y 1.277 C. C. esp.). Mientras que el simple reconocimiento, judicial o extrajudicial, sirve solo para determinar las premisas de hecho de una decisión del Juez y no exime a éste de controlar su eficacia jurídica, 1a constatación, vedando a las partes entender y practicar la relación en un sentido distinto del que resulta de ella, tiene valor aún contra la prueba que la parte pretendiese hacer de haber ignorado que aquélla era, en realidad, distinta. Pero, a diferencia de la revocación y de la sustitución, no exige una forma, allí donde ésta se requiere para actos exdntivos o constitutivos de la relación, sino que puede ser aquélla originada por el simple comportamiento recíproco de

---

[26] Cfr. BETTI, en *Riv. dir. comm.*, 1927, *II*, 355, 374, para unas observaciones que no pueden ser aquí desarrolladas (n. 35).

[27] TUHR, *Allgem. Teil*, II, 28 y sigs.; III, § 79; BETTI, *Dir., proc. civ.*, 417 y sigs.; CARNELUTTI, «Note sull'accertamento negoziale», en *Studi Scorza*, 1940, 115, n. 7; DANZ, *Ausleg.*, 2, 60, 66; ASCARELLI, en *Riv. dir. comm.*, 1932, 254 y sigs., y también en la misma *Riv.*, 1936, 3; CARNELUTTI, idem, 1933, 266 y sigs.; idem. *Teoria d. circolazione*, 17 y sigs.; C. STOLFI, «Nat giur. del negozio di accertamento», en *Riv. dir. proc. civ.*, 1933, 132; ALLORIO, ibid., 1935, 239; M. GTORGLANVI. *Il negozio di accertamento*, 1939; FURNO. *Contrib. a. teor. prova legale*, 1939, 191 y sigs.; CORRADO, «Il neg. d'accertamento», en *Memorie Univ. Torino*, 1942.

[28] SALV. ROMANO, *Revoca degli atti giur. privati*, 1935, § 13.

las partes, tal como es previsto por el art. 1.362, § 2.º, siempre que este comportamiento tenga el valor de una interpretación auténtica del negocio concluido. En la relación entre las partes -no ya, en cambio, respecto a eventuales terceros interesados-, la constatación tiene, además, efecto retroactivo desde el tiempo del negocio objeto de ella (n. 43, in fine). Análogo es el valor de la *confirmación* (arts. 1.444, 590 y 799 Código civil; cfr. arts. 1.300 y sigs. . C. esp.) y de la *ratificación* (art. 1.399 Cód. civil; cfr. art. 1.727, § 2.º C. C. esp.), que igualmente asumen efecto retroactivo solo para la relación entre las partes.

La *revocación* del negocio es una aplicación en sentido inverso de aquella misma autonomía privada que le ha dado vida. Es posible en la medida en que el vínculo consiguiente a aquél la consienta; por tanto, por acto unilateral del mismo autor si se trata de testamento; por mutuo consentimiento, si de contrato; por acto unilateral del estipulante, si de contrato a favor de un tercero y éste aún no se ha adherido a él (art. 1.411; cfr. 1.257 C. C. esp.). Análogo es el desistimiento (arts. 1.723, 1.671, 2.259 y 2.285 Cód. civ.; cfr. arts. 1.733, 1.594, 1.692 y 1.705 C. C. esp.), que se refiere a la relación más que al negocio (n. 6, c). La revocación sirve para anular o sustituir la reglamentación de intereses dispuesta por el negocio, dependiendo de una situación de hecho sobrevenida o también de una diferente apreciación que hace ahora la parte de su propio interés. Su efecto es impedir que surja una situación jurídica nueva o repristinar la situación jurídica preexistente (n. 1 prelim.). La revocación está regida por el doble criterio: a) De la identidad del sujeto que revoca con el que dio vida al negocio, tal como lo exige la idea de la autonomía privada; y b) De la identidad o correspondencia del *contrarius actus,* por el cual la retractación o cambio de cuanto haya sido dispuesto antes debe producirse bajo las mismas formas y con la observancia de los mismos requisitos a que estaba ligado el negocio a revocar. Solo por lo que concierne a la revocación del testamento, el nuevo Código, en el art. 684 (cfr. art. 742 C. C. esp.), sobre las huellas de la jurisprudencia precedente[29], establece, en homenaje y tutela de la libertad de testar, que «es considerado revocado», en todo o en parte, el testamento ológrafo que ha sido en todo o en parte «destruido, rasgado o raspado».

32. *Efectos del negocio jurídico respecto a los terceros*[30].- Un negocio jurídico puede, por su finalidad, o bien en forma refleja y accidental, producir también

[29] V. Cas., 15 enero 1935 *(Foro,* 1935, I, 528), y, últimamente, también refiriéndose al art. 230 del libro *De las sucesiones* y *donaciones* (correspondiente al art. 684 del texto coordinado). Cas., 13 febrero 1942. n. 431 *(Mass. Foro,* 1942, col. 102). En sentido contrario se había pronunciado ROMANO, *Revoca,* cit., 346 y sigs., basándose en el carácter formal del acto de revocación y en el silencio de la ley.

[30] GIOVENE, *Il negozio giur., rispeito al terzi,* segunda ed., 1917; R. SAVATIER, «La prétendu principe de l'effet relatif des contracts», en *Revue Trim. de droit. civil,* 33. 1934, 525; P. BOUZAT, en *Revue critique de législ. el jurisprud.,* 54, 1934, 368 y sigs.; CARIOTA-FERRARA, *I negozi sul patrimonio altrui,* 1936; FERRARA, en *Riv. dir. comm.,* 1937, 179, y replicandole, CARIOTA-FERRARA, en la misma, 1937, 383; FERRARA-SANTAMARÍA, *Inefficacia e inopponibilità,* 1939, 22 y sigs. (con más bibliografía); M. WEBER, «Wirischaft und Gesellschaft», en *Crundr. d. Sozialockonomik.* II, segunda ed., 1925, 425 y sigs.

efectos para personas distintas de las partes. Es preciso, bajo este aspecto, distinguir los negocios unilaterales de los bilaterales. Los primeros dan lugar necesariamente a efectos jurídicos para los terceros. Necesariamente, cuando los efectos consisten en constituir, modificar o extinguir relaciones jurídicas, es evidente que los del negocio unilateral no pueden circunscribirse al autor. El negocio unilateral, entonces, puede engendrar una relación entre el autor y otra persona destinataria de los efectos jurídicos, o bien puede dar vida -como en el caso de testamento- a relaciones jurídicas entre el heredero del autor y otras personas (legatarios, acreedores hereditarios).

Otra cosa ocurre con los negocios bilaterales, en particular con los contratos. Sus efectos jurídicos están, por regla, limitados, como se ha dicho (n. 31), a las relaciones entre las partes; por reflejo, además, pueden extenderse a terceros extraños al negocio (por ejemplo, art. 2.939 Código civ.; cfr., más adelante, n. 57, b).

a) En las hipótesis que fueron estudiadas de legitimación excepcional, a propósito de los presupuestos de validez (n. 27, 1-3), el negocio jurídico concluido por una persona despliega, como se vio. consecuencias en cuanto a otra, por virtud de la especial posición de la primera respecto al objeto del negocio; posición que puede configurar un derecho propio a disponer de los intereses ajenos, o ser un simple poder en relación al titular, o bien, por último, derivar de un fin de tutela a los terceros de buena fe.

Prescindiendo de ello, aun si el sujeto del negocio no obra por razón de una particular posición que lo legitime, el negocio jurídico bilateral y el contrario en especial, puede tener por objeto, y por finalidad en consecuencia, la atribución directa de determinadas ventajas a terceros designados en él. La categoría del *contrato a favor de terceros,* prevista por el Código en su art. 1.411 (cfr. art. 1.257 C. C. esp.), deroga la regla que limita a las partes la eficacia de los contratos y conduce a excluir absolutamente que se produzcan efectos en daño de terceros (art. 1.381 Código civil).

Figuras de contrato a favor de tercero son: el contrato de transporte (arts. 1.678 y 1.680 Cód. civ.; cfr. arts. 1.601 y sigs. C. C., y 349 y sigs. y 652 C. com. esp.) que, concluido entre remitente y porteador, beneficia al destinatario; la constitución de renta vitalicia a favor de tercero (art. 1.875 Cód. civ.; cfr. art. 1.803 C. C. esp.) y la aseguración de la vida a favor de un tercero (art. 1.919 Cód. civ.; cfr. art. 416 C. com. esp.).

El examen profundo de la institución del contrato a favor de tercero pertenece a la teoría general de los contratos, y encuentra su lugar en la correspondiente Sección del presente Tratado. Aquí solamente recordaremos que el más importante problema a que da lugar la citada teoría es el de si la atribución al tercero de la ventaja prevista en el contrato presuponga en todos los casos (y por ello también en las particulares figuras de contrato últimamente mencionadas), o bien solo en aquellos del art. 1.411 Cód.

civ., una declaración con la que el tercero haga propio el beneficio que se le atribuye (sobre ello, en el n. 71).

b) En la figura contractual ahora considerada, los efectos que el negocio produce para el tercero son efectos esenciales y, por tanto, directos. Pero en otros supuestos, el negocio-acarrea, en relación a los terceros, solamente efectos indirectos, no referibles a la finalidad del negocio y tampoco necesariamente conexos a la normal previsión de las partes. Son hipótesis variablemente agrupables, que escapan a una sistematización que pueda comprenderlas a todas. Estos efectos del negocio respecto a los terceros suelen depender de una conexión entre las posiciones jurídicas de varias personas y, mejor, de una convergencia o una alternatividad de las relaciones que se refieren a estas personas[31]. Consecuencia de ello es que la actividad desarrollada por uno de estos sujetos despliega efectos jurídicos respecto a los otros. Es distinto cuando la ley dispone que las resoluciones adoptadas por la mayoría de los interesados sean vinculantes para los otros; éstos, entonces, pese a ser extraños a la resolución (ausentes), no lo son respecto al interés de que se trata (terceros), entendiéndose a la mayoría como asistida de *Legitimación* para actuar en interés de la totalidad de los participantes.

Así, en la comunidad, todo participante puede realizar sobre la cosa común actos de gestión, uso y goce que no impidan a los demás hacerlo igualmente (art. 1.102 Cód. civ.; cfr. art. 394 C. C. esp). Para la administración de la cosa común, las decisiones de la mayoría de los participantes -cualificada (de dos tercios), en el caso de que dispongan innovaciones- son obligatorias para la minoría que disiente (arts. 1.105 y 1.108 Cód. civ.; cfr. arts. 397 y 398 C. C. esp.).

En el condominio de los edificios (ya disciplinado por el R. D.-L. de 15 de enero de 1934 y ahora por los arts. 1.117 y 1.130 Cód. civ.; cfr. art. 396 C. C. esp.), la administración de la comunidad que formen más de cuatro condóminos está organizada en un oficio o cargo al que es establemente conferida la *representación* de los condominios (art. 1.311 Código civ.) y que es asumido por un administrador nombrado cada año (art. 1.129). Órgano superior de la comunidad es la asamblea de todos los condóminos, que funciona según el criterio mayoritario (arts. 1.135 y 1.136). Análogos efectos frente a los miembros y, respectivamente, a los acreedores disidentes o ausentes, producen las decisiones de la mayoría en varias especies de consorcios (arts. 850, 862 y 863 Cód. civ.) y en el convenio preventivo y de quiebra (R. D. 16 de marzo de 1942, n. 267, arts. 127 y 128).

Al primer orden de fenómenos antes diferenciado, se puede atribuir, en cambio, la eficacia recíproca de los actos realizados por el nudo propietario y

---

[31] Sobre ello, nuestro *Trattato dei limiti soggettivi d. cosa giudicata* 19 y sigs., y extensamente, ALLORIO, *La cosa giudicata rispetto ai terzi*, 1935. En D., 45, 1, 38, 20-21, son discutidos casos de concurrencia derivada de la identidad de las prestaciones debidas a la parte y al tercero. En cambio, actúa el tercero en subrogación en D. 16. 3, 16.

el usufructuario para la tutela de su común interés (arts. 1.006, 1.008, 1.010 y 1.012 Cód. civ.; cfr. arts. 502, 504 y 510 C. C. esp.)[32].

En conclusión, el negocio jurídico puede desplegar, frente a los terceros, efectos directos (a) o solo indirectos (b). Respecto a los terceros, puede también el negocio producir efectos reflejos a través de la relación jurídica que es constituida, modificada o extinguida por él. Así, el negocio que produce la liberación del deudor principal extingue también la del fiador por *mediación* de la obligación principal. Y, supuesto que al construir la solidaridad pasiva se fija el criterio de reducir esta Figura a la mutua fianza, se ofrecen como efectos reflejos las consecuencias que la actividad desarrollada por uno de los coobligados, o en relación a uno de los obligados, manifiesta respecto a los demás. En la categoría de los efectos indirectos, a través de la relación, pero considerados en sentido inverso, del tercero a la parte, se comprende también la influencia (hacia el acreedor) del comportamiento del tercero, que haya determinado el incumplimiento de la obligación por parte del deudor[33].

33. *Presupuestos* y *efectos del negocio en el tiempo* y *en el espacio: Derecho internacional privado.*- Hemos, por último, de plantearnos la cuestión de en qué tiempo y lugar haya de considerarse concluido el negocio, en orden a cuál deba ser la ley que lo regule, según las normas de los arts. 11, 25 y 26 (cfr. arts. 3, 10 y 11 C. C. esp.), de las disposiciones generales antepuestas al Código civil, y también a la competencia jurisdiccional a que se someta.

a) En cuanto al *tiempo,* las hipótesis que interesan son aquellas del negocio de formación sucesiva (nn. 37 y 38) o consistente en una declaración con destinatario determinado (n. 12), y del negocio con efectos diferidos (n. 29), ya que el negocio de formación instantánea, también si consiste en una declaración con destinatario indeterminado y, por tanto, concluida con su emisión (art. I.9S9 Cód. civ.), no ofrece dificultad cuando produzca efectos inmediatos (art. 1.989 cit.). El criterio de valoración es el mismo general que sirve para todo supuesto complejo (n. 2, cap. preliminar): El negocio ha de considerarse realizado y también productivo de efectos jurídicos (cuando éstos no sean diferidos) *en el momento en que se hallen completos los elementos que lo constituyen.*

De este criterio hace el Código una aplicación particular para los contratos, con una norma que es de fácil comprensión. En efecto, puesto que toda declaración con destinatario determinado y, en consecuencia, la propuesta, la aceptación y su revocación «se reputan conocidas en el momento en que llegan a la dirección del destinatario» (art. 1.335 Cód. civ.; cfr. art. 1.262 C. C. español), considerando la normal posibilidad que éste tiene de conocerlas inmediatamente, se explica -precisamente a la luz de semejante presunción (que es *iuris tantum:* art. 1.335 cit.) de conocimiento- el art. 1.326, por el cual «el contrato se concluye en el momento en que quien ha hecho la propuesta tiene

[32] Cfr. para el Derecho romano, nuestras *Istituzioni,* § 125, sub e; nn. 463 y sigs.
[33] Sobre el tema, últimamente, AL. WEILL, *Relativité des conventions,* nn. 231-260, espec. 247.

conocimiento de la aceptación de la otra parte». Con lo que se rinde homenaje a la exigencia de todo negocio bilateral de que no solo han de hallarse las partes objetivamente de acuerdo, sino que han de saber también que lo están. Cuando no existe necesidad de aceptación por parte de la persona beneficiada por el contrato, como en el caso de que cree obligaciones solo para el proponente (art. 1.333 Cód. civ.), en la donación hecha atendiendo a un futuro matrimonio (are. 785 Código civil; cfr. ares. 1.326 y 1.333, 2.°, C. C. esp.), se perfecciona el negocio apenas la propuesta llega a conocimiento del destinatario o el acto de disposición sea realizado, aunque puedan, por la naturaleza del mismo, ser diferidos los efectos (art. 785).

La ley que regula los elementos constitutivos del negocio es la vigente en el momento en que el negocio se deba considerar celebrado. Este criterio se deduce de la lógica de los principios al tener en cuenta que los elementos singulares, aisladamente tomados, no tienen un valor en sí mismos, sino solo subordinado al todo de que forman parte, y, por tanto, no adquieren trascendencia jurídica sino en el momento en que la adquiera el todo. El criterio es confirmado, además, mediante una obvia relación analógica entre el lugar y el tiempo del negocio, por la norma (art. 26 citado) que declara competente para regir la forma de los accos a la ley del lugar en que se han concluido. Corolario del criterio es que también los singulares actos integrantes de un negocio complejo (nn. 37 y 38) están regulados por las leyes del tiempo en que sobreviene el último de ellos y el negocio se realiza.

No afecta a la perfección del negocio, sino solamente a su entrada en vigor (cap. IX), la circunstancia de que los efectos jurídicos hayan sido diferidos a una fecha posterior a la de su realización. En el negocio con efectos diferidos precisa distinguir entre: 1.° Elementos. 2.° Presupuestos; y 3.° Efectos. 1.° Los elementos deben ser apreciados con relación al momento en que el negocio se concluye. 2.° Los presupuestos, con relación a este momento o al de la entrada en vigor, o bien a ambos, conforme a la diferente índole de cada uno, según se ha expuesto anteriormente (n. 29); y 3.° Finalmente, los efectos jurídicos han de valorarse según las leyes vigentes al tiempo que se produzcan, las que se aplican también a aquellos hechos ulteriores que actúan como condiciones *(facti o iuris),* pues es solamente cuando se verifican que se completa el supuesto de hecho complejo al que se enlaza la nueva situación jurídica; supuesto del que el negocio es parte integrante (n. 62).

b) En cuanto al *lugar* del negocio, éste es, en general, aquel en que se produce el acto con el que el negocio mismo ha de considerarse concluido, según el criterio antes indicado. El lugar en que el negocio se realiza determina también, por principio, la competencia de la ley en él vigente *(lex loci actus)* para regular la forma (art. 26 cit.) y el contenido del negocio (art. 25 cit.), con subordinación a la competencia de la ley nacional del disponente o de las partes contrayentes, siempre que la ley nacional sea común a ambos (arts. 25 y 26), y, para los negocios sobre derechos reales, sometiéndose a la competencia de la *lex rei sitae.* El art. 25, con formulación no feliz por equívoca, deja «salva en todo caso la distinta voluntad de las partes» Lo que no significa que la autonomía privada sea llamada a designar directamente, en lugar de la norma de aplicación, la ley competente para regular la relación, o sea, que se le atribuya la función -ciertamente extraña al ámbito de sus problemas y deberes naturales (nn. 6 y 8)- de integrar una disposición en blanco sobre la norma de aplicación. Más bien, en el concepto de la ley, la demostración de una diferente voluntad de las partes es recogida y valorada por la norma de aplicación como simple índice de reconocimiento y título justificativo de una competencia distinta de la de la *lex rei sitae o* de la ley nacional común, pero tal competencia es reconocida aquí como siempre, directa y exclusivamente a la norma de aplicación. Puede decirse que en el mecanismo de la norma de derecho internacional privado, el mismo contenido del negocio jurídico (n. 6) que demuestra, y en cuanto lo haga, una diferente voluntad común de las partes - y no ya una convención que no sea integrante del negocio-, actúa aquí, para usar el lenguaje técnico tradicional, como momento de enlace, de la misma manera que el lugar de conclusión del negocio o la nacionalidad común de las partes contrayentes. Tampoco cuando las partes adopten, por contenido del contrato, normas de una cierta ley, se puede decir que ellas dejen de cumplir la función normal de la autonomía privada, que es la de hacer surgir la hipótesis de hecho prevista por la norma para ciertos efectos jurídicos, dando al negocio un contenido determinado[34]. La referencia que hacen a normas de una específica ley (n. 6, nota 4) es, como siempre, valorada por el orden jurídico como un índice de la que sea reglamentación legal más íntimamente ligada a la materia del negocio y más conveniente al upo de contrato en cuestión; conveniencia que, no hallándose la relación de obligación localizada en el espacio, encuentra más difícilmente, en otras circunstancias, un índice de enlace cierto y constante. Por canco, la reserva de una «distinta voluntad de las partes» no significa que la norma del are. 25 cuente, ante todo, con la autonomía privada para la determinación de la ley competente para regular la obligación, y que solo para suplir el silencio de las partes provea a designarla, sino quiere decir que las parte pueden, si así lo quieren, derogar la determinación de la ley competente que es hecha por la norma de Derecho internacional privado cumplien-

---

[34] Para una demostración de esta posición, véase BETTI, «Autonomia privata e competenza della «lex loci actus» nelle obbligazioni civili e commerciaii», en *Riv. dir. internaz.*, 1930, 3, 13 y sigs., 21 y sigs., 40 y sigs.; cfr., en el mismo orden de ideas, *Rivista dir. proc. civ.*, 1927, II, 283 y sigs. Sobre esta función de la autonomía privada, véase, entre otros. LOUIS-LUCAS, en *Eludes* CAPITANT, 469; NIEDERER, en *Zetschr. f. schweizer. R.*, 59, 1940, 239-263; FEDOZZI, *Dir. internaz. priv.: teorie generali e dir. civ.*, 1935, 693 y sigs., en cuya réplica no nos parece haya comprendido bien el sentido de nuestra critica de principio, pese a que, en definitiva, se acoge a la exacta formulación de PERASSI. en *Riv. dir. intern.*, 1928, 517. No parecen influyentes, especialmente, ni el argumento de carácter histórico deducido del sistema de la profesión de ley remitida a los mismos interesados -sistema incompatible con el moderno principio de la soberanía del orden jurídico-, ni el de índole práctica extraído del interés en hacer respetar las normas imperativas de otros Estados, que «no parece ser muy considerable».

do su cometido. La norma en cuestión, resumiendo, no tiene el carácter de regla supletoria con la función de cubrir una deficiencia de la autonomía privada en materia donde ésta habría debido aplicarse, colmando así una laguna del negocio jurídico. Por el contrario, ostenta el carácter de norma dispositiva en sentido estricto, que resuelve un problema extraño por sí, o al menos, no directamente perteneciente a la esfera de intereses y deberes propios de la autonomía privada, y por tanto, lo soluciona prescindiendo de ésta, aunque, sin embargo, reserve a las partes la facultad de adoptar una decisión diferente[35].

[35] Para la distinción entre normas supletorias y dispositivas en sentido estricto (n. 7, notas 4-5) véanse: HÓLDER, *Pandeklen,* I. *66* y sigs.; ZITELMANN, *Internat. Privatr.,* 1, 270 y sigs.; FILOMUSI-GUELFI, *Enciclop. giur.,* séptima ed., § 25, 86; DERNBURG. *Pandekten,* I, § 32; SALEILLES, *Déclar.,* sobre el art. 133. n. 14.

CAPÍTULO QUINTO

CLASIFICACIONES DE LOS NECOCIOS JURÍDICOS

SUMARIO: 34. Criterios de clasificación.- 34 bis. A) Clasificación según la forma: manifestación directa e indirecta; carácter formal y no formal del negocio.- 35. B) Clasificaciones según el contenido: a) según el carácter de las relaciones contempladas: negocios familiares y patrimoniales; negocios de atribución patrimonial y negocios de segundo grado; actos de disposición y actos de obligación.- 36. Clasificación, b) según la importancia patrimonial: actos de administración ordinaria y actos que exceden de ésta.- 37. Clasificaciones, c) según la estructura. Unidad del negocio y nexos de interdependencia entre negocios. Negocio simple y negocio complejo (formación sucesiva).- 38. Negocio unilateral y negocio bilateral o plurilateral. Acuerdo y contrato.- 39. C) Clasificaciones según la causa: negocios *inter vivos* y *mortis causa,* negocios a título oneroso o gratuito, negocios causales y abstractos (remisión)- 40. Negocios fiduciarios. Negocios indirectos.

34. *Criterios de clasificación.-* Las nociones expuestas en los capítulos precedentes se refieren al concepto general del negocio jurídico. Y son tales, que solo adquieren relieve e importancia concreta en cuanto sean aplicadas al negocio jurídico en su realidad práctica, es decir, a las específicas categorías de negocios que con vario aspecto exterior, con vario contenido y varia función se ofrecen en la vida del Derecho. Sabemos que el concepto unitario del negocio jurídico ha sido alcanzado relativamente tarde por la doctrina, como fruto de un procedimiento de atrevida síntesis, destacando y cotejando elementos comunes a actos jurídicos de diversa índole, de los cuales, singularmente considerados, se poseían ya los conceptos y las denominaciones.

A la inversa, el concepto general del negocio jurídico no queda sin influencia sobre las clasificaciones de los negocios. Este concepto hace surgir nueva exigencias de agrupamiento y sugiere nuevas formas de discriminación, más aptas para dominar la compleja materia. En el concepto de negocio jurídico se encuentran en particular evidencia los tres elementos del negocio: la *forma,* en sentido lato, o sea el aspecto externo en que se configura el negocio; el *contenido,* que puede decirse la especial reglamentación de intereses que el negocio se propone, y la *causa*, entendida como función económico-social del negocio. Las categorías de negocios jurídicos se diferencian entre sí por el diferente relieve y distinta posición que asumen en ellos estos tres elementos. Es natural, por tanto, y útil, clasificar los negocios, sucesivamente, bajo los tres aspectos de la forma, el contenido y la causa.

34 bis. A) *Clasificaciones según la forma: manifestación directa e indirecta; carácter formal* y *no formal del negocio*.- a) Atendiendo a la actitud exterior en que la autonomía se exprese, el negocio jurídico puede configurar una exteriorización tanto bajo la forma de *declaración* como bajo la de simple comportamiento. Hemos hablado de ello en el número 11, donde se han aducido varios casos de *comportamiento*. Pensemos nuevamente en el comienzo de la ejecución del contrato por parte de quién ha recibido la propuesta, en el caso de que el proponente reclame una ejecución inmediata, o cuando una previa respuesta de aceptación esté excluida por la «naturaleza del negocio» o por los usos generales del tráfico (art. 1.327 Cód. civ.). De querer extendernos en la búsqueda, encontraríamos también figuras de negocios resultantes de la combinación de un comportamiento, subordinado, con una declaración que funcionalmente le es superior. Semejante combinación caracteriza la estructura de los contratos reales, aquellos que no se perfeccionan sino con la entrega de la cosa que es su objeto: depósito (arts. 1.766 Cód. civ.; 1.758 esp.), comodato (arts. 1.803; 1.740 esp.), mutuo (arts. 1.813; 1.740 esp.), prenda (arts. 2.786; 1.863 esp.), doble (art. 1.548).

La declaración, a diferencia del comportamiento, traza una separación entre la formulación de la reglamentación de intereses en juego y su actuación en el mundo físico; el comportamiento representa, en cambio, una compenetración, al menos parcial. Esto no impide, sin embargo, que el comportamiento posea igualmente un contenido preceptivo.

Es preciso conservarlo netamente diferenciado de aquellas operaciones materiales, simples hechos, que producen consecuencias jurídicas aun sin el conocimiento de su autor (n. 2 prel.). En el comportamiento es necesaria la doble conciencia de lo que se hace y de los efectos prácticos que al acto se acompañan en el mundo social. Quien pierde una cosa sin reparar en ello no es derelincuente y conserva la propiedad de la cosa, y esto es tan cierto, que para garantizarle su recuperación la ley establece obligaciones a cargo del que la halla, que pueden ser penalmente sancionadas (arts. 927 y 931 Cód. civ.; art. 647, n. 1, Cód. pen.; cfr. art. 615 C. C. esp.). No es derelincuente tampoco quien se descarga de un fardo que le pesa demasiado durante la ascensión, con el propósito de recobrarlo a la vuelta[1]. Para tener un término de comparación, que nos muestra una situación en absoluto diferente, basta pensar en otros modos de adquisición de la propiedad, como la especificación (art. 940 Cód. civ.; cfr. art. 383 C. C. español) o la accesión, que, en muchas de las

[1] *Supra*, 11, nota 5; MANIGK, en *Annuario dir. compar.*, 1942, 164, 166.

hipótesis en las que se produce (por ejemplo, construcción, plantación: arts. 934 y 938; cfr. arts. 361 C. C. esp.), dependen, o al menos pueden depender, más que de circunstancias puramente fortuitas, del comportamiento del hombre. No se trata, sin embargo, de un comportamiento que tenga carácter y valor de negocio, sino de un hecho en el que se atiende al *resultado* del obrar humano, no a la intención de los interesados de producir, modificando el estado de hecho, un efecto económico-social (n. 2, cap. introd.).

Conforme al criterio adoptado, tanto la declaración como el simple comportamiento son, repetimos, exteriorización *directa* del contenido preceptivo del negocio. En la declaración, la reglamentación de intereses contemplada por la parte encuentra una expresión directa con el uso de aquellas palabras o signos gráficos que, según los usos sociales, son considerados más aptos para *representarlo,* mientras que con el comportamiento, el contenido del negocio es directamente actuado en el mundo de los hechos y, en consecuencia, no tanto expresado sensiblemente como directamente *modelado en* la realidad. Pero declaración y comportamiento pueden presentarse, también con una función distinta: los dos, como conducta concluyente (n. 14), y la primera, en especial, como *declaración implícita*[2]. En particular, una declaración puede valer como declaración de contenido *distinto* de aquel que el declarante hace patente, pero que está lógicamente *conexo* a éste, de tal manera, que de un contenido se deba necesariamente inferir el otro, y una declaración sobre un contenido suponga, según la común opinión o por acuerdo entre los interesados, una determinada toma de posición en cuanto al otro. El criterio para diferenciar la exteriorización directa de la indirecta lo facilita la función o destinación objetiva de la forma adoptada y hace referencia a los usos sociales o a una convención previa, no a la intención individual o accidental del interesado. Aquélla es directa o no según que la expresión usada sea destinada, conforme a las ideas comunes, a poner de manifiesto un contenido preceptivo de la especie en cuestión[3]. La deducción puede estar justificada por la lógica o directamente enunciada por la ley. Piénsese en el caso de que Ticio, habiendo recibido de Caio una propuesta contractual articulada en varias cláusulas, responda enviando contrapuesta sobre puntos secundarios que, según el ordinario modo de proceder y la lógica de la contratación, presuponen el acuerdo sobre los pactos fundamentales; la respuesta de Ticio equivale entonces a una aceptación implícita. O en la renuncia a la herencia deferida, por parte de uno de los llamados, que sea hecha contra una compensación, a título de donación o a favor solo de algunos de los llamados; pues bien, por disposición de la ley, ello implica aceptación de la herencia (arts. 477 y 478 Cód. civ.; cfr. art. 1.000 Código civil esp.). Aquí se trata de una interpretación legal fija que no es susceptible de control, en el caso concreto, por parte del Juez (n. 43).

---

[2] Sobre el criterio para la distinción entre manifestación directa e indirecta, véase DURMA, *La notification de la volanté,* 1930, n. 224-239.

[3] DURMA, *Notification,* n. 225, 229-232. De este modo, la diferencia reside en el grado de certeza y de precisión en la deducción que el comportamiento permite.

b) Pasando ahora a hablar del carácter que puede asumir la *forma* respecto al negocio, recordemos (n. 10) que todos los negocios deben ofrecer una forma; en efecto, sin una forma, el precepto de la autonomía, privada que es contenido del negocio no podría ser socialmente reconocible. Por ello, cuando se contraponen los negocios formales a los no formales, la antítesis no significa que los primeros estén dotados de forma y privados de ella los segundos. El problema es otro. De cuanto ya se ha dicho resulta que un mismo contenido preceptivo puede presentarse bajo formas distintas; no solo se distingue la declaración del comportamiento, la manifestación directa de la indirecta, sino que dentro del ámbito de la manifestación tanto directa como indirecta, existen varias posibilidades diferentes entre sí. Así, por ejemplo, la moderna variedad de medios comunicativos permite presentar la misma declaración de muchas maneras. Esto se tiene presente al plantear el problema político-legislativo de la forma de los negocios. Se trata de ver si entre una pluralidad de formas igualmente idóneas para hacer ostensible un determinado precepto de la autonomía privada, deba el ordenamiento jurídico elegir y establecer con carácter necesario una forma determinada, de manera que una manifestación de aquel contenido en forma diferente de la prescrita no pueda producir los efectos legales o todos los efectos legales propios de aquel tipo de negocio. Negocios formales son, justamente, aquellos cuya forma es *taxativamente prefijada* por la ley, o sea, vinculada; no formales, aquellos cuya forma es *libre* y que, por tanto, pueden realizarse en cualquiera de las que el uso social considere instrumento de manifestación admisible e inequívoca, suficiente para hacer socialmente reconocible el precepto de la autonomía privada de que en ellas se trata.

La fenomenología del Derecho enseña que la forma viene a prestar el sello de la juridicidad a las actividades e iniciativas de los hombres[4]; en las sociedades primitivas no se conciben negocios importantes que no sean formales, porque la forma desempeña el oficio de distinguir los actos jurídicos de los que no lo son. En el antiguo Derecho romano recuérdese la solemnidad que se apoyaba o sobre la estructura *per aes et libram,* o sobre la estructura de *vindicatio* judicial *(in iure cessio),* o sobre el cambio de una pregunta y respuesta *(stipulatio);* en los derechos germánicos, la solemnidad de la *vadiatio.*

Una mayor elasticidad de las concepciones dominantes en la conciencia social ha permitido desvincular el Derecho de las formas, y hoy quien actúa sabe que lo hace dentro de la órbita del Derecho, como quiera que se evidencia el contenido preceptivo del negocio. Ello no impide que el requisito de la forma necesaria responda, aun en el Derecho actual, a una razón de ser, y sus aplicaciones, si bien pueden calificarse de excepcionales y de interpretación rigurosa, son numerosas y variadas. La moderna finalidad de la forma es,

---

4 JHERING, *Ceist. d. rom. R.,* III, 2, 494, que atribuye a la forma la función de facilitar la indagación del Juez; L. L. FULLER, «Consideration and form», en *Columbia law review,* 41, 1941, 801 y sigs.

sobre todo, la de asegurar contra toda duda la univocidad del acto y garantizar su seriedad, advirtiendo a quien lo realiza de que apareja consecuencias sociales que han de ser bien ponderadas. Esta exigencia solo la siente el legislador de nuestros días en cuanto a los actos de más grave entidad; entiéndase, por ello, que para los demás actos la forma es, por regla general, libre, no sujeta a la observancia de solemnidades.

Entre los negocios de Derecho privado que por su importancia están sometidos a prescripciones formales, han de señalarse la mayor parte de los negocios de derecho familiar, los negocios *mortis causa,* algunos negocios *inter vivos* (n. 39).

Para el requisito de la forma necesaria se abre un campo de creciente amplitud en la categoría de los actos y negocios de Derecho público. Aquí, donde el individuo actúa frente al Estado, o bien como órgano del mismo Estado, ejerciendo sus poderes, una libertad absoluta de las formas sería peligrosa. Por ello, el Derecho constitucional, administrativo, corporativo y el Derecho procesal son zonas que interesan a la construcción de esta parte de la teoría del negocio jurídico. En el campo del Derecho público no puede ni siquiera decirse que entre la forma libre y la forma necesaria exista una relación de regla a excepción. Si el principio de la forma libre se afirma ampliamente en el moderno Derecho privado, ello deriva también del hecho de que en él todo tipo de reglamentación de intereses que responda a una exigencia aprobada por la conciencia social (n. 23) puede llevarse a ser contenido de un negocio jurídico (art. 1.322, párrafo 2.º Cód. civ.; cfr. art. 1.255 C. C.), por lo que las prescripciones de forma establecidas para tipos nominados de negocios no pueden dejar de tener el carácter de normas singulares frente a la gran variedad de negocios posibles. Pero en el Derecho público, considerado en sus varias ramas, la tipicidad legislativa de los actos jurídicos puede afirmarse que se conserva con el rigor que presentaba en el Derecho romano clásico, y estos actos jurídicos está, generalmente, sometidos a requisitos formales. En consecuencia, el requisito de la forma necesaria es aquí la regla.

Una forma necesaria es prevista por normas de Derecho privado respecto a los negocios de la categoría «declaración», y suele consistir en la forma documental, especialmente en la escritura, requerida unas veces con función constitutiva del negocio *(ad substantiam),* y otras con función meramente probatoria, pero que excluye la admisibilidad de una prueba diferente[5]. No son, en cambio, negocios formales aquellos en que la ley une la existencia del negocio a un determinado comportamiento, tal como la entrega de una osa; esto ocurre en los *contratos reales,* que no se perfeccionan sin la entrega de la cosa

[5] Sobre estas varias funciones de la forma, BRUNNER, *Zur Rechtgeschichte der römischen u. germanischen Urkunde,* II, 1880; DEMOGUE, *Traité des obligations,* I, n. 191-212; VASSALLI, *Teorie dei negozi giur.,* 17-29; FERRARA, *Teoria dei contratti,* 143 y sigs.; L. L. FULLER, «Consid. a. form.», en *Columbia law review,* 1941, 799-824; BETTI, *Dir. proc. civile* 364.

que forma su objeto: comodato, mutuo, depósito, prenda, doble. Realmente, la entrega no es una forma, como se afirmaba de la *traditio* en el Derecho romano común, y su necesidad obedece a muy otra exigencia que la de la seriedad del negocio en el sentido que hemos visto, el del carácter firme y definido de la determinación causal. La entrega es aquí parte integrante de la misma reglamentación de intereses llevada a contenido del negocio.

Además de garantizar la seriedad de la determinación, la forma necesaria de los negocios sirve para fijar de modo inequívoco su conclusión. En especial, cuando el contrato es resultado de negociaciones, la forma permite identificar el momento en que la fase precontractual es superada y surge el negocio de los tratos y conversaciones. Otros beneficios de la forma documental atañen a la claridad -al ser la declaración escrita normalmente más comprensible y completa que la verbal-; y sobre todo, a la facilidad y perdurabilidad de la prueba, así mejor confiada que lo sería a la flaca memoria de las partes o de los asistentes.

El carácter formal del negocio importa que su contenido no pueda válidamente surgir fuera de la forma predeterminada. Por tanto, no podría tal contenido deducirse *per relationem*[5a], de una fuente de conocimiento extraña al negocio a la que se hiciese referencia, por ejemplo, de otro negocio. Sería necesario que este otro negocio pudiese considerarse como integrando con el primero un acto objetivamente complejo (n. 37). La sanción de la inobservancia de la forma es, como regla, la invalidez. El negocio desprovisto de la forma necesaria, requerida con función constitutiva *(cid substantiam)* es nulo y no solamente anulable (arts. 1.418, 1.325). Esta nulidad no es sanable por confirmación (n. 59, B); se precisa una repetición del negocio en las formas prescritas, pero se configura entonces un nuevo negocio que prescinde del anterior.

Si bien ésta es la regla, debemos agregar que no falta excepciones. Algunas veces la inobservancia de la forma no acarrea la sanción de nulidad sino la simple anulabilidad del negocio, de modo que el cumplimiento de las prescripciones formales, en un momento sucesivo al de la conclusión, da al negocio la plenitud de los efectos jurídicos propios del tipo al que pertenece. Así, los contratos diferenciales de Bolsa deben ser hechos por escrito, sobre hojas convenientemente selladas; de otro modo no producen ninguna relación jurídica entre las partes (salvo aquella de la simple obligación natural como un contrato ordinario de juego o apuesta) hasta su regularización fiscal con el pago de la tasa o de la correspondiente multa (art. 51 Ley de 20 marzo de 1913, n. 272 sobre la Ordenación de las Bolsas, y art. 19 del D. L. de 30 de diciembre de 1923, n. 3.27S, sobre las tasas en los contratos de bolsa). Otras veces, en cambio, la inobservancia de la forma tiene por sanción, no la exclusión, sino una limitación de los efectos del negocio, o bien la inestabilidad o

---

[5a] Sobre el tema: Di Pace, «Il negozio per «relationem», en *Memorie Ist. giur. Torino,* II, 46, 1940, 29, 32 y sigs. 69 y sigs.

resolubilidad de tales efectos. El contrato de préstamo a la gruesa, por ejemplo, especie particular del mutuo a interés, que se constituye sobre la nave o sobre el flete o carga y cuya suerte está ligada al éxito de la navegación, debe ser hecho por escrito; de otra manera se resuelve en un mutuo simple y no produce los intereses legales (art. 590 Cód. com. 82). Para el acto constitutivo de las sociedades de nombre colectivo y en comandita simple son establecidas (arts. 2.295-2.297, 2.316 y 2.317 Cód. civ.; cfr. arts. 125 y 145 C. com. español), prescindiendo de los requisitos de publicidad de las primeras, requisitos de forma verdaderos y propios (escritura privada) e igualmente para el acto constitutivo de sociedades por acciones (art. 2.328 Cód. civ.: acto público; cfr. art. 151 C. com. esp.). En caso de inobservancia de la forma y falta de inscripción del acto consultivo en el Registro de las Empresas, nace el vínculo social, que no puede resolverse por requerimiento unilateral de uno de los socios (como sucedía según el viejo Código de comercio), pero las relaciones entre la sociedad y los terceros se regulan por las normas aplicables a la sociedad simple, y solo se «presume» que todo socio que actúe para la sociedad tenga la representación social (arts. 1.297 y 2.317 Cód. civ.; cfr. arts. 118, 120 C. com. esp.).

Interesa ahora reseñar las principales aplicaciones especiales que encuentra en el Derecho privado el requisito de la forma necesaria. Se presentan, sobre todo, en el campo del Derecho familiar, donde, por la naturaleza de las relaciones de que se trata, la garantía de una forma solemne advierte a los interesados de la importancia del acto que realizan. Así, la promesa de matrimonio debe ser hecha por escrito y no produce de otro modo los efectos señalados por el Código civil (art. 81; cfr. art. 44 C. C. esp.). Negocio formal por excelencia es el matrimonio, que ha de celebrarse tal como el Código establece (art. 107; cfr. art. 100 C. C. esp.). Las convenciones que regulan las relaciones patrimoniales en el matrimonio «deben ser estipuladas por acto público bajo pena de nulidad» (art. 162; cfr. art. 1.321 C. C. esp.). El reconocimiento del hijo natural «es hecho en el acto del nacimiento, o bien con una expresa declaración, posterior al nacimiento o a la concepción, ante un Oficial del estado civil o el Juez tutelar, o en un acto público, o en un testamento, cualquiera sea la forma de éste» (art. 254 Cód. civ.; cfr. art. 131 C. C. esp.). En fin (por el art. 311 Cód. civ.; cfr. art. 178 C. C. esp.) «el consentimiento del adoptante y del adoptado, o del representante legal de éste debe ser manifestado personalmente al presidente de la corte de Apelación del distrito en que el adoptante tiene su residencia».

Las formas del testamento -negocio que en cierto modo representa el puente de paso entre el Derecho familiar y el Derecho patrimonial- están disciplinadas por los ares. 601-607 del Cód. civ. para los tres modos ordinarios (testamento ológrafo, público y secreto), y por los arts. 609-619 para los modos especiales allí previstos.

En el campo de los negocios patrimoniales *inter vivos*, el tipo de forma necesaria para el que suele orientarse naturalmente el legislador moderno es el de la documental, en sus dos variedades del *documento público* y de la *escritura privada.* La exigencia de la forma en estos negocios es variablemente sentida por el legislador; para algunos negocios no considera admisible el documento autógrafo, es decir, que sea obra del mismo autor de la declaración, y asigna la tarea de redacción del documento (heterógrafo) a un tercero, no solo imparcial sino dotado *a priori* de la competencia y fe de público documentador, normalmente de documentador profesional (Notario). El específico valor probatorio del documento público en parangón a la escritura privada (valor relevante no tanto para el Derecho sustancial como para el Derecho procesal, del que el Derecho probatorio es parte) reside en que el documento público prueba plenamente los hechos que el documentador declara ocurridos en su presencia o por él realizados, mientras aquél no sea declarado falso por consecuencia de un proceso a este propósito, disciplinado por los arts. 216-227 del Código de Procedimiento Civil.

Negocios cuya existencia y validez se hace depender de la forma de documento público son la donación (art. 782 Cód. civ.; cfr. arts. 632, 633 C. C. esp.), la enajenación o cesión hecha a título gratuito para la constitución de una renta perpetua (art. 1.863 Cód. civ.), las convenciones que afectan a las relaciones patrimoniales entre cónyuge (arts. 162-163 Cód. civil; cfr. art. 1.321 C. C. esp.), el contrato de enrole que debe hacerse ante el administrador local de Marina o, si en el extranjero, ante la autoridad consular (art. 328 Cód. de la navegación; cfr. art. 634 C. com. esp.).

Deben hacerse por escrito, es decir, indiferentemente en documento público o escritura privada, los negocios patrimoniales *inter vivos* enumerados por el art. 1.350 Cód. civ. (cfr. art. 1.280 C. C. esp.), que son:

1.º Los contratos que transmiten la propiedad de inmuebles.

2.º Los contratos que constituyen, modifican o transmiten el usufructo sobre inmuebles, el derecho de superficie, los derechos que derivan de la relación de enfiteusis.

3.º Los contratos que constituyen una comunidad de derechos del tipo citado.

4.º Los contratos que constituyen o modifican servidumbres prediales, o los derechos de uso (inmobiliarios) o de habitación.

5.º Los actos de renuncia a los derechos ahora enunciados.

6.º Los contratos de redención del fundo enfitéutico.

7.º Los de anticresis.

8.º Los contratos de arrendamiento de inmuebles por tiempo superior a nueve años.

9.º Los contratos de sociedad o asociación que tienen por objeto el goce de inmuebles o derechos inmobiliarios por un tiempo indeterminado o que exceda los nueve años.

10.° Los actos que constituyen rentas, tanto perpetuas como vitalicias.

11.° Los actos de división de inmuebles o de derechos reales inmobiliarios.

12.° Las transacciones que tienen por objeto controversias relativas a relaciones jurídicas de tal naturaleza.

13.° Los demás actos especialmente indicados por la ley (ejemplos en el Cód. civ.: arts. 1.503 últ. § 2.°, 1.543, 1.888, 1.928, 1.967, 1.978, 2.821, 2.879, 2.882).

La unificación del Código civil con el Código de comercio ha privado de coda razón de ser a la antigua discusión, planteada bajo el régimen del Código de 1865, de si y en qué medida el requisito de la forma necesaria establecido para una serie de actos por el art. 1.314 de aquel Código fuese aplicable a las materias de comercio. Bajo el imperio del nuevo Código no ha lugar a distinguir entre materia civil y materia comercial, y la regla de la necesidad de la forma escrita está vigente para todos los negocios jurídicos inmobiliarios.

Del problema de la forma de los negocios se distingue el de la *prueba* de éstos. El primero concierne a la validez de los negocios, lo que es materia de Derecho sustancial, el segundo a la manera en que puede ser demostrada enjuicio la existencia de negocios válidos -que es materia de Derecho procesal, aun si se halla regulada en el Código civil-. Ciertamente que existen nexos entre las dos cuestiones. Cuando un negocio, existente y válido, hecho valer enjuicio, no puede ser probado, el Juez debe necesariamente desconocer la existencia de las relaciones que deberían derivarse de él. Por lo que las consecuencias de la falta de prueba coinciden en la práctica con las de la invalidez. Pero en su consideración jurídica, se trata de situaciones bien distintas. Las raíces de su confusión han sido en gran parce eliminadas por el nuevo Código, en el que la norma que requiere la forma para la existencia de ciertas categorías de negocios (art. 1.350) se encuentra colocada en su sede propia, o sea, en el capítulo «De los requisitos del contrato», que se mantiene separado del título «De las pruebas» colocado en el Libro VII del Código. Equívoca es, ciertamente, la dicción de la ley cuando tratándose de documentación con función meramente probatoria de un tipo de contrato prescribe que éste sea hecho por escrito (lo que sucedía con especial frecuencia en el viejo Código de comercio). Equívoca porque, ni uno de tales contratos, cuando sea hecho verbalmente, es inválido, ni es exacto que solo pueda ser probado por vía documental, ya que puede serlo en todo caso por la confesión o el juramento y también por testimonios en la hipótesis de extravío del documento, en lo que a esta prueba no se opongan sus normales límites; hipótesis señalada por los arts. 2.724, n. 3, y 2.725; cfr. art. 1.244 C. C. esp.).

Recíprocamente delimitados así los diferentes campos de la *forma* y de la *prueba,* la distinción puede ser aprovechada en la cuestión de la admisibilidad y eficacia de convenciones que regulen la forma de los negocios jurídicos. Esta cuestión no puede plantearse sino respecto a convenciones cuyo objeto sea la *forma* del negocio, ya que la materia de su *pruébase* halla sustraída, por principio, a la autonomía de las partes, y una derogación convencional a las reglas sobre la carga de la prueba es -conforme al art. 2.698 Cód. civ.- inadmisible cuantas veces una inversión o modificación de la misma tenga «por efecto hacer para una de las partes excesivamente difícil el ejercicio del derecho»[6]. (Con mayor lógica, la doctrina procesalista deriva la inadmisibilidad de las convenciones que afecten a la prueba de su carácter de disposiciones de derechos procesales, los cuales, como derechos-medio, no pueden ser modificados independientemente de los derechos sustanciales a que se coordinan). Para distinguir las convenciones que se refieren a la forma de aquellas que atañen a ala aprueba, es necesario, por otra parte, atender a la sustancia. Una cláusula que establezca que un contrato solo pueda ser «probado» por escrito (así, art. 2.725 Cód. civ.), solo en apariencia se referiría a la prueba; en realidad, excluir toda prueba diferente de la documental equivale a impedir que el negocio pueda ser hecho valer enjuicio, y a excluir, por tanto, que sea idóneo para producir una nueva reglamentación de intereses provista de tutela jurídica.

Un problema de la forma convencional del negocio solo puede, por otra parte, proponerse en un sentido[7]. Y precisamente, no ya en el de que los interesados pueden derogar, por su acuerdo, normas que estatuyan la forma necesaria de ciertos negocios -lo que, tratándose de normas de *ius cogens,* no es siquiera concebible- sino a la inversa, solo en el sentido de que los interesados puedan convenir introducir requisitos de forma respecto a un negocio que según la disciplina legal sería libre (n. 9), o bien, reforzar los requisitos de forma que la ley establece para el tipo de negocio en cuestión, agregándoles otros[8]. Para centrar correctamente el problema de tal modo circunscrito, no es necesario pensar que la autonomía de las partes pase a ocupar el mismo plano de la ley en cuanto ésta prescribe la forma de un negocio[9]; no ha de creerse siquiera que quien es parte de un negocio pueda, abstracta y

---

[6] En la jurisprudencia, sobre la admisibilidad de una inversión voluntaria de la carga de la prueba, y en el sentido de que tal inversión puede producirse también por convención: Cas., 13 abril 1939 (*Foro,* 1939. I, 1.453); ídem, 5 agosto 1940 (ibid., 1940, I, 95).

[7] Sobre ello. SEGRÉ, «Sulla posteriore documentazione di un conirauo», en *Scritti giuridici,* I, *610* y sigs. Entre los estudios más recientes sobre esta materia merece ser destacado por su claridad y profundidad el de HENLE, *Lehrb. d. bürg. R.,* I, 1926, § 34. V. también: SALEILLES, *Déclaration de vol.,* 80 y sigs.; FERRARA, *Teoria dei contratti,* 145 (en la duda, ad probationem tantum)», ROLLA, «Forma conventionale degli atti giur, e clausole di prova», en *Giur. ital., 1939,* II, 1, 176.

[8] Véase, en el sentido de que es lícita la convención según la cual la prueba debe ser aportada en una determinada forma, siempre que no se trate de relaciones cuya constitución está sujeta por la ley a solemnidades, Cas., 10 mayo 1938 *(Rep. Foro,* 1933, voz *Prova civ. in genere,* n. 8); sobre que la convención de poner por escrito el contrato concluido no es un *pactum de contrahendo,* sino una modalidad de ejecución que, en caso de falta de la redacción escrita, no impide la prueba oral sino en el caso de que el escrito sea requerido por la ley *ad substantiam.* Idem, 23 junio 1941 (sentencia n. 1.868., inéd., *Rep. Foro,* 1941, voz Obbl. e contr., 44).

[9] Cfr. HENLE, *Lehrb.,* I. 272.

arbitrariamente, someter a requisitos formales, predeterminados *a priori*, la validez de su propia declaración. Semejante modo de ver desconocería totalmente la relación de subordinación en que la autonomía privada, por la función que se le asigna, se encuentra necesariamente respecto a la autoridad de la ley; relación que hemos tenido ya ocasión de advertir (nn. 6, 8, 33 y en otros lugares)[10]. En realidad, cuando las partes se imponen la observancia de una forma, se limitan a aclarar que no se considerarán aún definitivamente comprometidas por eventuales declaraciones que formulasen sin observar la forma convenida[11]. La razón que justifica y, conjuntamente, limita en su eficacia la ingerencia de la autonomía privada en la disciplina de la forma del negocio, reside verdaderamente en la competencia de los interesados para regular el modo de ser, no tanto de su negocio, como de los intereses propios en sus relaciones. Así, por ejemplo, Ticio al arrendar a Caio su fundo por un tiempo indeterminado puede comprometerlo a no denunciar el arrendamiento sino por carta certificada, con recibo; la Compañía aseguradora puede pactar con el asegurado -salvando la observancia de la norma del art. 1.341 del Código civil- que al término del contrato el aviso de no querer continuar la relación sea hecho en el local de la compañía, personalmente por el asegurado y en presencia de dos testigos, bajo pena de tácita renovación. Pero estos pactos -siempre derogables por las partes mismas en virtud de un acorde comportamiento contrario (n. 31) -solo son admisibles en cuanto Ticio y Caio, la Compañía y el asegurado, tienen la competencia, o sea la legitimación para regular respectivamente la relación de arrendamiento o de seguro que los enfrenta; las cláusulas citadas atañen, en apariencia, a la forma de la denuncia, pero en realidad, representan disposiciones sustanciales referentes a la duración de la relación[12].

---

10 Cfr. BETTI, en *Riv. dir. proc. av.*, 1927, II, 283 y sigs.; ídem, *Riv dir. internaz.*, 1930, 14, 20, 22.

11 Ha sido declarado, por el contrario, que cuando las partes con una inteligencia precontractual, hayan establecido expresamente que su consentimiento debe ser manifestado en una determinada forma, ésta debe ser considerada esencial para la existencia del contrato: Cas., 22 abril 1938 *(Riv. dir. comm.*, 1938, II, 374); la Ap. Milán, 17 enero 1936 *(Foro lomb.*, 1936, 15) modera este discutible criterio al mantener que no existiría nulidad sino cuando fuera prescrita por las partes, V., frente a ello, HENLE, *Lehrb.*, I, 272 y sigs., que se ve en el acuerdo una convención interpretativa.

12 Esto resulta más evidente con la siguiente expresión: «La relación (de arrendamiento o de aseguración), a su término, se entenderá prorrogada por igual tiempo en el caso de que no se denuncie por comunicación certificada con recibo o (respectivamente) por medio de declaración hecha personalmente ante dos testigos».

La jurisprudencia ha tenido frecuentísimas ocasiones de pronunciarse sobre la validez de los acuerdos relativos a la *forma* de la denuncia en el contrato de seguro, considerando igualmente válida la denuncia comunicada incumpliendo la forma prescrita, siempre que sea apta para alcanzar el fin a que se la destina, y especialmente, si no se prevén sanciones para la violación de la forma convenida; cfr., en la jurisprudencia más reciente, Trib. Milán, 19 febrero 1940 e ídem, 5 marzo 1940 (*Assicurazioni*, 1941, 70); ídem, Turín, 30 marzo 1939 (ibid., 1940, 11).

En la doctrina, cfr. FRANCESCHELLI, «Forma della disdetta nel contratto di assicurazione», en *Assicurazioni*, 1940, 15.

De ello es consecuencia el que disposiciones relativas a la forma de un negocio no puedan ser tomadas sino por quien está legitimado para regular los intereses que son materia de aquél. Tratándose de negocio bilateral, no podría una de las partes, unilateralmente, preestablecer requisitos formales a su propia declaración en el ámbito del negocio, ya que no está legitimada para disponer *por sí sola* de las relaciones que son objeto del negocio en cuestión. Así, un comerciante no podría, con una declaración anticipada, dirigida a un corresponsal de negocios, advertirlo que no pretenderá vincularse con él sino por escrito y vedarse de este modo, *a priori,* la posibilidad de concluir contratos en forma diferente. Una comunicación de este género, no aceptada por la parte contraria, no restaría eficacia jurídica a contratos estipulados luego oralmente por el comerciante con su corresponsal (no la obstaculizaría ni siquiera cuando el corresponsal haya aceptado, pero resultase que las partes han derogado la anticipada convención con su propio comportamiento sucesivo: n. 31). Todo lo más podría valer, en la investigación de *hecho,* como indicio interpretativo que pueda inducir al Juez a acoger con razonable desconfianza la afirmación de la parte contraria de que después, y pese a la declaración de quererse comprometer únicamente por escrito, el comerciante haya concluido contrato verbalmente.

35.B) *Clasificaciones según el contenido: a) según el carácter de las relaciones contempladas: negocios familiares* y *patrimoniales; negocios de atribución patrimonial* y *negocios de segundo grado; actos de disposición* y *actos de obligación.-* Otras distinciones entre los negocios deben hacerse si del examen de la Fisionomía exterior (forma) se pasa al de la estructura interna y sustancial (contenido) del negocio jurídico. Contenido del negocio (n. 16) es el nuevo ajuste que las partes imponen a sus intereses propios en las relaciones entre ellas; tal contenido varía, por tanto, según la naturaleza de los intereses en juego y de las relaciones contempladas por el negocio. Es obvia, ante todo, la distinción entre *negocios familiares* y *negocios patrimoniales.*

Se perfilan entre los negocios patrimoniales las más importantes subdistinciones. Estas hacen referencia al diferente carácter de las nuevas situaciones a que se atiende. Generalmente, los negocios patrimoniales pretenden, o modificar la distribución de bienes existente o asegurar formas de cooperación (servicios) entre miembros sociales en orden al interés recíproco o al de una sola de las partes; y a las variadas intenciones prácticas de las partes corresponde el constituirse, el extinguirse o el cambiar de relaciones jurídicas patrimoniales. Contenido de tales negocios es, por tanto, una *atribución patrimonial* en sentido lato, es decir, en las relaciones entre los interesados, una transformación patrimonial social y jurídicamente trascendente. Otras veces, en cambio, el negocio patrimonial mira a la reglamentación de las relaciones, basándose en la situación existente *(status quo)* y, por tanto, a la *constatación* de las relaciones, dirimiendo conflictos de apreciación, dudas o litigios, actuales o eventuales, sobre su configuración; constatación vinculante para los interesados y que, en consecuencia, si se encuentra en contradicción con la situación jurídica preexistente, es constitutiva de una situación nueva bajo el aspecto sustancial.

En este caso, por otra parte, se ha de excluir que la modificación o atribución patrimonial que resulta por reflejo de la reglamentación así dispuesta, pueda considerarse como contenido del negocio, del que es solo la consecuencia indirecta, no necesariamente consciente ni intencional. En antítesis con los negocios de atribución patrimonial, los negocios de esta categoría se pueden calificar de negocios de *segundo grado* o negocios reglamentarios[13]. Tales son, por ejemplo, el reconocimiento y la transacción, diferenciados entre ellos en cuanto el primero significa total adhesión de uno de los interesados a la apreciación hecha por el otro sobre la existencia y modo de ser de la relación, mientras que la segunda, en cambio, expresamente disciplinada por el Código (arts. 1.965-1.976; cfr. arts. 1.809-1.819 C. C. esp.) resuelve el conflicto de las opuestas o divergentes apreciaciones de las dos partes, instaurando un orden de intereses intermedio entre aquéllas. También el compromiso y el arbitraje son negocios de segundo grado, ya que tienden a una disciplina declarativa de las relaciones entre las partes, aunque no directamente, sino indirectamente, mediante poderes conferidos para tal fin a un tercero que goce de la confianza común.

Pero entre los negocios de atribución patrimonial deben hacerse ulteriores disfunciones, según el tipo de atribución de que se trate. De este modo se distinguen, ante todo, negocios de *disposición* y negocios de *obligación*[14] y la diferencia (que es presupuesta también por los arts. 2.901, 769, 458, 1.357, 2.786, § últ. Cód. civ.; cfr. arts. 1.111, 618, 1.271, § 2 C. C. esp.) concierne a la reglamentación de intereses contemplada mejor que a los efectos jurídicos correspondientes a ella[14a].

El concepto de disposición, en sentido estricto y técnico, comprende todo acto jurídico que acarrea *disminución del patrimonio*–entendido éste como el complejo de las posiciones jurídicas activas apoyadas en un sujeto–, es decir, origina pérdida, limitación o destinación *mortis causa* de derechos patrimoniales. La disposición puede ser traslativa (constitutiva) o meramente abdicativa: *enajenación* (cesión) o *renuncia* (para mencionar solo las dos figuras salientes). En una y otra, la disminución patrimonial consiste en la pérdida o limitación de un derecho subjetivo por parte del disponente y a ello se apareja, al menos normalmente, la ventaja de otro sujeto. Pero en la enajenación la ventaja ajena es directa, consistiendo en que otro adquiere, o un derecho idéntico al del

---

[13] BETTI, en *Riv. dir. comm.*, 1927, II, 355, 374; DI PACE, *Il negozio per «relationem»*, 1940,112.

[14] SOHM, *Der Gegenstand*, 1905; PUGLIATTI, «L'atto di disposizione e il trasferimento dei diritti», en *Annali Univ.* MESSINA, 1927, 165; GORLA, «L'atto di disposizione dei diritti», en *Annali Univ. Perugia*, 1936, 46.

[14a] La distinción se muestra beneficiosa en varios aspectos: sobre ella se han apoyado, por ejemplo, el estudio de BLOMEYER, *Studien zur Bedingungslehre*, II, 1939, y el de CARIOTA-FERRARA, *I negozi sul patrimonio altrui*, 1936, 171, 361, 397.

disponente, o bien, por concesión, un derecho que surge en calidad de límite del que el disponente mantenía [sucesión (n. 5) o adquisición constitutiva (n. 4)]; en la renuncia, por el contrario, la ventaja ajena solo tiene carácter ocasional y el derecho del disponente se extingue en provecho de aquellos cuyo interés se encontraba, respecto al de él, en una posición subordinada, de la que vienen ahora liberados.

Conceptualmente, por tanto, renuncia y enajenación quedan bien diferenciadas y no han de confundirse. Cuando se ha querido contraponer a la renuncia verdadera y propia, «abdicativa», una renuncia «traslativa», no se ha reparado en que ésta, o es renuncia verdadera y propia, y entonces no es de ningún modo traslativa, o bien, coincide con la enajenación. Tal alternativa se comprueba en la renuncia a la herencia. Si esta renuncia es pura y simple, o sea, verdadera renuncia, podrá aprovechar a los otros herederos, los cuales son puestos en condiciones de aceptar y en consecuencia, adquirir, la herencia (arts. 522 y 523 Cód. civ.), pero esta es una consecuencia ocasional o indirecta de la renuncia, que, de por sí, no opera en absoluto la transferencia de la herencia y, por tanto, no es de ninguna manera traslativa. Si, en cambio, la renuncia se produce a favor de determinados herederos solamente (art. 478 Cód. civ.; cfr. art. 1.000 C. C. esp.) o a favor de todos los llamados pero contra compensaciones, o bien a título de donación (art. 477), tiene entonces el valor sustancial de una enajenación de la herencia, pero precisamente por esto no es renuncia, sino que presupone e implica según ley (n. 34, bis, a) aceptación de la herencia, con todas las consecuencias respectivas, especialmente desde el punto de vista de la responsabilidad *ultra vires* por las deudas hereditarias. Igualmente, la renuncia a un derecho sobre la cosa ajena dene por efecto su extinción y la liberación del propietario, pero tampoco aquí ha de verse una «renuncia traslativa» o una enajenación «restitutiva»[15], porque la liberación del propietario es fruto de la elasticidad y configura un incremento intrínseco; por lo que es solo consecuencia indirecta del negocio, cuyo objeto no es más que el derecho sobre la cosa ajena[16].

También la cuestión de si la perfección de la renuncia requiere la aceptación de la persona favorecida se resuelve con la aplicación de los criterios normales sobre la legitimación. Si es objeto de la renuncia un derecho con sujeto pasivo determinado, la aceptación de éste es necesaria, puesto que se

---

[15] HELWIG, *Lehrb. d. d. Civilprozessr.*, I, 283.

[16] Utiliza el concepto de «renuncia traslativa», de los derechos inmobiliarios, la Cas., 9 junio 1931 (*Sett. Cass.*, 1931, 1.125), considerando que tal renuncia, si es aceptada por el tercero a que se refiere, despliega eficacia de acto de transmisión. Cfr. Cas., 26 enero 1938 (*Giur., ital.*, 1938, I, 1, 385): «El art. 1.314 del Código civil prevé la hipótesis de mera renuncia, independiente de cualquier transferencia del derecho de propiedad inmobiliaria; ello puede verificarse, por ejemplo, cuando el titular estime conveniente despojarse de un bien inmueble suyo para liberarse de una carga real o para sustraerse a una obligación fiscal. Para la simple derelicción del derecho solo es necesaria la renuncia del titular». Contra: ATZERI-VACCA. *Delle rinunzie*, 1915, nn. 26-27.

trata de modificar, aun siendo en su favor, una relación jurídica *suya;* esto se aprecia en la renuncia a los derechos de obligación, remisión de la deuda, la cual debe ser comunicada al deudor para darle oportunidad de expresar, aunque sea pasivamente (con el silencio) su consentimiento, y no produce efecto si éste declara, dentro de un término adecuado, no querer aprovecharse de ella (art. 1.236 Cód. civ.; cfr. art. 1.187 C. C. esp.). Pero si es objeto de renuncia un derecho con sujeto pasivo indeterminado (derecho sobre cosa ajena; derecho de sucesión hereditaria) entonces no es concebible una cooperación del sujeto pasivo de la relación y no existe razón para distinguir, atendiendo al motivo del negocio, de por sí intrascendente, según que la renuncia se produzca sin o con la intención de favorecer a persona determinada[17].

Los negocios de *obligación* se contraponen a los de disposición porque la reglamentación de intereses que por ellos actúa no es, al menos inmediatamente, un cambio de la posición de los sujetos respecto a los bienes, sino una forma de cooperación entre miembros sociales, coordinada al interés recíproco, o al interés unilateral de uno de ellos. Por tanto, los negocios de obligación no producen una disminución *actual* e *inmediata* del patrimonio (quien asume una obligación no se despoja actualmente de ningún derecho), a diferencia de los actos de disposición que determinan, en cambio, una disminución inmediata o, al menos, en dependencia del evento de la muerte (n. 39). De aquí el corolario práctico de que la acción revocatoria solo se ejercita contra los actos *(inter vivos)* de disposición del deudor (art. 2.901 Cód. civ.; cfr. art. 1.111 C. C. esp.). Existen negocios que reúnen disposición y obligación. La compraventa, en su figura normal, es negocio de disposición y de obligación para el vendedor, en cuanto tiene por consecuencia la transmisión de la propiedad y la obligación de la entrega de la cosa (art. 1.476; cfr. art. 1.445 C. C. esp.). En cambio, la compraventa acompañada de entrega de la cosa y con pago diferido del precio, es negocio de disposición para el vendedor, de obligación para el comprador.

36. *Clasificación: b) según la trascendencia patrimonial: actos de administración ordinaria* y *actos que exceden de ésta.*- Sin referencia a un criterio jurídico

---

[17] «La renuncia a un derecho de crédito debe ser considerada como un negocio unilateral y, como tal, vinculante para el declarante en cuanto sea comunicada a la otra parte, sin necesidad de aceptación, irretractable y susceptible de prueba por testigos». Así, Cas., 28 enero 1938 *(Foro,* 1938. I, 1.384), con nota de precedentes entre los que destaca, con referencia a la renuncia al derecho de hipoteca, ídem, 28 enero 1937 (*Rep. Foro,* 1937, voz Ipoteca, n. 79.
En el mismo sentido. Cas., 19 mayo 1939 (ibid., 1939. voz Rinunzia in genere, nn. 2-4), la que ha precisado que la renuncia puede adoptar también la estructura de una convención cuando represente la compensación a una ventaja que el renunciante recibe en contraprestación por la misma.
La Ap. Bolonia. 13 julio 1936 *(Faro,* 1937, 135), ha mantenido que la renuncia a un crédito solo es *bilateral cuando* la anime una intención de liberalidad.
Sobre que la renuncia debe llegar a conocimiento de la otra parte, cfr. Cas., 21 mayo 1932 (ibid., 1932. I, 752), con nota de C. STOLFI.

deducido del contenido del negocio, sino más bien con relación al alcance patrimonial de la regulación de intereses, que desde el punto de vista jurídico puede ser el más vario, se distinguen los negocios de *administración ordinaria* y los que *exceden la administración ordinaria.* Hemos tenido ya ocasión de ver cómo la trascendencia patrimonial del negocio motiva algunas circunstancias del régimen del negocio mismo; por ejemplo, la imposición de formas necesarias (n. 34). Pero además, en orden a algunos efectos, la ley divide los negocios en dos categorías o gradaciones, según la respectiva importancia patrimonial. La distinción es operante especialmente en materia de capacidad y representación de los incapaces; en realidad, la definición y principales aplicaciones de los llamados actos excedentes de la administración ordinaria se encuentran enunciadas en el Libro I del Código civil por normas de *ius cogens,* las cuales, respectivamente, exigen la autorización del Juez tutelar para los actos de administración extraordinaria realizados por el progenitor que ejerce la patria potestad, en nombre del hijo menor (art. 320; cfr. art. 164 C. C. esp.), la autorización del Juez tutelar o del Tribunal para los negocios de la misma naturaleza que gestiona el tutor para el menor (arts. 374 y 375; cfr. art. 269 C. C. esp.) o para el interdicto (art. 424), la asistencia del curador y la autorización del Juez tutelar o del Tribunal para los actos de la misma categoría realizados por el menor emancipado (art. 394) o por el inhabilitado (art. 424; cfr. arts. 224, 229, 213 C. C. esp.). La distinción entre administración ordinaria y extraordinaria influye también en el régimen del patrimonio familiar (arts. 172 y 173) y de la dote (arts. 184 y 187; cfr. arts. 1.357, 1.361 C. C. esp.), no menos que respecto a los límites del mandato general (art. 1.708; cfr. art. 1.713 C. C. esp.). De los textos citados resulta que la categoría de los negocios que exceden la administración ordinaria no se concibe de un modo rigurosamente unitario; por ejemplo, la adquisición de bienes en nombre del incapaz está comprendida entre los actos para los que el tutor debe proveerse de la autorización del Juez tutelar, no está en cambio incluida en la misma categoría cuando se trata del padre que ejerce la patria potestad; la percepción y la inversión de los capitales requieren el consentimiento del Juez tutelar en la patria potestad y en la tutela, pero pueden verificarse sin tal consentimiento por el emancipado o inhabilitado con la asistencia del curador.

Pero además, la categoría de los actos que exceden la administración ordinaria no es tampoco internamente homogénea; la ley aísla un grupo de tales negocios, de excepcional gravedad para el patrimonio a que afectan, y los regula con mayor severidad que a la masa común de actos de administración extraordinaria, requiriendo para ellos, cuando sean ejecutados por el tutor para el incapaz, o por el semiincapaz junto con el curador, no solo la autorización del Juez tutelar sino de los Tribunales. Estos actos son enumerados así por el art. 375 (cfr. art. 269 C. C. esp.): «Enajenar bienes, exceptuados los frutos y los muebles sujetos a fácil deterioro; 2.º Constituir prendas o hipotecas; 3.º Proceder a división o promover los correspondientes juicios; 4.° Hacer compromisos o transacciones o aceptar convenios de acreedores»[18].

En sustancia, se califican de negocios de administración ordinaria aquellos que se refieren a la *renta* de los bienes, regulando su percepción y utilización; exceden la administración ordinaria aquellos que vinculan y pueden quebrantar el capital. Negocios como el arrendamiento por más de nueve años, que conciernen a la renta pero la limitan para una considerable serie de años futuros, reaccionan sobre el valor capital de los bienes, influyendo sobre su precio de mercado; por esto son considerados como excediendo de la administración ordinaria.

37. *Clasificaciones: c) según la estructura. Unidad del negocio* y *nexos de interdependencia entre negocios. Negocio simple* y *negocio complejo (formación sucesiva)*[19].- Al examen del contenido del negocio se enlaza el de su composición o estructura, que abarca tanto la forma como el contenido (cap. II). Puede ocurrir que el negocio sea simple, o bien que resulte de una pluralidad de actos que se integran recíprocamente en su contenido y componen una unidad en el negocio. Pero aquí se pregunta cuál sea el criterio por el que haya de establecerse la *unidad* del negocio partiendo de la pluralidad de los actos que en él se juntan. Fenómenos de observación cotidiana en el campo del Derecho nos colocan ante tal cuestión. Relaciones que requieren una regulación compleja encuentran ésta en negocios que constan de una numerosa serie de cláusulas, algunas centrales y otras de importancia colateral; cada una de estas cláusulas puede existir por sí y es perfecta de sentido, pero todas se coordinan en un complejo único y no son concebibles como una multiplicidad de negocios. Más aún, una sentencia consta de dos partes esenciales, la motivada y la dispositiva, tan distintas entre ellas que una es declaración enunciativa y la otra preceptiva; sin embargo, la sentencia es acto unitario. En tales casos, concurren en el mismo negocio varias declaraciones con un autor común, pero otras veces confluyen declaraciones de diferentes sujetos. Los accionistas de una sociedad votan una resolución en asamblea; dos personas, entre las que ha surgido un litigio, acuerdan someterlo al juicio de un árbitro; X, propietario de una cosa, la vende a Y, que acepta comprarla. Respectivamente, las singulares declaraciones de voto, de compromiso arbitral, de vender y de comprar, se combinan en la resolución de asamblea, en el compromiso, en la compraventa, que son negocios de estructura unitaria.

El problema, enunciado en términos rigurosamente jurídicos, radica en ver cuándo y por qué se deba reconocer un *negocio único con pluralidad de*

[18] La clasificación del Código puede resumirse en el siguiente cuadro:

Negocios jurídicos	de administración ordinaria	
	que exceden la administración ordinaria	de ad. extraordinaria
		de ad. excepcional

[19] V. MESSINEO, *Istituzioni di dir. civile,* cuarta ed., § 35, 165; CARNELUTTI, en *Riv. di diritto comm.,* 1937, 458; GASPARRI, *Studi sugli atti giur. complessi,* 1939.

declaraciones y cuando, en cambio, nos encontramos ante una *multiplicidad de negocios, unidos en un supuesto de hecho complejo,* por nexos que no excluyen el valor autónomo de cada uno.

Cuestiones análogas a ésta, que considera el *hecho jurídico,* se ofrecen respecto a los *sujetos,* al *objeto* del derecho, a las *relaciones* jurídicas. También respecto a ellos se discute -bien entendido que con variedad de determinaciones específicas para cada caso- si el enlace de varios sujetos, de varios objetos o relaciones de derecho hace surgir un ente nuevo o bien respete inalterada la individualidad respectiva de los entes reunidos. Y el criterio de resolución se reduce a examinar si en el régimen que les destina el Derecho, el complejo de sujetos, de objetos o de relaciones, surja como unidad inescindible, o bien cada sujeto, objeto o relación jurídica sea término de una disciplina independiente. No es distinto el criterio que sirve para la cuestión propuesta. Dada una pluralidad de declaraciones conexas ha de distinguirse si a *cada una* de ellas se acompañan, como efectos propios e independientes, los efectos jurídicos correspondientes a su finalidad, o bien, si tales efectos solo se enlazan al *complejo* de las declaraciones conjuntas. En la primera hipótesis se tienen varios negocios coligados, en la segunda, un negocio unitario que consta de varias declaraciones. La unidad del negocio no es comprometida por el hecho de que las singulares declaraciones reunidas en él produzcan consecuencias jurídicas autónomas, cuando estas consecuencias sean de carácter secundario, preliminar y preparatorio, siempre que los efectos jurídicos que propiamente correspondan a la finalidad del negocio (n. 30) solo se atribuyan al complejo de las declaraciones reunidas. Por ejemplo, no es obstáculo a la unidad del contrato en las recíprocas declaraciones de que consta -propuesta y aceptación- el hecho de que la propuesta origine, por sí sola, un vínculo preliminar para el proponente, en el sentido de que lo coloca en la necesidad (carga) de revocarla si no quiere que con el sobrevenir de la aceptación se perfeccione el contrato (arts. 1.328, 1.329 Cód. civ.). Se trata de un efecto puramente preparatorio, mientras que es seguro que propuesta y aceptación son complementarias, y solo reunidas determinan los efectos correspondientes a su finalidad.

Así expuesto el problema, han de examinarse, de un lado, A) los diferentes tipos de nexos eficientes entre negocios jurídicos; de otro lado, B) las diferentes figuras de negocios en los que se reduce a *unidad jurídica* una pluralidad de declaraciones.

A) Los nexos entre negocios se resumen en las dos figuras del concurso y la continuidad. Se califica, a) de *concurso,* una relación de síntesis y contemporaneidad ideal entre dos o más negocios que cooperan al mismo resultado económico-social. Se califica en cambio b) de *continuidad* o secuencia el nexo entre dos o más negocios, en orden de sucesión temporal el uno respecto al otro, cuya secuencia contempla y alcanza un complejo resultado económico-social[20]. Estas

[20] Gasparri, *Studi sugli atti giur. complessi,* 49, 53, 63 y sigs.

definiciones han de aclararse en el sentido de que cada uno de los negocios concurrentes o en vínculo de continuidad, produce los efectos jurídicos conformes a su destino, pero efectos tales que constituyen una unidad funcional; además, los negocios, en su síntesis, originan consecuencias jurídicas que no coinciden con las de cada uno de ellos individualmente considerado. Entre los negocios concurrentes, como entre los que se encuentran en relación de continuidad, el nexo es, por tanto, esencialmente teleológico y depende de la congruencia entre las respectivas funciones.

a) Concurrentes entre sí pueden ser, ante todo, a) negocios *homogéneos*, es decir, de la misma naturaleza jurídica. Así por ejemplo las adhesiones de los individuos suscriptores de una sociedad por acciones en fundación (cada una de las cuales crea la obligación del suscriptor) concurren, en su síntesis, a determinar una constitución sucesiva de la sociedad, que se señala, junto a la constitución simultánea, como una de las formas de nacimiento del ente social (arts. 2.333-2.336 Cód. civ.). .Análogamente, las resoluciones de fusión tomadas por las asambleas de dos sociedades por acciones -primeramente eficaces cada una por sí, en la esfera interna de la sociedad respectiva- concurren y convergen para preparar, en espera de un ulterior negocio de resumen, el resultado de la fusión (arg. art. 2.448, n. 5, Cód. civ.; cfr. art. 168 C. com. esp.). Otras veces pueden ser concurrentes B) negocios *heterogéneos*, o sea, de tipo y naturaleza jurídica diferente. Un ejemplo de tal concurso se suele tener en el negocio fiduciario (n. 4), para cuya existencia concurren normalmente, si no necesariamente[21], dos negocios distintos, de los cuales uno. de disposición, consiste en la cesión de un derecho dotado de eficacia respecto a terceros, y el otro, de obligación, despliega exclusivamente sus efectos en las relaciones internas entre las partes, y crea en el nuevo titular de aquel derecho el deber fiduciario de ejercitarlo solamente dentro de la órbita de una finalidad (causa) determinada con el pacto de fiducia. Cada uno de tales negocios produce los efectos jurídicos que le son propios, pero ambos concurren a la única finalidad económico-social de constituir una posición fiduciaria. El pacto de fiducia que informa el negocio obligatorio (causa), actúa, conjuntamente, de causa encubierta del concurrente acto de disposición (abstracto), de tal modo que la cesión del derecho está, en las relaciones entre las partes, justificada y cualificada por la *causa fiduciae*. Pero puede también ocurrir que sin un ligamen objetivo, y por la sola disposición de parte, dos negocios que posean cada uno propia fisonomía y carácter autónomo estén coligados por un nexo de subordinación a una causa compleja que comprenda las prestaciones y contraprestaciones derivadas de uno y otro[22].

b) Los negocios conjuntamente por un nexo de *continuidad* o ligamen de secuencia, conservan cada uno su propia fisonomía y eficacia; más que con-

[21] Cfr. FRANCESCHELLI, *Il «trust» net dir. inglese*, 1935, 15 y sigs.

[22] Es el caso fallado por la Cas., 28 abril 1941, en *Settimana cass.*, 1941, 798 (*Rep Foto*, 1942, voz Obbl. c contr., nn. 31-32).

verger sobre el mismo plano a un mismo resultado, se suceden uno a otro proyectados al mismo fin. Si se trata de continuidad organizada, configuran un supuesto de hecho de formación sucesiva, que se denomina, en sentido amplio, *procedimiento*[23], y consiste en varios actos jurídicos sucesivos, dirigidos a la misma finalidad, y de los que cada uno presupone necesariamente el precedente y prepara y anuncia el subsiguiente. Las formas más complejas de procedimiento se encuentran en el campo del Derecho público, en las figuras del procedimiento jurisdiccional y administrativo, pero no faltan ejemplos de él en el campo del Derecho privado. Pensemos en la relación que existe entre autorización (de la autoridad: arts. 374, 375 Cód. civ.; o del interesado: art. 1.387; cfr. art. 1.259, par. I, C. C. esp.) y negocio autorizado (n. 76), o entre delegación y asunción ejecutiva de ella (art. 1.268 Cód. civ.)[24], o entre poder y negocio celebrado en representación (n. 73). No constituye en cambio una secuencia organizada la relación entre la declaración cambiaría inicial con la que el título es puesto en circulación y los sucesivos endosos, dotados como están de eficacia propia e independiente (arts. 2.008, 2.011; cfr. art. 461 y sigs. C. com. español)[25].

B) Cambia la perspectiva si del examen de los simples nexos que pueden mediar entre negocios distintos y autónomos, eficaces cada uno por sí, pasamos a estudiar la fusión de varias declaraciones, que serían ineficaces consideradas separadamente, en un negocio jurídico *unitario*. Existen negocios que consisten en un acto único (declaración o comportamiento): negocios *simples*. Y existen, junto a ellos, negocios que resultan de la fusión orgánica e inescindible de varios actos sin eficacia independiente: negocios *complejos*.

Puede presentarse, ante todo, una complejidad meramente *objetiva*. El negocio objetivamente complejo consta de varias declaraciones encaminadas a regular la misma materia, las cuales, al menos implícitamente, se reclaman unas a otras, y en todas las declaraciones de que consta es obra del mismo sujeto. Es el caso de una disposición testamentaria o de una propuesta contractual que consten de una pluralidad de cláusulas, acaso cronológicamente distantes entre ellas (testamento y codicilo, propuesta inicial y factura, cláusula compromisoria agregada al texto convenido del contrato). Esencial a esta forma de complejidad es, por tanto, la identidad, tanto del sujeto como del objeto del negocio (n. 31).

---

23 Sobre ello, GASPARRI, *Siudi sugti atti giur. complessi,* 39 y sigs., 57; SANDULLI, *Il procedimento amministrativo,* 1940, 17 y sigs.

24 Para una construcción analítica del negocio delegatorio, que no rompe, sin embargo, el nexo de secuencia entre los distintos actos, véase BIGIAVI, *La delegazione,* 1940, cap. XII.

25 En otra ocasión, en *Riv. dir. comm.*, 1937, 599 y sigs., propusimos considerar la estructura del negocio de endoso como la de un negocio plurilateral, entendido, siguiendo la concepción de MESSINEO, cual negocio referido a varias partes. Pero este modo de concebir la posición de «parte» ha suscitado graves dudis, compartidas ahora también por MESSINEO, en *Riv. dir. civ.*, 1942. 93. Para una interesante aplicación del concepto de procedimiento en la esfera del Derecho privado (en materia de sociedad comercial), cfr. Ap. Fiume, 12 febrero 1942 (*Foro,* 1942,1, 308).

A más graves problemas da lugar la complejidad *subjetiva*. Negocio subjetivamente complejo es aquel que consta de declaraciones o comportamientos homogéneos, concernientes al mismo objeto y que son obra de dos o más sujetos distintos. Primeramente hemos de aclarar que cuantas veces participen en un negocio varios sujetos, por ello solo consta ya de una multiplicidad de declaraciones o comportamientos recíprocamente complementarios y es, en consecuencia, un negocio complejo; cuando estas declaraciones o comportamientos se hallen cronológicamente separados se tiene, además, un supuesto de formación sucesiva (n. 2, cap. introd.).

Por ello, la tesis de que entre los negocios con pluralidad de participantes habría que distinguir aquellos en que las varias «voluntades» confluirían en una «manifestación» única, de otros en los que las manifestaciones quedarían diferenciadas, está viciada por un error de perspectiva que confunde la forma con el contenido del negocio (n. 10), y el hecho jurídico con los efectos que se le atribuyen (nn. 6, 16). De hecho, y bajo el aspecto de la *forma* (n. 11), es cierto que la participación de varios sujetos en el mismo negocio no puede producirse sino mediante una actividad de cada uno de ellos (si no obrasen no podrían considerarse sujetos del negocio). Y esta actividad es aplicación de la autonomía propia de aquel sujeto, con la que concurre a la formación del negocio. En cambio, con respecto al *contenido preceptivo* y a los efectos jurídicos del negocio, es correcto decir que las diferentes manifestaciones confluyen en el mismo negocio, en el sentido de que, siendo complementarias entre sí, dan vida a un mismo precepto de la autonomía privada, una misma reglamentación de intereses (n. 16) y no gozan de efectos jurídicos independientemente unas de otras; operante de efectos jurídicos lo es solo el negocio en su complejo unitario[26].

38. *Negocio unilateral* y *negocio bilateral o plurilateral. Acuerdo* y *contrato*[27].- La participación de varios sujetos en el negocio puede, con todo, producirse

---

[26] V., por ejemplo. BARASSI, *Notificazione necessaria dich. stragiur.*, 8; SEGRÉ, *Scritti*, I, 341.

[27] Sobre el tema: TUHR, *Allgem. Teil*, [I, § 53. y en él (pág. 203), bibliografía, aunque no reciente; MESSINEO, «Il negozio giur. Plurilaterale», en *Annuario della Università cattolica del S. Cuore*, 1926-27; nuestras afirmaciones en *Riv. dir. comm.*, 1927, 599 y sigs., responden a una construcción del negocio plurilateral que hemos ya abandonado; véase especialmente CARNELUTTI, «Forma degli atti complessi-, en *Riv. diritto comm.*, 1937, 458, 470 y sigs.; GASPARRI, *Studi sugli atti giuridici complessi*, 1939, 50 y sigs., 63 y sigs., 69 y sigs., y 107 y sigs.; GIORGIANNI, «Neg. giur. Collegati», en *Riv. sc. giur.*, 1937, 306; SALANDRA, en *Studi Scorza*, 722; SANDULI, *Il procedimento amministrativo*, 1940, 214 y sigs. (y allí, una indicación de bibliografía reciente); también: A. B. SCHWARZ, «Das einseitige Rechtgesch. in den nueusten Kodifikationen des Zivilrcchcis», en *Archiv f. Rechts- u. Wirtschaftsphil*, 1923, 551; VASSALLI, *Sommario: Teoria dei negozi giur.*, 1934, 14-18; OSTI, «Contratto», en *Suovo Digesto ital.*; ùltimamente, MESSINEO, «La structura della società e il c, d contratto plurilateral», en *Riv. dir. civ.*, 1942, 65 y sigs., con una reseña bibliográfica en las págs. 93-96; ídem, *Istituzioni*, cuarta ed., II, §§ 133 y 135; BIGIAVI, *Delegazione*, n. 169, pág. 386. Sobre la naturaleza del negocio en los títulos de crédito, BONELLI, en *Riv. dir. comm.*, 1908, 517, 526 y sigs.; CAMBIALE, nn. 15 y sigs.; MESSINEO, *Titoli di credito*, segunda ed.; MOSSA, *Lo chek e l'assegno circ.. sec. la n. 1*, 1939, nn. 84-105.

de varias maneras, que caracterizan otras tantas categorías de negocios. La distinción fundamental a hacer es aquella entre a) negocios simples, es decir, tales que se agotan con la exclusiva declaración o el comportamiento de una sola persona, o también subjetivamente complejos, engendrados por varias personas que actúan en virtud de una común e idéntica legitimación para el negocio, o sea, sobre la base de una posición *idéntica* respecto a los intereses en juego (n. 27), lo que les confiere la investidura de una *única parte* (n. 5); y de otro lado, b) negocios subjetivamente complejos celebrados por personas que obran en virtud de legitimaciones diferentes, sobre la base de posiciones distintas respecto a los intereses de que se trata, lo que les otorga el carácter de *partes distintas;* negocios (simples o subjetivamente complejos) *unilaterales* los primeros; negocios *bilaterales o plurilaterales,* los segundos.

a) Negocio *unilateral,* en el sentido de negocio celebrado por una *parte sola* (n. 5), en virtud de una única o idéntica legitimación para el negocio, es, ante todo, a) el negocio subjetivamente simple, o sea, el negocio con un solo autor, de modo que tal negocio no puede ser más que unilateral, ya que aun si la declaración se dirige a un destinatario determinado (n. 1) éste no constituye parte del negocio, puesto que no es llamado a concurrir con su consentimiento. Pero también puede ser unilateral B el negocio subjetivamente complejo, cuando la participación de varias personas en un mismo negocio se produce en virtud de una común e igual legitimación (n. 27), para la tutela de un mismo interés y, por tanto, de modo que aquéllas actúan desde un mismo lado.

Este segundo fenómeno tiene lugar en los *actos colegiales en* sentido amplio; es decir, en los actos y negocios realizados por varias personas en calidad, (a) de componentes del mismo órgano, o (b) de varios órganos colaborantes de una persona jurídica, o (c) de simultáneamente investidos con la representación de una persona, o (d) en cualquier otra forma cooperadores en el ejercicio del interés de ésta[28].

[28] a) En la vida de las personas jurídicas se encuentran órganos colegiales, colegialmente deliberantes: desde los supremos Consejos del Estado (Gran Consejo del Fascismo. Consejo de Ministros, Cámaras), a los Colegios judiciales; desde los Cuerpos directivos de las demás personas jurídicas públicas, a los Consejos de administración de sociedades (en las sociedades por acciones: Asamblea, Consejo de administración. Colegio Sindical). La actividad de este órgano es colegiada en el estricto sentido del término.
b) En cambio, la formación de las leyes del Estado ofrece el ejemplo de una actividad colegiada entendida como cooperación entre órdenes distintos, cuales el Senado, la Cámara de los Fascios y de las Corporaciones y la Corona. Análoga es la colaboración del Rey con los Ministros responsables que refrendan los actos soberanos. En la vida de las personas jurídicas privadas puede recordarse la colaboración de los administradores de la sociedad por acciones con el colegio sindical al subrogarse temporalmente en las funciones de un administrador que falta (art. 2.386 Código civ. § primero), y en la justificación de derogaciones a criterios legales establecidos para los balances (art. 2.625 Cód. civ.).
c) d) Varias personas pueden ser convencionalmente investidas, de modo conjunto. de la representación de una persona; entonces, la actividad que despliegan en nombre del representado en actividad colegiada. Y también lo es la actividad desarrollada en interés propio por el menor emancipado o el inhabilitado en unión del respectivo curador (n. 26).

b) Mientras que en tales hipótesis el negocio con pluralidad de sujetos tiene carácter de negocio unilateral, en otras la participación de varios sujetos en el negocio se produce mediante una legitimación distinta, para la tutela de intereses divergentes, actuando, por tanto, desde puntos diferentes. El negocio que se celebra entre ellos tiene entonces carácter *bilateral o plurilateral.* A la declaración o comportamiento de una parte debe aquí necesariamente corresponder una adecuada declaración (aun silenciosa: n. 14), o una congruente actitud, de la otra u otras partes. El que se junten y sean exteriormente congruentes los respectivos actos es expresión del acuerdo de las partes sobre la regulación de intereses en cuestión. El acuerdo, en su significado más amplio (art. 1.325, n. 1 Cód. civ.; cfr. art. 1.261 C. C. esp.) consiste en el hecho de que tal regulación de intereses es orgánicamente única e idêntica en la conciencia de la una y la otra u otras de las partes.

La experiencia demuestra que el negocio bilateral es el tipo más difundido de negocio *inter vivos* y que constituye el instrumento natural puesto a disposición de los particulares para constituir, modificar o resolver relaciones jurídicas entre ellos (art. 1.321 Cód. civ.; cfr. art. 1.254 C. C. esp.). Ello explica también como el legislador haya sentido la necesidad de dictar una disciplina de carácter general solo para los negocios bilaterales en su figura de contratos (art. 1.321 y sigs. Cód. civ.; cfr. art. 1.254 C. C. esp.), mientras que para los negocios unilaterales *inter vivos* se haya limitado a estatuir (art. 1.324 Cód. civ.) que «las normas que regulan los contratos se observan, en cuanto sean compatibles, para los actos unilaterales *inter vivos* que tengan contenido patrimonial»; normas compatibles, se quiere decir, con la estructura y función de tales actos, que son esencialmente diferentes de las de los contratos. Y en particular, según el Código (art. 1.987), que en este punto ha rendido homenaje a la tradición del Derecho romano común, «la promesa unilateral de una prestación no produce efectos obligatorios fuera de los casos admitidos por la ley»[29].

Pero tanto el negocio bilateral como el plurilateral se configuran de diferente modo según que los intereses en juego sean entre sí *contrapuestos,* alcanzando por el negocio arreglo su conflicto, o bien sean intereses *paralelos,* que encuentran en el negocio el medio para actuar prácticamente su común dirección. El negocio (bilateral o plurilateral) con intereses contrapuestos es el *contrato;* el negocio, en cambio (generalmente plurilateral: art. 1.420 Cód. civ.), con intereses paralelos o convergentes a un fin común, se suele denominar *acuerdo,* en el más restringido de los sentidos que en la doctrina se conviene dar a este término. Para comprender bien la distinción entre contrato y acuerdo en senti-

---

[29] Sobre el vínculo que nace de la oferta al público, cfr. Cas., 22 enero 1929 *(Foro* 1929, I. 244), y últimamente, Ap. Milán, 27 mayo 1938 (ibid., 1938, I, 1.322 (aplicación a los concursos de modelos).
Sobre la validez de la promesa unilateral de deuda, aun sin indicación del nombre del promisario, a rellenarse por el tomador, véase Cas., 9 mayo 1933 *(Foto ital.,* 1933, I, 1.158).

do estricto es preciso tener presente la relatividad de estas calificaciones. «Contrato» Y «acuerdo» no designan categorías de negocios netamente entitéticas (lo que está ya demostrado por la simple reflexión de que el acuerdo, en su sentido más amplio, es el primero de los requisitos del contrato: art. 1.325, n. 1, Código civ.). Más bien una y otra categoría reflejan dos diferentes concepciones del negocio bilateral o plurilateral. Responde a una orientación privatista del pensamiento, que nos transmite la tradición jurídica romana[30], el considerar a las partes de un negocio bilateral como hallándose en conflicto de interés la una con la otra, y reconocer en el negocio concluido la lograda composición de las pretensiones en pugna. Pero en la medida en que puede advertirse una orientación publicista en la ciencia jurídica, vemos perfilarse, al contrario, la exigencia de la colaboración entre las partes del negocio bilateral o plurilateral, y éste es considerado, en principio, más como instrumento de utilidad social que como medio para el arreglo de un conflicto individual.

Esto explica también cómo la categoría del acuerdo, predominantemente aplicada en el Derecho público, haya surgido más tarde que la categoría del contrato, y cómo solo la reciente construcción dogmática del Derecho público y la aproximación entre éste y el Derecho privado la hayan sacado a la luz. Aun hoy, los más ajustados ejemplos de ella se encuentran en el campo del Derecho público[31]. En la esfera privatista son ejemplos de acuerdo: El negocio de fundación de las personas jurídicas privadas y el negocio de fusión de las sociedades comerciales según el régimen codificado en el art. 2.504, que requiere tal negocio para que se perfeccione la fusión decidida por las asambleas de las sociedades interesadas[32]; también negocios del derecho familiar como el matrimonio y la adopción, y, finalmente, el consorcio a fines de recomposición fundiaria, previsto por el art. 850, y, además, el consorcio industrial[33]; quizá también el compromiso arbitral, según la opinión que da mayor relieve a su eficacia publicista[34].

---

30 Cfr. BETTI. *en Riv. dir. comm.,* 1938, 560.

31 Piénsese en el acuerdo entre las asociaciones profesionales interesadas que es presupuesto para la formulación de normas corporativas por parte del Consejo Nacional de las Corporaciones, según el art. 12. n. 3 de la ley de 20 de marzo de 1930, n. 206 (sobre los acuerdos económicos colectivos. CESARINI-SFORZA, *Il corporativismo comme esprerienza giur.,* 257; FRANCESCHELLI, *Consorzi industriali,* 175 y sigs., y sobre el concepto de interés general, CESARINI, cit., 125); o en los consorcios entre entes públicos, y especialmente, aquellos de los Municipios «entre ellos, o con la Provincia, para atender a determinados servicios u obras de común interés» (art. 156 de la ley municipal y provincial, en el T. U. 3 marzo 1934, n. 385); también ha de tenerse presente el acuerdo de las partes contendientes como presupuesto para la emanación de providencias sobre cuestiones incidentales, según el art. 182 del Cód. proc. civ. de 1865 (el nuevo Cód. proc. civ., art. 205, concede al Juez instructor más amplios poderes). Para la terminología: arts. 5 prelim., 2.065 y 2.066.

32 Sobre la necesidad de un acto formal de fusión, CANDIAN, *Studi per Vivante,* I, págs. 245 y sigs.; FERRI, *La fusione delle società commerciali,* 1936, págs. 72 y sigs.
Contra, en cambio, Cas., 31 marzo 1937 *(Foro,* 1937, I, 505). Hoy, el acto de fusión es impuesto por el art. 2.504.

33 FRANCESCHELLI, *Consorzi industriali,* 349 y sigs.

34 CARNELUTTI, *Studi di dir. proc., II;* de otro parecer, BETTI, *Dir. proc. civile,* n. 10, 1, 73. COSATTINI, *Revocatoria,* 138, considera como acuerdo la división.

Pero justamente en este campo de las instituciones de Derecho privado se halla la prueba de la apuntada relatividad de la distinción entre contrato y acuerdo. El negocio por el que se constituye una Sociedad de personas o de capitales no rechaza lógicamente ni una construcción como contrato ni una como acuerdo, según que se destaque más uno u otro de sus efectos esenciales. Uno de tales efectos, el vínculo social entre participantes, no desborda la esfera patrimonial de las partes, y respecto a él, el negocio y la relación de sociedad puede aparecer como mero instrumento para resolver un conflicto de intereses entre dichas partes y, por tanto, como contrato; el otro efecto, o sea la constitución del ente social, trasciende, por el contrario, de la esfera patrimonial de las partes, las cuales bajo esta faceta parecen mejor colaborar en el interés general que componer un conflicto privado entre ellas. La disciplina privatista de la materia de las sociedades en el libro *Del trabajo* haría preferir la solución que reconoce un contrato en el acto constitutivo de ellas (así, el art. 2.247; cfr. 1.665 C. C. esp.), si no fuera que tal punto de vista se encuentra en evidente contraste con la solución ya dominante en la jurisprudencia, y hoy codificada, de algunos problemas prácticos. Tales, por ejemplo, los problemas a que dan lugar la reducción de la sociedad simple con un solo socio (art. 2.287, últ. §, Cód. civ.) y en una sociedad por acciones la concentración de éstas en una sola persona (hipótesis prevista por el art. 2.362)[35]. La ley admite en estos casos que perdure el ente social a pesar de la extinción de cualquier vínculo interno entre socios, y atribuye así valor preeminente, en orden a la responsabilidad por obligaciones sociales, a aquél entre los dos efectos, respecto al cual el negocio constitutivo de la sociedad se configura mejor como acuerdo en sentido estricto que como contrato. Del mismo modo se la debería representar por quien considere la estructura de la sociedad bajo el aspecto de su funcionamiento[36].

Debemos preguntarnos ahora qué consecuencias despliegue en el tratamiento jurídico del negocio la construcción del mismo como contrato o como acuerdo en sentido estricto. Este aspecto, que quizá no ha sido suficientemente aclarado, no debe, de ningún modo, ser olvidado, puesto que sería ocioso distinguir el acuerdo del contrato si luego se hubiera de concluir que estas dos categorías de negocios tendrían el mismo régimen legal. En realidad, deben existir diferencias de trato: No se pueden aplicar al acuerdo, entendido en el sentido restringido expuesto, normas propias del contrato cuando éstas se deriven justamente de aquel elemento de la naturaleza del contrato que lo diferencia del acuerdo; o sea, del conflicto de intereses que constituye el substrato del contrato, en lugar de la convergencia que justifica el acuerdo en sentido

---

35 Cfr sobre estos problemas, recientemente, BRAGANTINI, *La società con un solo azionista,* 1940, y, en jurisprudencia, Cas., 3 junio 1941 *(Foro,* 1941, I, 945), con nota de referencial.

36 Sobre ello, el detenido examen de MESSINEO. «La struttura della società», etcétera, en *Riv. dir. civ.,* 1942, 65 y sigs., quién mejor que un contrato (plurilateral), o acto colectivo, se inclinaría a reconocer (92 y sigs.) en el acto constitutivo de la sociedad un negocio jurídico plurilateral con intereses contrapuestos.

estricto. Tampoco podrán aplicarse las normas que dependen del carácter del contrato como negocio de mera motivación privada. Así, la figura del contrato preliminar no encuentra su correspondiente en relación al acuerdo; no encuentra una plausible razón de ser el negocio por el que varias personas se obligan a celebrar un acuerdo. Quizá tampoco se podría transportar sin cautelas al campo del acuerdo la disciplina de la conclusión de los contratos (art. 1.326 Cód. civ.; cfr. art. 1.262 C. C. esp.), porque la rígida contraposición de las declaraciones contractuales, propuesta y aceptación, tiene su especial fundamento en el conflicto de los respectivos intereses de las partes, conflicto que es extraño al acuerdo en sentido estricto.

Por lo demás, el que las normas sobre contratos sean compatibles solo en limitada medida con la diferente estructura y función de los acuerdos en sentido estricto es señalado por el mismo legislador con una norma en la que toma preferentemente en consideración los acuerdos (que llama igualmente «contratos») en figura de negocios plurilaterales. Es la norma del art. 1.420 del Código civil, por la cual, «en los contratos con más de dos partes, en los que las prestaciones de cada una se dirigen a la consecución de un fin común, la nulidad que afecta al vínculo de una sola de las partes no acarrea nulidad del contrato, salvo que la participación de aquélla deba, según las circunstancias, considerarse esencial». Esta norma –que es integrada por las lógicamente paralelas de los arts. 1.446, 1.459 y 1.466– compone una perfecta simetría, en el sistema del Código, con la del art. 1.324 respecto a los negocios unilaterales *inter vivos* de contenido patrimonial. Una y otra señalan de modo sintomático al intérprete los límites que la disciplina general de los contratos encuentra, de un lado, en la naturaleza de los negocios unilaterales; del otro, en la naturaleza de los negocios plurilaterales que no sirvan a componer intereses en conflicto, sino a satisfacer intereses concurrentes a un «fin común». En éstos, la defección de una de las varias partes no importa necesariamente, como en el negocio con intereses contrapuestos (ejemplo, art. 1.453; cfr. 1.124 C. C. esp.), la inasequibilidad del fin común; ello solo cuando la participación de aquella parte resulte esencial, es decir, ligada por un nexo indisoluble al concurso de todas las demás.

39. *Clasificaciones según la causa: negocios «inter vivos»* y *«mortis causa», negocios a título oneroso o gratuito, negocios causales* y *abstractos (remisión).*- La función económico-social que caracteriza el tipo de negocio (cap. III) puede, como se vio, reflejar muy variadas exigencias prácticas de la vida de relación. Pero entre tales exigencias es posible destacar algunos caracteres comunes, o, por el contrario, diferenciales, aptos para servir como criterios de clasificación de los respectivos negocios desde el punto de vista de la causa.

a) Se distinguen, ante todo, negocios entre vivos y negocios por causa de muerte.

Se denominan negocios *inter vivos* aquellos cuya función económico-social responde a la práctica de la vida en sus variadas formas y están estinados a actuar en ella sin atender a la muerte de sus autores. Por el contrario, se califican de *mortis causa* aquellos negocios cuya función responde a la exigencia de regular el destino del patrimonio o de singulares bienes, o la condición de los familiares *superstites,* en previsión de la muerte del autor y dependiendo de ella.

En los negocios *mortis causa* la muerte no es prevista arbitrariamente como un evento cualquiera, extraño a la estructura del negocio, sino que necesariamente representa un elemento característico de la misma causa del negocio. Respecto al negocio, el evento de la muerte funciona como *condicio iuris,* y es, a una con el negocio, un elemento constitutivo del supuesto de hecho complejo que tiene por efecto la adquisición o la sucesión *mortis causa,* puesto que el negocio por sí solo no produce, mientras que no sobreviene tal suceso, ninguno de los efectos jurídicos que la ley atribuye a su tipo.

Por tanto, no es negocio por causa de muerte, no solo el arrendamiento en el que por cláusula expresa haya sido dispuesta la extinción en el caso de muerte del arrendador, sino tampoco el seguro de vida que prevea el pago de la suma asegurada al beneficiario para el caso de la muerte del asegurado, ya que también en este supuesto la muerte actúa como término de referencia de una obligación cuyo fundamento se remonta a un acto entre vivos del asegurado[37]. El único tipo normal de negocio por causa de muerte que nuestro ordenamiento conoce es el testamento, que el Código, en el art. 587 (cfr. art. 667 C. C. esp.), define como «un acto revocable por el cual uno dispone, para el tiempo en que haya cesado de vivir, de coda su hacienda o de parte de ella», admitiendo, sin embargo, en el párrafo segundo, que el contenido del testamento pueda también consistir y, hasta propiamente agotarse, en disposiciones de carácter no patrimonial. El testamento es, pues, un acto que puede contener disposiciones variadas, cada una de las cuales tiene valor de negocio en sí misma: institución de heredero, legado, división del ascendiente, nombramiento de ejecutor testamentario, reconocimiento de hijo natural. Más que como un único negocio aparece, en consecuencia, como una forma apta para acoger una pluralidad de negocios por causa de muerte. Solo en forma esporádica es admitida alguna otra figura de negocio por causa de muerte (art. 1.412)[38].

---

[37] N. COVIELLO, *Delle successioni: parte generale,* cuarta ed., 1935, cap. XV, 280 y sigs.; M. STOLFI, *L'assicurazione sulla vita a favore di terzi,* 1936-37, págs. 41 y sigs. Contra la confusión de la adquisición *mortis causa* con la adquisición por acto *inter vivos* que se produzca en ocasión de la muerte del precedente titular, la que funcionaría como término suspensivo, pone también en guardia la Cas., 27 febrero 1941, sent. n. 564, parte inéd. *(Rep. Foro,* 1942, voz Obbli. e contr., n. 262).

[38] El art. 1.412 Cód. civ. contempla una atribución *mortis causa* operada mediante contrato a favor de tercero. El que haya de considerarse como *mortis causa* se deduce con seguridad del hecho de que el estipulante, según el citado artículo, «puede revocar el beneficio también con una disposición testamentaria y aunque el tercero haya declarado quererlo aceptar»; revocabilidad que no sería permitida si se tratase de una atribución *inter vivos.* Solo se admite la renuncia al poder de revocación hacia el tercero, la que ha de hacerse por escrito. Esta renuncia, con la declaración del tercero, hace irrevocable la atribución. Se ha de reconocer en ello una derogación a la prohibición de pactos sucesorios enunciada por el art. 458.

El ordenamiento vigente no conoce, en cambio, la donación *mortis causa* del Derecho romano, que consistía en una atribución gratuita de bienes, revocable, sin embargo, y destinada a convertirse en definitiva solo cuando se produjera la premoriencia del donante al donatario. Tal figura estaría en contradicción con la irrevocabilidad propia de las donaciones en el Derecho moderno. Sin embargo, se admite (art. 791 Cód. civ.; cfr. 641 C. C. esp.) pactar la reversibilidad de las cosas donadas para el caso de premoriencia al donante del donatario o también de sus descendientes. Y, no obstante la regla de que la donación que tiene por efecto prestaciones periódicas cesa en sus efectos a la muerte del donante, está admitido pactar la continuación para después de esta muerte. El Código también declara ineficaces aquellas convenciones en las que alguno «dispone de la sucesión propia» y todo acto de disposición sobre «derechos que puedan eventualmente corresponder sobre una sucesión aún no abierta», como también la renuncia a los mismos. Contrario a la letra y al espíritu del vigente ordenamiento es, finalmente, el llamado mandato *post morten,* que tiene por objeto un encargo a cumplir después de la muerte del mandante; en efecto, el mandato es contrato fundado esencialmente sobre una relación personal de confianza entre mandante y mandatario, y el art. 1.722 del Código civil (cfr. art. 1.732 C. C. esp.), al confirmar este carácter disponiendo que se extinga la relación de mandato por muerte (interdicción o inhabilitación) del mandante o mandatario, admite una sola excepción, para el mandato que tiene por objeto actos relativos al ejercicio de una empresa, en consideración al carácter objetivo e impersonal que entonces asume la relación por parte del mandante que después desaparece[39].

b) En los negocios patrimoniales debe luego discernirse entre los a *título gratuito* y los a *título oneroso.* La cuestión de la onerosidad o gratuidad[40] se establece, a propósito de los negocios patrimoniales, atendiendo a la naturaleza del provecho que miran a producir para una u otra de las dos partes, o bien para un tercero extraño al negocio. Onerosidad y gratuidad expresan un concepto de relación que se presenta de fácil comprobación en los negocios bilaterales, en los que son términos de comparación las dos partes, pero que no es tan fácilmente determinable en los negocios unilaterales o, en general, cuando el término de referencia sea un tercero, extraño al negocio, pero destinatario de la ventaja que éste produce. Considérese el problema de distinguir gestión de negocios ajenos y donación[41].

---

[39] Para la invalidez del mandato *post mortem exequendum,* cfr., en la jurisprudencia, Cas., 5 agosto 1940 (Foro, 1941. I, 423), y especialmente. ídem., 29 marzo 1939 (id., 1940, I, 166), la cual examina la cuestión también con respecto a los fragmentos del derecho romano, los que considera interpolados siguiendo la opinión de BONFANTE, «Mandato post mortem», en *Scritti giuridici,* II, pág. 262.

[40] Véanse FADDA, *Teoria del neg. giur.,* §§ 222 y sigs.; *Mitteis. Röm. Privatr.,* § 10, 153 y sigs.; STOCK, «Zum Begriff der donatio insbesondere im Verhältnis zum commodatum», en *Leipziger rechtswiss Studien,* 1932, 72. y la bibliografía allí citada en pág. 1.

[41] SEGRÉ. en *Studi Scialoja,* 1905, II, 279, y n. 1: RICCOBONO, en *Miscellanea Satinas,* 1906, 158, n. 3; ídem, *Dir rom. classico al dir. moderno,* 1917, n. 36, 264 y sigs.; RABEL, "Negotium alienum und animus», en *Studi Bonfante,* IV, 231 y sigs.

Ahora bien: ya se contemple la relación de una parte con la contraria, o bien la relación de la parte (en el ejemplo, el gestor) con el tercero (gestionado), la cuestión es siempre apreciar si el provecho destinado a la parte contraria o al tercero tenga carácter oneroso o gratuito. Tiene carácter oneroso cuando represente la compensación de un sacrificio patrimonial impuesto en vista de él, o tenga por contrapeso la compensación de un sacrificio patrimonial ajeno. En tales casos es obvio que la parte o el tercero están, desde el principio, legitimados para esperarlo y contar con él, según un criterio de equivalencia y reciprocidad.

Negocios a título gratuito son, a más de la donación, la institución de heredero[42], el legado, el comodato; negocios a título oneroso, por el contrario, la compraventa, el seguro, el transporte. Algunos negocios pueden, según los casos, ser gratuitos u onerosos. El mandatario, el depositario, pueden o no exigir retribución por sus servicios; el fiador puede prestar garantía sin o mediante compensación por parte del acreedor que quiera estar mejor garantizado. En materia de comercio rige una presunción general de onerosidad de las convenciones.

Una apreciación de gratuidad u onerosidad del negocio solo puede hacerse atendiendo a la causa; si se conduce, en cambio, a los motivos, la indagación puede producir distintos resultados. Así, la fianza –negocio que tiene por partes el fiador y el acreedor– es a título gratuito si éste no se compromete a pagar a aquel compensación por las garantías que le da; ello no impide que el fiador puede haberse hecho prometer, separadamente, una retribución del deudor principal a quien ha facilitado la obtención del crédito por la garantía que presta. Entonces un negocio gratuito en la causa aparece oneroso en cuanto al motivo; pero el aspecto que cuenta es el de la causa, y por ello, en la hipótesis expuesta, la fianza es, indudablemente, a título gratuito[43].

c) Por último, bajo el aspecto de la inherencia de la causa al negocio y, en consecuencia, de su influencia directa o indirecta, los negocios se dividen en causales y abstractos. Pero el significado de esta distinción ha sido ya expuesto en el capítulo sobre la causa del negocio jurídico (n. 24), y nos remitimos aquí a cuanto ha sido dicho en aquel lugar.

40. *Negocios fiduciarios, negocios indirectos*[44].- Desde el punto de vista de la causa se explica la fisonomía característica de algunas particulares figuras de negocios: fiduciarios, indirectos, simulados.

---

[42] En realidad, la responsabilidad *ultra vires* por las deudas hereditarias no es correspondiente a la adquisición del patrimonio hereditario ni consecuencia directa de la institución, sino solo de la asunción de la investidura de heredero (n. 30, *in fine*).

[43] Sobre el tema, GARIOTA-FERRARA. *Gratuità nei negozi di garanzia,* 1936; DEUNA, «Attribuzioni indirette e attribuzioni onerose nel contratto di fideiussione», en *Riv. dir. civ.,* 1939, 441 y sigs.; cfr. HARTMANN, en *Archiv f. d. civ. Pr.,* 77, 226 y sigs.

[44] W. SIEBERT, *Das rechtsgescheftliche Treuhandverhaeltniss,* 1933. 12 y sigs., 24: CARIOTA-FERRARA. *I negozi fiduciari,* 1933: FRANCESCHELLI, *Il «trust» net diritto inglese,* 1935, 14 y sigs.; SCHLESS,

a) El problema práctico del negocio *fiduciario* (n. 37, a) presenta dos momentos esenciales: de un lado (real, o mejor, externo) se trata de conceder o hacer gravitar un derecho patrimonial sobre la persona del fiduciario, especialmente una señoría sobre la cosa que le es confiada; del otro lado (obligatorio, o mejor, interno) se pretende limitar el ejercicio de este derecho en vista de su finalidad de servir el interés del fiduciante. Este segundo momento confiere a la posición del fiduciario el carácter de un oficio o cargo privado para el cuidado de intereses ajenos, el que a veces es impropiamente calificado de gestión «desinteresada». El primer momento representa una confianza y un riesgo; el segundo se concreta en una necesidad de tutela, de seguridad contra el riesgo. Tal necesidad plantea el problema de un adecuado reparto, entre fiduciante y fiduciario, de la legitimación sobre la cosa confiada o derecho concedido; el problema surge, precisamente, por la discrepancia entre poder y deber del fiduciario, y se pretende atenuarla o desaparecerla, obedeciendo a la exigencia de subordinar y adecuar el poder al deber en el ejercicio del derecho. Abstractamente hablando, las soluciones posibles del problema, en cuanto al momento externo, que atañe al poder del fiduciario frente a los terceros, son varias: derecho pleno del fiduciario sin limitaciones de carácter real, o legitimación conjunta del fiduciante y fiduciario (mediante adquisición constitutiva), o bien subordinación del poder de éste a una condición resolutoria, o, finalmente, disponibilidad propia del derecho ajeno consiguiente a una simple concesión de poderes (art. 1.705 Cód. civ.; 1.717 C. C. esp.; no sería, en cambio, suficiente una mera legitimación aparente creada con la transmisión de la posesión). En general, en un sistema derivado de la tradición romana y, por tanto, engoznado en la tipicidad de los derechos reales y de los respectivos actos de disposición, no se puede llegar a reforzar la tutela del fiduciante por otro camino que no sea el debilitar, con eficacia real frente a los terceros, la posición jurídica conferida al fiduciario. Pero ¿qué es lo que ocurre cuando se adopta, en cambio, la primera de las soluciones apuntadas, es decir, dejar el derecho del fiduciario sin limitaciones de carácter real? Esto: Que en la sola relación obligatoria interna, cualificada por la *causa fiduciae,* es depositada la fundón de limitar la posición del fiduciario y, juntamente, la de asignarle una causa idónea para justificarla (ya que sin ésta el fiduciario estaría expuesto,

---

«Mittelbare Stellvertretung und Treuhand», en *Leipziger Studien,* 66, 1931, 26 y sigs., 42 y sigs.; GRASSETTI, «Del neg. fiduciario e d. sua ammisibilità nel nostro ord. giur», en *Riv. dir. comm.,* 1936, 345 (bibliografia); M. WYLER, «L'eber das Treuhandrecht», en *Zeitschr. f Schweiz. R.,* 56, 1937, 293-351: ROUSSEAU. «Simulatione et fiducie», en *Recueil Dalloz,* 1937, 251; entre los Tratados, TUHR, *Allgem. Teil.,* II, 2. 1918, § 77 y la bibliografia citada en *él,* 185; HENLE, *Lb.,* I. 153 y sigs.: CARNELUTTI, *Sistema,* II. n. 515. 519, 520; KOHLER, «Studien über Mental reservation u. Simulation», en *Jahrbücher f. d. Dogm.,* 16, 1873, 140, 331, 346 y sigs.; 18, 1880, 129; WURDINGER, *Geshc. d. Stellwurtrelung (agency) in England,* 1933, 304 (bibliografia), 334 y sigs., 443; GRAZIANI, en *Riv. diritto comtn.,* 1933, 414: RUBINO, *Il negozio indiretto,* 1937, 4 y sigs., 74 y sigs. y la bibliografia allí citada: ASCORELLI, en *Studi Vivante,* I, 23 y sigs.; BETTI, en *Riv. diritto comm.,* 1941, II, 336 y sigs.: idem. *Diritto romano.* I, 277 y sigs. (no correctamente entendido por RUBINO, loc. cit.); MESSINEO, *Istituz, dir. civ.,* cuarta ed., § 43, 208 y sigs.

desde el principio, a una repetición). Esta causa puede ser garantía, custodia, administración. De este modo se configura la fiducia de tipo romano: lleva a atribuir al fiduciario una posición jurídica bastante más fuerte de la precisa para la consecución del fin práctico contemplado por las partes y de cuanto estas mismas propiamente pretenderían. El acuerdo de fiducia, encaminado a limitar los poderes del fiduciario[45] no sirve para quebrantar su posición en las relaciones externas, ni para resolver la propiedad con la consecución del fin, pero sí para hacer ¡lícito un eventual comportamiento de él que estuviese en contradicción con el destino convenido para las cosas que se le confían. La relación compleja resulta, normalmente, de la interferencia de un acto de disposición, por sí abstracto, y de un negocio obligatorio causal, que envuelve al mismo tiempo la causa justificativa del primero (n. 37, a).

Se ha creído encontrar la característica del negocio fiduciario en el hecho de «estar la voluntad dirigida a un efecto jurídico que es típico de una intención empírica que las parte no tienen» y en ser el fin efectivo de la atribución «un fin atípico, un fin fuera de la ley»[46]. Pero estas formulaciones denuncian la vieja mentalidad individualista, incapaz de justificar un efecto jurídico no adecuado y homogéneo con el interés práctico determinante sin recurrir a una precisa «voluntad» de las partes dirigida a él; y no repetiremos aquí la crítica hecha en su lugar (nn. 3 y 19, b). Es conveniente, sin embargo, advertir aún, contra la orientación individualista, todavía enraizada en la dogmática actual, que sí es cierto que la norma jurídica debe necesariamente actuar mediante un procedimiento de clasificación por tipos (cap. intr., n. 1, nota 2), lo «atípico», como tal, no puede tener en la órbita del orden jurídico mayor legitimación que lo «anárquico» en la del político, es decir, ninguna. Aquello pertenece, cuando más, a la prehistoria de las instituciones jurídicas y a la competencia de la sociología del Derecho. Ha de tenerse presente el significado actual de la tipicidad (tipicidad social y no legislativa) en su oficio de justificar las aplicaciones de la autonomía privada (n. 23), y no olvidar que el elemento subjetivo decisivo para la eficacia vinculante del negocio fiduciario es, también aquí (n. 19, b), la *conciencia* (que la parte debe tener) *de la discrepancia* entre la estructura típica del negocio elegido y el interés práctico que por su medio busca satisfacción.

b) El problema práctico del negocio *indirecto* radica en la necesidad de aprovechar un tipo de negocio para la consecución de un fin distinto de aquel

---

[45] No es necesario que tal acuerdo resulte del tenor documental del negocio. Ha mantenido la Cas., 13 enero 1941 (sent. n. 90, inéd., *Rep. Foro,* 1942, voz Obbl. e contr., nn. 35-36), que el contrato fiduciario es perfectamente configurable haciendo surgir efectivamente el negocio que aparece de lo escrito, pero con un vínculo o con una limitación o condición no expresa y confiada a la fiducia del otro contrayente, y que el contrato es nulo solo si el vínculo, la condición o límite impuestos a! fiduciario tienden a alcanzar finalidades que la ley prohíbe.

[46] Así, GRASSETTI, en *Riv. dir. comm.,* 1936. 360-361, que, por lo demás, enlaza con la exposición de ENNECCERUS, *Lehrb.,* II. 1919. 357, n. 3.

que su causa típica representa; necesidad que nace de la carencia de tipos más adecuados a disposición de la autonomía privada. El fenómeno es, en su génesis, estrictamente afín al de la simulación; donde igualmente se presenta una discrepancia consciente entre la causa típica del negocio escogido y la intención práctica perseguida en concreto por las partes. En ambos fenómenos se ofrece un uso anormal de la función instrumental del negocio[47]. La diferencia entre ellos, según una opinión corriente, está en que el negocio indirecto sería efectivamente «querido» y el negocio simulado no lo sería, y que en aquél la discrepancia con la función típica del negocio sería visible, es decir, ostensible en el contenido mismo del negocio, mientras que en la simulación sería, precisamente, disimulada. Pero en estos términos la diferencia no parece exactamente recogida, sino en cuanto se acepte el dogma de la voluntad en la concepción del negocio (n. 3) y, si se profundiza en el examen, se presenta de un modo distinto. En el fenómeno de la simulación, la discrepancia de que se trata representa una verdadera incompatibilidad, y esto señala el motivo de que normalmente, no necesariamente sin embargo, el fin disimulado no se haga visible en el contenido del negocio (porque sería contradictorio decir que la venta se concluye sin un precio efectivo o la sociedad se constituye sin contribución social por parte de uno de los participantes). Por el contrario, en el negocio indirecto, de una manera análoga a la del negocio fiduciario, la discrepancia de la función típica del negocio asume el carácter de una simple incongruencia de fines que, aunque distintos, son compatibles entre sí.

Pero del fenómeno de la simulación -al cual se unen por un nexo genético, en la historia del Derecho, el negocio fiduciario y el indirecto[48]- trataremos en el capítulo referente a las anormalidades del negocio (cap. VII, n. 50).

---

[47] De modo que cuando existen a disposición de los individuos negocios abstractos que operan la atribución o la obligación sin necesidad de justificarla con la remisión a una causa, no existe motivo para recurrir al expediente de la simulación o al de la utilización indirecta. Quienes, como GRASSETTI, *Riv. diritto comm.*, 1936, 357, 363, repudian el sistema de la tipicidad en el Derecho vigente, no admiten la función instrumental en cuestión ni la figura del negocio indirecto.

[48] Sobre tal nexo véase nuestro *Dir. romano*, I, 279 y sigs., y, para una mayor precisión, en *Festchrift Koschaker*, I, 398 y sigs.

CAPÍTULO SEXTO

INTERPRETACIÓN DEL NEGOCIO JURÍDICO

SUMARIO: 41. Cometido y posición sistemática de la interpretación. Interpretación y constatación de hecho. Interpretación y valoración jurídica.- 42. Interpretación e integración o corrección del negocio con lagunas o defectuoso.- 43. Naturaleza y destinatarios de las normas interpretativas. Control de su observancia por parte del juez. Interpretación auténtica de las partes.- 44. Objeto, medios y métodos de interpretación. Directrices generales interpretativas.- 45. Criterios positivos de interpretación de los contratos.- 46. Criterios de interpretación propios de los negocios *mortis causa* (*).

41. *Cometido y posición sistemática de la interpretación. Interpretación y constatación de hecho. Interpretación y valoración jurídica*.- La interpretación que interesa al Derecho es una actividad encaminada a indagar y reconstruir el signi-

---

(*) Sobre el tema generai de este capitalo, véanse, entre otros: DANZ, *Die Auslegung der Rechtgeschäfte. Zugleich ein Beitrag zur Rechts und Tatfrage*, segunda ed., 1906; tercera ed., 1911; MANIGK, *Irrtum und Auslegung*, 1918; idem, *Willenserklärung und Willensgeschft, ihr Begriff u. ihre Behandlung nach d. B. G. B.*, 1907, 454 y sigs.; LEONHARD, «Die Auslegung d. Rechigesch.», en *Archiv f. d. civil. Praxis*. 120, 1922, 14 y sigs.; LARENZ, *Die Methode der Auslegung des Rechtgeschäfls*, 1930; HIMMELSCHEIN, *Beitraege zu der Lehre vom Rechtgeschäeft: I. Ueber die Auslegung d. Rg.*, 1930; SIBER, «Auslegung und Anfechtung der Verfügungen von Todes wegen», en *Die Reichsgerichtspraxis im deutschen Rechtsleben*, 1929, II, 350 y sigs.; MESSINA, *L'interpretazione del negozio giuridico con particolare riguardo ai contratti*, 1938, con mas bibliogratia; idem, «L'interpretazione del contratti e il ricorso in cassazione», en *Foro*, 1936, IV; de las obras generales, TUHR, *Allgem. Teil*, II, § 64 (bibliografia, 534); SALEILLES, *Déclar*, sobre el § 133; COVIELLO, § 122; CARNELUTTI, *Sistema*, II. n. 479, págs. 551-260; ídem, *Teoria generali del diritto* §§ 149-150. 377-388 (nuevo y fecundo planteamiento de la cuestión); de los antiguos autores, por todos. ENNECCERUS, *Lehrb.*, I, §§ 192-193; POLLOCK. *Principles of contr.*, 10 ed., 241; también, GIANNINI, *L'interpretazione dell'atto amministrativo*, 1938, 42 y sigs.; ROVELLI, «L'interpretazione della volontà nel neg. giur. e nella sentenza», en *Foro Lomb.*, 1935, 96; véanse también notas a sent. en *Giurispr. comparata dir. civ.*. 3. 1939, 198 (con otras indicaciones de literatura y jurisprudencia), 200; 4, 1940, 211; 5, 1941, 256, 259; M. WEBER, *Aufs. Z. Wissenschaflslehre*, 433 y sigs.; *Wirtschaft und Cesellschaft*, 398 y sigs.; DROYSEN, *Historik*. 152 y sigs. Es escasamente utilizable, por vicios de planteamiento, en ensayo crítico de GORLA, *L'interpretazione del dir.*, 1941.

ficado que haya de atribuirse a una declaración o a un comportamiento[1] dentro de la órbita, social en que se expresa. Desarrollando, conforme a la ilación lógica, la fórmula usada o el tipo de comportamiento mantenido, y ajustando sus eventuales interferencias con el pensamiento del autor, tiende a obtener la idea que se les atribuye en el ambiente social, integrando así, en su contenido, el supuesto del acto jurídico. Por esta consideración del medio ambiente social y por su destino a los fines de una diagnosis jurídica, la interpretación que interesa al Derecho difiere de aquella hermenéutica de expresiones puras, principalmente de obras de arte o pensamiento, que tiende a reconstruir, con su valor estético o teórico, la intuición o el pensamiento del autor desde su expresión artística o científica; se diferencia también de la interpretación de documentos históricos, que no es medio para una diagnosis jurídica. La interpretación en cuestión asume especial importancia frente a declaraciones o comportamientos de carácter preceptivo (principalmente, declaraciones normativas: n. 3 prel.), ya haya de interpretarse un precepto de levo de costumbre, o bien el precepto de una sentencia, de un acto administrativo o Tratado internacional, o, en fin, constituya su materia un precepto de la autonomía privada, negocio o estatuto de una sociedad. Dado que entonces la declaración o el comportamiento preceptivo está destinado a determinar una actitud ajena (o también propia, en los actos de autonomía privada) y, como acto de efecto psíquico exterior al autor, se dirige y llama a la conciencia y voluntad de los destinatarios, surge la necesidad de aclarar el sentido en que el precepto debe ser entendido.

Objeto de interpretación es, propiamente, la declaración o el comportamiento, pero no tomados en sí, abstractos y aislados, sino encuadrados en el marco de circunstancias que les confiere significado y valor; no lo es la voluntad interna, ya haya sido manifestada o permanezca sin expresión, puesto que, si así fuese, la manifestación perdería toda importancia autónoma[2].

Entre la interpretación de declaraciones normativas de autoridad, especialmente de la ley (are. 12, disp. prel. Cód. civ.), y la interpretación de actos de autonomía como los negocios de Derecho privado (art. 1.362 Cód. civ.; cfr. art. 1.281 C. C. esp.), la diferencia no reside en la función general de la interpretación, que es siempre la misma, sino en el modo de ser del precepto que constituye su objeto. Mientras que en la ley, como en la sentencia y en la resolución administrativa, el precepto a interpretar se agota en la fórmula elegida, considerándosele como objetivado en ella, en el negocio se puede reconstruir

---

1 Se excluye por algunos la interpretación para los negocios que consisten en un comportamiento; así, LEONHARD, *Allgem. Teil,* 348.

2 De acuerdo, entre otros, TITZE. *Missverständnis,* 489; OERTMANN, *Allgemeiner Teil,* sobre el § 133; COVIELLO, *Man.*, § 129. De otra opinión parece ser, por el contrario, MANIGK, *Irrtum und Auslegung,* 200, dominado como está por el prejuicio que atribuye a la declaración la función puramente instrumental de revelar una voluntad con valor en sí («das Zeichen des Woctes bleibt immer nur Schein, Frsau oder Symbol»); también. *Das rechtwirksame Verhalten,* 186. Contra este prejuicio, DURMA, *La notification de la volonté,* 1930, especialmente n. 19.

el precepto, más allá de la expresión verbal adecuada, siempre que sea determinable por otras circunstancias atendibles[3].

Cometido de la interpretación es el de reconstruir el significado que a la declaración emitida o a la conducta seguida debe razonablemente atribuirse, según las concepciones dominantes en la conciencia social, en el lenguaje común, en la práctica de la vida, en los usos del tráfico, etc., una vez que el contenido haya sido fijado y encuadrado dentro de las circunstancias en que se produce[4]. No es, en cambio, función del intérprete, sino tarea de la prueba que haya de sostener una eventual acción de impugnación por vicio de la voluntad, el reconstruir la real voluntad interna del autor, aunque no sea expresa o, de cualquier modo, no visible[5]. Por lo demás, el marco de las circunstancias influyentes a fines interpretativos se determina con criterios diferentes y, por tanto, en medida más o menos amplia según la naturaleza del precepto que se trata de interpretar (ley, sentencia, tratado, negocio), y, en el ámbito de los negocios privados, también según la distinta naturaleza de éstos[6]. Así, mientras que en la exégesis de la ley se habla de una interpretación evolutiva que atienda al transformado ambiente social y jurídico[7], semejante interpretación no parece admisible, en línea de principios, para los negocios[8]. En los negocios *mortis causa,* el intérprete puede conducir su examen hasta circunstancias personales que serían intrascendentes respecto a negocios *inter vivos* (n. 46).

La interpretación no es, considerada en sí, constación de hecho, y lógicamente ha de mantenerse diferenciada de las comprobaciones fácticas que la preceden y que recaen, va sobre el hecho de la declaración o el comportamiento, ya sobre las circunstancias concomitantes. En efecto, a diferencia de la prueba, la interpretación no se propone formar una convicción acerca del punto

---

3 Cfr. GRASSETTI, en *N. Dig. it.,* IV, 71; SALEILLES, *Declar.,* sobre el *art.* 133, nn. 47 y 61.

4 Cfr. SALEILLES, *Declaration de volonté,* sobre el 5 133, n. 61, 63: sobre el § 138, n. 30, 138. El sentido de la distinción entre declaración y manifestación no es entendido por DURMA, *Notification de la volanté,* pág. 56.

5 DANZ, *Auslegung Rechtgesch.,* segunda ed., 62. Cfr. *Rechsgerichtsentschaidungen,* 68, 126 y sigs., pan una instructiva decisión.

6 Sobre ello, MANIGK, *Irrtum und Auslegung,* 215: si se está en presencia de una voluntad declarada o bien de una voluntad que, permaneciendo no expresa, solo puede ser tenida en cuenta conforme al § 2.078, es cuestión a decidir solo según el criterio que determina, en medida más o menos amplia, la esfera de los indicios por los cuales es reconocible el contenido en un caso y otro.

7 Observa bien FERRINI, *Pandette,* 34, que, «variando las otras partes del sistema por el continuo desarrollo del Derecho, es inevitable que también cambie, por reflejo, el contenido (sentido) de aquellas normas e instituciones que directamente (es decir, en su fórmula) no son objeto de variación». V. también GRISPIGNI, *Corso di dir. penale,* 1932, I, 400 y sigs.; WEBER, *Wirtschaft u. Ges.,* 398 y sigs.

8 BARASSI, *Le obbligazione con speciale riguardo ai contratti,* 1934, 325; GRASSETTI, «Interprctazione del negozio», 74. en *Nuovo Digesto Italiano,* IV, 71. Pero habla erróneamente GRASSETTI de un cambio de la «fórmula misma de la ley», ya que lo que muda con el producirse de nuevas circunstancias y la agregación de nuevas normas no es la fórmula, sino la idea.

de si un hecho se haya producido realmente alguna vez o no, o de si algo ha ocurrido en un determinado momento y de una cierta manera, sino que solo pretende aclarar la idea, el significado en que se haya de entender la fórmula usada o la actitud mantenida. La interpretación no aspira tampoco -como frecuentemente se dice, en homenaje al dogma de la voluntad- a acertar, de hecho, que haya pensado, creído y querido esta o aquella parte en su interior, al momento de emitir o recibir la declaración. En efecto, las suposiciones, las creencias y las intenciones puramente interiores que las partes puedan haber concebido y alimentado en el acto del negocio no tiene trascendencia jurídica para determinar el sentido y la interpretación de aquél; solo pueden ser operantes al tratarse de la prueba de un vicio de la voluntad en orden a una impugnación de los efectos del negocio[9].

Ahora bien, es cierto que una cierta constatación de la conclusión del negocio y de las circunstancias concomitantes puede determinar a su vez una interpretación distinta de la que hubiera correspondido a otra diferente, toda vez que la interpretación se hallaría en función de la comprobación de hecho que la precede. Pero, de todos modos, sigue siendo aún una operación lógica distinta, susceptible de una crítica en sí, que debe conducirse a la luz de las normas interpretativas. Solo que la interpretación que sea inexacta únicamente porque dependa de una errónea apreciación de la conclusión del negocio o de las circunstancias concomitantes, no es susceptible de censura sino en la medida en que lo sea la comprobación de hecho de que depende, *y*, por tanto, no lo es mediante recurso de casación (salvando la cuestión, que aquí no interesa, de si en casación sea impugnable también el errado modo de entender o de aplicar principios de experiencia en la misma constatación de hecho). En cambio, es siempre susceptible de crítica en casación la sentencia que entienda falsamente, olvide aplicar o aplique mal, las normas legales sobre la interpretación; pero hablaremos de ello más adelante (n. 43)[10].

La interpretación, que no se confunde con la constatación de hecho que la prepara y determina, se distingue también lógicamente de la valoración jurídica a la que a su vez proporciona la base. Existe entre ella y la valoración jurídica una análoga relación de precedencia lógica. Lo que se comprende siempre que se tenga presente la que es característica de los negocios frente a otros hechos jurídicos (n. 16), es decir, que en ellos, el supuesto al que se enlaza el efecto jurídico contiene en sí mismo un precepto (de la autonomía privada); precepto que la interpretación reconstruye y el orden jurídico pondera según su visión, y traduce, con las modificaciones y limitaciones oportunas, a términos de Derecho. Por tanto, solo apoyándose en el resultado de la

---

[9] DANZ, *Auslegung* 2, 32, 62, 155; MANIGK *Das Anwendungsgebiet der Vorschriften f. d. Rechtsgeschäfte,* 171 y sigs. Es fruto de un equivoco la cridca de DURMA, *Notification de la volonté,* pág. 59, n 4.

[10] Para todo ello, CARNELUTTI, en *Rivista dir. comm.,* 1922, I. 140 y sigs.: COVIELLO, *Manuale dir. civ.,* § 129, *in fine.*

interpretación puede juzgarse si concretamente se ha producido o no un efecto jurídico y cuál sea éste, y también, si obtiene la tutela del Derecho, y en qué medida, la pretensión fundada sobre el negocio[11].

La interpretación es la primera operación que ha de practicarse después que haya tenido lugar la constatación probatoria de la declaración o del comportamiento en que el negocio consiste. Ha de hacerse atendiendo al sentido común y a las máximas que la ley eleva a criterios de interpretación, sin considerar la construcción dogmática ni la calificación jurídica del negocio; ésta es un *posterius,* una operación ulterior que atañe a la disciplina y a los efectos (validez, invalidez) del negocio. Siendo de competencia de los individuos (carga) fijar los fines prácticos que en el negocio persiguen (n. 6), y servirse para ello de las palabras en su significado corriente del lenguaje común (n. S), es tarea del intérprete reconstruir en el contenido del negocio aquellos fines prácticos y aclarar aquel significado, tal como suelen ser concebidos y aprehendidos por la conciencia social. Solo en un segundo momento se tratará de controlar si el fin práctico perseguido encuentra o no cabida en una de las típicas funciones económico-sociales a las que se desuna la tutela del Derecho, y entonces podrán entrar en juego normas de *ius cogens* encaminadas a limitar o corregir el contenido del negocio. Los términos técnicos empleados por las partes no son suficientes para justificar la reconstrucción del tipo de negocio; han de pasar antes por el filtro de la interpretación (n. 6, nota 4). Que luego, según el Derecho internacional privado, la ley competente para disciplinar los efectos lo sea también para determinar la tarea de la interpretación[12], se explica por el estrecho nexo de los efectos con la interpretación, pero no significa de ningún modo que ésta se identifique con aquéllos[13].

La relación de precedencia lógica de la interpretación con el tratamiento jurídico del negocio se manifiesta también evidente en un particular aspecto de aquél: el tratamiento de los vicios del elemento subjetivo en orden a hacer anulable el negocio. Aquí se confirma, además, cuanto se ha dicho acerca del objeto y cometido de la interpretación. El aspecto de la anulabilidad no entra en discusión sino *después* que la interpretación haya agotado su obra reconstructiva[14]. Si una conciencia o voluntad discrepante del significado objetivo del acto pudiese hacerse valer ya en la etapa de interpretación, no existiría luego razón para admitir una impugnación del negocio a causa de tal discrepancia, sino que es precisamente el motivo de su acogida el que tal eventual discrepancia no haya sido superable por vía de interpretación (como lo es, en cierta medida, en las disposiciones *mortis causa,* por el valor decisivo que en ellos asume la intención del disponente: n. 46).

---

[11] DANZ, *Ausleg.*, 2, 84; TUHR, *Allgem. Teil, II,* 543 y sigs.

[12] ZITELMANN, *Internat. Pr. R.*, II, 214.

[13] ZITELMAN, *op. cit.*, 215, 217.

[14] DANZ, *Auslegung,* 84; TITZE, «Rechtgeschäft», en *Rechtsiuergl. Handwörterb.*, V, 841 y sigs.; SALEILLES, *Declar. de vol.*, sobre el art. 119, nn. 11 y 26; sobre el art. 133, nn. 74 y 77.

42. *Interpretación e integración o corrección del negocio con lagunas o defectuoso.*-Por el mismo cauce de la distinción entre interpretación y valoración jurídica discurre el criterio diferencial entre interpretación e integración del negocio[15], como igualmente, entre interpretación y corrección (conversión) de éste. También este criterio se precisa de manera distinta según el modo de concebir el cometido de la interpretación. Para quien este cometido consista en acertar la «voluntad real» de las partes en el caso concreto, la interpretación se detiene cuando ya no exista una voluntad real con la que operar; y aquí comenzaría la integración. Pero para quien, por el contrario, considere como su función el reconstruir el significado objetivo del acto, la interpretación llega a mucho más, y se extiende hasta puntos del negocio que no fueron objeto de reflexión consciente (cfr. arts. 1.367-1.36S y 1.770 Cód. civ.; cfr. arts. 1.284, 1.287 y 1.288 C. C. esp.), y con respecto a los cuales es inútil buscar una voluntad «a suponer» o «presumible» que, en realidad, no existió. Si, como se ha dicho, la interpretación pretende desarrollar, de manera lógicamente coherente, la fórmula de la declaración o la estructura del acto para obtener la más apropiada idea de él, ha de conducir necesariamente a iluminar también aquel contenido implícito o marginal del negocio que no está expreso en la fórmula o estructura de él y que, generalmente, también ha quedado en sombra para la conciencia de las partes. Es preciso y suficiente que estos aspectos que se sacan a luz broten poro una exigencia, tanto lógica como social o jurídica, del conjunto de cuanto fue dicho o hecho, y sean, por tanto, inferibles y reconocibles desde la declaración o conducta, por medio de un nexo necesario. En este punto se nos representa, de inmediato, la diferencia entre la interpretación, aun integradora (que es siempre sin embargo interpretación) y la integración del negocio, o más exactamente, de sus efectos, mediante normas supletorias[16].

Aquella que se denomina interpretación *integradora*[17] vierte sobre los puntos de la reglamentación negocial que, pese a no concedérseles cabida en la fórmula, que resultó inadecuada, están sin embargo comprendidos en la idea que ella expresa y, en consecuencia, quedan encuadrados en el contenido del negocio. Estos puntos, a integrar por caminos de interpretación, se derivan siempre del conjunto de la declaración apreciado según cánones de buena fe,

---

15 LARENZ, *Die Methode der Auslegung der Rechtsgeschäfts,* 92 y sigs.

16 OERTMANN, *Verkehrssitte,* 173; LARENZ, *Auslegung,* 102; cfr. MANIGK, *Auslegung.* 133, 171; también 175 y sigs.; LEONHARD, *Allgem. T.,* § 84; SALEILLES, sobre el 133, nn. 14 y sigs., 17, 21.

17 Sobre la interpretación integradora, véanse; ZITELMANN, *Allgemeiner Teil,* 91 y sigs.; idem. *Internationales Privatrecht, II.* 213, y ya en *Rechtsgeschäfte im Entwurf, I,* 95 y sigs.; TITZE, *Missverständnis,* 1910, 486; TUHR, *Allgemeiner Teil, II,* 545, 139; LEHMANN, *Allgem. Teil,* segunda ed., 1922, 151 y sigs.; COSACK, *Lehrbuch, 1,* octava ed., 239; OERTMANN, *Verkehrssitte,* 1914. 151 y sigs.; SIBER, *Auslegung u. Anfechtung d. Verfügxungen v. Todes wegen,* cit., 356 y sigs., LEONHARD, *en Archiv f. civ. Praxis,* 120, 41-47; LARENZ, *Methode d. Auslegung,* 92 y sigs.: MOSSA, «Lacune del contratto», en *Archiv f. Wirt. u. Rechtsphil.;* HILDEBRANDT, *Erklärungshafiung,* 1931, 230; MANIGK, *Rechtsw. Verh.,* 152 y sigs. Sobre la interpretación correctora, REGELSBERGER, *Pand.,* 635, n. 7; LEONHARD, en *Arch. cit.,* 36-41; CARNELUTTI, *Processo di esecuzione, II,* n. 537, que concede al término una extensión excesiva.

usos sociales, etc., y en esta medida son inteligibles e identificables por las partes mismas. En cuanto comprensible por obvia inducción, la idea, más amplia que la fórmula, que se ha obtenido por vía de interpretación, se presenta atribuible al declarante como suya propia. Si bien éste, en el caso concreto, no fue consciente de esta idea, es evidente que, de haber reflexionado sobre el alcance lógico y social de su declaración, hubiera podido advertir aquel significado más amplio que ahora sale a la luz por medio de la interpretación: ello era su carga o deber. Por lo demás, es intrascendente la consideración de que si el declarante hubiese concretamente reflexionado sobre tales extremos hubiera estado dispuesto a regularlos en el sentido que reclama la buena fe, el uso social, etc., porque no es preciso aquí apoyarse sobre una voluntad hipotética (n. 6, nota 17), sino solamente en la posibilidad (y la carga) de una previsión y comprensión por las partes[18].

Ciertamente que entre la interpretación aplicada a aclarar el significado objetivo, y la integración mediante normas supletorias o dispositivas, existe un rasgo común. Ambas se apoyan en la causa del tipo abstracto de negocio en cuestión y emplean, en conformidad a ella, criterios derivados de fuentes comunes, como la buena fe (arts. 1.366, 1.375 Cód. civ.; cfr. art. 1.255 C. C. esp.). Pero la interpretación presupone conceptualmente un determinado contenido del negocio concreto, sea explícito o implícito, una idea (precepto) del negocio, expresada o no con una fórmula adecuada. La integración por medio de normas supletorias o dispositivas presupone, por el contrario, justamente la carencia de un precepto colegible ce la fórmula y, por tanto, una laguna no solo en la fórmula, sino en la misma idea (precepto) de la reglamentación negocial; y ella concierne, no ya al supuesto de hecho del negocio, sino únicamente a sus efectos; es integración de los efectos. Cuando las lagunas se refieren solo a la fórmula del negocio, nos auxilia, como se ha dicho, la interpretación integradora, que siendo siempre reconstrucción de la idea concreta del negocio, se caracteriza que no apoyarse en una específica fórmula o cláusula, sino en la inducción sobre el contenido lógico y social del negocio específico, considerado en su conjunto.

Después de lo dicho se comprenderá fácilmente que las normas sobre la interpretación, y entre ellas las de los arts. 1.374 y 1.375, disfruten de precedencia lógica sobre las supletorias y dispositivas[19]. En efecto, si aquéllas atañen al supuesto mismo del negocio, mientras que éstas solo se refieren a sus efectos, ha de concedérseles una precedencia basada en el criterio de que cuando existe una declaración de las partes o alguna cosa que sea factor integrante de ella (como los principios deducidos de los usos o de las exigencias de la buena fe) no pueden entonces entrar en vigor normas que, como aquellas supletorias o dispositivas, proveen a disciplinar los efectos del negocio presuponiendo la ausencia de cualquiera declaración, o bien, de una declaración

[18] LARENZ, *Ausleg.*, 102.

[19] Cfr. DANZ. *Ausleg.*, § 15, V. también *supra* n. 7, notas 8 y 9.

contraria. En la medida en que rige la regulación de las partes no hay sitio para una regulación legal, supletoria o dispositiva (n. 6); pero, hasta dónde se extienda, y en qué medida tenga vigor aquella reglamentación obra de las partes, puede solo determinarse por medio de la interpretación. La precedencia reivindicada para las normas interpretativas ha de reconocérseles también respecto a las normas llamadas «presuntivas», con las cuales la ley atribuye, general y abstractamente, un determinado significado a ciertas expresiones o cláusulas de negocio (por ejemplo, Cód. civ. art. 588, Código alemán § 186 y sigs.; cfr. art. 768 C. C. esp.). Tampoco tales normas entran en vigor cuando encuentran ocupado su puesto por la misma declaración divergente de las partes, tal como resulta de la interpretación.

Del particular carácter atribuido a la interpretación integradora se deriva un importante corolario práctico. Es el de que los extremos integrados por su función, no habiendo sido contemplados explícitamente en fórmulas o cláusulas autónomas, no pueden tampoco ser objeto de impugnación por error, ya que ésta no podría dirigirse sino contra una declaración, una fórmula de negocio, la cual no existe en la hipótesis presentada[20]. Preguntarse aquí qué habría sido lo dispuesto por las partes si hubiesen reparado en el punto que no fue explícitamente regulado, es una cuestión sin sentido cuando se pretenda con ella reconstruir una hipotética voluntad privada en el caso concreto. Si tiene sentido, en cambio, la cuestión, cuando se la refiere, no ya a las partes del caso concreto, sino a las de aquel tipo de negocio en aquella típica situación económico-social, y se atienda con ella a justificar la reglamentación dictada por normas supletorias como la más oportuna y conforme a la causa típica del negocio que han tenido en cuenta[21]. Cuando se deba proceder a una interpretación integradora tampoco significará nada aquel problema; aquí el punto de que ese trata, aunque no encontró cabida en la fórmula del negocio está, sin embargo, comprendido en su idea (precepto), en el complejo contenido lógico y social del negocio mismo y, por tanto, se encuentra ya regulado implícitamente. En este caso no es ni siquiera necesario presumir que las partes hayan «querido todo cuanto se requiere para alcanzar el fin del negocio». Semejante presunción de voluntad, con la que operan algunos, se nos muestra como un característico corolario de la vieja concepción individualista que precisa justificarlo todo acudiendo a una voluntad de los individuos, aun fingida (n. 3).

Es análogo el ahora examinado el criterio diferencial entre interpretación y corrección o conversión del negocio jurídico defectuoso, figura de tratamiento ésta de la que ya hablaremos (en el cap. VII, n. 61). Mientras que la interpretación reconstruye el contenido y el sentido del negocio, determinando, por tanto, su supuesto de hecho, la corrección, no de otro modo que la integración, presupone un contenido y sentido ya fijados y determina los

[20] OERTMANN, *Rechtsordnung u. Verkehrssitte*, 173; MANIGK, *Irrt. u. Ausl.*, 174.
[21] Cfr. *Autonomia privata e competenza della «lex loci actus»*, 17 y sigs.

efectos jurídicos, no ya integrándolos, sino corrigiéndolos. En la conversión, particularmente, la corrección se opera a través de una transformación de calidad jurídica. Es del todo evidente que la interpretación disfruta, también aquí, de precedencia lógica.

43. *Naturaleza y destinatarios de las normas interpretativas. Control de su observancia por parte del Juez. Interpretación auténtica de las partes.*–Sobre la naturaleza de las normas para la interpretación han sido sostenidos puntos de vista contrapuestos. Según una doctrina moderna, formada bajo la influencia de los juristas franceses[22], las normas interpretativas serían simples reglas técnicas destinadas a actuar como criterios directivos del prudente arbitrio del Juez. Según otra más reciente doctrina, se trata de verdaderas normas jurídicas de carácter imperativo[23], cuya inobservancia por parte del Juez puede ser impugnada en casación. Esta más reciente posición es, en nuestra opinión, la única justa. La cuestión que entonces se plantea es la de apreciar dónde reside su carácter imperativo; es decir, si se trata de normas solo formales[24], que derivan su contenido de máximas de experiencia, o bien de verdaderas normas sustanciales, con un contenido idóneo de por sí para determinar la conducta de las partes, o la del Juez al menos. Sostiene que se trata de normas solamente formales quien reconoce su función en construir el supuesto de la declaración, integrando el elemento formal al tomar partido entre las varias máximas de experiencia abstractamente utilizables para tal fin, e imponer al intérprete la observancia de algunas máximas (aquéllas llevadas a su contenido) con exclusión de otras, limitando así su libertad de apreciación[25]. Si se examinan, sin embargo, los arts. 1.362-1.371 Cód. civ. se discierne que a veces ellos, mejor que a una mera máxima de experiencia, elevan a contenido una exigencia ética de corrección social (así los arts. 1.366 y 1.370; cfr. art. 1.288 C. C. esp.) y que, por otra parte, también cuando operan con una tal máxima, tienden ante todo a prefijar al procedimiento hermenéutico un rumbo, una directriz, que

---

22 GIORGI, *Teoria dille obbligazioni,* IV, n. 131, 193; MATTIROLO, *Trattato di dir. giud. civile,* IV, 941; otros autores son eli. en GRASSETTI, *Interpretaz.,* 3, n. 6.

23 MESSINA, *L'interpretazione de: contratti: Studi,* 1906, 13 y sigs.; CARNELUTTI, «L'interpretazione dei contratti e il ricorso in cassazione», en *Riv. di dir. commerciale,* 1922, II, 140 y sigs.; para otros autores, véase GRASSETTI, *Interpretazione,* 9, n. 8, al cual se debe una mis rigurosa justificación de esta teoría: *op. cit.,* 14 y sigs. En tal sentido se ha pronunciado también la reciente jurisprudencia de la Corte Suprema, la cual extraía de ello la consecuencia de la admisibilidad del recurso de casación por violación o falsa aplicación de los arts. 1.131 y 1.139 Cód. civ. de 1365; cfr., últimamente, Cas., 9 febrero 1938 (*Rep. Foro.* 1938. voz *Obbligazioni e contratti,* n. 241). Según esta jurisprudencia es apreciación de hecho, de la que no puede recurrirse ante la Corte Suprema, la indagación dirigida a determinar la voluntad de las partes emergiendo de las cláusulas de la convención, pero solo cuando tal indagación sea conducida sin violación de las normas legales de interpretación de los contratos: en este sentido, últimamente. Cas., 17 abril. 1940, 30 abril. 1940, 27 agosto 1940, 17 julio 1940, 5 agosto 1940 (*Rep. Foro.* 1940, voz *Obbligazioni e contratti,* nn. 137 y 141).

24 Cfr. EISELE, «Unverbindlicher Gesetzsinhalt», en *Archiv f. d. civ. Pr.,* 09, 309 y sigs.

25 Asi, CARNELUTTI, *L'interfrretaz.,* 149; idem, *Teoria generale del diritto,* 384 y sigs.

expresa un principio valorativo, un juicio de valor (así los arts. 1.362 y 1.367; cfr. arts. 1.281, 1.284 C. C. esp.)[26].

Se trata, por tanto, de normas sustanciales, entre las cuales, por lo demás, no es difícil reconocer diferencias de contenido y función. En cuanto al contenido, mientras algunas enuncian un precepto en sí mismas (arts. 1.362, 1.366, 1.369, 1.370; cfr. arts. 1.281, 1.286, 1.288 C. C. esp.), otras, en cambio, expresan un precepto que no es autónomo, sino complementario respecto a otro de la primera especie, y forma una unidad con él (arts. 1.363, 1.364, 1.365; cfr. arts. 1.285, 1.2S3 C. C. esp.). En cuanto a la función, algunas cumplen una primaria, puesto que parten del presupuesto de una declaración unívoca, clara y *adecuada* y prefijan al intérprete directrices para hallar el significado que resulte más conforme normalmente a la intención práctica común de las partes (art. 1.362; cfr. art. 1.281 C. C. esp.). Otras, en cambio, realizan una función subsidiaria o integradora, en el sentido de que presuponen una declaración ambigua, oscura, o de cualquier modo *inadecuada.*, y dirigen al intérprete a la reconstrucción, mediante una apreciación puramente objetiva y de buena fe, del significado en que aquélla ha de entenderse, prescindiendo totalmente de los puntos de vista subjetivos de las partes (arts. 1.367, 1.368, 1.369, 1.370; cfr. arts. 1.284, 1.287, 1.286. 1.288 C. C. esp.)[27].

Sustanciales unas y otras -no formales ni procesales- pueden, con todo, calificarse como de segundo grado, puesto que no enlazan efectos a un hecho jurídico (negocio), sino que presupone ya probado el hecho, con los efectos que le son propios, por virtud de otras normas (arts. 1.372, 1.374, 1.375); efectos que la interpretación, por su precedencia lógica (n. 41) ayuda a hacer reconocer, pero no determina. En ello descansa también la diferencia entre normas interpretativas con función subsidiaria o integradora y normas supletorias que suelen surgir de la práctica de los negocios, configurando sus *naturalia;* aquéllas presumen una declaración inadecuada, éstas, por el contrario, ausencia de declaración; aquéllas tienden a fijar el contenido del supuesto de hecho del negocio, éstas a determinar directamente los efectos jurídicos. Se comprende, además, que entre unas y otras pueda existir en la práctica una equivalencia e intercambio tocante a configurar el alcance de la declaración[28]. La ley puede, en abstracto, seguir uno u otro camino: Determinar los efectos

---

26 GRASSETTI, *Interprctaz.*, 16 y sigs., 22 y sigs.

27 Corresponde a GRASSETTI, *L'interpretazione del negozio giuridico,* 25 y sigs., 128 y sigs., el mérito de haber señalado o, al menos, precisado, las indicadas diferencias de contenido y función. Él reconoce la función subsidiaria en la investigación de la «voluntad de las partes», no ya en concreto, sino «en abstracto», y critica justamente la común formulación subjetivista (130 y sigs.), destacando que «indagar lo que debe entenderse como querido (por las partes), también si no existe nada concordemente querido, y buscarlo a través de principios previamente fijados de modo general y abstracto por el legislador, no significa otra cosa sino atribuir un valor objetivo a la declaración, al comportamiento..., atendiendo al *id quod plerumue accidit*».

28 DANZ, *Ausl.*, 108 y sigs.; GRASSETTI, 20 y sigs., 131.

del negocio por el trámite de una interpretación fijada atendiendo al *id quod plerumque accidit,* o bien, formularlos directamente prescindiendo de una cierta interpretación.

Una vez admitida la naturaleza sustancial de las normas interpretativas resulta sencillo reconocer sus destinatarios. Se ha mantenido que destinatario es solamente, o sobre todo, el Juez[29], pero se incurre así en un error de perspectiva. Destinatarios lo son, en realidad, primeramente las partes, que tienen la precisión y el deber de hacerse cargo exactamente de los vínculos que contraen, para saber cómo arreglárselas, por ejemplo, en la ejecución del contrato (el criterio de la buena fe es también, ante todo, norma interpretativa: arts. 1.366 y 1.375)[30]. Están llamadas a hacer de la relación constituida por el negocio aquella apreciación (aplicación, diría CARNELUTTI) que mejor responde al interés propio, lo que es especialmente evidente en las relaciones contractuales. Ahora bien, un conocimiento exacto de las normas interpretativas debería inducir a las partes a adoptar una actitud de recíproca corrección; por lo demás, es irrelevante que ellas se procuren tal conocimiento[31]. Destinatario es, en segundo lugar, el Juez, cuando es requerido por las partes para resolver un litigio referente al negocio, pero su posición no es distinta a la que toma frente a cualquier otra norma de Derecho sustancial, con la sola diferencia de que respecto a normas interpretativas no adquiere relieve jurídico autónomo, en el examen del Juez, la cuestión de si las partes las han observado o no como tales, mientras que sí asume tal carácter la distinta cuestión de si las partes se han comportado correctamente (art. 1.175 Cód. civ.) o han ejecutado el contrato de buena fe (art. 1.375).

Teniendo las normas interpretativas la naturaleza de verdaderas normas jurídicas, bien se comprende cómo su aplicación es susceptible de control también en sede de casación de la sentencia. Recurrible en ésta es la sentencia que les haya atribuido un sentido distinto al verdadero, haya relegado su observancia, o hecho de ellas una aplicación falsa, extraña a las hipótesis previstas (n. 41)[32]. Tal impugnabilidad es independiente -como ya se ha advertido (n. 41)- tanto de la crítica de la constatación de hecho, como de la crítica de la valoración jurídica del negocio.

Una interpretación del negocio puede ser hecha, tanto por el Juez en orden a la decisión de un litigio, como por las partes mismas con vistas al comportamiento a seguir. La interpretación hecha por las partes puede adop-

---

29 DANZ, *Ausl., 84* y *sigs.;* GRASSETTI, 25, 30.

30 Cfr. DANZ, 108, sobre el § 242. La jurisprudencia de la Corte Suprema se orientaba, en cambio, en el sentido de que el principio de la buena fe, sancionado por el art. 1.124 Cód. civ. de 1865, puede solo tener influencia en la *ejecución* del contrato y no en la interpretación de las precisas cláusulas de él, para la que son ofrecidos criterios por los arts. 1.131 y sigs.; así, últimamente. Cas., 30 abril y 5 agosto 1940 *(Rep. Foro,* 1940, voz Obbligazioni e contratti, nn. 133 y 134).

31 OERTMANN, *Verkehrssitte,* 66 y sigs.

32 COVIELLO, *Manuale dir. civ.,* § 129. *in fine;* CARNELUTTI, en *Riv. diritto comm.,* 1922, I, 140 y sigs.

tar la forma de una nueva declaración complementaria y el valor de interpretación *auténtica,* apta para vedar toda inteligencia del negocio distinta a la expresada por su mediación[33]. Tratándose de negocios unilaterales no recepticios (por ejemplo, *mortis causa),* se precisa, y es suficiente a tal fin, una declaración unilateral[34], la cual ha de considerarse parte integrante del negocio interpretado y constituyendo con él un negocio objetivamente complejo. En cambio, tratándose de negocios bilaterales, o unilaterales recepticios con un destinatario necesario, también la declaración interpretativa debe ser bilateral[35]. Constituirá un negocio de constatación y podrá desplegar eficacia retroactiva entre las partes, siempre que el negocio interpretado lo consienta (n. 31). En todo caso, siempre quedan a salvo los derechos que los terceros hayan adquirido en virtud del negocio precedente, cuando éste, según las normas legales de interpretación y los principios dominantes en la conciencia social tenía en realidad un significado diferente del que ha sido luego fijado con la interpretación auténtica.

44. *Objeto, medios y métodos de interpretación. Directrices generales interpretativas.*- Objeto de interpretación -hemos dicho (n. 41)- no es la voluntad interna, haya sido manifestada o bien quede sin expresión, sino la declaración o el comportamiento, encuadrados en el marco de circunstancias que les confiere significado y valor. En verdad, lo que cuenta no es tanto el tenor de las palabras o la materialidad del comportamiento, como la situación objetiva en la que aquéllas vienen pronunciadas o suscritas y éste es mantenido; aquel conjunto de circunstancias, podríamos decir, en el que declaración y comportamiento encuentran su natural emplazamiento y donde adoptan, según la estimación de la conciencia social, su típico significado y relieve (n. 16)[36].

Así, para aplicar este criterio a los contratos y a los negocios bilaterales en general, objeto de interpretación en estos negocios son las declaraciones intercambiadas y los comportamientos recíprocamente seguidos y manifiestos para las partes, encuadrados en las circunstancias (art. 1.362 § 2.º Cód. civ.) que comprenden, tanto las negociaciones de que ha resultado la conclusión del negocio, como la manera en que posteriormente se ha observado el negocio celebrado. La interpretación fija el contenido y reconstruye el significado de declaraciones y comportamientos así enmarcados. Tal significado lo recaba, no solo y no tanto del tenor literal de las palabras tomadas, en sí, y en general,

---

33 Sobre la interpretación auténtica del negocio, CARNELUTTI, «Documento e negozio giur.», en *Riv. dir. proc. civ.,* 1926, 205 y sigs., y los escritores allí considerados; ídem, «Note sull'accertamento negoziale», en *Studi in mem. di B. Scorza,* n. 7; ídem. *Sistema,* II, 105; TUHR, *Allg. Teil,* II, 548; DANZ, *Auslegung,* segunda edición, 60, 66. *Supra,* § 31, n. 3.

34 Cfr. D. 28, 1; 21, 1.

35 Por lo demás, según la Ap. Milán. en *Giur., ital., 1942,1, 2,* 67 (con nota de PACCHIONI), el Juez, al interpretar una cláusula contenida en un contrato, no estaría vinculado por los acuerdos de las partes sobre la interpretación de la misma, debiendo él determinar cuál fue la común intención de las partes en el omento de la conclusión del contrato.

36 Para un ejemplo, DANZ, *Auslegung,* 62.

de los medios de expresión utilizados por las partes (art. 1.362), sino también, y especialmente, del conjunto de las diferentes declaraciones o cláusulas (art. 1.363; cfr. art. 1.285 C. C. esp.), del fin práctico perseguido (arts. 1.364 y 1.365; cfr. art. 1.283 C. C. esp)[37] y del conjunto de circunstancias concomitantes[38].

Objeto de interpretación no es el documento que pueda haber sido redactado sino la declaración documentada, no la fórmula que concluye el negocio sino el negocio en su totalidad[39], las varias cláusulas de que el negocio consta y no lo que se encuentra fuera de ellas. El negocio constituye un todo orgánico unitario, entre cuyas singulares partes -preliminares y conclusión- no es admisible una neta separación. Una escisión tajante entre declaración conclusiva y negociaciones preliminares está justificada solamente cuando haya sido prescrita por la ley una forma documental (art. 1.350 Cód. civ.; cfr. art. 1.280 C. C. esp.), en cuyo caso han de eliminarse los pactos que no respondan a tal requisito y el documento se ha de «presumir» completo (según se dice), no pudiendo admitirse rectificación de un enunciado erróneo. Está justificada también la separación allí donde por acuerdo de las partes la declaración final debe absorber y sustituir todas las negociaciones seguidas. Prescindiendo de tales hipótesis, representa un formalismo excesivo sostener que la declaración documental deba ser interpretada *ex se*[40], como también considerar que los tratos precedentes solo puedan ser utilizados como medios de interpretación en la medida en que sean de alguna manera compatibles con el significado objetivo de la declaración conclusiva[41]. Baste pensar en la posibilidad de una preventiva interpretación auténtica en sentido divergente (n. 43).

Por lo demás, debe afirmarse que objeto de interpretación solo pueden serlo actitudes exteriormente reconocibles. Que lo sean, se entiende, no a cualquiera, dondequiera y como quiera, sino donde y como ellas ofrezcan trascendencia jurídica frente a la otra parte interesada (cuando ésta existe), y en conformidad con la índole típica del negocio en cuestión[42]. Por tanto, el punto de trascendencia, por decirlo así, es distinto según la estructura del negocio. Tra-

---

[37] Sobre los límites de la interpretación en los negocios formales, OERTMANN, *Verkehrssitte,* 137 y sigs.

[38] V., en el sentido de que el Juez, al indagar la voluntad contractual de las partes, debe remitirse al proceso de formación de ella, así como al modo en que las partes mismas han demostrado quererla actuar en el período de ejecución del contrato. Cas., 5 agosto 1940, en *Riv. dir. comm.,* 1941, II, 242.
Ha de señalarse también la decisión de la Cas., 15 abril 1940 (*Rep. Foro,* 1940, vez Obbligazioni e contratti, n. 147), según la cual, «la indagación interpretativa de una convención debe ser encaminada por el Juez, no a buscar y aclarar la intención integral de una o de ambas partes contrayentes, sino a lo que de dichas intenciones se ha fundido formando aquella común intención que constituye la ley del contrato.

[39] WACH, *Tatfrage,* 27; STEIN, *Privates Wissen,* 128: LEONHARD, en *Archiv f. civ. Priv.,* 120,21.

[40] Así. los escritores citados por LEONHARD, loc. cit., 23, n. 22.

[41] En este sentido HOLDER, *Pandekten.* 292; PLANCK. *Komm.,* § 133, 3 a); en contra, LEONHARD, cit., 26.

[42] LEONHARD, en *Archiv,* 120. 67.

tándose de declaraciones *recepticias*, reside en el *destinatario*[43] (n. 12). Si la declaración se dirige a un ausente (art. 1.326 Cód. civ.; cfr. art. 1.262 C. C. esp.) su contenido es objeto de interpretación en el tenor que presenta cuando alcanza a aquél; si es hecha entre presentes, se interpreta según el recto entendimiento del destinatario, tal como éste debía razonablemente comprenderla. Justamente porque la calidad de reconocible debe apreciarse en función del tipo de negocio, no basta con que exista en cualquier forma, sino que es preciso que sea ofrecida al destinatario precisamente a través de la misma declaración o comportamiento. Para constituir objeto de interpretación, declaración y comportamiento deben responder a los mismos requisitos que se les exigen para formar un negocio válido; los requisitos de interpretación coinciden perfectamente con los de validez. .Ante todo, incumbe al declarante la carga de la claridad y del uso de medios idóneos, tanto en orden a la interpretación como a la validez. Declaraciones de otros, o consignadas en documentos ajenos, no le afectan -como todo lo que de él no proviene -sino en cuanto se haya remitido a ellas en su declaración. Está, en cambio, *in re ipsa* una referencia a las circunstancias de lugar y tiempo del negoci[44]. Análogamente, en lo que concierne al elemento subjetivo, para que el significado de la declaración o del comportamiento sea atribuible al autor, precisa y basta que él haya querido el acto y se haya impuesto de su valor social, aunque acaso incurriese en error sobre los motivos o sobre el significado preciso de expresiones usadas (salvo impugnación por invalidez). Decisiva para la interpretación es la impresión que debía suscitar su conducta en aquel a quien afectaba, conforme al tipo de negocio[45]. Por otra parte, no es influyente cuanto se haya dicho o hecho por una u otra parte antes de las negociaciones y sin que éstas se refieran de alguna manera a ello; influyente es lo que haya sido dicho o hecho en el momento de las negociaciones[46], en el ámbito de ellas y en el acto de su conclusión, dentro de las relaciones entre las partes y en forma que fuera por ellas recíprocamente avertible[47]. Solo dentro de los tratos se impone a cada una de las partes la carga de estar atenta a las declaraciones de la parte contraria, y solo dentro de estos límites es justo que le afecte el riesgo de no haberlo hecho en medida suficiente. Fuera de las negociaciones no basta, ni una voluntad no directamente reconocible para la otra parte, ni una voluntad que sí lo sea, pero solo de modo ocasional y accidental.

---

[43] Es de otra opinión SALEILLES, *Déclaration de vol.*, sobre el art. 133, n. 62. En et proyecto ministerial preliminar del libro *De las obligaciones*, la norma del art. 230, § 2.° (convertido luego en 191), indicaba como criterio para interpretar las declaraciones de un contrayente el punto de vista del otro contrayente, conforme a la confianza creada en él según buena fe (nuestras observaciones en *Rendic. Ist. Lomb.*, 1941, 339, 378 y sigs.).

[44] LEONHARD, en *Archiv*, 120, 68.

[45] LEONHARD, cit., 68-69.

[46] «También las negociaciones sostenidas para la conclusión de un negocio pueden muy bien ser ponderadas para determinar los términos del acuerdo». (Cas., 20 febrero 1942. n. 491. en *Mass. Foro*, 1942. 117).

[47] LEONHARD, cit.. 69-70: cfr. Titze, *Missverständnis*, 93 y sigs., 106; *Rendic.*, cit., 378 y sigs.

Se distinguen del objeto los *medios* de que se sirve y los criterios con que opera la interpretación. Los medios constituyen propiamente el material interpretativo; son elementos que atañen al caso específico y arrojan luz sobre el sentido que ha de atribuirse a la declaración o comportamiento. Entre ellos, todas las circunstancias concretas extrañas al contenido y supuesto de hechc del negocio, como por ejemplo, un uso interpretativo practicado por las partes o los puntos de vista de éstas sobre el fin perseguido con el negocio. Los *criterios* son máximas hermenéuticas que trascienden del caso específico[48] y que el intérprete deriva, tras remisión de la ley, de la experiencia común y la conciencia social; máximas, por tanto, históricamente variables a compás de ésta. Así, el art. 1.374 (cfr. art. 1.258 C. C. esp.) -que lógicamente concierne, a más de la ejecución del contrato, a su interpretación– remite, para la «integración» del contrato, a los llamados usos normativos[49] y por ello, a las concepciones históricamente determinadas y contingentes de la conciencia social, ofreciendo así un apoyo y un pretexto a la interpretación evolutiva de la ley[50]. Ahora bien, tales usos no forman», en rigor, parte integrante del concreto contenido del contrato, sino que constituyen precisos criterios interpretativos de él. La norma que los invoca disfruta de precedencia lógica sobra las otras propiamente supletorias, ya que éstas sirven para colmar las lagunas que la interpretación encuentra (también por esto goza de precedencia sobre las presunciones legales).

A propósito de la remisión a los usos y la equidad dispuesta por el art. 1.374 podría preguntarse qué alcance tiene ello respecto al Juez. No es de creer que se autorice al Juez para «formar» la norma del caso específico; más bien, se le señalan los criterios para reconocer el sentido del precepto contractual[51]. La invocación a los usos encuentra luego un límite inmanente en las normas que subordinan la eficacia del negocio obligatorio a la licitud de la causa (arts. 1.343, 1.322 Cód. civ.; cfr. arts. 1.275, 1.255 C. C. esp.) y a la licitud del objeto (art. 1.346 Cód. civ.; cfr. arts. 1.271, 1.273 C. C. esp.), las que funcionan en un sentido limitativo análogo al del art. 31 de las disposiciones preliminares, que constriñe la competencia de otros órdenes jurídicos (como fuentes productoras de normas) estatuida en disposiciones precedentes[52].

De los medios y de los criterios se distinguen aún los *métodos* con los que opera y las directrices que sigue la interpretación. Según el método la interpretación puede ser típica (clasificatoria) o individual (histórica); además, objetiva o subjetiva[53]. La interpretación *típica* sigue el criterio de clasificar por tipos

48 DANZ, *Ausl.*, 106 y sigs.; cfr. STEIN, *Privates Wissen des Richters,* 21.
49 LA LUMIA, «Usi interpretativi e usi normativi», en *Riv. dir. comm.*, 1912, II, 601; ARCANGELI, *Studi, III.* 347 y sigs.
50 DANZ, *Ausl.*, 100 y sigs.: «der gerade geltenden Verkehrssitte»; PLANCKFAD, *Komm.*, § 138, 1 c.
51 Cfr. nuestro *Dir. proc. civ.*, 19 y sigs., 402.
52 Cfr. DANZ. *Ausl.*, 103.
53 TITZE, *Lehre vom Missverständnis,* 86-104; TUHR, *Allgem. Teil,* II, 535-341; nuestras *Istit. dir. rom.*, segunda ed., § 59.

o clases las expresiones y los comportamientos, tomando en consideración el género de circunstancias en que se desarrollan y a las que responden, y a cada uno de tales tipos atribuye un significado constante, sin atender a la que puede haber sido efectiva opinión de las partes en el caso concreto. A las expresiones usadas la interpretación típica atribuye el significado normal, comúnmente admitido; aprecia el modo de comportarse de las partes en su valor típico según el *id quod plerumque accidit,* siguiendo máximas de experiencia derivadas de los usos y costumbres sociales, teniendo en cuenta el nexo lógico con las circunstancias concomitantes, que igualmente son valoradas a la luz de los puntos de vista comunes[54]. Por el contrario, la interpretación *individual* parte del criterio de considerar expresiones y comportamientos en su específica concreción y de atribuirles un significado adecuado en cuanto sea posible -o, de todas formas, no contradictorio- a las particulares situaciones y relaciones que en concreto existen entre las partes, operando con criterios interpretativos elásticos en relación a las circunstancias, aun las accidentales, del caso.

Objetiva es la interpretación que -con cualquier criterio interpretativo adoptado, sea constante, o bien, elástico y contingente- se propone reconstruir el precepto del negocio con el significado objetivo que adquiere para el ambiente y la conciencia social. *Subjetiva* es, en cambio, la interpretación que mira a atribuir al negocio el significado que verosímilmente responde al particular entendimiento y a la intención de las partes mismas en el momento de su conclusión. El módulo de esta distinción es interferente con el de la anterior. La diferencia entre interpretación típica e interpretación individual concierne a los criterios de selección y apreciación de trascendencia del material interpretativo; la interpretación típica se traduce en una limitación de la elección a los únicos elementos y circunstancias de carácter típico -es decir, normalmente influyentes para el juicio común- y una valoración de ellos según criterios constantes, mientras que la interpretación individual acarrea una extensión de la selección de medios interpretativos a todas las circunstancias concomitantes, y su estimación según criterios variables. En cambio, la diferencia entre interpretación objetiva y subjetiva se refiere, no ya a los medios a utilizar para fijar el contenido del negocio, sino al *resultado* mismo al que interesa llegar, cualesquiera sean los medios y criterios adoptados: significado objetivo conforme al general modo de entender, o significado que responda al entendimiento concreto de las partes.

El Derecho actual, mientras se atiene para los negocios *inter vivos* a la interpretación objetiva, tiende, en general, a conceder lugar más amplio a la interpretación individual. La tendencia a acentuar el valor del elemento subjetivo se manifiesta ante todo en el problema de la admisibilidad e importancia de la declaración, pero se refleja también en el campo de la interpretación. Se

---

[54] Nuestras *Istituzioni,* 140 y sigs.

hace patente en el favor que goza la especificación del precepto negocial y de la correspondiente intención práctica (causa), derogando la configuración rígida según tipos nominados. La tipicidad no es negada y suprimida sino que -como ya en Derecho justinianeo- se hace más elástica, y adaptable a las circunstancias concretas (art. 1.322; cfr. art. 1.255 C. C. esp.). Así, también en la interpretación, no se ponderan solamente las circunstancias típicas, sino igualmente las individuales del caso y las particulares relaciones entre las partes, aunque se trata siempre de reconstruir el significado objetivo de la declaración en las circunstancias dadas, y no el íntimo querer de las partes.

De los métodos, finalmente, se distinguen las *directrices* generales interpretativas, en los cuales se refleja la finalidad político-legislativa de la interpretación. Tales directrices se identifican con las diferentes teorías sostenidas sobre la relación entre voluntad y declaración en el negocio, en orden al tratamiento de los vicios del elemento subjetivo: teoría de la voluntad, de la declaración, de la confianza, de la responsabilidad[55]. Estas varias teorías pecan, cual más, cual menos, de unilaterali dad en la visión del problema, ya lo presenten en términos erróneos, ya se limiten a considerar solo un particular aspecto o, generalizando indebidamente, extiendan a todos los negocios criterios que solo tienen sentido y valor para algunas categorías de ellos. Plantean en términos equivocados el problema las dos teorías extremas, que ofrecen soluciones opuestas: la teoría de la voluntad y la de la declaración -la una dirigida a hacer prevalecer la «voluntad real» del declarante, tanto en la interpretación como en el juicio sobre la validez del negocio, la otra, por el contrario, encaminada a conceder preeminencia a la declaración abstractamente considerada, tal como es apreciable al destinatario o en el ambiente social. La cuestión de si la «voluntad interior» (porque ésta es la voluntad «verdadera») deba prevalecer sobre la declaración, o la declaración sobre la voluntad interior, expresa una alternativa inadmisible en el campo del Derecho; por tanto, está mal planteada. Porque la voluntad de las partes no adquiere entidad jurídica sino, precisamente, en la forma de declaración o comportamiento y, por tanto, no puede ser colocada sobre el mismo plano de esta forma ni asumir un valor en sí misma, en antítesis con ella. Cuando la ley (art. 1.362; cfr. art. 1.281 C. C. esp.) atiende a revalorizar la intención común de las partes frente al sentido literal de las palabras, entiende por intención, no ya la voluntad de la parte individual, que permanece inexpresada en la esfera interna de su conciencia, sino la acorde intención práctica de ambas partes en cuanto se ha manifestado en sus comunes o congruentes declaraciones; y entiende por ello, esta común o congruente declaración, no interpretada conforme a la muerta y abstracta letra y sí conforme a su espíritu, es decir, en función del recíproco

[55] V., por todos: SCIALOJA, *Responsabilità e volontà nei negozi giuridici,* 1885. nuevamente publicado en *Studi giur.*, I, 272; ídem, *Negozi giuridici,* tercera ed., párrafos 16 y 20; COVIELLO, *Manuale dir. civ.*, § 116; MESSINA, «La simulazione assoluta», en *Riv. dir. comm.*, 1907, 393; 500, 1908, 10; VERGA, *Errore e resporuabilita nei contratti,* 1941, 215 y sigs.

comportamiento de las partes de que proviene y de las circunstancias de hecho en que concretamente se encuadra[56].

Los mismos criterios aplicados a la construcción de la declaración emitida y comunicada (n. 12) deben regir también la interpretación, que no es otra cosa que su reconstrucción[57]. Los criterios objetivos de apreciación que iluminan, atendiendo al conjunto de las circunstancias, el significado de las palabras usadas o de la actitud observada -tanto el empleo del lenguaje hablado como los usos del tráfico y las concepciones dominantes en la conciencia social- gobiernan también la interpretación, porque en la generalidad de los casos *(id quod plerumque accidit),* concurren esencialmente a determinar también la situación subjetiva de las partes. Ciertamente, es posible en el caso concreto una divergencia entre el significado objetivo así reconstruido y la intención de las partes. Pero tal posibilidad no es tenida en cuenta sino dentro de límites restringidos, ya al admitir una interpretación subjetiva para algunas categorías de negocios (los *mortis causa)* ya al consentir, en hipótesis muy circunscritas (art. 1.429 Cód. civ.; cfr. art. 1.266 C. C. esp.), una impugnación por error. Pero de aquellos criterios objetivos no se aleja la ley cuando coloca junto (y no ya, antepone) al sentido literal, la común intención, porque también esta común intención es reconstruida siguiendo la pauta de aquellos criterios[58].

Ha de tenerse presente, además, que la cuestión interpretativa no se presenta en términos uniformes en todas las categorías de negocios[59]. En las declaraciones constitutivas de negocios *inter vivos,* es obvio preguntarse si la declaración hecha no deba valor tal como se presenta objetivamente a quien está frente al declarante (la otra parte u otro destinatario), o sea, en su significado objetivo, sin que pueda atenderse al distinto sentido que acaso ostente para su autor. En cambio, parece natural preguntarse lo contrario respecto a las declaraciones constitutivas de negocios *mortis causa;* en ellos río se puede, ciertamente, prescindir del sentido en que la declaración hecha parece haber sido entendida por su autor, y es solo cuestión de determinar en qué medida

---

56 El carácter equívoco del art. 1.131 del Código de 1865 es destacado por GRASSETTI, *Interpretaz.,* 128 y sigs.: IANASCO, « De la volonté dans la formation des contracts», en *Melanges Geny, II.* 368.

57 Cfr. MANIGK, *Int. und Ausl.,* 260.

58 Lo mismo vale para las circunstancias concomitantes, especialmente en las llamadas declaraciones tácitas. Parte integrante de la declaración, y lógicamente implícitas en cuanto es declarado, resultan solo aquellas modalidades y condiciones que la buena fe y otros criterios objetivos de valoración autorizan a presuponer (LENEL, *Archiv,* 79, 105; MANIGK, *Ausleg.,* 270). y como parte integrante, concurren en la determinación de los efectos. El arbitrio subjetivo está excluido. Lo mismo puede decirse en cuanto a atribuir carácter de declaración a una conducta si y en la medida en que es concluyente (n. 14).

59 REGELSBERGER, *Pandekten,* I, 490 y sigs.; TUHR, *Allgem. Teil,* II, 538 y sigs., 542; TITZE, *Missverständnis,* 89; para el estado de la cuestión torno al 1888, ENNECCERUS, *Rechtsgesch.,* I, 67 y sigs.; también nuestras *Istituz.,* segunda ed., I, § 59 y las notas en *Rendic. Ist. Lomb.,* 1940-41, 331.

podrá ser tenida en cuenta. Característica de las declaraciones constitutivas de negocios *inter vivos* es que en ellos el problema interpretativo se sitúa ante un *conflicto de intereses* entre declarante y destinatarios, y recae sobre la preeminencia del significado que la declaración ofrece a los ojos de estos últimos, en razón de la confianza que en ellos crea. Por otra parte, la pura teoría de la impresión que la declaración es apta a suscitar en quien la recibe, atendiendo únicamente al destinatario[60], es tan unilateral como la teoría de la voluntad al tener en cuenta solo al declarante. A éste únicamente puede referírsele, imputársele como vinculante, la declaración que él mismo haya emitido y comunicado a la otra parte, entendida en su significado objetivo, y no ya cuanto hayan podido relacionar terceros no facultados para ello[61]. La carga de la emisión importa al mismo tiempo para él una garantía contra el riesgo de ser comprometido por una declaración que de él no provenga[62]. Solo está a su cargo el riesgo de una entrega inexacta, promovida y realizada por su cuenta[63], pero no el de alteraciones producidas por influencia o interferencia de extraños y tampoco el de un malentendido que derive de ininteligencia, inidoneidad perceptiva[64] o culpa del destinatario, contra el cual las normas interpretativas hallan aplicación, aun sin que él las conozca[65].

Convenientemente rectificada, la teoría de la voluntad puede plausiblemente emplearse como directriz interpretativa en aquellos negocios en los que no se encuentren frente al declarante otros interesados y falte, por consiguiente, un conflicto de intereses entre declarante y destinatarios[66], ya que entonces no existe la necesidad de tutelar la expectativa engendrada en quien, de buena fe, confía en la declaración ajena, y tampoco juegan papel las exigencias del tráfico. De este género son los negocios *mortis causa;* en ellos se impone atender, sobre todo, a la intención concreta del disponente, aunque sea divergente del significado común de las palabras por él usadas. Este significado común, si bien constituye un punto de partida, no tiene aquí un valor decisivo para el alumbramiento de aquella intención[67]. La teoría de la declaración, su vez, si bien expresa una exigencia general de los negocios *Ínter vivos* y en particular de los contratos, necesita una justificación y, conjuntamente, un límite, que solucione equitativamente el conflicto de intereses entre decla-

60 Sobre ella, Jhering, en *Jahrb. f. Dogm.*, 4, 72; R. Leonhard. *Irrtum,* I, 89, 183, 193; Planck. *Komm.*, sobre el § 157. n. 2; Bang, en *Jherings Jahrb.*, 66, 357 y sigs.

61 Leonhard, en *Archiv,* 120, 101; Saleilles. *Dictar.*, sobre el art. 133, núms. 47 y 53.

62 Tuhr, *Allgem. Teil.*, II. 402.

63 Tuhr, *Aligan. Teil.*, II. 435, 447.

64 Tuhr, *Allgem. Teil..* II. 439.

65 Leonhard, en *Archiv,* 120, 103. El destinatario no tiene otra tutela que la anulabilidad por error cuando concurran las circunstancias de ella, ya que un error influyente puede recaer, a más de sobre la declaración propia, sobre, el significado de la declaración contraria.

66 Carnelutti, *Processo di esecuzione.* III, 304; Grassetti, *Interpretazione,* 209; Titze, *Lehre vom Missverständnis,* 25 y sigs.; Tuhr, *Allgem. Teil.*, II, 538.

67 Siber, *Auslegung und anfechtung der Verfügungen don Todes wegen,* 352.

rante y destinatario[68]. La teoría de la confianza preconiza, como tales justificación y límite, la garantía de la legítima expectativa del destinatario, el cual debe, por la buena fe, poder descansar en el significado común, usual, objetivo, de la declaración que llega hasta él; único significado que guiándonos por la buena fe nos es perceptible[69]. Pero también peca, en un punto, de unilateralidad esta señalada justificación, en cuanto que considera y valora el conflicto de intereses entre declarante y destinatario solo desde el punto de vista de este último. Bajo otro aspecto, es decir, desde el punto de vista del declarante, es apreciado el conflicto por la teoría de la responsabilidad (mejor se diría de la autorresponsabilidad); se reconoce por ella la exigencia de que soporte el autor la declaración cuyo significado objetivo sea distinto del que por él se entendió, siempre que esta divergencia, le sea imputable[70]. Es también unilateral esta teoría, en cuanto no razona la preeminencia atribuida al significado objetivo sobre la opinión del declarante, la que es desde luego inexplicable mientras solo nos apoyemos en el punto de vista del declarante, sin atender al del destinatario y a la exigencia de proteger la confianza fundada sobre el significado normal[71].

Esta reseña crítica, al destacar la unilateralidad de las varias directrices, nos ayudará también a comprender la oportunidad de someter a los negocios *inter vivos,* especialmente a los contratos, y a los *mortis causa,* a un tratamiento interpretativo distinto.

45. *Criteiios positivos de interpretación de Los contratos.*- Sin prejuzgar la adecuada exposición que haremos de esta cuestión en la *sedes materiae,* conviene examinar brevemente aquí las normas de los arts. 1.362-1.371, a la luz de los conceptos ahora expresados. La norma fundamental del art. 1.362 se remonta a un texto de Papiniano[72] derivándose, a través del art. 1.156, del Código Napoleón y el 1.131 del Código de 1865, de un pasaje de Pothier[73] que trata de reproducir el pensamiento de aquél (normas análogas formulan el § S09 del Código sajón y el art. 278 del Cód. de Comercio alemán, pero no. en cambio, el § 133 del Cód. civ. alemán)[74]. En ella se quiso ver, en su tiempo, el más firme apoyo para el dogma de la voluntad, sobre el terreno del Derecho positivo italiano; desde luego, equivocadamente. En cuanto que existe una diferen-

---

68 N o responden, sin embargo, a la necesidad de una ecuánime ponderación las objeciones de VERGA, *Errore e responsabilità,* 220, 223.

69 HARTMANN, «Werk u. Wille bei dem scilschweigenden Konsens», en *Archiv f. d. civil Praxis,* 72, 1888, 161 y sigs., 236 (cfr. para algunos ejemplos: ídem, ibid., 77, 1891, 205 y sigs.); MANIGK, *Rechtwirksames Werhalten,* 97 y sigs., 159, 216 y sigs., 237 y sigs., 254 y sigs., y en *Annuario dir. campar.,* 1942, 158, 162; CARIOTA-FERRARA, ibid., 1941, 396.

70 Conforme en ello, CARNELUTTI. *Sistema,* II, 258: cuando la formulación es precisa. peor para el declarante. si no ha sabido expresar con exactitud su pensamiento.

71 KRAUSE, *Schweigen im Rechtsverkehr,* 125, 133; también los escritores citados por él en la pág. 2. especialmente RIEZLER, *Venire contra factum proprium,* 1912, 115-119, 117.

72 D. 50, 16. 219.

73 POTHIER, *Traité des obligations,* I, n. 91.

74 HIMMELSCHEIN, *Beiträge zu der Lehre vom Rechlsgesch.,* 15 y sigs.

cia esencial entre la formulación del art. 1.362, que afecta solo a los contratos, y la del § 133 del Cód. civ. alemán, que trata de generalizar el principio señalando como objeto de la investigación interpretativa no va la común intención de las partes contrayentes sino la «voluntad efectiva» del declarante, sin hacer mención de la otra parte[75]. Mientras que esta segunda formulación abre paso a problemáticas pesquisas sobre una voluntad unilateral más o menos reconocible, la primera arranca de un punto firme, que es el acuerdo de las partes. Ciertamente, la «común intención» es algo más que el «acuerdo» que el art. 1.325 (ya el 1.104) enumera entre los requisitos de validez del contrato. El acuerdo en el contrato es algo que estrictamente atañe a la declaración y al comportamiento; reside en el concorde modo de entender las declaraciones o los comportamientos recíprocos, es decir, en el consenso (no reflejo sino objetivo) sobre su significado y, por tanto, sobre el precepto contractual *(consensus in idem placitum)*. La congruencia exterior de las declaraciones o de los comportamientos respectivos, expresa el acuerdo de ambas partes sobre la reglamentación de intereses que se ha dispuesto en las relaciones entre ellas. El acuerdo consiste precisamente en el hecho de que tal reglamentación es única e idéntica en la conciencia de una y otra parte (n. 38, b) [el consentimiento solo es excluido, existiendo congruencia exterior de las declaraciones o los comportamientos, por un vicio de la conciencia y no de la voluntad; un error obstativo que engendre un malentendido sobre el significado de la declaración ajena (n. 54) y no un error que recaiga sobre los motivos]. Por el contrario, la «común intención» de los contrayentes es la concorde determinación causal y de la intención práctica típica de las partes; concorde aun dentro de la divergencia y contraste de los respectivos motivos e intereses singulares, puesto que esta divergencia y contraste de los motivos individuales debe subordinarse al acuerdo y permitir la formación de una intención común proyectada hacia una determinada causa de contrato -intención común sin la cual el contrato no se concluiría[76]-. Es ya muy instructivo que este consentimiento más íntimo no haya sido colocado por la ley entre los requisitos de validez (arts. 1.325 Cód. civ. y ya en el art. .104 Cód. de 1865), sino recogido solamente como criterio de orientación interpretativa, base de un canon hermenéutico situado en el mismo plano que el principio de la buena fe (art. 1.366), prevaleciendo sobre el mero significado literal de las palabras usadas. De este modo, a una interpretación meramente gramatical y atomista que llevaría a aislar la declaración del marco de las circunstancias socialmente influyentes en que fue emitida, y a colocar la letra por encima del espíritu, se contrapone otra interpretación, que integra el supuesto de la declaración encuadrándola en el

[75] HIMMELSCHEIN, *Beiträge t. d. Lehre vom Rechtsgesch.*, 16.

[76] Cfr. DANZ, *Aulegung*, §§ 8, 69; cn *Jherings Jahrb.*, 46, 387; STAUDINGER-RIEZLER, *Kommentar*, I, 671, donde se acentúa la importancia del fin económico en la interpretación; SALEILLES, sobre el § 19, n. 26; sobre el § 133, n. 86, 88; TITZE, *Missverstaendnis*, 85; MANIGK, *Willenserklaerung u. Willensgesh*, 455-457, 513 y sigs., cuya concepción se muestra mecánica. Es de tener presente la máxima expuesta en la nota 3 del n. 44.

total comportamiento recíproco y en el conjunto de las circunstancias, la que se desarrolla alumbrando el espíritu y el fin práctico que estaba en la conciencia de ambas partes[77].

El valor del principio así entendido es, por consecuencia, el de ampliar el ámbito de los medios interpretativos, incluyendo en él especialmente las negociaciones que determinaron la conclusión del contrato y también los pactos precedentes a los que las partes omitieran referirse en aquel acto. Se entiende y aplica este criterio en estrecha conexión con el de la buena fe (art. 1.366), que, igualmente, actúa en interés de una y otra parte. Si, de un lado, en interés del declarante, la buena fe exige que las palabras no sean tomadas a la letra, sino según el espíritu y la intención, de otro lado, en interés del destinatario, reclama que se atribuya a las palabras su significado normal según la conciencia social y los usos del tráfico[78]. Por lo demás, la exégesis del criterio da lugar a una serie de cuestiones, de las que aquí solo indicaremos algunas. Se pregunta si será influyente una intención del proponente, sabida del destinatario, de cualquier modo que haya llegado a su conocimiento. La solución más correcta es la negativa[79]. En efecto, un conocimiento accidental no significa, por sí solo, adhesión a la intención no declarada ni objetivamente conexa a la propuesta, en el caso de que ésta sea aceptada. Que el destinatario la conozca no implica que deba tomar posición frente a ella, ni obrar en consecuencia cuando no la haya rechazado. No conduce a solución distinta el principio de la buena fe. frente al cual la cuestión es precisamente la de si inferir de la omisión de repulsa una implícita adhesión de la parte contraria, enterada, es conforme a la buena fe (manteniéndose siempre la exigencia de la claridad). Lo que ha de aclararse es cual sea la carga que incumba al destinatario, es decir, si éste deba buscar indicios de la intención del otro contrayente más allá de sus declaraciones contractuales y, en consecuencia, reaccionar adecuadamente a ellos. Ahora bien, parece que un deber de indagación y atención no pesa sobre él fuera de la órbita de las negociaciones mismas. Problema diferente es el de si el otro contrayente debe tratar de aclarar los términos de la propuesta cuando advierta que su autor incurre en error obstativo, en su propio daño, sobre el contenido de ella (n. 53). Aquí la solución debe ser afirmativa; se trata de una

---

77 COVIELLO, *Man. dir. civ.*. § *129;* GRASSETTI, *Interpretaz.*, 97 y sigs., donde justamente se advierte que el art. 1.131, en sí considerado, no ofrece ningún argumento positivo, ni a favor de la teoría de la declaración ni a favor de la de la voluntad; en este último sentido, en cambio, CARNELUTTI, *Processo di esecuzione, III.* 302-304, que, sin embargo, en definitiva, encuentra su vis «en la eficacia de todos los indicios formales, de todos los signos exteriores del pensamiento, a los fines de la interpretación». Cfr. respecto al § *133* del Código alemán: DANZ, *Auslegung,* 38 y sigs.; LEONHARD, en *Arthiv.* 120, 79.

78 COVIELLO, *Man. dir. civ.*. § 129.

79 Por la solución afirmativa parece, en cambio, inclinarse CARNELUTTI, *Processo di esecuzione, II.* 303 y sigs., donde hace mención de la sola notoriedad. La cuestión, planteada en términos más generales, es resuelta en sentido absolutamente negativo por TITZE. *Missverständnis, 93* y sigs., y en sentido afirmativo, en un aspecto limitado, por LEONHARD, en *Archiv,* 120, 121 y sigs., aunque no conforme con la concepción dominante (loc. cit. 131).

carga de corrección impuesta por la buena fe e incluida en la fase precontractual (arts. 1.337, 1.175 Cód. civ.)[80]. Entonces el conocimiento por parte del destinatario adquiere trascendencia jurídica. Si nos preguntamos las consecuencias jurídicas que acarree el incumplimiento de aquel deber no parece que motive el que la intención divergente, una vez reconocida por la parte contraria, entre a formar parte del contenido de la propuesta[81]. Más bien se traducirá el incumplimiento en la facultad para el proponente de hacer anular el contrato aunque su error, siéndole imputable, no daba lugar a invalidez, porque al concurrir el conocimiento por parte del destinatario se interrumpe el nexo causal entre la imputabilidad del error y la conclusión del contrato (art. sobre los arts. 1.428, 1.431).

Apoyándose en las negociaciones preparatorias y, en general, sobre la base de todo el material interpretativo, será también admisible corregir una falsa *demonstratio* incluida en la redacción del contrato. Fuera de esta hipótesis no parece se deba admitir una interpretación correctora del contenido del contrato basada en el art. 1.362 (cfr. art. 1.281 C. C. esp.)[82]. Especialmente, no creemos justificada una tal interpretación por una «común intención» accidental que, valorando el material interpretativo, no se pueda reconocer como expresada de alguna manera en las declaraciones contractuales (por ejemplo, una intención dependiente de un error de derecho común a ambas partes)[83]. Prevalece entonces el significado objetivo de éstas. A una corrección de él solo puede llegarse, conforme a los arts. 1.366 y 1.374-1.375 (cfr. art. 1.258 C. C. esp.), por vía de equidad o de buena fe, cuando verdaderamente lo exijan; o bien, por medio de una interpretación auténtica sucesiva, que puede también producirse por un comportamiento concluyente concorde, la cual, por otra parte, es de la exclusiva competencia de las partes. Puede resultar instructivo al respecto un cotejo con la simulación, en la que existe una especie de interpretación auténtica de las partes, una inteligencia unívoca (n. 50) que, en cambio, falta en la hipótesis de una coincidencia de intenciones puramente accidental.

El criterio fundamental establecido en el art. 1.362 se enlaza a otros complementarios enunciados por los arts. 1.363, 1.364 y 1.365 (cfr. arts. 1.281, 1.285, 1.283 C. C. esp.), que respectivamente prevén una interpretación, a)

---

[80] LEONHARD, loc. cit., 127 y sigs. (*Aufklärungspflicht*); MANIGK, *Rechtswirks. Verhalten.* 237 y sigs., 254 y sigs., 159; cfr. STOLL. *Leistungsstörungen,* 27 y sigs. (*schulzpflicht*); VERGARA, *Errore e responsabilità nei contratti,* 4 y sigs.

[81] Así, los seguidores del dogma de la voluntad: LEONHARD, loc. cit., 131.

[82] De otra opinión es CARNELUTTI, *Processo di esecuzione,* III, 302 y sigs.; ídem, *Teoria generale del diritto,* 382. 384.

[83] Se propone la cuestión LEONHARD, en *Archiv.* 120, 104 y sigs., 11, y la resuelve en sentido negativo, dejando solo a salvo la impugnación por error para la parte a la que perjudica el significado objetivo de las palabras usadas. La resuelven, en cambio, sin dificultad, afirmativamente. R. LEONHARD, *Irrtum,* 1, 120, 171, 187 y sigs., 193; II, 34; ídem. *Allgemeiner Teil,* 359 (razonando sobre D. 34. 5, 3, que, con todo, se refería a disposiciones de última voluntad); MANIGK, *Willenserklärung u. Willnsgesch.,* 513 y sigs.

interdependiente, b) restrictiva y c) extensiva, de las declaraciones contractuales. Todos estos criterios interpretativos no son específicamente propios de los contratos, sino comunes a todos los negocios jurídicos, y en particular, a los *mortis causa.* En ellos se parte siempre del supuesto de que las declaraciones contractuales puedan resultar claras e inequívocas, y señalan como meta a alcanzar por el intérprete el significado que aparezca más conforme a la intención práctica concorde de las partes contrayentes. Pero la ley establece junto a ellos -ya se advirtió en el n. 42- una segunda serie de criterios interpretativos con función subsidiaria o integradora, de los que son presupuesto declaraciones contractuales que se mantengan oscuras, ambiguas o de cualquier forma, *inadecuadas,* a pesar de la aplicación hecha de los criterios de la primera especie. Entonces la interpretación se irroga la función de reconstruir el significado del contrato mediante una apreciación puramente objetiva y de buena fe, prescindiendo totalmente de los puntos de vista subjetivos de las partes. Aun cuando, en el pensamiento de la ley, también estos criterios puedan a veces considerarse inspirados en el *id quod plerumque accidit,* se sustrae al intérprete toda facultad de controlar si la previsión genérica del caso normal encuentra comprobación en el caso específico. El Juez no puede apartarse de las directrices que estos criterios le marcan ni siquiera cuando ello le parezca necesario u oportuno para descubrir lo que en el supuesto de hecho concreto fue intención efectiva de las partes[84].

Criterios con función subsidiaria -a aplicar conforme al canon de la buena fe, según el art. 1.366 -son los expresados en los arts. 1.367, 1.368, 1.369 y 1.370 (cfr. arts. 1.284, 1.287, 1.286, 1.288 C. C. esp.). En el art. 1.367 (cfr. art. 1.284 C. C. esp.) se enuncia el principio de la conservación de los contratos, aplicable también a todos los negocios jurídicos[85].

Según él, las fórmulas o expresiones de sentido ambiguo deben ser interpretados en su máximo significado útil, atendiendo a la eficacia jurídica del contrato, y, por tanto, tendiendo a dar valor a la aplicación de la autonomía privada (cfr. n. 61). Por el art. 1.368 (cfr. art. 1.287 C. C. esp.) se declara índice para determinar el criterio interpretativo de las cláusulas ambiguas, la práctica de negocios vigente en el país donde fue concluido el contrato[86]. El art.

---

84 GRASSETTI, *Interpretaz.,* 139 y sigs.

85 MESSINA, *Negozi fiduciari,* 110, n. 3.122 y sigs. : FADDA, *Parte generale con speciale riguardo alla teoria del negozio giuridico,* 254 y sigs.; GRASSETTI, *Interpretazione,* 27, 161 y sigs.

86 Sobre el valor de esta norma, GRASSETTI, *Interpretaz.,* 139 y sigs.; CARNELUTTI, *Teoria genérale del diritto,* 381; VENTURINI, en *Riv. dir. internaz.,* 1940, 43.
En la interpretación de pactos ambiguos, la Cas. 21 julio 1942, en *Mass. Foro.* col. 492. 2.101, ha declarado que -»los usos interpretativos tienen la función de interpretar la voluntad de los contrayentes cuando estos hayan empleado frases ambiguas o que en un determinado territorio tengan un preciso significado que no corresponda al literal de la locución. Pero cuando la verdadera voluntad de los contrayentes haya sido comprobada por el Juez, basándose en otros medios más directos de prueba, la indagación sobre el uso interpretativo solo conserva una importancia subsidiaria y subordinada».

1.369 (cfr. art- 1.286 C. C. esp.) señala un ulterior criterio para superar la ambigüedad en el sentido más conforme a la naturaleza del negocio y la materia regulada en él.

Finalmente, en el art. 1.370 (cfr. art. 1.288 C. C. esp.) se manifiesta una particular aplicación del principio que impone la carga de hablar claro a quien lleva la iniciativa de una declaración contractual, en la que tiene interés por estar dirigida a crear vínculos para la otra parte. En la formulación general del art. 1.137 del Código de 1865, las dos partes eran respectivamente designadas, la primera como la que ha «estipulado», la segunda como la que ha «asumido la obligación». Este modo de considerar la posición de cada una de las partes contrayentes responde a la concepción romana, según la cual la iniciativa de la declaración contractual incumbe a la parte a cuyo favor se crea una obligación de la contraria, mientras a ésta corresponde el asentir; así, la iniciativa se atribuye, en la *slipulatio* al *stipulator,* en la venta y arrendamiento de fundos al vendedor y arrendador, los que solían, al parecer, dictar las respectivas *leges contractus.* La jurisprudencia romana reconocía a cargo de éstos un criterio de autorresponsabilidad que se justificaba con la posibilidad, y por tanto el deber, de hablar en forma abierta e inequívoca[87]. Sobre las huellas de la tradición romana, que continuó viva en el Derecho común[88], el art. 1.137 establecía igualmente una autorresponsabilidad pesando sobre la parte que, contrariando su deber de hablar claro, hubiese formulado en términos oscuros o ambiguos los pactos contractuales que le interesaban, en cuanto se dirigían a crear obligaciones o limitaciones para la parte contraria, los que debían interpretarse en el sentido que resultase menos oneroso para esta última. La justificación práctica de este criterio es clara y plausible: es *interés* y *carga* del proponente formular claramente las cláusulas insertas a su favor; si no lo ha hecho, debe soportar las consecuencias. Para la justificación dogmática puede aportar alguna luz la construcción del contrato como cruce de órdenes dirigidas recíprocamente por una parte a otra, y destinadas a imponer obligaciones a la parte que consiente[89]. Pero esta última justificación no es en absoluto necesaria.

El criterio de la autorresponsabilidad correlativa a la carga de hablar claro, hallándose coordinado a la tutela de la confianza fundada sobre el común significado de las declaraciones contractuales, tiene, lógicamente, un alcance general. Por tanto, la norma del art. 1.370 del nuevo Código, que solo lo enuncia explícitamente para las cláusulas insertas en las condiciones generales de contrato o en módulos y formularios previamente dispuestos por uno de los contrayentes -hipótesis en las que se presenta más obvio- admite una

[87] D. 45, 1, 99. pr., *secundum promussorem interprelamur, quia stipulatori liberum fuit verba late concipere;* D. 2, 14, 39, *pactionem obscuram vel ambiguam venditori et qui locavit nocere, in quorum fuit potestate legern apertius conscribere.*

[88] Por ejemplo, MASTICA, *De tacitis et ambiguis ccmvmtionibus,* lib. II, capítulo 4, 109-111: POLIGNANI. «Di vina antica regola di dir. (interpr. contra stip.)» en FILANGIERI, 1881, 1-13, sobre el art. 1.137 del Código de 1865; POTHIER, *Traiti des obligations,* n. 97.

[89] CARNELUTTI, *Lezioni dir. proc. civ.,* I, n. 12, 25; cfr. también SALEILLES, sobre el § 122. n. 6.

aplicación extensiva. Carácter extremadamente subordinado en relación a él ofrece, en el sistema general de las normas interpretativas, el criterio final enunciado por el art. 1.371 (cfr. art. 1.289 C. C. español) para el caso, ciertamente raro, de que, pese al empleo de los criterios precedentemente indicados el sentido del contrato permanezca oscuro. Entonces el contrato, si es a título gratuito, sería entendido «en el sentido menos gravoso para el obligado», si a título oneroso, «en el sentido que realice el equitativo ajuste de los intereses de las partes». Ahora bien, mientras el criterio del *favor debitoris,* en el acto a título gratuito, puede conducir a confirmar o completar el criterio de la autorresponsabilidad, la revisión equitativa en el sentido indefinido de un «ajuste de los intereses» que se autoriza para los contratos a título oneroso, representa un criterio poco plausible por su discrecionalidad y una forma peligrosa de interpretación correctora, de la que, callando la otra, se beneficiaría la parte que astutamente se abstuviese de aclarar mejor su pensamiento, especulando sobre el equívoco de la cláusula inserta. ¡Una discrecionalidad verdaderamente inoportuna y prematura de la que los Jueces harán bien en abstenerse! A diferencia de la buena fe y de otros criterios de conducta inspirados en la solidaridad corporativa, la equidad en función hermenéutica representa siempre una laguna en la disciplina legislativa del negocio, y un peligro para la certeza de las relaciones que derivan de él. La remisión a la equidad en este campo contrasta con el principio de la confianza y tiene por efecto psicológico inevitable la debilitación en los contrayentes del sentimiento de la responsabilidad y del deber de hablar claro[90].

46. *Criterios interpretativos propios de los negocios «mortis causa»*[91].- La interpretación de los negocios testamentarios plantea un problema esencialmente distinto al de la interpretación de los negocios *ínter vivos,* especialmente de los contratos. Mientras que en éstos la interpretación se sitúa frente a dos partes, en conflicto de intereses entre ellas, y en general, en los negocios *ínter vivos* debe resolver con justicia la pugna de intereses entre declarante y destinatario, en los testamentos la interpretación, teniendo siempre como punto de partida la declaración del disponente (n. 41), puede muy bien proponerse la tarea de indagar la real o probable intención de él, sin encontrar en la impropiedad de las expresiones usadas otro obstáculo que el que se derive de una verdadera repugnancia lógica. Aquí, por tanto, criterio directivo de la interpretación es el pensamiento del disponente, aunque no se halle adecuadamente expresado en la declaración, con tal que tenga en ella un apoyo, y pueda apreciarse por circunstancias exteriormente perceptibles, mediante deducciones dictadas por

---

[90] BETTI, «Per la riforma del códice civile», en *Rendiconti Ist. Lomb.,* 1940-1941. 339 y sigs., 352. 379.

[91] A más de las obras de carácter general citadas en el n. 41, véanse SIBER, «Auslegung und Anfechtung der Verfügungen von Todes wegen», en *Die Gerichtspraxis im deutschen Rechtsleben,* 1929, III, 350 y sigs.; STEINWENTER, «Der Wille der Erfassers (Betrachtungen de lege lata und de lege ferenda)», en *Zentralblatt f. d. jurist. Prax.,* 1936, 1 y sigs.; DANZ, *Auslegung,* § 29.

la común experiencia. Este criterio sirve, por ejemplo, para calificar la disposición como «a título universal» o «a título particular», pues «la expresión o la denominación usada por el testador» no es decisiva por sí (art. 588, § 1.º; cfr. arts. 668, 2 y 76S C. C. esp.) y la indicación de bienes determinados no excluye la atribución del título de heredero, «cuando resulta que el testador ha entendido asignar aquellos bienes como cuota del patrimonio» (así, el art. 588, § 2.º, precisando la formulación del art. 827 del Viejo Código) Además, la interpretación es aquí, en su método (n. 44), tendencialmente individual antes que típica; debe descubrir en las expresiones y comportamientos el significado más conforme al modo de ver personal del disponente, tal como se deduce de su cultura, sus hábitos[92] y de las circunstancias accidentales del caso aunque sean contrarias a ideas comunes[93]. Así, mientras rindiendo homenaje a estas ideas comunes, la ley (arts. 686, 684; cfr. arts. 739, 742 C. C. esp.) considera la enajenación y la transformación de la cosa legada como revocación del legado, y la destrucción del documento testamentario como revocación del testamento ológrafo -adoptando un criterio ya afirmado en el Derecho justinianeo- deja a salvo, pese a ello, la prueba de una distinta voluntad del testador.

Ciertamente, a la superabundancia de normas interpretativas en materia de contratos se opone, en la ley, una completa ausencia de normas explícitas de tal naturaleza para los testamentos (cfr. art. 675 C. C. esp.), especialmente en lo que se refiere a declaraciones ambiguas o con lagunas. Los criterios interpretativos que afectan a esta materia pueden, sin embargo, deducirse de la lógica del sistema. Criterio-límite es, ante todo, el que se deriva de la incompatibilidad (con el cual opera la ley al reglamentar la revocación de las disposiciones testamentarias en el art. 682 (cfr. art. 739 C. C. esp.) y también de la incerteza absoluta que haga imposible una determinación de la persona o del objeto del que se hace una aplicación particular en el art. 628 (cfr. art. 750 C. C. esp.). En general, puede decirse que entre los varios sentidos en que la disposición ambigua o con algunas permite ser entendida, se prefiere aquel que según máximas de experiencia y teniendo en cuenta las ideas personales del testador refleje mejor el pensamiento de una persona sensata que se hubiese encontrado, al disponer, en circunstancias idénticas a la del caso en cuestión, dejando a salvo, en todo caso, el criterio del *favor debitoris* para los legados con que el heredero haya sido gravado (art. 1.371; cfr. art. 1.289 C. C. esp.). Que si un significado satisfactorio no resulta, la disposición no tiene efecto (arg. sobre el art. 628). En el caso, luego, de divergencia entre el significado objetivo de la declaración y el pensamiento del disponente, reconstruido según sus condiciones personales, puede ocurrir que el sentido en que la disposición ha sido entendida por él sea compatible con el tenor literal de la declaración; es decir, que ésta sea interpretable en aquel sentido, y entonces, así se hace. O, por el

---

[92] D. 34, 2, 33; cfr. con D. 45, 1, 110, 1 (nuestras *Istituz. dir. rom.*, I, 141, n. 4); Cas. 21 enero 1933. en *Mon. Trib.*, 1933. 370.

[93] Cfr. GRASSETTI. *Interpretaz.*, 209; FRANCESCHELLI, en *Riv. dir. priv.*, 1934, II, 137 y sigs.

contrario, el sentido atribuido a la declaración por el disponente es incompatible con el tenor literal de la misma; entonces el negocio no puede tener efecto porque a la declaración no corresponde el pensamiento y éste permanece en el estado de intención inexpresada. En los límites en que ha de reconocerse tal incompatibilidad vale aún la máxima romana: *quid aliud dicit quam vult, neque id dicit quoe vox significal, quia non vult, neque id quod vult, quia id non loquitur.* Según este criterio se trata también el error en la declaración testamentaria (n. 53). Otros criterios hermenéuticos, que por su naturaleza no son específicamente propios de los contratos -como el de la interpretación interdependiente (art. 1.363; cfr. art. 1.285 C. C. esp.), restrictiva (art. 1.364; cfr. art. 1.283 C. C. esp.), o extensiva (art. 1.365)- también encuentran aplicación a los testamentos[94].

---

[94] La jurisprudencia es constante en el senado de que todas las normas legislativas dictadas para la interpretación de los contratos deben valer también para la interpretación de los testamentos; así, últimamente, Cas. 6 julio 1938, en *Rep. Foro,* 1938, voz Testamento, n. 115; ídem 18 julio 1939, en *Foro,* 1940, I, 573, que ha considerado aplicable a la interpretación de los testamentos la norma establecida por el art. 1.133 Código civil de 1865 (véase, sobre este punto, en sentido contrario, la nota de GRASSETTI, cit., según el cual, debe mantenerse siempre la exclusión de la referencia al art. 1.133 Código civil en materia testamentaria, «aun cuando existan aquellos varios sentidos de las expresiones usadas que legitimarían su aplicación en materia contractua»).

CAPÍTULO SÉPTIMO

ANORMALIDADES DEL NEGOCIO JURÍDICO

SUMARIO: 47. Clasificación ele las anormalidades del negocio jurídico.- 47 bis. A) Defecto de presupuestos de la autonomía privada.- 48.B) Deficiencia del elemento objetivo del negocio.- 49. Deficiencia de la causa.- 50. Divergencia consciente entre la intención práctica y la causa típica del negocio: simulación y figuras afines.- 51. Criterios de tratamiento de la simulación.- 52. C) Vicios del elemento subjetivo del negocio.- 53. Error sobre la declaración.- 54. Disenso en el negocio bilateral.- 55. Error en la determinación causal: criterios de tratamiento.- 56. Vicios de la determinación causal dependientes de acto ilícito: dolo y violencia.

47. *Clasificación de las anormalidades del negocio jurídico.*- Después de haber analizado la estructura y funcionamiento normales del negocio jurídico (cap. II y III) debemos hacerlo ahora con aquellos que, en términos generales, se pueden llamar sus vicios; trazar su fenomenología anormal, dejando para más adelante (cap. VIII) la cuestión de ver si, y en qué medida, el negocio afectado por tales vicios sea menos capaz de producir los efectos que serían propios del tipo a que pertenece.

La clasificación de las anormalidades del negocio jurídico debe necesariamente referirse al estudio realizado en los capítulos II-IV de la estructura, función y presupuestos del negocio mismo. La reciente ordenación de los requisitos del acto jurídico en requisitos estáticos (comprendiendo la capacidad, la idoneidad del objeto y la legitimación), y requisitos dinámicos, divididos a su vez en requisitos internos, o elementos, y requisitos externos, o circunstancias[1], pese a resultar atrayente en teoría, no la hemos acogido. Preferible, también para fines prácticos, y de fácil manejo por su simplicidad, sigue siendo para nosotros la distinción entre elementos constitutivos, que residen dentro, y presupuestos necesarios, que se hallan fuera de la estructura del acto considerado en sí. Para

---

[1] CARNELUTTI. *Teoria generale del diritlo,* §§ 15-117, 131, 134-135, 139, 151.
En ocasiones, como señala CRASSETTI (loc. cit.), se ha presentado la duda de si las normas dictadas para la interpretación de los contratos deben ser convenientemente adaptadas por la especialidad del negocio jurídico testamentario; así, Cas. 4 agosto 1936, en *Rep. Foro,* 1936, voz Testamento, n. 109.

que la negocio puedan atribuirse efectos jurídicos congruentes a su típica función social y, por tanto, al propósito práctico normal de las partes, debe lógicamente existir una correlación entre tales efectos y algunas circunstancias extrínsecas al negocio, las que, para diferenciarlas de los elementos constitutivos de él, hemos denominado presupuestos de validez. Los presupuestos que el orden jurídico -también aquí siguiendo las huellas de la conciencia social- requiere para la validez del negocio, han sido examinados a su tiempo (cap. IV). Ellos son los presupuestos característicos de toda realización de la autonomía privada: capacidad de los sujetos, legitimación, idoneidad del objeto. Y se contraponen conceptualmente a los elementos constitutivos del acto jurídico, diferenciados a su vez en elementos objetivos y elementos subjetivos.

47 bis. *Defecto de presupuestos de La autonomía privada.*- A) Teniendo presente cuando ya se vio (cap. IV), diremos que la ausencia o el vicio de presupuestos de validez del negocio jurídico puede afectar a: a) la capacidad de las partes, y más exactamente, a su aptitud genérica para dar vida a un negocio del tipo contemplado y provocar sus efectos jurídicos[2]; b) la legitimación o competencia de las partes en orden a los intereses concretos que pretenden regular; c) la idoneidad del objeto de tal negocio.

a) En relación a la capacidad, está viciado el negocio cuando falte o sea deficiente en las partes la capacidad de obrar que corresponda al tipo de negocio de que se trata, y en particular, falte o sea defectuosa la capacidad de disponer o de asumir obligaciones, cuando se trate de un acto de disposición o de un acto de obligación. Sobre este punto nos remitimos al tema de la capacidad, destacando solo que el defecto de capacidad origina una específica invalidez, precisamente la anulabilidad del negocio, en el caso de que subsista, de todos modos, la capacidad natural de obrar (capítulo IV). Cuando también falte ésta, como en el negocio realizado por un loco, se produce la nulidad por falta del elemento subjetivo, es decir, de una conciencia y voluntad idóneas. En cuanto a la ausencia de la capacidad de recibir, en la parte o en el destinatario del negocio -capacidad que algunos han propuesto denominar pasiva (denominación que quizá cuadraría mejor a la capacidad de obligarse)[3]- ésta configura más bien una carencia de legitimación para la adquisición[4]. Es útil advertir también que en el negocio jurídico concluido por el incapaz la invalidez deriva de una cualidad del agente, de modo que es inútil aplicarse a indagar si, pese a la incapacidad, haya existido una voluntad idónea; mientras que en el acto ilícito la calidad de la persona es, dentro de ciertos límites, indiferente, y la eficacia del acto depende de la conciencia y voluntad, por lo que debe comprobarse caso por caso si en el acto concreto se hayan manifestado una conciencia y una voluntad idóneas[5].

---

[2] CARNELUTTI, *Teoria gen. dir.*, 301.
[3] CARNELUTTI. *Teoria gen.*, 305 y sigs.
[4] Legitimación receptiva, sobre la cual véase *supra*, n. 27, B.
[5] Así, acertadamente, CARNELUTTI, *Teoria generale del dir.*, 307.

b) En orden a la legitimación se encuentra viciado el negocio por la ausencia, no ya de una cualidad personal del sujeto en sí, sino de una posición suya respecto al objeto y en relación a otros[6]. Como ha sido observado exactamente[7], cuando el efecto jurídico de un acto depende de la legitimación, ello significa que uno u otro sujeto, o ambos, deben ser partes de una situación jurídica sobre la que el acto incide, de modo que puede decirse que consista la legitimación en el deber ser, o no, la parte, sujeto de una posición jurídica respecto a los intereses sobre los que el acto recae, a fin de que éste produzca determinadas consecuencias jurídicas en relación a aquéllos.

En particular, el negocio está viciado en cuanto a la legitimación cuando falte en la parte -aunque sea capaz de obrar, disponer y obligarse en general- el poder de prescribir una regulación vinculante a los hechos e intereses que el negocio contempla. Por ejemplo, la facultad de disponer del objeto en cuestión en un acto de disposición (piénsese en los actos por los que se admita enajenar o imponer una carga -prenda, hipoteca, servidumbre- a una cosa ajena)[8]. Igualmente, la facultad de prometer la prestación convenida en los negocios obligatorios (promesa del hecho de un tercero extraño al contrato, o en general de un hecho que no esté en el poder del que promete). Ha de observarse que a los negocios obligatorios es connatural (de no excluirse) una garantía en cuya virtud la falta de la prestación convenida convierte, en determinadas hipótesis, el contenido de la obligación en un resarcimiento del daño (ejemplo, art. 1.3S1), es decir, en una prestación que es siempre posible[9]. Otro tal poder es el de representación, en el negocio que se realiza en nombre de otro (cap. X, nn. 72, 75).

Mientras que el requisito de la capacidad tiene una *ratio iuris* que afecta al elemento subjetivo del negocio y consiste en la exigencia de que el autor de éste se halle en condiciones de enterarse de cuanto hace o declara, el requisito de la legitimación encuentra su fundamento en el contenido del negocio, o sea, en el precepto de la autonomía privada (nn. 16, 27). En efecto, autonomía privada significa, según su concepto (cap. I), que los individuos interesados pueden ordenar en casa propia, regular como mejor estimen, dentro del marco de sus relaciones, los intereses propios, pero no invadir la esfera ajena y per-

---

6 CARNELUTTI, *Teoria gen.*, 321.

7 Sobre la legitimación, véanse, en general, la exposición de CARNELUTTI, *Teoria generale del reato,* 130 y sigs.; ídem, *Sistema di dir. proc. civ.*, II, n. 449-452; ídem, *Teoria generale del dir.*, §§ 122-129; ya, ídem, *Proc. di esecuz.*, III, 232, en *Riv. dir. comm.*, 1935, 502; nuestras *Istituz. dir. rom.*, 1929, 339 y sigs., 382 y siguientes; CARIOTA-FERRARA, *Negozi sul patrim. altrui,* 27 y sigs., 76 y sigs. Con todo, mantenemos nuestra oposición *(Riv. dir. comm.*, 1933, 836) en cuanto a la oportunidad de una extensión de la terminología a los actos ilícitos (CARNELUTTI, *Teoria generale del reato,* 116 y sigs.), aun reconociendo la homología de ciertas situaciones respecto a la ilicitud.

8 CARIOTA-FERRARA, *I negozi sul patrimonio altrui,* 1936. 361, 365, 375, 381. Sobre la falta de influencia del negocio respecto.al interesado, CARIOTA, *op. cit.*, 17 y sigs., 41, 61 y sigs., 107, y también en *Riv. del diritto comm.*, 1937, 383 y sigs.; FERRARA, en la misma revista, 1937, 186.

9 CARIOTA-FERRARA, *Negozi sul matrimonio altrui,* 397-398, y en *Riv. diritto comm.*, 1937, 387; FERRARA, ibid., 1937, 198.

judicar a terceros; solo en este supuesto de la normal identidad del declarante con el interesado es reconocida a la autonomía privada, por la conciencia social y el orden jurídico, una competencia dispositiva socialmente influyente y digna de tutela. La distinta *ratio iuris* de que hemos hablado resulta de un cotejo entre facultad y capacidad de disponer. La capacidad es cualidad de la persona, potencialidad genérica apreciable respecto a cuanto puede ser objeto de disposición. La facultad de disponer, en cambio, que se aprecia en orden a derechos e intereses determinados, resulta de una particular posición respecto a ellos, es decir, del hecho de que pertenecen como propios a quien de ellos dispone, o están sujetos a su administración en virtud de una concesión de poderes. La importancia práctica de este requisito se manifiesta en los negocios destinados a producir una adquisición derivativa; su ausencia hace que la adquisición proyectada no pueda tener lugar, según el principio de que no puede transmitirse a otro lo que no se tiene o aquello de lo que no está permitido disponer (cap. introd., n. 4).

Bajo un diferente aspecto puede también hallarse viciado el negocio en cuanto a la legitimación; cuando falte a la parte -aun siendo capaz de derecho en general- la específica idoneidad patrimonial activa o pasiva. es decir, la aptitud para convertirse en sujeto activo o pasivo del tipo de relación o situación jurídica a la que el negocio debería dar vida o predisponer su nacimiento, teniendo en cuenta la posición de aquella parte respecto al objeto o en relación a la parte contraria. Que entre los presupuestos de validez se comprenda también la idoneidad patrimonial respecto a la relación que ha de constituirse, la cual frecuentemente no es más que un especial aspecto de la capacidad del derecho, se comprende bien cuando se piensa que el negocio sirve justamente para dar vida y desarrollo a relaciones jurídicas. Por otra parte, solo es necesaria la idoneidad en cuestión a quien haya de ser sujeto de la relación propuesta (parte sustancial) (n. 45); sujeto que no coincide fatalmente con el del negocio (parte formal). Además, no es siempre preciso que exista ya en el momento de la declaración, pudiendo bastar que sobrevenga después de concluido el negocio cuando sean diferidos sus efectos (n. 29). El defecto de legitimación, en el aspecto que ahora nos interesa, se traduce en una imposibilidad (incapacidad relativa) de adquirir los derechos o tomar sobre sí las obligaciones que el negocio debería engendrar, o bien, respectivamente, en la imposibilidad de liberarse de las obligaciones que aquél habría de extinguir[9a]. Así, la promesa gratuita, donación o legado que se haga a una persona incapaz, en relación al promitente o disponente, de recibir por donación o testamento (arts. 596-598; cfr. arts. 753, 754 C. C. esp.). También la compraventa que el administrador, el patrocinador o funcionario público realice para la adquisición de bienes de la persona sometida a su poder, en las hipótesis previstas por el art. 1.471 Cód. civ. (art. 1.459 C. C. esp.). Piénsese igualmente en el negocio efectuado por el representante, en su propio interés, en casos en que la representación se en-

9a TUHR, *Allgem. Teil, II*, 396.

cuentre desautorizada por el conflicto de intereses con el representado (arts. 1.394 y 1.395 Cód. civ.; cfr. 320 § últ., arts. 347 y 360 inciso l.º)[10]. O en el cobro de una deuda por persona no legitima- da para recibir, ni como acreedor ni como facultada por éste (arts. 1.188 y 1.189 Cód. civ.; cfr. arts. 1.162. 1.164 C. C. esp.). Se comprenden también aquí hipótesis caracterizadas por la carencia de legitimación negativa (n. 27 b), resultante de la inexistencia de una relación con la cosa o con la persona, como las que se producen por la estipulación o compra de cosa propia (donde equivocadamente se ha querido hallar el defecto en la causa)[11]; en particular, la compra que haga una sociedad por acciones de las acciones propias (art. 2.357), y también, respecto a disposiciones testamentarias, la indignidad para suceder (art. 463 Cód. civ.; cfr. art. 756 C. C. esp.)[12].

c) Con relación a la idoneidad del objeto, está viciado el negocio cuando el bien o interés al que el acto atañe, en sí y por sí considerado, no sea adecuado, por una imposibilidad objetiva, sea física o jurídica, para recibir la regulación que las partes le destinan con el negocio concebido; o –para adoptar una formulación más reciente[13]– no es idóneo para constituir el objeto de la situación jurídica que encuentra en el acto su desarrollo. Conviene mantener diferenciadas las hipótesis de inexistencia del bien como porción definida del mundo exterior, y de absoluta inasequibilidad de la prestación prometida, de aquella verdadera y propia no comerciabilidad. Se produce ésta cuando el orden jurídico no admite, por razón de la calidad de un bien, que pueda existir respecto a él una situación jurídica capaz de ser constituida o modificada mediante un negocio patrimonial[14]. La no comerciabilidad, así entendida, puede ser tanto absoluta como relativa. Es absoluta la que consiste en la exclusión de cualquier reserva o garantía de goce del bien a favor de individuos o asociaciones, considerándolas contrarias a las existencias fundamentales de la vida social y del orden jurídico. Es meramente relativa la no comerciabilidad que se deriva de prohibiciones de enajenación. Pero hablaremos de ello en su lugar oportuno.

48.B) *Deficiencia del elemento objetivo del negocio*.- Pasando ahora a examinar los vicios que afectan a los elementos constitutivos del negocio jurídico, comenzaremos dividiéndolos en dos grupos, según se refieran al elemento objetivo o al elemento subjetivo (n. 47).

B) El tener presentes los distintos momentos del elemento objetivo –forma, contenido, causa– facilita la reseña de sus posibles anormalidades.

---

10 PUGLIATTI, «Conflitto di interessi fra principale e rappresentante», en *Annali Messina*, 1923; idem., en *Riv. dir. comm.*, 1936,I; idem. *Tutela e emancipazione*, 1939, 697; ídem, en la misma revista, 1940, 239.

11 Así, CARNELUTTI, *Teoria gener. del reato*, 155; también se da una excesiva extensión al concepto de causa en idem. *Processo esecuz.*, III, 316-317, 320-321 c.

12 CARNELUTTI, *Teoria gener. del diritto*, § 124.

13 CARNELUTTI, *Teoria gener. dir.*, 313.

14 Cfr. CARNELUTTI, *Teoria gener.*, 341; BETTI, *Dir. rom.*, 1, 691.

a) Pueden producirse vicios del negocio que aquejen a la *forma*, cuando no haya sido empleada una adecuada, o bien al no observar la forma solemne prescrita por la ley para el tipo de negocio en cuestión (n. 34). El vicio de ilegalidad consistente en la inobservancia de la forma legal es de fácil comprensión; pensemos en el incumplimiento del requisito de documentación escrita en un acto de transmisión inmobiliaria (art. 1.350 Cód. civ.; cfr. art. 1.280 C. C. esp.) o de documentación pública en un acto de donación. El acto será nulo, tanto cuando la forma prescrita falte del todo, como cuando, lo que sucede más frecuentemente, no ha llegado a su perfección. Es menos fácil, en cambio, comprender estas anormalidades cuando deriven de no haberse utilizado la forma mínima necesaria en el procedimiento de formación del negocio. Recordaremos a este propósito la carga que incumbe a las partes de emplear medios idóneos para hacer surgir su intención desde la esfera interior de la conciencia, y hacer socialmente eficiente su actitud. La expresión, la emisión, la comunicación al destinatario (n. 12), son motivo de otras tantas cargas y deberes para quien pretende hacer una declaración. La expresión inadecuada o incomprensible, la confusión producida por un hecho extraño no imputable al aparente declarante[15], la comunicación a un destinatario distinto de aquel al que la declaración estaba dirigida, representan casos de forma incorrecta de la declaración negocial, ya desde el punto de vista del destinatario -si el declarante tuvo el propósito de hacerla- ya desde el punto de vista del declarante si fue recibida por quien tuvo la impresión de ser destinatario. Si se puede, y en qué medida, sustituir la existencia por la apariencia de la declaración, como fuente de una legítima expectativa para los terceros a los que alcanza, es cuestión de oportunidad que no tolera una solución unitaria, variando según las diversas situaciones e intereses en conflicto. Una forma inadecuada puede ofrecerse también en la conducta concluyente cuando esté falta de la univocidad necesaria para justificar una deducción segura frente a los terceros interesados; nota que es la única que imprime el carácter de concluyente a la conducta.

b) Vicio concerniente al *contenido* del negocio, aun habiendo éste surgido mediante una declaración adecuada y siendo, por consiguiente, normal en su forma, es el que depende, o de una insuficiente formulación del precepto de la autonomía privada (n. 16), o de una falta de correlación con alguno de los tipos de actos admitidos por la conciencia social para la autorregulación de intereses privados.

---

15 Aquí se encuadra el problema del elemento subjetivo. Piénsese en el caso de que un borrador firmado o un escrito no revisado, expresando la aceptación de una propuesta contractual, sea enviado por distracción o por obra de un empleado oficioso, o que, de manera análoga, sea puesto en circulación un título a la orden suscrito (sobre ello, véase SEGRÉ, *Scritti giuridici*, I, 123 y sigs., 309 y sigs., 546 y sigs.). La cuestión que entonces se plantea es la de si, por la imputabilidad del hecho de la emisión al declarante, baste que éste debiese tener conciencia de la impresión que la comunicación redactada podía suscitar en el ambiente social, supuesto siempre, con todo, que estuviese en condiciones de vigilar a quien la puso en conocimiento de los demás, y que éste ostentara, bajo tal aspecto, una legitimación de hecho ante los terceros (CARNELUTTI, *Teoria gener. dir.*, § 125).

En cuanto a la primera anormalidad debe recordarse (cap. VI) que una formulación deficiente o con lagunas puede ser, dentro de ciertos límites, reparada o completada por obra de la interpretación. Especialmente, los negocios *mortis causa* toleran esta integración (n. 46), siempre, sin embargo, en la medida que lo consiente la exigencia de no reemplazar por la obra del intérprete la iniciativa de la parte, en el cometido que la incumbe. Cuando, a pesar de toda tentativa hermenéutica, subsista una laguna o una incerteza absoluta sobre algún elemento de la disposición, y si la ley no provee de otro modo, el negocio está afectado de un vicio irreparable. En general, la autonomía privada impone a las partes la carga y el riesgo de utilizar los medios adecuados para la consecución de sus fines propios; por esta razón aquéllas no pueden limitarse a mostrar meras aspiraciones o intenciones, sin señalar la vía por la que pretenden alcanzarlas. No solo son irrelevantes las aspiraciones que se mantengan inoperantes dentro de la esfera interna de la conciencia de las partes (n. 12), sino también aquéllas a las que no se dé una adecuada formulación preceptiva. Así, una compraventa sin determinación del precio o, en general, un contrato oneroso de cambio en el que no se fije la contraprestación. O también, un contrato de tipo asociativo sin determinación de la contribución de alguno de los participantes. Igualmente, una garantía que se da sin identificar la prestación debida o la persona del deudor[16].

La segunda anormalidad mencionada se avecina al vicio del negocio por falta de causa idónea, del que ahora hablaremos (sub c), sin confundirse con él sin embargo. Como ya expusimos (n. 23), las causas de negocios en el ambiente social moderno, aunque no se hallan taxativamente indicadas en la ley, deben, en general, ser admitidas por la conciencia social como correspondiendo a una exigencia práctica duradera, a un interés social legítimo y, por tanto, no son indefinidas e infinitas, como pudiera desear el capricho individual, sino definidas y típicas, ya que no en sentido legislativo, sí en el social. Consecuencia de ello es que debe considerarse anormal el negocio cuando el precepto que contiene no esté comprendido en ninguno de los tipos admitidos por la conciencia social para la autorregulación de intereses privados, o sea contrario a una norma prohibitiva o limitativa de la ley sancionada con la conminación de ineficacia. Ello presupone, ciertamente, una apreciación de mérito del negocio, pero de tal naturaleza que no tiene necesidad de remitirse a la causa, sino que puede encauzarse, *prima facie,* sobre los mismos elementos del precepto negocial -por ejemplo, sobre el objeto- y es, por tanto, también posible en presencia de un negocio abstracto[17] Ha de asimilarse a este vicio del negocio la ilicitud del objeto cuando no configure un caso de imposibilidad jurídica de él, considerado en sí[18]. Esta ilicitud, de todos modos, implica también un vicio del precepto del negocio.

[16] Cfr. BETTI, «Oneri e limiti dell'autonomia privata in tema di garanzia e modificazione di obbligazioni», en *Riv. di. comm.,* 1931, II, 697 y sigs.

[17] FERRARA. *Negozio illecito,* 66 y sigs.

[18] Cfr. CARNELUTTI, *Teoria gener. dir.,* 313.

49. *Deficiencia de La causa.*- c) Vicios concernientes a la causa son aquellos que pueden afectar al negocio cuando, pese a realizarse en forma adecuada y regular, y ofrecer un contenido preceptivo que se incluya en el cuadro de los tipos admitidos, se le haga servir a un fin o interés de carácter ilícito, es decir, reprobado por normas prohibitivas o contrario al orden público o las buenas costumbres (art. 1.343 Cód. civ.; cfr. art. 1.275 C. C. esp.); o bien, cuando carezca de causa suficiente para justificar la tutela del Derecho. En la primera hipótesis el negocio se suele calificar, a ejemplo de la doctrina francesa, como respondiendo a una «causa ilícita»; en la segunda, como «sin causa». Sobre esta terminología tradicional, ya arraigada entre nosotros, solo hemos de observar: I.º Que «ilícita» no puede ser *en sí,* abstractamente, la causa típica reconocida por el orden jurídico, sino solamente aparecer tal si se la considera en conexión con el interés subyacente, con el fin práctico inmediato perseguido concretamente por las partes; fin que colorea la causa y proyecta sobre ella su ilicitud[19] (lo que es especialmente evidente en la figura del negocio realizado en fraude a la ley), y 2.º que la segunda hipótesis es apta para abrazar, a más del caso del negocio del todo desprovisto de causa típica, también el de negocio con causa inidónea para la tutela jurídica. Consideraremos separadamente los dos órdenes de hipótesis: I) de la ilicitud y II) de la ausencia de causa.

I. Ante todo, la *ilicitud de* la «causa», atendiendo al fin práctico inmediato que las partes persiguen con el negocio (fin común a ambas partes si el negocio es bilateral: art. 1.345 Cód. civ.) puede ser de dos especies: moral y jurídica.

aa) La ilicitud *moral* de la causa[20] no ha de apreciarse según los principios teóricos de una ética particular, religiosa o filosófica, sino conforme a las exigencias éticas de la que al tiempo del negocio es la conciencia social colectiva, la opinión pública de la sociedad. Tales exigencias, que constituyen propiamente el *ethos o* las «buenas costumbres» *(boni mores),* son decisivas para determinar el valor social de los intereses que a través del acto buscan satisfacción. No es preciso que exista una determinada costumbre o uso relativa al negocio en cuestión, basta que la materia o la causa del negocio, valorada en la medida del *ethos,* resulte contraria a alguna exigencia ética establecida por

---

[19] Cfr. CARNELUTTI, *Sistema,* II, 410; FERRARA, en *Studi Chironi,* I, 119 y sigs.; ídem, *Negotio illec.,* 2, 71 y sigs., 75.

[20] Sobre ello, véanse LOTMAR, *Der unmoralische Vertrag,* 1896; RIPPERT. *La regle morate dans les obligations civiles,* segunda ed., 1937, nn. 22-72, págs. 39 y sigs.; COVIELLO, *Manuale dir. civ.,* § 131, B; FERRARA, *Teoria del negozio illecito,* segunda ed., 1914, y bibliografía allí citada; CARNELUTTI, *Sistema,* II, n. 517; son útiles los comentarios al § 133 del Código civil alemán y en particular los de Planck-Flad y de Staudinger-Riezler (I, 698-699, nn. 3-4). Una reseña de jurisprudencia francesa en JOSSERAND, *Cours de droit positif* (1930), II. n. 132-148; pág. 62, y en Kayser, «Nullités d'ordre public», en *Revue trirnestriele de droit civil,* 32, 1933 1.136; VASSALLI, *Teoria dei negozi giuridici* (sumario). 59 y sigs., 61. Debe recordarse aquí la distinción formulada por M. SCHELER, *Formalismus in der Ethik und die materiale Wertethik,* segunda ed., 318 y sigs., entre ethos y doctrina ética, análoga a aquella entre Derecho positivo y dogmática jurídica.

la conciencia social de la época. Por tanto, es posible que un negocio, siendo conforme al uso practicado en el círculo social al que los interesados pertenecen, sea sin embargo ilícito, porque aquel uso sea reprobado por la opinión pública o la conciencia social colectiva. No es influyente la valoración abstracta por la que el negocio, considerado en sí mismo, aparezca conforme o contrario a un estado social sano y bueno, aunque semejante ponderación pueda constituir un factor importante en la formación de la conciencia ética de una cierta sociedad. Lo decisivo es la conformidad o contradicción declarada, para el concreto negocio en cuestión, por la conciencia social de la época, es decir, la apreciación históricamente determinada que ésta hace de él. En cuanto a la medida de las exigencias éticas, ha de tomarse por base el modo de ver del hombre honesto de tipo medio. El calificativo de ilícito en sentido moral se aplica al negocio en que sea contraria a las buenas costumbres la materia o la «causa» en su expresión concreta (o sea, el interés que por medio de él busca satisfacción) considerados objetivamente, en su trascendencia social. No basta que sean inmorales los motivos individuales del contrayente, aisladamente tomados, con independencia de su incorporación al negocio; es preciso que la inmoralidad se ofrezca en éste por una común intención práctica de ambas partes[21]. En efecto, los motivos individuales de cada uno de los contrayentes no son parte integrante del contenido del negocio, y por ello, no se puede sostener, sin peligro para la seguridad del crédito, que tiñan de ilicitud la causa. Para aducir algún ejemplo citaremos el de la controvertida calificación del contrato usurario[22], en sentido lato, como ilícito; por este contrato la parte económicamente más fuerte o más experta, aprovechando el estado de necesidad, la inexperiencia o la ligereza de la otra, se hace prometer o dar en compensación de una prestación ventajas patrimoniales gravemente desproporcionadas al valor que aquélla representa. De cualquier modo, su sanción es solo la rescindibilidad del contrato. En cambio, son indudablemente ilícitas las convenciones que recogen el pacto de exención de la responsabilidad por dolo[23], las cláusulas de concurrencia que acarreen una excesiva limitación de la libertad personal[24], el pacto de una compensación pecuniaria para un comportamiento debido en virtud de obligación jurídica o que, por su

---

21 COVIELLO, *Parte gener.*, § 131 B; CAPITANT, *De la cause des obligations,* 1923, 11 y sigs., 231 y sigs., y la jurisprudencia francesa que cita en los nn. 110 y 111; en parte divergentes, CARNELUTTI, *Sistema,* II, 412 y sigs.: RIPERT, *Règle morale,* nn. 34-36; Cas. 21 marzo 1938 *(Rep. Foro,* 1938, voz Obbl. e contr.. n. 182).

22 La jurisprudencia considera que el negocio usurario debe declararse privado de efectos conforme a los arts. 1.119 y 1.122 Código civil de 1865, como fundado en una causa ilícita; en éste sentido, recientemente. Cas. 15 mayo 1940, e ídem 29 abril 1941 (*Foro,* 1941, I, 457 y 1.344). con otras referencias.

23 Últimamente: Cas. 29 julio 1938 (*Rep. Foro,* 1938, voz Obblig. e contr., número 189).

24 Recientemente, véase Cas. 20 abril 1942, n. 1.075 (*Mass. Foro,* 1942, 266): «El vínculo jurídico en las obligaciones ha de considerarse nulo cuando es tal que suprima de modo absoluto la libertad individual del deudor; pero es lícito cuando solo limite la actividad personal del deudor en orden a un determinado objeto y para un cierto lugar, aunque sea perpetuo».

misma naturaleza, escape a sanciones coercitivas y deba quedar esencialmente libre y espontáneo, aun para encaminarse en la dirección del deber[25]. No es ilícito, por el contrario, el pacto de una indemnización a la seducida, ni el análogo encaminado a cortar una relación ilegítima[26], determinada por el motivo de evitar un perjuicio considerado más grave. Del modo como se ha obtenido la conclusión del negocio, por ejemplo, bajo la presión del predominio económico de la parte contraria o la previsión de sanciones extrajurídicas, no se puede inferir, sin más, la ilicitud (más adelante, n. 56 B).

Por lo demás, debemos afirmar que cuando el Derecho se remite a las «buenas costumbres» para calificar como ilícita la «causa» (arts. 1.343, 1.345 Cód. civ.; cfr. art. 1.275 C. C. esp.), ello no significa de ningún modo una recepción de normas éticas y su transformación en normas jurídicas destinadas a llenar las lagunas del ordenamiento de Derecho privado. La remisión tiene aquí un carácter puramente sancionatorio y no ya recepticio, y es análoga, en nuestra opinión, a la que las normas del Derecho internacional privado hacen del Derecho extranjero al disciplinar algunas categorías de relaciones[27]. Puede decirse que las exigencias éticas comunes, concretándose en las buenas costumbres, asumen la forma de normas sociales, cuyo elemento objetivo es proporcionado por el uso o costumbre, mientras que el elemento subjetivo *(opinio necessitatis)*, radica en la convicción de su correspondencia con aquellas exigencias[28]. Pero no existe ninguna necesidad conceptual de postular una transformación de estas normas sociales en jurídicas, con objeto de justificar la calificación de ilicitud que su violación imprime al negocio. En efecto,

---

[25] Cfr. FERRARA, *Teoria del negozio illec.*, 2, 166 y sigs.; parcialmente en desacuerdo. COVIELLO, *Manuale*, § 131 B; conforme, PLANK-FLAD, loc. cit. Merece ser señalada una reciente jurisprudencia que ha considerado lícito el contrato por el que una firma comercial promete compensación pecuniaria a una persona que ha de hacerle obtener, por medio de recomendación, un determinado resultado de la Administración pública, a condición de que sean observadas las prescripciones legales y la recomendación influya en hacer conseguir para el recomendado lo que se proponía; cfr. Ap. Bolonia, 24 febrero 1941 (*Foro*, 1941, I, 1.175); Trib. Florencia, 22 julio 1938 (ibid., 1939, I, 689), con notas críticas de la Redacción; véanse también las observaciones críticas a estas última sentencia de F. FERRARA, en *Riv. dir. commerciale*, 1938, II, 484, y de F. P. FRISCOLI, en *Rivista italiana di diritto penale*, 1938, 641; BENETTINI, en *Il diritto commerciale*, 1940, II, 129.

[26] La jurisprudencia es constante en el sentido de que «se debe considerar ilícita la causa, y por ello, nula la obligación cuando la promesa de prestación, o la prestación, sea hecha para iniciar o continuar una ilegítima relación carnal, mientras que es lícita, y tiene, por ello, eficacia vinculante, la promesa o la prestación hecha para romper una relación culpable»; últimamente, Cas. 27 enero 1941. n. 271 *(Mass. Foro*, 1941, 54), e ídem 30 marzo 1942, n. 852 (ibid. 1942, 212). En el mismo sentido se manifiesta la jurisprudencia en Francia, según expresa RIPERT, *Régle morale*, n. 25.

[27] C. CODACCI-PISANELLI, *L'invalidità comme sanzione di norme non giuridiche*, 1940, 55 y sigs. Es de otra opinión CARNELUTTI, *Sistema*, II, 412; cfr. PICCARDI, en *Studi in onore di S. Romano*, I, 249 y sigs. Sin entrar en las polémicas estériles y a menudo escasamente decisivas de los especialistas en esta materia, basta tener presente que se trata de una remisión a la fuente productora de la norma en cuestión. Aquí, sin embargo, esta norma es ella misma jurídica, a diferencia de nuestro caso, en que es. y permanece, de orden moral.

[28] COVIELLO, *Manuale dir. civ.*, § 131 B.

esta calificación puede muy bien ser aneja a la violación de normas no jurídicas, que adquiere trascendencia jurídica en cuanto el Derecho la prevea y la acompañe de una sanción adecuada, tal como la invalidez.

La oposición del negocio a las buenas costumbres puede ser directa o indirecta. Es indirecta en los negocios abstractos, cuya estructura típica no corresponde, precisamente, a una función económico-social constante, y calla acerca del fin práctico al que el negocio puede en concreto servir, por lo cual, si el fin es contrario a las buenas costumbres, la ilicitud puede no ser reconocible en el contenido del negocio. Pero ello no significa que los negocios abstractos solo puedan chocar con las buenas costumbres cuando el fin ilícito haya, sido llevado a formar parte del contenido del negocio bajo forma de condición, o cuando el negocio abstracto sea elemento formativo o interdependiente de un negocio causal más amplio en el que la ilicitud se evidencia[29]. Significa solo que la ilicitud ofrece una influencia indirecta, como, en general, la causa en los negocios abstractos (n. 24).

En cuanto al elemento subjetivo de la ilicitud ha de considerarse, en general, que no requiere la conciencia de la pugna con las buenas costumbres y, por tanto, no se le suprime por la creencia de obrar legítimamente. En efecto, la ponderación moral, como la jurídica, de un acto, no es de competencia del agente, sino de las mismas normas de conducta y de la norma jurídica que formula sanciones para su infracción, siendo por ello independiente de la buena o mala conciencia del interesado.

Cuando al negocio con causa ilícita sea atribuida la sanción de nulidad, no solo no puede pretenderse su ejecución sino que es además negada la remoción de cuanto haya sido hecho para cumplirlo, y especialmente, la repetición de lo que se haya dado. En efecto, sentado que la ilicitud es común a ambas partes, no es admisible el requerimiento a la restitución, *in parí causa melior condicio possidentis*. Esta solución, ya antes adoptada por la jurisprudencia, se encuentra hoy codificada en el art. 2.035 (cfr.: arts. 1.305, 1.306 C. C. esp.)[30].

bb) La ilicitud *jurídica* de la causa ha de mantenerse diferenciada, tanto de la imposibilidad jurídica del objeto, sea absoluta o relativa (n. 47, *bis,* c), como de la ilegalidad del negocio, en su forma (*supra a) o* contenido (*supra b),* producida por la violación de los términos de una norma legal que establezca un requisito de forma, o una prohibición o limite que concierna a la autonomía privada. En efecto, en las hipótesis mencionadas el negocio ofrece ya en

[29] Así, PLANK-FLAD, *Kommuntar zum B. C. B.,* sobre el § 138, 3 b.

[30] La jurisprudencia se orientaba así ya durante la vigencia del viejo Código; véanse recientemente. Cas. 28 febrero 1940 (*Rep. Foro,* 1940, voz Obbl. e contr., número 96): ídem 26 mayo 1949 (*Foro,* 1939, I, 1.446); Ap. Milán, 18 febrero 1938 (*Rep. Foro,* 1938, voz cit., n. 184); Cas. 17 junio 1937 (*Foro,* 1938, 1, 357, con nota crítica de Biscardi, y en ella, otras referencias).

su estructura (elementos, forma, contenido) la señal inequívoca de su propia irregularidad, sin que sean precisas pesquisas sobre la causa y el interés concreto subyacente a ella. Solo en el caso de que haya sido realizado como negocio abstracto, la oposición de su contenido a alguna norma prohibitiva o limitativa de la ley no sería inmediatamente reconocible por su estructura, sino que debería ser destacada mediante una indagación de la relación interna, que incluiría también un examen de la causa. Pero prescindiendo de este caso, cuantas veces el acto del individuo se enfrenta directa y abiertamente con el precepto de la ley -hipótesis ésta en la que el acto se designa, propiamente, como *contrario a la ley*- no es necesario llegar a una indagación sobre la causa para reconocer la ilicitud jurídica del negocio (*supra b*). Pero esta necesidad surge, en cambio, cuando el acto privado, pese a salvar las apariencias y respetar la letra de la ley, logra violar su precepto en espíritu. En esta hipótesis, caracterizada precisamente por la necesidad de remontarse a la causa y al interés concreto bajo ella, el acto es propiamente calificado como *en fraude a la ley*[31]. No existe entonces una oposición entre la norma y el contenido preceptivo del acto, sino entre la norma y la causa, reconocida ésta en su concreta actuación, configurándose, mejor que una violación directa, resultante del tenor del acto, una violación indirecta y no aparente que, mientras respeta la letra de la norma, desvirtúa su finalidad o la elude, utilizando un instrumento legal en contra del destino que le es propio[32].

La comprobación de este vicio de la causa, contemplado en el art. 1.344 Código civil, envuelve un problema de interpretación de la norma que se presume violada. El de si es cometido del intérprete hallar, a través y más allá de los *verba legis*, la *sententia*, es decir, el contenido normativo de la ley, y proceder, frente a un acto aparentemente no atendido, a una interpretación extensiva de la prohibición legal que conduzca a considerar aquel acto como

---

[31] Sobre el obrar en fraudc a la ley, véanse: PEAFF, *Zur Lehre vom sogen, in fraudem legis agers*, 1892; MESSINA. "Sulla frode alla legge nel negozio giur. di diritto priv.», en *Circolo giur*, Palermo, 1907; ROTONDI, *Gli atti in frode alla leggi*, 1911; A. LIGEROPOULO, *Le probleme de la fraude a la loi (Etüde de droit prive, interne et international, de droit fiscal, penai et compare)*, 1928 (con otra bibliografia francesa, entre la que es notable una tesis de *Desbois*. de 1927); SCHLESS, «Mittelbare Stellvertretung u. Treuhand», en *Leipziger Studien*, 66, 1931, §§ 38-40, página: 98-118: mas bibliografia en Staudinger-Riezler, *Kommentar z. B. G. B.*. 10 ed., I, 567; MADAY, «Die sogen. Cesetzsumgchung. im Schweiz Obligationenr.», en *Abhandl. z. Schweiz. R., N. E*, 189, 1941; COVIELLO, *Man. dir. civ.*, § 131 A; DEIANA, *Motivi*, 60 y sigs.; FERRARA. *Conte*, 107; SCIALOJA, *Negozi giur.*, tercera ed., 333. Sobre el fraude a la ley en el Derecho Intern, priv.: *Fedozzi*, en *Riv. it. sc. giur.*, 1900, I, 354, III, 72; idem, *Dir. Internaz. priv.; Teorie generali e diritto civile*, 1935, 271 (bibliografia alli citada; también MONACO, «La frode alla I. come limite all'autonomia dei contraenti in ir. int. priv.», en *Temi emil.*, 1933, II, 145). Son especialmente notables los estudios de ROTONDI y LIGEROPOULO.

[32] LIGEROPOULO, *Le probléme*, cit., 74 y sigs., distingue dos formas en que el fraude puede ser ejecutado, según que se aprovechen instrumentos legales exteriores a la norma que se trata de eludir (y ello por medio de combinaciones licitas consentidas por otras normas, o haciendo valer una diferente, cuya aplicación es incompatible con aquélla), o bien se busque un apoyo en el tenor literal de la norma en contra de su espíritu.

sustancialmente previsto[33]. Puede ocurrir que la norma prohibitiva o limitativa afecte a un determinado resultado a través de determinados medios con los que puede ser conseguido; se plantea entonces al intérprete el problema de si las formas jurídicas recogidas por la norma representan solo una ejemplificación de los medios con los que se puede alcanzar aquel resultado práctico que ella quiere, de todos modos, impedir, o bien, si la disposición prohibitiva alcanza únicamente a los medios indicados, por razón de considerarlos más frecuentes, más peligrosos socialmente, o de cualquier modo, los únicos merecedores de sanción. En la primera hipótesis, se permite, y se impone, una interpretación extensiva de la prohibición legal, encaminada a acomodar la letra al espíritu, los medios al fin, y aquélla afectaría también a una violación indirecta u oblicua. Por el contrario, en la segunda hipótesis el veto legal no toleraría una interpretación extensiva[34]. Y por ello, aunque el acto en cuestión ofreciese una naturaleza y efectos análogos a aquellos de los tipos contemplados por la ley, y hasta hubiese sido realizado con la intención de sustraerse a la prohibición legal, no bastaría esto para comprenderlo bajo aquélla y justificar la nulidad. En la primera hipótesis, en cambio, la identidad sustancial del resultado práctico obtenido bastaría, pese a la divergencia de la situación jurídica que sirve de medio, para sentar la conclusión de que corresponde al supuesto legal de la prohibición. Piénsese, por ejemplo, en una venta con pacto de retracto (art. 1.500; cfr. art. 1.507 C. C. esp.) encaminada a realizar un pacto comisorio (arts. 1.963, 2.744). Por lo demás, es indiferente que la intención práctica sea mantenida rigurosamente oculta o sea hecha visible de algún modo, en la creencia de seguir un procedimiento regular[35].

En el caso de que el fraude a la ley, en lugar de usar por instrumento el esquema de un negocio jurídico, se valga del proceso, poniendo en obra una colusión, y determine una decisión judicial contraria a la verdadera situación de Derecho sustancial, la sanción del fraude no puede ser la nulidad el acto, que no tiene en sí su «causa», sino la impugnabilidad, con la revocación de las sentencias (art. 397, n. 2, Cód. proc. civ.). La revocación, en este caso, puede proponerse, en interés público, por el Ministerio fiscal, o sea, aquel mismo órgano que, en las funciones de alta información que se le atribuyen ante la Autoridad judicial, debe velar por los principios políticos y sociales de interpretación de la ley.

Sobre la trascendencia del elemento subjetivo en el negocio que se presume realizado en fraude a la ley ha de decirse que la intención hostil a ésta, si bien puede valorarse como un índice apto para poner sobre aviso al intérprete, no es, sin embargo, el elemento decisivo para la calificación de la causa como

---

33 ROTONDI, *Atti in frode alla legge,* 126 y sigs.; LIGEROPOLLO, *Le probléme de la fraude,* 76-98, 148; COVIELLO, loc. cit.

34 ROTONDI, *Atti in frode alla legge,* 136; Maday, *Gesetisumgehung,* 29 y sigs., 66 y sigs., 102 y sigs. Cfr. Cas. 30 junio 1941, sent. 1985, inéd., en *Rep. Foro,* EPGE, voz Frode e simul., 94-95.

35 LIGEROPOULO, *Le probléme de la fraude á le loi,* 112, n. 2; 143; 110; 74 y sigs.; difiere ROTONDI, 146.

ilícita[36]. O existe una correspondencia real entre el momento causal (o el resultado) del negocio y el objeto de la prohibición legal, y entonces se produce la sanción de la ley, cualquiera haya sido la intención del agente, aunque quizá éste no haya reparado en que viola una prohibición; o tal correspondencia no existe y entonces la sanción no puede aplicarse, pese a la mala conciencia o a la intención hostil a la ley. Lo decisivo para la nulidad es la contradicción al espíritu de la prohibición legal, tal como éste resulta de una correcta interpretación. No influye que el agente se encuentre en un error sobre el alcance de la prohibición, que su respeto por la lev sea sincero, o bien, hipócrita y farisaico. No influye, porque la apreciación de la conformidad del acto al precepto jurídico es de la exclusiva competencia de la ley y tarea de la interpretación, no ya del interesado.

Debiéndose aquí distinguir, como en todo comportamiento ilícito, un elemento objetivo y un elemento subjetivo, ha de negarse, sin embargo, que el elemento subjetivo deba caracterizarse necesariamente por una conciencia de la violación y configurarse como intencional o doloso en este sentido[37]. Aunque no pueda ser demostrada una intención contraria a la ley, la ilicitud el interés que busca satisfacción en el acto (interés subyacente a la causa) y con él, lo torcido del comportamiento, son igualmente hechos resaltar por la apreciación de la ley. Si la valoración jurídica del acto no es de la competencia del interesado es evidente que la buena o mala conciencia de éste no cuenta más que lo haría un motivo individua! cualquiera, y realmente resultaría absurdo hacer depender la calificación de ilicitud del rigor o la farisaica laxitud de criterios con que el interesado se juzga a sí mismo.

Según esta concepción objetiva la figura del fraude a la ley no tiene esencialmente otro sentido que el de una reacción con la que el Derecho combate un abuso de la función instrumental del negocio cuando a éste se le hace servir para una ilicitud indirecta. Ello explica cómo donde ha florecido la teoría del abuso del derecho[38] las dos figuras hayan sido aproximadas

---

36 Para una valoración crítica de las dos tendencias, objetiva y subjetiva, véase la larga discusión en ROTONDI, *Atti in frodé alla legge,* 134-159, y en LIGEROPOULO, *Le problema de la fraude á la loi,* 44-59, 112-114, los cuales consideran que el carácter intencional y consciente de la violación no es un elemento constante ni necesario del fraude a la ley, aunque constituya un indicio, con valor probatorio, de éste. A esta conclusión llegamos también nosotros, para el Derecho romano, en nuestro *Curso* 1940-41, págs. 35-51. Parcialmente, y en sustancia conforme, nos parece MADAY, *op. cit.*, 40 y sigs., el cual requiere una intención, pero no consciente de la calificación jurídica del comportamiento, sino dirigida al resultado práctico (que la ley reprueba) considerado en sí, admitiendo, equivocadamente, la trascendencia del motivo para la tutela de los sujetos de buena fe. Contra la construcción subjetiva. HEGEL, *Rechtphilosophie,* § 140, a.

37 También para MADAY, *Geselztsumgehung,* 40 y sigs., es decisiva la intención práctica y no la concomitante conciencia de la calificación jurídica del comportamiento como vulnerador de la ley.

38 Sobre todo, en Francia; a propósito. M. ROTONDI, «L'abuso del diritto», en *Riv. dir. civ.*, 1923, 105. 209. 417; RIPERT, *La régle morale del oblig.*, nn. 89-103, y los trabajos por él citados de SALEILLES y JOSSESAND; respecto al Derecho romano, véase la bibliografía citada en nuestras *Istituz.*, I, segunda ed., § 79. nota 21.

una a otra, y haya sido motivo de discusión el que el abuso del derecho se incluyese en la figura general del fraude a la ley, o viceversa, éste en aquél[39]. Solo que la teoría del abuso de los derechos, encuadrada en la fenomenología del Derecho, ha de considerarse más bien como un producto contingente de la imposibilidad en que se han encontrado las formas jurídicas de seguir de cerca el más acelerado y libre desenvolvimiento de la vida social, de adaptar las manifestaciones de ésta a sus esquemas tradicionales y colmar las lagunas dejadas por la aplicación de éstos. De otro lado, una vez que hemos excluido la identificación del negocio con el acto jurídico del ejercicio del derecho (n. 4), es obvio que el abuso del negocio no puede hacerse coincidir con el «abuso» del derecho, aunque en algún caso interfiera con éste. Conceptualmente, el abuso del derecho se refiere a una norma que es aplicada y hecha servir de medio a un fin que no es el suyo, mientras que el «fraus» concierne a una norma que es rodeada, evitada y relegada su aplicación, haciéndolo con otra en su lugar, al menos en la medida en que no es aplicada la primera. Por ello, la reacción de la ley frente al abuso del derecho es meramente negativa, y consiste en no concederle su tutela, mientras que su reacción al «fraus» es positiva, con la equiparación de la violación no aparente a la que fuera patente[40].

A más de la figura particular del acto concluido en fraude a la ley (art. 1.344 Cód. civ.) la deficiencia de la causa es contemplada por el Código en la fórmula general y tradicional de la «causa ilícita» (art. 1.343; cfr. art. 1.275 C. C. esp.) y en la hipótesis del contrato ilícito determinado por «motivo ilícito común a ambas partes» (art. 1.345). Sin descender aquí a una crítica de esta clasificación y formulación legislativa -evidentemente imprecisa y fuente de equívocos[41]- bastará destacar que la hipótesis del «motivo ilícito común» no representa en absoluto, como podría parecer, un supuesto distinto al de la causa ilícita, sino que está comprendida y absorbida en éste. Lo que importa es que el «motivo» no permanezca en el fuero interno de la conciencia individual (en cuyo caso, aun siendo ilícito, se mantendría irrelevante frente a la otra parte contrayente), sino que, hecho reconocible para la otra parte, haya sido compartido por ella y de este modo le sea imputable también. Entonces puede decirse que el motivo, a través del propósito práctico común llega a ser parte integrante de la causa del negocio, y que su ilicitud compromete la res-

39 Para una discusión de las relaciones entre las dos figuras: LIGEROPOULO, *Le probléme de la fraude á la loi,* 139-149. quien, en contra de DESBOIS, se pronuncia a favor de la identificación (144. 146 y sigs.) del fraude a la ley con el abuso de los derechos, cuando el abuso sea considerado, no del lado del sujeto del derecho ejercitado, sino desde el punto de vista de la norma jurídica, cuyo espíritu es violado con el ejercicio abusivo. Debemos también recordar aquí el exceso de poder estudiado por FERRI, en *Riv. dir. comm.,* 1934, 723 (con bibliografía).

40 Para la delimitación conceptual de las dos figuras, *Maday, Gesetzseumgehung,* 33 y sigs., 96 y sigs.

41 Nuestras notas, «Per la riforma del cid. civ. in materia patrim», en *Rendiconti R. Istit. Lomb.,* 1941, 364 y sigs.

ponsabilidad (n. 18) de *entrambas partes*[42]. De esta manera la fórmula de la causa ilícita, sin acarrear ninguna concesión al concepto subjetivista de la causa ya la confusión que identifica causa y motivo individual[43] tiene en cuenta la necesaria interferencia (que no es de ningún modo identidad) entre causa e intención y también la exigencia de tutelar, no cualquiera intención práctica, sino solo la que reúna ciertas cualidades[44]. La condición ilícita de la causa no resulta de una contraposición entre causa en sentido objetivo -que sería siempre lícita- y «causa en sentido subjetivo» que, por el contrario, puede también ser ilícita, sino de un cotejo entre la causa en sí -concebida *abstractamente*, prescindiendo de su concreta puesta en acción-- y la causa estimada *en su concreto funcionamiento*, y, por tanto, encuadrada por las circunstancias específicas del negocio en cuestión. La contradicción que se expresa con el calificativo de ilícito existe, en suma, no entre causa objetiva y una pretendida «causa subjetiva», que no tendría sentido, sino entre consideración *abstracta* y consideración *concreta* de la causa en su funcionamiento práctico.

La ¡licitud jurídica de la causa es producida justamente por el hecho, que fácilmente ocurre, de que la determinación causal de quien realiza el negocio -y en particular, la intención práctica común de los contrayentes, cuando el negocio sea un contrato- se dirija a un resultado contrario a normas imperativas de ley o al orden público (art. 1.343 Cód. civ.; cfr. art. 1.275 C. C. esp.) La ilicitud del fin práctico inmediato, es decir, del interés concreto subyacente a la causa, se comunica a ésta, se refleja sobre ella y transforma el negocio en instrumento de fines cuya actuación es reprobada y combatida por el orden jurídico. También se tiene entonces, sustancialmente, un *abuso de La función instrumental del negocio*, ya que éste -que como tipo de acto es puesto a disposición de los individuos para servir a una función socialmente útil (cap. III)- es empleado en contra de su destino típico y hecho servir a la obtención de fines que, lejos de gozar el favor y tutela del Derecho, son por éste reprobados y combatidos (por ejemplo, acaparamiento o dispersión, en lugar de beneficiosa circulación de bienes).

---

42 La jurisprudencia ha decidido: Que cuando uno de los contrayentes, actuando en calidad de ciudadano particular, pone en acción la influencia adquirida por medio de cargos públicos de que esté revestido para facilitar actividades ajenas, haciendo obtener ventajas que, de otro modo, no pudieran conseguirse, despliega actividad *contra ius*. También: Que la ilicitud del motivo que haya inducido a uno de los sujetos a contraer el *vinculum*, cuando no haya sido objetivado en éste, no influye sobre la validez del contrato. Un contrato objetivamente lícito no puede ser anulado por motivos ilícitos, si por lo menos uno de ellos no se ha exteriorizado, de forma que constituya, también para el otro sujeto, el fin que le haya decidido a comprometer su actividad. Así, Cas. 28 mayo 1942. n. 1441 *(Mass. Foro*, 1942, col. 349).

43 En esta confusión incurre especialmente RIPERT, *La régle morale des obligations*, nn. 34-36, cuando reduce a una simple «cuestión de prueba» (pág. 70) la distinción entre intención común y motivo individual del contrayente, desconociendo del todo la trascendencia social de la circunstancia de que el motivo sea reconocible por la parte contraria y compartido por ella (CAPITANT, *De la cause des obligations*, II y sigs., 231 y sigs.).

44 FERRARA, *Negozio illecito*, 75.

El modo en que la ilicitud del interés individual subyacente en cada caso a la causa pueda comunicarse a ésta y hacerla ilícita, es un fenómeno que resultaría incomprensible si no se tuviese presente (*supra* n. 21) que, normalmente, la causa típica se torna momento integrante del mismo proceso volitivo, el motivo final entre aquellos que interesan la voluntad y la conducen a proponerse como fin el resultado práctico del negocio. Si la causa típica se hace parte integrante del proceso volitivo, se comprende bien que ella, enlazándose al interés individual del agente, forme, conjuntamente con los motivos que lo determinan, una sola cadena psicológica cuyos anillos no son fácilmente discernibles unos de otros. Y cuando los motivos propiamente determinantes, perceptibles en el contenido del negocio unilateral (arts. 626, 788 Cód. civ.), o comunes a ambas partes contrayentes (art. 1.345 Cód. civ.), tengan carácter ilícito, no existe ya razón de que sean separados de la causa y considerados indiferentes para el Derecho, porque éste no puede desinteresarse del hecho de que el negocio sirva, contra su destino, de instrumento para alcanzar un resultado que desaprueba. Se impone entonces la exigencia de apreciar el negocio según el valor social de los intereses que por su medio buscan satisfacción, considerando la causa en su concreta conexión con aquéllos, y no ya abstracta y típicamente.

Para que la ilicitud del momento causal sea influyente se precisa, aún, que en el negocio bilateral la determinación ilícita sea común a ambas partes (art. 1.345 Cód. civ.) y que en el negocio unilateral (arts. 626. 78S Código civ.) sea reconocible por el contenido o por las circunstancias en que el negocio se inserta. Pero razonaría equivocadamente[45] quien, del hecho de que en los negocios abstractos la causa subyacente no es ostensible en el contenido del contrato quisiera colegir que la ilicitud de la causa no entra en cuestión sino cuando ésta sea llevada a formar parte del contenido. Para alcanzar influencia indirecta basta que la ilicitud resulte de circunstancias que también pueden ser extrañas a este contenido; entonces la determinación causal ¡lícita es, por ello mismo, inidónea para justificar la tutela jurídica[46].

La situación de contraste, consciente o no, en que se coloca la determinación causal del individuo respecto a la ley o al orden público y que motiva se la considere jurídicamente ilícita, reclama alguna aclaración sobre la fórmula del *orden público*[47] y la consiguiente extensión del concepto de ilicitud jurídica.

---

45 Cfr. PLANK-FLAD, *Kommmtar,* I; ídem, *Allgem. Teil,* sobre el § 138, 3 b.

46 FERRARA. *Simulazione.* 11 y sigs.

47 Sobre esta noción: *RIPERT, Le redime democratique et le droit civil moderne,* 1936, 273 y sigs.; JULLIOT DE LA MORANDIERE, «L'ordre public en droit privé interne», en *Eludes Capitant,* 381-401, 3S5; KAHS, «Die Lehre rom Prohibiüvgesetze», en *Abhandlungen,* 1928, I, 161-254; bibliografía en *FEDOZZI, Contratti,* 121: nuestras indicaciones en *Rendic. Ist. Lomb.,* 1941, 329, 313. Para una aplicación: CANDIAN, en *Riv. dir. priv.,* 1932, II, 43. «El concepto de orden público es esencialmente relativo e histórico; varía para los distintos ordenamientos políticos y jurídicos, en el espacio y en el tiempo. Corresponde a la atenta y penetrante intuición del Juez identificar su contenido y fijar sus contornos, valorando las disposiciones especiales de la ley, el sistema general del Derecho, las necesidades de la vida que, en relación a las condiciones políticas y sociales del momento, pretende asegurar el orden jurídico», Así, Cas. 21 febrero 1940, en la motivación (*Foro it.,* 1940,1, 393).

La fórmula, no acogida en los Códigos de tipo germánico por su indeterminación, corresponde, como se ha advertido (nn. 6, 8, 20) a una noción, de contenido elástico e históricamente variable, que la ciencia jurídica de los países de tradición latina ha elaborado, para cristalizar en torno a ella todas las normas de interés político que exigen observancia incondicional y no son derogables por disposición privada. En la nueva concepción dinámica y positiva afirmada por el Estado fascista, el orden público comprende también, como parte esencial, el orden corporativo (disp. prel. 31 § 2.º), en cuanto se encamina éste a mantener entre los individuos una solidaridad operante en el proceso de la producción y obtener la constante conexión entre ellos y el cuerpo social. Ensanchada así la noción del orden público, también la correlativa noción de la ilicitud de cualquier comportamiento que lo viole sufre una extensión correspondiente. Ilícito no es ya solamente el comportamiento que pugne con una específica norma imperativa o prohibitiva, sino también aquel que, haciendo actuar el mecanismo del negocio, contravenga la típica función de interés social a que él está desuñado. Piénsese, por ejemplo, en una compraventa para acaparamiento, dirigida a sustraer una clase de mercancías, por un período más o menos largo, al ciclo de la economía colectiva, o a alterar las condiciones normales de mercado indispensables para una beneficiosa circulación de los bienes. O en consorcios industriales que, en lugar de responder a las superiores exigencias de la producción o de la venta, tiendan a alterar las naturales condiciones de la concurrencia y a crear una artificiosa situación de monopolio. En tales casos, el propósito especulativo de las partes rebasa la medida de lo que puede considerarse lícito, porque choca con elementales principios del orden corporativo que han penetrado ya profundamente en la conciencia colectiva[48]. El interés social a que responden aquellos principios conduce a calificar de ¡lícitas las aplicaciones de la autonomía privada que estén en contradicción con ellos, las que solo una concepción individualista y atomista de la libertad contractual podía reconocer lícitas. Los tipos de negocios que el orden jurídico pone a disposición de los individuos no pueden constituir cómodos apoyos é instrumentos para el logro de intereses antisociales e inciviles.

II. La hipótesis de la ilicitud que puede comunicarse a la causa por el interés concreto subyacente se distingue conceptualmente de la hipótesis de la ausencia de causa[49], de una causa *idónea* por sí *para justificar la tutela del Derecho,* a más de realizable en concreto. Prescindiendo de este último punto, que atañe

---

[48] El art. 2.619 prevé para los consorcios una vigilancia y una sanción administrativa que puede llegar hasta su disolución.

[49] Guarda simetría con el requisito de la existencia de la causa enunciada en el art. 1.355. n. 2. La eficacia de tal requisito es impugnada, sustancialmente, por quien –como M. S. MASON, «The utilicy of consideration– a comparative view», en *Columbia law review,* 1941. 826 y sigs., asigna a la causa la modesta función de proporcionar un simple indicio (útil, pero no necesario) por el que reconocer la regular actuación de la intención onerosa o gratuita y el carácter esencial o no de ciertas modalidades, igualmente en orden a la carga de la prueba.

a la concreta asequibilidad del resultado económico social contemplado por las partes, conviene aquí volver a advertir que la ausencia de causa comprende tanto el caso de inexistencia absoluta de causa típica como el de su inidoneidad para la tutela jurídica. La falta de causa idónea es más saliente cuando el contrato concluido no responda a alguno de los tipos contractuales nominados y dotados de una particular disciplina jurídica; pero puede presentarse también cuando responda a alguno de los tipos abstractos, sin cumplir, sin embargo, en concreto, su finalidad. Para comprender bien este punto es preciso recordar que es tendencia constante de la nueva legislación la de inspirar en finalidades sociales toda la función normativa del Derecho; deriva de ello que no basta alargar la noción de la ilicitud de la causa, sino que es necesario requerir la positiva conformidad de los negocios realizados a funciones de interés social, capaces de ser, como tales, clasificadas por tipos, aunque innominados y no resumibles dentro de los esquemas tradicionales (n. 23). .Ahora bien, puede ocurrir que, de hecho, se celebre un negocio que no se identifique con ninguno de los tipos nominados, y se plantee la cuestión de si responde a alguna de aquellas funciones; o bien, que el negocio realizado, pese a pertenecer a uno de aquellos tipos, se encamine a un fin práctico que, sin poderse calificar de ilícito, haya de juzgarse, según la apreciación común de la conciencia social, como frívolo, fútil o improductivo desde el punto de vista de la generalidad de los componentes de la Sociedad. La experiencia de cada día nos presenta casos de negocios no ilícitos en sí, pero frívolos, dirigidos únicamente a satisfacer la vanidad o la avidez de quien recurre a ellos. Piénsese, por ejemplo, en un testamento por el cual alguien desune sus bienes a fines no ilícitos, pero sí socialmente vacuos o improductivos (mantenimiento de animales, celebración de ciertas solemnidades, construcción excesivamente dispendiosa de monumentos sepulcrales). O en un contrato por el que uno consienta, mediante compensación, en abstenerse de una actividad productiva o, en general, un abuso de pactos de no concurrencia; también un contrato en que se convenga una aplicación estéril de la actividad propia al servicio de otros, o una gestión antieconómica o destructiva de un bien sujeto a su libre disposición, y ello sin una razón socialmente plausible, únicamente para proporcionar a la otra parte una posición inicial de ventaja en la lucha de la concurrencia económica y profesional. Es obvio que un régimen que pretenda potencializar las energías e iniciativas individuales y tutelar el incremento de la producción colectiva debe ser llevado a considerar semejantes contratos -aunque no sean inmorales en el sentido de pugnar con las buenas costumbres- como no merecedores de la tutela jurídica. Pero no se niega ésta a través de la calificación de ilicitud, puesto que es lícita en sí toda disminución de un bien disponible que se produzca mediante compensación y con el consentimiento del interesado, siempre que las buenas costumbres o el orden público no sean afectados. Imaginemos un acuerdo de monopolio entre productores, que tienda a alterar las condiciones del mercado, por ejemplo, imponiendo a los coligados ciertos precios en daño de los consumidores (hipótesis que alguno califica de contrato «*en* daño de terceros»). También aquí se puede rozar la ilicitud sin caer en ella.

Que la autonomía privada deba someterse a un control de la conciencia social, y por tanto del Juez, referente al punto de si persigue intereses conformes a ciertos principios elementales de la sociabilidad y merecedores por ello de la tutela jurídica, es cosa evidente, sobre todo para aquellos negocios que no respondan a alguno de los tipos que gozan de una particular disciplina legislativa (art. 1.322 § 2.º; cfr. art. 1.255 C. C. esp.). En efecto, como ya se advirtió (n. 23), las causas de tales negocios carentes, por así decirlo, de un reconocimiento de la ley, deben, de todos modos, ser admitidas por la conciencia social como correspondientes a una exigencia práctica duradera, a una función de interés social. Y si, respecto a los negocios nominados y dotados de una propia disciplina legal, el control sobre la idoneidad de la causa se puede considerar como ya hecho por el legislador, abstractamente y en el terreno de los principios, cuando ha configurado su tipo, y solo ha de renovarse por el Juez en aquellos casos que se estimen excepcionales, por el contrario, en los negocios que no respondan a tipos legales, la idoneidad de la causa ha de ser comprobada por el juez en cada caso concreto. Cierto es, sin embargo, que el juicio sobre la existencia de una causa idónea en el negocio desprovisto de una propia denominación y disciplina legal se resume en el reconocimiento de la conformidad de aquélla a un interés social relativo a la circulación de bienes y servicios[50] que, por tanto, puede conformarse según categorías generales, por tipos de carácter económico-social. En este sentido, el juicio de idoneidad es siempre juicio de correspondencia a una típica destinación económico-social, juicio de correspondencia a un tipo.

Un caso decidido por la jurisprudencia que atañe propiamente a la existencia de una causa idónea se presenta en la promesa no formal de cumplimiento de una obligación natural[51]. Como es sabido, la ley reconoce a determinadas relaciones el valor de causa justificativa de un cumplimiento *(causa solvendi),* sin que por ello las estime causas justificativas de una obligación. La diferencia entre una y otra estimación se funda en la diferente posición de quien dispone y quien se obliga (n. 35). Cuando alguien, disponiendo, se despoja, en el momento, de un derecho, ha de apreciarse, sobre todo, si ha querido perder; interesa menos, en cambio, saber por qué causa haya querido perder, ya que, sentado que la voluntad de perder sea cierta, es casi siempre posible justificar esta voluntad bajo el perfil de la renuncia o de la donación. Cuando,

---

[50] *Supra.* n. 23; STAMPE, „Causa u. abstrakte Geschäfte», en *Zeifschr.. f. Handelsr.,* 1904, 387 y sigs.; WIEACKER, «Leistungbeziehungen ohne Vereinbarung», en *Zeischr. d. Akad. f. deut. R.,* 1943, 33, y la bibliografla por cl citada.

[51] Últimamente, Cas. 29 enero-15 marzo 1943 (§ 24. n. 19), que casa la de la Ap. Bolonia. 24 mayo 1941. en *Riv. dir. comun.,* 1941, II, 332, estableciendo que ni la confesión ni la promesa de cumplimiento convierten en civil un débito natural; también Cs.; 4 julio 1938, en *Foro it.,* 1939. I. 39. con nota de NICOLÓ. *No* puede sin embargo sostenerse, salvo *por* quien acepte sin discusión el dogma de la voluntad (n. 3), la afirmación de NICOLÓ, *Riv. dir. comm.,* 1939, II, 15 de que «el problema de la causa de la obligación se identifica con el problema de la interpretación de la voluntad contractual y se resuelve en la búsqueda de lo que las partes han querido efectivamente y de la calificación jurídica».

por el contrario, alguien asume una obligación hacia otros, no basta, en general, que él haya «querido» obligarse, porque una voluntad abstracta de obligarse no basta para dar razón de sí, sino que es preciso ver si la obligación está justificada por el tipo de contrato de que se deriva o, de cualquier modo, se fundamenta en un interés merecedor de tutela jurídica (art. 1.322 § 2.º). .Ahora bien, respecto a los deberes puramente morales es tan adecuada la espontaneidad del cumplimiento (arts. 627, 590, 799) como inadecuada la asunción de un vínculo jurídico, y ello explica por qué la ley limita la eficacia de la obligación natural al caso de que haya sido espontáneamente cumplida (en este sentido, explícitamente, el art. 2.034 § 2.º nuevo Cód.; cfr. art. 1.901 C. C. esp.).

El criterio de la idoneidad de la causa puede además aportar, con 12LS ideas dominantes en la conciencia social moderna, un camino para resolver la cuestión de la eficacia vinculante de negocios relativos a las prestaciones llamadas de cortesía[52].

50. *Divergencia consciente entre la intención práctica* y *la causa típica del negocio: simulación* y *figuras afmes*[53].- Como resulta del precedente examen, la apreciación de los vicios que afectan a la causa, a diferencia de la de los vicios que atañen a la forma y el contenido, no puede prescindir del elemento subjetivo, debiendo tener en cuenta la posición que adopta la voluntad y, más precisamente, la determinación causal, respecto a la causa o función del negocio. Bajo este aspecto, viene a colocarse sobre el mismo plano de los vicios que afectan a la causa el fenómeno de la divergencia consciente entre la causa típica del negocio y la determinación causal, es decir, la intención práctica concretamente perseguida. Que la intención práctica de la parte corresponda al tipo de negocio elegido es un hecho normal (n. 21) pero no constante, ni necesario; puede ocurrir, en efecto, que el negocio sea puesto en acción como medio para alcanzar un fin distinto de aquel que su causa representa; fin que puede ser asequible con un negocio de upo diferente, o también, imposible de alcanzar con los medios ofrecidos por la ley. Se produce aquí, nuevamente (*supra* n. 49 b), un abuso de la función instrumental del negocio, en cuanto se le hace

---

52 DANZ, *Auslegung d. Rechtsgesch.*, segunda ed., 116-118; PERETTI-GRIVA, «Sulle prestazioni c. d. di cortesia», en *Studi D'Amelio*, III, 96 y sigs.; VASALLI, *Teoria dei negozi giur.* (sumario), 55, 61. Es interesante la jurisprudencia sobre el § 676 Código civil alemán. excluyendo toda responsabilidad por consejos ofrecidos (*Das B. G. B. mit. Ber. d. Rechtsspr. d. R. gerichls*, tercera ed., 1921, I, 307).

53 V., además de los tratados generales citados en el cap. I, FERRARA, *Della simulazione dei negozi giuridici*, quinta ed., 1922, con la bibliografía que cita: especialmente, KOHLER, «Studien über Mentalreservation u. Simulation», en *Jahrbücher, f. d. Dogm.*, 16, 1S78, 140 y sigs.: 331; 13, 1880, 129; LEHRBUCH, *I*, 1906, § 218; STAUDINGER-RIEZLER, *Kommentar z. B. G. B.*, 10 ed., sobre el § 117. I, 561; MADAY, *Die sogen. Gesetzesumgehung*, 1941. 34 y sigs.. 106 y sigs.; RUBINO, *Il negozio indiretto*, 1937, 74 y sigs.; MESSINA, «La simulazione assoluta»-, en *Riv. dir. comm.*, 1907, 393 y sigs.; 500; 1908, 10; FERRARA, ibid., 1908. 460 y sigs.; 550; GRECO, ibid., 1932, 757 y sigs.; CARNELUTTI, *Sistema*, II, n. 515, 520; VERGA, *Errore e respons.*, 219. en nota y pr. allí citada, bibliografía citada en § 40.

servir a la obtención de un fin que no es el suyo, aunque pueda ser perfectamente lícito (a diferencia de *supra* n. 49, b, cfr. n. 40). La discrepancia entre la causa típica del negocio elegido y la intención práctica perseguida en concreto puede configurar una verdadera *incompatibilidad.*, y entonces se presenta el fenómeno de la simulación. Pero puede también ofrecer el carácter de una simple *incongruencia* o discordancia entre fines que son entre sí compatibles, y entonces tenemos el fenómeno del negocio indirecto o el del negocio fiduciario[54]. La incompatibilidad excluye toda verdadera correspondencia entre la causa típica del negocio y la determinación causal de la parte, por lo que puede parecer aquí que el negocio no haya sido querido en realidad, sino solo en apariencia; no así, en cambio, la simple incongruencia. Es necesario, con todo, agregar que la incompatibilidad no es algo absoluto y exteriormente constatable, sino el producto, esencialmente relativo, de una valoración contingente que depende de las concepciones dominantes en la conciencia social. Ofrece un instructivo ejemplo de esta relatividad la norma del art. 1.526 § último, que prevé la hipótesis de una venta con reserva de la propiedad construida como un contrato de arrendamiento con el pacto de que la propiedad de la cosa sea adquirida por el arrendatario al término de aquél, en compensación a los alquileres convenidos y pagados. Es evidente que aquí es igualmente posible construir la venta a que se dirige la intención práctica de las partes como negocio simulado o como negocio indirecto, dado que, si bien existe una incompatibilidad lógica no hay una verdadera incompatibilidad práctica. Se deriva de ello que la distinción, convencional y puramente dogmática, entre negocio simulado y negocio indirecto no tiene nada de absoluto y fijo, ni puede aspirar al rigor científico de otras clasificaciones[55].

Pero también en otro sentido el problema de la simulación se presenta con caracteres de relatividad. Desde el punto de vista político-legislativo el tratamiento de esta anormalidad debe remitirse al modo de ver y sentir corriente y a las concepciones dominantes en la conciencia social de un determinado ambiente histórico; y en tales concepciones precisa apoyarse para aclarar si y hasta qué punto el negocio haya de considerarse utilizado para un fin que no es el suyo y presenta los caracteres de la simulación. En la fenomenología del Derecho, un estudio comparativo de los diferentes sistemas sugiere y confirma el siguiente criterio. Refiriéndose a una sociedad históricamente determinada, cuanta mayor sinceridad y claridad suela exigirse en las relaciones sociales, tanto menos propenso se será a atribuir eficacia social y jurídica a una intención voluntariamente oculta o no manifestada de modo sincero y adecuado. Viceversa, cuanto más tolerante y elástica sea, en las rela-

---

[54] Cfr. por afinidad de encuadramiento sistemático, CARNELUTTI, *Sistema,* II, n. 515, 520. Al plantearse cuestiones de fenomenología histórica del Derecho debe adoptarse necesariamente un concepto de simulación bastante más lato: nuestro *Diritto romano,* I, 277 y sigs., y en *Festchr. Koschaker,* I, 298. Otra dirección, GRASSETTI, en *Riv. dir comm.,* 1936. 359 y sigs.

[55] Cfr. el caso presentado por TUHR, *Allgem. Teil,* III, n. 197, 66.

ciones sociales, la exigencia de hablar claro, cuanto más tiendan las costumbres sociales a considerar norma de «buena educación» el velar la expresión del propio pensamiento, tanto más propenso será el Derecho a tomar en consideración un alejamiento entre la intención y su configuración exterior, tanto más se inclinará a admitir la admisibilidad de propósitos que sean manifestados en forma indirecta y de motivos que apenas hayan franqueado el umbral del foro interior; y será indulgente en el tratamiento de ciertas reticencias y formas de inercia mental. Semejante modo de ver conduce, naturalmente, a tratar la simulación no ya como un vicio del negocio, sino como una forma de lenguaje de jerga, en el cual lo que debe tener valor social y jurídico entre las partes no es el signo empleado, sino, directamente, la alusión contenida en él. Ello, en sustancia, lleva a negar todo motivo de distinción entre negocio simulado y negocio indirecto o fiduciario y hace que no pueda plantearse propiamente un problema de la simulación[56]. Si no andamos errados, éste es justamente el punto de vista del Derecho inglés, el cual no conoce un problema de la simulación, ni admite diferencia alguna entre negocio simulado y negocio fiduciario o negocio indirecto[57] y, en correlación psicológica con tal postura, considera perfectamente lícita la reticencia *(non disclosure)* en una serie de situaciones en que los Derechos continentales europeos la estiman como una incorrección[58], al contrario, admite como influyente el error sobre motivos meramente individuales apenas reconocibles y también la llamada condición implícita[59].

Existe simulación cuando las partes de un negocio bilateral, de acuerdo entre ellas –o el autor de una declaración con destinatario determinado en inteligencia con éste– dictan una regulación de intereses distinta de la que

---

[56] Nuestras indicaciones en «Trattamento del neg. simulato nel dir. classico e in quello giustinianeo», en *Atti del IV congresso naz. di studi romani*, 1937.

[57] Instructiva a este respecto es la institución del trust, en su génesis histórica y su disciplina positiva: MAITLAND, «Trust and corporation», en los *Collected papers*, 1909. III, 321-401 (ya en *Zeitschr. J. d. Privat u. öff. R. del Grünhut*, 32); FRANCESCHELI, *Il trust nel dir ingl.*, 1936; TUHR, *Allgem. Teil*, II, 72, n. 23 a. Solo en materia de títulos de crédito se distingue la Firma de favor *(accommodation bill)*, caracterizada por la falta de *consideration* (LEAKE, *Principles of contracta*, octava ed., 40), y que es, sin embargo vinculante hacia el tercer poseedor (WHARTON, *Lexicon*, 14 ed., 13).

[58] La regla general es que en la negociación de un contrato las partes no tienen, de ningún modo, el deber de hablar abiertamente, y que, por tanto, la reticencia es lícita. en principio, excepto en los llamados contratos *uberrimae fidei: Stephen's, Commentaries*, cit., III, 59 y sigs., 62, 116 y sigs.; POLLOCK, *Principles of contract*, 10 ed., 1936, 530 y sigs.; LEAKE, *Principles*, cit.. 247; para la diferencia en este punto del Derecho romano y continental europeo: BUCKLAND y MAC NAIR, *Roman Law and common Law, a comparison in outline*, 1936, 158, 215.

[59] Sobre la trascendencia de motivos individuales escasamente reconocibles, en cuando ellos dé lugar a una *misrepresentation* o puedan incluirse en la figura de la *implied condition: Stephen's Commentaires*, cit., III, 50 y sigs., 62, 116 y sigs.; POLLOCK, *Principles*, cit., 299 y sigs., 525 y sigs.; TRABUCHI, *Dolo*, 181, n. 2. No se puede verdaderamente decir que este sistema sea adecuado para promover la claridad y la sinceridad entre contrayentes o para tutelar la recíproca confianza; la eficacia de la *misrepresentation* para una parte constituye un correctivo bastante imperfecto de la licitud de reticencias para la otra.

piensan observar en sus relaciones, persiguiendo a través del negocio un fin (disimulado) divergente de su causa típica. Fin divergente que a) puede ser también de autonomía privada, caracterizando un tipo de negocio diferente al simulado, o b) puede ser de naturaleza contraria, extraño al cometido de la autonomía privada. En la primera hipótesis (a), la simulación se acostumbra a denominar relativa (por ejemplo, se celebra una venta para un fin de donación, o una venta con facultad de retracto para un fin de mutuo con garantía real). En la segunda hipótesis (b), en la que la intención práctica de las partes no se dirige a ningún negocio, la simulación se suele llamar absoluta (por ejemplo, se realiza una enajenación sin ninguna causa que pueda justificarla; solo para sustraer a los acreedores la garantía constituida por los bienes del deudor).

A la simulación podemos aproximar, dentro de una consideración puramente lógica, la reserva mental, que se produce cuando el autor del negocio declara o actúa una regulación de intereses que íntimamente no quiere, tratando de privar al acto propio, con el contrario querer interno, del valor vinculante que demuestra atribuirle[60]. Ciertamente, existe una analogía en el hecho psicológico de que la determinación de voluntad correspondiente a la causa típica del negocio es suplantada por una determinación encaminada a un fin diferente. Pero se trata aquí de un fenómeno (voluntad *negativa* de los efectos jurídicos) que pertenece exclusivamente al foro interno, y que, a la luz de una firme concepción de la autonomía y de la autorresponsabilidad privada, forzosamente ha de ser apreciada (n. 18) con severidad. No es necesario, para reconocer este fenómeno como carente de toda trascendencia social, una explícita disciplina legislativa, sino que basta recordar que los efectos jurídicos no dependen positivamente de la voluntad del interesado ni pueden ser excluidos por una voluntad puramente interna (nn. 6, 16, 19), y tener presente la noción del negocio jurídico según la concepción objetiva que hemos expuesto (cap. I)[61].

La simulación puede servir para encubrir una ¡licitud y ser utilizada para Fines de fraude; tanto fraude a la ley como fraude en daño de otros individuos, acreedores de quien realiza el negocio u otros que tuvieran eventualmente derechos hacia él. Pero, prescindiendo de la observación[62] de que puede existir simulación sin fraude y, viceversa, fraude sin simulación, bastará aquí destacar que se trata de dos calificaciones heterogéneas, dependientes de dos diferentes aspectos bajo los que puede ser considerado el negocio. El fraude y, en general, la ilicitud, expresan una calificación del interés que busca en concreto satisfacción por el negocio, valorado en conexión con la causa típica. La simulación, por el contrario, expresa simplemente una divergencia entre aquel interés y la causa.

---

60 PESTALOZZA, *Begriff der Mentalreservation im Sinne des § 116 B. G. B.*, 1904 WOLFF, en *Iherings Jahrb. f d. Dogm.*, 81, 1931, 53 y sig., 158 y sigs., y la bibliografía por el citada.

61 KOHLER, *Lehrb.*, I, § 218; HENLE, *Lehrb.*, I, 225 y sigs.; CARNELUTTI, *Sistema*, II, 406.

62 CARNELUTTI, *Sistema*, II, 407 y SIGS.; LIGEROPOULO, *Le problème de la fraude*, 31 y sigs.

La teoría que considera el negocio jurídico como la simple revelación exterior de una voluntad interna que posee una existencia propia y distinta, conduce también a considerar desde una falsa perspectiva el fenómeno de la simulación, y especialmente, de la simulación llamada relativa. Lo concibe como una forma de divergencia entre la manifestación y la voluntad interior que se trataba de manifestar, asumiendo el mismo aspecto del error obstativo, excepto en que se sigue para su tratamiento un criterio algo diferente. En la simulación relativa, que se presenta cuando, de todos modos, la intención práctica de las partes se dirige a una función económico-social de competencia de la autonomía privada, demostrar la simulación significaría provocar la «caída de un velo» para así, «dejar intacta la relación verdadera»[63]. Esta visión acarrea la consecuencia de materializar en una rígida separación conceptual la diferencia, en sí elástica y móvil, entre negocio simulado, de una parte, y negocio indirecto (y fiduciario) de la otra, haciendo referencia a una problemática «voluntad dirigida a los efectos jurídicos» que se superpondría a la intención práctica. En el negocio simulado faltaría una tal voluntad, o sea, los efectos jurídicos no serían «realmente queridos», y sí lo serían en cambio («queridos») en el negocio indirecto[64]. En realidad, si los efectos jurídicos hubiesen sido positivamente excluidos, no se explicaría que ellos puedan producirse, bajo ciertos aspectos y en determinadas direcciones (como, para ofrecer un solo ejemplo, la enajenación simulada de un bien hereditario implique aceptación tácita de la herencia). En particular, tratándose de la simulación llamada relativa, no se explicaría lo que igualmente se reconoce: Que el negocio disimulado en tanto es eficaz en cuanto que el simulado reúna en sí los requisitos de existencia y validez, conforme a la carga de utilizar medios idóneos que incumbe a las partes. Si esto es cierto, significa que los elementos y presupuestos del negocio simulado son también, al menos en parte, elementos y presupuestos del negocio disimulado y, por tanto, no constituyen solamente un obstáculo, sino también -demostrado el acuerdo simulatorio- un medio, un vehículo para llegar hasta él[65]. En verdad. si no existiese un nexo entre el negocio simulado y el fin disimulado -nexo no solo de contemporaneidad, sino de contextura psicológica y lógica, no solo genético, sino también funcional[66]- las partes no tendrían ninguna razón para servirse del uno como medio de alcanzar el otro. De hecho, el nexo existe -nexo positivo y no puramente

---

[63] Por todos. FERRARA, *Della simulazione dei neg. giur.*, quinta ed., 175 y sigs., 243 y sigs., 248.

[64] FERRARA, *Simulazione,* 179 y sigs.; cfr. GRASSETTI, en *Riv. dir. comm.*, 1936, 361 y sigs.

[65] El fenómeno puede ser iluminado también por la construcción que propone KOHLER en *Jherings Jahrb.*, 16, 98-99, distinguiendo el todo, el conjunto, el contexto - que comprende también el acuerdo simulatorio- del fragmento constituido por el negocio simulado tomado en sí, aisladamente (cfr. en este orden de ideas: SALEILLES, *Déclar.*, en el art. 138, n. 30, sobre el 133, n. 61 y 63).

[66] Cfr. KOHLER, en *Jherings Jahrb.*, 16, 137 y sigs. La existencia del nexo en cuestión se justifica -a la luz de una vigorosa concepción de la autorresponsabilidad privada (n. 18)- con la conclusión de que quien quiere el fin quiere también el medio (CARIOTA-FERRARA, *Beg. fid.*, 135 y sigs.). En este orden de ideas también COING, «Simulado und fraus in der Lehre des Bartolus u. Baldus», en *Festschrift Koschaker,* 1939, III, 402-419.

negativo, como se suele creer- y consiste en la correspondencia, al menos parcial, del precepto del negocio simulado con la regulación de intereses ocultamente dispuesta, pese a la discrepancia entre la intención práctica de las partes y la causa típica o algún elemento esencial suyo (sujeto, objeto). Decir que el acto simulado poses, sin ser sincero, toda la realidad de su mentira, la que puede tener por sí misma eficacia jurídica[67], significa desconocer que la insinceridad recae justamente sobre la causa, considerada en sí o en singulares expresiones de ella y olvidar que la analogía de la simulación con la «mentira», es decir, con el pretexto, reside en la función de justificar o hacer posible un comportamiento que de otro modo no sería admisible[68]. Una vez comprobado el acuerdo simulatorio, el elemento discrepante es desgajado como una rama seca (por ejemplo, la contraprestación) o rectificado (por ejemplo, el objeto), o bien, sustituido en conformidad al acuerdo (causa disimulada o sujeto disimulado que subentran en lugar de la causa declarada o la persona interpuesta); y ello mediante un procedimiento de interpretación correctora al que se somete la declaración. En efecto, la declaración simulada se interpreta a la luz y sobre la pauta del acuerdo simulatorio, como si se tratase de una declaración con función indicativa o alusiva hecha en lenguaje convencional, cuyo significado recóndito es ilustrado por una convención al propósito[69].

Sí además tenemos presente que una «voluntad dirigida a los efectos jurídicos» es siempre irrelevante como tal, porque la determinación de tales efectos es de la exclusiva competencia del orden jurídico y no puede, por tanto, ser materia de carga para los individuos (n. 6), no se tarda en discernir que el criterio de la diferencia entre negocio relativamente simulado y negocio indirecto (o también Fiduciario) no puede fundarse sobre aquella pretendida voluntad[70]. Y tampoco sobre una pretendida intención práctica «atípica»; «atipicidad» que sería inconciliable con la constante necesidad (nn. 23 y 49) de una causa digna de tutela jurídica, y, por tanto, típica, ya que no en sentido

---

67 Así, VICOUROUX, en *Revue générale de droit,* 1889, 331.

68 Cuanto observa CROME, *Parte generale,* 290. n. 4 sobre la venta a bajo precio, de que en ella existe la intención de donar como causa remota de un distinto negocio que es. sin embargo, efectivamente querido, podría quizá repetirse para todos los casos de simulación relativa en que el negocio simulado contenga los requisitos del disimulado.

69 Sobre ésta, HENLE, *Lehrb. d. bürg. R.,* I, 67 y sigs., 272; cfr. DANZ, *Auslegung,* 88. Para esta construcción de la simulación, SEGRÉ. en *Temi emil.,* 1924. 868 y sigs.; ídem, en *Scritti giur.,* I, 426 y sigs., también 295 y sigs. Es bastante más lógica que la concepción común en la tendencia a dar valor al negocio disimulado haciendo prevalecer sobre el simulado.

70 Esta reflexión es por sí sola decisiva -Y tanto más con las consideraciones que siguen- contra la tesis de GRASSETTI. «Rilevanza dell'intento giuridico in caso di divergenza dall'intento empírico», en *Studi economico-giuridici dell'Uniuersitá di Cogliari,* 1936, 127 y sigs.; en *Riv. dir. comm.,* 1936, 365 y sigs., y en *Interpretazione dei negozi giuridici,* 167-68, n. 21, donde, equivocadamente, nuestra crítica es presentada como un «asentimiento parcial». Se mantiene, en nuestra opinión, la demostración hecha a su tiempo por MESSINA, *Negozi fiduciari,* 1910, 54 y sigs., 68 y sigs., 99 y sigs., 117 y sigs., también para los llamados negocios «atípicos», de la intrascendencia de una intención dirigida a los efectos jurídicos, o sea, de la ausencia de una carga en tal sentido. Cfr., en la dirección del texto, CARNELUTTI, *Sistema,* II, 406.

legislativo, sí en el social -como resulta también de la sana práctica de la vida en materia de negocios fiduciarios[71]-. Más bien ha de buscarse el criterio diferenciador, como se ha dicho, en la distinta medida de la discrepancia entre causa e intención; discrepancia que en la simulación asume carácter de incompatibilidad mientras en el negocio indirecto y en el fiduciario se presenta como una simple incongruencia. Cierto que al distinto grado de discrepancia corresponde una diferente postura subjetiva de las partes. Pero tal postura no se refiere ni a la voluntad de la declaración (que en la simulación no falta en absoluto) ni a una pretendida voluntad de los efectos (que no existe ninguna necesidad de invocar) sino, justamente, a la consideración del acto como vinculante, la que, salvo exclusión o reserva, acompaña a la conciencia del significado del acto mismo, es inmanente a tal conciencia y, en cierto sentido, se identifica con ella (*supra* n. 19 B), siendo a veces impropiamente calificada como «voluntad de lo declarado». En el negocio indirecto y en el Fiduciario, esta consideración se adhiere perfectamente al significado objetivo de la declaración que se emite, pese a que la intención práctica perseguida -típica en sentido social- se halle en desacuerdo con la que normalmente corresponde a la causa típica del negocio elegido (intención típica de tal negocio). Por el contrario, en el negocio relativamente simulado, la valoración de que hablamos no se adhiere ya al significado que la declaración emitida presenta objetivamente, sino a aquel diferente significado que las partes han convenido atribuirle en las relaciones entre sí, con la contradeclaración que se mantiene oculta. La contradeclaración es una especie de negocio auxiliar que forma cuerpo con el negocio simulado, y desempeña la función de una interpretación auténtica con la que las partes declaran el significado subjetivo de la declaración visible, neutralizando el significado objetivo, ya en el sentido de paralizarlo parcialmente (por ejemplo, en cuando a la contraprestación pactada), ya en el de desviarlo (de la persona interpuesta hacia el sujeto disimulado) o de rectificarlo[72]. El criterio diferencial buscado se encuentra, por tanto, en esto: Que en el negocio relativamente simulado, el valor vinculante del negocio se atribuye al significado subjetivo convenido por las partes en el concomitante acuerdo simulatorio, mientras que en los negocios indirecto y fiduciario aquél se adhiere perfectamente al significado objetivo de la declaración[73]. Es

---

[71] Sobre ello, TUHR, *Allgem. Teil,* III, 191 y sigs.; también ENDEMANN, *Lehrb. d. bürgerl. R,* I, novena, ed., §§ 108, 3: 109, 5, y GRASSETTI, *Interprelazione,* 167. Desgraciadamente, continúa y se intensifica el malentendido que deriva de hablar de «negocios atípicos» y de «intención jurídica»; para todo ello, el reciente libro de FRANCESCHELLI, *Consorzio industriali,* 1939, 16, 299 y otros lugares.

[72] Sobre la interpretación auténtica del negozio, cfr. CARNELUTTI, en *Riv. diritti proc. civil,* 1926, 191. 202 y sigs.; ídem, «Note sull'acertamento negoziale», en *Studi Scorza,* n. *Supra,* § 43, 31.

[73] El criterio diferencial es formulado por la jurisprudencia en los siguientes términos: «En la simulación relativa las partes quieren dar vida a un acto real, pero lo ocultan bajo las distintas y ficticias apariencias de un acto diferente, visible, pero meramente ilusorio y dirigido a enmascarar el acto verdadero. Con el negocio indirecto, en cambio, las partes se proponen alcanzar una particular finalidad, recurriendo o la combinación de varios actos que no son ya ilusorios, sino todos ciertos y reales, enlazándolos conjuntamente en manera

preciso añadir, sin embargo, que a la interpretación auténtica fijada con la contradeclaración, en el caso de litigio entre las partes, no puede concedérsele valor por la simple vía de la interpretación, según las normas reguladoras de ésta (cap. VI, n. 45), sino solo mediante una impugnación cuya carga recae sobre el interesado, y que debe también inspirarse en el criterio fundamental de la buena fe.

A la luz de la construcción propuesta nos encontramos también en grado de comprender más exactamente la diferencia entre simulación relativa y absoluta. En la primera, falta en las partes la recta determinación causal, es decir, la intención correspondiente a la causa del negocio realizado y típica de él -ausente en sí, en su entidad o en sus elementos concretos-, pero no falta ni una intención ni un precepto negocial estimado como vinculante entre las partes, con las modificaciones oportunas. En la simulación absoluta, por el contrario, falta en las partes no solo la recta determinación causal sino también cualquiera intención de negocio, y el acto no es estimado como seriamente vinculante en un sentido distinto de que se hace patente, ya que la voluntad se dirige solamente a hacer surgir la precaria apariencia de una nueva regulación de intereses. Ya esta diferente naturaleza de una y otra simulación ayuda a comprender la rectificación que ha de hacerse a la máxima común, incautamente repetida por el nuevo Código (art. 1.414 § 1.º), según la cual el negocio simulado no produce efectos entre las partes[74]. Esta máxima puede valer, de conformidad con la inteligencia simulatoria, solo para la simulación absoluta. Pero hablaremos de ello más adelante.

51. *Criterios de tratamiento de la simulación*.- El criterio fundamental que inspire el tratamiento de la simulación, no puede ser, dentro de una concepción objetiva del negocio respetuosa para las exigencias de la vida social, el individualista del valor exclusivo de la «voluntad interna», sino el de la buena fe (arts. 1.415, 1.416 Cód. civ.). Al aplicar tal criterio es preciso tener presente, sin embargo, que el negocio jurídico, como toda declaración, ofrece distinto aspecto y significados diferentes según los

---

de llegar al fin último pretendido por vía indirecta y a través del concurso y la recíproca reacción de las varias formas jurídicas combinadas, todas verdaderas y conformes a la declarada voluntad de los contrayentes». Así, Cas. 10 agosto 1940, en *Sett. Cass.*, 1941, 184.

«Al contrario de lo que sucede en los negocios simulados, en los indirectos o fiduciarios las partes están acordes en querer que tenga vigor el acto exterior, aunque no sea del todo conforme al interno, a fin de obtener con aquél, con mayor facilidad y seguridad, los efectos derivantes del negocio interno (compraventa inmobiliaria con pacto de retracto en garantía de un mutuo)». (Cas. 5 agosto 1940, en *Riv. diritto comm.*, 1941, II, 163; ídem. 16 enero 1939. en *Giur. ital.*, I, 1, 272; ídem, 15 febrero 1939, en *Foro,* 1939, I, 1.031, transmisión de la propiedad a título de garantía de una relación obligatoria).

[74] Cfr. GLASSON, *Théorie de la simulation* (tesis, París, 1897), 39: «Le principe, que la simulation n'est pas par elle-même une cause de nullité, est définitivement reconnu par la doctrine et par la jurisprudence »; PONCET, *Du Prite-nom,* 1901, 22 y sigs.; SCHLESS, *Mittelbare Stellvertretung u. Teruh.*, 28, n. 12; SIEBERT, *Treuhanduerh.*, 34 y sigs.

diversos destinatarios o interesados a cuyo conocimiento llega[75]. Esta diversidad conduce a distinguir, en el tratamiento de la simulación, las relaciones internas entre las partes de las relaciones externas hacia los terceros.

a) En las relaciones internas entre las partes ha de afirmarse que el negocio simulado no produce efectos que contradigan, conforme al criterio de la buena fe, la común intención disimulada, tal como ésta resulta de la contradeclaración. El actual conflicto de intereses entre una y otra parte encuentra su justo arreglo -aquí como en materia de interpretación- en aquella norma de conducta y apreciación constituida por la buena fe. En las relaciones entre las partes, la buena fe alude a un estilo moral de la persona que le recuerda la palabra empeñada y la hace fiel a los compromisos adquiridos, representando el espíritu de recíproca lealtad y positivo respeto a los intereses ajenos que es costumbre observar, y legítimo esperar, en las relaciones entre hombres de honor. Estando obligadas a comportarse de este modo, las partes deben, en sus relaciones, acomodarse a los límites y obligaciones negativas que recíprocamente han consentido y asumido, relativas a excluir, restringir o modificar el valor vinculante irrevocable de la regulación de intereses adoptada. En ello estriba la eficacia negativa, paralizante o «contraoperante» del acuerdo simulatorio. Lógicamente, siempre es necesario que tal acuerdo no haya permanecido inexpresado e inoperante, en la esfera interna de la conciencia de las partes, en estado de mera aspiración no realizada. Es preciso que haya tomado cuerpo en una contradeclaración, de la cual resulte, por vía de interpretación, como intención común de las partes[76]. Ya que también para este efecto negativo rige el principio de que la autonomía privada impone a los interesados la carga y el riesgo de utilizar medios idóneos para la consecución de sus propios fines.

Esta eficacia negativa o «contraoperante» es propia del acuerdo simulatorio expresado en una contradeclaración, cualquiera sea el carácter de la simulación, absoluta o relativa. Pero cuando la simulación es relativa, tal acuerdo puede alcanzar también una eficacia positiva que se podría llamar «conforme-operante» en cuanto conduce, no a remover, sino a utilizar el precepto del negocio en el sentido divergente que se ha convenido. Se ha indicado ya cómo la contradeclaración obtiene, en las relaciones entre las partes, el valor de una comprobación negocial, de una interpretación auténtica (nn. 31, 43) con la que las partes determinan el alcance que deba tener para ellos la

[75] KOHLER, en *Jahrb. für die Dogmatik,* 16, 114; ALEX. WEILL, *La relativité des conventios en droit privé français* (tesis. Strasburgo, 1939), nn. 247-353 (donde se considera la simulación como una especie del género «apariencia del Derecho»: cfr. también nn. 288 y sigs., 307 y sigs.); FERRARA, *Simulazione,* 252 y sigs.; VENEZIAN, *Tutela dell'aspettativa* (1900), 6 y sigs.; GORLA, «Sull'efficacia del negozio simulato nel conflitto fra terzi», en *Foro d. Lombardia,* 1932, I, 696; PESTALOZZA. en *Riv. dir. comm.,* 1938, II, 29; SANTORO-PASSARELLI, en la misma revista, 1939, II, 313; L. COVIELLO, en *Giur. it.,* 1904,1. 1, 598.

[76] De aquí también la afinidad con la revocación señalada por TUHR, *Allgem. Teil,* II, 564.

declaración simulada[76a]. Ahora bien, tal interpretación auténtica puede conducir a paralizar, pura y simplemente, los efectos del negocio simulado, o también, a corregirlos según los criterios que gobiernan la conversión de negocios inválidos (n. 61), es decir, a operar la conversión del negocio simulado en el disimulado, al que la intención práctica común de las partes miraba[76b]. Esta conversión se encuentra siempre sometida al principio informador de la autonomía privada por el cual se impone a los interesados el deber de emplear medios adecuados para la consecución de sus fines y requiere, por tanto, que el negocio simulado contenga en sí los elementos sustanciales y formales necesarios para la existencia del otro negocio (disimulado) que responde a la intención práctica común de las partes, supuesta siempre la concurrencia de los requisitos de validez extrínsecos a la declaración (cap. IV, nn. 26-28).

En la aplicación del criterio enunciado se debe distinguir si la simulación recae sobre la causa en sí, en su esencia, o bien solo sobre especiales elementos de ella, como los sujetos, el objeto del negocio o particulares modalidades, sin afectar la índole del tipo de negocio[77]. Si, por ejemplo, la enajenación o la obligación que deriva de aquella determinada causa debe operarse o asumirse respecto a un sujeto disimulado distinto del indicado, o sea, de la persona interpuesta, ésta se anula y queda ajena a la relación que se origina, como si hubiese admitido servir de mediador al verdadero interesado[78] y se atiende a este último para ponderar el requisito de la legitimación y, especialmente, los límites de la capacidad de recibir. Del mismo modo, si el objeto del negocio es distinto en su cuantía o identidad, se procede a una rectificación o sustitución, tomándose en cuenta el objeto disimulado al comprobar los requisitos de legitimación o de forma. Igualmente, se consideran como no puestas las cláusulas incluidas solo *dicis causa,* o viceversa, establecidas las condiciones simuladamente silenciadas, siempre que sean compatibles con la índole y la disciplina legal del negocio. Por el contrario, si la simulación afecta al tipo

---

76a La consideran, en cambio, declaración meramente representativa MESSINA. en *Riv. dir. comm.,* 1907, 522, y ASCARELLI, en la misma, 1932, 256.

76b Para una aplicación, Cas. 1 agosto 1942, n. 2.335, en *Foto it.,* 1943.

77 La jurisprudencia se había pronunciado en el sentido de que para la eficacia del negocio disimulado bastaba la observancia de las formas prescritas para el negocio simulado, y ello, especialmente, en materia de donación. Véanse las máximas de la sentencia 30 abril, 30 mayo 1934 de la Au. Brescia, publicadas en el *Foro Lombardo,* 1934, II, 226, n. 360, y de la jurisprudencia anterior: Cas. 16 enero 1933 *(Mass. Foro,* 1933, n. 136); Ap. Milán, 26 diciembre 1930 *(Mon. Trib.,* 1931, 21S): ídem Turín, 8 noviembre 1929 (ibid., 1930, 393); ídem id.. 15 abril 1929 (ibid., 1929, 941); ídem Brescia, 11 abril 1927 (ibid., 192S, 102; Cas. 11 julio 1927 (*Giur: ital.,* 1927, I, 1. 1.161); ídem 9 noviembre 1925 (ibid., 1925.1, 1, 1.184); ídem 16 febrero 1917 (*Mon. Trib.,* 1917, 439).
Para la jurisprudencia posterior, véanse Ap. Bari. 5 febrero 1934 *(Corte Bari,* 1940. 146, m.); ídem Milán, 7 noviembre 1939 *(Foro Lomb.,* 1939. 200, m.); Cas. 4 febrero 1937 *(Giur. ital.,* 1937, I, 1, 285). Pero esta dirección de la jurisprudencia se contradice hoy con los términos del art. 1.414, párrafo 2.° del nuevo Código, que presupone requisitos de *sustancia* y de forma.

78 Cfr. FERRARA, *Simulazione,* 252: más adelante. § 71, nota 7.

de negocio en sí, es preciso examinar si el tipo elegido por las partes se presta a ser utilizado en orden a la intención práctica perseguida por ellas, como idóneo para realizarla igualmente en su sustancia económico-social. Si, por ejemplo, la causa del negocio escogido por las partes excluye, por su naturaleza, la transmisión de propiedad (por ejemplo, arrendamiento o prenda), no será posible su conversión en el negocio correlativo a la intención disimulada cuando ésta, en cambio, exija trasmisión (por ejemplo, compraventa o permuta). Será necesario ver, además, si en el negocio simulado han sido observados aquellos requisitos de forma que quizá sean requeridos en el negocio correspondiente a la intención disimulada (como la documentación por acto público necesaria para ala donación encubierta por una compraventa).

b) En las relaciones externas hacia los terceros que hayan adquirido, dependiendo del negocio simulado, un derecho propio y autónomo sobre la cosa o el crédito simuladamente enajenados, la perspectiva es totalmente otra. La simulación, manteniendo circunscrita su influencia a las relaciones internas entre las partes, no puede oponerse a los terceros de buena fe que adquieran la cosa o el derecho de quien, respecto a ellos, aparece legitimado para disponer. La buena fe alude aquí a un estado de conciencia consistente en ignorar el acuerdo simulatorio y creer, por tanto, en la plena eficacia vinculante del negocio simulado y en la legitimación de quien fundamenta sobre él su posición jurídica[79]. De ello deriva también la razón de que no pueda oponerse y sea, por tanto, intrascendente la simulación frente a terceros de buena fe que estén interesados en la eficacia del acto simulado. La *ratio iuris,* común a toda especie de simulación, que justifica la tutela de los terceros, reside en la apariencia del derecho y en la correlativa buena fe y consiguiente expectativa, puesta en relación con la exigencia de garantizar ia seguridad de las contrataciones y traspasos patrimoniales[80]. Y es la misma que motiva otras análogas normas de tutela al tercero de buena fe (arts. 534, 1.153, 1.159, 1.189, 1.264, 1.398 y 1.729 Código civ.; mejor fórmula la del art. 1.759 del viejo Código; cfr. arts. 464, 1.957, 1.164, 1.527, 1.725, 1.738, etc., C. C. esp.). Pero aparte de este motivo que considera propiamente la posición de los terceros, existe otro que se refiere al comportamiento de las partes mismas y se deriva del principio de la autorresponsabilidad, y es el de que las partes no han proveído, como era su deber, a limitar, modificar o excluir, de una manera exteriormente apreciable para los terceros, el valor vinculante del precepto negocial que han hecho surgir, manteniendo oculto el acuerdo que lo restringe o lo anula; con esta conducta se han expuesto al riesgo inmanente a la declaración en el ambiente social, en virtud de ia confianza que se deriva de ella[81]. Así se confirma que el negocio,

---

79 Para la diferencia entre la una y la otra «buena fe», véase nuestras *Istituzioni,* segunda ed., 310 y sigs., 312 y sigs.

80 En este sentido se pronuncia también la jurisprudencia; recientemente. Cas. 17 mayo 1940 e ídem 20 marzo 1940 *(Rep. Foro,* 1940. voz Frode e simul., n. 105, 106); ídem 15 febrero 1040 *(Stt. Cass.,* 1939, 415): ídem 3 marzo 1939, en *(Foro,* 1939, I. 627). Para un amplio examen, FERRARA, *Simulazione,* 286 y sigs.

81 CFR. FERRARA. *Simulazione*, 294; COVIELLO. *Parte gener.*, segunda ed., 385; MANIGK, *Rechtswirks,* Verhalten, 96, 160, 210, 217.

estando destinado a la vida de relación, es un instrumento útil pero no exento de peligros, porque puede hacer recaer sobre las partes gravosas consecuencias de su falta de sinceridad.

Hasta ahora solo hemos hablado de terceros que tienen interés en la eficacia del negocio simulado, en cuanto que derivan causa del simulado adquirente. Pero también pueden existir terceros perjudicados por esta eficacia, interesados, por tanto, en servirse del acuerdo simulatorio y oponer la ineficacia total o parcial que acarrea a las relaciones internas entre las partes. Pensemos en los causahabientes del enajenante simulado (art. 1.415 § 2) o en los acreedores de él (art. 1.416 § 2), en cuyo perjuicio se ha concluido el acto de disposición simulado. En el caso de que se encuentren en conflicto de intereses con quien fue parte del negocio simulado, y en especial con el simulado adquirente, deben poder oponerle la simulación. Quien, permaneciendo extraño al negocio simulado, haya adquirido del simulado enajenante en virtud de un título independiente[82], en el supuesto de la inexistencia de aquel negocio, o quien sea acreedor de él en virtud de un título anterior al acto simulado, debe lógicamente ser preferido al simulado adquirente. El mismo criterio de preferencia quiere la ley reconocer al acreedor del enajenante simulado frente a acreedores quirografarios del adquirente simulado (art. 1.416 § 2.°). Sin embargo, cuando tales acreedores hayan de buena fe promovido la ejecución sobre los bienes simuladamente adquiridos por su deudor, son considerados de la misma condición que terceros que hayan adquirido de buena fe, confiando en la eficacia del negocio simulado (art. 1.416, inc. 1).

En cuanto a la prueba de la simulación, en las relaciones en que puede invocarse, se actúa de diferente modo según que se trate de relaciones internas entre las partes, o hacia los terceros. En las relaciones internas, la prueba de la contradeclaración encuentra los mismos límites de la prueba testimonial, atendiendo a la posibilidad y el deber que tenían las partes de proveerse de una prueba escrita; a menos que la simulación encubra una ilicitud, e impida así la conversión del negocio la subyacente causa disimulada. En cambio, frente a terceros, desaparecen, por la razón contraria, las limitaciones de la prueba por testigos (art. 1.417)[83].

Sentado el principio de que la simulación no puede nunca oponerse por las partes a los terceros de buena fe, el negocio simulado solo puede calificarse de inválido dentro de las relaciones internas entre las partes, y aun en el caso de la llamada simulación absoluta, únicamente puede hablarse de nulidad relativa[84].

---

[82] KOHLER. en *Jahrb. f. d. Dogm.,* 16, 139. Cfr. por analogía el Cód. Proc. civ., 404.

[83] Jurisprudencia constante; últimamente, Cas. 13 julio 1939 *(Rep. Foro,* 1939, voz Frode e simul., n. 193); ídem 11 diciembre 1939 (ibid, n. 195, 196); ídem 28 y 31 mayo 1940 (ibid., 1940, voz cit., n. 93, 94).

[84] PESTALOZZA, *Begriff der Mentalreservation,* 1901, 151 y sigs. La relatividad deriva de la diferenciación e independencia de las respectivas relaciones jurídicas. Que la calificación de nulidad relativa no es, de ningún modo, contradictoria, como entiende CARIOTA-FERRARA, en *Studi Scorza,* 75, 81 y sigs., se verá más adelante, en el n. 58, sub. *C.*

En el caso de la simulación llamada relativa, la invalidez del negocio simulado parece debe calificarse mejor como anulabilidad que como nulidad (n. 58), puesto que es susceptible tanto de confirmación (por parte del interponente, sujeto verdadero) como de conversión (n. 61), siempre que concurran los elementos del negocio correspondiente a la intención disimulada y sea ello admisible. También aquí solo existirá una nulidad cuando tal intención sea ¡lícita (arts. 1.343, 1.345; cfr. art. 1.275 C. C. español).

52.C) *Vicios del elemento subjetivo del negocio*.- Ya se vio (n. 19) cómo a cada uno de los tres momentos constitutivos del negocio debe corresponder una adecuada actitud interior del sujeto, un correspondiente momento subjetivo; así, a) al acto, una voluntad hacia el acto mismo; b) al contenido, una conciencia suficiente para justificar la estimación social del acto como vinculante; c) a la causa, una determinación causal dirigida a ella (n. 21). Ahora bien, estas disposiciones de la voluntad o de la conciencia pueden, en el caso concreto, faltar o estar viciadas.

a) Puede faltar, ante todo; la voluntad hacia el acto, cuando aquello que exteriormente aparece como acto de una determinada persona no haya sido en realidad querido por ella, en condiciones psicológicas normales, como declaración o comportamiento socialmente influyente o, al menos, como acto de autonomía privada.

Un acto puede no ser atribuible a la persona que materialmente lo ejecuta, por ser inconsciente o por ser involuntario; o puede no ser referible a una voluntad idónea, cuando es realizado por persona carente de la necesaria capacidad físico-psíquica, niño o loco; o no ser imputable a una voluntad normal, cuando ésta es suprimida por violencia física o excluida por fuerza mayor; o, finalmente, puede no tener, encuadrado por las circunstancias en que se produce, carácter de declaración o valor de negocio, sino un valor social esencialmente distinto, ya porque haya sido realizado por distracción, sin atender a la situación que debería conferirle aquel valor, o porque ha sido reproducido únicamente con fines de representación didáctica o dramática. La culpa que puede eventualmente concurrir, si bien justifica una responsabilidad el agente, no basta, en principio, a conceder valor de negocio jurídico a lo que no es tal sino en apariencia.

En tales casos, la declaración o el comportamiento, pese a existir como hecho material o histórico, no representan más que una vacía apariencia exterior, sin carácter de negocio jurídico. Basta profundizar un poco el fenómeno, sin mantenerse en su superficie, para reconocer que aquí falta del todo la voluntad o, por lo menos, la voluntad apta para informar un acto de autonomía privada. En los casos últimamente citados –como ya se advirtió (n. 19 A)– el acto no es querido como negocio de la vida real, sino solo en su representación didáctica o fantástica, y en lugar de encuadrarse en la situación económico-social de quien lo ejecuta, lo hace en la enseñanza o en el drama, respondiendo a una personalidad –de maestro o de actor– totalmente distinta a la real, única para la que un negocio puede tener sentido. La diferencia entre estos casos y la figura normal del negocio es tan macroscópica, que no ofrecen ni interés ni dificultad en ser resueltos desde el punto de vista jurídico[85].

b) Puede también ser deficiente la conciencia del significado objetivo del acto y ello porque la parte no aprecie exactamente el valor socialmente concluyente de su propio comportamiento, porque crea declarar u operar una cierta regulación de intereses mientras que objetivamente declara u obra otra diferente, o porque las partes de un negocio bilateral perciban e interpreten en sentidos divergentes la declaración común sobre la cual se creen de acuerdo. Falta aquí una adecuada recepción de la realidad por parte de la conciencia, es decir, el juicio del sujeto no responde a aquella realidad que es el acto en su significado objetivo. Es éste el fenómeno del error obstativo que versa sobre la declaración[86].

La estimación del acto como vinculante puede ser conscientemente excluida también, en un acto que socialmente se presente como negocio jurídico, por el hecho de que carezca de seriedad o se halle subordinado a reservas o restricciones. Pero la exclusión debe ser consensual en los negocios bilaterales o, cuando menos (y ello igualmente en los unilaterales), exteriormente advertible; la broma debe ser evidente. Si la exclusión no es reconocible -por más que el declarante la haya considerado tal y pueda así haber alimentado la esperanza de no ser creído-, nos encontramos en presencia de una simple reserva mental o de una veleidad inoperante, y la declaración será plenamente eficaz, pese a su falta de seriedad o de sinceridad[87].

c) Finalmente, puede hallarse viciada la determinación causal. Esto puede ocurrir de manera inconsciente, por efecto de error, espontáneo o provocado con un engaño que haya interferido el proceso de formación (motivación) de la voluntad, o bien, de manera involuntaria, por efecto de temor derivado de la violencia ajena. Error en la motivación y temor que perturban ambos el proceso volitivo, haciéndole desviarse del camino normal que hubiera en otras circunstancias recorrido[88].

En lugar de *viciada,* la determinación causal puede ser *no recta,* es decir, conscientemente divergente de la que debería ser en relación a la causa típica del negocio, tal como sucede en el caso de simulación. Pero entonces la anormalidad del negocio, considerada conforme a una concepción objetiva de la autonomía privada, se perfila mejor como una deficiencia de la causa que como un vicio del elemento subjetivo (*supra,* n. 50).

---

85 Con todo, no faltan casos marginales de dudosa solución. TAL es, por ejemplo, el discutido por GRUENBAUM, «Ein Beitrag zur Lehre vom Rechtsgeschäft», en *Grunchots Beitrage.* 1933, 200 y sigs.; de un lado, TUHR, *Allgem. Teil,* II, 1, 404; del otro, BREIT, *Geschäftsfähigkeit,* 1903, 162, y *Gruenbaum,* loc. cit.

86 Cfr. CARNELUTTI, *Sistema,* II. 368 y sigs., 375 y sigs., 379.

87 SEGRÉ, en *Scritti giur.,* I, 305.

88 Es de otra opinión, por lo que concierne a la violencia, CARNELUTTI, *Sistema,* II, 369, 415 y sigs.

Los vicios del elemento subjetivo expuestos en b) y c) tienen de común, en contraposición a los indicados en a), que ellos normalmente no impiden la existencia de una voluntad capaz de realizar el acto de autonomía privada, de modo que subsiste, socialmente, el supuesto de éste. Por ello presentan mayor interés en su tratamiento jurídico y, al mismo tiempo, mayor dificultad para armonizar justamente los intereses en conflicto.

La reseña presentada se aparta de la sistematización de esta materia corriente entre los pandectistas. La cual considera los indicados vicios del negocio bajo el doble aspecto a) de la «discrepancia entre la declaración y la voluntad que se trataba de declarar», y B) del «vicio de la voluntad». La falca de seriedad, la reserva mental y la simulación configurarían casos de «discrepancia querida entre declaración y voluntad»; en cambio, casos de «discrepancia no querida» serían el error obstativo y el disenso. «Vicios de la voluntad» serían, por el contrario, el error, el dolo y la violencia. Pero esta sistematización se basa en la concepción subjetiva, que solo reconoce en el negocio jurídico una «manifestación de voluntad»; se funda en ella y con ella fracasa. Una vez señalada la insuficiencia de tal concepción (cap. I, n. 3), entra en discusión la suficiencia de la sistematización. Que la declaración no tiene una simple función instrumental, sino constitutiva, ya lo hemos visto; no es mera revelación exterior de una voluntad interna con existencia propia y distinta, sino la única entidad socialmente reconocible y apreciable en la vida de relación (cap. intr., n. 3). La voluntad de las partes no adquiere trascendencia jurídica sino precisamente a través de la declaración (o del comportamiento) y, por tanto, no puede ser colocada en el mismo plano de ésta, ni asumir un valor autónomo, en antítesis con ella. De ello se deriva que no tiene sentido la alternativa sobre al que, los pandectistas solían centrar el problema de la discrepancia provocada por error, es decir, si la «voluntad interior» debiese prevalecer sobre la declaración o ésta sobre la «voluntad interior». Término de referencia es siempre, únicamente, la declaración, y la discrepancia solo puede surgir entre varios significados que le sean atribuidos por el punto de vista del ambiente social o por el de la conciencia individual[89].

El error que concierne a la declaración o al comportamiento no puede tampoco ser colocado sobre el mismo plano o apreciado bajo el mismo perfil que la simulación, o peor, que la reserva mental, porque en él está ausente, por definición, justamente la conciencia del significado objetivo del acto, conciencia que no falta de ningún modo cuando la declaración es solo ocultamente no seria o insincera, y únicamente la determinación causal del querer se endereza a un fin divergente de su causa típica. Junto a las hipótesis de que el procedimiento de formación de la voluntad se encuentre viciado por error o temor, el único supuesto de vicio del elemento subjetivo que ofrece a la consideración jurídica un problema digno de relieve es el del error que atañe al significado del acto, porque solo aquí se enfrentan intereses dignos de ponderación y

[89] MESSINA, en *Riv. dir. comm.*, 1908, 399 y sigs.

entra en cuestión la razonable exigencia de reconocer en la conciencia de aquel significado un elemento indefectible del negocio.

53. *Error en la declaración*[90].- Se califica de error en la declaración (art. 1.433) u error obstativo, una falsa representación por la cual la parte atribuye a la declaración o comportamiento propios un significado distinto al que tiene objetivamente. La comprobación de este error es, por tanto, un *corolario de la recta interpretación del negocio.* Se trata de un error que priva al autor del acto de la conciencia del significado objetivo de aquél, provocando una discrepancia entre éste y la idea de que él se hace. La falta de tal conciencia, o impide al autor apreciar exactamente el valor socialmente concluyente de su comportamiento, o le hace creer que declara o actúa una cierta regulación de intereses, mientras que objetivamente declara o actúa otra, y, por tanto, hace que «sea excluido el consentimiento» (así califica este error el art. 122 del Código civil en materia de matrimonio; cfr. art. 101, n. 2, C. C. esp.). Aunque excluya el consentimiento este error está sujeto, por lo demás, según el art. 1.433, a los mismos criterios de tratamiento que rigen para el error que no lo impide, sino lo vicia solamente (n. 55), y en consecuencia, hace el negocio solo anulable (también el art. 117) y no ya nulo, como se consideraba por la mayoría de los intérpretes bajo la vigencia del Código anterior, partiendo del carácter esencial de la conciencia del declarante[91]. Ellos, sufriendo la influencia del dogma de la voluntad, desconocían que el tratamiento del negocio inválido no es un simple corolario lógico del concepto del negocio, sino que, más bien, propone una cuestión de oportunidad, en cuya solución pueden participar otros criterios.

I. El error puede depender tanto de causas internas al declarante como extrañas a él. Depende de causas extrañas al declarante cuando éste se valga de un medio de expresión o de envío para documentar la declaración o para comunicarla al destinatario (por ejemplo, un documento redactado por otros, una comunicación por telégrafo o bien por mensajero; arts. 1.433 y 2.706), si en el acto de la transmisión se produce una alteración del texto o un cambio en la entrega. Causas de error obstativo internas al declarante pueden ser: a) una

---

90 Para la dogmática del error obstativo en el Derecho moderno, véase la literatura pandectista citada en el cap. I. También TUHR, *Allgemeiner Teil,* 1914, II, 1, párrafos 65 y 67; VENEZIAN, «L'errore ostativo», en *Studi in onore di Scialoja,* 1905, 1, 285 ysigs.; MESSINA, *Teoria dell'errore ostativo,* 1915; HENLE, *Lehrb d. burgerl. R.,* 1926, I, §§ 26-27; DEMOCUE, *Trailé des obligations,* I. n. 252-266; CARNELLTTI, *Sistema,* II, 363, 379; FERRARA, *Teoria dei contratti,* 83 y sigs.; VERGA, *Errore e responsabilità nei contratti,* 1914, 227 y sigs. Las varias teorías respecto a la cuestión, mal planteada, sobre la llamada «preeminencia» de la «voluntad» sobre la declaración, o viceversa, han sido ya mencionadas en el n. 44 como directrices interpretativas generales, ya que ellas, más que el tratamiento de los vicios del elemento subjetivo, contemplan el problema de la interpretación (mantiene lo contrario VERGA, *op. cit..* 235, sobre la base de argumentos que se refieren al viejo Código y que, en todo caso, solo son probatorios en el terreno del dogma de la voluntad).

91 Contra la tesis entonces dominante sostenía VENEZIAN, *Errore ostativo,* 220, n. 1, 221 y sigs., que este error acarreaba simple anulabilidad.

distracción o negligencia; b) la ignorancia del verdadero significado de la declaración; c) una causa de equívoco distinta.

a) La distracción o, en general, la negligencia, presenta algunas dificultades de tratamiento cuando no sea reconocible exteriormente (piénsese en la declaración escrita de una disposición *mortis causa)*, ya que, si es reconocible a la otra parte, salvando siempre la dificultad de la prueba, paraliza la eficacia de la declaración contractual, aún la formal (arts. 1.426 y 1.431 Cód. civ.; cfr. 1.266 C. C. esp.). Ahora bien, allí donde sea decisiva la representación subjetiva del declarante -como en las disposiciones *mortis causa*-, la distracción hace inválido el negocio. Por el contrario, donde importe sobre todo el significado objetivo del acto, precisa aclarar si el declarante tiene el deber o carga de estar atento o, en la declaración que se hace por intermediario, de cuidar la exactitud de la transmisión. Dado que exista para él -como existe en general en los negocios *inter vivos*- un deber de atención o de vigilancia, la distracción o negligencia constituye un hecho *imputable* a él, y la imputabilidad («culpa»; art. 2.706, § 2.°) convierte en irrelevante la falta de conciencia sobre el significado del acto. Por otra parte, en los negocios bilaterales, si el error se demuestra apreciable por la otra parte (art. 1.431), ello hace anulable el negocio (art. 1.428). Anulable según la norma del art. 1.433, que extiende al error sobre la declaración los criterios de tratamiento dictados para el error que vicia la motivación (n. 55).

b) La ignorancia requiere, igualmente, distinta consideración en los negocios *inter vivos* y en las disposiciones *mortis causa*. En éstas, cuanto mayor es la entidad del error obstativo causado por la ignorancia, menor se vuelve la posibilidad de interpretar la declaración en el sentido en que debió ser entendida por el autor (n. 46). Y cesa del todo cuando tal sentido sea francamente incompatible con el significado de las palabras usadas (art. a contrario art. 625). Por el contrario, en los negocios inter vivos, la ignorancia es apreciada según un doble criterio: a) en relación a la carga que al declarante incumbe de conocer el punto en cuestión; B) en relación a la carga, que en los negocios bilaterales pesa sobre la otra parte, de poner de relieve una ignorancia excusable del declarante; deber que corresponde a una obligación de claridad impuesta por la buena fe (nn. 45 y 75). El primer criterio atañe a la excusabilidad de la ignorancia: el segundo, a la reconocibilidad del error determinado por ella. Excusabilidad y reconocibilidad deben ser valoradas en relación al contenido, a las circunstancias del negocio bilateral y a la calidad de las partes (art. 1.431). y, por tanto, en función del grado de diligencia que, según la experiencia de los casos normales, sería preciso para conocer el punto en cuestión o, respectivamente, para advertir su ignorancia por la parte contraria. El deber de conocimiento varía según la más o menos estrecha relación que la cosa ignorada tiene con la materia del negocio, y también según la índole del conocimiento de que se trata. Es mayor para las cosas de conocimiento común o fácilmente asequible, menor para aquellas solo notorias a un restringido círculo de personas (piénsese en una noción técnica poseída por pocos iniciados).

Cuanto mayor es el deber de conocimiento tanto menos excusable es la ignorancia, y tanto menor es en la otra parte la carga de advertir el error determinado por ella. Así, cuando la ignorancia recae sobre una noción que, conforme a los criterios indicados, se habría podido y debido poseer de emplearse la diligencia normal, es menos excusable y hace menos reconocible el error. De la distinción entre ignorancia del hecho e ignorancia del derecho (art. 1.429, n. 4), que se suele presentar bajo el aspecto de su imputabilidad (negada, en principio, para la ignorancia del derecho), es preferible hablar más adelante (n. 55), al tratar del error en la determinación causal. Bien se comprende, por otra parte, que cuando dependa de ignorancia, la disconformidad entre significado de la declaración y conciencia del declarante alcanza bastante mayor gravedad que cuando derive de distracción (a) o de causas extrañas; en estos últimos supuesto, afecta solo al resultado o la configuración exterior de la declaración, por lo que es probable que, de repetirse ésta, la disconformidad resultaría eliminada.

c) La equivocación por la cual una cosa es cambiada por otra distinta a ella puede también depender de varias causas, que reclaman criterios de valoración diversos. El resultado es siempre hacer faltar en el declarante el exacto conocimiento del significado objetivo de su propia declaración. Peí o la génesis es variable; puede descansar en una sorpresa de la buena fe que no se configure como dolo o provenga de un tercero (art. 1.439; art. 1.269 C. C. esp.); o en una falsa percepción o modo inexacto de expresarse, derivados una y otro de negligencia o inercia mental, o de ineptitud de visión o expresión. En los negocios *inter vivos,* según que la causa sea o no imputable al declarante, deberá o no ser la declaración puesta a su cargo y siempre deberá considerarse imputable aquel error que no sea reconocible al destinatario, conforme al criterio antes expuesto (b)[92].

II. Pasando ahora a examinar lo que pueda ser objeto de error en la declaración, o sea, los elementos del negocio sobre los que puede recaer, hemos de anticipar que, en general, solo es jurídicamente influyente aquel error que afecta a un elemento *esencial* (arts. 1.428-1.429; cfr. art. 1.266 C. C. esp.), es decir, típicamente determinante. Esencial, no ya solamente frente al tipo abstracto del negocio considerado en su función económico-social, sino también con referencia al específico negocio concreto, encuadrado en las circunstancias de hecho que lo determinan. Así, en las declaraciones que contemplan una cierta persona como destinataria del acto o de la ventaja patrimonial, es ciertamente esencial, en abstracto, la persona; pero puede ser indiferente en

[92] NO requiere la excusabilidad *para* el error obstativo: Cas. «julio 1941 *(Massimario Foro,* col. 505 y sigs., n. 2.040): Cfr. TRABUCCHI, *Dolo,* 402. Entiende la excusabilidad en sentido meramente probatorio, considerándola excluida por eventuales presunciones de ausencia del error, VERGA, *Errore e responsabilità nei contratti,* 210 y sigs., cuya crítica contra el criterio de la reconoscibilidad (204 y sigs.) ha sido ya superada por el Derecho positivo vigente: véanse arts. 1.428, 1.431 y 1.433 del nuevo Código.

concreto -en vista de la naturaleza económica o social del acto- la individualidad de la persona. En cuyo caso el error sobre su identidad se vuelve intrascendente.

Por ejemplo, en la venta al contado es indiferente para el negociante vender a esta o aquella persona determinada; el comprador puede cambiar. No ocurre lo mismo en la venta a crédito y, en general, en los negocios obligatorios; existe en ellos un factor ligado esencialmente a la persona del deudor: la fiducia. También es esencial a los negocios a título gratuito, por principio, la individualidad de la persona a que se destina el provecho patrimonial. No siempre, sin embargo; piénsese en una donación hecha para un fin genérico de beneficencia. Aquí, más que a la individualidad del beneficiado se atiende a su condición económica y social.

Teniendo presente esta advertencia resultará más fácil entender cómo un error obstativo jurídicamente influyente puede recaer, sobre todo, a) sobre la idenudad de la persona contemplada en la declaración; b) sobre la identidad de la cosa que forma su objeto; c) sobre la identidad de la declaración en su conjunto; d) sobre el valor socialmente concluyente del comportamiento observado.

a) Existe error obstativo sobre la identidad de la persona contemplada siempre que la declaración, a) si tiene un destinatario determinado, sea de hecho dirigida a persona distinta de la que se cree tener enfrente, como en el caso de dolosa sustitución de una persona a otra preventivamente identificada (cambio de persona), o bien B) si es declaración no recepticia, indique como destinatario de la posición jurídica de que se trata una persona distinta de aquella que el declarante pretende. Un caso de esta segunda especie, cuyo tratamiento se deduce, a contrario, del art. 625 (cfr. art. 773, 1, C. C. esp.), se tiene cuando en el testamento sea designado como heredero o legatario otra persona de la que el testador pensaba designar[93].

b) Existe error obstativo sobre la identidad de la cosa objeto de la declaración *(error in corpore)* cuando la indicación o descripción que se haga de ella conduzca a identificar una cosa distinta de la que concebía el declarante. Para identificar la cosa el declarante puede usar, o la indicación material (espacial), si la cosa está presente, o una designación mental (mediante contraseñas intelectuales), si está ausente o no es percibida directamente, o bien, una y otra indicación conjuntamente. Por tanto, puede incurrirse en error obstativo, o a) en la indicación material de la cosa -en cuanto se señale en el espacio una en lugar de otra-, o b) en su designación intelectual, en cuanto se la califique con una denominación que no la puede comprender. Puede ocurrir, además, c) que habiéndose utilizado tanto la indicación material como una designación intelectual, exista entre una y

[93] D. 38, 5, 9 pr. y otros textos examinados en nuestras *Esercitazioni romanitche su casi pratici.* 1940, caps. I y II.

otra tal discrepancia, que no sea posible designar la cosa indicada en el espacio con la denominación empleada para calificarla. Para las aclaraciones oportunas a este respecto nos remitimos al lugar en que se expondrá la noción del llamado *error, in substantia* (n. 55).

Para precisar los límites dentro de los cuales es influyente el error obstativo sobre la identidad de la cosa o de la persona, conviene agregar que el error en que se incurra en la indicación, descripción o denominación *(error in demonstratione, error in nomine),* no perjudica al negocio cuando la cosa o persona de que se trata se halle inequívocamente determinada mediante otras contraseñas que fueran, ya de por sí, suficientes para identificarla. Vale entonces la máxima *falsa demonstratio non nocet,* codificada para las disposiciones *mortis causa* en el art. 625. En los negocios bilaterales se tratará de ver si la descripción errónea tiene carácter accesorio o superfino para el común modo de ver de las partes (art. 1.362; art. 1.281 C. C. esp.). Una indicación carente de función útil no constituye parte viva o integrante del negocio, cualquiera que sea la naturaleza de éste, por lo que, cuando sea errónea aparece como fácilmente eliminable.

Para valorar exactamente este tratamiento conviene tener presente que la declaración preceptiva o dispositiva que constituye el elemento central de todo negocio (n. 16) suele estar flanqueada por declaraciones representativas o descriptivas (llamadas por los romanos *demonstrationes,* y hoy, comúnmente, enunciativas; n. 15). Las cuales tienen, en general, la función de dilucidar y precisar la regulación prescrita con la declaración dispositiva, sea determinando sus elementos esenciales (sujeto, objeto, modalidades), sea encuadrándola en la situación de hecho que le sirve de base. Esta función determinativa varía de intensidad, en concreto, y de valor, según el nexo más o menos íntimo que ligue la declaración representativa a la dispositiva. Se eleva al máximo cuando una declaración constituya el complemente necesario de la otra, en cuanto valga para identificar los elementos esenciales del negocio o para circunscribir su alcance (como condición implícita). En cambio, disminuye de grado cuando se limite simplemente a señalar los motivos que han influido sobre la conclusión del negocio o a caracterizar elementos que eran ya identificables por otro camino. En este último caso, el vínculo entre las dos declaraciones representativa y dispositiva, es de tal modo laxo, que aquélla puede muy bien ser separada y ésta existir por sí sola. Precisamente sobre esta posibilidad de separación se funda la máxima *falsa demonstratio non nocet.*

c) Existe error obstativo sobre la identidad de la declaración en su conjunto cuando, hallándose representada en un documento o comunicada a la otra parte por un mensajero, la declaración emitida sea cambiada y sustituida por una declaración de diferente contenido. En este caso, la declaración documentada o comunicada no es la que en realidad fue emitida. La equivocación afecta al negocio considerado en su complejo, ya a) en cuanto el documento, con su distinto tenor, atribuya a la parte una declaración diferente a la hecha[94], ya b) en cuanto el *nuntius* infiel o el encargado de la transmisión presten a la declaración un contenido o autor distintos a los verdaderos[95]. En materia de transmisión por medio del telégrafo, dispone el Código (art. 2.706) que la reproducción del telegrama entregada al destinatario se presume conforme al original, salvo prueba en contrario, y que en cuanto a las divergencias que se produzcan entre original y reproducción, se presume exento de *culpa* el remitente cuando haya hecho comprobar el telegrama según las normas de los reglamentos telegráficos. De lo que se deduce que cuando el remitente no haya procedido a tal comprobación, la transmisión inexacta le es *imputable* y la declaración vale, y es vinculante para él, conforme al tenor objetivo en que resulta comunicada al destinatario.

d) Cuando, en cambio, se trata de un negocio que deba consistir en una conducta concluyente (n. 14) es posible que el comportamiento sea exteriormente desplegado por quien se encuentra en ignorancia de la concreta situación de hecho que debería encuadrarlo y conferirle aquel carácter dentro del ambiente social en cuestión. Se tiene entonces un error obstativo que, cortando en la conciencia del interesado el aparente nexo lógico entre su comportamiento y la situación circundante, priva a la conducta de todo carácter concluyente y, por tanto, del mismo valor social de negocio, salvo que exista una carga de conocimiento (n. 12, *in fine),* cuyo incumplimiento lleve consigo una responsabilidad.

Se presentan aquí casos marginales en los que puede hacerse cuestión de si el pretendido declarante incurre solamente en error obstativo o si no carece, del todo, de la misma voluntad de hacer un acto de autonomía privada (n. 19, a, 14) desde el momento en que a su comportamiento falta valor concluyente en el sentido del aparente negocio. Pensemos en el cobro de créditos de la herencia o en otro acto de la competencia del heredero que se ejecute por una persona llamada a la herencia que ignore su propia vocación y actúe, por tanto, con la simple intención de gestionar un negocio de aquella que ha desaparecido. O en la aceptación por el acreedor del pago parcial de un crédito ya vencido, por un importe igual a los intereses, en la ignorancia del sobrevenido vencimiento y, por tanto, sin la intención de conceder al deudor una prórroga para el pago del capital.

---

[94] Es el caso decidido por la Ap. Turín, 21 marzo 1941 (*Giur. Tor.*, 1941, 593), que ha considerado que el error de quien, suscribiendo una escritura privada sin leer su contenido, no advierte su disconformidad con el tenor del acuerdo contractual, constituye un error en la declaración, y que es motivo de anulación si recae sobre una circunstancia esencial de la obligación.

[95] Convendrá advertir que un error obstativo limitado a la sola enunciación de la causa típica del negocio (el llamado error in *negotio)* no se produce en la realidad, a menos de imaginar el caso –tan difícil de verificarse como fácil de resolver por su pronta reconocibilidad– de un lapsus, motivado por distracción o ignorancia del Derecho, en que se incurra al enunciar la causa. Un error tal no adquiere importancia práctica sino en cuanto determine disenso acerca de la causa en los negocios bilaterales.

54. *Disenso en el negocio bilateral*[96].- El disenso es una anormalidad que solo en los negocios bilaterales puede producirse, consistente en un íntimo e inadvertido desacuerdo entre las partes en cuanto al sentido en que cada una de ellas entiende el contenido del negocio; desacuerdo que se halla encubierto por la aparente (o creída) congruencia exterior de las respectivas declaraciones. Conviene recordar a este respecto que el negocio bilateral exige el acuerdo de entrambas partes sobre el que es su contenido preceptivo, y este acuerdo radica en la identidad del sentido con que tal contenido se presenta en la conciencia de una y otra parte.

Cuando el desacuerdo, en lugar de encubierto, es visible a las partes, recíprocamente advertible, falta en la conciencia de ambas la misma correspondencia exterior de una declaración con otra y, por tanto, no solo falta el elemento subjetivo, sino el mismo elemento objetivo del acto como bilateral. Cuando, luego, el desacuerdo, si bien encubierto, es advertido por una de las partes, es necesario distinguir: a) Si el desacuerdo depende de la misma parte que es consciente de él, en cuanto ésta, mientras se declara conforme, quiere íntimamente cosa diferente, o bien sabe que no puede encontrarse de acuerdo porque conoce la irrealizabilidad de la causa del negocio. Entonces el desacuerdo se comprende dentro de la Figura de la reserva mental y de aquella particular subespecie suya que es la reticencia fraudulenta, b) O si el desacuerdo depende de un error obstativo de la otra parte -error reconocible para aquella que sabe de él. Y entonces la reconocibilidad del error lo hará influyente como tal (art. 1.431), ya que impedirá a la otra parte contar con la existencia del negocio.

Circunscrita la figura del disenso solo a aquel desacuerdo no advertido por ninguna de las dos parces, es evidente que no puede ser más que el síntoma de un error perceptivo o de una desviación interpretativa en que ha incurrido una y no ha reparado la otra, es decir, un malentendido. Mientras en el error obstativo, examinado antes, es el mismo autor quien entiende inexactamente la declaración propia, a la que atribuye un significado diferente al que objetivamente tiene, en el disenso, en cambio, la parte *entiende mal* la declaración destinada a ella, es decir, la comprende -la percibe o la interpreta- con un significado distinto al exacto que tiene para su autor y, en consecuencia, no capta su contenido.

---

[96] Para la dogmática del disenso en el Derecho actual, cfr., a más de las obras de Pandectas. TITZE, *Die Lehre vom Misverstaendnis, eine ziuilrechtlihe Untersuchung,* 1910, 16 y sigs., 191 y sigs., SS, 3S9: MESSINA. en *Riv. iir. comm.,* 1907, 401 y sigs.: *VERGA, Errare,* 259; ZITELMANN. *Irrtum,* 419 y sigs.; HILDEBRANDT, *Erklaerungshaftung,* 1931, 203 y sigs. (enumeración casuística). Para una orientación sobre las actuales tendencias de la jurisprudencia alemana, SCHMIDT-RIMPLER, «Grundfragen einer Emeuerung des Vertragsrechts-, en *Archiv,* 1941, 147, 179. Y en cuanto a la jurisprudencia anglosajona sobre este tema, J. D. I. HUGHES, «Consensus and estoppel», en *Law quartely review,* 54 (193S. 370-380). Para el Derecho romano, nuestro *Dir. rom.,* § 60 (bibliografía); *Esrzitazioni romanistiche,* cap. III.

Mientras que en el error obstativo la discrepancia se ofrece entre el significado objetivo de la declaración y la idea que de él tiene el autor de aquélla, en el disenso la discrepancia se produce, ante todo, entre el significado de la declaración tal como está en la mente de una parte y la idea que de él se forja la otra con base en un error perceptivo o en una divergente apreciación interpretativa. Y puesto que este error o desviación es también el que determina, en quien lo sufre, la adhesión al negocio propuesto, la discrepancia se reproduce, además, entre el significado que la declaración de adhesión, puesta en relación con aquella mal comprendida, asume objetivamente a los ojos del destinatario, y la idea de que ella tiene su autor. El resultado del malentendido, ya dependa de falsa comprensión o derive de falsa interpretación, es siempre, ante todo, hacer faltar en una de las partes la conciencia del significado objetivo de la propia declaración de adhesión. Lo que excluye el acuerdo de las partes en cuanto al modo cómo ellas entienden, cada una por su cuenta, el contenido del negocio. Puede plantearse la cuestión de si el tratamiento del disenso sea el mismo del error que recae sobre la declaración (n. 53). Pero puesto que hace faltar el acuerdo intrínseco requerido por el art. 1.325, n. 1 (cfr. arts. 1.261, 1 y 1.262 C. C. esp.), el disenso está regido por la norma del art. 1.418, que prevé la falta de alguno de los requisitos del art. 1.325 (art. 1.261 esp.), y hace al negocio bilateral nulo sin más, no simplemente anulable. Solo al determinar el supuesto de hecho del disenso y los requisitos de su eficacia se tiene presente la norma del art. 1.433, en cuanto extiende al error obstativo los criterios de la eficacia del error previsto en los arts. 1.428-1.432.

Las causas que pueden engendrar el malentendido del que surge el disenso son las mismas que originan el error obstativo. Para su trascendencia jurídica se requiere que el error de percepción o equivocada interpretación sean hechos excusables por el tenor de la declaración recibida o el modo en que se transmite (art. 1.433). Es decir, que el disenso debe estar justificado por el tenor equívoco o, en general, no determinado, de la declaración, o por otras circunstancias dependientes de la forma de transmisión, de tal suerte, que impidan que el contenido resulte de pronta comprensión para el destinatario. Un error perceptivo o interpretativo que no encontrase ninguna justificación objetiva en el modo de ser de la declaración no podría dar lugar a un disenso jurídicamente atendible. Podría serlo, como error obstativo, solo si fuese reconocible a la otra parte.

Algo distinto de aquel del error obstativo es el objeto sobre el que puede versar el disenso, aunque vale también aquí el principio general según el cual el malentendido es influyente en tanto recaiga sobre un elemento del negocio que sea *esencial,* en el sentido ya dilucidado, o sea, normalmente determinante de! consentimiento (art. 1.428; art. 1.266 Código civil esp.). También aquí haremos una reseña de las varias figuras que el disenso asume bajo el aspecto del objeto sobre que recae.

Un disenso jurídicamente influyente puede recaer, en particular: a) sobre la causa que caracteriza al tipo de negocio; b) sobre el objeto del negocio, en orden a su identificación. También sobre determinaciones o modalidades del negocio. Y finalmente, c) sobre la identidad de la declaración de la otra parte, en el caso de que esta declaración sea recibida por mediación de otra persona. No puede invalidar el negocio, por el contrario, un disenso que afecte solamente a la llamada «causa remota» o a la simple designación verbal de la cosa, si existe acuerdo, respectivamente, sobre la causa verdadera y propia o sobre la cosa de que se trata.

a) Mientras que no se da en la práctica el error obstativo sobre la «causa» típica del negocio (llamado *error in negotio),* es, en cambio, perfectamente posible un malentendido que haga faltar el acuerdo de las partes sobre tal causa. Naturalmente, para que el disenso respecto a la causa invalide el negocio, es preciso no solo que éste sea bilateral, sino también que sea causal, es decir, un negocio cuyo tipo esté caracterizado por la función económico-social a que debe servir, función que entonces es parte integrante de su contenido (cap. III, n. 24). En efecto, es solo en este caso que la estructura del negocio exige que las partes se hallen de acuerdo también sobre la causa, ya que contenido y causa se compenetran de tal modo que realmente forman un todo. De ello se deduce que, tratándose de negocio causal, si existe disenso sobre la causa, el acuerdo acerca del contenido es puramente aparente. No solo viene a faltar en este caso la necesaria correspondencia entre las respectivas intenciones prácticas de una y otra parte, que es indispensable para dar vida a un propósito común (art. 1.362; cfr. art. 1.281 C. C. esp.), sino que desaparece también, conjuntamente con ella, la necesaria congruencia entre las respectivas representaciones del contenido del negocio, contenido al que la causa es inmanente[97].

Si se trata, en cambio, de un negocio abstracto, y puesto que el fin práctico concretamente perseguido no forma parte integrante de la estructura de tales negocios, es evidente que el desacuerdo sobre él dejará intacta la validez del acto y solo podrá alcanzar una trascendencia jurídica indirecta, en el sentido de justificar una demanda de repetición o una excepción *ex causa* entre las partes. Igualmente, solo una influencia indirecta puede tener un disenso sobre la «causa remota», ya que respecto a ésta, aun los negocios causales se comportan como abstractos. Así, en un pago, el acuerdo de las partes sobre la *causa solvendi* no está de ningún modo excluido por su disenso en cuanto a la identificación del débito que constituye el presupuesto de tal causa (causa remota). Se entiende, sin embargo, que el disenso en la «causa» de la transmi-

[97] Si en el negocio bilateral el contenido debe ser único e idéntico para ambas partes (identidad en la que consiste precisamente el acuerdo), idéntica, es decir, común y compartida por las mismas, debe ser también la causa cuando el negocio es causal. El disenso en la causa hace que falte para una parte la causa perseguida por la otra o viceversa. El negocio es inválido por defecto del elemento subjetivo que atañe a su contenido.

sión reviste consecuencias de impedir el traspaso mismo cuando la causa que se representa en la mente de una de las partes que incurren en él sea tal que no justifique una transmisión de la propiedad, sino de la simple detentación; sea, por ejemplo, un depósito o un comodato.

b) Es posible también un malentendido que haga faltar el acuerdo de las partes sobre la identificación de la cosa que forma objeto del negocio, tanto cuando se pretenda esto mediante a) indicaciones cualitativas, como si por b) determinaciones cuantitativas.

Bien se comprende, no obstante, que en el primer caso (a) –como en materia de error obstativo– el disenso es influyente en tanto impida realmente la identificación de la cosa. Si, en cambio, concierne a la simple designación verbal de ella, es indiferente siempre que, naturalmente, el equívoco en que se incurre por cal designación no estorbe a las partes el entendimiento en la determinación de la cosa.

Un disenso de la segunda especie (b) se tiene cuando las partes no se hallen de acuerdo, por ejemplo, sobre la determinación del precio en la venta, del alquiler en el arrendamiento, o de la suma prometida. Naturalmente, es preciso distinguir según que una de las partes pretenda recibir una contraprestación más alta o más baja de la que está dispuesta a proporcionarle la otra. Si es más baja, en los límites de la suma menor puede considerarse conseguido el acuerdo; la obligación se reduce a aquel mínimo que se demuestra conforme al concorde entendimiento de ambas partes.

c) Son igualmente posibles, fuera de los indicados, otros casos de disenso[98]. En especial, es posible un malentendido acerca de la identidad de la declaración de la otra parte, y más precisamente, acerca de la identidad del autor de tal declaración. Normalmente, un equívoco sobre este punto no puede surgir. Si las partes se hallan en persona una frente a la otra, no es posible (a menos de imaginar casos extrañísimos) que una de ellas atribuya la declaración que le hace la parte contraria a una persona distinta de la que realmente la emite[99]. Solo en la hipótesis de que la declaración de la otra parte sea cursada por mediación de distinta persona (no importa en qué calidad), o bien por documento, puede producirse un equívoco en el destinatario sobre la identidad del autor de tal declaración.

Concluido el examen de las anormalidades que determinan la ausencia del elemento subjetivo (conciencia) relativo al contenido de la declaración, nos resta el estudio de los vicios que pueden afectar a la determinación causal.

---

98 Así, un disenso sobre modalidades esenciales de la regulación de intereses dictada con el negocio, cuando, por ejemplo, una parte la subordina a una condición que la otra no advierta y que, de haberla conocido, no hubiera aceptado.

99 Es posible que se engañe sobre la identidad personal de la parte que tiene enfrente, es decir, vea en ella una persona distinta de la que es, pero entonces no se tratará de otra cosa que de un error obstativo sobre la identidad de la persona.

55. *El error en. la determinación causal: criterios de tratamiento*[100].- Anormalidades que permiten la subsistencia de la determinación causal pero la vician en alguno de sus elementos, perturbando su proceso formativo, son, el error (espontáneo o provocado por dolo) y el temor (en cuanto derive de violencia). Podemos llamar a éstos, vicios de la determinación causal, o bien, de la motivación del querer. Es su característica común que influyen sobre el proceso volitivo, aportando un *motivo* que no debería operar: ya impidiendo -el error- el exacto conocimiento de la situación de hecho sobre cuva base la voluntad se determina al negocio, ya menguando -el temor- la libertad de la misma determinación. Decimos vicios de la determinación causal, mejor que «vicios de la voluntad», puesto que precisa distinguir (n. 19, a-c) entre voluntad formal del acto y voluntad proyectada hacia la función (causa) típica de que se trata. Entre ellos se destaca en primera línea el error.

Cuando vicia la determinación causal, el error actúa sobre el negocio jurídico de modo esencialmente diferente al que presenta cuando recae sobre la declaración. En esta última hipótesis, hace que la parte atribuya al propio acto un significado distinto al que objetivamente tiene y, por tanto, que no aprecie justamente lo que dice o hace. Por el contrario, en la figura de que aquí nos ocupamos el error no impide, en principio, que la idea del autor corresponda exactamente al significado objetivo del acto, pero sí hace que su voluntad se determine fundándose en un falso juicio sobre la concreta situación de

[100] V., además de los escritores citados en el cap. I: SAVIGNY, *System, III,* párrafos 137-138; ZITELMANN, *Irrtum und Rechtsgeschäft,* 373, 535 y sigs., 555 y sigs.: LEONHARD, *Das Irrtum als Ursache nichtiger Verträge,* segunda ed., 1907; SCIALOJA, *Negozi giuridici,* tercera ed., §§ 63-34; HENLE, *Vorstellungs und Willenstheorie,* 1918, 190 y sigs., y ya en *Gottingische gelehrte Anzeigen,* 1908, 429 y sigs., 507 y sigs. (cfr. *Lehrbuch,* I, § 29, 230 y sigs.); BINDER, «Wille und Willenserklärung», en *Archiv f. R. e. W. phil.,* 1913, 6, 285 y sigs.; LENEL, en *Archiv f. die civilistische Praxis,* 1925, 123, 161 y sigs.; MANIGK, *Irrtum und Auslegung,* 1918; POLLOCK. *Principles of contract,* 10 ed., cap. IX, 441 y sigs.; DEMOGUE, *Traiti des obtigalions, I,* números 222-250; FUBINI, *Dottrina dell'errore,* 1902. También, VASSALLI, «Juris et facti ignorantia», en *Studi Senesi,* 1913, 30; ADLER, «Die Wirkung des Rechtsirrthums», en *Jahrbücher f. die Dogmatik,* 1894, 33, 150 y sigs.; HENLE, en *Festgabe Krüger,* 350; ZANOBINI, *La pubblicazione delle leggi nel diritto italiano,* 1917, 98 y sigs. De los estudios más recientes, véanse los citados por STAUDINGER-RIEZLER, *Kommentar,* 10 edición I, sobre el § 119; v. SIMONIUS, «Wandlung der Irrtumslehre in Theorie u. Praxis», en *Festgabe zum 70 Geburtst v. Goetzinger,* Basel, 1935; DAVID, «La doctrine de l'erreur dans Pothier et son *Interpretation* par la common law d'Angleterre», en *Etudes Capitant,* 1938, 145; MAURY, «L'erreur sur la substance dans les *contracts* à titre *onéreux*», ibid., 491-516; LAWSON, «Error in substantia», en *Law quarterly review,* 52. TITZE, «Vom sogen. Motivirrtum., en *Festgabe Haymann,* 1940, II, 72-111; VASSALLI, *Teoria dei negozi giuridici* (sumario), 1934, 63-72; CARNELUTTI, *Sistema,* II. n. 501, 503, 504; VERGA, *Errore e responsabilità nei contratti, 1941* (con amplia bibliografia en págs. 1-3; el estudio se refiere al Código de 1865); DE CUPIS, *La scusabilità dell'errore nei negozi giuridici,* 1939; DE MARTINO, en *Giur. compar. dir. civ.,* 1939, 179. Para la bibliografia romanista nos remitimos a nuestras *Istituzioni,* segunda edición, bibliografia citada en los §§ 60 y 62. Sobre el proceso formativo de la voluntad, véanse, a más de ZITELMANN, *op. cit.,* 83 y sigs., CROCE, *Fil. della pratica,* cap. III, 23 y sigs.; WUNDT, *Grundriss d. Psychologie,* 1896, 106 y sigs., 217 y sigs.; KELSEN, *Hauptprobleme,* 106; SCHELLER, *Formalismus in der Ethik, 361* y sigs.; ROTHACKER, *Geschichtsphilosophie,* 1933, 44 y sigs.

hecho. Aquí, el autor del negocio no aprecia inexactamente el significado de la propia declaración, ni el sentido de aquella de la otra parte, es decir, no entiende cosa diferente de la que declara (como le ocurre en el caso del error obstativo), pero se decide a perseguir la función económico- social del negocio partiendo de un conocimiento erróneo o de una previsión engañosa[101]. Una falsa apreciación de la situación de hecho hace que la voluntad se decida donde, de otro modo, hubiera permanecido inerte, o hace que lo haga en diverso sentido de aquel en que se hubiera proyectado si hubiese sido iluminada por un conocimiento exacto de la realidad o por una justa previsión.

Distinto es, como se ve, el objeto sobre el que el error versa; distinta es, por consiguiente, su entidad psicológica. El error obstativo recae sobre el significado mismo de la declaración o comportamiento, considerados en sus elementos constitutivos, y tiene por resultado privar a la parte de la conciencia de tal significado (n. 19, b) enervando, indirectamente, la misma voluntad del acto. Por el contrario, el error que vicia la determinación causal afecta a aquellas representaciones intelectuales que interesan la voluntad y las mueven a proponerse la actuación de la función típica del negocio; podríamos decir (n. 19, c), sobre los *motivos*. Es un error en la motivación que precede a la conclusión del negocio. Ahora bien, tal error no hace, como tal, faltar la conciencia del significado del acto. No la excluye cuando recaiga sobre motivos meramente individuales[102], motivos estos que, teniendo carácter subjetivo e interno, no suelen ser objeto -siendo de cualquier modo reconocibles- de una estimación social y jurídica. Pero tampoco, al menos en línea general, cuando afecte a los mismos elementos esenciales de la función típica del negocio, porque, también entonces, no impide que el interés de la parte se encamine a tal función con pleno conocimiento de cuanto ella hace o declara; solo proporciona a su decisión una falsa base psicológica, un erróneo motivo.

Pues bien, el distinto objeto y la diferente entidad psicológica han de traducirse en un también diverso tratamiento del error. Que el error sobre la declaración, produciendo la falta de conciencia del contenido del negocio, haga menos justificados sus efectos e impida a la otra parte, a la que aquél sea

---

[101] Por ejemplo, se determina a comprar una determinada cosa porque cree que puede servirle para cierto uso, cuando, en realidad, no sirve, o que le pueda ser útil en una eventualidad que luego no se presenta.

[102] A tales motivos meramente individuales suele ser reservado, en el lenguaje corriente de la jurisprudencia la calificación de «motivos» (últimamente, sobre el error en los motivos, véanse Cas. 4 diciembre 1940, en *Rep. Foro,* 1940, voz Obbligazioni e contratti, n. 91; Trib. Palermo, 13 octubre 1937, en *Circ. giur.,* 1938, 83; Ap. Turin, 28 junio 1938, en *Giur. Tor.,* 1938. 1.236; ídem Roma, 31 mayo 1938, en *Giur. ban.,* 1938, 674; ídem Bolonia. 7 febrero 1938, en *Temi emil.,* 1938, 82; Cas. 21 mayo 1937, en *Rep. Foro,* 1937, voz cit., n. 102, 103). Esta restricción de significado es, sin embargo, arbitraria, por estar en evidente contraste con el amplio y comprensivo significado psicológico de la palabra, que incluye todas las representaciones que solicitan la voluntad, aun aquellas concernientes a los elementos esenciales del negocio que en el lenguaje de la jurisprudencia son contrapuestas a los «motivos».

visible, contar con ellos, es cosa que se comprende. En cambio, puede dudarse, abstractamente hablando, de si, y en qué medida, deba reconocerse al error en la motivación una influencia jurídica. La solución legislativa del problema depende, sobre todo, del modo de concebir la autonomía privada y la relación de ésta con su base psicológica. Depende, además, del modo de configurar la función característica de los varios tipos de negocios jurídicos. Está, por tanto, sujeta a variaciones de un ordenamiento a otro y, en la órbita de un mismo ordenamiento, de una a otra categoría de negocios. En efecto, es distinta en el Derecho romano y en el actual; distinta en los negocios *ínter vivos* y en las disposiciones *mortis causa.*

Según una rigurosa concepción, libertad y autonomía privadas, llevan en sí mismas el freno y la sanción de la autorresponsabilidad para un uso torpe que se haga de ellas (n. 18). Por la función que le es propia, el negocio jurídico es un acto vinculante irrevocable que no consiente arrepentimientos, rectificaciones o regresos. La regulación de intereses dispuesta con él no respondería a la exigencia social de un ajuste de aquéllos si, una vez entrada en vigor entre las partes, pudiese siempre ser modificada o relegada a merced de la ventaja unilateral o el cambio de criterio de quien consintió en ella.

Por esto es el negocio un instrumento peligroso, contra cuyos riesgos y decepciones no puede razonablemente pretenderse estar asegurado *a priori,* por obra automática de la ley. Es un instrumento que no ha de utilizarse a la ligera, sino con motivos deliberados, después de un diligente examen de la situación de hecho. Ahora bien, desde este abstracto punto de vista, al error que vicia la determinación causal no se le puede reconocer eficacia jurídica sino dentro de muy estrictos confines. Porque incumbe al mismo interesado la carga de procurarse, con una indagación cuidadosa de la situación de hecho, el conocimiento o exacta previsión de aquellas circunstancias de la realidad que deben constituir la base de su determinación.

En el terreno del nuevo Derecho positivo italiano[103] este riguroso criterio de principio se ha utilizado estrictamente para ciertos tipos de negocios jurídi-

---

[103] En cuanto al Derecho positivo alemán, es de observar que la formulación de los §§ 119 y 2.078 B. G. B. de los casos de error, es mediocre y de discutible oportunidad, ya que no ofrece ningún criterio seguro para discriminar el error sobre la declaración del error en la motivación. Allí «inhale», en el segundo caso (que lógicamente representa el primero), es entendido en el sentido de «Wortlaul», tenor, y en general, forma exterior de la declaración a emitir; en el primer caso, en el sentido de «Sinn», significado objetivo de ella. Las hipótesis son: a) que no se quisiese, en general, emitir una declaración de aquel dado tenor: b) que se incurriese en error acerca del significado objetivo de la declaración expresada, significado no acorde con la representación del declarante. Se requiere la trascendencia subjetiva del error para el declarante y también aquella objetiva normal, para un contrayente (o disponente) razonable, en tales condiciones. Ahora bien «error sobre el significado de la declaración» es expresión tan amplia que se presta a equívocos y a indebidas extensiones, aun sin contar la equiparación a tal error (establecida en el párrafo II) de ciertas formas de error en los motivos. Así, la jurisprudencia llega a considerar incluidas

cos que tienen una extensa repercusión en el ambiente social, tales como la aceptación de herencia (art. 483; cfr. art.. 997 C. C. esp.). Otras veces, en cambio, encuentra una aplicación moderada, con atenuaciones razonables y netamente determinadas, en el sentido de conceder influencia al error. Tales atenuaciones son sugeridas por un doble orden de consideraciones. Podría decirse que, en primer lugar, por la consideración del particular alcance del error, siempre que sea reconocible, sobre todo, a) cuando sea tal que prácticamente se asimile a un error obstativo; además, b) cuando sea tal que haya de ser siempre estimado como un error de carácter esencial, es decir, determinante, normalmente, de la voluntad; en segundo lugar, por la consideración del peculiar tipo o categoría del negocio, cuando sea éste de tal naturaleza que confiera importancia decisiva al entendimiento del declarante (n. 46).

1.º La consideración de la particular gravedad del error-vicio (por llamarlo en adelante con esta denominación abreviada) nos explica bajo qué aspecto éste –cuando sea reconocible– se convierte en jurídicamente trascendente en los negocios *inter vivos,* especialmente en los bilaterales. Que en esta categoría de negocios el error, para ser influyente, deba ser *reconocible* a la otra parte -reconocible en el sentido de que esta parte, por las circunstancias en que el error se produce, esté en grado (deber) de advertirlo con una atención normal (siendo indiferente. sin embargo, que efectivamente lo haya advertido o no: art.

---

las designaciones inexactas del objeto, derivadas de un impreciso conocimiento de ciertas expresiones en el uso mercantil (TUHR, *Allgem. Teil,* II. 572). Pero ¿no tiene el declarante el deber de conocer exactamente el significado de las expresiones que usa y no ha de soportar el riesgo de su utilización torpe, ¿no es imputable a él la ignorancia del significado mercantil de las palabras referentes a la materia del negocio? La jurisprudencia llega también a considerar comprendido el error sobre las consecuencias jurídicas del negocio, sea que el declarante se las represente distintas de las que son (HENLE, *Lehrbuch,* I. 213, 214), sea que tal error se exprese, por lo menos, en una indicación de tales consecuencias discrepante de la opinión del declarante (ENNECCERUS, *Lehrbuch,* I, § 57, I, c; en sentido contrario, TUHR. *Allg. Teil,* II. 574), como si entonces ellas entrasen a formar parte del «contenido» de la declaración y configurasen un *error in negotio* (que, en realidad, es un error sobre la causa). Ciertamente, habrá de verse si el error de derecho es tal que excluye de forma visible la estimación del acto como vinculante y, por tanto, por incompatibilidad, una seria «voluntad negocial» sobre la que la otra parte pudiese apoyar su confianza. Pero cuando no sea así, ha de considerarse irrelevante por la decisiva razón de que no afecta a materia de disposición privada, sino de exclusiva competencia del orden jurídico (n. 6). Para la literatura alemana sobre el tema del error, véanse los trabajos indicados por STAUDINGER-RIEZLER, *Komentar z. B. G. B.,* 10 ed., 1936, sobre el § 119, en pág. 572, obra a consultar para que una excelente orientación sobre aquella jurisprudencia, juntamente con *Das B. G. B. mit bes. Perücksichtig. d. Rechlsprechung d. Reichsgerihis,* tercera ed., 1921, I, 147, sobre el § 119. Sobre las tendencias de la actual reforma dan noticia: SCHWIND, «Der Irrtum im Verkehrsrecht des A. B. G. B. u. B. G. B.: eine rechtsver gleichende rechupolitische Betrachtung», en *Jherings Jahrbücher,* 1941, 89, 119; TITZE, «Vom sogen. Motivirrtum», en *Festgabe Heymann,* 1940, II, 72-111, cuyas propuestas de reforma se dirigen contra las consecuencias del dogma de la voluntad y conformes a la exigencia de cargar sobre quien yerra las consecuencias del error inherente al género de negocio, así como de tutelar la confianza; LANCE, «Die Neugestaltung der Anfechtung u. das Vertragsrecht», en *Jherings Jahrbücher,* 89, 176.

1.431)- es una exigencia perfectamente legítima desde el punto de vista de una concepción objetiva del negocio jurídico. Si la otra parte debe apoyarse con seguridad en el común significado de la declaración aceptada, que es para él el único normalmente reconocible, es evidente que su confianza no puede ser comprometida por un error en que no puede reparar y, por tanto, no controlable, que se produzca en la esfera interna de la parte que se halla frente a él. Un error *no reconocible* no es socialmente un error excusable *a priori (error probabilis)*[104] y es, por ello mismo, imputable a quien en él incurre, conforme al criterio de la autorresponsabilidad[105]. El precepto de la autonomía privada,

---

[104] El criterio de la probabilidad *a priori* como índice de comprobación de la excusabilidad (no imputabilidad) del error había sido ya sostenido, para el viejo Código, por Venezian, «Errore ostativo», en *Studi Scialoja,* II, 222 y sigs., y por Messina, en *Riv. dir. comm.,* 1907, 409 y sigs. Las sutiles críticas de Verga, *Errore e responsabilità nei contratti,* 186-189, 204-210, contienen, entre otros, el defecto de desconocer el nexo lógico que liga entre si las calificaciones de error no reconocible -no exclusable *a priori*- imputable. La reconocibilidad reclama en la otra parte una carga de atención (lo que Verga, p. 209, olvida) referida al tipo normal de contrayente. La improbabilidad *a priori* a que aludimos expresa una valoración de la ley y no del Juez, abstracta, en cuanto fundada sobre la experiencia de los casos normales, y no relativa al caso concreto.

[105] Al criterio de la imputabilidad recurría nuestra mejor doctrina civilística ya durante la vigencia del viejo Código, que no establecía el requisito de la reconocibilidad para la influencia del error en los contratos y. por tanto, confiaba la apreciación de la imputabilidad del error a criterios menos seguros que el que se deduce objetivamente de la no reconocibilidad. A diferencia del Derecho alemán, donde la impugnación por error es admitida sin distinguir si éste tiene carácter imputable o no. y tiene por lógico contrapeso y carga inherente (Tuhr, *Allgem. Teil.,* II, 594) la obligación de resarcir el daño derivado de la invalidez del negocio (interés contractual negativo) (B. C. B., § 122; cfr. la análoga facultad de revocación en el viejo Código comm., art. 36. penúltima parte, actual art. 1.328), en Derecho italiano aquélla no era admitida por tal doctrina sino para un error exclusable, es decir, no imputable al declarante. Considerando inadmisible una impugnación fundada en un error inexcusable (imputable), o sea, tal que habría podido evitarse por el declarante si hubiese cumplido con un deber que le incumbía (con la consecuencia de la validez del negocio celebrado), la doctrina discutía sobre la causa jurídica de aquella inadmisibilidad. Se observó (Coviello, § 1 16: 370) que la culpa acarrea una responsabilidad hacia la otra parte, la cual resultaría perjudicada por una anulación del negocio, y sería ilógico que la ley permitiese una anulación que produciría un daño que luego, aun por otro camino, se estaría obligado a reparar. Esta motivación era ciertamente ajustado, pero quizá no completa. Cuadraba a la hipótesis en que el daño que recayese con la anulación del negocio fuese tan alto que exigiera un resarcimiento en la entera medida del interés que la otra parte tuviera en el cumplimiento del negocio; pero éste no es más que el límite máximo (B. G. B., § 122); se ofrecen hipótesis en que el daño importa resarcimiento por una medida inferior. En vista de tales supuestos, el criterio de la responsabilidad hacia la otra parte era necesario que fuese integrado con el de la autorresponsabilidad, que impone a la parte en error el soportar las consecuencias perjudiciales de una omisión que solo es imputable a ella misma (ya que se trata siempre del incumplimiento de un deber de conocimiento que le afectaba). Este criterio es ciertamente el mis apto para garantizar el valor vinculante irrevocable del negocio concluido.

Tampoco contra la llamada -teoría de la responsabilidad- la crítica de Verga, *Errore e responsabilitá nei contratti,* 214-223, parece dar en el blanco, al menos en cuanto que se inspira en una premisa metodológica (222 y sigs.) que, identificando el Derecho positivo con la particular dogmática de quien formula la ley, niega la legitimidad de toda interpretación evolutiva que responda a las sobrevenidas exigencias sociales (a favor de ésta, últimamente. Josserand, en *Etudes Capitant,* 369).

vinculante para las dos partes en conflicto, no puede ser paralizado por un error unilateral e incontrolable sin que sea puesta en peligro la seguridad del crédito y la estabilidad de las relaciones jurídicas.

A) Es sobre todo bajo el aspecto de su equiparación al error obstativo como asume relieve jurídico el error-vicio en los negocios *inter vivos*. Bajo este aspecto es tratado en el Código (arts. 122, 1.429, nn. 1-3; cfr. arts. 101, n. 2, 1.266 C. C. esp.) cuando afecta sustancialmente a la identidad misma de la persona, de la cosa o del negocio, y ocasiona la ausencia, con aquella identificación, de una verdadera determinación causal en orden a la persona o cosa que en realidad se ofrece o al negocio de que se trate. Así, por la norma del art. 122, 2.°, el error sobre las cualidades del otro cónyuge es causa de nulidad del matrimonio cuando *se resuelve en un error sobre la identidad* de la persona. Con lenguaje menos riguroso, en el art. 1.429, nn. 1-3 (cfr. art. 1.266 C. C. esp.), se enumeran, junto al error sobre las cualidades, el error sobre la *identidad* del objeto o de la persona del otro contrayente, y junto al error sobre la materia («objeto») del contrato, el error sobre la «naturaleza» (es decir, sobre la identidad típica) de éste Es de advertir que también aquí, hablando de error que «recae sobre la identidad», la ley pretende mostrar el resultado de una equiparación que hace de cierto casos de error-vicio a correspondientes figuras de error obstativo. La faceta de la equiparación al error obstativo representa, bajo el aspecto sistemático, el camino indispensable para justificar la influencia del error-vicio dentro de una concepción objetiva del negocio, y no es de ningún modo contradicha -como podría parecer en una consideración superficial- por el hecho de que, viceversa, el art. 1.433 extiende al error obstativo los criterios de tratamiento dictados por los artículos precedentes para el error-vicio. Tal extensión, realmente, no tiene otro significado que el de expediente técnico-legislativo encaminado a hacer aplicable a una hipótesis de hecho análoga el tratamiento prescrito para la hipótesis que se presenta con mayor frecuencia y que reviste, por tanto, mayor importancia práctica.

Y a este propósito ha de señalarse, para la precisión de la terminología técnica, que es impropio hablar de un error-vicio que recaiga directamente sobre la identidad de la cosa o la persona, como al contrario, no es adecuado hablar de un error obstativo que recaiga, no sobre la identidad, sino sobre cualidades esenciales de la cosa o la persona[106]. Si por distracción o falsa percepción se toma equivocadamente una cosa X por la cosa Y, que en realidad se pretendía, o existe equivocación entre una persona (Ticio) y otra persona distinta (Mevio) en al que realmente se pensaba, existe error en la declaración

[106] Queremos decir que no es licito llevar el paralelismo entre error obstativo y error-vicio hasta el punto de construir otras tantas figuras perfectamente paralelas de error obstativo y error-vicio, *in negotio, in corpore, in substantia, in persona, in qualitate, in quantitate*, etc. Las construcciones ensayadas en este sentido por la dogmática, sobre el terreno del Derecho romano común o del Derecho actual, son rechazables, como puramente ociosas o, más aún, tales que llevan a confusión las ideas (véase, por ejemplo, DE RUGGIERO, *Istituzioni di diritto civile*, quinta ed., § 27 b).

y no en la motivación. Porque entonces se produce una verdadera discrepancia entre el significado objetivo de la declaración (o del comportamiento) y la idea que de él tiene el declarante; discrepancia que éste advertiría inmediatamente apenas la distracción cesase o la falsa percepción fuese rectificada. Pero si, en cambio, basándose en una errónea información adquirida, se atribuye a la cosa o persona de que se trata una cualidad o un mérito, dependiente de un hecho relativo en realidad a otra cosa o persona[107], entonces el error, si bien vicia la determinación causal, evidentemente no recae ya sobre la identidad de la cosa o la persona, sino sobre una cualidad o mérito suyo, aunque sea considerado esencial a aquella osa o persona a la que se ha dirigido, de todas formas, la intención práctica del declarante. Que en la valoración práctica de la parte, la cualidad o mérito considerado esencial, caracterice a veces, justamente, la individualidad de la persona o cosa, se puede admitir, y puede admitirlo la misma ley. Pero ello solo significa que en tal caso el error -manteniéndose en sí, en su entidad psicológica, como vicio de la determinación causal- puede, no obstante, por su alcance práctico y social, resolverse en un error que afecte sustancialmente a la identidad de la persona o de la cosa; es decir, puede asumir el alcance de un error obstativo sobre tala identidad. No es ya que el error obstativo pueda versar también sobre cualidades esenciales de la persona o de la cosa, sino es que el error-vicio, cuando afecta a semejantes cualidades, puede, a veces, alcanzar la importancia práctica de error obstativo sobre la identidad de la persona o de la cosa, pero permaneciendo en realidad como un vicio de la motivación. O sea, que se puede decir, en algunos casos, que la persona o la cosa, desprovista en realidad de aquellas cualidades o modo de ser que la parte por error le atribuyó, *no sea aquella* persona o cosa en que la parte pensaba al hacer la declaración que a ella se refiere.

Así, se traduce en un error sobre la identidad de la persona el error que afecte a cualidades esenciales para el tipo de relación que se trate, a través de las cuales la persona de la otra parte (cónyuge o contrayente) haya sido preventivamente identificada. Se traduce, igualmente, en un error sobre la identidad del objeto el que recaiga sobre cualidades esenciales que determinen la destinación económico-social y, por tanto, la pertenencia de la cosa a una categoría y no otra *(error in substantia).* Puede presentarse aquí también el error bilateral, es decir, en el que incurran ambas partes. Cuando, por ejemplo, éstas han usado dos indicaciones concurrentes, la una material y la otra intelectual, dando a cada una la misma importancia en orden a la identificación del objeto, y la designación intelectual se aparta tanto de la indicación material como

---

107 Por ejemplo, el comprador cree que el caballo adquirido es el vencedor de una determinada carrera a la que asistió, cuando se trata de otro. O bien, el disponente creo que Ticio, al que dona o lega una suma o un fondo, le ha administrado sus bienes estando él ausente y en un momento de necesidad; o cree que le ha obtenido la absolución defendiéndole como abogado en un proceso penal, mientras resulta que el administrador en el primer cado, o el abogado en el segundo, fue otro *(Inst.,* 2, 29, 31; D., 35, 1, 17, 2).

para impedir que la cosa identificada por medio de ésta pueda integrarse en la categoría que le ha sido asignada por aquélla, el *error in substantia* se resuelve en un error sobre la identidad de la cosa, cuya identificación hace imposible. El negocio no es vinculante, ni respecto a la cosa que realmente se encuentra porque no se dirigía a ella la común intención de las partes, ni respecto al objeto distinto al que creían referirse, porque éste no ha sido adecuadamente identificado; salvando la responsabilidad de la parte a la que correspondía una específica carga de conocimiento, por tratarse del objeto de su obligación.

Ha de advertirse que la valoración jurídica del error-vicio como error «sobre la identidad» despliega una distinta importancia práctica según que fuera de esta figura de error la ley rechace, o bien admita, la trascendencia jurídica de un error sobre cualidades esenciales. Si la excluye, como en el art. 122 (cfr. art. 101, n. 2 C. C. esp.), la equiparación citada señala la única construcción legal para concederle influencia. Si en cambio la admite, como en el art. 1.429 (cfr. art. 1.266 C. C. esp.), la equiparación solamente abre una vía más expedita para este mismo resultado, sin necesidad de recurrir a una valoración más compleja apoyada, en definitiva, en la buena fe (art. 1.429, n. 2) [108].

[108] Máximas de jurisprudencia en materia de error conforme al Código civil del año 1865:
a) Sobre la *excusabilidad del error*.- El error debe ser excusable, en el sentido de que no debe depender de culpa del contrayente, el cual, con su inteligencia, perspicacia y prudencia en la medida común, siempre necesarias en la conclusión y gestión de negocios puede evitar ser víctima de engaño-. (Cas. 13 febrero 1948, en *Giur., Tor.*, 1940, 733: ídem 31 marzo 1937. en *Rrp. Foro,* 1937, voz Obbligazioni e contratti, n. 105). «La excusabilidad del error debe ser apreciada en el momento de la estipulación, teniendo en cuenta todas las circunstancias del caso que sean adecuadas para inducir a error a persona de mediana perspicacia». (Ap. Bolonia, 7 febrero 1938, en *Temi emil.*, 1938, 82). «El requisito de la excusabilidad del error no puede valer en el caso en que del error hayan participado, aun si de buena fe ambos contrayentes». (Cas. 10 mayo 1947, n. 1.221, *Mass. Foro,* 1942, 29S). «El error priva de validez al consentimiento cuando sea excusable, no cuando es determinado por culpa y habría podido evitarse con el uso de la propia inteligencia, perspicacia y prudencia», (Cas. 16julio 1942, n. 2.029, *Mass. Foro,* 1942, 476).
b) Error sobre la *sustancia:* «Es tal aquel que incide sobre las cualidades que, por la naturaleza o por pacto expreso, son esenciales a la función social o al destino económico de la cosa misma». (Cas. 7 junio 193S, en *Rep. Foro,* 1938. voz cit., n. 116; ídem 3 junio 1933, en *Foro,* 1933, I, 77S). «El error sobre el valor de la cosa no entraña error sobre la sustancia», (Cas. 7 junio 1938, cit.; Au. Milán, 2 marzo 1937, en *Rep. Foro,* 1937, voz cit., n. 113; ídem 26 enero 1937, ibid., n. 115; Ap. Venecia, 27 febrero 1936, en *Foro,* 1936, I, 1.607; Cas. 19 diciembre 1933, ibid., 1934, I, 17.-*Contra:* Ap. Bolonia, 6 agosto 1932, en *Foro,* 1933. I. 175).
c) «El error sobre la *solvencia del deudor* no corresponde a aquel error *in* persona capaz de invalidar el negocio». (Cas. 3 abril 1940, en *Rep. Foro,* 1940, voz citada, n. 46). «El error como vicio del consentimiento puede recaer tanto sobre la persona como sobre las cualidades de la misma; hace anulable el contrato cuando se refiere a tales cualidades de la persona que, o por deducción contractual o por la naturaleza del contrato, haya de considerarse que han impulsado la voluntad de las parte a la celebración del mismo». (Ap. Trípoli, 6 diciembre 1933, en *Giur. ital.*, 1934, I, 2. 183).
Para una reseña de jurisprudencia francesa sobre el *error in substancia* en los contratos a título oneroso: J. MAURY, en *Etudes Capitant,* 491 y sigs.

Por lo que concierne, luego, ala error sobre la naturaleza del negocio (art. 1.429, n. 1), éste no se representa como un error de derecho que recaiga sobre el tipo de negocio abstractamente considerado (sentido en el que algunos entienden el *error in negocio)* sino también como un error de identidad, que impide la proyección de la voluntad hacia la función práctica por la que se identifica el negocio en cuestión. En efecto, bien mirado, un error de derecho sobre el tipo abstracto, o está circunscrito a la denominación del negocio (si, por ejemplo, por ignorancia de la terminología técnica se ha hablado de enfiteusis en lugar de arrendamiento); y entonces se traduce en un simple *error in nomine,* figura intrascendente de error obstativo. O bien, configura un error-vicio, pero de tal especie que afecta solamente a las consecuencias jurídicas del tipo abstracto de negocio (si, por ejemplo, por inexacto conocimiento del Derecho, se cree que el arrendamiento produce las consecuencias propias de la enfiteusis, o acarrea la transmisión temporal de la propiedad): Y entonces no podrá ser influyente sino excepcionalmente, conforme al art. 1.429, n. 4 (sobre él, B). En general, no obstante, cuando la parte, por ignorancia del Derecho, cree que el negocio, abstractamente considerado en su tipo, se encuentra disciplinado por aquél de manera distinta a como en realidad lo está, este error suyo, normalmente, no es tal que pueda suprimir en ella una seria intención práctica (lo único que cuenta), proyectada hacia la función económico-social típica del negocio. En realidad. la competencia para estatuir los efectos jurídicos más adecuados a tal función atañe al orden jurídico y a él solamente (cap. I, n. 6). A las partes corresponde únicamente determinar el resultado práctico que pretenden alcanzar al regular sus propios intereses, y escoger el camino legal más conveniente a su propósito práctico. Ellas pueden, si así lo creen bien, modificar la reglamentación legal dentro de los límites tolerados por la ley, insertando, por ejemplo, en la trama típica del negocio, una condición o algún otro elemento de los llamados accidentales, o también excluyendo algunos *naturale negotii,* pero no pueden, ni alterar la estructura típica del negocio tal como el Derecho la ha disciplinado, ni configurarla en su imaginación como distinta de la que es. Por tanto, un error «sobre la naturaleza del contrato», o en general, del negocio, es atendible solo cuando origine una incompatibilidad psicológica entre la intención práctica de las partes y la función económico-social típica del negocio elegido[109]; o sea, en cuanto impida, precisamente por incompatibilidad, que una intención de aquella especie pueda dirigirse seriamente a un negocio de tal tipo (piénsese, por ejemplo, en una «venta» en la cual se considere excluido, de modo incondicionado, el traspaso de la propiedad, o en una «sociedad» en la que se crea innecesaria una aportación actual de bienes o servicios por uno de los participantes).

B) Fuera del aspecto de la equiparación a un error obstativo, el error-vicio en los contratos (art. 1.321 Cód. civ.; cfr. art. 1.254 C. C. esp.), supuesto siempre

---

[109] Sobre este criterio: SEGRÉ, en *Scritti giur.*, I, 288-294; nuestras *Esercitazioni romanistiche su casi pratici,* 1930, cap. V, 125; *Dir. romano,* 1935, 298.

que sea reconocible a la otra parte, puede asumir relieve jurídico bajo la consideración de su carácter *esencial,* valorado conforme al principio de la buena fe (arts. 1.366, 1.375; cfr. art. 1.258 C. C. esp.). Carácter esencial tiene el error que sea motivo objetivamente determinante del consentimiento, según las concepciones dominantes en la conciencia social y la común apreciación de la materia en cuestión, a la luz de la buena fe contractual (la imperfecta formulación del art. 1.429 (cfr. art. 1.266 C. C. esp.), que menciona la «común apreciación» solo en el n. 2, no debe llevar a engaño e inducir a una interpretación restrictiva que solo podría justificarse basándose en el dogma de la voluntad]. Sobre el terreno de una concepción objetiva del negocio jurídico, esta influencia jurídica del error esencial no es ya el corolario lógico de una premisa teórica, como lo era con el dogma de la voluntad, sino una simple solución de oportunidad que responde a una obvia exigencia de la buena fe, la cual, del mismo modo que rige la interpretación (art. 1.366) y la ejecución del contrato (art. 1.375), debe también inspirar el tratamiento de los vicios del elemento subjetivo.

Carácter esencial presenta el error sobre cualidades del objeto o de la persona de la otra parte que deban considerarse determinantes del consentimiento, según la común apreciación y el criterio de la buena fe contractual (art. 1.429, nn. 2-3). Carácter esencial puede ofrecer además, apreciado según los mismos cánones, el error sobre la materia («objeto»: art. 1.429, n. 1) del contrato, o el error de derecho cuando haya sido la razón única o principal del mismo (art. 1.429, n. 4).

Sin descender a una casuística de tales Figuras de error esencial, que estaría aquí fuera de lugar, conviene precisar la figura últimamente considerada[110], distinguiendo, dentro de las causas de que puede derivar, entre ignorancia del hecho o ignorancia del derecho. Esta última consiste en ignorar la existencia o contenido de una norma jurídica, o interpretar su significado de manera distinta a la real, o en hacer una aplicación inexacta a una situación que no regula, y por tanto, también, en atribuir a un hecho o a una relación una calificación jurídica distinta de la que le es propia, o, finalmente, en suponer en vigor una norma inexistente. Es, en cambio, ignorancia del hecho, la que se refiere a la existencia o modo de ser en concreto de un hecho o relación de la vida real, aunque constituya, a su vez, la hipótesis material prevista por una norma que la enlaza con una situación jurídica. El error de derecho que determine, por sí solo, o bien de un modo decisivo, la conclusión del contrato, puesto que se refiere a la situación jurídica existente en el caso concreto, puede depender tanto de ignorancia del derecho como de ignorancia del hecho. Para la primera hipótesis, piénsese en un acuerdo de transacción que el legatario

[110] Sobre el error de derecho y para la irrelevancia del error sobre las consecuencias jurídicas del negocio, véanse, a más de los estudios citados en el n. 7, nota 9, también MESSINA, *Negozi fiduciari,* 73 y sigs.; cree, en cambio, en su influencia, RAMELLA. *Il diritlo fallimentare.* 1942, I, 73.

celebre con uno de los herederos testamentarios con derecho a legítima, en la errónea creencia de que el legitimatario no está obligado al pago de los legados. Sobre la segunda, imaginemos una enajenación en la que se consienta por un error sobre la condición jurídica de la cosa de que se dispone, al creer que el dominio pertenece a distinta persona. Quien no cree tener un derecho frente a la otra parte, no puede, evidentemente, entender que renuncia a él; así, igualmente, quien transmite, o hace transmitir a otros una cosa propia, por cuenta o por obra de un tercero, en la falsa creencia de que su propietario sea este tercero, no puede ciertamente considerar que se despoja de ella y transferir, ya en el interés propio ya en el del tercero, la cosa misma en cuanto cosa propia[111]. Solo ha de tenerse presente, para la diferenciación entre ambas hipótesis, que la carga de conocimiento es distinta respecto al hecho y al derecho, lo que tiene importancia para juzgar en qué medida la respectiva ignorancia sea superable con la diligencia de un contrayente normal, y por tanto imputable, en el sentido de hacer menos excusable el nexo genético entre el error y la conclusión del contrato, atendiendo también a la naturaleza de éste. Y a este propósito es de notar que ciertos tipos de negocios, como los de constatación y transacción, se traducen en una regulación (de la relación controvertida o incierta) de naturaleza más o menos discrecional y de oportunidad subjetiva, por lo cual quien los realiza no puede, normalmente, pretender limitarse a dar vida a una pura aplicación de las normas que regulan aquella relación tal como es en realidad, una simple identificación del derecho que objetivamente le pertenece (art. 1.969; cfr. art. 1.S17 C. C. esp.)[112].

2.° La consideración del peculiar tipo de negocio sobre el que incide el error en los motivos nos aclara el aspecto legal bajo el que puede adquirir trascendencia jurídica en las disposiciones *mortis causa y,* en general, en los negocios a título gratuito. Es la misma faceta que sirve de guía a la interpretación (n. 46): la importancia decisiva que ofrece en ellos el entendimiento del declarante.

C) Ha de recordarse, en el tratamiento del error-vicio, la diferencia, ya mostrada en materia de interpretación (n. 46), entre negocios *inter vivos* y negocios *mortis causa.* Existen, en especial, negocios en los cuales dos partes se enfrentan en conflicto de intereses, y el sacrificio patrimonial que con el negocio admite la parte que está en error, encuentra su equivalente o al menos su contrapeso, en un correspondiente provecho que obtiene de él. Así, los negocios *ínter vivos* a título oneroso, informados por el criterio de la corresponden-

---

[111] V. nuevamente SEGRÉ, EN *Scritti giuridici,* I, 290; nuestra *Esercitazioni romanistiche su casi pratici,* cap. IV, 99.

[112] Nuestra *Efficacia della sentenze determinative in tema di legali d'alimenti,* 1921, 132, en nota. El art. 1.772, párrafo 2.° del viejo Código, al que nuestra exposición se refería, estaba redactado en forma más decisiva e inequívoca que el actual art. 1.969, que, limitando la intrascendencia del error de derecho únicamente a las «cuestiones que han sido objeto de controversia», prestará cierto incentivo a una serie de... controversias. Cfr. § 3 prelim., n. 16.

cia de las prestaciones o (como la aceptación de herencia) por el principio «cuius commoda, eius et incommoda esse debent». En ellos la ineficacia, por principio, del error-vicio, que es siempre un error que recae sobre los motivos, halla una justificación clara y plausible. Ciertamente, aquí, supuesta la causa onerosa, el sacrificio patrimonial tiene un título suficiente de justificación en el provecho que se corresponde con él, especialmente en el correlativo sacrificio de la otra parte -es decir, un título independiente de que se verifiquen o no las expectativas que la parte en error funda sobre el negocio. Se añade que los motivos meramente individuales, cuando no sean llevados al contenido del negocio bajo forma de condición, reserva o pacto, no son normalmente reconocibles por la parte contraria, y por tanto no pueden -salvo en las hipótesis de error esencial reconocible examinadas en *sub B*- constituir una buena razón para anular la regulación de intereses que se ha formulado frente a él[113]. Pero la perspectiva es distinta en aquellos negocios con los que la parte que incurre en error destina a otros una ventaja patrimonial sin recabar para sí una ganancia equivalente: o sea, en los negocios a título gratuito y en particular, en los negocios *mortis causa*. Aquí, si bien el espíritu de liberalidad constituye un título suficiente por sí solo para justificar la adquisición, es de tal especie que, desde el punto de vista psicológico, no da plena razón de sí mismo sino en cuanto sea puesto en relación con aquellos motivos individuales que en cada caso lo han determinado. Y en consecuencia, genuinamente hablando, puede plantearse la cuestión de si el error sobre tales motivos no ha de alcanzar entonces relieve jurídico.

En Derecho romano-clásico la solución de principio adoptada por la jurisprudencia, tanto para las disposiciones *mortis causa* como para las donaciones, acoge el sentido de la no influencia del error, y es justificada con la posibilidad de separar de la disposición el motivo erróneo (falsa causa)[114], aun siendo determinante y reconocible, salvo en algunas hipótesis excepcionales en que se reconoce una conexión típica de la disposición con el motivo determinante. En Derecho justinianeo, por el contrario, la solución de principio toma el camino de conceder influencia al error, ya que se permite al que tenga interés en ello la prueba, atendiendo a las circunstancias individuales del caso específico, de que la disposición no hubiera sido hecha si el disponente no se hubiese hallado en error[115], y hacer, por consiguiente, pronunciar la

---

[113] Sería absurda, por ejemplo, la pretensión de quien, después de haber comprado o tomado en arrendamiento una casa en una ciudad, quisiera liberarse del contrato porque no va ya a residir allí -como presumía- o porque no encuentra modo de subarrendarla. Y no menos absurda la pretensión de quien, habiendo comprado una mercancía de calidad comercial y adecuada al uso al que normalmente se le destina, tratase de restituirla porque fuera distinta de como se la había imaginado o no se adaptara al uso que se proponía darla. Cada cual debe, evidentemente, soportar las consecuencias de sus propios errores de conocimiento o prensión (*supra*, n. 27, nota 10).

[114] D., 35. 1, 72, 6. Cfr. nuestro *Diritto romano*, I, 1935, 304, 319.

[115] El texto citado está interpolado en este sentido: *sed plerumque doli exceptio locum habebit, si probetur alias legaturus non fuisse.*

anulación. La solución del Derecho vigente italiano (arts. 624, 7S7; art. 282 Cód. preced.: cfr. art. 767 C. C. esp.) adopta el criterio justinianeo, elaborado por el Derecho común, y considera atendible el error sobre el motivo, sea de hecho o de derecho, cuando tal motivo resulta del acto y es el único que ha determinado la disposición *mortis causa* o a título gratuito. En tales disposiciones, por tanto, es influyente el error sobre el motivo que haya desplegado una influencia psicológica decisiva en el entendimiento del disponente, de cualquiera naturaleza que sea, siempre que no ilícito (arts. 626, 788) y que aparezca de modo reconocible[116] en el tenor de la declaración [117]. Acerca del error de derecho se ha de tener presente cuanto antes se ha dicho *(sub* B).

56. *Vicios de la determinación causal dependientes de acto ilícito: dolo* y *violencia*[118].- La conclusión de un negocio jurídico puede hallarse determinada por actos ilícitos, los cuales actúan sobre la voluntad haciéndola desviarse del camino normal que en otro caso hubiera recorrido. Su tratamiento actual, en principio, es aquel propio de los vicios de la determinación causal, o sea, dirigido a la anulabilidad del negocio.

A) El error en la motivación del querer-es decir, el inexacto conocimiento de la situación de hecho sobre cuya base la voluntad se determina a la realización de un negocio, que de otra manera, o no hubiera realizado o lo hubiera concluido en distintas condiciones- puede estar provocado por el engaño ajeno (dolo). Para la consideración jurídica del dolo es decisiva, por sí sola, la influencia efectivamente desplegada en la motivación del querer, y no importa la entidad del error provocado. También cuando éste, no teniendo carácter

---

116 Jurisprudencia citada por RIPERT, *Regle morale,* 69, n. 3; TRABUCCHI, *Dolo,* 280 y sigs.

117 Máximas de jurisprudencia sobre el art. 828 del viejo Código:

1ª. Según el texto clarísimo del art. 828 Código civil, la expresión de una causa errónea solo puede influir sobre la validez de una disposición testamentaria a título universal cuando tal causa sea indicada como la única que ha determinado al testador (últimamente: Cas. 18 marzo 1937, en *Rep. Foro,* 1937. voz Successione, n. 133; ídem 7 abril 1933, en *Sett. Can.*. 1933. 736).

2ª La cansa expresa que resulta errónea consiste en el motivo que determina a la voluntad a testar de aquel modo (Cas. 21 enero 1937. en *Foro,* 1937, I, 353).

3ª La indagación del magistrado sobre la erroneidad de la causa de una disposición de última voluntad debe ser, en el mayor grado posible, acomodada y circunscrita a la motivación expresada por el testador en el testamento; no puede ni debe consistir en una búsqueda de motivos internos o de otras causas, que resultasen afines a la expresada por el testador, lo que introduciría el arbitrio en un campo que debe estar informado por criterios de absoluta objetividad (Cas. 10 enero 1933, en *Rep. Foro,* 1933, voz Testamento, n. 77).

4ª Constituye una investigación de hecho el comprobar, a los fines de la nulidad de la disposición testamentaria, si la causa expresa de ella resulta errónea (Cas. 28 junio 193S. en la motivación en *Giur. ital.,* 1937. I. 1, 1.052).

5ª La erroneidad de la causa expresada debe referirse a la condición subjetiva del testador en el momento en que testa; cuando el error en tal momento no existía, sino que la discordancia viene a producirse por modificación de situaciones, y aún, por hecho del testador, no puede ya hablarse de erroneidad de la causa en el sentido del art. S2S Código civil (Cas. 30 julio 1937, en *Foro,* 1938,1. 495).

esencial, es indiferente por sí en el contrato, el dolo que lo provoca es influyente, como vicio del consentimiento, siempre que haya determinado su formación. Cuando, además, el error a que el dolo ha inducido asuma carácter esencial, la investigación sobre la concurrencia del dolo tiene, con todo, importancia, porque prescindiendo de la invalidez del negocio, el dolo crea una responsabilidad por los daños.

En los contratos el caso más frecuente es que el engaño sea obra de la parte contraria, actúe ésta en nombre propio o en representación (art. 1.391); y entonces, si ha sido tal que determinara el consentimiento (llamado *dolus causam dans)* hace anulable el negocio que en otro caso no habría sido concluido[119]; de otro modo (el llamado *dolus incidens)* solo origina una responsabilidad por los daños (arts. 1.439- 1.440; cfr. arts. 1.269, 1.270 C. C. esp.). Puede suceder que el engaño sea obra de un tercero, y entonces, conforme a un criterio tradicional pero arbitrario (art. 1.439 § 2.°), si la maquinación era conocida del otro contrayente, que ha obtenido provecho de ella, produce a su cargo, según las dos hipótesis antes diferenciadas, o anulabilidad del negocio o responsabilidad por los daños[120].

Por dolo en los contratos se entiende toda forma de artificio, capaz de inducir a engaño a otros, que exceda de aquel género de habilidades que se pueden considerar permitidas a las partes en la lucha de astucia que suele desarrollarse en el curso de las negociaciones de un contrato oneroso. El crite-

---

118 TRABUCCHI, *El dolo nella teoria dei vizi del volere*, 1937; *G. B.* FUNAIOLI, *La teoría della violenza nei negozi giuridici*, 1927; FERRARA, *Contratti*, nn. 40-41, págs. 161-174; ALLARA, «Dolo ed errore inescusabile», en *Foro Lomb.*, 1931. 875; INVREA, *Parte generale*, §§ 182- 185. Para la literatura pandectista y romanista, véase la bibliografía que citamos en *Diritto romano, I,* § 53. V. también: HENLE, *Lehrbuch*, I, § 32; *POLLOCK, Principles of contract*, cap. X; STAUDINCER, *Kommentar* (10 edición), sobre el § 123, y bibliografía allí citada, 608 y sigs.; también JHERING, *Zweck im Recht*, II, 47S (610) y sigs.

119 Una solución en el setiido de la nulidad (POLLOCK. *op. cit.*, 10 ed., 501) para el dolo y la violencia, es, de los varios sistemas de tratamiento posibles, el menos idóneo para satisfacer las exigencias prácticas de la tutela de las partes y de los terceros de buena fe (cfr. nuestro *Diritto romano,* I, 314).

120 En tal sentido se había orientado ya la jurisprudencia: «El dolo del tercero, que vicia el consentimiento de uno de los contrayentes, se comunica al otro si es sabedor de la ilicitud y participa del lucro injusto», (Cas. 15 mayo 1942, n. 1.275, en *Mass. Foro*, 1942. 311: ídem 4 agosto 1941, n. 2.733, ibid., 1941, 678). MORITTU, «Sul dolo e sulla violenza» del terzo nella conclusione dei contratti», en *Studi Cagliari*, 25, 1939. En las declaraciones unilaterales no recepticias el dolo puede oponerse, de cualquiera que provenga (SALEILLES. *Décl. sull'art.* 123, n. 19).
El principio del art. 1.115 del Código civil de 1865, según el cual el dolo como vicio del consentimiento debe ser causado por uno de los contrayentes, no significa que haya de ser por su exclusiva y personal actividad dolosa, sino se refiere a su estado subjetivo y consciente de inducir a error al otro contrayente, de usar el daño y desviar su voluntad, también en el caso de que los medios utilizados para ello hayan sido proporcionados por un tercero, siempre que el contrayente haya tenido noticia de ellos y la conciencia de utilizarlos en su provecho Y. en efecto, se beneficie luego, celebrando el contrato en condiciones que fueran efecto del consentimiento viciado de su contrayente-. Así, Cas. 23 julio 1942. n. 2.222 cit.

rio de delimitación entre dolo ilícito (lo que los romanos llamaban *dolus malus*) y picardía lícita (que llamaban *dolus bonus)* se deduce de las ideas dominantes, para una sociedad como la actual, en la práctica común del tráfico[121]. Como en general el criterio discriminador entre lo lícito y lo ilícito, también aquél es el resultado de una apreciación contingente y variable, referida a la conciencia social. Según este canon han de calificarse como lícitas aquellas sutilezas, exageraciones y malicias que la opinión común tolera como inocuas y naturales en el tráfico, porque todos suelen emplearlas en el género de contratación de que se trate (por ejemplo, todo oferente las utiliza al ponderar sus mercancías) y, de otro lado, todo circunspecto contrayente, conociendo su práctica y guardándose de prestarles fe ciega, al resolverse a la conclusión del contrato solo les concede la consideración relativa que puedan merecer[122]. Según la misma regla social, aplicada al género de relación de que se trate, debe también juzgarse la trascendencia del simple dolo pasivo, consistente en la reticencia, ya al no desengañar a la parte contraria sobre un error reconocible en que incurre, ya en no suministrarle las aclaraciones debidas cuando se está en el deber de hacerlo (así en el contrato de seguro: arts. 1.892-1893; cfr. arts. 381, 392 C. Com. esp.)[123]. En el ambiente social actual, sensible a las exigencias de la solidaridad civil y cor-

---

121 «El dolo *causam dans,* que produce la nulidad del contrato, no puede considerarse diferente o de distinta intensidad que el dolo como elemento del delito de estafa; en efecto, ambos se actúan con los artificios o engaños utilizados por el agente, encaminados a inducir a error a la otra parte y. por tanto, a viciar su consentimiento con el fin de obtener injusto provecho mediante la transmisión de la cosa contratada». Así, Cas. 31 mayo 1940, en *Rep. Foro,* 1940. voz Obligazioni e contratti, n. 64.

«También la simple mentira puede, en algunos casos, dada la especial situación y la calidad de las personas, constituir el procedimiento idóneo para engendrar el engaño». (Cas. 31 julio 1939 en *Rep. Foro,* 1939. voz citada, n. 132; ídem 26 abril 1933, ibid., 1938, voz citada, n. 153; ídem 28 enero 1937, ibid., 1937, voz citada, n. 155).

«En la interpretación que se haga del dolo como vicio del consentimiento se debe inquirir si ha actuado o no como determinante de la voluntad contractual, de modo que sin su concurso el contratante que fue víctima de él no habría contratado, o bien, habría contratado igualmente, pero en distintas condiciones. Tal indagación se refiere a la distinción entre dolo principal *(causam dans*)y dolo accidental *(dolus incidens),* de los que derivan, respectivamente, la nulidad del contrato o el resarcimiento del daño sufrido». (Cas. 28 julio 1942, n. 2.222, *Mass. Foro,* 1942, 522).

122 «El *dolus bonus* es aquel por el que las parles, con excusables exageraciones o reticencias, fácilmente comprobables, sobre la conveniencia del trato, buscan, respectivamente, facilitar o apresurar la perfección del consentimiento para la conclusión del negocio; tal dolo no tiene trascendencia ni a los Fines de la declaración de nulidad del contrato, ni a los Tines del resarcimiento de los daños». (Cas. 25 julio 1940, en *Rep. Foro,* voz Obbligazioni e contratti, n. 65, 66; ídem 15 abril 1940, ibid., n. 63).

Para un caso marginal interesante, véase GRÜNBAUM, en *Gruhots Beiträge,* 1933, 199.

123 Especialmente tolerantes en admitir por principio el carácter no doloso y, por tanto, la licitud de reservas mentales, son la moral y el Derecho de los anglosajones: POLLOCK, *Principles of contract,* 10 ed.. 530 y sigs.: LEAKE, *Principles of the law of contracts,* octava ed., 247; *CHITTY, Treatise,* 10 ed., 630 y sigs.; comparándolo al Derecho común de la Europa continental, BUCKLAND a. *Mac Nair. Roman law and common law,* 1936, 158, 215; véase también HAMSON, en *Law quarterly review,* 51, 1935, 661. Sobre la importancia jurídica de la reticencia, véanse: DUMAS, «Le dol par reticence», en *Dalloz P.,* 193-3, I, 143; PARRELLA, «La

porativa, las partes deben comportarse en todo caso conforme a las regléis de la corrección (art. 1.175) al desarrollar las negociaciones y al concluir el contrato (art. 1.337: donde se habla impropiamente de «buena fe» en el sentido de corrección; así también en el art. 1.538). Este criterio de principio encuentra sin embargo una aplicación más o menos rigurosa según la índole de las diversas relaciones. Con menor rigor en las relaciones de carácter conmutativo y puramente patrimonial; con mayor en las de carácter asociativo que reportan una colaboración más o menos duradera y se encuadran dentro de una más amplia relación personal, apoyada sobre la recíproca confianza (de tal naturaleza son, por excelencia, las relaciones de trabajo reguladas en el Libro V).

De otro modo se configura el dolo en los negocios unilaterales. Aunque estén dirigidos a un destinatario determinado (n. 10) o contemplen un beneficiario de la posición que atribuyen, no existe razón para distinguir entre el engaño empleado por éste y el que es obra de un tercero (art. 1.324). Decisiva es, junto al carácter ilícito de las malas artes usadas. 1a influencia determinante que hayan ejercido de hecho sobre el querer del declarante (ejemplo art. 482). También han de diferenciarse aquí, conforme a los cánones de la ética social, los artificios y engaños dolosos de los halagos y lisonjas que no traspasen los límites de la corrección, teniendo en cuenta las relaciones (por ejemplo, de parentesco) que existan entre los interesados. Con este criterio han de valorarse las maniobras que constituyen captación en los negocios testamentarios; son tales aquellas que revisten carácter ilícito, y tal alcance que sin ellas el testador no habría hecho testamento a favor de aquella determinada persono o no habría dispuesto de aquel modo[124]. Por lo demás, para que exista captación no se requiere que las malas artes usadas sean tales que causen impresión en el ánimo de persona de carácter firme, sino que ha de apreciarse más bien, tendiendo a la persona del testador y a las circunstancias del caso específico, si las que se emplearon fueron idóneas para coartar su voluntad[125].

---

retiénza nei negozi giuridici», en *Temi emiliana,* GUYOT, «Dol et reticence», en *Etudes* CAPITANT, 287; SALEILLES, *Decloration de vol,* sobre el art. 123, n. 6; HILDEBRANDT. *Erklärungshaftung: eim Beilrag z. System d. örgerl. R.,* 1931. 124 y sigs., 161 y sigs.; ANDREOLI, *Ripetizione d'indebito,* 170 y sigs.; *VERGA, Error e responsabilità,* nota 1, FERRARA, *Teoria dei contratti,* 165 y sigs. La equiparación de la reticencia al dolo es afirmada por la Cas. 31 julio 1941, en *Mass. Foro,* col. 620, n. 2.507; también Cas. 3 marzo 1933, § 14, n. 12.

124 La captación no es más que el *dolos malus* del art. 1.108 del Código civil transportado al campo testamentario, por lo que los artificios y medios dolosos producen nulidad en tanto en cuanto sean de tal entidad que sin ellos el testador no habría hecho testamento o no lo habría hecho como lo hizo *(dolus causan dans).* Así, últimamente. Cas. 20 julio 193S. en *Foro,* 1939, I. 302 (con nota de referencias).

125 En materia de captación no se requiere que los artificios sean tales que impresionen el ánimo de persona de carácter firme, sino que es más bien necesario apreciar si en el caso han coartado efectivamente la voluntad del testador (Cas. 4 dic. 1934, en *Sett. Cass.,* 1935. 83; ídem 23 julio 1931, ibid., 1931, 1.209). Otro principio fijado por la jurisprudencia es el de que en cuanto a la captación se exige la mayor garantía en la indagación sobre la sinceridad y libertad de la voluntad manifestada, por lo que la prueba no puede sujetarse a limitación alguna. En particular, es admisible la prueba por presunciones (así, recientemente: Cas. 18 mayo 1942, número 1.305, en *Mass. Foro,* 1942, 31S; ídem S mayo 1935, en *Sell. Cass.,* 1935, 993).

En el contrato plurilateral el dolo adquiere trascendencia jurídica entre las partes del acto ilícito, pero no en relación a la otra u otras partes que han permanecido extrañas; por tanto, despliega su influencia según el art. 1.446, no invalidando el negocio frente a todos sino haciendo decaer el vínculo de la parte que fue víctima de él, salvo el caso de que la participación de ésta en el contrato deba considerarse esencial para las otras. Respecto a los terceros que no hayan sido partícipes, el dolo, como en general el vicio de la voluntad, no alcanza relieve[126].

En algunos negocios, en Fin, el dolo no reviste una entidad independiente del error que pueda provocar. Así, en el matrimonio, tiene influencia solo el error, y un error de especial calidad, dada la singular importancia de la relación que se constituye, a la que se enlaza un interés en su estabilidad.

B) A más del error, dependiente o no del dolo, la decisión de realizar el negocio puede estar viciada por temor provocado por la ajena *violencia.* La violencia que aquí nos interesa *(vis compulsiva),* no es más que una de las formas de coacción psicológica cuya influencia puede sufrir quien celebra un negocio jurídico. Es una coacción que no excluye, como la violencia física *(vis ablativo),* ni la voluntad del acto ni la determinación causal (n. 19), pero *mengua la libertad* de esta *determinación.* Lo que, sin embargo, no significa que la violencia configure, más que un vicio intrínseco de la voluntad, una anomalía extrínseca de la causa, un modo de ser del acto que sería anormal según la causa (como en la simulación) y consistiría en poner en acción un móvil artificial en el lugar de la causa natural[127]. En realidad aquí, a diferencia de la simulación, la causa típica del negocio no es suplantada, modificada o neutralizada, por una intención práctica discrepante, sino que es siempre momento integrante del mismo proceso volitivo, es decir, el último motivo, al cual la voluntad es solicitada a adherirse como a su fin. Ciertamente, la violencia influye sobre el proceso volitivo con la amenaza de un mal e, infundiendo temor, hace surgir un motivo que no debería operar. Ella sitúa a la voluntad ante una *alternativa;* la coloca en la necesidad de escoger entre la conclusión del negocio y el riesgo de sufrir el mal amenazado. Produciéndose en tal situación psicológica, la realización del negocio representa, por consiguiente, el resultado de un *juicio de conveniencia,* por el cual la víctima de la violencia estima preferible someterse a aquélla como un mal menor, con tal de evitar el mal amenazado, considerado por él como de mayor importancia. Cierto que la decisión de realizar el negocio no es espontánea, no está engendrada y justificada por un motivo al que la voluntad haya asentido libremente. Pero ello no impide que, de todos modos, la voluntad causal exista, aunque menguada en su libertad de decidirse. Y ello basta, según la estimación de nuestro Derecho actual, para tratar el negocio como anulable (arts. 1.434, 122; cfr. arts. 101, 2 y

[126] FERRARA, *Teoria dei contratti,* 165.

[127] Es la construcción ofrecida por CARNELUTTI, *Sistema,* II, n. 503 y sigs., 518, también pág. 369. Para la opinión común, FUNAIOLI, *Violenza,* 161.

3, 1.268 C. C. esp.) y no como nulo (como en el caso de la simulación, en las relaciones internas entre las partes: art. 1.414).

Es anulable el negocio frente a la persona a la que se atribuye la posición jurídica en juego, o en favor de la cual se ha realizado, no frente a los terceros, hacia los cuales solo podrán ser hechos valer los efectos de la ya producida anulación, que repercutirá también en su esfera jurídica [aceptación de la herencia cuya anulación, conforme al art. 482 (cfr. art. 997 C. C. esp.), podrá oponerse también a los acreedores hereditarios no partícipes de la violencia]. En particular, el negocio bilateral es anudable ante la parte contraria, e indiferente que la violencia provenga de ella misma o de un tercero (art. 1.434; cfr. art. 1.268 C. C. esp.). El tratamiento, al prescribir una anulabilidad ejercitable dentro de un término de prescripción, responde también a la exigencia política, que todo orden jurídico acoge, de conservar bajo su tutela aun aquellas relaciones que hayan surgido en forma anormal, cuando la parte interesada no reclame, impugnando el respectivo negocio. Un tratamiento en el sentido de la nulidad, que podría quizá justificarse abstractamente bajo el imperio del dogma de la voluntad, representa, dentro de una posición político legislativa, la solución menos adecuada entre todas para satisfacer las exigencias prácticas del problema de la violencia. En efecto, la nulidad, cerrando en principio la posibilidad de convalidación, expone a las partes a las inexorables consecuencias de la ineficacia del negocio, aun en el caso de que estuviesen dispuestas, en definitiva, a conformarse renunciando a la impugnación. Además, expone a los terceros que hayan adquirido la cosa enajenada, a la impensada consecuencia de perderla, acaso después de un largo tiempo de su adquisición y contra la voluntad de las partes originarias, si más tarde la nulidad es accidentalmente invocada.

Requisitos de la consideración jurídica de la violencia son: Que la amenaza a que el negocio está ligado por nexo genético, sea de tal naturaleza que produzca impresión en una «persona sensata», haciéndole temer que se exponen él, sus próximos parientes o sus bienes, a un mal de notable importancia según la apreciación media de la conciencia social (arts. 1.435-1.436; cfr. art. 1.267 C. C. esp.)[128]; además, que el mal amenazado sea ilegítimo, o sea, contrario a derecho, y también, cuando represente el ejercicio de un poder jurídico, se enlace a la consecución de una ventaja desproporcionada e injusta (art. 1.438)[129].

---

128 «La violencia constituye vicio del consentimiento cuando sea injusta, origine un razonable temor de un mal grave y sea la causa determinante del negocio jurídico: ha de seguirse al respecto un criterio de relatividad, y la apreciación del Juez no es rebatible en casación cuando se encuentra adecuadamente motivada». (Cas. 27 julio 1939, en *Rep. Foro.* 1939, voz Obbligazioni e contratti, n. 102 y 103).
Por lo demás, el Derecho no tiene motivos para asumir la tutela de los medrosos y cobardes frente a amenazas a que den crédito: cfr. FUNAIOLI, «Se l'erronea credenza nella violenza morale influisca sulla validità del negocio giuridico», en *Studi senesi,* 52, 1938.

129 Cfr. Cas. 31 julio 1939 *(Rep. Foro.* 1939. voz Obbligazioni c contraiti, número 108): «La amenaza de emplear los medios legales, aun constituyendo el ejercicio de un derecho, puede, sin embargo, revestir los caracteres de vicio del consentimiento cuando sea mani-

Por lo demás, el criterio de la capacidad de resistir a la amenaza no se aplica abstractamente, en relación a persona de gran firmeza, sino atendiendo a la edad, al sexo, a la condición personal y a las relaciones entre los interesados (art. 1.435; cfr. art. 1.267 C. C. esp.). Este criterio vale también en materia de negocios *mortis cama*. Así, ha sido reconocida violencia en la revocación del testamento cuando ha resultado que a ella fue inducido el testador no por el cambio sobrevenido en una frágil y voluble voluntad, sino por la coacción ejercida por otros sobre él, y que para determinar el clima moral adecuado a tal coacción no es preciso que las relaciones entre los interesados sean de odio, desprecio o resentimiento, sino que basta un estado de sujeción moral y de temor[130]. Por otra parte, la posición de ¡limitado sometimiento y de ciega obediencia (temor reverencial) no configura por sí una violencia (art. 1.437; cfr. art. 1.267 C. C. esp.), pero puede suministrar el clima psicológico para un abuso de autoridad que revista aquel carácter.

Una situación psicológica análoga a la que, por obra de un interesado, se ocasiona con la violencia, puede producirse por un hecho natural o también por un hecho humano, pero no encaminado a «arrancar el consentimiento» (art. 1.427 Cód. civ.; cfr. art. 1.255 C. C. esp.), cuando cree un estado de *necesidad*[131]. También el estado de necesidad sitúa a la voluntad de la persona ante una alternativa, es decir, la coloca en la precisión de elegir entre el riesgo de

---

festada artificiosamente con la finalidad de obtener un injusto provecho».

«La violencia constituye vicio del consentimiento cuando el mal amenazado sea injusto, y no es tal la declaración, por parte de quien es víctima de un delito, de denunciar éste, pues que se trata del ejercicio de una facultad permitida por la ley». (Cas. 3 julio 1.942, n. 1.365. *Mass. Foro,* 1942, 442).

«La violencia debe ser ilícita, o sea, injusta, y, por tanto, no puede reconocerse en el hecho de acreedor que. apoyándose en su derecho, proceda contra el deudor a actos conservativos y amenace con el ejercicio de ulteriores acciones judiciales para la realización de su crédito». (Cas. 24junio 1942, n. 1.77S. *Mass. Foro,* 1942, 420). Cfr. *De Martino,* en *Giur, compar. dir. civ.,* 1939, IV, 179. 180.

130 «Comprobado el hecho de la violencia moral y el sentido y aptitud de ella para inclinar el consentimiento del testador a la revocación de un testamento, es intrascendente el grado de mayor o menor firmeza con que el testador pueda haberlo querido, cuando se ha demostrado que fue inducido a revocar el testamento no por el cambio sobrevenido en una frágil y voluble voluntad, sino por la coacción que a tal fin fue ejercida sobra su consentimiento.»

«En la determinación del clima moral apto al ejercicio de la violencia moral sobre el testador, no resulta necesario que las relaciones entre quien ejercita la violencia y el violentado sean de odio, desprecio o resentimiento, sino que basta en el testador un estado de sujeción moral o de temor hacia el autor de la violencia». (Cas. 24 febrero 1936, n. 609, en *Sett. Cass.,* 1936, 366).

Sobre la violencia como vicio de la voluntad en el testamento: G. B. FUNAIOLI, en *Foro Lom.,* 1935, 13 (nota a sentencia Ap. Milán, 30 mayo 1933).

131 Sobre el estado de necesidad en general, además de los estudios de Derecho penal, véanse: TITZE, *Die Notstandsrechte in deut. B. G. B. und ihre geschichtl. Entwicklung,* 1397. 13 y sigs.: TUHR, *Allgem. Teil.* II, 2, § 97 y la bibliografía que cita en pág. 697; FADDA y BENSA, en notas a WINDSCHEID, *Pandette,* I, 704; COVIELLO, *Manuale Dir. civ.,* cuarta ed., 395 y sigs., 493; DEMOGUE, *Traite des obligations,* III, n. 402 (bibli. cit. en págs. 394 y sigs.); SAVATIER, en *Etudes Capitant,* 731: OSTI. «Rev. crit. teor. imposibilita della presuzione», en *Riv. dir. civ.,* 1918, 222; DEIANA, *Motivi,* 179 y sigs.

ver lastimado un interés esencial suyo y el seguir un comportamiento de protección que en sí puede ser lícito, o bien, lesivo de intereses ajenos. Cuando impulsa a un acto que produce daño a otros, el estado de necesidad es ciertamente atendible para privar el acto lesivo del carácter de ilicitud, salva siempre la cuestión de si el autor deba responder del daño, no por razón de delito, sino conforme a la exigencia *«cuius commoda, eius et incommoda esse debent»*. Cuando, en cambio, el estado de necesidad determina la conclusión de un negocio jurídico en condiciones inicuas, entonces se atiende a él para permitir la rescindibilidad del negocio *ínter vivos* (art. 1.447; cfr. art. 1.424 C. C. esp.), si concurre el conocimiento de la parte contraria o del destinatario favorecido; conocimiento al que es normalmente concomitante, por una especie de conexión típica, el aprovechamiento del estado de necesidad (art. 1.44S; cfr. art. 1.291 C. C. esp.). A este criterio común ya se sometía el art. 127 del viejo Código de la Marina mercante, al no reconocer valor vinculante a convenciones o promesas de mercedes por asistencia al salvamento, cuando fueran hechas en pleno mar o en el momento del siniestro. De todos modos, el aspecto bajo el cual el estado de necesidad es juzgado influyente no es aquel subjetivo del vicio de la voluntad, sino el objetivo de lesión injusta, que presta fundamento a una demanda de rescisión (cfr. art. 644 Cód. pen.).

CAPÍTULO OCTAVO

INVALIDEZ E INEFICACIA DEL NEGOCIO JURÍDICO

SUMARIO: 57. Invalidez e ineficacia del negocio en sus caracteres diferenciales.- 58. Varios aspectos de la invalidez: Nulidad, inexistencia, anulabilidad; invalidez absoluta y relativa, total y parcial.- 59. Invalidez sobrevenida o suspensa y convalecencia del negocio inválido.- 60. Revocación, rescisión, resolución.- 61. Conversión del negocio inválida o ineficaz(*)

57. *Invalidez e ineficacia del negocio en sus caracteres diferenciales*.- Reseñadas ya las posibles anormalidades del negocio según su respectiva trascendencia jurídica, deben ahora examinarse, en sí, las formas principales de tratamiento de aquéllas, unidas a otras figuras de ineficacia del negocio que no derivan de anormalidad sino de otras diversas circunstancias. El estudio que

(*) Entre la literatura pandectista y civilista citada en el cap. I, veanse especialmente: UNGER. *System*, II, 180 y sigs.; REGELSBERGER, *Pand.*, §§ 174-176; COVIELLO, *Trascrizione*, I, 240 y sigs., 419-421: idem, *Manuale*, §§ 105-110; HENLE, *Lehrb. d. bürger.* R., § 33;TUHR, *Allgem. Teil*, II, §§ 55-58; los trabajos citados por éste en pág. 273, particularmente, STROHAL, «Relative Unwirksamkeit», en *Feslschrift z. Jahrhundertf. d. oesterr. allg. B. G. B.*, 1911, II, 763; MITTEIS, *Römisches Privatrecht*, I, § 14; BRUCK, *Anfechtbarkeit*, 49 y sigs.; FINZI, *Studi sulle nullità del neg. giur.*, 1920; CARNELUTTI, *Sistema di proc. civ.*, II, nn. 547-546; A. SCIALOJA, «Nullità e inefficacia», en *Saggi di vario diritto*, 1927-28, II, 28; OERTMANN, "Subjetive Teilnichttigkeit», en *Zeitshrift f. d. gesamte Handelsrecht*, 101, 1935, 119-136; EICHLER, «Die Anfechtung des schuldrechtliche u. dinlichen Gschàfttes», en la misma resista, 107, 1940, 16-34; LANCE, en *Jherings Jahrbücher*, 1941, 89, 176; CARNELUTTI, «Termine per l'eserc. dell'az. di nullità e di rescissione: prescrizione o decadenza?», en *Riv. dir. proc. civ.*, 1935, 204; VITERBO, en *Foro it.*, 1935, IV, 77 y sigs.; CARIOTA-FERRARA, «Lannulabilità assoluta», en *Foro it.*, 1939, IV, 50 idem, «Annulabilità assoluta e nullità relativa», en *Studi Scorza*, 1940, 73-113; KAYSER, «Les nullités d'ordre public», en *Revue trimestrielle de droit civil*, 1933, 32, 1.115-1.140; G. COHENDY, «Des interets de la distinction entre l'inexistence et la nullité d'ordre public », en dicha revista, 1914, 13, 33-67; BOUZAT, «De la clause par laquelle une partie dans une convention s'engage a ne pas en demander la nullité», en *Revue critique de legisl. et jurisp.*, 1934, 350-392; PUTZESCO, *Teorie et pratique des nullités*, 1938, I; BASTIAN, *Essai d'une theorie gen. de l'inopposabilitè*, 1929; FERRARA-SANTAMARÍA. *Inefficacia e inopponibilità*, 1939, 37 y sigs.: GRIZIOTTI. «Lo studio funzionale dei fatti finanziari», en *Rio. dir. finanziario*, 1940. 306; GIANNINI, «L'interpretazione e l'integrazione delle leggi tributarie», ibid., 1941, 95. 170.

hemos de acometer demostrará la oportunidad de mantener diferenciados los dos órdenes de problemas: Los concernientes a la diagnosis de la anormalidad y los que atañen a su tratamiento jurídico. Esta distinción ha sido desgraciadamente desconocida por el Código, al mezclar las anormalidades en las formas de invalidez e ineficacia del contrato (arts. 1.418-1.448) y tratar de aquéllas, incluso, en el lugar desuñado a los requisitos del contrato mismo (art. 1.343-45, desplazando, por el contrario, al art. 1.322, § 2.°, el tema de los requisitos de la causa). Esto, ciertamente, no ha favorecido la claridad y coherencia del sistema legal. La oportunidad de distinguir los dos órdenes de problemas, resulta, además, del hecho de que no siempre el Derecho puede considerarse satisfecho con atribuir a la anormalidad del negocio la invalidez como consecuencia constante y exclusiva.

Un negocio de la vida real puede no ser apto para desplegar, al menos en forma duradera, todos los efectos que el Derecho acompaña al tipo abstracto a que aquél pertenece. La calificación de inválido o ineficaz, que entonces se le adjudica, presupone, precisamente, un cotejo entre el negocio concreto que se considera y el tipo o género de negocio que éste pretende representar. Y expresa una apreciación negativa que es, en cierto modo, el reverso de aquella otra, positiva, que hace la ley respecto al negocio-upo, al que faculta para producir nuevas situaciones jurídicas. El juicio negativo puede depender, tanto de la circunstancia de que los elementos constitutivos y los presupuestos concomitantes del negocio concreto no correspondan a los elementos esenciales y a los presupuestos necesarios del tipo legal, como del hecho de que, aun no faltando la necesaria correspondencia entre unos y otros, se opone, sin embargo, a la producción de los efectos propios del tipo legal, un impedimento extraño al negocio concluido, en sí considerado.

De aquí la distinción elaborada por la doctrina entre *invalidez* e *ineficacia* en sentido estricto. Alguno niega que esta distinción sea operante y útil. Y se puede convenir en que su utilidad es, al menos, predominantemente, expositiva y sistemática; el negocio nulo no es ineficaz de manera distinta al ineficaz en sentido estricto. Pero la distinción, aun si su cometido sea únicamente el de aportar orden y claridad al estudio de los varios y complejos fenómenos de la ineficacia del negocio jurídico, es siempre igualmente indispensable. Es evidente la oportunidad de clasificar diferentemente la carencia de efectos, según que dependa de defectos *intrínsecos o* de circunstancias *extrínsecas* al negocio jurídico en sí considerado; ponderables, los primeros, en el momento mismo en que el negocio surge o debe tomar vigor; los segundos, en cambio, solo sobre el negocio concluido y perfecto, y tales que dan lugar a su caducidad. El criterio discriminador es el ahora enunciado. Se denomina inválido, propiamente, el negocio en el que falte o se encuentre viciado alguno de los elementos esenciales (n. 22), o carezca de uno de los presupuestos necesarios (n. 25) al tipo de negocio a que pertenece. Invalidez es aquella inidoneidad para producir los efectos esenciales del tipo (n. 30) que deriva de la lógica correlación establecida entre requisitos y efectos por el dispositivo de la norma jurídica (cap. intr. n. 1) y es, conjuntamente, la sanción del deber impuesto a la autonomía privada de utilizar medios adecuados para la consecución de sus fines propios (n. S). Se califica, en cambio, de simplemente ineficaz el negocio en el que están en regla los elementos esenciales y los presupuestos de validez cuando, sin embargo, impida su eficacia una circunstancia de hecho extrínseca a él.

Aunque extrínseca al negocio, la circunstancia que determina la ineficacia es siempre de aquellas que la conciencia social y la ley toman en cuenta, ya a) en orden al funcionamiento práctico del negocio, ya b) atendiendo a los límites sociales que la autonomía privada debe observar (n. 8), en interés de las partes mismas, para tutelar su posición de paridad e igualación, o también en el interés de determinados terceros que, pese a ser extraños al negocio, soportan sus efectos indirectos (n. 32).

a) En cuanto al primer punto, basta recordar que el negocio puede, por su índole, encuadrarse en un supuesto de hecho complejo (n. 2 prel., n. 37), en el sentido de que para la actuación de su función típica sea necesaria la verificación de otro negocio o de otro hecho, faltando el cual aquél pierde su eficacia. Piénsese en la falta de aceptación de la herencia por parte de quien ha sido designado heredero en el testamento (arts. 588, 470 Código civ.; cfr. arts. 668, 988, 998, C. C. esp.), o en la no aceptación del cargo de árbitro o arbitrador por parte de quien ha sido llamado por acto de compromiso o arbitraje (art. 813 Cód. proc. civ.; 1.473 Cód. civ.; cfr. 75 E. C. y 1.447 C. C. esp.). Se establece aquí un nexo de continuidad (n. 37) entre el negocio y la aceptación de la persona contemplada en él, y la falta de ésta hace que aquél no alcance virtualidad en cuanto a dicha persona.

Puede ocurrir, viceversa, que sobreviniendo un estado de hecho que configure una situación distinta de aquella que por la índole del negocio ha sido normalmente supuesta, se haga así imposible la actuación práctica de la regulación de intereses que suele tenerse por fin (caso de la sobrevenida imposibilidad fortuita de la prestación prometida: arts. 1.218, 1.463 Código civil; cfr. arts. 1.182, 1.184, 1.124 C. C. esp.). Pero en este caso no decaen los efectos jurídicos como tales (tanto que puede surgir el problema de la carga del riesgo: art. 1.465; cfr. art. 1.452 C. C. esp.), sino la posibilidad de hecho de que se produzcan aquéllos conforme a la finalidad típica del negocio; entra en cuestión no tanto la eficacia como la eficiencia del negocio, o bien, la plenitud de sus efectos.

Por el contrario, es impropio considerar como figuras de sobrevenida ineficacia el no producirse el evento elevado por las partes a condición suspensiva del negocio, o la verificación del acogido como condición resolutoria, porque en tal caso el evento opera en virtud del mecanismo interno del mismo negocio, con el que las partes han proveído a subordinar a aquella previsión la regulación de intereses en él dispuesta (n. 62). Menos exacto aún es hablar de ineficacia subsiguiente en el caso de revocación (n. 31).

b) En cuanto a los límites que la autonomía privada debe respetar en interés de las partes o de los terceros, hemos de decir que su inobservancia -o sea, la lesión del derecho de una de las partes o del tercero- aunque se remonte al hecho de la conclusión del negocio en determinados términos, justifica igualmente formas de ineficacia que no ofrecen tampoco aquí carácter originario, sino se producen tras la reacción del interesado. Con anterioridad a ésta existe un estado de pendencia, durante el cual el negocio tiene plena eficacia, solo que ésta ostenta un carácter precario, ya que no es seguro si permanecerá o será removida por la iniciativa del interesado en la medida que le perjudica. Tal iniciativa, encaminada a hacer constar el hecho objetivo de la lesión y, normalmente, su subsistencia o acaecimiento en el momento en que aquélla es tomada, puede asumir variadas formas: revocación (arts. 2.901, 524; cfr. arts. 800-S08, 1.111, 1.001, 644-553 C. civil español), rescisión (arts. 1.447, 1.448, 765-764; cfr. arts. 1.073 y sigs., 1.290 y sigs. C. C. esp.; 1.970, 2.922 Cód. civ.; cfr. arts. 1.817, 1.818, 1.489 C. Civil español), reducción (arts. 554-555 Cód. civ.; cfr. arts. 817, 655 C. C. esp.), resolución (arts. 1.467, 1.479 Cód. civ.). Pero de las demás formas que puede adoptar la impugnación del negocio se hablará más adelante (n. 60).

Aquí ha de recordarse (n. 32) que la tutela del tercero contra los efectos del negocio que en apariencia le perjudican no requiere siempre una iniciativa suya. No solo no la requiere cuando el negocio que contempla su comportamiento sea de por sí inidòneo para perjudicarlo según los principios de la legitimación (art. 1.381 Cód. civ.; supra n. 27), ya que frente a la nada no es siquiera concebible una impugnación, sino que ésta no es precisa tampoco cuando los efectos del negocio *no puedan oponerse* al tercero, debido al hecho de que las partes no han cumplido respecto a él una carga o deber de legalidad que les incumbía, como la de dar publicidad o data cierta a su acto por medio de la inscripción (art. 2.644 Cód. civ.) o del Registro (art. 2.704 Cód. civ.; cfr. *art.* 1.227 C. C. esp.), o -tratándose de sociedad- mediamte la inscripción en el Registro de las Empresas (arts. 2.297, 2.317; cfr. arts. 119, 120 C. Com. esp.), o el de llevar a conocimiento del tercero, con medios adecuados, las modificaciones acaecidas en la legitimación *(art.* 1.396 Cód. civ.; cfr. arts. 1.734, 1.738 C. C. esp.). La *moponibilidad* (al tercero) es también una forma de ineficacia que en el sistema de la *ley* se coloca junto a la *impugnabilidad:* forma aquélla de defensa pasiva y preventiva del tercero, mientras que ésta es una defensa activa y sucesiva, es decir, reactiva[1].

Por lo demás, no todo incumplimiento de cargas de legalidad tiene por sanción la ineficacia del acto realizado contraviniendo el voto de la ley. No existe siquiera en el Derecho actual un principio general que a toda violación

[1] SOBRE el tema, BASTÍAN, *Essai dune theorie generale de l'inopposabilité,* 1929, 13.325 y sigs., 356 y sigs.; FERRARA-SANTAMARÍA, *Inefficacia e inopponibilità,* 1939, 37 y sigs.; cfr. también PUGLLATTI, en *Riv dir. comm.,* 1936, 22; CARIOTA-FERRARA, «Negozi giuridici sul patrimonio altrui», 202 y sigs., en *Studi Scorza,* 105 y sigs.

del precepto legal acompañe, como sanción, la invalidez o la ineficacia del acto irregular. La sanción puede también reducirse a la imposición de una multa al contraventor, sin afectar a la eficacia del negocio.

58. *Varios aspectos de la invalidez: nulidad, inexistencia, anulabilidad; invalidez absoluta* y *relativa, total parcial*.- A) Delineada, a través de sus caracteres diferenciales, la separación entre invalidez e ineficacia en sentido estricto, hemos de aclarar ahora la distinción entre nulidad e *inexistencia* del negocio. También esta división, aunque ha sido objeto de críticas, es conceptualmente legítima[2]. Se ofrecen casos en los que puede hablarse de verdadera inexistencia jurídica del negocio que se ha pretendido realizar, en cuanto que no existe de él más que una vacía apariencia, la cual, si puede haber engendrado en alguno de los interesados la impresión superficial de haberlo verificado o asistido a él, no produce, sin embargo, y en absoluto, efectos jurídicos, ni siquiera de carácter negativo o divergente. Por el contrario, la estimación de un negocio como nulo presupone, por lo menos, que le negocio *exista como supuesto de hecho* que, por tanto, exista una figura exterior de sus elementos eventualmente capaz de engendrar algún efecto secundario, negativo o divergente, aunque esta figura se revele luego inconsistente ante un análisis más profundo[3]. Si, por ejemplo, nos encontramos con una propuesta contractual y una declaración en función de aceptación, pero cuyo contenido sea tan evidentemente contrario al contenido de la propuesta que no pueda existir sobre ello ningún malentendido (n. 54), la combinación de estos actos no da lugar a un contrato nulo, sino que no origina ningún contrato (art. 1.326, últ. pfo. Cód. civ.; cfr. art. 1.262 C. C. esp.) y, por tanto, ni a una acción contractual ni a una acción de daños por confianza fundada en la validez del contrato (art. 1.338 Cód. civ.; cfr. arts. 1.486 y 1.725 C. C. esp.).

Por el contrario, una asunción de deuda por parte de nuevo deudor, acompañada (n. 37) de una declaración liberatoria del acreedor a favor del deudor originario (art. 1.268 Cód. civ.), extingue la obligación primitiva, conforme al art. 1.276, aunque sea nula, y solo la declaración judicial de la nulidad hace revivir la obligación extinta. Del mismo modo, la disposición testamentaria o la donación, aunque sea nula, es, sin embargo, susceptible de confirmación según los arts. 500 y 799, lo que presupone que ella exista al menos, como supuesto de hecho suficiente para fundamentar el procedimiento en que la confirmación consiste (número 59, B).

---

2 Por la distinción, CARNELUTTI, *Sistema, II*, n. 562; G. COHENDY, en *Revue trimestr. de droit civil, 13*, 1914. 33-67, el cual (espec. pág. 50) admite hasta la posibilidad de una convalidación del acto nulo cuando cese de hallarse en oposición al interés social cuya tutela justifica la nulidad. Cfr. CARIOTA-FERRARA. en *Studi Scorza, 87*, n. 2, 95, en nota.

3 Impropiamente, la Ap. Torino. 1 julio 1927 (*Giur. Tor.*, 1927, 1.112), habla de inexistencia del contrato en presencia de un error que vicia el consentimiento.
El Trib. de Parma, 6 diciembre 1926 (*Temi emil.*, 1927, 328), considera nulo el contrato en el caso de disenso entre las partes.

Las aplicaciones son más fáciles de indicar en el campo del Derecho público, y del Derecho procesal en particular, pero no faltan tampoco en el Derecho privado, y especialmente en negocios del derecho familiar (número 35). Es notorio que la antítesis nulidad-inexistencia reviste considerable importancia en la teoría de la sentencia[4]. Por la exigencia de certeza, aquí más agudamente sentida, el orden jurídico reconoce eficacia aun a supuestos gravemente viciados e irregulares, siempre que en ellos exista la exterioridad de la declaración jurisdiccional. Pero se precisa un mínimo de requisitos, variablemente establecidos, sin los cuales la sentencia es inexistente.

En el campo del derecho familiar, el Derecho canónico ha elaborado la distinción entre *matrimonium nullum matrimonium non existens.* En general, se deberá considerar inexistente el «negocio» cuando al simulacro de tal que se cree haber dado vida no se enlacen efecto jurídicos del género correspondiente al tipo en cuestión, ni siquiera efectos de carácter negativo y divergente como el indicado en el citado art. 1.276 (que impropiamente habla de nulidad de la «obligación» en lugar de nulidad de la asunción liberatoria).

B) Después de haber delimitado la invalidez desde el punto de vista *externo,* confrontándola con las categorías próximas de la ineficacia en sentido estricto y la inexistencia, nos restan por trazar las diferencias internas, distinguiendo *nulidad* y *anulabilidad.* Esta distinción señala, al mismo tiempo, una *gradación* de invalidez.

Es nulo el negocio que, por falta de algún elemento esencial, es inapto para dar vida a aquella nueva situación jurídica que el Derecho apareja al tipo legal respectivo, en conformidad con la función económico-social que le es característica (nn. 20 y 30); nulo, aunque acaso pueda producir alguno de los efectos correspondientes, u otros distintos, de carácter negativo o contradictorio (ya que de otro modo más bien sería inexistente). Anulable. en cambio, se denomina al negocio que, aun no careciendo de los elementos esenciales del tipo y hasta originando la nueva situación jurídica que según el Derecho acompaña a aquél, puede -tras la reacción de la parte interesada- ser removido con fuerza retroactiva y considerado como si nunca hubiera existido. La nulidad surge aquí solo por efecto de sentencia (constitutiva), cuando un interesado tome la iniciativa de hacerla pronunciar por el Juez, como consecuencia de los vicios que al negocio afectan. La anulabilidad corresponde a deficiencias del negocio menos graves que las que producen la nulidad. En general, se puede decir que la anulabilidad se presenta cuando falte un *presupuesto de validez,* o bien, cuando un elemento esencial del negocio se halle simplemente *viciado,* mientras que se tiene nulidad solo cuando un elemento del negocio está, precisamente, ausente. Por ello, se deriva simple anulabilidad de la falta de capa-

---

[4] CARNELUTTI, *Sistema. II.* n. 562; G. WURZER, «*Nichturteil u. nichtiges Urteil*», en *Studien z. Erläut d. bürgerl. R. hgg. v. Leonhard, 40* (1927), 25 y sigs.; nuestro *Dir. proc. civ.,* 1936, nn. 187-189; *Cortesia di Serego, La sentenza inexistente,* 1938.

cidad (arts. 322, 1.425 y 1.191 Cód. civ.; arts. 4. 1.301, 1 y 2, 1.160 C. C. esp.) o de legitimación (arts. 1.188, pfo. 2.º, 1.394, 1.395, 1.398; 230, últ. pfo.; 347, 360; cfr., en cambio, arts. 1.479-1480 Cód. civ.; véanse arts. 1.162, 1.459, 1.725, 165, 236, n. 2, 1.266 C. C. esp.), así como de los vicios del elemento subjetivo (arts. 1.427, 1.390 y 1.433 Cód. civil; cfr. 1.266, 1.301, 2 y 3 C. C. esp.). Se produce, en cambio, nulidad, por la falta de forma constitutiva del negocio (art. 1.350 Cód. civ.; art. 1.280 C. civil esp.) o de acuerdo en el contrato (arts. 1.325 y 1.418 Cód. civ.; are. 1.261 C. C. esp.), por la ausencia o ilicitud de la causa (arts. 1.343-1.345, 626, 1.418 Cód. civ.; cfr. arts. 1.275, 1.261 y 4 C. C. esp.), por la inidoneidad del objeto, por la contravención del precepto del negocio a normas imperativas de ley (art. 1.418). En la reforma del Código, la distinción terminológica entre nulidad y anulabilidad, que no pertenecía al estilo legislativo del Código de 1865, ha sido introducida y mantenida con suficiente rigor (arts. 1.418, 1.425-1.427, 1.442 y 1.275 Cód. civ.; cfr. art. 1.301 Código C. esp.), que califica de nula la «obligación» en lugar del contrato.

La iniciativa de pedir la anulación representa el ejercicio de un poder[5] para el que, en el negocio bilateral (art. 1.441 Cód. civ.; arts. 65 y 1.302 C. C. esp.) solo está legitimado quién es parte del negocio (números 4 y 31) e interesado en él, y en el negocio *monis causa* cualquiera que tenga ese interés (arts. 591 y 624). Puede ejercitarse por el medio procesal de la *acción* o por el de la excepción, según que el interesado asuma la iniciativa del proceso de anulación, o bien, se encuentre en la necesidad de defenderse en un procedimiento promovido para hacer valer los efectos jurídicos del negocio anulable. En todo caso, el negocio produce tales efectos hasta que la iniciativa que pretenda anularlos haya alcanzado éxito a través de una sentencia constitutiva. Si, en cambio. es llamado a declarar a aquellos efectos, el Juez no puede señalar de oficio las circunstancias de que la anulación depende, aun si resultan de los actos, sino en cuanto el interesado proponga la excepción dirigida a hacerlas valer[6].

La anulabilidad es, por tanto, la figura de invalidez que más se avecina a la ineficacia subsiguiente mediante reacción del interesado (n. 57, b). Tanto que algunas veces, en el tratamiento de las anormalidades del negocio, es sustituida por la sanción afín de la resolubilidad (así, en el defecto de legitimación que se produce en la venta de cosa ajena: arts. 1.479 y 1.480 Cód. civ.), o por aquella, igualmente próxima, de la rescindibilidad (así, para el estado de peligro determinante de la conclusión del contrato: art. 1.447). Esta diferente consideración se explica por la particular índole del presupuesto de validez que falta, al ser éste de aquellos que pueden eficazmente sobrevenir una vez concluido el negocio, como por ejemplo, la legitimación (n. 29); o bien, se acla-

[5] Justamente la Casación perfila la acción de nulidad como ejercicio de un derecho a la rescisión o a la anulación (sentencia 4 febrero 1936, n. 417, en *Rep. Foro,* 1936, voz Obblig. e contr.. n. 283).

[6] Cfr. BETTI, *Dir. proc. civ. italiano,* segunda ed., n. 22, pág. 92.

ra a la luz de una intención político-legislativa que, en el estado de peligro, prescinde de la problemática situación psicológica del sujeto para atender únicamente al hecho objetivo de la lesión.

Las diferencias de régimen entre nulidad y anulabilidad son consecuencias naturales del distinto carácter de las dos formas de invalidez. Así, es natural que la nulidad, al contrario que la anulabilidad, no se prescriba y no se sane, según principio, por confirmación o ratificación sucesiva (arts. 1.422 y 1.423 Cód. civ.; cfr. art. 1.310 C. C. esp.), aunque sea abstractamente concebible una diferente regulación de este punto (y se encuentra de ello algún caso: arts. 590 y 799). Ante todo, no se puede hablar de prescripción sino referida a un derecho que prescriba; ahora bien: existe un derecho a la anulación, pero no un especial derecho a la nulidad del negocio (art. 1.422). Tras el negocio que sea nulo de modo absoluto continúa subsistiendo la situación jurídica anterior, y que habría sido modificada por el negocio de haber sido éste válido; las relaciones preexistentes sí pueden prescribir, pero entonces se trata de prescripción de aquellas relaciones y no de prescripción de la nulidad. En cambio, tras el negocio anulable, la modificación que éste ha sido destinado a introducir en la situación preexistente se verifica tal como si fuese plenamente válido, pero, conjuntamente, surge un poder de impugnación encaminado a eliminar retroactivamente aquella modificación. Este poder puede incurrir en prescripción (arts. 1.442 y 624, último pfo., Cód. civ.; cfr. art. 1.301. C. esp.), y, de este modo, volverse estables los efectos jurídicos que corrían peligro de decaer por la anulación del negocio. Respecto a un poder como el de anulación, y respecto a una forma de extinción que se enlaza más bien a la inercia que a la lesión del derecho, era planteable la cuestión de si no fuera más propio hablar de decadencia en lugar de prescripción. Con todo, la distinta calificación de la lev es vinculante para et intérprete, con referencia al diferente régimen que de ello deriva (art. 1.442). La prescripción es de cinco años.

En los contratos, según el art. 1.441 (cfr. arts. 65 y 1.302 C. civil esp.), cuando la anulabilidad depende de vicio del consentimiento o de incapacidad legal, el término transcurre desde el día en que ha cesado la violencia, ha sido descubierto el error o dolo, termina el estado de interdicción o inhabilitación, o bien, el menor ha alcanzado la mayor edad; en los demás casos, desde el día de la conclusión del contrato. Respecto a los negocios *mortis causa,* conforme a los arts. 624 y 591, último párrafo, el término transcurre desde el día en que se ha tenido noticia de la violencia, el dolo o el error, o, respectivamente, desde el día en que se ha dado ejecución al negocio. Sin embargo, la extinción por prescripción del derecho de anulación ofrece un alcance limitado y tiene más bien una trascendencia procesal que sustancial. Cumplida la prescripción, la anulabilidad del negocio no puede constituir motivo de acción, pero puede aún ser hecha valer por vía de excepción, o sea, de reacción a la iniciativa con que la otra parte quiera virtualizar las relaciones jurídicas nacidas del negocio anulable (art. 1.442, último pfo.). La razón que justifica la perdurable oposición del vicio es que sería inoportuno imponer a la parte interesada la carga de desarrollar a toda costa, dentro del quinquenio, la decisión de anulación del negocio, cuando la parte contraria no pretenda la ejecución de éste; mientras la otra parte permanezca inactiva no existe motivo para que le interesado actúe. La anulabilidad del negocio puede hacerse valer por vía de excepción en tanto dura la relación a que la anulación pondría fin[7].

La anulabilidad del matrimonio dependiente de alguno de los motivos previstos por los arts. 117-123 está sometida a una particular forma de caducidad en términos breves (un mes o tres meses), la cual se enlaza, en general, al hecho de la cohabitación sucesiva al momento en que el motivo de anulabilidad haya cesado o haya sido conocido (arts. 119, 120 y 122 Cód. civ.). Prescindiendo de la verificación de tal hecho de caducidad, la anulabilidad por vicio del consentimiento o por incapacidad ha de considerarse sujeta a la prescripción ordinaria del negocio, es decir, la quinquenal[8]. Imprescriptible es también aquí la nulidad que deriva del vínculo de precedente matrimonio (art. 124; cfr. 117, pfo. 2.º).

Además, la nulidad, a diferencia de la anulabilidad, no se subsana por confirmación del negocio (art. 1.423 Cód. civ., n. 59, B; cfr. art. 1.310 C. C. esp.). También esto es natural. Si el autor del negocio quiere establecer la regulación de intereses que no pudo surgir mediante el negocio nulo, debe *renovare.* 1 negocio (n. 13) no en el sentido de reproducirlo, sino en el de realizarlo *ex novo,* como si el negocio nulo no se hubiese nunca verificado. No puede alcanzar aquel resultado con un negocio de otra clase, mucho menos con un negocio más simple, meramente integrador del negocio nulo, sin la observancia de los requisitos de forma establecidos para aquél, por ejemplo, con una simple referencia *(per relationem)* al contenido del negocio nulo o con una convalidación[8a]. Por otra parte, está permitida una derogación a este criterio de principio por los arts. 590 y 799, por los que la nulidad de la disposición testamentaria o de la donación, de cualquier causa que dependa, no puede ser invocada por los herederos o causahabientes del disponente que, conociendo

---

[7] La Casación ha decidido que el criterio distintivo para determinar si procede la aplicación del art. 1.300 del Código civil (1865) o la del art. 1.302, se deriva de haberse producido o no la ejecución del negocio (sentencia 9 diciembre 1936, en *Foro,* 1937, I, 228, con anotaciones de R. BOLAFFI; sentencia 15 marzo 1939, en *Rep. Foro,* 1939, voz Obbligazioni e contratti, n. 523, 524).

«El principio *temporalia ad agendum* vale también a favor del actor repliante». (Cas. 16 diciembre 1925, en *Giur. ital.,* 1926, I, 1, 109).

[8] La Casación ha mantenido, sin embargo, que «la disposición del art. 1.300 del Código civil de 1365 no se aplica al matrimonio» (sentencia 13 julio 1937, en *Foro,* 1937, I, 1.608, con nota de referencias), y ello, en vista de la regulación particular y de la íntima naturaleza de la institución matrimonial. Esta sentencia es particularmente notable en cuanto que reafirma el principio de que el ART. 1.300 del Código civil tiene un alcance general y es, por tanto, aplicable a todos los negocios jurídicos, ampliamente entendidos (véase ya Cas. 16 julio 1936, ibid., 1936, I, 954), pero limita el mismo principio a los negocios de contenido patrimonial.

[8a] Ap. Turín, 25 julio 1941, en *Giur. Tor.,* 1941, 886: un contrato sin causa no es susceptible de confirmación; por tanto, es jurídicamente irrelevante la ejecución parcial del mismo.

el motivo de nulidad, han confirmado, después de la muerte de él, el acto de disposición o le dan voluntaria ejecución (el art. 1.311 del Código de 1865 presumía, en cambio, una renuncia a oponer los vicios de las formas y cualesquiera otras excepciones). Esta derogación se convierte en regla en materia de anulabilidad: el negocio anulable es siempre capaz de convalidación (are. 1.444 Cód. civ.; cfr. art. 1.309 y sigs. C. C. esp.). La distinta reglamentación deriva del hecho de que, respecto al contenido del negocio anulable, el acto de convalidación no cumple el cometido de formular ex novo la regulación de intereses, sino solamente el de confirmarla y reforzarla.

C) Según un diferente criterio, derivado del ámbito de los intereses protegidos con la sanción de la invalidez, ésta puede distinguirse en *absoluta* y *relativa,* es decir, que el negocio viciado puede estar privado de efectos en sí frente a cualquier interesado, o puede, en cambio, carecer de aquéllos que normalmente produce, solo en relación a ciertos interesados, pero desplegar las consecuencias que le son propias con respecto a otras personas (nn. 31 y 32). En esta segunda hipótesis, la invalidez, establecida para salvaguardar intereses bien circunscritos, se configura como relativa a los titulares de éstos; relativa en el sentido de que solo tiene razón de ser mientras subsistan tales intereses y en la medida que reclama su tutela.

No es exacta la formulación corriente de este criterio. Se suele identificar la invalidez absoluta con la nulidad, y la relativa, con la anulabilidad. De este modo se confunden, en la terminología, las dos locuciones: anulabilidad y nulidad relativa[9]. Ahora bien: no logramos comprender por qué la nulidad no puede ser relativa[10]. No existe incompatibilidad lógica entre ambos conceptos: una situación que se verifica objetivamente, en el sentido de que no está subordinada a una iniciativa que la haga valer, puede, sin embargo, producirse solo en relación a determinados interesados[11]. Otra cuestión es la de comprobar si

---

[9] Cas. 22 abril 1938 (*Dir. lav.,* 1938, 374 y 552): las nulidades de Derecho privado son regularmente «nulidades relativas, que no pueden declararse de oficio por el Juez».

[10] O viceversa, por qué la anulabilidad no pueda ser absoluta: art. 117 del Código civil. Sobre ello, CARIOTA-FERRARA, en *Foro it.,* 1939, IV, 50.

[11] STROHAL, «Ueber relative Unwirksamkeit», en la cit. FUTSCHRIFT., II, 763 y sigs.; en otra dirección. CARIOTA-FERRARA, «Annulabilitá assoluta e nullitá relativa», en *Studi Scorza,* 73 y sigs., el cual trata de demostrar que es contradictoria en sí la noción de la nulidad relativa y de elaborar, al contrario, la noción de una anulabilidad absoluta (ya en *Foro,* 1939, IV. 50), que el adopta para calificar la invalidez del matrimonio en las hipótesis en que la impugnación corresponde a todos cuantos tengan un interés legítimo en ello, conforme al art. 117 del Código civil. Pero la tentativa de invertir de este modo las dos calificaciones parte del error de desconocer su esencial relatividad, y la crítica de la noción de nulidad relativa se apoya en la premisa no demostrada *(Studi Scorza,* 75, 81) de que sea característica esencial de la nulidad, derivada de su concepto, el que el negocio no produzca efectos de su clase y no pueda sanarse ni por confirmación ni por caducidad. Pero el carácter relativo de la nulidad, al modo que excluye la impugnabilidad del negocio por parte de quien tenga interés en obrar sin ser uno de los interesados contemplados en la norma, impide también, por lógica consecuencia, una absoluta falta de efectos o una rigurosa imposibilidad de sanarlo frente a terceros, es decir, personas distintas de aquellos deter-

en el vigente Derecho positivo se ofrecen casos de nulidad relativa. Pero también esta cuestión debe resolverse en sentido afirmativo. La invalidez de los actos de disposición de la cosa embargada, según los arts. 2.913-2.915 del Código civil, es nulidad, porque tiene su fuente en una circunstancia que precede al negocio o, cuando menos, al momento de su eficacia (art. 2.914 Cód. civ.), así como del embargo motivado por la ejecución forzosa, y es tal, que excluye uno de los presupuestos de validez del negocio, la legitimación para disponer; es nulidad relativa, porque consiste en que tales actos «no tengan efectos en perjuicio del acreedor pignorante o de los acreedores que han intervenido en la ejecución», y, por tanto, existe a los solos fines del proceso ejecutivo; es nulidad verdadera y propia, porque se produce objetivamente, sin necesidad de impugnación alguna. La misma naturaleza de nulidad relativa respecto a la masa de los acreedores tiene también la invalidez de los actos de disposición de los bienes gravados por el vínculo de indisponibilidad producido por la quiebra (arts. 44, 64 y 65 del R. D. de 16 de marzo de 1942, n. 267).

Nos resta ahora por ver cómo se sitúa el criterio de la invalidez relativa respecto a la anulabilidad. Se suelen confundir aquí dos momentos diferentes el que precede y el que sigue a la declaración de anulación del negocio. La calificación de relativa o absoluta, en la anulabilidad, adopta un significado muy diferente en una u otra fase.

A) Antes de la declaración de anulación, el criterio de la invalidez relativa conduce a distinguir según que el derecho a promover tal anulación sea otorgado a todos aquellos que ostentan un interés (arts. 117, 591 y 1.441, pfo. 2.°, Cód. civ.), o bien solo a determinados interesados (arts. 1.395, pfo. 2.°; 1.141, pfo. 1.° Cód. civ.; cfr. art. 65 y 1.302 Código C. esp.). En este sentido, la anulabilidad es más generalmente relativa que absoluta y, mientras dura, da lugar a una figura de negocio precario. Pensemos en la anulabilidad por incapacidad o por vicios del consentimiento; conforme al art. 1.441, «la anulación del contrato solo puede ser solicitada por la parte en cuyo interés ha sido establecida por la ley» (cfr. art. 1.395, pfo. 2.°). Por el contrario, la incapacidad contractual creada por la interdicción legal consiguiente a una pena (art. 1.441, párrafo 2.°) y la incapacidad de testar (prevista por el art. 591; cfr. art. 663 C. C. esp.) pueden justificar una impugnación del contrato o del testamento por parte de «cualquiera con interés en ello». También, conforme al art. 117 (cfr. art. 102 C. C. esp.), «el matrimonio contraído con violación de los arts. 84, 86, 87 y 88 puede ser impugnado por los esposos, por los ascendientes próximos, por el Ministerio público o por todos aquellos que tengan para hacerlo un interés legítimo y actual». Considérese. además, que la anulabilidad por vicio

minados interesados. El rasgo esencial de la nulidad, por el contrario, es que el interesado no tenga la carga de una iniciativa para hacer pronunciar la invalidez (carencia de efectos) y que ésta exista de derecho, en cuanto a él, por virtud única del precepto de la ley; es una diferencia que, sobre todo, ofrece trascendencia procesal. En la parte negativa, por tanto, la tentativa de C. F. no puede considerarse lograda y debe rechazarse.

del consentimiento disfruta de un radio de acción más vasto que la anulabilidad por incapacidad, si bien ambas presentan carácter relativo: en efecto, la anulabilidad por incapacidad, pero no la anulabilidad por vicio del consentimiento, es considerada fuente de excepción personal por el art. 1.945 del Código civil (cfr. art. 1.842 C. C. esp.), por lo que la segunda puede ser opuesta por el fiador (en cuanto al tercer adquirente del inmueble hipotecado, se admite pueda oponer todas las excepciones que no lo hayan sido por el deudor, conforme al art. 2.859, que en este punto ha innovado la norma del art. 2.015 del Código de 1865).

B) DESPUÉS de la declaración de anulación, la calificación de invalidez absoluta o relativa asume el mismo significado que al hablar de nulidad ^absoluta o relativa, o sea, ausencia de los efectos jurídicos del negocio respecto a todos los interesados, o bien, solo en relación a personas determinadas. En este sentido, la anulabilidad, al menos en cuanto la declaración de anulación se haya producido al acoger una demanda planteada por vía de acción y no de excepción, es, por regla, absoluta, y solo excepcionalmente relativa. No todos podían promover la anulación; pero una vez declarada, todos pueden invocarla. No obstante, en alguna ocasión, la anulación conserva efectos limitados a aquellos que la promovieron; así, según el art. 1.445, «la anulación que no deriva de incapacidad legal no perjudica los derechos adquiridos a título oneroso por los terceros de buena fe», si la adquisición ha ocurrido con anterioridad a la anotación de la demanda de anulación.

El problema del carácter relativo o absoluto se plantea no solo respecto a la anulabilidad y a la nulidad, sino también ante la ineficacia en sentido estricto, dependiente de una circunstancia extrínseca al negocio que se concreta en la lesión de un tercero. Así, el acto de disposición con el que el deudor ocasione perjuicio a los derechos de los acreedores puede ser revocado, en la medida del daño que sufre, por el acreedor individual, según el art. 2.901 del Código civil (cfr. art. 1.111 C. C. esp.). En cambio, encuadrada en la órbita de un procedimiento de quiebra, la revocación beneficia a la masa total de los acreedores, entre los cuales aquel procedimiento constituye una especie de consorcio (arts. 66 y 67 del Real decreto de 16 de marzo de 1942, n. 267).

D) Según otro criterio, en fin, la invalidez se distingue en *total o parcial.* Cuando el negocio está viciado solo en una parte de su contenido preceptivo, entendido el vocablo «parte» en sentido cuantitativo, o bien, solo en una de las varias disposiciones de que consta (n. 37), es abstractamente posible, tanto la solución según la cual la invalidez se mantiene como *parcial,* circunscrita a aquella disposición o parte del contenido preceptivo del negocio *(utile per inutile non vitiatur),* como la solución contraria, en el sentido de que la parte viciada arrastre tras de sí, y someta al régimen de invalidez, también a la parte sana, dando lugar a la invalidez total del negocio. Nuestro Código sigue la primera solución, que se enlaza a la tradición del Derecho canónico (VI, 5, 13, c. 37); el Código civil alemán adopta, al contrario, como criterio general, el de la invalidez total (§ 139). En ello nuestro Código parte de un concepto menos rígido y acaso más real de la unidad del negocio (n. 37)[12].

El principio de la invalidez parcial está enunciado en el art. 1.419: «la nulidad parcial de un contrato y la nulidad de singulares cláusulas acarrea la nulidad de todo él (solo) si resulta que los contrayentes no lo habrían celebrado sin aquella parte de su contenido que es afectada por la nulidad». De donde deriva que la nulidad parcial es la regla, y la total la excepción[12a]; de modo que quien invoca ésta tiene la carga de probar que se funda en la particular intención práctica de las partes (lo contrario dispone el § 139 del Código civil alemán, que adjudica la carga de la prueba a quien aduce la nulidad parcial). Una consecuente aplicación del principio se hace en el art. 1.420 al contrato plurilateral con prestaciones convergentes a un fin común (n. 38), donde «la nulidad que atañe al vínculo de una sola de las partes no acarrea la nulidad del contrato, salvo que la participación de aquélla deba, según las circunstancias, considerarse esencial». De ahí que, por regla, el contrato plurilateral inválido será un negocio precario. Aplicaciones del principio se hacen también, por el art. 652 (cfr. art. 864 C. C. esp.), al legado de cosa que resulte ser solo en parte de propiedad del disponente, por el art. 771 (cfr. art. 635 C. C. esp.), a la donación que comprenda también bienes futuros (que es reducida al límite de los bienes presentes), por los arts. 1.500 y 1.501 (cfr. art. 1.503 C. C. esp.), a la venta con pacto de retracto, en la que se ha convenido restituir un precio superior al estipulado o un término más extenso que el legal (pactos que son reducidos a los límites admitidos por la ley), y análogamente, por el art. 1.573 (cfr. art. 1.543 C. C. esp.), al arrendamiento acordado por más de treinta años, y por el art. 1.865, último párrafo, al pacto de rescate en la constitución de renca; finalmente, por los ares. 1.284, último párrafo, 2.°, y 1.815. párrafo 2.° (cfr. ley esp. de 23 de julio de 190S sobre la usura), al mutuo; cuando se hayan pactado, pero no por escrito, intereses superiores a la tasa legal o se hayan convenido intereses usurarios, el convenio -ineficaz por falta de prueba escrita en el primer caso, nulo por ilicitud en el segundo- se reduce dentro de la medida legal de los intereses. Este tratamiento de la cláusula nula por ilicitud, e igualmente el de las cláusulas sustituidas, de derecho, por normas imperativas, presentan, al mismo tiempo, casos de conversión (n. 61).

El tratamiento en el sentido de la invalidez parcial presupone, como es evidente, que la cláusula inválida puede escindirse en dos disposiciones distintas, susceptibles, una, de ser mantenida, y la otra, de ser eliminada, o, res-

---

12 SALEILLES, *Déclar de vol.*, sobre el art. 139, 302 y sigs.; OERTMANN, «Subjoktive Teilnichtigkeit», en *Archiv.* 1935, 101, 119, con una interesante crítica del excesivamente rígido criterio del § 139 (particularmente en la pág. 135) a la luz de su oportunidad práctica.

12a Cas. 13 junio 1941, en *Rep. Foro,* voz Obblig. e contr., n. 94: la causa del contrato ha de considerarse ilícita cuando la obligación asumida por causa lícita no sea escindible de aquella que lo ha sido por una ilícita.

pectivamente, que las varias disposiciones de que consta el negocio puedan ser consideradas como independientes una de otra, de manera que la invalidez de algunas pueden ser circunscrita a ellas y resulte no influyente y compatible con la validez de las otras. Ahora bien: cuando la disposición inválida y la que, de por sí, sería válida, se encuentran ligadas por un lazo de unidad o subordinación (n. 37), la máxima *utile per inutile non vitiatur* no encuentra aplicación. En particular, en el caso de la subordinación, podrá muy bien ocurrir que el vicio de la disposición subordinada no influya sobre el valor de la principal; pero, ciertamente, el vicio de la disposición principal se comunica a la subordinada y supone la invalidez del negocio total. Por lo demás, el vínculo de unidad o de subordinación entre las diferentes partes del contenido del negocio puede ser no solo lógico y objetivo, sino también psicológico y subjetivo, es decir, puede resultar de la particular intención práctica de las partes (esto significa la reserva enunciada en el citado art. 1.419).

59. *Invalidez sobrevenida o suspensa* y *convalecencia del negocio inválido*.- El negocio puede, a través de sucesivas vicisitudes, perder su originaria validez o, merced a adecuadas integraciones o eliminaciones, obtener la validez que originariamente le faltaba.

A) La invalidez puede ser, en lugar de originaria, o sea, inmediata y coetánea al negocio, a) sobrevenida después de concluido el negocio. Puede ser, en lugar de definitiva e incondicionada, b) pendiente o suspensa.

a) La invalidez sobrevenida, o invalidación, es una suerte de caducidad que pueda afectar a todos los negocios con efectos diferidos (n. 29)[13]. Ciertamente, si el efecto del negocio es inmediato e instantáneo, no es concebible, ni, en último término, influyente, un póstumo defecto del negocio, que ha agotado ya su función genética (es posible solo la producción de una ineficacia en sentido estricto). En especial, están sujetos a invalidación los actos y negocios que son parte de un supuesto de hecho complejo, de formación sucesiva (n. 37). Tales negocios no alcanzan su vigor mientras no se hallen completos todos los elementos del supuesto en que se encuadran (precisamente porque el efecto no puede lógicamente producirse antes que su fuente generadora, la cual es el supuesto total de que el negocio forma parte). Y, por tanto, requieren la permanencia de los presupuestos que le son necesarios hasta en el momento en que el supuesto se completa. Por consiguiente, con anterioridad a este momento, la eficacia del negocio no es nunca segura. Así, la invalidez puede

[13] ROMANO, «Osservazioni sulla invalidità successiva degli atti amministrativi», en *Scritii in onore di Vacchelli,* 1937, 432 (bibliografia); GASPARRI, *Invalidità successiva degli atti amministrativi,* 1939, 15 y sigs.; nuestro *Dir romano,* I, 335; FALZEA, *La condizione e gli elminti dell'atto giuridico,* 51, n. 51, al cual ha de hacerse la observación de que hoy, como en Derecho romano, el evento posterior que produce «revocación de derecho» del testamento, afecta a la función típica del negocio *mortis causa,* y, por unto, según la configuración legal de éste, constituye una razón intrínseca que reacciona sobre su validez. Por lo demás el carácter intrínseco depende de una apreciación relativa.

alcanzar al testamento, figura ésta por excelencia de negocio integrado en un supuesto de formación sucesiva, destinado como está a desplegar su fuerza solo con el evento que provoca la sucesión, es decir, la muerte. Produce caducidad automática del testamento, por defecto de capacidad que sobreviene con efecto retroactivo, la interdicción legal del testador, que es consecuencia de condena penal (n. 26). La produce igualmente la superveniencia de un hijo o descendiente legítimo o la existencia de él, que era ignorada, o el reconocimiento de un hijo natural, conforme al art. 687 del Código civil. Aquí la ley entiende la caducidad de las disposiciones testamentarias como un ser «revocadas de derecho», y la denominación se remonta a la tradición del Derecho romano, donde se designa como *rumpi testamentum* tanto el efecto de la revocación como el de la superveniencia de póstumos. Pero la sistematización que hace el Código de esta norma bajo la equívoca rúbrica «De la revocación de las disposiciones testamentarias» no debe inducir a engaño al intérprete acerca de una pretendida analogía con la revocación (art. 679; cfr. 737 C. C. esp.) del testamento. La superveniencia (objetiva o subjetiva) de descendientes repercute sobre la validez misma del testamento por una razón intrínseca, que atañe directamente a la función típica del negocio *mortis causa,* ya que la previsión de la muerte se enlaza íntimamente a la consideración de los descendientes, en los cuales se vienen a reconocer los naturales continuadores de la tradición familiar y del patrimonio. Aquélla plantea, por tanto, un problema absolutamente distinto al de la libertad de testar que actúa mediante la revocación (n. 31); problema que encuentra aquí una solución esencialmente diferente a la que la ley ofrece en materia de donación, donde, en cambio, en determinadas hipótesis (art. 800; cfr. arts. 644 y 645 C. C. esp.), se remite a la iniciativa y juicio del disponente la revocación v. por tanto, la ineficacia del negocio (n. 60).

b) Los negocios cuya eficacia se encuentre subordinada a un evento futuro e incierto –sea éste una condición prevista en ellos o un elemento constitutivo de un supuesto complejo en que el negocio, por su naturaleza, se encuadra– pueden dar lugar al fenómeno de la invalidez *pendiente o suspensa*[14]. Y al mismo fenómeno conduce la invalidez relativa (n. 58, C), la cual, existiendo solo en la medida necesaria para la tutela de ciertos intereses, no es definitiva, sino que se encuentra en un estado de pendencia, en el sentido de que se halla sujeta a resolución con la desaparición de aquéllos.

aa) En las hipótesis de efectos diferidos, una invalidez suspensa se produce, ante todo, 1.º, cuando en el momento en que el negocio se realiza falte

[14] MITTEIS, *Rom. Privatrecht,* 243. CARIOTA-FERRARA, en *Studi sassaresi,* 14, 1936, considerada como «un caso de validez suspensa» la venta civil en que sea remitida al arbitrio de un tercero la determinación del precio. STAUDINGER-RIEZLER, *Kommentar z. B. C. B.,* 10 ed., 1936. I, 491, y la bibliografía por él citada, donde se sostiene que mientras pende la alternativa sobre la validez el negocio no puede ser revocado; FALZEA, *La condizione e gli elementi,* 42 y sigs., 320.

aún un presupuesto que le sea necesario, el cual, por otra parte, no ha de ser de los que deben existir desde el comienzo, sino de tal naturaleza, que pueda también agregarse más tarde (n. 29); así, la legitimación (n. 27). Por ello, según el art. 651 (cfr. arts. 861-863 C. C. esp.), el legado de cosa ajena, regularmente nulo en cuanto tal, se convalida si la cosa legada se encuentra en propiedad del testador en el momento de la muerte. Una invalidez pendiente produce, en cuanto a los efectos reales, la venta de cosa ajena; conforme al art. 1.478, pfo. 2.°, atribuye la propiedad al comprador en el momento en que el vendedor la adquiere (a diferencia de la venta, la *prenda* de cosa ajena es válida, y la adquisición subsiguiente de la propiedad solo le confiere mayor eficacia: arg. sobre el art. 2.789; cfr. art. 1.857 C. C. esp.). La ratificación que preste el interesado al negocio realizado en su representación por quien no tenía poder para ello (art. 1.399 Cód. civ.; § 75, A; cfr. art. 1.259, 2, C. civil esp.) entra más bien en los actos de subsanación, que examinaremos más adelante (B).

Una invalidez pendiente se produce, además, 2.°, cuando, viceversa, el negocio, antes de tomar vigor, encuentre un impedimento a su validez, de tal índole, que pueda desaparecer y no sea de los que deben excluirse desde el origen del negocio para la validez de éste. Así, la caducidad del testamento, consecuencia de la superveniencia de descendientes, no tiene carácter definitivo: conforme al art. 687, último párrafo, «si los hijos o descendientes no concurren a la sucesión o no hay lugar a representación, la disposición mantiene su efecto».

bb) En las hipótesis de invalidez relativa, ésta se resuelve, ya con la desaparición de los intereses a cuya tutela está ligada (por ejemplo, con su satisfacción), ya con la caducidad del medio de impugnación si éste no ha sido útilmente ejercitado dentro del término que se fije. Formas de remoción en un todo análogas a éstas se ofrecen respecto a las figuras de ineficacia del negocio, especialmente en el caso de rescindibilidad (arts. 1.449-1.450 Cód. civ.; cfr. art. 1.299 C. C. esp.), pese a que no existe respecto a ellos la posibilidad de una subsanación (art. 1.451). En realidad, el fenómeno que en tales casos se produce no es el sanarse de un organismo enfermo (ya que falta en ellos un específico acto a tal fin), sino más bien el disiparse de una amenaza sobre su validez o eficacia.

B) La invalidez que no tenga carácter absoluto o irremediable puede ser subsanada de diferentes modos, con efecto normalmente retroactivo entre las partes (n. 31). Se produce entonces una *convalecencia* del negocio inválido[15].

---

[15] FINZI, *Studi sulle nullità del negozio pur.*, 72 y sigs.: CARNELUTTI, *Sistema*, II, *n.* 431, 551; A. MACHIA. «La conferma dei negozi giur.». en *Riv. il. sc. giur.*, 1929, 125, 433: 1930, 531, especialmente 560 y sigs.; RICCA-BARBERIS, «Un caso di ratifica tacila», en *Foro,* 1935, I, 1.507; MONTEL, «Sull'art. 1.311 Cod. civ.», en *Annuario diritto compar.*, 1937, 18, II, 12; DE MARTINO, en *Giunspr. comparata di diritto civili,* 1939. IV, 132, 183; GORLA, «Sulle obblig. di procurare la ratifica di un negozio annullabile», en *Temi emil.*, 1941, I, 52.

La subsanación representa la solución de un problema práctico que todo orden jurídico, alcanzado un cierto grado de desarrollo, comienza a advertir: el problema de recabar para el control y la sanción del derecho las relaciones sociales que. no habiendo surgido de un modo regular, tienen, sin embargo, una existencia de hecho o hasta una existencia jurídica, pero de índole precaria. Frente a estas relaciones de mero hecho, que en un primer momento debieron ser excluidas del círculo de los supuestos jurídicos, el Derecho aprecia la oportunidad de poner a disposición de los individuos una especie de sistema de recuperación para integrarlas en aquel círculo. Y frente a relaciones de naturaleza precaria, reconoce la necesidad de poner término, con la mayor diligencia, al estado de incerteza sobre su valor, y ello tanto más cuando la invalidez se halle ligada a algún estado de hecho que por su índole propenda a desaparecer con el tiempo.

De la subsanación que se opera mediante un nuevo acto jurídico se mantiene diferenciado el fenómeno, que ya examinamos (A, b), de la convalidación que sucede objetivamente al sobrevenir el presupuesto de validez que *ab initio* faltaba o al caducar el medio de impugnación correspondiente al interesado.

Puede producirse subsanación, ante todo, 1.º, mediante un acto de *confirmación* o convalidación (are. 1.444 Cód. civ.; cfr. arts. 1.300 y sigs. C. C. esp.). A diferencia de la renovación (n. 58, B), la confirmación no cumple el cometido de dar a la regulación de intereses querida con un nuevo negocio de primer grado, sino, simplemente, el de impedir la anulación por virtud de un acto integrador o complementario -negocio de segundo grado (nn. 29 y 35)- para el que únicamente se halla legitimada la parte a que pertenece el poder de provocar tal anulación; por tanto, es acto unilateral, aun si el negocio al que la confirmación se refiere es bilateral o plurilateral. El que la confirmación no precise de los requisitos de forma propios del negocio a convalidar se comprende precisamente por sus diferencias con la renovación del negocio nulo. El art. 1.444 del Código civil, al disciplinar la convalidación del negocio anulable, establece algunos requisitos indispensables para ella. A más de responder a los presupuestos de capacidad y legitimación requeridos para la válida conclusión del contrato (art. 1.444 último pfo.), el acto debe, ante todo, identificar el contrato anulable y mencionar el «motivo de anulabilidad»»; también debe contener «la declaración de que ese pretende convalidarlo», característica ésta de un negocio de segundo grado (n. 29), que se refiere a la precedente regulación de intereses y no ya, directamente, a la situación subyacente a aquélla[16]. Junto a esta convalidación directa y expresa, la ley (art. 1.444, pfo. 2.º; 590 y 799; cfr. art. 1.311, prop. 1 C. C. esp.) conoce una convalidación indirecta (tácita), que se produce por medio de una conducta concluyente (n. 14), incompatible con el propósito de promover la anulación, es decir, median-

[16] Tampoco es necesario admitir aquí que la parte tenga la carga de una intención jurídica (MESSINA, *Negozi fiduciari*, 72, 99), dada la posibilidad de una dúplex interpretado de la declaración de convalidación (n. 6, nota 4).

te la ejecución voluntaria del negocio, realizada con conocimiento del motivo de anulabilidad. La ejecución consciente importa paralización de los medios de impugnación del negocio[17] por aquel principio de *coherencia* e incompatibilidad que impide a cada uno, en las relaciones entre miembros sociales, *ir contra el acto propio*[18]. Merced a la convalidación, el tratamiento del negocio es aquel mismo que le correspondería si no hubiese estado nunca viciado[19]. Los efectos que el negocio anulable ha producido se vuelven estables y definitivos para el futuro y no están expuestos ya al riesgo de ser removidos *ex tune.* En este sentido se dice que la convalidación despliega efectos retroactivos, como todo negocio de segundo grado con función declarativa (nn. 31 y 35).

Es ahora tiempo de explicar la reserva antes hecha (n. 58, B, *in fine)* acerca del problema de la tutela de los *terceros* que hayan adquirido derechos sobre la cosa que es objeto del negocio anulable, ya, a), en la hipótesis de anulación, antes de que ésta fuese pronunciada; ya, b), en la hipótesis de convalidación, antes de que ésta se produjese; terceros que, en el primer caso, basan su adquisición en la aparente validez del negocio, y en el segundo, al contrario, sobre la previsión de su anulación[20].

En cuanto a los terceros que intervienen en la primera hipótesis (a), si la anulación no depende de incapacidad legal, sus derechos son puestos a salvo por el art. 1.445 cuando hayan sido adquiridos a título oneroso y de buena fe, con anterioridad a la anotación de la demanda de anulación. Lo que significa que, en relación a ellos, la anulación solo se retrotrae al momento de la anotación de la demanda; así que, si su adquisición se ha producido y hecho eficaz respecto a otros (art. 2.644 Cód. civ.) antes de aquel momento, la subsiguiente anulación no es operante frente a ellos y no puede oponérseles (n. 57, b). Por tanto, la ley aporta aquí una limitación al principio de la retroactividad, y propiamente admite una derogación al principio por el cual la anulación se retrotrae al momento del negocio, considerándose a éste como no habiendo existido nunca (n. 58, B). Y puesto que, si el principio de la retroactividad se

---

17 RIEZLER, *Venire contra factum proprium,* 1912, 43, 55, 123, 134. Cfr. sobre alcanzar autoridad de cosa juzgada las sentencias, BETTI, *Dir. proc. civ.*, n. 13, página 59; n. 139, págs. 581 y sigs. La antigua doctrina prefiere una justificación inspirada en la voluntad del disponente: AZTERI-VICCA, *Delle rinunzie,* segunda ed., números 255-259.

18 La jurisprudencia perfila la ratificación como renuncia al derecho de impugnación (Cas. 19 abril 1937, en *Rep. Foro,* 1937, voz Obblig. e contr., n. 615; ídem 24 abril 1940, ibid., 1940. voz cit., n. 393; ídem 29 julio 1941, n. 2.408, ibid., 1941. voz cit., n. 385).
«La ratificación de un contrato por ejecución tácita presupone la ejecución total o de la mayor parte del contrato mismo; en los contratos duraderos (contrato de suministro de energía eléctrica), toda parte, pese a no agotar la prestación, integra por sí sola el cumplimiento de la obligación en su continuidad y significa, por ello mismo, una voluntad inequívoca de cumplir el negocio». (Cas. 11 diciembre 1939, en *Foro,* 1940, 1, 523).

19 «Se produce la convalecencia cuando el acto viene a encontrarse en un estado que, si hubiese existido en un principio, hubiera hecho nacer válido dicho acto». (Cas. 17 junio 1938, en *Rep. Foro,* 1938. voz Obblig e conir.. n. 531).

20 BRUCK, «Die Bedeutung der Anfechtbarkeit für Dritte: ein Beitr. z. Lehre vom Rechtsgeschäft», en *Studien zur Erlauterung d. bürgerl. R.,* dirigidos por R. LEONHARD, 2,. 1900, 58 y sigs.

aplicase en todo su rigor entraría en juego la máxima *resoluto iure dantis resolvitur ius accipientis,* la parcial derogación de aquél significa prácticamente remoción del criterio *nemo plus iuris in alium transfene potest, quam ipse habet,* con el resultado de reconocer eficacia a lo que, estrictamente, sería una adquisición a *non domino.* La derogación a este criterio, fundada como está sobre la buena fe de los terceros adquirentes y justificada por el carácter oneroso de su título de adquisición, se enlaza lógicamente al concepto de la legitimación aparente (n. 4, cap. intro.; n. 27, a, 3) que, para tutela de aquellos terceros, es reconocida a quien ha adquirido en virtud de un negocio anulable, a pesar de la subsiguiente anulación.

Los terceros a que corresponde la segunda hipótesis (b), que han adquirido derechos sobre el objeto del negocio anulable presuponiendo su futura anulación, no son contemplados expresamente por el nuevo Código, que no resuelve el problema de la posición que haya de reconocérseles después de producida la convalidación del negocio (cfr., en cambio, el art. 1.309, pfo. 3.°, del Código de 1865, el cual, por otra parte, conducía a graves dudas)[21].

Pero no es de admitir en este caso una derogación al principio de la retroactividad de la convalidación en el sentido de que tales terceros mantengan a salvo los derechos adquiridos (como disponía el último inciso del art. 1.309, 3, cit.); solo debe sostenerse que ellos gocen, respecto a su contrayente, el derecho de hacerse resarcir el daño que sufren por haber confiado, sin culpa, en la validez del contrato. Ésta, del contrayente, es una responsabilidad basada en la seguridad ofrecida - como en las hipótesis previstas por los arts. 1.338 y 1.398; cfr. arts. 1.486 y 1.725 C. civil esp.-, y nace de haber contravenido la confianza con el hecho de la convalidación, y va anees, con el de no haber planteado la demanda de anulación. Se ofrece aquí, más concretamente, una aplicación del principio general de corrección que, conforme al art. 1.175, regula el comportamiento entre deudor y acreedor[22].

Además del acto positivo de confirmación (que es admitido en vía excepcional también para negocios nulos *mortis causa* o a título gratuito en los casos previstos por los arts. 590 y 799), la subsanación de un negocio inválido puede operarse también, 2.°, mediante acto negativo o *renuncia* (n. 35) a la facultad de provocar la anulación del negocio o de hacer valer la nulidad relativa (n. 58). Para poder producir la subsanación, la renuncia debe provenir de aquel sujeto (uno o varios) al que exclusivamente corresponde la impugnación o, respectivamente, el interés protegido con la nulidad relativa (n.

[21] Por ejemplo, A, inducido con engaño, vende a B la cosa X; A vende luego la misma cosa a C, asegurándole que no está en absoluto vinculado por la venta precedente, que es anulable por dolo. Si A. entendiéndose con B, confirma el negocio viciado, renunciando a solicitar su anulación, C resultará con esta confirmación perjudicado.

[22] Cfr. MANIGK, *Das rechtwirksame Verhalten,* 237 y sigs., 254 y sigs., 159. y en *Annuario dir compar.,* 1942, 162, que habla de un *Erklärungsverlrauen. Supra,* capítulo II, n. 14, nota 11; VERGA, *Errore e responsabilità ni contrati,* 1941, 287 y sigs. 305.

31). Por lo demás, la renuncia puede ser explícita o bien hallarse implícita (n. 34 bis. a) en un negocio de otra naturaleza (caso de la renuncia implícita en el convenio respecto a la nulidad de actos de disposición realizados por el quebrado). De manera análoga, mediante renuncia a la impugnación que les es propia, pueden recuperar su eficacia los negocios sujetos a revocación, rescisión o resolución, respecto a los cuales es, en cambio, inconcebible un acto de convalidación (art. 1.451 Código civ.), que presupone conceptualmente un negocio inválido.

Finalmente, cuando la invalidez del negocio deriva de haber sido concluido, en representación de otro, por quien carecía de los necesarios poderes o actuó excediendo los límites de los que se le habían conferido (art. 1.398 Cód. civ.; cfr. art. 1.725 C. C. esp.), la subsanación de esta invalidez, que tiene carácter pendiente, puede alcanzarse, 3.°, con un acto de ratificación por parte del interesado (art. 1.399 Cód. civ.; cfr. arts. 1.259 y 1.727 C. C. esp.). El acto de ratificación es integrador del contrato, en cuanto forma con él un negocio único subjetivamente complejo (n. 37); es el acto con el que el interesado asume sobre sí la regulación de intereses hecha surgir por las partes del negocio (n. 75). Esta estructura y función del acto, homogéneas con las del negocio ratificado, vienen también a llenar el requisito, que el Código establece (art. 1.399, cit.), de la observancia de las formas prescritas para la conclusión del mismo. Esencial también a la ratificación es la eficacia retroactiva, por la cual, en las relaciones entre quien la presta y la otra parte, los efectos propios del negocio advienen *ex tune,* como si en el acto de su realización no faltase, a quien obra en nombre ajeno, la legitimación necesaria. También aquí son salvados, por el art. 1.399, último párrafo, los derechos adquiridos por los terceros en relación al interesado, mediante negocios (celebrados entre tanto con éste o con un representante autorizado suyo) que tienen un valor vinculante precisamente subordinado a la invalidez pendiente del negocio que se trata de ratificar[23].

60. *Revocación, rescisión, resolución del negocio*.- La inobservancia de los límites que la autonomía privada está obligada a respetar, sometiéndose a la condición de igualdad relativa entre las partes, o también, en interés de determinados terceros llamados a soportar ciertos efectos indirectos del negocio (n. 32), da lugar -como ya se vio (n. 57, b)- a formas de ineficacia, cuya efectividad se remite a la iniciativa de la parte o del tercero interesado. La iniciativa, encaminada, ante todo, a hacer comprobar la lesión de un interés de la parte o del tercero, y, por consecuencia, a hacer pronunciar la ineficacia del negocio, al menos en la medida del perjuicio ocasionado, puede asumir las figuras de: a), revocación; b), rescisión o reducción; c), resolución del negocio.

---

23 Por ejemplo, si B ha vendido en representación de A, sin tener para ello poderes, el fundo de éste, A no puede, con la ratificación que preste a aquella venta, perjudicar a un tercero, C, al que hubiese enajenado la finca después de la venta inválida hecha por B. Realizada la inscripción, permanece propietario de la finca, y la ratificación solo tiene el alcance de obligar a A al resarcimiento de los daños frente al que ha contratado con B.

a) La revocación en su figura típica de acción revocatoria, corresponde al acreedor singular (que es tercero) frente a «actos de disposición del patrimonio con los cuales el deudor ocasione perjuicio a sus derechos» y en la medida del perjuicio que resulta conscientemente producido a él y subsistente en el momento en que se promueve la demanda[24]. La acción revocatoria está disciplinada, en su conformación general, por el art. 2.901 (cfr. art. 1.111 C. C. esp.), y una revocación análoga, que, sin embargo, no presupone el fraude, se concede contra la renuncia a una herencia por el art. 524 (cfr. art. 1.001 C. C. esp.). No interesan aquí las particularidades de su configuración jurídica. Solo hemos de recordar que están pasivamente legitimados para la revocación los terceros adquirentes inmediatos del deudor, siempre que sean conocedores del perjuicio, en el caso de que la adquisición lo sea a título oneroso, y que la ineficacia sobrevenida del acto no perjudica a los terceros mediatos, subadquirentes a título oneroso y de buena fe, cuando esta adquisición suya preceda a la anotación de la demanda de revocación; esta norma, del art. 2.901, último párrafo, perfectamente paralela a la antes expuesta (n. 59, B) del art. 1.445, aparece inspirada en la misma *ratio iuris* de ésta[25].

Una revocación de distinto carácter corresponde a quien ha realizado una donación (arts. 800-808 Cód. civ.¡ cfr. arts. 644-653 C. C. esp.). Sirve para tutelar un interés de índole no patrimonial que entra en juego por hechos posteriormente acaecidos: ingratitud del donatario (art. SOI; art. 648 C. c. esp.), nacimiento, descubrimiento, existencia o reconocimiento de hijos (art. 803; art. 644 C. C. esp.). Aquí la revocación, dependiente como es de la superveniencia, no perjudica a los terceros que en cualquier forma hayan adquirido derechos del donatario con anterioridad a la anotación de la demanda (art. 808; art. 645 C. C. esp.).

b) La *rescisión* se atribuye a la parte respecto al contrato a título oneroso y especialmente al de prestaciones recíprocas, por razón de una grave desproporción entre las prestaciones realizadas o prometidas por una y otra parte (lesión en sentido amplio) cuando aquélla derive, o de un estado de peligro notorio para la otra parte (art. 1.447 Cód. civ.), de un estado de necesidad del

---

[24] Sobre el lema, últimamente. C. AULETTA, *La revocatoria civile e fallimentare*. 1939 (ree. en *Riv. dir. comm.*, 1939, 497); en el mismo sentido, L. COSATTINI, «La revoca degli atti fraudolenti», en *Pubblicai. Facoltà giur. Padova*, 1940, 1. 187, 231 y sigs., con amplia bibliografia. De la literatura anterior, por nuestra tesis de la ineficacia: *Coviello, Della trascrizione, I*, n. 176. espec. pág. 419; por la tesis de la invalidez: PACCHIONI, *Lezioni diritto civile*, 1925-1926, 33-97.

[25] La jurisprudencia formada en aplicación del art. 1.235 del Código civil de 1865 se ha venido consolidando en la afirmación de los siguientes principios: la acción revocatoria no es una acción real, sino una acción personal que mira a hacer recuperar al acreedor lesionado por el fraude el importe de su crédito; ella produce la revocación del acto en los límites del daño ocasionado a quien la promueve; tal revocación se produce en relación al acreedor que acciona, y está encerrado dentro de los límites de sus derechos (véase recientemente, Cas. 20 julio 1941, en *Foro*, 1942, I, 255, con amplias notas de referencias a jurisprudencia y doctrina; ídem 21 mayo 1941, ibid., 1942, I. 264).

que esta parte contraria se hubiera aprovechado (art. 1.448 Cód. civ.). En esta segunda hipótesis es presupuesto de la rescindibilidad que la lesión perdure en el tiempo en que la demanda se promueve (art. 1.448, pfo. 3.°). Sentado, luego, que la ineficacia encuentra su motivo en el perturbado equilibrio de las prestaciones deducidas en el contrato (equilibrio que constituye el ideal de una sana circulación de los bienes y de una fecunda cooperación de las economías y actividades individuales), se comprende que la rescisión pueda ser evitada por la otra parte, ofreciéndose a modificar el contrato en la medida suficiente para reintegrarlo a la equidad (art. 1.450 Cód. civ.). En el caso, en cambio, de que el equilibrio de las prestaciones sea alterado posteriormente por el acaecimiento de hechos extraordinarios e imprevisibles que hagan una prestación excesivamente onerosa, dentro del criterio-límite de aleatoriedad normalmente inherente al tipo de contrato, corresponde al contrayente, en lugar de la rescisión, la resolución del contrato conforme al art. 1.467[26]. Y entonces, si el contrato engendra obligaciones para una sola de las partes, es admitida una reducción o modificación tal que lo ajuste a equidad, en el sentido de proporcionar el costo de la prestación para el deudor a su rendimiento útil en la economía del acreedor (art. 1.468).

La rescisión por lesión se aplica también a la división de herencia (arts. 763 y 764 Cód. civ.; cfr. arts. 1.073 y sigs. C. C. esp.). No, en cambio, en la venta forzosa (art. 2.922 Cód. civ.; cfr. 1.489 C. C. esp.), ni en la transacción (art. 1.979 Cód. civ.; cfr. art. 1.817 C. C. esp.), y en este caso, porque repugnaría a la función típica de este negocio de segundo grado, que es alcanzar la definición en un litigio o incertidumbre a través de una apreciación discrecional de la situación jurídica preexistente (capítulo intr., n. 3).

Sobre la revocatoria contra la renuncia a una herencia véase, con respecto al art. 949 del Código civil de 1865, Cas. 10 julio 1935 (ibid., 1936, I. 212), que la configura como una acción *sui generis,* que participaría de la revocatoria y de la pauliana.
En cuanto al ejercicio de la acción frente a terceros adquirente del deudor se había ya pronunciado, en el sentido ahora consagrado por el art. 2.901, la jurisprudencia de la Casación (últimamente, sentencia 14 abril 1939. ibid., 1939, I, 1.207).

[26] Sobre el tema. OSTI, «Appunti per una teoria de la sopravvenienza: la clausola 'rebus sic stantibus' nel dir. contrattuale odierno», en *Riv. dir. civ.,* 1913, 471, 647; para una reseña de jurisprudencia de los distintos países: POPESCU, *Essai d'une théorie de l'imprevision en droit français et comparé,* 1937, 24, 41, 58, 60, 63, 67, 72; sobre las recientes tendencias legislativas: HEDEMANN, "Der Vertrag u. die veränderten Umstände», en *Zeilscrift f. ausl. u. intern. Privat.,* 12. 1939, 714; MOLITOR, „Vertragsauflösung od. Vercragssumgestaltung», en *Jherings Jahrb.,* 85, 1935, 233; también M. ANDREOLI, en *Riv. dir. civ.,* 1938, 309. y DE SIMONE, en *Riv. dir. priv.,* 1940. 34; nuestras notas en *Rend. Ist. Lomb.,* 1941, 337.
Apenas es necesario recordar que bajo el imperio del Código civil de 1865 la jurisprudencia no admitía que la dificultad sobrevenida o la excesiva onerosidad de la prestación tuviesen eficacia liberatoria del cumplimiento, efecto que solo se reconocía en caso de imposibilidad absoluta de la prestación (véase últimamente. Cas. 18 marzo 1940; ídem 19 julio 1940; ídem 18 julio 1940. en *Rep. Foro,* 1940, voz Obblig. e contr. nn. 336-339; ídem 20 febrero 1942. n. 474, en *Mass. Foro,* 1942, 113). Cfr., por el contrario, la jurisprudencia invocada por HARTMANN, en *Archiv.* 77, 216 y sigs., 228.

Afín a la rescisión en su mecanismo técnico es la *reducción* que corresponde a los legitimarios, en garantía de su derecho de sucesión necesaria, ante disposiciones testamentarias o donaciones que excedan el valor de la cuota de que el difunto podía disponer (ans. 553, 554, y 735, pfo. 2.°, Cód. civ.; cfr. arts. S17 y 1.075 C. C. esp.)[27]. La reducción se dirige contra la lesión de la legítima, cuando sea consecuencia del acto de disposición, en el tiempo en que la sucesión se abre, bajo cuyo aspecto la reducción recuerda la *querella inofficiosi testamenti* del Derecho romano clásico (la cual era una acción de rescisión y no de anulación).

c) La *resolución,* que corresponde a la parce contrayente por incumplimiento de la parte contraria (art. 1.453 Cód. civ.; cfr. art. 1.124 C. civil esp.), por la pertenencia a otro de la cosa vendida (art. 1.479), por la sobrevenida excesiva onerosidad de la prestación (art. 1.467), a diferencia de los medios de impugnación antes mencionados, es una defensa destinada a tutelar la condición de respectiva igualdad de las partes, no en el acto de la conclusión del contrato, sino en el desenvolvimiento de la relación contractual y, consecuente con esta función suya, no se dirige propiamente contra el negocio, sino contra la relación jurídica a que éste ha dado vida[28].

En rigor, lo que se resuelve no es el negocio con todos sus efectos, sino la relación contractual, de tal modo que, entre las mismas partes de la relación, pese a que la resolución despliega, por principio, efecto retroactivo, no se extienden sus consecuencias a las prestaciones va efectuadas en el ámbito de un contrato de ejecución continuada o periódica (art. 1.45S Cód. civ.). *A fortiori,* la ineficacia sobrevenida no perjudica a los terceros que de cualquier forma hayan adquirido derechos de la otra parte contrayente, con anterioridad a la demanda de resolución (art. 1.45S, párrafo 2.ª).

Un medio análogo a la resolución, también de defensa de la parte contra los ulteriores efectos del contrato, es el *desistimiento* unilateral de la relación contractual. El desistimiento no ha de confundirse con la revocación, aunque en ocasiones se le denomine así (art. 1.723; cfr. art. 1.733 C. C. esp.)[29]. Ésta, en efecto, es una aplicación discrecional, o sea, libre, de la autonomía privada, encaminada a anular retroactivamente la regulación de intereses dictada (n. 31), así que, respecto al contrato, solo puede producirse por mutuo 'consenti-

---

[27] Sobre el tema: SALIS, *La successione necessaria,* 1929, 159; nuestros apuntes: *Successione legittima intestata e necessaria:* corso 1928-29 II, 31.

[28] Sobre el primer punto: BIGIAVI, «Irretrattività della risoluzione per inadempimento», en *Riv. dir. comm.,* 1934, 695-722; AULETTA, «La risoluzione par inadempimento», en *Studi di dir. privato,* dirigidos por G. MESSINA, 5, 1942, y en *Riv. diritto comm.,* 1941, 215: también hay indicaciones en GORLA, *L'atto di disposizione,* y en *Compravendita.* Sobre el fondamento, cfr. CASSIN, *De l'exception tirée de l'inexécution dans les rapports synallagmaliques,* 1914, 421 y sigs.: BLOMEYER, *St. z. Bendingungslehre,* 108 y sigs.

[29] Sobre ello: MOLITOR, *Die Kündigung,* 1935, 10-13; S. ROMANO, *La revoca,* 19 y sigs., 25 y sigs., 32 y sigs.; D. CALLECARI, *Il recesso unilaterale nei contratti,* 1939, 197 y sigs., 215 y sigs.; DE CUPIS. en *Riv. il. sc. giur.,* 1939, 208; FRE, en *Riv. diritto comm.,* 1933, 635.

miento (arts. 1.372 y 1.399, párrafo 3.º; cfr. arts. 1.091 y 1.260, ap. 2, C. C. esp.). El desistimiento unilateral es, por su finalidad, un medio de defensa cuya actuación está vinculada (capítulo intr., n. 3), o subordinada a una «justa causa», salvo que constituya un elemento natural del tipo de negocio (como lo es en el mandato: arts. 1.723 y 1.985; cfr. art. 1.733 C. C. esp.) o que le haya sido reservada a la parte en el contrato (art. 1.373 Cód. civ.; también entonces sin efecto retroactivo en el contrato de ejecución continuada o periódica: 2.160). Así, el desistimiento es admitido por el art. 1.464, en el caso de sobrevenida imposibilidad parcial de la prestación de una parte, a favor de la otra, «cuando no tenga un interés apreciable en el cumplimiento parcial»; es decir, un interés susceptible de control por parte del juez (cfr. art. 1.174). También se le admite, conforme al art. 2.285 (cfr. arts. 1.705 y 1.707 C. C. esp.), en la sociedad convenida por tiempo indeterminado, por toda la vida de un socio o, de otro modo, cuando «existe una justa causa». Se le admite, como *nalurale negotii,* en el mandato, por parte riel mandante (arts. 1.722, n. 2, y 1.723, pfo. 1.º Cód. civ.; cfr. arts. 1.732 y 1.733 C. C. esp.), y en el contrato de ejecución de obras, por parte del dueño, dejando a salvo aquí el resarcimiento de daños a la otra parte (arts. 1.671 y 2.227; cfr. art. 1.594 C. C. esp.). Si, en cambio, en lugar de un mandato en su figura tradicional, se trata de una concesión de poderes en interés del mismo encargado o de terceros, irrevocable por naturaleza, entonces solo se admite un desistimiento (llamado «revocación») cuando concurra unajusta causa (art. 1.723, pfo. 2.º, Cód. civil)[30].

Resolución y desistimiento unilateral están, por tanto, en rigor, fuera del campo verdadero y propio de la ineficacia del negocio, en cuanto se dirigen contra la relación creada por él (también art. 793). Sin embargo, la afinidad del mecanismo con que operan aconseja, en el aspecto sistemático, su avecinamiento a las figuras de la revocación y la rescisión. Y por lo demás, la norma del art. 1.479 sobre la venia de cosa ajena viene a probar que la resolubilidad puede también constituir un subrogado de la anulabilidad del negocio por carencia de legitimación (número 57, B).

61. *Conversión del negocio inválido o ineficaz*[31].- El negocio inválido y el ineficaz en sentido estricto son, en forma excepcional, susceptibles de conversión. Consiste ésta en una *corrección de calificación jurídica* del negocio, o sea, en *estimarlo como negocio de tipo distinto* a aquel que fue realmente celebrado. Que

---

[30] Ello justifica la consideración del desistimiento como ejercicio de un poder de configuración que opera sin efecto retroactivo y está sujeto a un control sucesivo procesal (DE CUPIS, loc. cit., 214; CALLEGARI, *Recesso,* 208).

[31] FISCHER, «Konversion unwirksamer Rechtsgeschäfte», en *Festchrift Wach,* 1913, I, 193-203; BETTI, «Inefficacia del negozio cambiario e reazione del rapp. Causale», en *Rivista dir. comm.,* 1927, II, 368, con cita de bibliografia; FADDA y BENSA, en nota a *Windscheid, Pand.,* I. 455; SEGRÉ. *Scritti,* I, 238. Para un caso de conversión de negocio ineficaz, véanse nuestras indicaciones en *Riv. dir. proc. civ.,* 1925, II, 26. También PUGLIATTI, *Nuovi aspetti del problema dilla cause,* 208 y sigs.; ídem, *Istituzioni,* III, 213 y sigs.; TRIMARCHI, *Atto e negozio giur.,* 121; DE MARTINO, en *Giur. campar, diritto civ.,* IV, 1939, 181.

un negocio, aun inválido, pueda no obstante, desplegar alguno de los efectos correspondientes al tipo legal al que pertenece, lo hemos ya señalado (n. 57, A). Ahora, en lugar de un efecto negativo, divergente respecto a la norma! intención práctica de las partes, tratamos de un efecto que sea conforme a tal intención e idónea para realizarla.

Para que el negocio inválido o ineficaz sea convertible en un negocio de diferente tipo es necesario, ante todo, 1° Que pueda ser utilizado para suministrar, tal como es objetivamente, los elementos esenciales de este otro negocio; además, 2.° Que este otro negocio, aun no habiendo sido efectivamente *querido* por las partes, ni siquiera de un modo eventual pueda, sin embargo, integrarse dentro de la órbita del *interés* práctico perseguido por ellas, en el sentido de poder servir igualmente, al menos en forma aproximada, a su satisfacción[32]. No basta, sin embargo, la posibilidad de la conversión; es preciso que sea también reconocida su oportunidad, su correspondencia al criterio de la buena fe (arts. 1.366 y 1.375 Cód. civ.; cfr. art. 1.258 C. C. esp.) y, en general, a exigencias de justicia. Ahora bien, el reconocer como oportuna y justa la regulación de intereses que se opera con el negocio de tipo diferente es, en todo caso una apreciación de exclusiva competencia del orden jurídico, y, por tanto solo de la jurisprudencia, en cuanto órgano de interpretación y elaboración del Derecho vigente[33].

---

32 De aquí la afinidad con la interpretación integradora (n. 42) *Riv. diritto comm.*, 1927, II, 369.

33 Son principios de jurisprudencia sobre los extremos de la conversión los siguientes:
«Es admisible la conversión de un negocio jurídico de determinado upo, que sea nulo, en otro válido y diferente en la causa, en la sustancia o en la estructura, pero ello solo por efecto de voluntad de ley, en casos determinados, o por voluntad de las partes. Para que la conversión sea estimada posible es necesaria la presencia en el negocio nulo de todos los elementos sustanciales y formales del negocio de distinta naturaleza, y si se trata de conversión operada por voluntad de las partes es preciso que esta voluntad se manifieste de modo expreso o tácito. Por consiguiente, concurriendo las precitadas condiciones, puede admitirse la conversión de un contrato nulo de compraventa inmobiliaria en una promesa bilateral de compraventa», (Cas. 5 junio 1942. n. 1.555. en *Mass. Foro*, 1942, 371).
«Para admitir la conversión de un negocio jurídico en otro de diversa índole es necesario que la figura menor sea querida por los contrayentes, no siendo suficiente que el acto reúna los requisitos extrínsecos de la forma menos rigurosa. El acto estimado ineficaz para constituir una compraventa inmobiliaria, por un defecto de forma, no se convierte automáticamente en un compromiso de venta, si no resulta que el consentimiento de las partes se dirigió en efecto, no al traspaso actual de la propiedad, sino a la obligación de una sucesiva manifestación de voluntad para actuar la transmisión» (Cas. 8 abril 1942, n. 917, ibid., 1942, 227).
«La conversión no puede verificarse por voluntad de uno solo de los contrayentes». (Cas. 19 junio 1940, en *Rep. Foro,* 1940, voz Obblig. e contr., n. 164).
«Para operar la conversión es preciso que entre el negocio nulo y el que debe sustituirlo exista una absoluta identidad de partes, que actúan en la misma condición». (Cas. 25 mayo 1937, en *Foro,* 1938, I, 1.085).
«El Juez puede convertir un pacto que se ha vuelto inaplicable en otro pacto similar; pero, ante todo, debe cuidarse de no traicionar la voluntad de las partes contrayentes con una interpretación arbitraria del contrato». (Ap. Milán, 22 junio 1937, en Foro Lorab., 1937, 181).
«Para producirse conversión del negocio jurídico es necesaria una manifestación de volun-

Este modo de justificar el tratamiento de la conversión, conforme a la concepción objetiva del negocio jurídico, puede resumirse en una fórmula breve diciendo que el negocio inválido o ineficaz puede, pese a ello, producir los efectos de un negocio de upo diferente, del cual contenga los requisitos de sustancia y de forma (art. 1.424 Cód. civ.), cuando la intención práctica perseguida por las partes (intención común si es un contrato: art. 1.362; cfr. art. 1.281 C. C. esp.) *consienta* esta distinta estimación jurídica y un criterio objetivo como el de la buena fe la exija[34]. Por lo demás, la conversión del negocio inválido o ineficaz obedece a la misma exigencia general de *conservación* del negocio jurídico[35] que inspira la interpretación del contrato cuando éste o una cláusula de él admita dos sentidos (art. 1.367 Cód. civ.; cfr. art. 1.284 C. C. esp.) y determina la convalidación del negocio inválido (arts. 1.444, 590 y 799 Cód. civ.; cfr. art. 1.311 C. C. esp.).

El modo tradicional, y aún hoy corriente, de justificar la posibilidad de la conversión suele apoyarse sobre el dogma de la voluntad; se dice que el negocio soporta la conversión porque las partes, si hubieran conocido su nulidad, hubieran querido el otro negocio, de finalidad más restringida. El razonamiento es evidentemente equivocado; si las partes hubiesen conocido la nulidad, probablemente habrían tratado de evitarla en cuanto pudiesen y no se habrían orientado hacia otro negocio; de otro lado, no es la forma jurídica lo que importa a las partes, sino el resultado práctico (n. 6). Con todo, el razonamiento que criticamos fue acogido a su tiempo en el Código civil alemán (§ 140)[36], y. desgraciadamente, ha sido adoptado también, con enorme inconsecuencia, por el nuevo Código italiano (art. 1.424, parte 2.°). Pero a pesar de un texto tan parcial a favor de la posición voluntarista en el problema de la conversión, no puede ser dudoso que, según el espíritu y el total sistema de la ley, el intérprete debe orientarse hacia una solución objetiva. Tanto más cuanto que reina la discordia entre los mantenedores de la solución voluntarista, discutiendo si conviene referirse a la voluntad en abstracto o a la voluntad en concreto. Y, además, no se sabe de cierto cómo atribuir eficacia a una voluntad que no se ha manifestado, permaneciendo hipotética, en un estado meramente virtual[37].

---

tad de las partes, expresa o tácita, por hechos inequívocos y concluyentes», (Cas. 13 junio 1942, n. 1.556, *Mass. Foro,* 42. 393).

Con aplicación al derecho procesal se ha decidido que en el negocio procesal nulo está comprendido el válido, siempre que éste también haya sido implícitamente querido por el sujeto declarante y concurran los elementos esenciales de él. (Cas. 18 diciembre 1933, *Giur., ital.,* 1934, II, 1, 131).

34 Cfr. BETTI, «per la riforma del cód. civ. in materia patrim.», en *Rendic. Istituto Lomb.,* 1941, 330.

35 BETTI, loc. cit., en *Riv. dir. proc. civ.,* 1925, II, 26. Aquélla no encuentra aplicación en el acto jurídico en sentido estricto, para el cual el principio no vale; así, justamente, TRIMARCHI, *Atto giur.,* 121.

36 TUHR, *Allgem. Teil,* II, 1, 287 y sigs.; ENNECCERUS, *Lehrb.,* I, 617; HENLE, *Lehrb.,* I, 268 y sigs.

37 Solo en las disposiciones *mortis cama* puede venir legítimamente en discusión una voluntad virtual. Sobre ello, SIBER, *Auslegung u. Anfechtung.* cit., en el cap. VII, n. 46.

Conviene recordar a este propósito (n. 20) que el tipo de negocio está caracterizado, no tanto por su mecanismo jurídico como por su función práctica económico-social. Que el negocio nulo o ineficaz produzca los efectos de un negocio distinto, cuya función práctica está integrada en la del negocio nulo, y cuándo concurren todos los requisitos de sustancia y forma de este otro negocio, o sea, todos los presupuestos y elementos esenciales, es fórmula que no puede encontrar objeciones.

El mecanismo jurídico de un negocio no es nunca exactamente mensurable y comparable con otro, en forma que pueda decirse de uno que se encuentre comprendido en el otro; pero sí, en cambio, puede afirmarse sobre la función económico-social de un negocio, que se integra en la órbita del interés práctico que normalmente determina la conclusión de un otro. Ello no choca tampoco con la fórmula voluntarista del art. 1.424, porque no se puede desconocer que quien quiere un negocio A quiere, por ello mismo, también el negocio B, cuya finalidad práctica está en relación de parte a todo con la del primer negocio, o, de otra cualquier manera, sea interferente con ella, por servir para satisfacer el mismo interés.

Así, la conversión puede estar justificada por la interferencia entre negocios formales y no formales (n. 34 bis), reales y obligatorios (n. 35). Por ejemplo, el libramiento de un título de crédito redactado en forma irregular puede equivaler, según las circunstancias, a una promesa de pago o reconocimiento de deuda (arts. 2 Ley camb. y 1988 Cód. civ.; cfr. art. 1.277 C. CC. esp.); el endoso irregular de un título a la orden puede tener el valor de una cesión del crédito (art. 2.015 Cód. civ.); el legado de una cosa ajena, cuando resulte el conocimiento de tal extremo por el disponente, no tiene efectos traslativos, pero obliga al gravado a adquirir la propiedad de la cosa y transmitirla (art. 651 Cód. civ.; art. 861 Código C. esp.); la novación con cambio de deudor, consentida por el acreedor respecto a una obligación en cuyo cumplimiento estaba en mora el deudor originario, cuando sea nula como novación (y, por tanto, incapaz de extinguir la obligación originaria: art. 1.276), vale, no obstante, como remisión de las consecuencias de la mora en que se había incurrido (este último caso de conversión ha de admitirse también, en vía provisional, respecto a una novación aún no eficaz, porque, por ejemplo, se halle subordinada a una condición). La conversión puede referirse no al negocio total, sino a una sola de sus cláusulas, que sea la única nula (y ya se han visto ejemplos en el n. 58, D), o a un singular elemento suyo, como el destinatario de la relación jurídica, o bien, exclusivamente, a la forma del negocio, cuando falten en el negocio concreto los requisitos de una determinada forma, pero concurran los de otra que sea igualmente idónea para hacer reconocible la regulación de intereses dictada por las partes. Tal conversión, meramente formal, está establecida por el Código entre testamento secreto y testamento Ológrafo (art. 607; art. 715 C. C. esp.), entre acto público y escritura privada (art. 2.701; cfr. art. 1.223 C. C. esp.), y no atañe entonces al negocio en sí, sino a su documentación (n. 13). Del mismo modo puede admitirse que un arrendamiento de inmuebles, realizado sin forma escrita para una duración superior a los nueve años (art. 1.350, n. 8, Cód. civ.; cfr. art. 1.280, 2.°, C. C. esp.), valga como arrendamiento reducido a este tiempo[38].

En otros casos, por el contrario, la ley excluye expresamente la posibilidad de una conversión abstractamente concebible; así, el art. 1.351, conminando la nulidad del contrato preliminar que no haya sido hecho en la misma forma que la ley prescribe para el definitivo, impide que el contrato definitivo, nulo por carencia de la forma escrita, pueda valer, por conversión, como contrato preliminar (por ejemplo, que una venta de inmuebles que no se haga por escrito sirva como promesa de venta).

Un caso instructivo de conversión de un negocio no inválido, sino simplemente ineficaz en la forma jurídica escogida por las partes, es el previsto por el art. 1.059, párrafo 2.°, según el cual, la concesión de servidumbre hecha por uno de los condóminos con independencia de los otros, aunque no produce el efecto real de imponer la servidumbre sobre el fundo común mientras los restantes condominios no hayan prestado su concurso, tiene, mientras tanto, con carácter provisional, el efecto obligatorio de vincular al concedente y a sus causahabientes, en el sentido de no interponer impedimentos al ejercicio del derecho conferido[39]. También debe admitirse en el Derecho actual, como ya lo era en el Derecho romano, que la novación condicional de una obligación (art. 1.230) en la que el deudor se hallaba en mora, valga ya, durante la pendencia de la condición, como pacto de aplazamiento del pago y de exención de las consecuencias de la mora en que se había incurrido, ya que el acreedor no puede, lógicamente, reclamar el cumplimiento de una obligación que ha consentido en novar. En casos de tal naturaleza, la conversión viene a hacer posible un efecto provisional y preliminar del negocio con efectos diferidos (n. 65)[40]. Una conversión semejante es la establecida por el art. 638 (cfr. art. S00 C. C. esp.).

En general, cuando un negocio capaz de adoptar varias formas, coordinadas todas a la misma causa fundamental, sea inválido en una y se le mantenga en otra distinta -como el testamento conforme al art. 607 (cfr. art. 715 C. C. esp.)-, no existe verdadera conversión del negocio en el sentido expuesto, porque no cambia el negocio de consideración jurídica, sino que permanece siendo el mismo negocio, el tipo elegido por las partes. Tampoco se puede hablar de subsanación en este caso, puesto que aquélla se enlaza conceptualmente a la

---

[38] Coviello, *Man. dir. civ.*, § 114.

[39] A este propósito, nuestras notas en *Riv. dir. proc. civ.*, 1925, II, 27 y sigs. En un caso de conflicto entre ordenamientos admite *Zitelmann. Internat. Privatr.*, I, 146, un debilitamiento de relaciones jurídicas reales en relaciones de obligación.

[40] Jhering, en *Jahrbücher f. d. Dogm.*, 1371, 579 y sigs. La jurisprudencia francesa (Ap. París. 2 enero 1937, en *Rev. gén. d. droit d. faillites,* 2, 230. cit. en Blomeyer, *St. Z. Bedingungslehre,* 195) ha tenido ocasión de pronunciar la conversión de una reserva de dominio bajo condición suspensiva en una *clause resolutoire expresse.* Cfr. Maday, *Gesetzeumgehung.*, 97.

agregación de un nuevo elemento, que incide sobre la situación de hecho ya una vez concluido el negocio (n. 59, B). Estrecha afinidad discurre, en cambio, entre la conversión y la interpretación integradora del negocio jurídico, la cual tiende a desarrollar de la declaración, tanto en sus presupuestos como en su alcance lógico, a corregir sus inexactas formulaciones (por ejemplo, el erróneo *nomen iuris* usado) de acuerdo con la intención práctica de las partes, a colmar sus lagunas y a sacar a la luz el contenido preceptivo implícito o marginal que las partes han dejado en la oscuridad. También es íntima la afinidad entre la conversión y la revalorización del fin disimulado (art. 1.414).

A este último aspecto se enlaza una finalidad que la ley señala a la conversión en algunas ocasiones: la de tutelar la confianza engendrada en la otra parte. Entonces la conversión (legal) no responde ya a un interés de ambas partes, perfilable como una intención práctica común, aunque virtual, sino que obedece solo al interés de una de ellas, mientras no haya sido excluida la conversión expresamente o repugne a la naturaleza del negocio de que se trata. Una conversión con esta distinta función es admitida por el art. 1.411, 3.°, en el contrato a favor de tercero (cap. X, n. 71), en caso de revocarse la estipulación o de rehusar el tercero aprovecharse de ella; entonces, la prestación destinada al tercero «queda en beneficio del estipulante, salvo que resulte otra cosa de la voluntad de las partes o de la naturaleza del contrato». Igualmente, según el art. 1.381, quien ha prometido la obligación o el hecho de un tercero debe indemnizar a la otra parte en el caso de que el tercero rehúse, salvo que haya expresamente declinado la garantía. También, según el art. 11 de la Ley Cambiaría (14 diciembre 1933, n. 1.669), quien pone su firma en una letra de cambio como representante de una persona sin el poder de ésta contrae obligación cambiaria «como si hubiese firmado por sí propio». En todas estas hipótesis la conversión no requiere una positiva conformidad con la intención común de las partes, y solo se detiene ante una explícita exclusión hecha por ellas, porque se trata de tutelar, en una forma distinta a la prevista *ab initio,* la confianza creada con el negocio. En esta función, la conversión viene a colocarse sobre la misma línea de las normas de los arts. 1.338 y 1.398 (cfr. §122 Cód. alemán; cfr. art. 1.725 C. C. esp.), que establecen a cargo de la parte en culpa una responsabilidad por el daño que la otra parte sufre «por haber confiado sin su culpa en la validez del contrato». Solo existe una diferencia, en cuanto que mientras esta responsabilidad importa únicamente un resarcimiento en la medida del «interés contractual negativo»[41], la conversión viene a satisfacer plenamente el interés positivo en el cumplimiento del contrato. Pero una y otra aprestan remedios a la invalidez del negocio.

También la responsabilidad hacia la otra parte por el daño que ocasiona su confianza en la validez del negocio tiene un fundamento objetivo y no

---

[41] Sobre ello, véanse VERGA, *Errore e responsabilità nei contratti,* 1941, 287 y siguientes; STAUDINGER-RIEZLER, *Kommentar z. B. C. B.* (10 ed.), sobre el § 122, y la nutrida bibliografía cit. en pág. 604; también SALEILLIS, *Declaration de vol.,* 44-50.

subjetivo. No ha de buscarse en una presunta asunción de garantía que se haría en vista del negocio contemplado, ya por reflejo de éste aun cuando no válidamente celebrado[42], ya con una especie de «cuasi-contrato» o negocio preliminar[43]; inútiles expedientes constructivos éstos, discernidos bajo la influencia del dogma de la voluntad. Más bien ha de encontrarse aquella fundamentación en la particular relación que ya las negociaciones vienen a instaurar, independientemente del éxito de una válida conclusión del negocio[44]; relación especial que también es regida por las reglas de la corrección (art. 1.175 Cód. civ.)[45].

42 Para una crítica de estas llamadas «Zielvertragstheorien» véase el excelente estudio de HILDEBRANDT, *Erklärungshaftun: ein Beitrag z. System d. bürgerl. R.*, 1931, 56-82; también BROCK, *D. negative Vertragsinleresse*, 1902, 149 ysigs.

43 Contra las «Haftungsgeschaeftstheorien-, HILDEBRANDT, *Erklaerungshaßung*, 82-93.

44 Cfr. HILDEBRANDT, *Erklaerungshaftung*, 124 y sigs., 160 y sigs., quien admite una "Sondcrbeiiehung», y la califica como «Verhandlungsverhältnis»; igualmente MANIGK, *Das rechtwirksame Verhalten*, 96, 121, 144, 170, 197 y sigs., 271 y sigs. (*supra*, § 14, n. 11).

45 STOLFI, *Die Lehre v. d. Leistungsstörungen*, 1936. 28-30 (*Schulzplicht*).

CAPÍTULO NOVENO

LIMITACIONES AL VIGOR DEL NEGOCIO JURÍDICO

SUMARIO: 62. Problema práctico y estructura técnica del negocio condicional.- Naturaleza de la condición y su diferencia de figuras afines *(condicio juris)*.- 63. Admisibilidad de *la* condición. Forma y régimen probatorio de la condición.- 64. Condición suspensiva y condición resolutoria. Otras clasificaciones de condiciones y su tratamiento.- 65. Consideración del negocio en pendencia de la condición.- 66. Efectos del cumplimiento de la condición.- 67. Defecto de la condición.- 68. Naturaleza y efectos del término.- 69. Naturaleza y eficacia del modo(*).

62. *Problema práctico y estructura técnica del negocio condicional. Naturaleza de la condición y su diferencia de figuras afines («condicio iuris»).-* Al regular el

---

(*) Sobre el tema general de este capítulo, véanse los pandectistas citados en el cap. I: SAVIGNY, III, 116 y sigs.; PUCHTA, § 58 y sigs.; WAECHTER. § 75 y sigs.; BARON, § 52 y sigs. (también ídem, *Die Lehre vom bedingten Rechtgeschäft,* 1872); BEKKER, II, 115 y sigs.; HOELDER, § 47 y sigs.; WINDSCHEID, § 86 (con bibliog. en págs. 451 y 462): traducción italiana, I, 284 y sigs.. 940 y sigs. (con literatura, reseña de opiniones y notas de FADDA y BENSA); REGELSBERGER, §§ 151 y sigs.; DERNBURG, II, 105 y sigs.: KARLOWA, *Rechtsgeschäfts,* 76 y sigs. También: FITTING, «Ueber den Begriff der Bedingving», en *Archiv f. d. civil. Praxis,* 39. 305 y sigs.: SCHEURL, «Zur Lehre v. d. Nebenbestimmungen bei Rechtsgeschaesten», en *Beitrage z. 3. d. rom. R.* 1871. II, 2, 69 y sigs.; ENNECCERUS, *Rechtgesch. Bedingung u. Anfangstermin,* 1888-1889; idem, LEHRB.; § 181 y sigs. Entre los estudios civilistas, véanse COVIELLO, *Manuale,* §§ 132-141; VASALLI, *Studi,* I; TUHR, *Allgem. Teil,* II, 2, §§ 80-82; EMDEMANN, *Lehrb.,* § 76 y sigs.; CROME, *Lehrb.,* § 97 y sigs.; COSACK, *Lehrb.,* § 61; KOHLER, *Lehrb., § 249; Zltelmaxn. Allgem. Teil., 125;* HENLE, *Lehrb., I.* §§ 35-41; OERTMANN, *Rechtsbedingung (condicio iuris),* 1924. 23 y sigs.; STAUDINGER-RIEZLER, *Kommentar B. G. B.,* 10 ed., I, sobre los §§ 1.57 y sigs. (bibliog. en pág. 300); entre las monografías recientes: FERRARA, «La condizione potestativa», en *Riv. dir. comm.,* 1931, 565 y sigs.; MALVAGNA, «Recenti tendenze in tema di negozio condizionato», en *Riv. diritto civ.,* 1935, 401; especialmente. BARBERO, *Contributo alla teoria della condizione,* 1957; idem, «Rilevanza della volontà nel negozio», en *Studi Scorza,* 1940, 27. 40; BOLAFFI, «In tema di mancato avveramento della condiz. per colpa dell'obbligato», en *Annuario di dir. comparato,* 1938, II, 362; FALZEA, *La condizione e gli elementi dell'atto giuridio,* 1941; de la reciente literatura alemana se destacan BLOMEYER, *Studien zur Redingungslehre,* 1938. I; idem, *Ueber bedingte Verplichtungsgeschäfte,* 1939, II; idem. «L'eber bedingte Verfügungsgeschaefte», en los *Beitraege zum auslaendischen und intemationalen Privatrecht hgg. v. Heyrnann.* Para la literatura romanista remitimos a nuestras *Istituzioni,* segunda ed., §§ 6S-72; espec. SCIALOJA, *Negozi giur.,* párrafos 33-49. Sobre la influencia de los motivos, de un modo especial: TUHR, II, 1. 198 y sigs.; DEIANA, *I motivi nel dir. privato,* 1939, 81 y sigs., y otros trabajos citados en el § 21. nota 10.

individuo sus intereses propios en las relaciones con otros, mediante un negocio jurídico, puede tener motivos para no conceder al orden elegido un valor vinculante incondicional e inmediato, sino subordinar su entrada o permanencia en vigor a la verificación de un evento o la aclaración de una duda. Pero la sola existencia psicológica de tales motivos no basta para modificar o limitar en el caso concreto los efectos jurídicos que el Derecho acompaña al *tipo* de negocio que se escogiera. En efecto, mientras existan como motivos puramente subjetivos e internos, son absolutamente intrascendentes para la disciplina de la vida de relación que interesa al Derecho. Si el individuo desea que se les tome en cuenta para la modificación del valor obligatorio del negocio, ha de -por un deber de claridad que encuentra su sanción en la autorresponsabilidad privada (n. 18)- llevar este motivo a ser parte integrante del contenido preceptivo (n. 16) del negocio que realiza. Lo que podrá hacer dotándole, según los casos, de la forma más adecuada a su intención práctica y, conjuntamente, compatible con la estructura típica del negocio: condición, reserva, modo, término, pacto limitativo o de exoneración, pacto de desistimiento (número 60, C) o de caducidad. Y tratándose de negocio bilateral, estará en todo caso obligado -por el deber de corrección que gobierna las relaciones entre las partes desde la fase de las negociaciones que preceden a la conclusión (arts. 1.175 y 1.337 Cód. civ.)- a hacer reconocibles a la otra parte, de manera inequívoca, las cláusulas modificativas en que tiene interés (art. 1.341; cfr. arts. 1.342 y 1.370; cfr. art. 1.288 C. C. esp.). Solo así se coloca el interesado en situación de superar la barrera del presente o la incerteza de la duda y de dominar la situación de hecho actual o futura, en lugar de quedar sujeto al azar de sus propios errores de conocimiento o previsión (n. 55).

Condición, modo y término son modalidades que se denominan accidentales *(accidentalia negotii)* con respecto al tipo o género del negocio, en el sentido de que son extrañas a su estructura típica, pero que asumen carácter esencial en relación al negocio concreto en que se incluyen, en cuanto se convierten en un elemento de su contenido preceptivo y determina, por ello, su supuesto de hecho. El hablar de modalidades, de cláusulas, etc., no debe hacer creer que se trate de determinaciones accesorias o de simples enunciaciones (n. 15), distintas y separables del precepto de la autonomía privada (n. 16) que constituye el elemento central del negocio total. Al contrario, aquéllas forman un todo inescindible con este precepto, calificándolo e imprimiendo un especial carácter a la ordenación de intereses que prescribe[1].

Se llama condición, tanto la previsión hipotética de un evento futuro y objetivamente incierto como también este evento mismo, en cuanto la parte haga depender de su realización el valor vinculante del negocio. Propiamente, condición es una disposición de la parte que enlaza por un nexo hipotético el

---

1 «En las obligaciones condicionales, la causa, o sea, la razón determinante de la voluntad del que ese obliga, es inescindible de la condición de cuya verificación depende la eficacia de la obligación» (Cas. 29 marzo 1938), en *Dir. beni pubbl.*, 1938.

precepto del negocio a una determinada previsión, para suspender o resolver, al producirse, la regulación de intereses establecida.

La estructura lógica del negocio condicional es de la de un juicio hipotético doble y alternativo. Al modo que en un juicio hipotético se afirma una cierta proposición como consecuencia de una premisa dada, análogamente, en el negocio condicional se hace surgir o se revoca (según que la condición sea suspensiva o resolutoria) una determinada regulación de intereses, como consecuencia de una hipotética previsión. El juicio hipotético es doble y tiene carácter alternativo, porque para el caso de que la previsión contemplada no se produzca se dispone la consecuencia opuesta; es decir, que el orden prescrito a los intereses en cuestión no tenga lugar o, respectivamente, cese en su efectividad (el esquema lógico en el siguiente: «si se produjera a la previsión x, tendrá lugar -o bien, cesará- una regulación y, si la previsión no se produjese, tal regulación no tendrá vigor o, respectivamente, no cesará de tenerlo»). Puesto que la intención normal de las partes no se dirige, ni tiene necesidad de hacerlo, a los efectos jurídicos (n. 6), es preciso evitar el referir directamente a tales efectos la previsión hipotética y enlazarla, en cambio, al contenido preceptivo y al resultado práctico del negocio, es decir, a una cierta ordenación de los intereses en juego.

La incerteza -que se expresa en la alternativa- sobre el verificarse o no del evento previsto, origina un estado de pendencia (cap. intr., n. 6, f). La pendencia subsiste mientras haya la posibilidad de que el evento se produzca; cesa en el momento en que esto ocurra o falte, o sea cierto que no pueda ya realizarse. Desde este instante, con el cumplimiento o la ausencia de la condición, el mecanismo interno del negocio condicional funciona, haciendo o no entrar -o permanecer- en vigor la regulación de intereses prescrita.

Este mecanismo del negocio condicional no puede ser rectamente entendido por la concepción corriente que, dominada por el dogma de la voluntad, encuentra la esencia del negocio jurídico en una «manifestación de voluntad» (n. 3), confundiendo el elemento subjetivo y el contenido preceptivo, trasponiéndolos, y designando uno y otro indiferentemente con la misma palabra equívoca y de sentido vario, «voluntad» (ora en función psicológica, ora en función normativa)[2]. Aquélla cae en un dilema que la lleva a consecuencias

---

[2] WINDSCHEID, *Lehrb. d. Pandenkten,* I. § 86, y la reseña de teorías que hace en la nota 3.°, en págs. 452-454, particularmente la teoría de la «voluntad debilitada» (EISELE, en *Archiv. f. d. riv. Pr.,* 50, 1867, 260). Para una crítica estimable del planteamiento común, la cual, por otra parte, no supera el dogma de la voluntad: BARBERO, *Contributo alla teoria dilla condizione,* 13-19; ídem, «Rilevanza della volontà», en *Studi Scorza,* 27; va KARLOWA, *Rechtsgeschäft,* 77 y sigs.
Una interesante máxima de jurisprudencia sobre la naturaleza del negocio condicionado es la siguiente:
«En todo negocio condicionado, trátese de condición suspesiva o resolutoria, la determinación volitiva es única, y no puede el proceso volitivo escindirse en dos momentos, como

igualmente inaceptables. En efecto, si a) se admite que la condición afecte inmediatamente a la voluntad, debe concluirse que la voluntad existe o no según que la condición se verifique o falte; la condición desempeñaría el oficio de revelar la existencia de la voluntad, o de mostrarla inexistente *ex tune,* cuando no se realizase[3]. Conclusión absurda, porque la existencia o inexistencia de la voluntad como hecho psicológico no ha de ser deducida de un hecho posterior, sino juzgada según criterios intrínsecos en el momento en que el negocio se efectúa, y, dado que exista entonces como hecho presente en la declaración, no puede ser destruida *ex postfacto* por un evento futuro como la ausencia de la condición. Si, en cambio, b) se afirma que el nexo de subordinación discurre, no ya entre condición y voluntad, sino directamente entre condición y efectos jurídicos, se cae en la incongruencia de concebir la condición como algo extraño al contenido del negocio y, por tanto, como un misterioso interruptor que se interponga entre aquél y los efectos jurídicos correspondientes (los cuales solo pueden producirse o no), haciendo funcionar el nexo genético establecido por la norma entre la situación preexistente (inicial) y la nueva (cap. intr., n. 1). Y ésta es una incongruencia no menos grave, ya que la previsión hipotética del evento futuro es un elemento del contenido preceptivo del negocio y el evento en sí mismo, como previsto, es parte integrante de la situación de hecho inicial, sobre la cual opera aquí y reacciona con anticipación el precepto de la autonomía privada. Pero el error -el mismo error que entorpece a los seguidores del dogma de la voluntad en su tentativa de explicar el valor de negocios que, como los *mortis causa,* están desuñados a alcanzar vigor después de la muerte de su autor (X, n. 3)- reside en el modo mismo de concebir el negocio y, en particular, en la confusión que se establece entre el aspecto psicológico y el aspecto normativo de la autonomía privada, entre la fuente subjetiva y la sustancia objetiva del negocio, designadas ambas como «voluntad».

En realidad, si se examina sin prejuicios la posición normal del sujeto, destacando los aspectos que ofrecen importancia para el tratamiento jurídico (n. 19), hallamos que el proceso volitivo se cierra con la conclusión del negocio condicional -o. en general, del negocio con efectos diferidos- y no sucede en él ni más ni menos de lo que ocurre en cualquier otro negocio. La voluntad de realizar el acto agota su función con el cumplimiento de éste, y, como todo hecho perfecto, no puede estar expuesta a desaparecer en subordinación a una contingencia futura. Igualmente, la determinación causal, ya firme y defi-

---

si el negocio resultase de la manifestación de un doble querer, el uno incondicionado, el otro con aquella limitación que la condición representa, la voluntad condicional es, por Lanío, una especial voluntad, ligada originariamente al acaecimiento futuro e incierto que la limita y subordina». (Cas. 25 febrero 1942, en *Mass. Foro.* 1942, 129; véase también ídem 24 enero 1938, ibid., 1938, 46).

[3] Así. en efecto, la Sagrada Rota, 8 junio 1929 (*Foro,* 1930, 260), con nota: «Quien impone a su consentimiento matrimonial una cualidad deseada como condición *sine qua non,* si tal cualidad no se tiene, no contrae».

nida en el instante en que el negocio se realiza (por la necesidad que pesa sobre el interesado de saber lo que quiere), es un hecho que pertenece al pasado y no puede ser de ningún modo modificado por hechos a producirse. En suma, la voluntad, como, en general, todo el supuesto concreto del negocio de que aquélla es un elemento, permanece siendo lo que es: un hecho pasado y, como tal, inmodificable. Lo que pende, incierto y dudoso, no es, por tanto, la voluntad -que se ha decidido al negocio y, de hecho, lo ha engendrado-, sino, únicamente, la regulación de intereses que constituye el contenido preceptivo del negocio (n. 16). El valor vinculante de tal contenido está circunscrito y subordinado a que se verifique o, respectivamente (si se trata de condición resolutoria, atendiendo a la hipótesis que se suele considerar más probable) a que no se cumpla la hipotética previsión. Esta hace posible al precepto de la autonomía privada reaccionar anticipadamente sobre la compleja situación de hecho, de la que la contingencia futura es parte integrante.

Ello no impide, sin embargo, que, objetivamente considerada, la nueva situación jurídica consistente en el nacimiento de la nueva relación o la extinción de la relación originada, esté vinculada por el Derecho a un supuesto de hecho complejo (cap. intr., n. 2), del que el negocio constituye ciertamente el elemento fundamental, pero no el único; supuesto que consta de -negocio + hecho elevado a condición. Se descubre aquí lo equivocado de otro punto de vista corriente (que se remonta a la dogmática bizantina), el que concibe el cumplimiento de la condición suspensiva como el hecho que «perfecciona« el negocio, tal como si éste, antes, fuese un hecho no completo y terminado (en esta impropiedad de lenguaje, por lo demás, sin consecuencias, se incurre por el art. 1.520). Verdaderamente, el hecho admitido por condición lleva a realización no el negocio, sino aquel supuesto complejo de que el negocio forma parte. No ha de confundirse la parte con el todo, el negocio con el supuesto entero. El negocio en sí se encuentra ya completo al concluirse, porque lo que entra a ser factor integrante de él es solo la previsión hipotética del evento y no ya este mismo evento objetivamente considerado.

Para apreciar la diferencia que existe entre negocio condicional y negocio imperfecto puede resultar útil el parangón del primero con el negocio subjetivamente complejo de formación sucesiva, considerado en su proceso de integración (n. 37). El estado de pendencia que se produce en uno y otro presenta un carácter profundamente diferente. En el negocio subjetivamente complejo lo que pende en la incerteza y en la duda, antes de que se hayan completado los singulares actos que lo constituyen, es la misma formación del negocio, su perfección. De ello deriva, de un lado, que mientras el negocio no sea perfecto con el sobrevenir del último acto, los actos precedentes no son, en principio, irrevocables y vinculantes (art. 1.328 Cód. civ.), salvo que la ley disponga lo contrario (arts. 1.329, 1.330 y 1.059, pfo. 2.º; nn. 29, 61); del otro, que los presupuestos de validez de los singulares actos constitutivos deben persistir inalterados hasta la perfección del negocio complejo (n. 29). Por el contrario, en el negocio bajo condición, lo que es incierto no es la perfección del negocio, sino el vigor del precepto que contiene (el comienzo de su efectividad, si la condición es sucesiva; el cese en' la misma, si es resolutoria). Ello ocasiona que algunos presupuestos de validez como la capacidad de obrar y la existencia del sujeto deben existir en el acto por el que el negocio se realiza, siendo irrelevante, en principio, su desaparición posterior, y que ya durante la pendencia de la condición el negocio sea irrevocable y vinculante (arts. 1.337-1.358 Cód. civ.). De lo que se deduce que el negocio condicional pertenece a la categoría de aquellos en que solo son diferidos los efectos (n. 29), mientras que el negocio subjetivamente complejo de formación sucesiva, es, antes de que se halle completo, un negocio en devenir, no concluido e imperfecto en su mismo supuesto de hecho, y solo por esta razón entra ya *a fortiori* en la citada categoría, entendida en su sentido más amplio.

La condición, en lugar de referirse al total contenido del negocio, puede afectar solo a una aparte de él, a un específico pacto (art. 1.353 Cód. civ.), y éste es un fenómeno que a la luz de las nociones expuestas no ofrece dificultades; el precepto dictado por las partes puede muy bien articularse en varias distintas cláusulas con diferente efectividad. Pero ya es tiempo de discernir, sobre la base de aquellas nociones, lo que queda fuera de éstas, y diferenciar la condición de figuras afines.

No es condición, ante todo, la *reserva* que se formula referida a un hecho subjetivamente incierto, pero presente o pasado (la llamada *condicio in praesens vel in praeteritum collata*). La parte puede tener interés en hacer depender el valor obligatorio del negocio, más bien que de un evento futuro, de una circunstancia presente o pasada, pero ignorada por él, y entonces subordina el negocio a su comprobación[4]. Pero el negocio con tal reserva solo es condicional en apariencia; su tratamiento probatorio y procesal es totalmente distinto al del negocio condicionado. Cuando se trata de condición, aun si ésta alcanza un grado de probabilidad extrema, próxima a la certeza, el Juez no tiene facultad de declarar existente la relación antes que el evento se haya producido. Cuando, en cambio, se trata de simple reserva, el Juez, apoyándose en los hechos sometidos a su examen y utilizando a tal fin la carga de la prueba como criterio subsidiario, debe comprobar si la relación existe o no; una incerteza que valga ante el Juez cuando sentencie en vía definitiva (no cautelar) no existe sino respecto a hechos futuros. Por lo demás, en las relaciones entre las partes, corresponde también aquí al interesado, en virtud de la incerteza subjetiva, la facultad de realizar actos conservativos (art. 1.356 Cód. civ.; cfr. art. 1.121 C. C. esp.).

También se diferencian de la condición los presupuestos legales de validez del negocio jurídico (n. 25), aun en el caso de que se exijan, no en el acto de la conclusión, sino después que el negocio se halle completo y perfecto y

---

4 Cas. 29 abril 1933 (*Foro*, 1933, I. 588 y 1.834), con nota del abogado D'ARIANO, admite la condición «si el legatario viviera conmigo hasta mi muerte».

deban sobrevenir para que el negocio concreto, por las circunstancias específicas en que se realiza, despliegue de manera definitiva los efectos que le son propios (por ejemplo, una autorización: arts. 320, 374 y 375 Cód. civ.; cfr. arts. 164 y 269 C. C. esp.) o, al menos, los produzca con respecto a la persona a que están desuñados (por ejemplo, una ratificación: arts. 1.399 y 2.822; cfr. art. 1.259, 2.°, C. C. esp.)[5]. Es innegable, sin embargo, que nos encontramos entonces en presencia de circunstancias extrínsecas al negocio que, si no por disposición de parte, sí por mandato legal, rigen sus efectos y operan sobre el negocio con eficacia retroactiva, no de otro modo que la condición verdadera y propia según su actual tratamiento jurídico (n. 66) (la opuesta norma del art. 298 sobre la homologación de la adopción permite un argumento a contrario). Pero se mantiene, ciertamente, una diferencia esencial, referida, ante todo, a la circunstancia de que estos presupuestos están ligados al negocio, que ha sido celebrado en determinada forma, por un nexo objetivo de subordinación jurídica, independiente de la mención que las partes puedan hacer de él, mientras que la condición establece, en cambio, un vínculo subjetivo y arbitrario entre el negocio y un evento extraño, y, por tanto, es creación exclusiva de la autonomía de las partes. Además, existe una diferencia en que los presupuestos en cuestión atañen a la misma validez y no a la ineficacia del negocio (n. 57), el cual, sin su observancia es anulable (art. 322) o afectado por invalidez pendiente (art. 1.398; 1.725 C. civil esp.); así, algunos actos que exceden los límites de la administración ordinaria, cuando sean efectuados por el padre o tutor sin la necesaria autorización legal del Juez tutelar (arts. 320 y 374 Cód. civ.; cfr. arts. 164 y 269 C. C. esp.) o del tribunal (art. 375), o bien el negocio concluido en representación, sin los poderes necesarios (art. 1.398). Con todo, si prescindiendo de tales divergencias los presupuestos citados funcionan como la condición verdadera y propia, no puede negarse la oportunidad sistemática de una aproximación a ésta, con objeto de orientar al intérprete sobre la aplicabilidad analógica de algunas reglas vigentes para ella, especialmente con respecto al estado de pendencia (arts. 1.356-1.358 y 1.360; cfr. arts. 1.120 y 1.121 C. C. esp.). A este fin sirve la calificación de *condicio iuris,* que respecto a estos presupuestos se presenta como bastante obvia[6].

Finalmente, se distinguen de la condición otras circunstancias, objetivamente separadas del negocio, que existe sin ellas, pero que, aunque

---

[5] FALZEA, *La condizioni e gli elementi dell'alto giur.*, 133 y sigs. Verdad es que aquí es posible construir entre uno y otro acto un nexo de continuidad (n. 37). Sin embargo, no siendo acto de autonomía privada, al menos, la autorización no se encuentra en el mismo plano que el negocio autorizado, y, por tanto, puede muy bien concebirse como *condicio iuris.*

[6] SCHEURL, "Zur. Lehre v. d. Nebenbestimmungen b. Rechtsgesch.», en los BEITRÄGE, cit.. 1871, II, 2. 95; EISELE, «Zur Lehre v. d. conditiones iuris», en *Archiv f. d. civ. Pr.,* 1871, 64. 109, 113; *Oertmans. Rechtsbedingung,* 1924. 28 y sigs.; FALZEA, *La condicione e gli elmenti dell'atto giur.,* 95 y sigs., 126 y sigs. No parecen insuperables los argumentos con los que BARBERO, *Contr. alla teoria della condizione,* 67 y sigs., critica la asimilación y niega la sustancial afinidad de funcionamiento de la *condicio iuris* con la condición; en el sentido del texto: ALLORIO. en *Foro,* 1938. II. 254.

cronológicamente posteriores, constituyen los antecedentes lógicos del negocio por su misma naturaleza y configuración típica. Pensemos en la celebración del matrimonio, que es presupuesto del contrato dirigido a regir las relaciones patrimoniales entre los cónyuges, o en la muerte, como presupuesto de todo negocio *mortis causa* (n. 39 a), o en la existencia del sujeto a que se refiere la institución de heredero o se destina el legado o la donación (arts. 600 y 786 Cód. civ.; cfr. art. 746 C. C. esp.). A estas circunstancias conviene igualmente la calificación de presupuesto legal y de *condicio iuris,* pero asume ésta aquí un distinto significado. Existe entre ellas y el negocio un nexo objetivo de subordinación lógica porque su acaecimiento es inmanente al tipo de negocio, elemento inseparable de su función típica (causa). Pero no se encuentra en juego la validez del negocio, sino el vigor y la inmutabilidad del precepto contenido en él, y se aplica en todo su rigor el principio de la irretroactividad de los hechos jurídicos (cap. intr., n. 6, f), en virtud del cual la regulación de intereses que el negocio contempla no llega a existir mientras no sobreviene el hecho que es su antecedente lógico. Lo que no significa, sin embargo, que sea en este caso impropia la calificación de *condicio iuris,* ya que no es requisito conceptual ni característica constante de la condición la retroactividad (el tratamiento del Derecho romano muestra lo contrario)[7], sino que acarrea solamente que de la citada calificación no puede el intérprete extraer la deducción práctica de una aplicación por analogía del régimen de la condición, dejando a salvo, siempre, una contraria disposición de la ley (por ejemplo, art. 600 Cód. civ.).

Otras extensiones de la calidad de *condicio iuris* ofrecen menos intereses. En todo caso, no puede reconocerse cuando no esté justificada por la preexistencia del negocio; por tanto, por ejemplo, para sus elementos esenciales y para los presupuestos de validez necesariamente inherentes a él (número 29).

Ha de advertirse, finalmente, que el intérprete actual no está ya obligado por la construcción legal que el viejo Código (art. 1.165) hacía del incumplimiento, en el contrato con obligaciones bilaterales, como *condicio iuris* («siempre sobreentendida») que operaba la resolución de la relación contractual. El nuevo Código, disciplinando el incumplimiento en dicha clase de contratos (art. 1.453, cfr. art. 1.976; cfr. art. 1.124 C. C. esp.), ha abandonado justamente aquella concepción barroca e inútil, inspirada en el dogma de la voluntad, que había dado lugar en la jurisprudencia a cuestiones mal planteadas y deducciones inexactas, sin excluir la de considerar el negocio «como si nunca hubiera existido»[8].

---

[7] Así, Cas. 20 julio 1936 (*Rep. Foro,* 1936, voz Obblig. e contr., n. 234): «La *condicio iuris* constituye presupuesto y elemento esencial para la existencia del derecho, y no tiene, por ello, eficacia retroactiva».

[8] Así, Cas. 16 febrero 1938 *(Foro,* 1938, I, 849): «El pacto comisorio expreso es una verdadera y propia condición resolutoria que opera de pleno derecho y, en relación a él, el incumplimiento de las obligaciones o cargas impuestas constituye aquel acaecimiento futuro e incierto, que obliga a restituir cuanto se ha recibido y a considerar el negocio jurídico como si nunca se hubiera efectuado». Véase también Cas. 18 abril 1941 (ibid., 1941, I, 883), en

63. *Admisibilidad de la condición. Formas y régimen probatorio de la condición.*- Por regla general, los negocios jurídicos admiten la imposición de condiciones. Se la excluye cuando exista una prohibición expresa o su existencia contraríe la naturaleza del negocio.

Solo para algunos tipos de negocio está vedado el formular condiciones. En el matrimonio (art. IOS Cód. civ.; c. 1.002 C. can. y 100, ap. 2., C. C. esp.), en la aceptación de herencia (art. sobre el art. 470, que permite como única modalidad el beneficio de inventario, cfr. art. 990 C. C. esp.), en la renuncia a la herencia (art. 520), en la aceptación cambiaría (art. 31 del R. D. de 14 de diciembre de 1933, n. 1.669), en las disposiciones testamentarias que tengan por objeto la cuota de legítima o reserva según la combinación integrada por los arts. 549, 734 y 735 (cfr. art. 813, ap. 2; 1.056 y 1.075 C. C. esp.).

Con estas exclusiones no se agola, sin embargo, el campo de los negocios jurídicos que rechazan ser sometidos a condición. Precisa observar, aun cuando no haya sido decretada su inadmisibilidad, si las relaciones que le negocio está destinado a crear o extinguir son de tal naturaleza que, al reclamar certeza, no puedan hacerse dependientes de un evento futuro y dudoso. De esta naturaleza participan hoy, especialmente, las relaciones de derecho familiar y, por tanto, los negocios correspondientes de derecho familiar son los que con más frecuencia, si bien no constantemente, se sustraen a la imposición de condiciones; tanto si constituyen *status* familiares (reconocimiento del hijo natural, legitimación de hijo, adopción, separación entre cónyuges, reconcilia-

---

el sentido de que «La condición resolutoria opera de pleno derecho y con eficacia retroactiva al día del incumplimiento, cuando la parte demuestre la seria voluntad de valerse de ella», Una ajustada crítica de este punto de vista es la que hace BIGIAVI, «Irretroattività della risoluzione par inadempimento», en *Riv. dir. comm.*, 1934, 695.

Otra máxima: «La condición resolutoria expresa opera de derecho, no ya en el sentido de que el incumplimiento produzca necesaria y automáticamente la disolución de la convención, sino en el de que la parte hacia la que la obligación no fue cumplida no precisa dirigirse al Juez si pretende retirarse del contrato, siendo suficiente a tal fin una manifestación de voluntad suya».

«A la parte respecto a la cual la obligación no fue cumplida corresponde siempre un derecho de elección entre la resolución y el cumplimiento, derecho que se agota con una manifestación suya, implícita o explícita»,

«Solo de la expresa voluntad de las partes puede resultar la prohibición de tal elección unilateral, pero en tal caso la cláusula resolutoria expresa importa una facultad bilateral de desistimiento mediante la sanción de resarcimiento de daño por el incumplimiento. También en presencia de una cláusula resolutoria expresa al Juez, antes de declarar la resolución del contrato, está obligado, en caso de litigio, a indagar si el incumplimiento es o no imputable al demandado y si ofrece tal gravedad que influya sabré toda la economía del negocio».

«La condición no es más que una cláusula del contrato, y, con todo, solo tiene efecto entre las partes contrayentes; no perjudica ni favorece a los terceros sino en los casos establecidos por la ley; no puede, por ello, un tercero, absolutamente extraño a la convención, invocar pretensiones por consecuencia de una cláusula resolutoria expresa». (Cas 29 julio 1942, n. 2.267, *Mass. Foro,* 1942, 534). Acerca de la indagación sobre la culpa, véase también Cas. 25 julio 1942, n. 2.192, ibid., 1942, 514.

ción) como si dan vida a poderes y capacidades conexas a tal *status* (nombramiento de tutor, especialmente si dativo), concurra o no un órgano público en ejercicio de su función propia.

Una más larga serie de negocios que rechazan la condición podría hallarse en el campo del Derecho público, constitucional y administrativo, para muchas resoluciones de la autoridad; en el Derecho procesal, para varias actividades de las mismas partes. El tratamiento del negocio al que se haya agregado una condición que por la naturaleza de aquél no podría imponerse, establece su nulidad. Si la condición es un elemento del contenido preceptivo del negocio, integrante de éste e inseparable del resto, no es posible, lógicamente, una solución distinta.

En cuanto a la *forma de la condición,* la cláusula condicional, ordinariamente, se incluye en el contexto del negocio a que se refiere; participa, por tanto, de la forma del negocio. Sin embargo, ni tal extremo es necesario, pudiendo ser agregada la condición al negocio por una determinación *sucesiva,* ni la forma del negocio, cuando le sea prescrita una determinada, extiende su exigencia a la cláusula condicional que sea añadida más tarde. Cierto que se trata de una modificación, pero no de una reproducción o renovación total del negocio (n. 13) que deba realizarse en la misma forma en que el negocio fue originariamente celebrado; han de salvarse, en todo caso, los límites a la prueba por testigos enunciados por el art. 2.723.

La presencia de la cláusula condicional se deduce del carácter intrínseco del hecho al que se subordina el vigor del negocio, independientemente de las palabras empleadas. Es normal que se exprese la condición con la conjunción «si», pero cuando a esta partícula sigue la indicación de un hecho futuro y cierto, en lugar de condición existe término; viceversa, si la conjunción «cuando», que suele indicar el término, acompaña a un hecho futuro e incierto, no existe término, sino condición. Y puede ocurrir también que un hecho futuro, del que es incierto si se producirá, pero no, en cambio, cuando sea esto, en la hipótesis de que suceda *(dies incertus an, certus quando),* según la intención de la parte deba actuar, no de condición de la regulación de intereses dispuesta, sino simplemente, de elemento de identificación del momento en que aquélla deberá surgir; pero, a pesar de ello, trátase entonces de condición.

Según el modo, explícito o implícito, de ser formulada la subordinación al evento previsto, la condición puede asumir forma explícita o implícita, o sea, tácita (cfr. n. 34, a). Pero ha de evitarse un equívoco; la condición llamada tácita (que erróneamente es confundida con la *condicio iuris,* en cuanto sobreentendida) debe ser, no obstante, exteriormente reconocible, como condición para la parte contraria en el negocio bilateral o, en general, para los tercero interesados en el negocio unilateral. De otro lado, no basta que se haya exteriorizado el motivo individual determinante, sino que es preciso que éste haya sido elevado a condición, de tal modo que gobierne el vigor del negocio. El simple motivo reconocible es influyente, cuando resulte erróneo o ilícito (n. 55, C), únicamente en los negocios *mortis causa* y en la donación (arts. 624, 626, 787 y 788 Cód. civil; cfr. art 673 C. C. esp.), y en el sentido de que su erroneidad o ilicitud invaliden el negocio; en otro caso es, y permanece, irrelevante. Es, por tanto, extraña a nuestro Derecho positivo y contraria a las directrices de claridad y de responsabilidad que deben dominar la autonomía privada en una concepción rigurosa y objetiva, la doctrina de la «presuposición» (previsión) elaborada como un corolario del dogma de la voluntad por los seguidores de éste, tendiendo a comprender en una misma categoría actitudes y modalidades de diferente naturaleza y trascendencia, como la causa, el *modus,* la supervivencia y el motivo reconocible, en calidad de «condición no desenvuelta»[9].

Por lo que concierne al *régimen probatorio* de la condición, se plantea el problema de a quién incumba ofrecer la prueba de que el negocio se halle sujeto a aquélla, y el de que, sentada la condicionalidad del negocio, a quién corresponda demostrar que la condición se ha verificado. Estas dos cuestiones, bien diferentes, integran la problemática del régimen probatorio de la condición, estrechamente ligado, al de la naturaleza jurídica de la institución.

Veamos primeramente si concierne a quien deduce un derecho del negocio jurídico probar que éste fue concluido sin condición, o bien sea la parte contraria, que se opone a la pretensión, quien debe demostrar que una condición existe; en suma, a quién incumba la carga de la prueba respecto a la cláusula condicional No es dudoso que ha de corresponder a quien niega el carácter incondicionado; negación no pura, sino indirecta, es decir, formulada mediante la aserción de un hecho incompatible con el pretendido hecho cons-

---

[9] Sobre ella, WINDSCHEID, *Lehrt d. rom. R. v. d. Voraussetzung,* 1856; ídem, *Pandtken,* §§ 97-100; contra ella. LENEU en *Archiv f. d. zivit. Praxis,* 1889, 74, 213 y sigs.; 1892, 79, 42 y sigs.: SEGRÉ, «Alccune osservazioni sulla teoria della presupposizione», 1890, en *Scritti giur., I,* 358 y sigs.; COVIELLO, *Manuale,* § 141; BEKKER, *Pandtkten,* § 119; TUHR, *Allgem. Teil,* II, 1, 201. Parece también íntimamente contradictoria la exposición de BARASSI, *Istit.,* § 43, II. sobre que esa correspondencia al criterio de la buena fe puede valer para conferir trascendencia jurídica a un motivo que, en cuanto tal, está desprovisto de ella. Admite la presuposición solo en el testamento *Trabucchi, Dolo,* 280 (con otra bibliografía en el n. I). La rechaza DE MARTINO, «Inammissibilitá d. presuppossizione», en *Giur. compar. dir. civ.,* 1939, 131: véase también L. FERRARA, en *Foro,* 1939, I. 83. En la jurisprudencia ha de señalarse la bastante discutible máxima sentada por la Casación 31 julio 1941, en *Mass. Foro,* col. 620, n. 2.507, de que la «falta de expresa constancia en un contrato del fin sustancial pro el que una de las partes ha sido inducida a contratar no excluye que cuando tal fin fuese conocido a la otra parte, constituyendo así un presupuesto del contrato mismo, éste puede ser anulado por vicio del consentimiento cuando resulte que por error se ha considerado asequible el fin citado». Dentro de una concepción objetiva del negocio jurídico, debe ser rechazada también toda tentativa de recurrir a la «presuposición- para dar una justificación subjetiva a la *superveniencia* contractual (en sentido contrario, cfr. POPESCU, *Essai d'une theorie de l'imprevisión,* 1937, 70 y sigs.), cuyo problema debe ser resuelto con criterios objetivos, no de otro modo que el problema afín de la imposibilidad sobrevenida de la prestación, a la cual es correlativa la responsabilidad por incumplimiento (OSTI, en *Riv. dir. civ.,* 1918, 417 y 1913, 471 y 647; y en *Riv. dir. comm.,* 1916, 341: *supra,* § 60, sub C).

titutivo. La existencia del negocio condicional es, en efecto, incompatible con la existencia de un negocio objetivamente diferente, o sea, incondicionado. Se objeta que el demandado, si sabe que admitiendo el negocio y alegando la presencia de una condición deberá probar ésta, preferirá negar la existencia del negocio, complicando así el litigio. Pero el inconveniente no es tan grave como el que resultaría de la solución contraria, la que echaría sobre los hombros de quien sostiene el carácter incondicionado una prueba negativa, como es la de la inexistencia de la condición[10].

Queda otro punto: a quién corresponde la prueba de la verificación del hecho acogido por condición. Se responde: La prueba del evento incumbe a la parte que hace valer enjuicio la relación jurídica -es decir, a la adversaria de la que debe probar la cláusula condicional- cuando se trata de condición suspensiva, porque en tal caso el hecho-condición actúa en el sentido de desplegar el vigor del negocio y es, al mismo tiempo, parte integrante del supuesto complejo al que se enlaza el nacimiento de la nueva situación jurídica que se invoca[11]. En cambio, cuando se trata de condición resolutoria, la prueba de su realización recae sobre la misma parte que ha de probar la cláusula condicional - adversaria de la que hace valer la relación jurídica- porque el evento obra haciendo cesar esta relación[12].

64. Condición suspensiva y *condición resolutoria. Otras clasificaciones de condiciones* y *su tratamiento*.- Las condiciones puede clasificarse siguiendo diferentes criterios, derivados de su funcionamiento y de la naturaleza del evento previsto.

A) Primeramente, según el modo de operar sobre el contenido preceptivo del negocio, la condición se distingue, por la dogmática del Derecho actual y en la terminología del Código (arts. 1.354-1.358; cfr. arts. 1.113 y sigs. C. C. esp.), en suspensiva y resolutoria, a) Suspensiva es la condición que, mientras no se verifica, suspende la regulación de intereses dispuesta por el negocio, aplazando el momento de su vigencia. Durante la pendencia de la condición, el negocio sometido a ella no engendra aún la nueva situación jurídica que la ley vincula al tipo de negocio a que aquél pertenece, pero puede producir otros

---

10 «Si es alegada la no verificación de una condición, la carga de la prueba para demostrar la existencia de la condición y el que no se haya realizado está a cargo de aquel que funda su excepción sobre aquellos hechos». Así, la Cas. 20 mayo 1940, en *Rep. Foro,* 1940, voz Obblig. e contr.. n. 172.
«La condición no se presume: quien la aduce debe aportar su prueba», (Cas. 1 diciembre 1934, ibid., 1934. voz cit., n. 238).

11 «Quien invoca un derecho como derivado de la realización de la condición a que aquel está subordinado, debe probar que se ha verificado la condición misma». (Cas. 25 mayo 1939, REP. FORO, 1939, voz Obblig. e contr., n. 263).
«La prueba de la realización de la condición incumbe al acreedor». (Cas. 27 julio 1937, ibid., 1937, voz cit.. n. 310).

12 WINDSCHEID. *Pand.*, § 36. nota 4; BETTI, *Dir. proc. civ. ital.*, segunda ed., 338, 346: de otra opinión, STAUDINGER-RIEZLER., *Komm.*, I, sobre el § 158, n. 13, c. 817.

efectos, provisionales y preliminares, encaminados a hacer posible el orden de intereses concebido una vez que la condición se cumpla (n. 65); b) Resolutoria se denomina la condición que está destinada a resolver la regulación de intereses prescrita, a hacerla cesar con su realización. Mientras pende una condición tal, el negocio a que afecta produce todos los efectos propios de su tipo, pero no gozan éstos de carácter definitivo e irrevocable, sino temporal y precario, en cuanto que pueden decaer al verificarse la condición, e imponen a quien se beneficia de ellos un comportamiento conforme a tal precariedad (arts. 1.357 y 1.358 Cód. civ.; cfr. arts. 759, 799 y 1.112 C. C. esp.). No carece de interés advertir que la distinción, elaborada por el Derecho común y el moderno, es desconocida al Derecho positivo romano-clásico, donde no se estima como condición verdadera y propia sino la que hoy se denomina suspensiva. El problema práctico que el Derecho actual resuelve con la condición resolutoria es, atendiendo al carácter menos probable del evento en cuestión, solucionado en el Derecho romano por medio de un pacto de resolución o una reserva de desistimiento (n. 60, c) insertos en el negocio; pacto o reserva respecto a los que el evento previsto funciona a modo de condición suspensiva, en el sentido de justificar una reacción sobre el negocio en que se contienen, no ya paralizando su eficacia de modo directo, sino por medio de una declaración de revocación o desistimiento, que puede adoptar la forma de *exceptio* en juicio o dar lugar a un acuerdo resolutorio.

Con respecto al régimen procesal de la distinción ha de aclararse de qué modo se determina, en concreto, si las partes han celebrado el negocio bajo condición suspensiva o resolutoria. Un criterio interpretativo legal es enunciado, para la venta a prueba, por el art. 1.512 del Código civil (cfr. art. 1.453 C. C. esp.), según el cual, aquélla «se presume hecha bajo condición suspensiva», e igualmente para la venta con reserva de agrado por el art. 1.520. Pero tales artículos no permiten, respecto al problema general, deducir un seguro argumento, ni analógico ni a contrario. Ningún argumento, tampoco, autorizan los criterios de preferencia formulados por los arts. 1.367 y 1.370 (cfr. arts. 1.281 y 1.288 C. C. esp.) en materia de interpretación. No existe otro criterio general que el que, en el terreno contractual, se apoya sobre la común intención práctica de las partes (art 1.362 Cód. civ.; cfr. art. 1.2S1 C. C. esp.) *y*, en cuanto a los negocios *mortis causa*, sobre la intención del disponente (art. 588)[13].

B) Otras clasificaciones emplean como criterio la índole del evento previsto. Así, la distinción de las condiciones en *positivas* y *negativas*, según que el

[13] Sobre la diferencia entre condición suspensiva y condición resolutoria: BARBERO, *Contr. atta teoria della condizione*. 5 y sigs., 49 y sigs.
«La calificación jurídica de una condición como suspensiva, resolutoria, potestativa o impropia depende de la interpretación de la voluntad de las partes y, especialmente de las modalidades con que la obligación fue concebida y querida. Tal interpretación no es impugnable en casación si ha sido conducida sin violación de las norma; establecidas por la lev para la interpretación de los contratos y no fueron quebrantados los principios que atañen a la condición». Así, últimamente, Cas. 14 febrero 1940, en *Rep. Foro,* 1940, voz Obblig. e contr., n. 169. 170.

suceso esperado o temido, al que la parte conviene subordinar el orden de intereses dispuesto, consista en que tenga o no lugar un determinado cambio en el estado actual de las cosas (cap. intr., n. 2). Cuando no se haya establecido un límite de tiempo, las negativas solo se tienen por cumplidas cuando el cambio previsto no pueda ya verificarse.

Se diferencian también por la índole del evento las condiciones *potestativas* de las *casuales*[14]. Las primeras tienen por objeto un comportamiento de una de las partes de la relación jurídica condicionada o, en general, un hecho que depende de sus facultades y voluntad; las segundas, un hecho accidental respecto a las partes, y, entre otros, también el hecho voluntario de un tercero. Tanto las unas como las otras son, por regla, válidamente imponibles, con una restricción en lo que respecta a la parte que se encontrará en posición pasiva en el ajuste de intereses concebido (deudor, enajenante). No se admite llevar al contenido del negocio condiciones *meramente potestativas* para ella, o sea, hechos voluntarios cuyo cumplimiento u omisión no dependa de serios y apreciables motivos, sino sea normalmente indiferente, en cuanto no suelan acarrear a quien los realiza o deja de hacerlo ningún sacrificio y, por tanto, ninguna previa vacilación. Así, no solo las condiciones «si quisiera» o «si me placiera», sino también aquellas como «si me asomase a la ventana», etc. Según el art. 1.355 del Código civil (cfr. art. 1.115, prop. 1 C. C. esp.), la condición suspensiva meramente potestativa produce la nulidad del negocio cuando se refiera al hecho de la persona que, en la relación condicionada, debería asumir la posición de deudor o enajenante. En efecto, siendo normalmente previsible que la persona en cuestión se abstendrá de un comportamiento que ocasiona para ella una pérdida u obligación mientras no le proporcione alguna utilidad, la conclusión del negocio en tales términos impide el nacimiento, ni siquiera en germen, de un vínculo actual cualquiera a su cargo y suele adolecer de falta de seriedad. Es, en cambio, admisible, por el motivo contrario, elevar a condición un hecho voluntario, pero en el que se tenga interés, en el sentido de que normalmente no sea indiferente, porque no se cumple ni se omite sin razones plausibles y apreciables[15].

---

14 FERRARA, «La condizione potestativa», en *Riv. dir. comm.*. 1931, 565; BLOMEVER, *St. z. Bedingungsl.*, 55 y sigs.: FALZEA, *Condizione*, 150 y sigs.

15 Los caracteres que diferencian la condición meramente potestativa de la condición potestativa simple son fijados así en la jurisprudencia: «La condición es meramente potestativa y hace nula la obligación, cuando el deudor haga depender de su mero arbitrio la voluntad de obligarse; es. en cambio, potestativa simple, y no invalida la obligación, cuando la voluntad del deudor dependa de un complejo de motivos que representan intereses apreciables, los que, actuando sobre aquella, influyen en su determinación, aunque sean confiados a la valoración exclusiva del interesado. La condición meramente potestativa convierte en nula la obligación cuando es resolutoria», Así se expresa recientemente Cas. 31 julio 1939. en *Foro,* 1940, I, 69, con notas de referencias.

Carácter de término y no de condición ha sido atribuido a cláusulas como «tan pronto las condiciones financieras me lo permitan», «cuando venda uno de los inmuebles que poseo», «pagaré las cantidades, en todo o en parte, según el producto de la venta», (Ap.

Lo que explica, entre otras, la validez de la venta con reserva de agrado[16] y de otros dpos de negocio a prueba. Realizada ésta, la eficacia del negocio depende de la declaración de uno de los sujetos de encontrarse satisfecho o no, de querer o no mantener el negocio, pero esta declaración no es indiferente, ya que tanto del hacerla como del omitirla pueden derivar serias y estimables consecuencias, tanto a favor como contra el declarante. Solo a la donación no puede imponerse la condición no meramente potestativa (arg. sobre los arts. 769, 790 y 791; cfr. are. 1.066 Cód. civ. 1S65; cfr. arts. 61S, 639 y 641 C. C. esp.), pero ello se funda en el riguroso carácter de actualidad e irrevocabilidad que tiene la pérdida patrimonial que domina este tipo de negocio. Como condición resolutoria, en cambio, la condición potestativa puede ser añadida por el enajenante a título oneroso. Recuérdese la reserva de recuperar la cosa declarada en la venta con pacto de retracto (art. 1.500 Cód. civ.; art. 1.507 C. C. esp.), declaración que, presuponiendo una valoración de conveniencia, no tiene carácter de condición meramente potestativa. En fin, por parte del sujeto activo de la relación contemplada puede imponerse también válidamente una tal condición, dado que se trata de perder o dejar de obtener una ventaja. Excedería del ámbito de nuestro tema tratar aquí de la admisibilidad de un *arbitrium boni viri ex parte debitoris* para la determinación de la medida de la prestación.

C) Inadmisibles, en cambio, por la naturaleza del evento del que se querría hacer depender el vigor del negocio, son algunas condiciones de índole anormal: a) Las condiciones natural o jurídicamente *imposibles;* y b) Las condiciones *ilícitas* según el Derecho o según la moral. No pueden admitirse las primeras –si no se trata de imposibilidad contingente o transitoria– porque un hecho al que la experiencia excluya del orden natural de las cosas, o sea irrealizable en la estimación del orden jurídico, no puede ser objeto de seria y razonable previsión (se prevé lo que puede ocurrir y no lo que la común experiencia de la naturaleza o el Derecho considera imposible). Son igualmente inadmisibles las condiciones de la segunda clase, al menos como suspensivas, porque tienden a promover una actividad reprobada por el Derecho o condenada por la Ética (socialmente plasmada en las «buenas costumbres»), estableciendo entre ella y el negocio un nexo de subordinación que el Derecho no podría sancionar sin colocarse en contradicción con su función normativa social y alejarse de su cometido de controlar la autonomía privada antes de concederle entidad jurídica (nn. 2 y 20).

El problema práctico que plantea este género de condiciones es el de si el vicio se comunica al negocio al que se ligan por un vínculo hipotético o per-

---

Milán, 27 mayo 1938, en *Foro Lomb.*, 1938, 163); también a la cláusula «los legados serán pagados cuando sea cobrado el crédito X» (Idem Turín, 16 junio 1938, en *Giur. Tor.*, 1938, 1.339); en el caso de venta a prueba se excluye que concurra una condición potestativa (Cas. 23 junio 1924, en *Corte Cas.*, 1924, 938).

16 BECHMANN, *Kauf* II, 215; ENNECCERUS, *Rechliguchäft,* I, 276, n. 2.285; COVIELLO, *Man. dir. civ.*, § 134, n. 2, y las obras que *cita.;* LONGO, *Negozi giur.* (Curso 1935-1937), 142.

manece, por el contrario, circunscrito a aquéllas, sin propagarse a la regulación de intereses dispuesta. Teóricamente, la única solución lógica, al menos para la condición suspensiva, es que el vicio de ésta se extienda al negocio total, porque si la vigencia de éste se halla ligada a la condición por una subordinación lógica es evidente que, cuando ésta no pueda producirse, tampoco aquél deberá alcanzar vigor. Decidir en sentido contrario significaría violentar la autonomía privada. Menos inequívoca aparece la solución para la condición resolutoria, dada que ésta no hace incierta la regulación de intereses, sino que predispone su fin. El Código, en homenaje a la tradición romana, prescribe un diferente tratamiento para los contratos y los negocios *mortis causa,* y en cuanto a los primeros distingue entre condición ilícita y condición imposible, discerniendo, además, si esta última es suspensiva o resolutoria.

Añadidas a negocios *mortis causa,* tanto las condiciones imposibles como las «contrarias a normas imperativas, al orden público o a las buenas costumbres», se consideran «no puestas» (art. 634 Cód. civ.; cfr. art. 792 C. C. esp.), salvo que constituyan el único motivo determinante, en cuyo caso acarrean la nulidad (art. 626). Acompañando a contratos, las condiciones imposibles (positivas) entrañan nulidad si fueran suspensivas; se tienen por no puestas, si resolutorias (art. 1.354, pfo. 2.º, Cód. civ.; art. 1.116 C. C. esp.); las condiciones ilícitas producen la nulidad en todo caso (art. 1.354, pfo. 1.º); nulidad parcial, si se agregan a un pacto singular y autónomo (id., inciso 3.º).

La imposibilidad jurídica de una condición se debe valorar, como regla, según el estado de la legislación en el momento del negocio; la imposibilidad natural, según la experiencia común y las posibilidades técnicas que existen en aquel momento[17]. Si el evento imposible es previsto como condición suspensiva negativa, el negocio tiene plena eficacia como puro y simple. Conviene referirse aquí a la inversa de la condición imposible, o sea la condición indefectible, que tiene por objeto un hecho que ha de verificarse necesariamente; la disciplina de esta «condición» impropia es opuesta a la de la condición imposible. El negocio en que se la incluya con función suspensiva es válido como negocio puro y simple mientras no suponga falta de seriedad (así, si se la acoge como condición resolutoria).

Las condiciones ilícitas, que el Código (arts. 634 y 1.354; cfr. arts. 792 y 1.116 C. C. esp.) define como las contrarias a normas imperativas, al orden público o a las buenas costumbres (cfr. art. 1.343; cfr. art. 1.275), aunque unidas para su tratamiento a las imposibles, imponen no olvidar que la razón de su nulidad está en la relación de ellas con el contexto del negocio y en el peligro que de ello pueda derivar estímulo al comportamiento inmoral. Por consecuencia, el hecho inmoral debe consistir en una conducta de la parte que obtiene ventaja del negocio (en caso contrario, el negocio sirve de rémora de la acción inmoral y es válido, por tanto); además, la apreciación de inmoralidad

---

17 Ej., D. 45. 1, 7.

es singularmente severa, de modo que, por ejemplo, es ilícita la condición suspensiva de no contraer nupcias (art. 636, para las disposiciones testamentarias, con la excepción del último párrafo; cfr. art. 793 C. C. esp.) no ya porque restrinja la libertad matrimonial, sino porque ofrece incentivo para no celebrar matrimonio[18]. La inmoralidad puede también derivarse de la circunstancia de disminuir la espontaneidad de la deliberación cuando la conciencia social atribuye a ella el valor moral del comportamiento requerido[19]. Más reprobable reputa la ley el alentar la ejecución de ciertos actos; recuérdese el art. 580 del Código penal (instigación al suicidio). Consecuencia es también que la condición que contempla un hecho ilícito puede válidamente imponerse como resolutoria, tendiendo a promover la abstención.

Finalmente, se comprende sin dificultad que cuando la condición ilícita repugne al espíritu y la índole del negocio, estorbando, por ejemplo, la espontánea deliberación que le es esencial, produzca la nulidad, aun cuando se trate de negocio *mortis causa* (así, la condición de reciprocidad agregada a tales negocios: art. 635; cfr. art. 794 C. C. esp.).

65. *Consideración del negocio en pendencia de la condición*[20].- Hemos de considerar ahora la fase que precede al cumplimiento o la ausencia de la condición. La duda sobre la realización del evento, mientras éste se espera, da lugar a un estado de incerteza *(pendencia)* sobre el nacimiento de la relación jurídica o sobre su definitiva permanencia en vigor (cap. prel., n. 6, e, f), que hace

---

18 Ha sido considerada ilícita la condición establecida en un testamento por la que el testador imponía a la mujer beneficiada la obligación de no abandonar por ningún motivo su casa, en la cual él permaneció por mucho tiempo enfermo de tuberculosis hasta su muerte, impidiéndole también el marchar a vivir con sus parientes. (Cas, 21 enero 1942, en *Foro,* 1942, I, 605).
Ha sido reconocido válido el legado de usufructo y renta vitalicia a favor de aquel entre dos hermanos que primero iniciase la carrera eclesiástica (ídem 27 febrero 1942, ibid., 1942, I, 436).

19 En la segunda de las citadas decisiones, la Casación observa: «Nuestro legislador exige el máximo respeto a la libertad humana y por ello, por ejemplo, declara contraria a las leyes la condición, agregada a una disposición a título universal o particular, que impida primeras o ulteriores nupcias (§ 1.° del art. 182, libro «De las obligaciones», correspondiente al art. 850 del Código derogado). Por tanto, considera ilícitas las condiciones de celibato y de viudez no porque tales estados sean reprobables, que, por el contrario, pueden ser expresión de virtudes no comunes, sino porque deben ser espontáneos, no impuestos. El legislador ha querido, con la mencionada norma, tutelar uno de los mis sagrados derechos del individuo, cual es el de contraer o no matrimonio. Por tanto, si esta libertad no es supridad, sino solo relativamente limitada, imponiéndose, por ejemplo, la condición de no contraer matrimonio con persona que no pertenezca a una determinada clase social, aquélla debe estimarse perfectamente válida y eficaz; sería, en cambio, ilícita la condición de contraer matrimonio con una determinada persona y no con cualquiera otra, porque ello coartaría de modo absoluto la libertad.

20 JEHRING, «Passive Wirkungen der Rechts», en *Jahrbücher f. d. Dogmatik,* 1871, 10, 387, 493 y sigs., 526 y sigs.; ENNECCERUS, *Retchtsguchäft Bedingung u. Anfangst.,* 379 y sigs.; BLOMEYER, *Studim zur Bedingungslehre,* I, 7 y sigs.; VASSALLI. «Dies vel condicio; lineamenti della dottrina romana della condizione», en *Bull. diritto rom.,* 1915, 27, 192, republicado en *Studi,* I; otras obras son reseñadas en nuestras *Istituzioni,* segunda ed., en el § 71.

surgir para el Derecho el problema práctico de evitar que en el conflicto de intereses opuestos resulte perjudicado aquel que se apoya sobre el verificarse de la condición. Cuanto ahora se dirá con respecto a la condición suspensiva vale, cambiados los términos, para la condición resolutoria también, ya que la situación del titular de una expectativa suspensivamente condicionada es análoga a la de quien se encuentra en espera de obtener o recuperar un derecho enajenado bajo condición resolutoria, o de ser liberado de una obligación asumida bajo tal condición.

El titular de una expectativa suspensivamente condicionada no lo es de ningún derecho actual: solo es el eventual titular de un derecho futuro. Esta simple constatación se opone a las tentativas hechas para asignar un contenido actual al derecho condicionado. Lo que se diga sobre un «germen de derecho, una «expectativa», «un derecho a conseguir un derecho» no debe enturbiar la percepción de la sustancia del fenómeno. Ha de tenerse presente esto: Que la relación jurídica contemplada no existe aún mientras pende la condición. De aquí varias consecuencias: El pago del débito sometido a condición suspensiva no verificada no tiene causa y es repetible; el crédito condicionado no se puede oponer en compensación: la propiedad de la cosa enajenada bajo condición corresponde al enajenante, junto con el poder de disposición[21] (arg. sobre el art. 1.358: art. 1.122 C. CC. esp.) y el correspondiente acto de enajenación no es tampoco título actualmente idóneo para justificar la usucapión decenal del art. 1.159 (cfr. art. 1.956 C. C. esp.); la pendencia de la condición impide, en general, el curso de la prescripción (art. 2.935 Cód. civ.; cfr. art. 1.969 C. C. esp.).

No hay contradicción entre esta situación y el hecho de que la expectativa condicionada pueda ser objeto de actos de disposición, tanto traslativa como constitutiva. Puede ser objeto de ellos, pero como *derecho futuro* (arts. 1.357 y 2.823 Cód. civ.; cfr. art. 1.976 Cód. civ. de 1.865)[22], y los negocios correspondientes son también condicionados, porque la condición que pesa sobre el derecho transferido opera, respecto a ellos, como *condicio iuris*. Objeto de los actos de disposición, por tanto, no es un derecho actual, y quizá no sea del todo conforme a una sincera visión de estas relaciones decir que se transmite la expectativa y solo a través de ésta se dispone del derecho condicionado. Siempre como derecho futuro, el condicionado puede ser objeto de expropiación forzosa, y es transmisible *mortis causa,* como resulta implícitamente del art. 1.360 (cfr. art. 1.112 C. C. esp.) (y se decía, explícitamente, por el art. 1.170 del Cód. civ. de 1865). A esta última regla derogaba, acatando la tradición

[21] ZITELMANN, *Internat. Privatr.,* II. 50; TUHR, *Allgem. Teil,* I, § 8, 180; STROHAL, «Grenzen der Urteilsrechiskraft bei betagter *u.* bedingter Berechtigung», en *Das Buik. z. bürgert. R., en Festagabe f. Degenkoli, Leipzig,* 1905. 135; BLOMEYER, *Studien,* II, 10. cita también a WUERDINGER. *Die privaitechlt Amuartschaft als Rechtsberg.* (disert. Munich. 1923).

[22] BRECHT. «Bedingung u. Anwartschaft», en *Jherings Jahrbücher,* 61, 272, 275 y sigs. En esta dirección se mueve la tesis central del estudio de BLOMEYER, *St. z. Bedingungslehre,* I, 46-59, 65, 166 y sigs.

romana, el art. 853 del Código civil de 1865 (cfr. art. 759 C. C. esp.) para la relación que tenía su fuente en un negocio *mortis causa;* pero la derogación - que no era más que un residuo histórico del principio clásico que establecía la irretroactividad del cumplimiento y, por consecuencia, la intransmisibilidad hereditaria de la expectativa condicionada- ha de considerarse como abandonada por el nuevo Código, cuando, en materia de negocios *mortis causa* (sean a título de heredero o de legado: art. 633; cfr. art. 790 C. C. esp.) afirma que «el cumplimiento de la condición tiene efecto retroactivo» (art. 646; cfr. art. 1.360).

De otro lado, ya en pendencia de la condición, existe el germen de vida de una relación jurídica futura, del cual surgirá, sin más, con solo producirse la condición, ya que entonces se hallará completo el supuesto de hecho que la engendra (cap. intr., n. 6, e). El negocio bajo condición crea, por tanto, una situación jurídica caracterizada por algunos efectos *provisionales* y *preliminares,* destinados a asegurar la actuación de la regulación de intereses delineada por las partes, en caso de cumplimiento de la condición; efectos que despliegan una función de garantía y tutela de la expectativa, con vistas al cumplimiento futuro o la futura resolución de la relación actual. Ante todo, el titular de la expectativa posee una acción de mera constatación de la relación condicionada, naturalmente como relación futura que surgirá con el cumplimiento. En general, es admisible una declaración judicial de relaciones futuras, siempre que concurra un interés estimable en obtenerla, lo que resulta *a fortiori* de la circunstancia de que el ordenamiento vigente permite a veces incluso la condena de futuro (es el caso de la convalidación de desahucio). En especial, justifica un interés en la constatación de la relación condicionada, ya durante la pendencia de la condición, la circunstancia de que tal relación puede constituir objeto de actos de disposición (n. 35), por lo que a veces se hace necesario sentar que existe como relación condicional, o sea, que están presentes, fuera de la condición, todos los elementos necesarios para que surja en el futuro. Por el art. 1.356 (cfr. art. 1.121 C. C. esp.). -en pendencia de la condición suspensiva, el adquirente de un derecho puede realizar actos conservativos», y actos semejantes puede efectuar también, mientras pende la condición resolutoria, quien con la desaparición de la relación actual se encuentre legitimado para adquirir o recuperar un derecho enajenado bajo aquella condición. Esta tutela anticipada de la relación condicionada se concreta principalmente en una serie de iniciativas procesales con finalidad cautelar en sentido extenso (embargo, denuncia de obra nueva o de daño temido, verificación de escritura), pero comprende también iniciativas extraprocesales de autotutela, coordinadas a la relación (por ejemplo, prenda)[23].

Pero el más importante efecto preliminar en que se anuncia la relación jurídica concebida consiste en el vínculo actual de la parte que en dicha relación está llamada a ocupar la posición pasiva (por haber enajenado o asumi-

[23] Cfr. BETTI, *Dir. proc. civ. ital.*, § 4.

do una obligación bajo condición suspensiva) o que por virtud de ella ha de soportar un sacrificio patrimonial (habiendo adquirido bajo condición resolutoria). Esta parte, que tiene interés contrario al cumplimiento de la condición, debe -según el art. 1.358- comportarse, durante la pendencia de aquélla, conforme a las reglas de corrección -análogo, pero no idéntico al de la buena fe (con el cual es, sin embargo, identificado en el citado art. 1.358)- supone una actitud de consideración hacia los intereses ajenos, y consiste, propiamente, en la abstención de actos que puedan ocasionarles daño o perturbación; actitud que, dirigiéndose negativamente a evitar el perjuicio de la parte contraria en el conflicto de intereses, se diferencia de la buena fe requerida en el positivo cumplimiento de las expectativas ajenas (art. 1.3 75)[24]. El deber de corrección obliga, ante todo, a la parte en cuestión, a no hacer nada que pueda impedir el acaecimiento de la condición, y esta obligación, según el art. 1.359 (cfr. art. 1.119 C. C. esp.), encuentra su sanción al considerarse cumplida la condición a la que se interpongan impedimentos. E importa, además, que la parte en cuestión debe abstenerse de actos de disposición jurídica o de transformación económica, incompatibles con la aparición de la relación condicionada o de aquella que nace de la resolución; actos que, de realizarse, están subordinados, por principio, a las mismas eventualidades que el derecho del disponente (art. 1.357; cfr. art. 1.976 del viejo Código). Pero hablaremos de ello en el número 66.

Fuera de la hipótesis contemplada por el art. 1.359 (cfr. art. 1.119 C. C. esp.), la situación jurídica que debería producirse con el cumplimiento de la condición se actúa, ya en pendencia de ésta, en el caso de negocio *7nortis causa* subordinado a la condición de que el favorecido no haga o no dé alguna cosa; conforme al art. 638 (cfr. art. 800 C. civil esp.), el principio es que «la disposición se considera hecha bajo condición resolutoria» y encuentran aplicación las precauciones dispuestas para ésta por el art. 639. Este tratamiento nos presenta la interesante figura de una conversión legal del negocio, que sería aún carente de eficacia según los términos en que la parte lo ha concebido (n. 61). Por lo demás, la idea de la conversión de un negocio todavía ineficaz aflora también en los efectos provisionales y preliminares para quien considere su diferencia con los efectos definitivos típicos del negocio concluido y, al mismo tiempo, su conformidad genérica al interés práctico de las partes. Solo que no existe aquí necesidad de cambiar la calificación jurídica del negocio.

En lo que concierne a los presupuestos de validez del negocio subordinado a condición suspensiva, se plantea la cuestión de si se les debe valorar con respecto al tiempo en que el negocio se realiza, al momento en que la condición se cumple, o en ambos momentos. El problema se resuelve, conforme a la diversa índole de los distintos presupuestos, según que se refieran a la capacidad de obrar de las partes, a la idoneidad del objeto, o bien a la específica

[24] Sobre ello Betti, «Per la riforma del cod. civ. in materia patrim.», en *Rendic. Istituto Lomb.*, 1941, 331 y sigs.

legitimación de aquéllas en orden a los intereses a regular. Según los criterios generales que expusimos a su tiempo sobre la apreciación de los presupuestos del negocio con efectos diferidos (n. 29), debe considerarse que la capacidad de obrar solo es necesaria en el momento de la conclusión; la idoneidad del objeto, en ambos momentos, y 1a legitimación, por lo menos, cuando cumplida la condición, el negocio adquiere eficacia[25].

66. *Efectos del cumplimiento de la condición*.- En cuanto a los *requisitos* del cumplimiento, ha de señalarse que es necesaria una exacta correspondencia entre el hecho y la previsión contenida en el negocio para que la condición pueda considerarse verificada. A veces se pregunta (pero es pregunta mal formulada) si la condición puede estimarse cumplida por medio de equivalentes y, en especial, si la condición potestativa remitida al titular de la expectativa se deba tener por realizada cuando la parte beneficiada por el negocio condicionado demuestre haber hecho lo posible para obtener su cumplimiento. De este modo se trueca por una cuestión que afecta al supuesto material del cumplimiento la otra que concierne, en cambio, a la identificación de la condición misma[26].

Según el ya indicado art. 1.359 (cfr. art. 1.119 C. C. esp.), se producen los mismos efectos de la condición realizada cuando la parte interesada en que ello no se produzca haya impedido el cumplimiento. Ante ia formulación que de esta norma ofrecía el art. 1.169 del viejo Código, una interpretación subjetiva propugnaba que la ficción legal de cumplimiento entrase en aplicación en cuanto existiese una tentativa, aunque no lograda, de impedir el cumplimiento de la condición. Pero la interpretación objetiva, según la cual se precisa una tentativa conseguida, está sostenida hoy por la mejor expresión del art. 1.359 (cuando la condición falte por causa imputable a la parte, etc.) y, además, por el carácter sustancial de aquél, que no es que le dé una norma penal dirigida contra la conducta dolosa del sujeto pasivo de la relación condicional, sino el de un precepto reparador, encaminado solamente a garantizar a la otra parte, *no obstante,* el comportamiento ajeno, el desarrollo normal de la situación que surge del negocio condicionad[27].

---

[25] Cfr. STAUDINGER-RIEZLER, *Kommsniar,* I, sobre el § 158, n. 6; 813 y sigs.

[26] Supuesto un negocio con este contenido: Dono a Ticio ciento si él obtiene que Cayo consienta en celebrar conmigo el negocio que le he propuesto; en cuanto resulte que el declarante no quería otra cosa que un diligente comportamiento para hacerle concluir el negocio con el terccero, la condición se verifica apenas el beneficiario del negocio haya desplegado, aun si infructuosamente, aquella diligencia. Pero precisamente se trata de un distiinto contenido de la condición y no de una diferente manera de entender su cumplimiento.

[27] «Debe tenerse por realizada la condición suspensiva agregada a una obligación cuando el no haberse verificado el hecho previsto por la condición misma haya dependido de la inactividad del deudor, que constituya violación de su precisa obligación de obrar, impuesta por el contrato o por la ley. .Ají, Cas. 5 junio 1949, en *Rep. Foro,* 1940, voz Obblig. e contr., n. 173.

Se pregunta hasta cuándo haya de esperarse que la condición se efectúe. Si no se ha establecido, y no deriva de la naturaleza misma del hecho, que éste deba suceder dentro de cierto término, la pendencia de la condición se prolonga hasta que resulte cierto que el evento o podrá ya tener lugar. Certeza que. cuando la condición es potestativa, se alcanza, lo más tarde, con la muerte de la persona que debía seguir la conducta prevista como condición[28]. Esto sentado, veamos ahora cuáles sean los efectos del cumplimiento.

Al acaecer la condición surge, o bien desaparece, la regulación de intereses dispuesta, y el negocio despliega automáticamente los efectos propios del tipo a que pertenece, o automáticamente los pierde. El problema práctico es si la nueva situación jurídica deba producirse solamente en adelante o deba, en cambio, retrotraerse al momento del negocio. En el Derecho actual, a diferencia del Derecho romano-clásico, rige el criterio de la retroactividad, enunciado por el Código en el art. 1.360 (cfr. 1.120 C. C. esp.), para los contratos, y en el art. 646, para los negocios *mortis causa;* los efectos se trasladan al momento del negocio. La retroactividad responde mejor, según la visión moderna, al nexo hipotético que por disposición de la parte une el evento previsto a la regulación de intereses concebida. Parece también más conforme a la función esclarecedora que, según la intención práctica normal de las partes, se asigna al evento respecto al negocio, dentro del supuesto de hecho complejo en que ambos se integran, dado que el evento debe únicamente a la decisión de las partes su eficacia operante. De otro lado, la retroactividad no es un carácter necesario y constante de la condición, atendiendo a su concepto[29], sino solo una nota natural y dispositiva de ella, la que, conforme al art. 1.360, la disposición de las partes o la naturaleza de la relación pueden perfectamente excluir. En otros Derechos, que en este punto sufren más netamente la influencia de la tradición romana a través del Derecho común; se mantiene también en esta materia el principio general de la irretroactividad de los hechos jurídicos

---

«La simple inactividad del deudor respecto a la verificación de la condición no es suficiente para tener por cumplida la condición impuesta al negocio; para que ello ocurra es necesario, o que el deudor desarrolle una actividad positiva dirigida a impedir que la condición se realice, alcanzando su propósito, o que la inactividad del deudor represente la violación de una concreta obligación de actuar, derivada del contrato o de la ley, a toda actividad del deudor encaminada a no hacer cumplir la condición son inherente los conceptos de voluntariedad y de culpa», (Cas. 20 marzo 1939, ibid., 1939, voz cit., n. 264-266).

«No es necesario que el hecho del deudor encaminado a impedir la realización de la condición provenga de dolo, sino que es suficiente que sea atribuible a su culpa; el acreedor no tiene obligación de demostrar que sin tal actitud la condición se habría ciertamente verificado» (Ap. Turín, 6 mayo 1938, en *Giur. Tor.,* 1938, 1,460; sobre el segundo punto, cfr.: Cas. 23 junio 1936, en *Rep. Foro,* 1936, voz cit., n. 238).

28 «La condición impuesta a una obligación se considera cumplida, antes del término, si va necesariamente no puede producirse dentro del término mismo». (Cas. 3 mayo 1938, en *Giur. Ven.,* 1928. 555).

«Es incumplida la condición de pagar una deuda a un tercero si ésta no es satisfecha a su vencimiento». (Ap. Genova. 15 mano 1937, en *Giurit.,* 1937, I. 2, 80).

29 Así, en cambio. BARBERO, *Contrib. alla teoria della condizione,* 32. 84.

(cap. intr., n. 6, f). Así, después de larga discusión entre los pandectistas[30], en el Código civil alemán, § 158[31].

Pero el principio de la irretroactividad, si bien teóricamente más lógico, satisface menos las exigencias prácticas de la situación entre las partes. Por lo que los Derechos que no acogen la retroactividad se ven constreñidos, para responder a tales exigencias, a establecer prohibiciones que prevengan, durante la pendencia de la condición, actos de disposición sobre el objeto del derecho que resulten perjudiciales para la otra parte (§§ 160 y 161 Cód. alemán). Estas prescripciones representan entonces una admisión indirecta del criterio de la retroactividad o de la pendencia, si bien circunscrito a las relaciones internas entre las partes, con la única ventaja –si tal puede considerarse– de dejar a salvo los efectos del negocio respecto a los terceros a quienes haya aprovechado la situación creada por la pendencia[32].

La retroactividad del cumplimiento produce, en general, la absorción de los efectos de carácter provisional y preliminar desplegados por el negocio durante la pendencia, y tanto en el caso de condición resolutoria, como en sentido inverso, en el de condición suspensiva, la revocación de los efectos de carácter precario sujetos a desaparición con la realización de aquélla. Pero el mecanismo de la retroactividad y el de la revocación pueden, abstractamente hablando, funcionar de diferente modo según el tratamiento que el Derecho positivo aplique al negocio condicional. Así, en Derecho romano clásico, el pacto de resolución o la reserva de desistimiento solo gozaban de una eficacia *resolutoria* potestativa y mediata, confiada a la Iniciativa de la parte facultada por el pacto. En Derecho moderno, en cambio, la condición resolutoria despliega al verificarse una eficacia inmediata y *automática,* que configura una verdadera caducidad de la relación. Mientras que en el régimen romano solo el ejercicio del poder de revocación crea en la otra parte la obligación de restituir cuanto ha alcanzado y eliminar así las consecuencias de la fase de pendencia del negocio (por lo que se habla entonces de una revocación y «retroactividad *obligatoria*», como subrogado de la retroactividad verdadera y propia), en el sistema moderno la eficacia automática de la condición cumplida, sea suspensiva o resolutoria, asume verdaderamente el carácter de revocación o retroactividad, calificándose, por antítesis, de *real*[33]. En este régimen,

---

30 WINDSCHEID, *Die Wirkung der erfüllten Bedingung,* 1851; ídem, Lb. d. *Pandektenr., I,* § 91. y en las págs. 474-476, una información detallada de la controversia, con indicaciones de literatura, especialmente FITTING, *Ueber den Begriff der Rück ziichung,* 33 y sigs.; UNGER, *System d. oest. Pr. R.,* II, 70 y sigs.; SCHEURL, *Nebenbest.,* 15 y sigs., 192 y sigs. (por la retroactividad): KARLOWA, *Rechtgeschäft,* 76 y sigs.

31 STAUDINGER-RIEZLER, *Kommentar,* 10 ed.. I, sobre el § 158, nn. 5 y 8. y sobre el § 160.

32 BLOMEYER. *Studien z. Bedingungslehre,* § 4, págs. 39-60 (donde a la construcción de la retroactividad es preferida la de la pendencia de la relación jurídica); § 10. 166-173 (donde se construye una propiedad condiciona).

33 FERRINI, *Pand.,* n. 105. Sobre el valor de esta terminología, BIGIAVI, «Irretroattivita della risoluzione», en *Riv. dir. comm.,* 1934, 697 y sigs.; nuestras observaciones en *Diritto romano,* I. 370 y sigs.

por lo demás, el retorno automático de la propiedad al enajenante o, respectivamente, la retrodatación de su traspaso al adquirente condicionado, no excluyen la oportunidad de preceptuar una *obligación* de restitución; así, por lo que respecta a los frutos, cuando sean debidos por ley o por pacto (art. 1.361, pfo. 2.º, Cód. civ.; cfr. art. 1.120 C. C. esp.), ya que la imposibilidad de destruir el hecho consumado de la posesión no implica también imposibilidad de restituir los frutos[34].

La diferente actuación de la retroactividad en las relaciones entre las partes ocasiona también una distinta repercusión del cumplimiento respecto a los terceros, que hayan aprovechado los efectos desplegados por el negocio durante la pendencia; la retroactividad, si no se mantiene circunscrita a las relaciones internas *(relativa),* se configura como *absoluta.* En el régimen romano clásico, los actos de disposición realizados en provecho de terceros por el titular interino durante la pendencia, siempre que fueran tales que imprimiesen sobre la cosa un estado jurídico susceptible de resolución (pues de otro modo eran nulos), no caducaban con el cumplimiento de la condición, sino que no podrían oponerse a la otra parte en la medida en que fuesen incompatibles con el derecho que ésta derivaba del cumplimiento, y ello en las relaciones internas y en el sentido meramente relativo de dar lugar a resarcimiento de daños (cfr. art. 808, pfo. 2.º, Cód. civil; cfr. arts. 47, 49, 50 y 645 C. C. esp.). En el régimen moderno, por el contrario, los actos de disposición citados se hallan sujetos a las mismas eventualidades a que se expone la posición jurídica del titular interino, y, por tanto, sus efectos están llamados a resolverse con el cumplimiento de la condición, conforme al principio *resoluto iure danlis resolvitur ius accipientis.* Este criterio se enuncia como máxima, para los contratos, por el art. 1.357, y es aplicado a hipótesis particulares de enajenación bajo condición resolutoria. Así, para la venta con pacto de retracto establece el art. 1.505 (art. 1.520 C. C. esp.) que el vendedor «recobra la cosa exenta de las cargas y las hipotecas con que hubiera sido gravada»; y para la donación con pacto de reversibilidad dice el art. 792 que «el pacto produce el efecto de resolver todas las enajenaciones de los bienes donados y hacerlos volver al donante libres de toda carga o hipoteca». En suma, con el cumplimiento de la condición, suspensiva o resolutoria, el derecho que ha sido objeto de una disposición condicionada ha de considerarse como perteneciente al adquirente desde la fecha del negocio o, respectivamente, como permanecido siempre en el disponente, también frente a los terceros que en el intervalo hayan deducido causa del titular interino, por virtud de un acto de disposición posterior realizado por éste.

---

[34] BLOMEYER, *St. z. Bedingungslehre,* 168 y sigs. En general, es posible que la revocación real, o sea, automática, se combine con una retroactividad meramente obligatoria, o con una retroactividad verdadera y propia (BIGIAVI, 1, cit., 898). Esta última (que se tiene en la adquisición bajo condición suspensiva) se combina con la revocación real en la hipótesis de anulación de un acto de disposición (§§ 35 y 58. B).

Un límite natural encuentra la retroactividad de la condición en los actos, no de disposición, sino de simple administración, ejecutados sobre el objeto de la relación transferida por el titular *pro tempore* de la relación durante la pendencia de la condición. Estos son salvados por el art. 1.361. En efecto, es preciso considerar que el principio de la retroactividad, establecido en interés de quien se convierte en titular del derecho después del cumplimiento de la condición, no podría aplicarse con tal rigor que redundase en desventaja de aquél. Ahora bien: es conforme al interés del eventual titular futuro del derecho condicionado que éste sea, entre tanto, eficazmente administrado por su titular provisional. Quien, sin embargo, solo conjuntamente con el titular eventual futuro está legitimado para conducir, contra terceros, procesos relativos al contenido de la relación que desplieguen eficacia también hacia el titular futuro.

Otro límite impone al criterio de la retroactividad el sinalagma funcional en los contratos con prestaciones recíprocas, en los cuales, conforme al art. 1.463 (cfr. art. 1.124 C. C.), la parte liberada por la sobrevenida imposibilidad de la prestación debida no tiene derecho a la contraprestación. Este criterio general es derogado para los contratos traslativos o constitutivos de derechos por el art. 1.465; pero éste, en el último párrafo, vuelve a aplicarlo en la hipótesis de contrato traslativo bajo condición suspensiva, cuando la transmisión resulte imposible sin culpa, antes de que se verifique la condición. Aquí la ley extrae del sinalagma funcional el corolario *reciproco* según el cual, viceversa, el adquirente condicionado, no teniendo ya derecho a la transmisión, es liberado, a su vez de la propia obligación recíproca. Correctamente, el nuevo Código evita decir que la obligación «se tiene por no contraída» (art. 1.163 Cód. de 1865: cfr. arts. 1.124 y 1.452 C. C. esp.). La verdad es que entonces el negocio total no puede funcionar por falta de objeto. y es natural que tal requisito, como concerniente a la relación, deba concurrir no solo en el momento del negocio, sino también en el momento de producirse la condición (números 29 y 65, in fine).

67. *Defecto de la condición*.- La situación jurídica ocasionada por el defecto de la condición se intuye fácilmente. Basta tener presente la estructura lógica del negocio condicionado y especialmente el juicio hipotético alternativo de que consta.

a) En cuanto al negocio sujeto a condición suspensiva, su contenido preceptivo, en la hipótesis de defecto, puede expresarse en el juicio: «Si la previsión no se produjera, el orden de intereses concebido no tendrá lugar». Y como los efectos jurídicos propios del tipo de negocio encuentran su razón de ser en el orden dispuesto por los individuos para sus intereses propios, va que están destinados a traducir el precepto de la autonomía privada en precepto jurídico, es evidente, según tal finalidad, que dichos efectos no se producirán ya. Y que si en pendencia de la condición se han desplegado efectos preliminares, éstos desaparecen sin más. Solo en este sentido puede decirse que la situación jurídica vuelve a ser la que era antes del negocio y, en orden a los efectos, como si aquél no se hubiese celebrado.

b) Por el contrario, el contenido preceptivo del negocio sujeto a condición resolutoria, en el caso de defecto, puede formularse así: «Si la previsión no se realizara, el orden de intereses dispuesto continuará en vigor». Lo que significa que el defecto confiere estabilidad a la situación jurídica creada por el negocio, consolidándola y haciéndola definitiva, de precaria y caduca que era. Y en este sentido, es decir, también aquí en cuanto a los efectos, puede decirse que la situación se establece como si el negocio hubiera sido celebrado sin condición.

Así que, según que se realice o falte la condición, el derecho que ha sido objeto de una disposición condicionada ha de reconocerse como perteneciente a la parte que, atendiendo a aquel resultado, lo adquiera o lo conserve de manera definitiva. Si falta la condición suspensiva o se produce la resolutoria es el disponente quien recobra o conserva el derecho; si, viceversa, se realiza la condición suspensiva o falta la resolutoria, el titular definitivo es el adquirente[35].

La única cuestión interesante que puede plantearse es la de la responsabilidad del sujeto que en previsión, que luego se manifiesta infundada, del cumplimiento de la condición, haya tomado iniciativas, procesales o de autotutela, con fines conservativos, según el art. 1.356 del Código civil (cfr. art. 1.121 C. C. esp.). El problema se sitúa análogamente a aquel, largamente debatido, de la responsabilidad por daños en el embargo obtenido y ejecutado sin causa. La doctrina, que no es seguida por la jurisprudencia[36], afirma, no sin buenas razones, el criterio de la responsabilidad objetiva, prescindiendo de la existencia de una culpa en la iniciativa procesal infundada. Esta solución se revela especialmente plausible en la hipótesis de actos conservativos realizados durante la pendencia de la condición (art. 1.356), porque es difícil en este caso demostrar una culpa consistente en no haber sabido ponderar las probabilidades y prever el defecto, mientras que, de otro lado, la genérica autorización de la ley no excluye aquí, en mayor medida que en materia de ejecución provisional de una sentencia, la responsabilidad de la parte que se sirve de ella (conforme al principio *cuius commoda, eius et incommoda*)[37].

68. *Otras limitaciones: naturaleza y efectos del término*[38].- Cuando la parte no tiene motivos para dejar en suspenso o sumir en incertidumbre el valor

[35] De ello deduce BLOMEYER, *Studien* cit., 168, la intrascendencia de la distinción corriente entre propiedad provisional y expectativa de la propiedad.

[36] Esta se declara en el sentido de que la revocación del embargo reconocido como sin causa no produce necesariamente la condena al resarcimiento de los daños, la cual está subordinada a la comprobación del dolo o de la culpa de quien ha solicitado dicho embargo (Cas. 21 diciembre 1939, en *Foro*, 1940, I, 345, con nota de referencias).

[37] BETTI, *Dir. proc. civ.*, n. 172, págs. 561 y sigs. (en la nota 25. la jurisprudencia anterior).

[38] JHERING, en *Jahrbücher f d. Dogmatik*, 1871, 10, 505; ENNECCERUS, *Rechtsgesch. Bedingung u. Anfangstermin* (1888-89), 307; FRIEDRICHS, *Der Allgemeine Teil des Rechts*, 1927, 217; BRUNETTI,

vinculante del negocio, y sí, en cambio, interés en diferir o limitar en el tiempo su realización práctica, haciéndola comenzar o cesar en una cierta fecha, lo obtiene imponiéndole un término. De este modo, la vida de la relación jurídica que el negocio engendra: a), permanece inerte hasta el vencimiento del término, allí donde éste tenga carácter suspensivo o inicial, o bien, b), está destinada a decaer con el advenimiento de aquél, cuando sea de naturaleza resolutoria o final. El cumplimiento de las obligaciones y el ejercicio de los derechos que constituyen el contenido de la relación jurídica son, con el término inicial, diferidos; con el término final, limitados en el tiempo. La vinculación del término al cumplimiento, y su posible existencia fuera de las obligaciones contractuales, y sin obra de la autonomía privada (cap. intr. n. 6, d), explican que en el nuevo Código esta materia sea regulada con referencia al cumplimiento de las obligaciones (arts. 1.183-1.187). Es posible, sin embargo, que un término le sea impuesto a un acto de disposición (n. 35), y entonces asume el alcance de circunscribir dentro de un lapso de liempo la pertenencia del derecho, real o de crédito, que es objeto de aquél. En estas hipótesis, la posición de quien enajena a término suspensivo no difiere de la de quien adquiere con un término resolutorio[39].

La diferencia entre término y condición suspensivos, entre término y condición resolutorios, se revela netamente, aun a través de sus respectivas analogías. Carece el término de aquella nota de incerteza (sobre el verificarse o no del hecho previsto) que caracteriza a la condición, y ello aun cuando pueda ser imprecisa la fecha, como sucede en el llamado *dies certus an, incertus quando.* La vida de la relación jurídica sujeta al término es segura, pero ceñida andeipadamente dentro de confines preestablecidos, por lo que, respecto al término, no es propio hablar de pendencia sino como antítesis de vencimiento (art. 1.185 Cód. civ.; cfr. art. 1.125 C. C. esp.), ni tiene sentido plantear la cuestión de la retroactividad, puesto que el efecto del término se produce siempre *ex nunc.*

A más de explícito, el término puede ser también *implícito,* o sea, resultar de los mismos elementos de la regulación de intereses dispuesta por el negocio, como, por ejemplo, de la naturaleza de la prestación debida, o bien, de la forma o lugar de ejecución, si es tal que requiere un cierto lapso de tiempo (art. 1.183, 1; cfr. art. 1.128 C. C. esp.), o también de la naturaleza de la relación jurídica a que se da vida.

Lo que de necesaria exactitud falta al término así resultante es suplido, a falta de acuerdo entre las partes, por la apreciación del juez. Al cual corres-

---

Il «dies incertus» nelle disposizioni testamentarie: contrib. alla dottrina del «dies e della condicio», 1893: idem, *Modalità sospensiva e trasmisibilità del diritto nel successivo testamento,* 1934; ALLARA, «Proprietà temporanea», en *Circolo giur.* Palermo, 1930, n. 2; BLOMEYER. *Studien z. Bedingunslehre,* 1938-39. 14. 121; FALZEA, *La condizione e gli elimenti dall'atto giur.,* 1941, 32. 170; también *supra,* cap. intr., § 6, sub d.

39 BLOMEVER, *Studien,* cit., 122.

ponde también precisar, según las circunstancias, el término inicial que sea «remitido a la voluntad del deudor» (art. 1.183 cit., pfo. 2.º), e igualmente el término que sea insuficientemente determinado con decir «cuando» el deudor «pudiere» o cuando «tuviere los medios» (art. 1.817 Cód. civ.), o también el término confiado a la voluntad del acreedor (art. 1.183, pfo. 2.º).

Dado que el término aporta al esquema legal del negocio una modificación, aunque menos importante que la que resulta de la condición, se comprende que su imposición encuentre limitaciones análogas.

En especial, el término no es compatible con la naturaleza de la *relación* jurídica que el negocio ha de engendrar, cuando se trate de una relación esencialmente duradera y permanente, como, por ejemplo, la de la sucesión hereditaria. En general se excluye el término en los mismos casos y por razones semejantes que la condición. Se requiere para ciertas relaciones la estabilidad, y éstas son, en principio, las mismas que exigen la certeza; los negocios dirigidos a constituir tales relaciones rechazan tanto la condición como el término. De otro lado, algún negocio, como la letra de cambio, no puede ser sometido a condición, mientras que puede, y hasta debe, contener un término (art. 1, nn. 2 y 4 R. D. 14 diciembre 1933, n. 1.669); y, viceversa, no puede imponerse término en las disposiciones testamentarias a título universal (art. 637; cfr. art. 805 C. C. esp.), las que. sin embargo, pueden estar subordinadas a condición.

La disciplina jurídica del término se determina más exactamente con respecto a los efectos del término inicial. El caso normal es que el término sea establecido a favor del deudor (arts. .1.184 y 1.816; cfr. art. 1.127 C. C. esp.). Según el art. 1.185 (cfr. art. 1.126 C. C. esp.), el acreedor no puede exigir la prestación antes del vencimiento, sino en el caso excepcional de que el término, por el contrario, haya sido convenido exclusivamente a su favor. Inversamente, el deudor no puede repetir lo que haya pagado antes del vencimiento aunque ignorase la existencia de un término a su favor, precisamente porque ya antes hay un débito, y el deudor, pagando, no ha hecho sino omitir aprovecharse de una situación que le era favorable. En algunas relaciones en que pudiera parecer que el término responde a la exclusiva ventaja del acreedor, un más cuidadoso examen demuestra que existe, o en favor de la otra parte o de ambas. Así, por el art. 1.771 (cfr. art. 1.775 C. C. esp.), el depositario debe restituir la cosa en cuanto el depositante la reclame, salvo que se haya convenido un término en interés del depositario. Ahora bien, no han de confundirse entonces la obligación de restituir la cosa y la de custodiarla; la primera es sin término, y por ello el depositante puede exigir en cualquier tiempo la devolución de la cosa; la segunda es a término, pero en beneficio del depositario-deudor, que no está constreñido a custodiar la cosa más allá de cierta fecha. También en el mutuo fructífero parece que exista un término solo en beneficio del acreedor, pero, si se reflexiona, adviértese que lo que la ley tutela no es tanto el interés del acreedor en la observancia del término como en los intereses del capital prestado, por lo que el deudor puede liberarse antes del vencimiento, siempre que pague anticipadamente, junto al capital, también los intereses. La verdad es que normalmente se establece entones el término en beneficio de ambas partes (así, el art. 1.816).

Del mismo modo que, según el art. 1.359 del Código civil (cfr. are. 1.119 C. C. esp.), el obstáculo interpuesto por el sujeto pasivo de la relación a la verificación de la condición da lugar a los mismos efectos que el cumplimiento de aquélla, conforme al art. 1.186 (cfr. art. 1.129 C. C. esp.), algunos hechos imputables al deudor originan las mismas consecuencias que el vencimiento del término. Tales son: a), la insolvencia del deudor, cuyo concepto no difiere sustancialmente del análogo que se encuentra en el umbral del derecho de quiebra, sino en que la decadencia del término se produce también por la insolvencia común, además que por la el comerciante; b), el haber disminuido, por hecho propio del deudor, las garantías del crédito; c), el no haberse facilitado por él las garantías prometidas. Se comprende luego, *a fortiori,* que, como al acreedor condicional, correspondan al acreedor a término iniciativas procesales con finalidad conservadora y tutelar en sentido amplio.

69. *Naturaleza* y *eficacia del modo*[40].- Quien desea, al celebrar un negocio a título gratuito, *mortis causa o ínter vivos,* que la ventaja patrimonial sea desuñada, en todo o en parte, a un determinado fin, en interés propio o de un tercero, provee a ello disponiendo *sub modo,* es decir, imponiendo a la atribución patrimonial una carga, que es al mismo tiempo un límite *(modus)* obediente a aquella finalidad (arts. 629, 647-648, 793-794 Cód. civ.; cfr. 797, 798, 619, in fine, 647 C. C. esp.). De esta manera, en la causa característica del negocio a título gratuito -que es el enriquecimiento ajeno sin compensación (n. 39, b)- viene a injertarse un fin ulterior de carácter oneroso y no gratuito, que tiende a modificarla (n. 20). La indicación de este fin ulterior no es una simple recomendación o consejo que apele a la pura conciencia moral del donatario, del heredero o del legatario (como en el caso de disposición fiduciaria: art. 627), y que éste sea libre de no atender. Por el contrario, es parte integrante del contenido preceptivo del negocio. Tanto, que el disponente puede arbitrar una fórmula para asegurar el cumplimiento; es decir, puede, en previsión del incumplimiento de la carga impuesta, disponer, mediante reserva expresa (n. 62), la resolución de la atribución hecha (arts. 648 y 793, último párrafo; cfr. arts. 797, 2.°, y 647 C. C. esp.), lo que sería inadmisible (n. 64 C) respecto a la inobservancia de una disposición fiduciaria. Y si el incumplimiento fue considerado con una tal reserva, corresponde a la parte interesada (cualquiera que sea en la disposición *mortis causa,* el donante o sus herederos en la donación) la

[40] SCUTO, *Il «modus» nel dir. civ. ital.,* 1909; HAYMANN, *Die Schenkung unter einer Auflage nach röm. u. drut. bürg. R., 1905;* REGELSBERGER. *Pand., § 166;* TUHR, *Allgem. T.,* II, 165; ZITELMANN, *Das Recht d. B. G. B., allgem r.,* 129; BARASSI, *Istit. di diritto civile,* 1942. 102 (para el cual la resolución por incumplimiento del modus no es retroactiva); TREVES, «Sul 'modus' en los actos administrativos», en *Studi sassaresi,* 1936, 14; D'ALFONSO, «L'atto amministrativo e il 'modus' in favore di terzi», en *Riv. di dir. pubblic.,* 1942, 141. Critica la concepción común. WINDSCHEID, *Pand.,* § 97.

iniciativa procesal para provocar una declaración judicial (constitutiva) de resolución.

Sin embargo, el señalamiento del fin ulterior -con o sin la reserva para el caso de incumplimiento- no influye hasta el punto de transformar la disposición en un negocio a título oneroso, ya que la carga, por gravosa que sea, no desempeña nunca la función de compensación, y la tipicidad de los negocios, vigente aún en nuestro sistema jurídico como tipicidad social de causas (n. 23), impide admitir una figura anfibia de *negotium mixtum cum donatione* (n. 39). Y tampoco ha de pensarse que la imposición de la carga -aun con la indicada reserva- rija la eficacia del negocio con la misma intensidad con que lo hace una condición, porque no suspende la adquisición (antes bien, la obligación a cumplir tiene a ésta por presupuesto necesario) ni la resuelve por el simple hecho del incumplimiento. A pesar del gravamen, el beneficio patrimonial es atribuido sin más y de modo incondicionado; es decir, que entre la atribución patrimonial y el cumplimiento de la carga no se establece aquel nexo de subordinación inescindible que caracteriza a la condición (n. 62).

El modo puede estar constituido por un hecho cualquiera, tanto una prestación a favor de determinada persona, que puede serlo el mismo autor de la liberalidad, como un determinado uso de la cosa donada o una actividad de otro orden. Responde a la finalidad de esta limitación indirecta al vigor del negocio, que el contenido económico de la liberalidad prevalezca sobre la entidad de la carga impuesta.

Puesto que, a diferencia de la condición, el modo no perturba la estabilidad de los afectos esenciales del negocio, la obligación modal se sitúa junto a estos efectos en una relación de coordinación, y, en todo caso, de subordinación de aquella obligación a los efectos esenciales, más bien que de los segundos a la primera. El modo no perjudica, por tanto, al carácter gratuito del negocio, y la liberalidad constituye el presupuesto de la obligación modal, la cual no surge sino después de la efectiva recepción del beneficio por parte de la persona obligada, puesto que su sentido es que de la liberalidad se obtengan los medios para soportar la carga impuesta.

De esta definición de los caracteres del modo no se desvía la regulación que los arts. 793-794 y 797, n. 3, del Código civil (cfr. arts. 619 *in fine,* 638 y 647 C. C. esp.) establecen para el modo en las donaciones. La opinión de que los correspondientes arts. 1.077 y 1.080 acercasen el modo a la condición era ya infundada durante la vigencia del viejo Código, pese a !a poca feliz formulación, que se apoyaba sobre la «condición resolutoria expresa o tácita». También era infundada su aproximación al contrato con prestaciones recíprocas (o bilateral, como entonces se decía) y la supuesta equiparación del *modus* a la causa característica de tal contrato, mientras que, en realidad, el modo, aquí como en otros casos, tiene solamente el valor de una «causa remota» (n. 20). Otras construcciones propuestas, que avecinaban el modo al fideicomiso parcial o que lo integraban en el concepto de la «presuposición» (entendida como motivo reconocible), hallando en él una «condición no desarrollada», no merecen el honor de una impugnación. Hemos señalado va (n. 63) que este último concepto no es utilizable por la dogmática dentro de nuestro Derecho positivo (nn. 3 y 21).

A los puntos de vista expuestos responde también el tratamiento del gravamen que resulte irrealizable (imposible) o ilícito. Si no está demostrado que el fin ulterior que con él persigue el disponente ha «constituido el único motivo determinante de la disposición», el modo «se considera como no impuesto»; en caso contrario, hace nula la disposición (arts. 647, último párrafo, y 794 Cód. civ.). La irrelevancia del modo en la primera hipótesis es un corolario lógico de la ausencia de un nexo inescindible entre él y la disposición; solución perfectamente razonable aquí, mientras que respecto a la condición imposible o ilícita choca, por la razón contraria, con la lógica de los principios. La nulidad de la disposición entera en la segunda hipótesis es, de otro lado, consecuencia no menos coherente del ya subrayado carácter del negocio *mortis causa* (n. 39) -del que participa también el negocio *inter vivos* a título gratuito-, o sea, fruto de la importancia decisiva que en tales categorías de negocios asume la intención del disponente y que ilumina también el tratamiento del error sobre el motivo determinante de dichos negocios (arts. 624, 2.°, y 787; cfr. am. 767 C. CC. esp.; sobre ello en el n. 55, C). En el negocio *mortis causa* se explica así también la admisibilidad de una resolución, tras iniciativa del interesado, aun en el caso de que el incumplimiento no haya sido previsto con una reserva expresa, cuando la ejecución del gravamen haya constituido el único motivo determinante (art. 643 *in fine).* El error de previsión sobre el cumplimiento de la carga hace resoluble el negocio, a la manera que un distinto error sobre el motivo determinante lo hace inválido.

CAPÍTULO DÉCIMO

REPRESENTACIÓN E INTERPOSICIÓN EN EL NEGOCIO JURÍDICO

SUMARIO: 70. Problema práctico de la realización de negocios en interés ajeno.- 71. Varias formas de interposición de persona en la conclusión del negocio jurídico. Diferencia entre la representación y figuras afines.- 72. Presupuestos del negocio celebrado en representación: poder de representación.- 73. Fuentes del poder de representación.-74. Ejercicio y efectos de la representación. Su extinción.- 75. Representación sin poderes. Falta y abuso de representación.- 76. .Asentimiento al negocio ajeno o a la ajena disposición[*].

70. *Problema práctico de la gestión de negocios en interés ajeno*.- Hecho normal, pero no constante ni necesario, es que el sujeto del negocio –la parte en

---

(*) RIGELSBERCER, *Pandekten*, §§ 159-164; LENEL, «Stellvertretung u. Vollmacht», en *Jherings Jahrb.*, 36. 1 y sigs., 113 y sigs.: TARTUFARI, «Della rappresentanza nella conclusione del contratto», en *Archivio giur.*, 43, 61; 46, 106; HUPKA, *Die Vollmacht*, 1900; PACHIONI, *Trattato della gestione degli affari altrui*, segunda ed., 1915; COVIELLO, *Manuale dir. civ.*, §§ 125-123 (con mas bibliografia); COSACK, *Lehrb. d. Bürg. R.*, sexta ed., 1913, I, §§ 66-70; KOHLER, *Lehrb., I*, §§ 189-197; TUHR, *Allgrmeiner Teil, II*, 2, §§ 84-87 (en la pág. 333, ocras citas de literatura); NATTINI, *La dottrina dilla procura. La rappresentanza*, 1910; ORAZIANI, *La rappresentanza senza procura*, 1927; NEPPI, *La rappresentanza nel dir. priv. moderno*, 1930; SAGGESSE, *La rappresentanza nella teoria e nella pratica del dir. privato*, 1933; MALVAGNA, «Sulla natura giuridica della rappresentanza», en *Riv. dir. civ.*, 1936, 257 y sigs.; PUGLLATTI. «L'atto di disposizione e il trasferimento di diritti», en *Annali Ist. giur.* MESSINA, 1927, 165 y sigs.; idem. *Idee e spunti sulla rappresentanza*, 1931; MAJORCA, «Osservazioni sulla nozione giuridica di rappresentanza», en *Studi Senesi*, 1941, 55, 127; RUSSO, «Sulla rappresentanza Volontaria», en *Giur. ital.*, 1933. [V, 1?7-154; FRE. «Rappresentanza (diritto priv.)», en *Nuovo dizionario di. priv.*, X, 1906 (con otra bibliografía). También; MÜLLER-ERZBACH, *Die Grundsätze d. mittelbaren Stellvertretung aus d. Interessenlage entwickelt*, 1905; SLBER. «Die Frage d. Verfügungsgeschäfte zu fremden Recht», en *Festschrift Sohm*, 1914; ISAY, «Vollmacht u. Verfügungs», en *Archiv d. civ. Pr.*, 122, 195; F. LEONRARD, «Vertretung u. Fremdwirkung», en *Jherings Jahrb.*, 86, 1936, 1-32 (otros escritos se citan en STAUDINGER-RIEZLER, *Kommentar*, 10 ed., I, 828); AL. WEILL, *La relativité des conventions en droit privé français*, 1939; DEMOCUE, *Traité des obligations*, 1. nn. 89-155. Para el Derecho ROMANO, véase la literatura citada en nuestro *Dir. romano*, I, §§ 74 y 76-77; DERNBURG, *Fand.*, § 117-19. Interesante por los aspectos constructivos de la exposición: WÜRDINGER, «Geschichte der Stellvertretung (agency) in England», en *Arbeiten zum Handel-Gewerbe u. Landivirtschaflsrechl*, editado por HEYMANN, 69. 1933; también PACCHIONI, en *Apéndice a* BAUDRY-LACANTINERIE, *Del mandato;* MESSINEO, *Istituzioni*, 4, § 41: 188.

sentido formal (n. 5)- coincida con el sujeto del interés que por el negocio se regula, o sea, con el interesado (que alguno, no acertadamente, designa con el equívoco calificativo de «parte en sentido sustancial»). Es posible, en efecto, que una persona que no sea aquella a quien corresponden los intereses en juego, ponga su propia actividad al servicio de tales intereses, realizando, en orden a ellos, un negocio por cuenta de aquella persona a quien pertenecen. Trataremos de aclarar la génesis de este fenómeno para apreciar de este modo el problema práctico que propone.

Los negocios jurídicos son esencialmente actos con los cuales los individuos en sociedad proveen a regular por sí los intereses propios en sus relaciones con otros; actos de autonomía privada. Ahora bien, puede suceder que la persona cuyo interés exige ser regulado en determinada forma no tenga la capacidad o la oportunidad de celebrar el negocio correspondiente. Surge entonces para el Derecho el problema práctico de reconocer, dentro de márgenes compatibles con la idea de la autonomía privada, la posibilidad de que el negocio se realice, para el interesado, por otros que disfruten de la capacidad o la oportunidad para ello.

Es fácil comprender que semejante sustitución de persona en la conclusión del negocio encuentra sus límites en la misma noción de la autonomía privada. En efecto, la tutela jurídica del negocio reconoce su justificación fundamental en la idea de que cada uno debe ser dueño de mandar en casa propia y regir sus propios asuntos como mejor crea (nn. 1-2); pero esta idea tiene por presupuesto la coincidencia, al menos normal, del sujeto del negocio con el del interés regulado por éste. Si se debiese admitir sin limitaciones que cualquiera pudiese subrogarse al interesado para celebrar negocios por cuenta de él, la sanción del negocio erraría su finalidad, es decir, cesaría de ser tutela de la autonomía para, en cambio, proteger y promover la invasión de la esfera jurídica ajena.

Por tanto, solo dentro de ciertos límites y bajo determinados presupuestos puede el Derecho admitir una sustitución de persona en la celebración del negocio, sin que desaparezca el objeto de la tutela que le es concedida. Puede admitirla, ante todo, por la reconocida inidoneidad físico-psíquica del interesado para realizar personalmente el negocio que le es necesario. Puede también reconocer su oportunidad en el caso de un impedimento transitorio, como, por ejemplo, en la ausencia del interesado del lugar en que el negocio debe celebrarse, o encontrarla justificada por la mayor capacidad técnica de una persona distinta en cuanto a ordenar los intereses de que se trate. En todo caso, sin embargo, la interposición ajena solo es admisible, abstractamente hablando, cuando entre el interesado y el llamado a sustituirlo discurra una relación tal que justifique el encauzamiento de los efectos jurídicos, por vía directa o indirecta, a la esfera patrimonial del primero. Es decir, se precisa que quien concluye el negocio tenga el poder de imponer un orden vinculante a los intereses ajenos por cuenta del interesado. Se prescinde aquí de la posibilidad de efectos reflejos que el negocio despliega ocasionalmente en beneficio o a cargo de terceros, ya que, según fue expuesto (n. 32), tales efectos no pertenecen al normal destino del negocio, sino que derivan de interferencias entre las respectivas relaciones jurídicas de las partes y los terceros mismos.

En el examen general de los presupuestos del negocio jurídico se ha puesto ya de relieve la necesidad de que resida en las partes la específica legitimación sobre los intereses afectados (n. 27). Y en la consideración de las anormalidades del negocio (n. 47) se han indicado también casos en que falta tal legitimación: la disposición de cosa ajena[1], la promesa del hecho ajeno (sobre la cual hemos de volver aquí), el acto que excede la competencia administrativa atribuida. Ahora bien, el poder de dictar reglas a intereses ajenos no es más que un aspecto particular de aquella legitimación, el que asume cuando se la refiera a intereses que conciernen a persona extraña al negocio. De qué fuentes puede nacer y la configuración del citado poder lo veremos más adelante. Aquí conviene dejar sentado, entretanto, que cuando falte, el negocio celebrado por cuenta ajena no es vinculante para el interesado. Puede comprometer una responsabilidad suya en las relaciones internas con quien obra para él (no con la parte contraria), solo cuando la interposición revista el carácter de una gestión de negocios ajenos, respondiendo, cuando fue emprendida, al interés de otro. Puede vincularla, en la medida que consienten las normas de tal gestión (art. 2.031 Cód. civ.; cfr. arts. 1892 y 1.893 Código C. esp.) en el sentido de obligar al interesado hacia el gestor: a) a prestar su ratificación -que de otro modo sería facultativa para él (art. 1.399, 1.°; 1.259, pa. 2; 1.727. pa. 2 C. C. esp.)- a negocios de obligación que aquél haya concluido en su nombre; ratificación debida, de la que a su vez se deriva el deber de cumplir las correspondientes obligaciones (como dice, elípticamente, el art. 2.031)[2]; b) a aliviar al gestor de las cargas patrimoniales que representan para él las obligaciones que asumió por cuenta del interesado. En todo caso, es presupuesto de legitimidad de la injerencia realizada el que el interesado no haya estado «en situación de proveer por sí mismo» a los asuntos propios (arg. sobre el art. 2.028; cfr. 1.888 C. C. esp.) y que no haya formulado -dentro de la esfera en que le era lícito- prohibición de efectuar los actos de gestión que luego fueron ejecutados (art. 2.031, últ. pfo.).

Fijados los límites dentro de los que puede ser admisible en abstracto la posibilidad de una sustitución de personas en la conclusión del negocio jurídico, conviene advertir que las formas de tal sustitución pueden ser varias. Ellas representan otras tantas soluciones del problema práctico ahora planteado.

---

1 CARIOTA-FERRARA, *I negozi sul patrimonio altrui,* 1936.

2 De ocra opinión son los que mantienen la teoría de la «gestión representativa»; así: PACCHIONI, *Gestioni di affari altrui,* tercera ed.. 1935, cap. IX, 387; ídem, «Il requisito del 'utiliter cicptum' en la gestione degli affari altrui», en *Riv. dir. commerciale,* 1911, 825; idem. *Elementi di diritto civili,* tercera ed., 1926, n. 271; AL. WEILL, *La relativité des conventions,* n. 55; SIBER, loc. cit., 32; NEPPI, *Reppresntanza,* 164 y sigs., 202, para ci cual, en la representación es decisiva, en general, la sola actividad del representante (195 y sigs.).

71. *Varias formas de interposición de personas en la conclusión del negocio jurídico. Diferencia entre la representación y figuras afines*.- La sustitución del interesado por otra persona puede tener lugar en un ámbito más o menos extenso y con una mayor o menor trascendencia.

A) La figura más modesta de sustitución se presenta cuando el sustituto es llamado a aportar, no va el total supuesto de hecho del negocio, sino solo un elemento de él, es decir, la forma (n. 11), que si bien es, ciertamente, un factor indispensable, no alcanza una importancia preeminente en la estructura del negocio. El sustituto entonces no es más que un instrumento intermediario, que presta al interesado una colaboración subordinada al declarar, u obrar materialmente, conforme a las instrucciones recibidas, el orden de intereses imaginado y querido por el interesado mismo. Él sirve de trámite a cuyo través la declaración o el comportamiento -ligado por una rigurosa coincidencia con la conciencia y voluntad ajenas (n. 19)- son directamente referidos al interesado y se le designa como *nuntius* o con cualquier otro calificativo apto para designar la función instrumental de transmisión o entrega. El indicio característico que permite normalmente reconocer la figura del *nuntius* consiste en la simplicidad del cometido que se le confía y en el hecho de que no goza de iniciativa alguna al dar forma a la declaración, ni de libertad de apreciación en cuanto a la oportunidad de celebrar el negocio; no la tiene tampoco cuando haya recibido instrucciones alternativas en previsión de situaciones diversas que hayan de constatarse por él, o incluso, disfrute de libertad de elección dentro de una determinada órbita. De aquí el corolario lógico de que no se requiere en el *nuntius* la capacidad legal de obrar respecto al acto en que coopera, de modo que puede actuar como tal hasta un incapaz[3]. Un intermediario semejante puede ser utilizado, tanto para llevar a conocimiento del destinatario una declaración receptada no formal (nn. 10 y 28) -por ejemplo, una de las declaraciones constitutivas del contrato (arts. 1.326 y 1.335 Cód. civ.; cfr. art. 1.262 C. C. esp.) cuando lo que importe es que la otra parte sepa[4] -como para actuar de hecho un comportamiento- como, por ejemplo, la aprehensión de la cosa con que se pretende adquirir la posesión (art. 1.141; cfr. arts. 430 y 431 C. C. esp.). El verdadero autor del negocio sigue siéndolo el interesado, al cual corresponde la paternidad del contenido preceptivo del negocio (n. 16); es solamente él quien delibera y determina la regulación de

---

3 No se ofrece ninguna duda en cuanto al *nuntius*. Ap. Milán. 8 febrero 1935 *(Foro Lomb.*, 1935. 45): «El mandante no puede alegar la nulidad del contrato concluido por el mandatario menor de edad». Solución, por lo demás, inspirada en el art. 1.743 del viejo Código y justificable por el principio del ir contra el hecho propio. Cfr. art. 1.387 del nuevo Código.

4 Si se utiliza un *nuntius*, no en la transmisión de la declaración propia, sino en la recepción de la declaración de la otra parte, previo acuerdo con esta, el riesgo de la falta de entrega debería recaer, según los principios (n. 12) sobre la parte que lo emplea. Por lo que no ha de acogerse sin reservas la máxima de la Casación 5 agosto 1940, en *Riv. dir. com.*, 1941, II, 127 (con nota de C. B. FUNAJOLI): «Si la propuesta fue comunicada a través de la persona de un nuncio, no basta la recepción de la aceptación por su parte, si él no ha hecho llegar noticia a quien le ha encargado, que toma así conocimiento, de ella».

intereses a declarar u operar[5]. Y puesto que autor del negocio lo es solo el interesado, es perfectamente lógico que los efectos jurídicos correspondientes recaigan exclusivamente sobre él y que soporte el riesgo de una inexactitud en la transmisión ocasionada por el instrumento de que se sirve (n. 12), siempre que la alteración no sea reconocible a la otra parte (n. 53, a)[6].

Sobre un diferente plano a este del *nuntius* se sitúa la colaboración, igualmente subordinada, que un tercero auxiliar puede prestar no a la formación del negocio, sino a su preparación (.así, el mediador que facilita la conclusión del contrato, cuando no asuma en circunstancias especiales el oficio de *nuntius),* o bien a la formación del documento del negocio (tal. el documentador público, principalmente el Notario), o también a la percepción de la declaración emitida por la otra parte (como el intérprete que la hace inteligible para la persona a que es destinada). En efecto, esta colaboración precede, acompaña o sigue a la declaración de la parte: pero no es, como la del *nuntius,* elemento constitutivo de ella.

B) Mayor interés ofrecen otras figuras de sustitución, en las cuales desaparece la coincidencia entre autor del negocio e interesado, de manera que el sustituto de éste es llamado a asumir la paternidad del mismo contenido del negocio y a moldear, según su personal apreciación, el supuesto total. Entonces se trata de ver si los efectos jurídicos se producen o no con respecto al interesado, que permanece absolutamente extraño a este supuesto de hecho del negocio. Puede ocurrir: a) que la nueva situación jurídica se produzca para la parte del negocio y además para el tercero interesado. Es lo que sucede en el contrato a favor de tercero (art. 1.411 Cód. civ.; cfr. art. 1.257 C. C. esp.), y no podría, en cambio, suceder en ¡a promesa del hecho de un tercero (art. 1.381). O bien puede darse: b) que la nueva situación jurídica se produzca solo en persona de la parte del negocio, la cual deberá luego proceder, mediante otro negocio, a transferir los efectos del primero a la esfera patrimonial del interesado. Se presenta entonces la interposición gestoría, que a veces es denominada, con términos bastante impropios y equívocos, «representación indirecta» (representación de intereses), designación que nosotros evitaremos cuidadosamente aquí. O, finalmente, puede ocurrir: c) que la nueva situación jurídica se produzca exclusivamente para el interesado. Solo entonces aparece propiamente la figura de la representación.

---

[5] Cas. 20 majo 1938 *(Rep. Foro,* 1938, voz Mandato, n. 10): «El *nuntius* que materialmente relaciona propuestas y contrapropuestas, recogiendo las respectivas aceptaciones, difiere del mandatario en cuanto carece del poder de representar a la parte cuyas comunicaciones transporta». Idem 26 febrero 1927 (ibid., 1937, voz citada, n. 4): -Mandatario es aquel que sustituye al *¡/emitas* en el querer, en cuanto manifiesta su propia voluntad en la formación del negocio jurídico que interesa al mandante; el *nuntius es* un simple órgano de transmisión de la voluntad del *dominus,* manifestada con todos los elementos necesarios para la conclusión del negocio.

[6] Cas. 23 marzo 1928 *(Rep. Foro,* 1928. voz cit., n. 44): «Quien se sirve de la actuación ajena para manifestar el querer responde de las negligencias del *nuntius*».

Otras hipótesis de hecho disciplinados por el Código en materia de contratos (arts. 1.400-1410) se comprenden en el tema de la sustitución de personas, enlazándose, en una construcción sistemática, a las dos figuras ahora bosquejadas. De un lado, a la interposición gestoria se vincula funcionalmente la hipótesis de la cesión de contrato, que el Código reglamenta en lo arts. 1.406-1410[7]. Y ello en el sentido de que la cesión puede servir para transferir los efectos jurídicos de un contrato celebrado en nombre propio al tercero interesado por cuya cuenta se concluyó. Verdad es, sin embargo, que la cesión puede servir también a otros fines, fuera de este caso. De otro lado, a la institución de la representación se avecina la hipótesis del contrato celebrado para persona a designar, que el Código regula en los arts. 1.401-1.405, ya que en el caso de que la declaración subsiga, la nueva situación jurídica se produce exclusivamente respecto de la persona designada (art. 1.404), como si el negocio hubiese sido concluido en representación suya (n. 74); la declaración de la persona del tercero es complementaria e integradora (n. 37) del negocio realizado[8]. En el plano de la sustitución de personas concurren, finalmente, las figuras del negocio simulado, fiduciario e indirecto, atendiendo a la posibilidad de que la simulación, la fiducia o la utilización indirecta sean operadas bajo forma de interposición de una persona distinta (como testaferro, fiduciario, intermediario) en lugar de la verdaderamente interesada, a la que se destine en definitiva el beneficio del negocio[9]. Examinemos separadas las distintas formas.

a) Figura intermedia entre la interposición gestoría, en la que el negocio limita sus efectos a la persona que lo realiza, y la representación, en la que, a la inversa, opera exclusivamente respecto a la persona de interesado, es el *contrato en favor de tercero,* en el cual el negocio distribuye sus efectos entre la persona que lo celebra y un tercero, igualmente interesado[10].

---

[7] CARNELUTTI, *Teoria giuridica della circolazione,* 1933, 44; MOSSA, «Vendita di contracto», en *Riv. dir. comm.,* 1928, II, 633; C. FONTANA, «Cessione di contratto», ibid., 1934. 173 (con cita de oirá bibliografia); últimamente, FERRARA, *Teoria dei contratti,* 1940, 304-313 (quien apunta la posibilidad de un «endoso del contrato»).

[8] Cfr. *Riv. dir. comm.,* 1927. 573.

[9] V., por ejemplo, BECHMANN, *D. Kauf nach gemein. R.,* II, 291 y sigs.; FERRARA, *Simutazione,* quinta ed., n. 13. págs. 124 y sigs.; n. 51. págs. 236 y sigs.; n. 59, páginas 251 y sigs.; SCHLESS, "Mittelbare d. Stellvertretung u. Treuhand», en *Leipziger Studien,* 1931, 66; WURDINGER, *Geschichte d. Stellvertretung (agency) in England,* 304, 332 y sigs., 337 y sigs. Aquí, la persona interpuesta, parte visible del negocio jurídico, sirviendo de simple mediador al verdadero interesado, resulta extraña a la relación jurídica.

[10] Sobre el tema: UNGER. "Verträge zu Gusten Dritter», en *Jahrbücher f. d. Dogmatik,* 10, 1871, 1 y sigs.: HELLWIG, *Die Verträge auf Leistung an Dritte,* 1899; PACCHIONI, *I contratti a favore di terzi,* tercera ed., 1933 (sobre la diferencia con la representación, § 18. con referencias a otros autores); ídem, en *Riv. dir. civ.,* 1933. 280, y en *Riv. dir. priv.,* 1940, 281; AL. WEILL. *La relativiti des conventions,* números 390-420; SAVATIER, en *Revue trim. droit civil,* 1934, 525; SIBER, «Dei Frage d Verfùgungsgeschafte zu fremdem Rechi», en *Festschrift Sohm,* §§ 2-3: últimamente: FERRARA, *Teoria dei contratti,* nn. 73-81; sobre cuestiones especiales: C. FOLCO, «Il diritto del terzo nei contratti a favore di terzi», en *Riv. dir. civ.,* 1934, 34; L. COVIELLO,

Característica de este género de contrato es que el interés del tercero es acogido como elemento de una causa compleja en la cual prevalecen, no obstante, los intereses de las partes (art. 1.411 Cód. civ.), así que, aunque constituyéndose la relación jurídica entre una y otra parte del negocio, el cumplimiento de las obligaciones correspondientes debe hacerse no respecto del estipulante, sino en beneficio del tercero indicado por él. La atribución al tercero se convierte en irrevocable por parte del estipulante con la declaración que aquél haga, ante una u otra parte, de admitirla (art. 1.411, pfo. 2.°: de «querer aprovecharse de ella», se entiende, de la estipulación); declaración ésta también complementaria o integradora del contrato concluido (n. 37). Se vuelve irrevocable cuando no se trate de atribución *monis causa,* la cual, aunque sea seguida de la adhesión del beneficiario, es siempre revocable por disposición testamentaria, salvo renuncia escrita al poder de revocación con respecto al tercero (así, el art. 1.412 derogando al art. 458; cfr. arts. 991 y 1.271, 2, C. C. esp.).

La relación que confiere al tercero el derecho frente al promitente es la misma que discurre entre las partes del negocio y no una relación diferente y derivada, por lo que pueden oponerse a aquél todas, y únicamente, las excepciones que afectan a tal relación (art. 1.413).

Al admitir así que con un contrato celebrado en su nombre el estipulante pueda atribuir directamente al tercero un derecho que se superpone al suyo propio, solo con el único presupuesto de que tenga un interés en ello (art. 1.411 Cód. civ.; cfr. art. 1.174 C. C. esp.), el Derecho moderno se aparta de la rígida concepción de la autonomía privada que en el Derecho romano no permitía ni conceder ventajas ni producir perjuicio a terceros extraños, provocando directamente efectos adquisitivos en su exclusivo provecho o efectos onerosos a su cargo. Pero se mantiene firme el Derecho moderno en tal concepción, cuando no concurra un interés plausible de la parte o cuando se trate o no de atribuir al tercero un derecho, sino de imponerle obligaciones. Solo se consiente a las partes, al determinar las modalidades de la prestación, designar a un tercero como legitimado para recibir (art. 1.188 Cód. civ.; cfr. 1.162 C. C. esp.) hacia el cual esté el deudor, si se quiere, autorizado a cumplir, sin que el tercero pueda pretender nada por sí. Se admite también que el deudor pueda indicar un tercero para realizar el pago; pero el tercero señalado, aunque sea deudor del que lo designa, no está obligado en absoluto a aceptar el encargo (art. 1.269 Cód. civ.). Y, en general, la promesa del hecho de un tercero se

---

junior. «L'arL 1.128 e la stipulaz. a favore di terzi con contenuto reale», en *Foro,* 1935, IV, 240: sobre el mismo tema: GIOVENE. ibid., 1939, IV, 273; NICOLÓ, «Deposito e contr. a favore di terzi», en Riv. dir. comm., 1939, II, 451; GHIROTTI, en *Riv. diritto priv.,* 1940, II, 90. Sobre el tema en Derecho romano, véase ALBERTARIO, en *Festschrift Koschaher,* II, 16, y las obras allí citadas; el motivo de la inadmisibilidad en él no era, ciertamente, la simple presunción de falta de interés (nuestro Dir. rom., I, 385). Sobre la revocabilidad del contrato a favor de terceros. GRAZIANI, *Rappresentanza senza procura,* 66 y sigs.

convierte por la ley en una garantía que solo obliga al promitente (n. 61)[11]. Es decir, se permite hacer del comportamiento del tercero condición de un contrato con el que una parte se obliga hacia la otra a pagar una indemnización, en la hipótesis de que el hecho del tercero no se produzca (art. 1.381 Cód. civ.). En todo caso, la relación de obligación se circunscribe a las partes del negocio y acoge el acto del tercero solo como punto de referencia de la obligación hacia la otra parte; garantizando el acto ajeno, el promitente no hace otra cosa, en sustancia, que prometer el propio (promete, como se decía en Derecho común, de rato, alias de propio). Por lo que, si el promitente no asume realmente, sino que expresamente excluye (n. 6, nota 7), la garantía del hecho ajeno, que se concreta en una responsabilidad por los daños, ha de considerarse que la nuda promesa no crea un vínculo jurídico[12].

b) En la figura de la interposición gestoría -ocurra con o sin mandato del interesado (arts. 1.705 y 2.028 Cód. civ.; cfr. arts. 1.717 y 1.888 C. C. esp.)-, quien gestiona el negocio ajeno adquiere exclusivamente para sí, y solo por sí se obliga, sin que la pertenencia a otro de dicho negocio deba ser visible a la otra parte o, en el caso de que lo sea, sin que ello adquiera trascendencia frente a ésta (art. 1.705; cfr. art. 1.717 Código C. esp.)[13]. Al término de la gestión, los efectos jurídicos ganados o soportados por el gestor se harán revertir sobe el interesado mediante adecuados negocios de transmisión o de asunción, y se le reembolsarán a aquél los gastos necesarios o útiles que haya sufrido (arts. 1.719. 1.720 y 2.031; cfr. arts. 1.728, 1.729 y 1.893 C. C. esp.). Una variedad de la interposición gestoría es la sustitución procesal, que se produce cuando se hace valer o se niega en juicio una relación procesal ajena, en interés de otro, o también en el propio (un ejemplo se ofrece en la acción subrogatoria: art. 2.900 Cód. civ.; cfr. art. 1.111 C. C. esp.). También aquí los efectos jurídicos del proceso conducido por el sustituto no vierten directamente sobre el interesado, sino sobre dicho sustituto, desde el cual la cosa juzgada, resultante del proceso legítimamente conducido, se comunica a aquél[14]. En virtud del negocio concluido por cuenta ajena sobre la base de un mandato, aun siendo éste reconocible a la otra parte, ésta no participa en relación jurídica alguna con el mandante y no disfruta de acción propia frente a dicha parte contraria (art. 1.705, pfo. 2.°; cfr. art. 1.174

---

11 Allara, «Natura giuridica della obbligazione del fatto altrui», en *Riv. diritto comm.*, 19-9. 410-427, con una reseña de la literatura anterior: idem, «Intorno all'obbligazioni di 'adoperarsi perché segua il fatto di un terzo'», en Temi emiliana, 1929, 69; M. Stolfi, «La promessa del fatto di un terzo», en *Riv. dir. comm.*, 1927, 203-221; distinta es la figura de los llamados «contratos en daño de terceros», sobre los cuales véase Sraffa, en la misma revista, 1903, 453; Giovene. *Il negozio giur. rispetto al terzi*, nn. 50-51 (*supra*. § 49. b).

12 Así, la Ap. Bolonia, 2 diciembre 1937 (*Rep. Foro*, 1938, col. 1.365, n. 24).

13 En el sentido de tal trascendencia: Muller-Erzbach, *Die Grunds, d. mittelbaren Stellvertretung aus d. Interessenlage entw.*, 11 y sigs.; Pacchioni, *Gestione di affari altrui*, tercera ed., 547 y sigs.; Al. Weill, *La relativité des conventions*, números 56-33, n. 339, nn. 429- 433: según Würdinger, *Gesch. d. Stellvertr. in England*, 337 y sigs., 342 y sigs., 449, el «undisclosed principal» es responsable directamente hacia la otra parte junto al «agent».

14 Cfr. Betti, *Dir. proc. civ. ital.*, 97, 162 y sigs., 613 y sigs.

Cód. de 1865). Solo sustituyéndose al mandatario con la acción subrogatoria puede el mandante ejercitar los derechos de crédito a los que haya dado vida, en favor de aquel mandatario, la ejecución del mandato, y siempre que ello puede hacerse sin su perjuicio (art. 1.705, pfo. 2.°). Una variedad del mandato sin representación es la comisión (art. 1.731 Código civ.), la cual permite tambien, por pacto o por costumbre, una especial garantía por la ejecución del negocio ante el comitente (*star del creciere*, art. 1.736). Tales son también el contrato de expedición (art. 1.737) y el de agencia (art. 1.742).

c) La figura de la representación, finalmente, se presenta cuando la nueva situación jurídica que acompaña al negocio efectuado por el sustituto se produce directa y exclusivamente en relación al interesado en nombre del cual se celebró[15]. Característica de la representación es este destino al tercero interesado del contenido preceptivo del negocio; destino a la esfera jurídica ajena que debe hacerse patente por el hecho de que el sustituto obra en nombre ajeno y no en el propio. A lo que corresponde, precisamente, una separación entre supuesto de hecho y efectos jurídicos del negocio, originada porque el supuesto total del negocio es construido por una persona (el representante), mientras que los efectos jurídicos correspondientes se producen todos, exclusivamente, con respecto a una persona distinta (el representado)[16]. Es ésta la solución menos obvia, pero también la más satisfactoria, del problema práctico que antes (n. 70) hemos propuesto.

Para mejor entender el mecanismo de la representación en el negocio bilateral conviene describirlo distinguiendo las relaciones que unen a representado (A) y representante (B), a representante y parte contraria (C), a la parte contraria (C) y al representado (A). Entre el representante y la parte contraria se da vida al contenido y, en general, al supuesto total del negocio (lo que es más ostensible en la figura de la representación necesaria). Entre dicha parte contraria y el representado se producen los efectos jurídicos, es decir, se constituye, modifica o extingue la relación jurídica de que se trata. Entre representado y representante -prescindiendo de la naturaleza de la relación interna, que puede ser varia- debe preexistir una situación jurídica eficaz frente a la parte contraria, caracterizada por el poder conferido al representante de imponer un orden vinculante a determinados intereses del representado en relación a la mencionada contraparte.

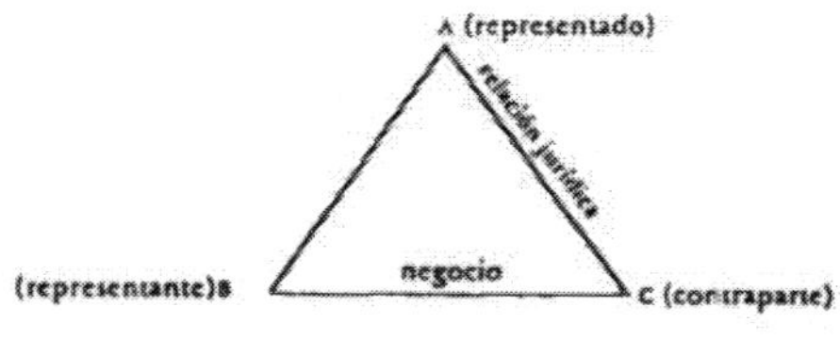

[15] Sobre ello, véanse los trabajos citados en la nota preliminar de este capítulo.
[16] De aquí la Cas. 24 febrero 1936 (Rev. fisc., 1936, 373): «Cuando la ley se refiere a las partes de un negocio, no comprende los representantes».

La diferencia entre la representación y la interposición gestoría es evidente cuando se trata de crear una nueva relación jurídica, adquiriendo derechos o asumiendo obligaciones (art. 1.705), ya que en la una, la nueva relación se constituye en la persona del interesado, y en la otra, en la de quien concluye el negocio. En cambio, se atenúa la diferencia cuando se trate, más bien, de constituir o de extinguir, con un acto de disposición (n. 35), una relación jurídica que afecte al tercero interesado. Así, cuando se trata de utilizar un crédito, mediante indicación de pago (art. 1.269, pfo. 2.°) para la extinción de una deuda, es indiferente que el deudor indicado, al efectuar el pago de la deuda ajena, obre en nombre propio o en el del indicante; lo esencial es que actúa sobre la base de la relación obligatoria del otro, extinguiendo su débito. Igualmente, cuando se trata de enajenar la cosa ajena, lo esencial es que conste la legitimación para disponer por parte del enajenante; ni el hecho de obrar en nombre ajeno e índice suficiente para admitirla (art. 1.398; cfr. art. 1.725 C. C. esp.) ni, al contrario, el hecho de obrar en nombre propio puede ser motivo para excluirla.

Existe otro aspecto bajo el que puede frecuentemente comprobarse una diferencia entre representación e interposición gestoría; diferencia que no es, sin embargo, constante ni necesaria; es aquel que puede resumirse en la fórmula del riesgo y el costo del acto. Este costo es sensible en el terreno del proceso, donde fue primeramente advertido; pero tampoco debe olvidársele en materia de derecho sustancial, donde el gravamen fiscal de los actos representa a menudo un importe elevado. Ahora bien: quien actúa en nombre propio, como alcanza para sí y soporta los efectos esenciales del acto, que indican su función y, conjuntamente, el riesgo, suele también soportar su costo. Quien al contrario, actúa en nombre ajeno, como no obtiene ni sufre los efectos esenciales, y con ellos el riesgo, no está obligado, en principio, por el costo del acto. Sin embargo, si la gestión del asunto ajeno no es espontánea, sino está fundada sobre un mandato del interesado, éste debe, según el art. 1.719 (cfr. art. 1.728 C. C. esp.), suministrar al mandatario los medios necesarios para la ejecución del mandato y para el cumplimiento de la obligación que éste contrae a su propio nombre, y, por tanto, entonces, quien concluye el negocio, si bien lo hace en nombre propio, es a expensas ajenas. Viceversa, si, como puede ocurrir, la representación se confiere por un predominante o concurrente interés del mismo representante (n. 74), éste obra en nombre ajeno, pero a sus propias expensas. Así, atendiendo al sostenimiento del costo del acto, se pueden distinguir, tanto en la interposición gestoría como en la representación, dos subespecies: el obrar en nombre propio y a expensas propias, o bien, a expensas ajenas, y, respectivamente, el obrar en nombre de otro con coste ajeno, o bien con coste propio.

Por lo demás, la representación corresponde siempre a la actuación de la autonomía privada. Un fenómeno análogo a la representación se produce, fuera de tal vinculación, cuantas veces el hecho de un sujeto despliega efectos sobre la persona de otro, porque es referible a él; pero no se trata propiamente de representación, puesto que falta un acto de autonomía privada. No es tal, por ejemplo, la llamada «representación pasiva» en la recepción de declaraciones ajenas[17], ni existe representación en la emisión de meras declaraciones enunciativas (declaraciones de ciencia, como suelen denominarse), porque únicamente importa entonces que el destinatario sepa, y no entra en juego la autonomía privada del sustituto (n. 15). Tampoco existe representación, en rigor, en ciertas actitudes subjetivas jurídicamente trascendentes, sino en cuanto se encuadren en actos de autonomía privada celebrados ellos mismos en representación de otros: actos que entonces son calificados por aquellas actitudes (así, en el conocimiento de algunas circunstancias contempladas en los arts. 1.153, 1.159, 1.189, 1.264, 1.426, 1.479, 1.482, 1.489, 1.892-1.893, etc.; cfr. arts. 464, 1.957, 1.164, 1.483, 1.527, 1.502, etc. C. C. esp.). Es, pues, absolutamente errónea la calificación de representación cuando se la emplea para denotar que son referibles las consecuencias jurídicas de un hecho o de una relación a un sujeto distinto de aquel que les ha dado vida o participado en ellos. Por esto es un error ver un fenómeno de «representación» en la responsabilidad por hecho ilícito ajeno regulada por los arts. 2.048-2.049 y 2.054, 3.°, Cód. civ.; cfr. art. 1.903 C. C. esp.)[18] o en la sujeción a la cosa juzgada de los terceros a los que se comunican los efectos de la sentencia pronunciada entre las parees[19].

Finalmente, debe ser diferenciada de la persona del representante la del órgano de una persona jurídica[20]. Por ejemplo, la asamblea de la sociedad por acciones cuando acuerda realizar un negocio jurídico (que es luego celebrado por el administrador). En efecto, en el terreno del Derecho privado, la representación supone una neta y absoluta separación entre las dos esferas jurídicas del representante y el representado, de tal forma, que haga aparecer posible, al menos abstractamente, que el negocio produzca sus efectos en persona de quien lo realiza. Ahora bien: semejante separación, con la consiguiente posibilidad, está a *priori* excluida por la posición de órgano, especialmente cuando éste no sea una persona singular que pueda, abstractamente, efectuar el negocio para sí. El órgano carece, en cuanto tal, de una individualidad jurídica propia y distinta, diferente e independiente de la de la persona de que es órgano; forma un todo con esta persona y sus actos son referidos a ella como propios. En el campo del Derecho público, donde, por el contrario, la recíproca separación e independencia entre los varios sujetos se encuentra, bajo ciertos aspectos, atenuada, la distinción entre representante y órgano pierde algo de su rigor.

---

17 Admitida, por ejemplo, por COSACK, *Lehrbuch*, sexta ed., I, 261: TUHR, *Allgem. Teil*, I, 165, n. 20 a).

18 Cas. 16 junio 1933 (*Rep. Foro,* voz Mandato, nn. 25-26), admite la responsabilidad indirecta del mandante (ex art. 1.153 Cód. civ. 1.865) por hecho del mandatario que abuse del mandato.

19 BETTI, «Limiti sogg. cosa giud.», 192-98. en *Dir. proc. civ. it.,* 616. V., por ejemplo, R. SAVATIER, en Revue trimestrielle de droil civil, 1934, 531 y sigs.: AL. WEILL, *La relativité des conventions*, 97.

20 J. WOLFF, *Organschaft u. juristiche Person*, 1933, 1; JELLINECK, *Allgemeine Slaatslehere*. tercera ed., 1914, 560, 566; ROMANO, *Corso dir. costit.*, sexta edición, 121.

De la representación institucional conferida por la ley a los órganos sindicales y corporativos respecto a las categorías interesadas haremos referencia más adelante (n. 73 *in fine*).

72. *Admisibilidad* y *presupuestos del negocio celebrado en representación; poder de representación*.- La representación es admisible, en general, en la conclusión del contrato (arts. 1.321, 1.387. y 2.203 Cód. civil; cfr. arts. 1.254 y 1.259 C. C. esp.) y de todo otro negocio a cuya naturaleza no repugne una sustitución de persona[21]. Es inadmisible en algunos negocios de Derecho familiar que, como el matrimonio (salvo la excepción permitida por el art. 111; cfr. art. 87 C. C. esp.), la adopción (art. 296; cfr. art. 178 C. C. esp.), la emancipación (art. 391; cfr. arts. 316 y 318 C. C. esp.) implican un cambio en el status de la persona, y también en los negocios mortis causa, que, por su carácter personalísimo, deben ser decididos, con plena espontaneidad y después de íntima ponderación, por el mismo interesado. Por otra parte, no cuenta en tales negocios tina de las razones que más a menudo justifican la representación, es decir, la urgencia del acto y la imposibilidad de efectuarlo por parte del interesado. En cambio, no existe un principio que excluya la representación en el ámbito de la actividad de los individuos en el Derecho público; antes bien, rige el principio contrario. Por ello, no parece aceptable la opinión según la cual se impediría la representación por mandato en el proceso civil, tanto más cuanto que, entre las actividades de Derecho público desarrolladas por los individuos, las procesales se distinguen por estar coordinadas a situaciones de Derecho sustancial, de modo que la representación procesal frecuentemente se apareja a una representación en los correspondientes negocios de Derecho sustancial[22].

Pasemos ahora al estudio de los presupuestos específicos de la representación. Los efectos que el negocio celebrado por el representante despliega en la esfera jurídica del interesado tienen su raíz en el poder de representación. El concepto de este poder, al que algunos, equivocadamente, han negado utilidad constructiva, es en realidad indispensable para encuadrar la institución de la representación en la doctrina de la legitimación para el negocio (n. 27); es acogido también por el nuevo Código (art. 1.387).

En realidad, dentro de las relaciones sociales, la posición en que B se encuentra de influir con su actividad propia en la esfera jurídica de A es objeto de consideración práctica y jurídica antes que la actividad sea en concreto desarrollada, y es conforme, tanto al lenguaje común como al técnico, decir que en esta fase preliminar B se halla investido del poder de influir con sus actos en la esfera jurídica de A. El concepto de tal poder, a más de calificar una situación jurídicamente estimable, permite también el clasificar ésta den-

---

21 Cas. 2 mayo 1935 (Rep. Foro. 1935, voz cit., n. 60): «Cuando la ley no requiere que un acto sea realizado personalmente por el sujeto del derecho respectivo, está permitido, por regla, que éste pueda delegar en otros su cumplimiento».

22 Cas. 18 mayo 1933. n. 1.818: La representación judicial no está implícita (sin mis) en la de derecho sustancial.

tro de una categoría cuyos límites conceptuales se hallan netamente establecidos: la categoría de los poderes conferidos en interés ajeno[23]. En la crítica del concepto de poder de representación únicamente puede reconocerse fundada la exigencia de profundizar en el examen de las fuentes de tal poder. Sobre los demás presupuestos del negocio celebrado en representación volveremos posteriormente (n. 74).

Sentado ello, tratemos de determinar la entidad jurídica del poder en cuestión. Es esencial a la representación, que quien actúe por cuenta ajena (B) se presente a la otra parte o al destinatario (C) como dictando reglas para unos intereses que no son los suyos, sino de otra persona determinada (A); que se presente en investidura de representante, o sea, obre en nombre de aquella otra persona. La exigencia de hacer ostensible la posición de representante es particularmente sensible en los negocios bilaterales, ya que en éstos, tratándose de constituir una cierta relación jurídica, la otra parte debe ser puesta en grado de conocer con qué persona entra en dicha relación. Por otra parte, el deber de hacer reconocible la posición de representante ha de cumplirse más o menos rigurosamente según la índole, formal o no, el negocio; en los negocios no formales (n. 34, bis a) es suficiente que sea dado el nombre del tercero y que la posición de representante suyo resulte del conjunto de las circunstancias en que el negocio se celebra.

Pero no basta, sin embargo, la posición exteriormente reconocible de representante. Que el negocio se realice en nombre de un tercero solo indica que aquél, en intención de quien lo concluye, está destinado a regular intereses ajenos y no los suyos propios. Pero ello no significa que, de esta manera celebrado, tenga eficacia para vincular al tercero; la voluntad de las partes no es suficiente por sí sola (nn. 6 y 8) para justificar una derivación de los efectos jurídicos hacia la persona del tercero, cuando no concurra la situación objetiva que la ley a tal fin requiere. Es necesario, además, que la posición de representante sea previamente autorizada por el poder de imponer un orden vinculante a intereses ajenos. Cuando tal poder falta, quien obra como representante (B) sin poderes, o excediendo los límites de éstos, no obliga al tercero interesado (A) y es responsable hacia la otra parte del daño que ésta sufra por haber confiado, sin culpa, en la validez del contrato (art. 1.398 Cód. civ.; cfr. art. 1.725 C. C. esp.). El poder en cuestión debe existir y ser operante no solo en las relaciones entre el autor del negocio (B) y el interesado (A), sino también frente a la otra parte (C). Por tanto, para conferirlo es necesario, de parte del interesado, un acto destinado a hacerlo notorio a la parte contraria y vinculante frente a él, según su tenor objetivo; si aquél es un incapaz se precisa una relación tal que, por ley o resolución de la autoridad judicial, invista a otros de la función de representación. Y una vez concedido el poder, no sirve para

[23] V., por todos: TUHR, *Allgem. Teil*, I, 165: INVREA, *La parte generali del diritto*, 1935, nn. 95-105, pág. 34 (donde se propone la denominación de «potestad vicaria»); CARNELUTTI, *Teoria gener. dir.*, 213, 222, 228; GASPARRI. *Atti complessi*, 64.

limitarlo o invalidarlo una instrucción restrictiva o una revocación me-ramente interna,-e la sobrevenida extinción que no haya sido hecha conocer a la parte contraria o sea ignorada por ésta sin su culpa (art. 1.396 Cód. civ.; cfr. arts. 1.734 y 1.738 C. C. esp.)[24].

De otro lado, si la finalidad originaria de la representación es la de hacer posible que la autonomía privada del sustituto despliegue efectos por cuenta del interesado, es decir, en su exclusivo interés, el mecanismo de la institución, sin embargo por la autorización que contiene (n. 73, A), es tal que permite también su empleo en interés del mismo representante o en interés común del representante y el representado (así, en la cesión de bienes a los acreedores), o bien, en interés de un tercero que no sea el representado. Ya el Derecho romano conoce la sustitución procesal en interés del propio sustituto en la figura de la *procuratio in rem suam,* y sobre este apoyo se elabora en el derecho común la figura de la concesión de poderes en interés propio del investido con ellos, inexactamente designada como *mandatum in rem propiam*[25] (art. 1.723 Cód. civ.). Sucede aquí lo que también se comprueba en la fenomenología de otras instituciones jurídicas, o sea, que el instrumento institucional puede ser utilizado en un sentido diferente al de su destino primero, pero esta posibilidad no debe hacer olvidar que en este destino encuentra la institución su razón de existencia.

Pero aunque concurra o predomine el interés del investido conforme a la misma atribución, su poder frente a la otra parte es siempre un poder de representación, y su legitimación para el negocio conserva, con todo, el carácter derivativo de una legitimación de segundo grado (n. 27, a, 2), la cual, aquí como en otros casos, supone, superponiéndose a ella, una legitimación de primer grado pro parte del representado, en cuya persona debe producir el negocio, también entonces, todos sus efectos. En cambio, constituye un abuso de representación, que desautoriza la legitimación derivativa del representante, el conflicto de intereses entre éste y el representado, que puede surgir, especialmente, en el caso de contrato que el representante concluya consigo mismo, por sí propio o representando a otra parte (art. 1.395 Cód. civ.), y que, en otras hipótesis distintas de ésta, acarrea la anulabilidad del contrato (tras demanda del representado) si es conocido o pudo serlo a la parte contraria (art. 1.394)[26].

73. *Fuentes del poder de representación.-* Según la doctrina común, hoy acogida en el Código (are. 1.387)', hay que distinguir entre representación otorgada por la ley y representación conferida por el interesado. La representación del primer tipo se define negativamente como representación necesaria, de-

---

[24] Cas. 17 diciembre 1929 (*Riv. dir. comm.,* 1930, 135): «En analogía a lo que disponen los arts. 1.759 y 1.762 del Código civil, no pueden oponerse al tercero de buena fe las causas de extinción del mandato privado». Más adelante, n. 75, A. a).

[25] Sobre esta figura, *infra,* n. 75, C).

[26] Sobre esta hipótesis de hecho, más adelante, n. 75, B).

pendiendo de un supuesto diferente al de la representación (llamada voluntaria) del segundo tipo, hallándose el supuesto de ésta en un negocio jurídico del mismo interesado encaminado a conceder el poder de representación negocio unilateral que, cuando tiene una forma en sí misma, toma el nombre de apoderamiento (procura) (art. 1.392 Código civil)[27].

A) Caracteres del apoderamiento son, según el punto de vista común, la independencia y la abstracción, ya que, sin desconocer que el otorgamiento de representación suele encontrar su justificación económico-social en una subyacente relación de cooperación o de gestión, y admitiendo igualmente que esta relación puede ser de la más variada índole [mandato, arrendamiento de servicios, contrato de trabajo, sociedad; en espera de ratificación (art. 1.399)[28] gestión de negocios según los arts. 2.028-2.032 (cfr. 1.888-1.894 C. C. esp.)], se mantienen, no obstante, netamente diferenciadas la situación subyacente al apoderamiento de éste en sí, en el sentido de que la primera califica exclusivamente la relación interna entre interesado y sustituto, y es fuente de obligaciones de éste hacia aquél, y solamente del segundo surge la representación en las relaciones externas con los terceros[29]. Ahora bien, que al supuesto de hecho de la relación interna de gestión o de cooperación se le considere con independencia de la concesión del poder de representación, que es esencialmente un poder frente a los terceros, es cosa tan evidente que no puede ser seriamente discutida. Así, quien otorga un mandato o contrae un arrendamiento de servicios o una relación de trabajo o sociedad, no concede, solo por ello, a la otra parte, un poder de representación hacia los terceros, ni según el actual concepto del mandato, del arrendamiento de servicios o del contrato de trabajo o sociedad, ni según la historia dogmática de escás instituciones, ni según la conciencia social de hoy. Es necesario apreciar concretamente, a través de la interpretación del negocio celebrado, si al mandatario, al arrendador de servicios, al colaborador subordinado, al socio, se le haya concedido o no un poder de representación ante los terceros. Justamente, por tanto, contempla el Código, a propósito del mandato (arts. 1.704-1.705) las dos hipótesis de con o sin representación[30], y al tratar de la sociedad simple (art. 2.266; cfr. arts.

---

27 Sobre ello, véanse las obras citada en la noca preliminar de este capítulo.

28 En el supuesto de que el representante haya excedido los límites del poder, hipótesis en la que la ratificación puede concebirse también como una declaración complementaria e integradora del poder anterior.

29 En este sentido, el poder es negocio abstracto, apto para operar en las relaciones externas hacia los terceros con independencia de las vicisitudes que puedan afectar a la relación causal interna; véanse, por ejemplo, HUPKA. *Vollmacht*, § 8, 155 y sigs.; KOHLER, *Lehrbuch*, I, § 193; RUSSO, en *Giur. it.*, 1933, IV, 133, 148 y sigs.; GRAZIANI, «Negozio di gestione e procura», en *Studi Vivante*. 1931. I, 555.

30 Sobre la posibilidad del mandato sin representación, véase Cas. 52 mayo 1940 (*Rep. Foro*, 1940, voz Mandato, n. 9). En el sentido de que el mandato no se distinguiría de la representación, según el Código civil de 1865, véase Ap. Genova, 17 diciembre 1937 (*Temi gen.*, 1938, 45); Cas. 10 julio 1936 (*Foro*, 1936, I, 1.260).
Por el carácter esencial de la representación en el mandato, que así se diferenciaría del

1.717 y 1.727 C. C. esp.) y de la de nombre colectivo (art. 2.297, pfo. 2.°) establece, mediante una norma meramente dispositiva, derogable por el contrato social, que, en caso de administración disyuntiva, la representación corresponde a cada socio administrador, no tanto en virtud de un «mandato presunto» cuanto por las exigencias objetivas de la gestión social. Sin embargo, la distinción conceptual entre negocio regulador de la relación interna y concesión de poderes no es concebida de una manera abstracta, implicando necesariamente una rígida separación entre uno y otra. Por el contrario, los dos negocios pueden hallarse fundidos en una declaración única; por ejemplo, en un mandato desuñado a ser exhibido a los terceros interesados puede hallarse implícita la concesión de representación; en la designación para la gestión de una especie de negocios, cuando se preste al acto una cierta notoriedad, se encuentra implícita una confianza genérica para los terceros, al contratar con la persona encargada. Esto no impide que mandato y encargo de una gestión, considerados en sí. sigan siendo, conceptualmente, actos distintos a la concesión de poderes, va que no miran, como tales, sino a regular las relaciones internas entre el interesado y la persona a quien se confían sus asuntos, dotándole de instrucciones vinculantes sobre las directrices que ha de seguir en su gestión. Los actos en cuestión, si bien significan para el encargado, en el ámbito de estas relaciones, una atribución de facultades que hace legítima la disposición de bienes o derechos respecto al interesado, no influyen directamente sobre las relaciones externas que se anudarán con los terceros, ni hacen entrar al interesado en tales relaciones (art. 1.705).

Reducida a su medula esencial, la concesión del poder de representación, tanto en la forma explícita del apoderamiento[31] como hallándose implícita en otro negocio, consiste en una declaración unilateral recepticia, o dirigida a la parte contraria, o, de cualquier modo, destinada a serle conocida (art. 1.393), con la cual se autoriza un acto ajeno de disposición, obligación o adquisición, recabando anticipadamente para sí las consecuencias que hayan de derivarse de ello. El alcance jurídico de tal autorización es el de apropiarse el autorízame, e introducir en su propia esfera, el orden que será impuesto a sus intereses por el representante con relación a la otra parte. Es decir, la autorización viene a destinar anticipadamente tal orden a la esfera del autorizante, y

---

arrendamiento de servicios; Ap. Bolonia, 14 febrero 1927 (*Temi emil.*, 1927, 297); Trib. Roma 29 diciembre 1934 (*Aminin. giud.*, 1935, 270).

Las notas diferenciales entre mandato y arrendamiento de servicios son formuladas por la jurisprudencia predominante como sigue: «El mandato, con o sin representación, tiene por objeto la realización de un negocio en sentido jurídico y no material; el arrendamiento de servicios, por el contrario, tiene por objeto el hacer algo para otros mediante recompensa, es decir, el emplear para otros las propias energías físicas o intelectuales con una finalidad distinta a la de la conclusión de un negocio jurídico». (Cas. 16 febrero 1940. en *Riv. dir. comm.*, 1941, II, 29; ídem 27 mayo 1938, en Rep. Foro, 1938, voz Mandato, n. 9).

[31] Cas. 7 febrero 1936 (*Forro it.*, 1936. I, 305), con observaciones de GRAZIANI: «El poder es un negocio jurídico autónomo, unilateral, recepticio, distinto de la relación fundamental de gestión entre representante y representado».

con este destino debe estar conforme el que las partes impongan a la regulación de intereses a que se ha de dar vida. La autorización forma una sola unidad continuativa con el negocio previsto (n. 37). El autorizado es investido por ella de un poder hacia la otra parte, lo que es perfectamente compatible con su posición en las relaciones internas, según la cual debe ejercitar el poder conforme a las directrices que se le señalan y que el mismo interesado ha predeterminado (arts. 1.390-1.391; cfr. art. 1.719 C. C. esp.). Bajo este aspecto, la interferencia entre relaciones internas y externas es análoga a la que se origina por el negocio fiduciario o por el simulado con la interposición de un testaferro[32].

Hay que señalar, sin embargo, que el otorgamiento de representación no se identifica conceptualmente con la autorización. En efecto, esta última, en su figura más amplia, no es otra cosa que una concesión de poderes, que si bien puede tener trascendencia, en las relaciones externas hacia los terceros -como cuando asume función representativa-, puede también no reunir tal función y agotarse en las relaciones internas entre autorizante y autorizado (n. 76). Con ella obtiene el autorizado un poder de disposición sobre derechos del autorizante o de injerencia en su esfera jurídica, el cual puede ejercitar en nombre propio o en el del mismo autorizante, en interés propio o también en el interés concurrente suyo (art. 1.723, párrafo 2.°, donde es impropia la calificación de '«mandato»)- Correlativamente, por parte del autorizante se ofrece una aprobación preventiva de un negocio que el autorizado está en condiciones de realizar en su propio nombre o el ajeno, y asunción anticipada de los efectos onerosos que puedan producirse a su cargo[33].

En particular, la delegación (art. 1.269 Cód. civ.), con la que una persona (A) que espera una prestación de otra (B) autoriza a ésta para que haga a una tercera (C) la prestación que le estaría destinada, viene, de una parte, a conceder al autorizado el poder de extinguir, si es deudor, el crédito del autorizante, pagando en manos de tercero, o, de otro modo, el poder de poner a su cargo la prestación que haga al tercero y, correlativamente, sirve para atribuir al tercero la legitimación para recibir la prestación esperada (no el derecho de pretenderla). Por tanto, esta delegación no configura un caso de representación, sino que hace surgir dos legitimaciones correlativas entre sí; determina tanto el desuno como la procedencia de la prevista atribución patrimonial, haciendo que ésta, verificada al destinatario indicado, adquiera el valor jurídico de un pago que se hiciese al mismo autorizante, y, correlativamente, valga para el

---

32 Sobre la interposición simulada: FERRARA, *Simulazione*, quinta ed., n. 45-52, especialmente n. 51; sobre el nexo entre interposición fiduciaria y representación: WURDINGER, *Geschichte der Stellvertretung in England*, 333 y sigs.; SCHLESS, *Miteilbare Stellverte u. Treuhand*, §§ 18-20.

33 Así, la Cas. 31 mayo 1939 (Rep. Foro, 1939, voz Mandato, n. 10): «A diferencia del mandato, la autorización confiere al autorizado la facultad de penetrar en la esfera de actividad jurídica del autorizante, y por ello puede hacer valer el autorizado, en nombre propio, derechos que corresponden a otros (en el caso, autorización del marido a la mujer para ejercitar acciones relativas a la dote)».

tercero facultado para recibirla como si procediese aquél. Desempeñando esta función de señalar la procedencia y destino de la atribución patrimonial prevista v. por tanto, también de su causa (n. 24), la delegación constituye con el negocio autorizado un supuesto de hecho complejo (n. 2, prel.) y una unidad de formación continuada análoga a la que compone el poder con el negocio celebrado en representación (art. 1.392), pero ocasiona una interferencia y recíproca influencia de esferas jurídicas que es esencialmente distinta. Se ofrece aquí, más bien, el fenómeno de una recíproca sustitución de un sujeto a otro (n. 5, prel.) en la posición jurídica respecto a un tercer sujeto, y en la actuación de la relación causal o de la relación de gestión que a aquella posición se enlaza (n. 24). Una tal recíproca sustitución se opera también, por el mecanismo de una doble autorización en el cheque[34].

Sin desconocer las indicadas diferencias, ha de tenerse presente, sin embargo, el momento autorizante en la concesión de representación, especialmente para advertir la importancia preponderante de aquél, que reside en la asunción de las consecuencias onerosas del negocio autorizado -asunción por virtud de la cual se elimina el obstáculo que se opondría a la promesa del comportamiento del tercero (art. 1.381)-, y además, para explicar cómo el mecanismo de la representación pueda ser hecho funcionar en interés del representante o de un tercero disanto del representado (nn. 72 y 74, C). El momento autorizante, de otro lado, al mismo tiempo que ilumina la ineficacia de la representación no autorizada (n. 75) con respecto al pretendido representado (art. 1.398), justifica plenamente la equiparación de la ratificación -en su valor de adhesión sucesiva- a la previa concesión del poder de representación (art. 1.399). Se entiende también sin dificultad que el representado, cuando haya otorgado el poder en interés propio, puede revocarlo antes de que sea ejercitado (arg. sobre el art. 1.723), y puede igualmente, sin previa revocación, proceder a la gestión de su propio asunto, operando así, de hecho, una suspensión del poder concedido; por otra parte, esta suspensión y revocación no pueden oponerse a los terceros sino en cuanto son conocidas por ellos (art. 1.396).

En cuanto a la forma, el apoderamiento está ligado en el Derecho vigente (art. 1.392 Cód. civ.) a la observancia de aquellas mismas que se prescriben para el negocio previsto. Como se ha subrayado, el poder integra con éste una unidad de formación continuada (n. 37), que encuentra su origen en aquél y su término final en el negocio que se ejecuta. El apoderamiento puede también ser colectivo, es decir, atribuido a varias personas conjuntamente, y entonces puede ser conjunto, disyuntivo y solidario, o bien, fraccionado, sustitutivo.

El apoderamiento se extingue: a) por revocación; b) por muerte o incapacidad sobrevenida (salvo, en ambos supuestos, los casos previstos en el art. 1.723, pfo. 2.°); c) por extinción del negocio; d) por renuncia del representante;

---

[34] MOSSA, *Il diritto dello «check»*, 1919. 107 y sigs., 119 y sigi.; idem. *Lo «check» e l'assegno circolare secondo la nuova legge*, 1939. 98.

e) por desaparición de la relación sobre cuya base el poder había sido concedido[35]. Pero la extinción no es operante frente a los terceros sino cuando se hayan puesto en conocimiento de éstos los hechos que la producen (arts. 1.396, 2.207 y 2.298). Tampoco pueden oponerse a los terceros acuerdos modificativos; respecto a ellos es decisivo el tenor del apoderamiento.

He aquí algunas figuras de representantes a los que se otorga poder por el interesado: Marido en las hipótesis del art. 212, pfo. 2.°; administrador de condominio urbano (art. 1.131 Cód. civ.); administrador de Sociedad (arts. 2.257, 2.266, 2.274, 2.278, 2.297, pfo. 2.°; 2.372, 2.452, 2.459, 2.487, 2.631 y 2.636); factor (arts. 2.203-2.206); procurador del factor (art. 2.209); dependiente del empresario (art. 2.210); dependiente del negocio; mediador (art. 1.761); director de Empresa agrícola y factor agrícola; representante de Empresa marítima (consignatario y comandante de buque); empresario de navegación aérea (encargado de base y comandante de aeronave).

B) A la representación que tiene por fuente una autorización del mismo interesado y se configura, por tanto, como una expresión mediata de su autonomía, pudiendo comportar también una previa determinación de los elementos del negocio (arts. 1.390 y 1.391), se contrapone conceptualmente una distinta forma de representación que prescinde de la autonomía del interesado y tiene carácter necesario (por lo que, con expresión elíptica, pero equívoca, se dice que tiene su fuente en la «ley»). Esta representación necesaria (o legal, como suele designarse) supone, en general, una imposibilidad jurídica en que se encuentra el interesado, como incapaz de cumplir actos de autonomía privada. Esta imposibilidad, aun antes que el problema de conflicto de intereses entre el incapaz y los terceros, plantea el de la organización de su esfera jurídica. Y la ley, al resolverlo con normas de carácter inderogable, sustrae al incapaz la facultad de proveer por sí mismo a sus propios intereses, y al juicio del interesado sustituye el juicio y la decisión de otro sujeto, al cual se confía, conjuntamente, la competencia para cuidar los intereses del incapaz, las resoluciones en la gestión de sus asuntos y la representación en los negocios que celebre por cuenta de aquél. Por consiguiente, al otorgar la representación del incapaz, la ley no actúa, a imitación de la autonomía privada, mediante una autorización que no excluye el interés propio del autorizado, sino que viene a constituir un *oficio o cargo de Derecho privado*[36]. Con tal cargo son investidas determinadas personas sobre la base de la relación de patria potestad o de filiación natural reconocida cuando se trata de hijos menores, o, a falta de tal relación, mediante providencia de nombramiento por parte del juez tutelar

---

[35] HUPKA. Vottmacht, §§ 23-24.

[36] Sobre este concepto: MESSINEO, *Contributo alla dottrina della esecuzioni testamentaria*, 1923, n. 74 y sigs.; maestro *Dir. di successione, parte general* (apuntes de Derecho civil, 1927-23), 353 y sigs.; sobre el concepto de oficio: RANELLETTI, *Principi dir. amministr.*, n. 109 y sigs., pág. 168; idem, *Lezioni di dir. amministr.*, 1926-27, 26 y sigs.; ESPOSITO, «Organo, ufficio e soggettività dell'ufficio», en *Annali Univ. Camerino*, 1932, 6, 249.

(arts. 343, 346, 348, 357 y 360 Cód. civ.; cfr. arts. 199, 204, 211, 231 y 236 C. C. esp.); a esta providencia se recurre también en caso de menores emancipados (art. 392; cfr. art. 317 C. C. esp.) o de mayores de edad interdictos o inhabilitados (art. 424). El cargo consiste en una suma de atribuciones y deberes que se conceden al investido en orden al interés ajeno, y contrasta conceptualmente con el derecho subjetivo privado, entendido en el tradicional sentido de poder conferido al individuo en orden a típicos intereses propios (sentido que, por lo demás, reclama una cuidadosa revisión y está sometido a críticas de principio en ciertos ordenamientos político-jurídicos recientes)[37]. En el oficio de Derecho privado se ejerce, aun si en nombre propio, una función en interés ajeno, conforme a un deber y en virtud de un poder propio; en todo caso, por parce del titular del cargo no se tiene una adquisición de derechos que ha- van de transmitirse a otros. En esta figura general se comprenden: tutor, curador del emancipado o inhabilitado, ejecutor testamentario, secuestratario (según una opinión que debe rechazarse, también el administrador de la Sociedad por acciones). Puede concurrir con el cargo una función de representación, como sucede en las hipótesis que aquí interesan; pero es posible que ello no concurra, tal como en los casos del ejecutor testamentario y el depositario judicial.

En suma, entre el concepto de oficio y el de representación (necesaria) existe una interferencia análoga a la que se comprueba entre el concepto de autorización y la representación llamada «voluntaria». La representación necesaria postula, conceptualmente, un cargo de Derecho privado que se enlaza a una relación familiar o a una providencia del Juez; pero, inversamente, puede existir cargo sin representación.

Aquí puede destacarse cómo la idea de representación necesaria, que es perfectamente compatible con el cargo privado y hasta complementaria de él, no se concilia, en cambio, con el concepto del cargo público. Por ello, la idea de una representación necesaria no sirve para explicar los fenómenos de disposición de los derechos del deudor que se verifican en el proceso de ejecución forzosa. El juez que opera la venta forzosa, el depositario judicial, el curador de la quiebra, que cuidan la administración forzosa de los bienes sujetos a expropiación como oficiales o encargados procesales, no representan al deudor; cuando más, actúan de órganos o de instrumentos del Estado, al cual corresponde, directa y originariamente, el poder de influir, con providencias propias, sobre el patrimonio sometido a ejecución.

Un caso particular de representación necesaria del que, excepcionalmente, no es presupuesto la incapacidad, sino la menor idoneidad de uno de los

[37] No se puede ignorar, aun sin compartir las soluciones (cfr. *Riv. diritto comm.*, 1938, 564 y sigs.), la problemática de que ha sido objeto el concepto de derecho subjetivo en Alemania, donde hoy, una parte de la ciencia jurídica se inclina a concebirlo como una *treuhänderische Verwaltungsbefugnis im übertragenen Sinne* (por ejemplo, WIEACKER, *Wandlungen der Eigentumsverfassung*, 1935, 61).

sujetos interesados, es el de la representación de la mujer por parte del marido en la administración de los bienes dótales (art. 184; cfr. art. 1.357 C. C. esp.) o de la comunidad conyugal (art. 220; cfr. art. 59 C. C. esp.); sin embargo, en caso de impedimento del marido, la mujer puede ser autorizada para asumir la gestión (arts. 185 y 222; cfr. art. 1.441 C. C. esp.).

En cuanto a la representación que compete a los administradores de la persona jurídica, y en particular al administrador de la sociedad por acciones, en virtud de atribución de poderes sucesiva a las reglas de fundación, debe rechazarse su calificación como «representación orgánica» de carácter necesario, puesto que tiene su fuente en la concesión de poderes por parte de la asamblea de los interesados. Por lo demás, ha de reconocérsele la naturaleza de representación, ya que el administrador ni es un simple *longa manus* de la persona jurídica, ni una parte inescindible de su organismo. Como persona, el administrador es un sujeto netamente distinto del ente, aun en el caso de que las funciones que haya de desempeñar en su seno no sean ocasionales, sino estables. Existe, por tanto, aquella suficiente separación entre sujeto agente y sujeto interesado (n. 71 *in fine*) que permite acomodar las acciones del primero al esquema de la representación.

Señalemos, finalmente, que no es representación necesaria de los individuos pertenecientes a la categoría profesional la llamada representación legal -propiamente, representación de los intereses de la categoría- que la Ley sobre las relaciones colectivas de trabajo de 3 de abril de 1926, n. 563, en su artículo 5, atribuye a las Asociaciones profesionales reconocidas en la conclusión de contratos colectivos de trabajo. La autonomía sindical y corporativa, que en tales contratos opera solucionando los conflictos entre los intereses de categoría o clase, es una actividad normativa esencialmente diferente de la autonomía privada que se ejercita en los negocios entre individuos. El contrato colectivo de trabajo, aun siendo obra de quien hasta por los interesados, y sirviendo para el arreglo de sus conflictos de clase, hace surgir normas jurídicas a las que los individuos comprendidos en la categoría profesional, actuales y futuros, se someten en virtud de un poder que trasciende de ellos y que es conferido por el propio Estado a la Asociación. No interviene entonces una imposibilidad de los individuos para proveer a sus intereses propios, ni una incapacidad, ni una menor idoneidad. Atendiendo a la oportunidad de una regulación uniforme de las relaciones de trabajo en sus condiciones generales -que, reconociendo la complementariedad de las actividades productivas, integre los equilibrios particulares en un equilibrio total-, en el Estado corporativo se excluye en esta materia la autonomía privada de los individuos, subentrando una autonomía de orden superior: la competencia normativa de la Asociación profesional[38].

[38] Sobre ello, últimamente: ESPOSITO, *Rappresentanza istituzionale*, 1939; FRANCESCO MILANI, Il diritto sindicale nel sistema del diritto, 1940, 81 y sigs.; CARNELUTTI, *Teoria del regolamento colletivo dr. rapporti di lavoro*, 1928, 49 y sigs., 90, 104 y sigs., y en *Archivio Studi corporativi,*

74. Ejercicio y efectos de la representación. Su extinción.- El poder de representación se ejerce en los negocios jurídicos que el representante celebra en nombre del interesado, o sea, dictando reglas, de manera exteriormente reconocible, a unos intereses que no son los suyos, sino los de aquel representado. La referencia explícita a la esfera jurídica ajena puede ser, a más de contenida en el texto del negocio, antecedente a éste; pero también en este caso debe formar parte integrante de él, conforme al criterio de la unidad del negocio objetivamente complejo (n. 37). Y la referencia puede resultar, fuera del tenor de la declaración, de las circunstancias en que ésta es emitida, evidenciadas según los cánones de la interpretación (art. 1.362; cfr. art. 1.281, pfo. 2.°, C. C. esp.). Así, un obrar en nombre de otro puede hallarse implícito, por ejemplo, en el hecho de regular relaciones jurídicas que se reconozcan como de otra persona distinta de las partes del negocio; se puede considerar que quien dice: «Te vendo la casa de X» no tiene necesidad de precisar: «Te vendo, en nombre de X, la casa de él». De cualquier manera, si bien puede faltar la declaración, no debe faltar aquella referencia a la esfera patrimonial ajena que se suele llamar la *contemplatio domini*[39]. Cuando la referencia no exista, ha de considerarse que el declarante, en lo que concierne a la obligación del tercero (art. 1.381), se compromete, salvo exclusión, por sí propio[40], pero realiza un acto de disposición nulo[41].

Hemos de destacar la singular posición en que se coloca quien concluye un negocio para persona a declarar (arts. 1.401-1.405 Cód. civ.)[42] con la reserva, podríamos decir, de revelar más tarde por cuenta de quién haya obrado y a quién está destinada la regulación de intereses convenida; pero de tal manera, que, mientras tanto, la toma sobre sí, bajo la condición resolutoria potestativa de la declaración prevista. Y ello sin que la otra parte, aun sabiendo el nombre del interesado y deseando que la nueva situación se constituya en su persona, pueda, antes de la esperada declaración del nombre de aquél, invocar hacia el mismo pretensiones de esta clase. Se ofrece aquí, por tanto, una interposición de persona meramente provisional, que, por iniciativa de la persona interpuesta, se convierte en representación, en cuanto que el sujeto de la nueva situación jurídica es considerado mudable[43], se produce,

---

1933, 145; RANELETTI, «Teorie sulla rappresentanza», en bid., 1936, 7, 273; CARISTIA, «Aspetti recenti del concetto di rappresentanza», en bid., 1940, 11, 323; CESARINI-SFORZA, «Libertà contrattuai e ordine corporativo», en *Il corporativismo come esperienza giuridica*, 1942, 220 y sigs.; ZANOBINI, *Corso di diritto corporativo*, tercera ed., 250 y sigs.

39 La Cas. 21 julio 1934 (Rep. Foro, 1934, voz Mandato, n. 42, 43) considera necesario para los efectos representativos la *contemplatio domini*; si falta, y se descubre luego un poder revocado, ello no basta a hacer que el deudor no haya pagado mal.

40 En este senado, explícitamente, el § 164, párrafo 2.° del Código alemán; ISAY, *Die Willenserklaerung im Tatbestand des Rechtsgeschacfts*, 19; SEGRE, *Scritti*, I, 202 y siguientes.

41 CARIOTA-FERRARA, *I negozi sul patrimonio altrui*, 365, 371, 375.

42 Sobre ello. COVIELLO, *Trascrizione*, II, 260 y la bibliografía que cita; véase también BETTI, «Natura giuridica della giraca dei titoli all'ordine», en *Riv. diritto comm.*, 1927. 566 y sigs., 573, 590, donde se intenta encuadrar la institución en un concepto general de subrogación.

43 Cfr. nuestro estudio cit., 590 y sigs.

consiguientemente, una *contemplatio domini* sucesiva al negocio, si bien se hallase ya radicada en éste por virtud de la reserva contextual a él, y estuviera destinada a formar parte integrante del mismo. Esta figura, ya reconocida de modo esporádico en el art. 678 del viejo Código de Procedimiento civil, es ahora disciplinada por el nuevo Código civil como institución de valor general (arts. 1.401-1.405), manteniéndose las aplicaciones específicas al procurador legal y al mediador (art. 1.762). Tratándose de una interposición con reserva de representación, no valen para ella ni la norma característica de la representación (arts. 1.398-1.399; cfr. arts. 1.259 y 1.727, 2, C. C. esp.) por la cual el negocio jurídico caduca cuando falte la asunción de él por parte del interesado, ni el principio característico de la interposición gestoría (arts. 1.706, 2.030), que obliga al gestor a retransmitir al interesado los derechos adquiridos por consecuencia de la gestión. Con la declaración del nombre, tales derechos pasan retroactivamente al interesado, sin que tenga lugar un doble traspaso sucesivo; la titularidad fiduciaria del sujeto interpuesto se resuelve automáticamente desde el momento del contrato. En cuanto al procurador legal y al mediador, puesto que se presentan al público como personas normalmente actuantes en interés ajeno, no es ni siquiera necesaria por su parte una reserva explícita, como se exige de los contrayentes normales cuando obren para persona a declarar.

A) El tema del ejercicio de la representación nos conduce a reanudar la exposición, que interrumpimos a propósito del poder correspondiente (n. 72), sobre los presupuestos de validez del negocio celebrado en representación. La cuestión es según qué criterios deban ser aquéllos valorados. A este propósito conviene distinguir, como hicimos en materia de negocios condicionales (n. 65, cfr. n. 29), entre: a) presupuestos que afectan, ya a la condición personal de las partes como aptas para realizar un negocio del tipo concebido, ya al estado de su conciencia y voluntad, en las que se concreta e informa el momento subjetivo en el acto de la conclusión; y b) presupuestos que afectan, por el contrario, a su específica legitimación en orden a los intereses concretos que se pretenden regular. En materia de representación, valen para unos distintos criterios que para los otros, pero mientras la discriminación es rigurosa en la representación necesaria, en la cual al interesado incapaz queda absolutamente extraño al negocio concluido en su nombre, se atenúa en la representación otorgada por el interesado, en razón a la participación indirecta de éste en el negocio celebrado por otros para él.

a) Según el riguroso criterio por el cual la paternidad (es decir, tanto la deliberación como la conclusión) del negocio corresponde por entero al representante, y solo a él, en la representación necesaria los presupuestos de la primera categoría –como la capacidad legal de obrar, de disponer o de obligarse– deben concurrir en el representante exclusivamente, manteniéndose el interesado fuera de consideración. E igualmente en él, y no en el interesado, es influyente la ausencia (o la presencia) de vicios que aquejen al momento subjetivo del negocio, la concurrencia del estado de buena o mala fe, de ignorancia (o de conocimiento) de determinadas circunstancias relativas a la materia del negocio. El rigor de este criterio se debilita cuando la representación es concedida por el interesado, por la posibilidad que a éste le cabe de predeterminar algunos elementos del contenido preceptivo del negocio, y de participar así, si no en su conclusión (como ocurre en el caso de emplearse un mensajero), sí, al menos, en la correspondiente deliberación. Con respecto al posible reparto de la deliberación sobre el negocio entre el interesado y aquel a quien se autoriza a celebrarlo, el nuevo Código (art. 1.389) -tomando posición en una cuestión que era controvertida durante la vigencia del anterior[44]- requiere la capacidad legal de obrar en el representado, y en cuanto al representante, considera suficiente que posea «la capacidad de entender y de querer, atendiendo a la naturaleza del contrato», es decir, la aptitud para apreciar el significado de la declaración que emite o del comportamiento que despliega. Esta norma puede ser discutible a la luz de la lógica de los principios (n. 71, c), pero está justificada por razones de utilidad práctica, como la de tutelar la expectativa de la parte contraria, que deposita su confianza en el nombre del representado, y también la de hacer más fácil a éste el uso de intermediarios. En lo que concierne a los vicios del elemento subjetivo y al estado de buena fe o de conocimiento, el principio general es el de valorarlos en la persona del representante, autor del negocio[45]; pero si tales estados subjetivos se refieren a elementos ya predeterminados por el representado, aflora nuevamente el criterio que hace decisivo el estado de conciencia de éste (arts. 1.390-1391). En todo caso, el principio de la buena fe contractual impide que aquél, si es de mala fe, pueda aprovecharse del estado de ignorancia o de buena fe del representante (art. 1.391, pfo. 2.°). Viceversa, en ningún caso el representante que haya empleado dolo puede considerarse tercero extraño con respecto al representado (art. 1.439, párrafo 2º; cfr. art. 1.260 C. C. esp.)[46].

b) Respecto a los presupuestos de la segunda categoría, que atañen a la legitimación para el negocio, es evidente, en cambio, que su concurrencia debe ser apreciada, sin distinguir entre una y otra forma de representación, respecto a la persona del representado, porque es sobre ella que se constituirá la nueva situación jurídica a que da vida el negocio celebrado en su nombre. Por ello, si el representado careciese de la facultad de disponer o de la idoneidad patrimonial activa o pasiva que reclama el tipo de relación que se constituye, no serviría recurrir al expediente de la representación para remover el obstáculo: el negocio sería inválido, sin más (art. 1.389). Cierto que entre tales presupuestos existe uno que debe encontrarse en la persona del representante, y

[44] BO, «Sulle capacità giuridica dei rappresentanti», en *Annuario dir. comparano*, 1934, III, 404; STOLFI, «La capacità del rappresentante», en *Annali Univ. Macerata*, 1927; PACCHIONI, *Elementi di dir. civ.*, tercera ed., 1926, nn. 274-275.

[45] Así, en cuanto al error en que haya incurrido el representante en la conclusión del negocio: Ap. Bolonia, 5 abril 1937 (*Rep. foro*, 1937, voz Obblig. e contr., número 116); en cuanto a la violencia: Cas. 8 abril 1936 (Foro, 1936, I, 1.148).

[46] FERRARA, *Teoria dei contratti*, 165.

es el poder de representación (n. 72), pero éste tiene un valor distinto a los demás y no puede ser apreciado según las mismas reglas. Como se ha advertido, él configura una legitimación de segundo grado, la cual no absorbe ni hace en absoluto superflua cualquier otra aptitud o poder, sino que, más bien, supone una legitimación de primer grado en el representado (n. 72 *in fine*).

En cambio, en el negocio que sea celebrado con interposición de otro, tanto unos como otros presupuestos deben apreciarse exclusivamente con referencia a la persona interpuesta, puesto que entonces el sujeto del negocio coincide con aquel destinado a asumir para sí la nueva situación jurídica que se engendra. La carencia de legitimación o de capacidad jurídica del ulterior destinatario solo será obstáculo a un subsiguiente traspaso de los efectos sobre su persona (art. sobre el art. 627, pfo. 2.°).

Por el contrario, en el negocio que se realice utilizando los oficios de un mensajero o intermediario análogo, todos los presupuestos de validez (y también la ausencia de vicios que afecten al momento subjetivo y la presencia de un adecuado estado de conciencia) deben reunirse en la persona del interesado, que es quien decide y concluye el negocio utilizando aquellos intermediarios.

B) Los efectos del negocio celebrado en representación se producen, como se ha dicho (n. 71, c), directamente sobre el representado, excluyéndose cualquier consecuencia, aun intermedia o provisional, para el representante[47]. Pero el ejercicio de la representación puede dar lugar a interferencias entre las actividades: a) del representante y del interesado; b) de dos representantes que tengan facultades para obrar disyuntivamente (n. 73, A); c) del representante y de un sustituto suyo nombrado con un poder sustitutivo o por delegación del primero. En cuanto a la primera interferencia (a), debemos nuevamente recordar que la representación conferida por el interesado no es nunca exclusiva, es decir, no priva al mismo de la facultad de regular directamente sus negocios, y no puede tener eficacia una disposición derogatoria de ello sino en el caso en que el poder sea otorgado en interés del representante (art. 1.723 Cód. civil; cfr. art. 1.733 C. C. esp.). Respecto a la segunda interferencia (b), recordemos que la representación atribuida a varias personas puede ser conjunta o bien disyuntiva, y en el último caso, cada uno de los representantes puede obrar por sí solo en la totalidad, salvo que se haya procedido a una distribución de esferas de competencia. En cuanto al tercer punto (c), la facultad para el representante de hacerse sustituir en el negocio por un subrepresentante resulta, respecto a la representación concedida por mandato, del art. 1.717 del Código civil (cfr. art. 1.721 C. C. esp.), del cual se deduce que la subdelegación del poder de representación es posible, aunque no haya sido autorizada expresamente o no sea requerida por la naturaleza del encargo; solo que en tales casos el representante es responsable por la actuación de su sustituto.

---

[47] Sobre los efectos traslativos del mandato en las relaciones internas, cfr. Casación 12 enero 1940 (*Foro*, 1940,1, 825), y, recientemente, ídem, 7 enero 1942, n. 7 (*Mass. Foro*, 1942, 2).

Ahora bien: puede suceder que representante e interesado, o dos representantes con poderes disyuntivos, o bien el representante y un sustituto suyo, dispongan, por ejemplo, el uno sin saber del otro, de los mismos intereses en forma opuesta; por ejemplo, vendan la misma cosa a dos personas distintas. Entonces, el único negocio eficaz es el que fue primero en el tiempo, puesto que al segundo viene a faltarle el objeto, dejando aparte la responsabilidad hacia la otra parte del segundo negocio y las interferencias de la repercusión del error. Si los dos actos son contemporáneos, no parece posible otra solución que la de que, frustrándose recíprocamente, se encuentren ambos en estado de invalidez pendiente (n. 59, A, b), destinado a resolverse bajo una condición recíprocamente contraria.

C) Viniendo ahora a tratar del modo en que cesa la representación frente a los terceros, hemos de recordar los varios hechos que provocan la extinción del poder en las relaciones internas de representante y re-presentado. Pero nuevamente hemos de subrayar que ni la desaparición de la relación en que se basara aquél, ni los otros hechos extintivos del poder, sirven para privar al investido de la posición de representante en las relaciones externas con los terceros, sino en cuanto les hagan de dominio público (arts. 2.207 y 2.293 Cód. civ.; cfr. art. 291 C. com. esp.), o de cualquier forma les fueran conocidos en el momento de la celebración del contrato (arts. 1.396, 2.207, pfo 2.°, y 2.298 Cód. civ.; cfr. arts. 1.734 y 1.738 C. C. y 291 C. com. esp.); en especial, los hechos extintivos distintos de la revocación no pueden oponerse a los terceros que los hayan ignorado sin culpa (art. 1.396, pfo. 2.°)[48]. No rige el mismo criterio en materia de representación necesaria; los hechos extintivos de ésta, en interés del incapaz, pueden oponerse hasta a los terceros que sin culpa los desconociesen, dejando aparte la responsabilidad del representante que actuara frente a ellos sin tener poderes (art. 1.398; cfr. arts. 1.259 y 1.725 C. C. esp.). Se puede concluir que en la representación otorgada por el interesado, la ley carga sobre éste el riesgo de una continuación de la actividad representativa después que haya cesado el correspondiente poder en las relaciones internas, y admite una permanencia de la representación en interés de los terceros que ignoren sin culpa la terminación de aquel poder. Lo que representa, como se ha destacado en su lugar (n. 4 preliminar y n. 27, a, 3), un caso de legitimación aparente, acogida para tutela de la buena fe de los terceros[49].

Por lo demás, la concesión de poder de representación, siempre que exclusivamente contemple el interés del representado, es, por su naturaleza, revocable antes del ejercicio de aquél. Cuando haya sido pactada simplemente la renuncia a la facultad de revocación el pacto no constituye por sí solo un

---

48 HUPKA, *Vollmacht*, § 22: 375; § 25: 416; ídem, *Die Haftung des Vertreters ohne Vertrelungsmacht*, § 11: 178. En este sentido, ya la Cas. 7 agosto 1941, n. 2.759; cfr. idem, 23 enero 1941, n. 294, en *Rep. Foro*, 1941, voz Mandato civ. e comm., números 42-44.

49 HUPKA, *Haftung des Vertreters ohne Vertretungsmacht*, 193 y sigs.; AL. WEILL, *La relativiti des conventions*, nn. 307-315; VENEZIAN, *La tutela dell'aspettativa*, 7 y sigs.

límite real inmanente a la revocabilidad, sino un mero obstáculo de hecho que, no impidiendo una revocación motivada por justa causa, acarrea una responsabilidad por los daños en el caso de que ésta no exista (arg. por analogía con el art. 1.723, inc. 1.°). Solo cuando el poder haya sido conferido por un predominante o concurrente interés del representante o de terceros se torna propiamente irrevocable y no se extingue, ni por revocación (salvo que exista una justa causa), ni por muerte o sobrevenida incapacidad del representado (arg. sobre el art. 1.723, párrafo 2.°), norma que habría debido ser colocada, o al menos repetida, en el campo de la representación[50]. La mera renuncia a la facultad de revocación no es suficiente (n. 8), es decir, no es eficaz sino cuando encuentre motivo en la necesidad de proteger un interés apreciable en la estabilidad de la representación, de persona distinta del representado.

Como ejemplo de representación que sirve al predominante interés del representante o de un tercero, recordemos la del cedente por parte de los acreedores en la cesión de bienes a éstos, disciplinada por la ley en los arts. 1.977-1.986 del Código civil (cfr. art. 1.175 C. C. esp.) (n. 27, a, 2). Igualmente irrevocable es la representación para el cobro de un crédito con autorización al representante de retener su importe en pago de su propio crédito hacia el representado. Del mismo modo, la representación otorgada por varias personas a una sola para un negocio común, pues entonces cada uno de los representados está interesado en la estabilidad de la representación frente a todos los representados restantes[51].

75. Representación sin poderes. Falta y abuso de representación.- Puede producirse la representación sin poderes cuando quien obra en representación no respeta los límites (de contenido) de los poderes conferidos, o se encuentra en conflicto de intereses con el representado (art. 1.394) (conflicto que puede existir también en caso de doble representación), o actúa traspasando los límites de tiempo, cuando la representación ha cesado (aparte, en este caso, la tutela de la buena fe de los terceros), o se comporta como representante sin haber sido nunca tal (*falsus procurator*) o, en fin, en caso de representación necesaria, obra sin observar las necesarias formas de habilitación (autorizaciones, etc.). Han de distinguirse: a) la falta; y b) el abuso de representación.

A) La falta de representación puede ser consciente o inadvertida. Puede derivar de la circunstancia de que el poder de representación no haya existido

---

50 Sobre el carácter irrevocable del otorgamiento en los casos considerados, véanse: Tuhr, «Die unwidrrufliche Vollmacht», en *Festschrift Laband*, 1908, 45-96; Rabel, «Unwiderruflichkeit der Vollmacht», en *Zeiitschr f. ausländ. u. internat. Privatr.*, 1933, 7, 797-807; M. Stolfi «La procura irrevocabile», en *Riv. dir. civ.*, 1933, 313.

51 Para la irrevocabilidad en caso de mandato colectivo: Cas. 11 diciembre 1939 (*Foro*, 1949, I, 351); ídem 5 enero 1940 (*Temi gen.*, 1940, 265); en el caso de mandato con contenido bilateral por haber sido concluido tanto en interés del mandante como del mandatario: ídem 30 diciembre 1939 (Foro, 1940, I, 279); ídem 12 marzo 1940 (*Temi gen.*, 1940, 295); en el caso de mandato conferido también en interés de terceros: ídem 10 agosto 1934 (*Foro*, 1934. I, 1.403).

nunca (art. 1.39S; cfr. art. 1.725 C. C. esp.), o haya cesado (art. 1.396; cfr. ares. 1.734 y 1.738 C. C. esp.), o exista, pero haya sido desbordado en el negocio concreto (arts. 1.398 y 1.711; cfr. art. 1.727 C. C. esp.)[52].

La ausencia del poder de representación provoca la invalidez del negocio; invalidez pendiente (n. 59, A, b) mientras no sobrevenga la ratificación del interesado (arts. 1.399 y 2.032 Cód. civ.). La ratificación es, como la confirmación, un negocio de segundo grado (nn. 31 y 35), destinado a constituir un elemento de aquel de primer grado a que se refiere (§ 76, n. 2); negocio unilateral cuyo contenido no es ya el otorgamiento a posteriori del poder de representación[53], sino la asunción por parte del interesado de las consecuencias jurídicas, generalmente *onerosas*, del negocio que se ha celebrado sin aquel poder[54]. Siendo su finalidad la de integrar un elemento del negocio a que se refiere, la ratificación está también ligada a la observancia de las formas prescritas para éste (art. 1.399, pfo. l.°)[54a]

En el sentido de que la cesión de los bienes (por liquidación) engendra un mandato irrevocable, véase Cas. 30 julio 1937 (ibid., 1937, I, 1.193), con nota de referencias. Que, sin embargo, pueda revocarse por incumplimiento u otra causa justa, se reconoce por la Cas. 21 marzo 1941, n. 800 (*Rep. Foro*, 1941, voz Mandato civ. e comm., nn. 11 y 73).
Sobre la eficacia meramente obligatoria de la cláusula de irrevocabilidad, véase Cas. 7 febrero 1936 (ibid., 1936, II, 302), con observaciones de Graziani; en el sentido de que la violación de tal cláusula se resuelve únicamente en el resarcimiento de los daños, cuando el mandato haya sido conferido en exclusivo interés del mandante: ídem 30 abril 1932 (*Foro lig.*, 1932, 235).
Sobre la invalidez de una renuncia a la revocación, cfr. Cas., 27 julio 1931 (*Foro*, 1932, I, 50).

52 Hupha, *Die Haftung des Vertreters ohne Vertretungsmacht: ein Beitrag zur Lehre v. d. Vertretung in Rechtsgeschäften*, 1903, y sigs.; Graziani, *La rappresentanza senza procura*, 1927; Alex. Weill, *La relativiti des conventions*, nn. 307-316; cfr. nn. 338-344; Nlcoló, «La cosi detta procura apparente», en *Foto della Lomb.*, 1935. 559: con referencia al negocio unilateral (§ 180 cod. civ. alemán); Hupka, *op. cit.*, 117 y sigs.; Titze, *Missverständnis*, 506 y sigs.

53 Solo puede reconocerse este contenido a la ratificación en el caso de poder ya existente, cuyos límites hayan sido sobrepasados. Entonces puede también construirse como un negocio complementario e integrador del apoderamiento anterior, por ejemplo, como un negocio de constatación de éste.

54 Hupka, *Die Haftung d. Virtreters ohne Vertretungsmacht*, 551 y sigs.; Raape, «Zustimung u. Verfügung», en *Archiv*, 121, 257; Hellwig, *Grenzen der Rückwirkung*, 13 y sigs.; Demogue. *Traite des obligations*, I, nn. 118-128; Graziani, *Rapprresent, senza procura,* cit., 44, 71, el cual, hablando de «indiferencia cronológica» entre poder y ratificación, y reconociendo en ambos una formación sucesiva del negocio, incurre en evidente error de perspectiva.
«El mandante puede hacer propios los efectos del negocio mediante manifestación unilateral de voluntad, que puede expresarse también tácitamente por hechos concluyentes, encaminados a la aprobación del acto celebrado por quien no estaba autorizado para ello. Cuando esto ocurra, los efectos del negocio entran, activa y pasivamente, a formar parte del patrimonio del representado, como si éste hubiese originariamente confiado un cometido semejante, en aplicación del principio *ratihabitio mandato comparatur*». (Cas. 25 julio 1940, en Rep. Foro, 1940, voz Mandato, nn. 6S-69).
Sobre el valor del silencio como ratificación y las cuestiones relativas; véase Casación 5 agosto 1940, en *Foro*, 1941. I, 241; ídem 29 noviembre 1940, en *Giur. ital.*, 1941, 1, 1,301.

54a La jurisprudencia, ante el silencio del viejo Código, se pronunciaba ya en este sentido; Cas. 4 julio 1941, en *Temi emil.*, 1941, I, 1, 185 (*Rep. Foro*, 1941, voz Mandato civ. e comm., nn. 54-57).

Al caracterizar la posición en que se encuentra, durante la pendiencia de la ratificación, la parte que ha entrado en relación con el representante desprovisto de poderes, ha de distinguirse según que aquélla ignorase o conociese la falta de poder de representación y, por tanto, tuviese o no motivos para confiar en la validez del negocio celebrado.

a) La parte contraria que ignorase la carencia de poderes tendrá –frente a quien actúa en calidad de representante y en caso de anulación del contrato al faltar la ratificación– derecho a resarcimiento en la medida del llamado interés contractual negativo, atendiendo al daño que sufre, en ausencia de ratificación, «por haber confiado sin culpa suya en la validez del contrato». Esta norma, enunciada en el art. 1.398 (cfr. art. 1.725 C. C. esp.), no es más que la aplicación de un principio general expresado por el art. 1.338, que establece, a cargo de la parte conocedora del vicio del negocio, una responsabilidad por la invalidez consiguiente, principio que a su vez se informa en el criterio de la corrección que debe observarse entre las partes según el art. 1.175[55]. Solo que en la hipótesis aquí considerada no ha de presuponerse necesariamente que el representante carente de poderes conozca su defecto de legitimación, ya que la parte debe en todo caso saber cuál es su propia condición, y el deber de conocimiento ocupa entonces el lugar del conocimiento efectivo, que eventualmente puede faltar (n. 19, b). Además, hay que admitir que la otra parte ignorante puede también, sin provocar una declaración del tercero interesado y esperar su ratificación, romper el vínculo engendrado sirviéndose del desistimiento unilateral ofrecido para otras situaciones semejantes (art. 1.464), y obtener así una especie de reparación en forma específica, en lugar de invocar la anulación del contrato falto de ratificación.

b) Independientemente del haber ignorado la falta de poderes, y, por tanto, también si la conoce, la parte contraria puede acordar con quien obró en calidad de representante la disolución del contrato celebrado, sin esperar la ratificación del tercero interesado (art. 1.399, pfo. 3.°, C. civil; cfr. art. 1.372). O puede, por el contrario, invitar al tercero interesado a tomar posición sobre la ratificación del negocio concluido en su nombre, fijándole un plazo (n. 68) para emitir una declaración al respecto (art. 1.399, pfo. 3.°). Si el término vence sin que se preste la ratificación, la facultad de hacerlo y la correspondiente expectativa se extingue por caducidad; el silencio del interesado no es ya interpretado como un comportamiento concluyente que configure un «negocio omisivo» (n. 14), sino como un hecho de caducidad que opera sin atender a su actitud interna [no de otra manera que en el caso del art. 481 (cfr. art. 1.005 C. C. esp.), cuya fórmula es más exacta que la del art. 1.399].

---

55 Sobre el principio en cuestión: MANIGK, *Das rechtswirksame Verhalten*, 237 y sigs., 254 y sigs., 159 (*Erklärungsvervauen*); ídem, en Annuario dir. campar., 1942, 162; WEILL, *Relativité*, nn. 315, 35.1-352: BROCK, Das negative Vertragsinteresse, 1902, 91. 174 y sigs.; HUPKA, *Haftung des Vertreters ohne Vertretungsmacht,* 193 y sigs., 229 y sigs.. 245 y sigs.; HILDEBRANDT, *Erklärungshaftung*, 1931, § 15, pág. 242; VERGA, *Errore e responsabilità nei contratti*, 1941, 35, 129, 211, 294, 305. Véase también *supra*, cap. II, § 14, nota 11.

Si la ratificación se produce surte efecto retroactivo (art. 1.399, párrafo 2.°), tal como la confirmación del negocio anulable; es decir, transporta la nueva situación creada con el negocio al momento mismo de la conclusión de éste, como si hubiese sido celebrado sin falta de legitimación por parte de quien obra en nombre ajeno. El efecto retroactivo, de otro lado, está limitado a las relaciones entre las partes de aquella situación jurídica (n. 31), y no perjudica a los derechos que eventualmente hayan sido, entretanto, adquiridos por terceros en relación con el propio interesado (art. citado)[56]. La falta de representación debe mantenerse diferenciada de otras situaciones en las que, si bien se carece de legitimación (n. 27) para el negocio que afecta a intereses ajenos, no se asume la condición de representante de la persona a que ellos corresponden. Situaciones semejantes suponen: 1.° La venta de cosa ajena (arts. 1.478-1.480 Cód. civ.), que es un obrar en nombre propio, caracterizado por el considerar la cosa ajena como propia[57]; 2.° La promesa de la obligación o del hecho del tercero (art. 1.381), que no es vinculante si el promitente declina garantizarla (n. 71, B, a)[58]; 3.° El actuar en nombre propio, pero no para sí, sino para otros, de tal modo, que se haga reconocible para la otra parte la naturaleza ajena del asunto y la propia falta del poder de disponer, en cuyo caso el negocio, incierto y contradictorio, es igualmente (como en 2), inidóneo para engendrar una confianza (cfr. art. 1.128 Código de 1865; arg. sobre el art. 1.705 del nuevo Código)[59].

B) Distinta de la falta de representación es el abuso de un poder de representación existente, es decir, el ejercicio de la representación de modo que formalmente se observen los límites de aquélla, pero contrariando sustancialmente la finalidad de la representación, que es la tutela del interés del representado. La teoría del abuso de la representación se refiere a la hipótesis antes señalada de un conflicto de intereses entre representante y representado (art. 1.394 Cód. civ.)[60]. El representante emplea su poder en sentido opuesto a los motivos por los que se le ha concedido, cuando realiza en nom-

---

56 Así, si X ha vendido, como representante de Y y sin poder para ello, el fundo de Y, éste no puede, con la ratificación, perjudicar al tercero, Z, al que hubiese enajenado el fundo después de la venta invalida celebrada por X.

57 CARIOTA-FERRARA, *Negozi sul patrimonio altrui*, 259, 335, 363.

58 CARIOTA-FERRARA, *op. cit.*, 397.

59 CARIOTA-FERRARA, *op. cit.*, 365, 371, 375, con distinta apreciación. Será cuestión de interpretación el ver si la fórmula de obrar «en nombre propio para otros» no sea más que una expresión inadecuada utilizada para significar que se conviene garantizar la ratificación por parte del interesado; así, SIBER, *Frage d. Verfugungsgesch. z. fr.* R, 33.

60 PUGLIATTL, «Il conflitto d'interessi fra principale e rappresentante», en *Annali Univ. Messina*, 1928, 2; idem. «Abuso di rappresentanza e conflitto d'interessi», en *Rivista dir. comm.*, 1936, i-38, con más bibliografía; nuestras notas en ibid., 1926, II, 24; DI PACE, «Conflitto di interessi ed opponibiliti ai terzi deli-abuso di rappresentanza», en *Il dir. fallim.*, 1936, 327; no pudimos consultar a RINCK, *Pflichtwidrige Vertretung*, 1936, ni a STOLL, «Missbrauch d. Vertretungsmacht», en *Festgabe Lehmann*, 1937. Sobre la anulabilidad del negocio en caso de conflicto de intereses y sobre la consiguiente posibilidad de ratificación por parte del representado, véase Cas. 20 julio 1938 (*Giur. ital.*, 1939, I, 1, 86).

bre del representado negocios que benefician directamente al representante o a un tercero, lo que en la estimación del Derecho descalifica y paraliza la legitimación para la representación.

Se produce abuso de representación cuando del negocio concluido el representante o un tercero deduzcan ventajas no solo económicas, y por ello mediatas, sino jurídicas:

En tal forma, el abuso de representación se reduce a dos figuras:

a) Negocio celebrado por el representante para regular relaciones entre él mismo y el representado: es el ejemplo más notorio de la figura que se designa como controlo consigo mismo (autocontrato) (art. 1.395 Código civ., primera hipótesis)[61].

b) Negocio celebrado por quien ostenta la representación común de dos distintas personas para regular las relaciones que discurren entre aquellas partes (are. 1.395, segunda hipótesis), o bien, realizado en confabulación o inteligencia con otra parte a la cual el conflicto de intereses era conocido o reconocible (hipótesis del art. 1.394).

A pesar del conflicto objetivo de intereses, no existe abuso de representación (sobre ello, en el n. 76) cuando la situación de conflicto haya sido prevista y aceptada anticipadamente por el representado mediante específica autorización. No existe tampoco abuso cuando el con-tenido del negocio haya sido predeterminado por el interesado en forma que evite, según su juicio, la posibilidad de un conflicto (art. 1.395). El abuso de representación es vicio de la legitimación; no implica ausencia de este presupuesto de validez, como sucede, en cambio, con el defecto de representación. De ello es consecuencia que el abuso de representación nunca puede dar lugar más que a una simple anulabilidad del negocio (arts. 1.394-1.395).

Esto, en general. Además, que el conflicto de intereses entre representante y representado descalifique el poder de representación y que el ejercicio de tal poder, existiendo el conflicto sea abusivo, resulta de varias normas especiales: el art. 320, último párrafo (cfr. art. 165 Código C. esp.)[62]; el art. 360 (cfr. art. 236, n. 2, C. C. esp.)[63]; el art. 300 (cfr. art. 177 C. C. esp.)[64]; el art. 1.471 (cfr. art. 1.459,

---

[61] HUPKA, *Vollmacht*, §§ 16-19, 258 y sigs.; más bibliografia en STAUDINGER-RIEZLER, *Kommentar*, 10 ed.. I, 909 y sigs.; DEMOGUE, *Traite des obligations en general*, I, 1 (1929); nn. 40-88 (*de l'acte juridique avec soi-meme*), bibliografía en pág. 105, véase especialmente n. 53, 62; PUGLIATTI, «Contratto con sè medesimo, rapprese, e conflitto d'int.», en *Foro della Lomb.*, 1931, 105; BALBI, *La stipulazione del contralto ad opera di una sola persona*, 1939.

[62] Que dispone el nombramiento de un curador especial «si surge conflicto de intereses entre hijos sujetos a la misma patria potestad, o entre ellos y el padre».

[63] Según el cual, «el protutor representa al menor en los casos en que el interés de éste se encuentra en oposición al interés del tutor».

[64] Por el cual el tutor y el protutor no pueden ser adquirentes de bienes y derechos del menor, ni aceptar la cesión de algún derecho o crédito hacia él, ni pueden tomar en arrendamiento sus bienes sin autorización del Consejo de familia.

2.°, 3.° y 4.°, C. C. esp.)[65]; el art. 2.391[66]. Por el contrario, no existe abuso de interposición gestoría (mientras igualmente es posible el conflicto de intereses) en la hipótesis correspondiente a la relación de comisión que está prevista por el art. 1.735 del Código civi[67].

En el supuesto del art. 1.394, el contrato viciado por conflicto de intereses puede ser anulado por demanda del representado hacia la otra parte, a la que el conflicto era conocido o reconocible (cfr. por analogía el art. 1.431; *supra* n. 55, B)[68].

76. *Asentimiento al negocio o a la disposición ajena*[69].- La representación y las figuras afines de sustitución de persona ofrecen casos de asentimiento por parte de un interesado, por efecto del cual el negocio ajeno que le afecta, y que era antes revocable entre las partes, se torna irrevocable y vinculante también para el que asiente, es decir, productivo de consecuencias, tanto a su cargo como en su provecho. En tal figura se comprenden: La ratificación del negocio celebrado por el representante desprovisto de poderes (art. 1.399, pfos. 2.° y 3.°, n. 75, A), la declaración del tercero contemplado en el contrato concluido a su favor (art. 1.411, pfo. 2.°, n. 71, B, a), la declaración de adhesión del acreedor a la convención de asunción de la deuda celebrada entre su deudor y un tercero (art. 1.273, pfos. 1.° y 2.°; cfr. art. 1.205 C. C. esp.), la aceptación de la indicación de pago, por parte del indicado (art. 1.269).

---

65 Que prohíbe a los representantes de cualquier especie comprar los bienes de sus administrados.

66 Que establece especiales precauciones para el caso de que el administrador de una Sociedad por acciones tenga «en una determinada operación, por cuenta propia o de terceros, intereses en conflicto con el de la Sociedad».

67 Según el cual, «en la comisión de compra o de venta de títulos diversos o de mercancías que tienen un precio corriente resultante en Tas formas indicadas por el párrafo 3.° del art. 1.515, si el comitente no ha dispuesto de otro modo, el comisionario puede suministrar al citado precio las cosas que debe comprar, dejando a salvo, en todo caso, su derecho al corretaje».

68 Este era el sentido de la jurisprudencia ante el silencio del viejo Código. Ap. Bari, 24 febrero 1941 (*Rep. Foro*, 1941, voz Mandato civile e comm., nn. 45-46): «El contrato que el mandatario celebra en confabulación con el tercero y en daño del mandante es nulo (quiere decirse anulable) respecto a éste, porque el mandatario que traiciona los deberes de su cargo excede el mandato y no obliga al mandante frente al tercero, conocedor de ello: tal nulidad puede hacerla valer el mandante contra el tercero con la acción contractual para hacer inválido el contrato y liberarse de las obligaciones correspondientes.

69 Véase ZITELMANN, *D. R. d. bürgerl. Gb.; Allgem. Teil*, 139 y sigs.; ídem, „Ausschluss der Widerrechtlchkeit», en *Archiv f. d. civil. Praxis*, 1906. 99, 47 y sigs., 120 y sigs.; BEKKER, *Pandekten*, §§ 106-107; TUHR. *Allgem. Teil*, II, 2, § 77 (con cita de otra bibliografía en pág. 211); HENLE, *Lehrb. d. bürg. R.* I., 166 y sigs., 317 y sigs.; HAYMANN, «Zuwendung aus fremden Vermögen», en *Jehring Jahrb.*, 1926, 77, 18S, 234 y sigs.; GRISPIGNI, *Il consenso dell'offeso*, 1924, 52 y sigs.; DONATI, en *Arch. giur.*, 1903, 72 y sigs.; BETTI, en *Riv. dir. comm.*, 1927, 608 y sigs.; RAAPE, «Zustimmung u. Verfügung», en *Archiv*, cit., 121, 257; ISAY, «Vollmacht u. Verfügung», en la misma revista, 122, 195; SIBER, *Frage d. Verfügungsgesch. z. fremdem Rechts*, 29 y sigs.; STAUDINGER-RIEZLER. *Kommentar*, 1, sobre los §§ 182 y 185 (con mis bibliografía); DI PACE, «Il negozio pr ,relationem'«, en *Meorie Ist. Torino*, II, 46, 107 y sigs.

En los casos enumerados, la adhesión del tercero interesado en el negocio ajeno tiene un efecto vinculante directo en relación a las dos partes de éste; pero junto a estos casos existen otros en los que el asentimiento previo o sucesivo del tercero interesado solo produce efecto vinculante directo respecto a una sola de las partes, y, eventualmente, un efecto indirecto respecto a la otra. Componen esta otra figura de asentimiento: la específica autorización que el representado da al representante para celebrar el contrato consigo mismo (autocontrato), por sí o en representación de otra parte (art. 1.395, n. 75, B), especialmente la autorización del mandante al mandatario para hacerse adquirente de los bienes que ha sido encargado de vender (art. 1.471, n. 4; cfr. art. 1.459 C. C. esp.), la ratificación de la gestión de negocios realizada por el gestor en nombre propio (art. 2.032; cfr. art. 1.S92 C. C. esp.), la autorización del arrendador al arrendatario de un fundo para hacer en él mejoras (arts. 1.362 y 1.651), y así sucesivamente.

La autorización del interesado presenta en todos estos casos el valor jurídico ya señalado (n. 73, A); importa la asunción de las consecuencias onerosas del acto autorizado en la esfera del autorizante y, removiendo un obstáculo que impide la legitimación ajena, sirve para hacer lícito, respecto al interesado, un acto de disposición de sus derechos por parte de otros o, en general, una injerencia en su esfera jurídica (n. 73, A)[70]. Aun pudiendo enlazarse a una finalidad gestoría, la autorización no tiene, en sí, una función positiva, sino solo negativa: la de borrar la ilicitud en el acto ajeno, eventualmente lesivo de los intereses del que aprueba. [Distinta aunque paralela función, o sea, subsanar, no una falta de legitimación, sino una deficiencia de la capacidad de obrar, tiene el asentimiento que integra la falta de capacidad del menor emancipado (art. 394, pfos. 2.° y 3.°; cfr. art. 317 C. C. esp.), o aquella que necesita el menor en orden al matrimonio]. Si bien en el nuevo Código no se encuentra una norma de carácter general, análoga a la del § 185 del Código civil alemán, ha de considerarse, sin embargo, que en la órbita de los intereses que están sujetos a la libre disposición del individuo, la previa autorización del interesado o su ulterior aprobación viene a privar de la nota de ilicitud a la ajena disposición de sus intereses que acarrea daño a su posición jurídica. Un precepto de este sentido se deduce, atendiendo al carácter sancionatorio de las normas penales, del art. 50 del Código penal, cuyo alcance, aún más que al Derecho penal, afecta al Derecho civil.

---

70 La controversia desarrollada entre Raape e Isay, loc. cit., en torno al valor jurídico de la «Zustimmung» tiene su raíz en el distinto ángulo visual desde el que cada uno de ellos la contempla. Quien, como Raape, considera la concesión de poderes en sí misma, prescindiendo de la naturaleza del acto autorizado, no puede reconocer en él, como tal, un acto de disposición. Al resultado opuesto llega, en cambio, quien, como Isay, la considera en relación a la disposición autorizada. Según la concepción de los romanos, la *ratihabitio* compone con el acto autorizado un negocio subjetivamente complejo: D. 46, S, 24, I, itp. como D. 33, 5, 8, 2, y D. 8, 3, 11; cfr. D. 20, 1,16, 1 itp.

Cuestión distinta es la de si el asentimiento previo o sucesivo sirva también, por sí, para vincular al interesado a las consecuencias onerosas del acto de disposición ajeno, en el sentido de obligarle a un ulterior comportamiento e impedir una acción de repetición o de enriquecimiento injusto (art. 2.041 Cód. civ.; cfr. art. 1.895 C. C. esp.). Ha de buscarse la solución en el principio fundamental que rige la autonomía privada: el que exige la presencia de una justa causa de adquisición o, en general, de una función de interés social (cap. III) para justificar alteraciones en la posición jurídica respectiva de los individuos[71]. De este modo, si la autorización concedida al representante, en el contrato consigo mismo (autocontrato), excluye la anulabilidad fundada en el conflicto de intereses (art. 1.395), no impide la rescindibilidad por lesión cuando concurran los requisitos de ésta (art. 1.448). Aun siendo lícita la disminución de un bien disponible que suceda con aprobación del interesado, puede no ser merecedor de nitela jurídica, por falta de una causa idónea o de una elemental condición de paridad entre las partes, el negocio de adquisición correspondiente.

---

71 La necesidad de una causa idónea para justificar la atribución es referida por ZITELMANN, *Ausschluss der Widerrechtlichkeit*, 50, al carácter de atribución patrimonial que reviste el asentimiento por parte de la persona legitimada. Distinta, en cambio, es la naturaleza del consenso, que el § 182 prevé, al negocio de la persona en sí legitimada por parte de un tercero interesado; entonces no se trata va de excluir la ilicitud del acto, sino de dotarle de la eficacia de que de otra manera carecería (ZITELMANN, *op. cit.*, 58).

TEORÍA GENERAL DEL NEGOCIO JURÍDICO,
de EMILIO BETTI, se imprimió
en la República Argentina en noviembre de 2018.